刘祚昌先生百年诞辰纪念文集

陈海宏 邢佳佳 主编

人民出版社

刘祚昌先生

青年时代

与父母合影

在北京参加全国人大

在美国和著名杰斐逊研究专家 Dumas Malone 教授合影（1983 年）

授课

在山东师大历史系 1986 级研究生开学典礼上致辞

给学生作报告

参加“杰斐逊诞辰 150 周年学术讲座”时在美国国会图书馆作报告（1993 年）

在美国弗吉尼亚大学和著名杰斐逊研究专家 Mweeill Peterson 教授合影（1993 年）

在济南家中写作（1996 年）

与美国锡拉丘兹大学马克斯韦尔学院教授拉尔夫·凯查姆合影

2004 年回国时在家中书房写作

刘先生著作《杰斐逊传》(1988年出版)

刘先生最后一部著作《杰斐逊全传》(2005年出版)

与在京工作的部分弟子合影（2004年）

在济南家中与世界史重点学科部分成员合影（2004年，左一、左二、右一、右三均为刘先生弟子）

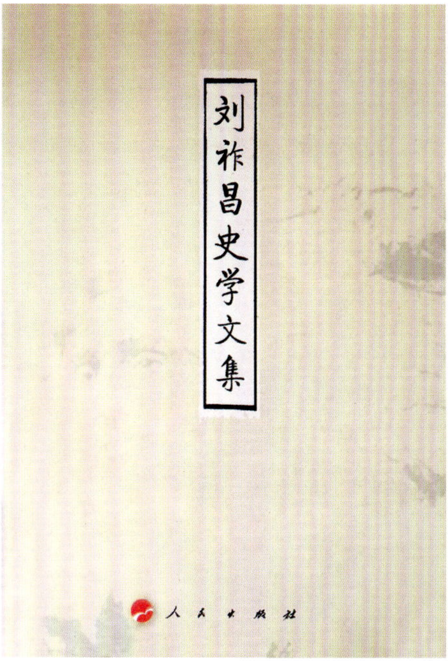

刘先生部分弟子编辑的《刘祚昌史学文集》(2008年出版)

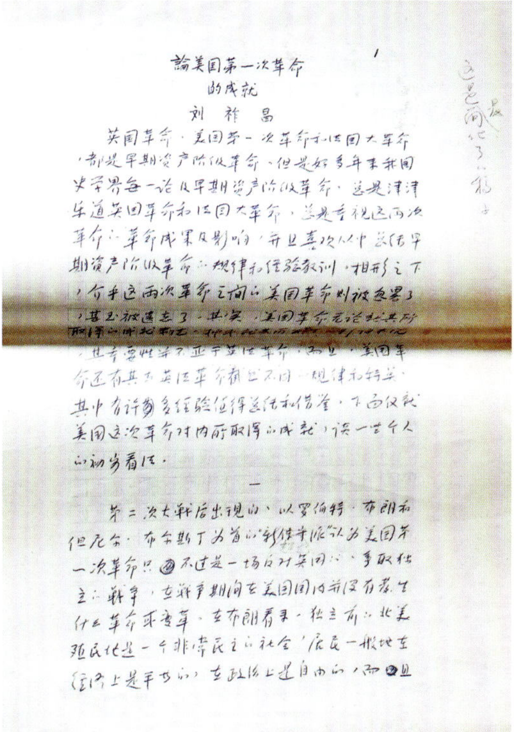

论美国第一次革命
的成就
刘祚昌

英国革命、美国第一次革命和法国大革命，都是早期资产阶级革命。但是好多年来我国史学界每一论及早期资产阶级革命，总是津津乐道英国革命和法国大革命，总是重视这两次革命的革命成果及影响，并且喜欢从中总结早期资产阶级革命的规律和经验教训，相形之下，介乎这两次革命之间的美国革命则被忽略了，甚至被遗忘了。其实，美国革命无论就其所取得的成就[illegible]，其重要性并不亚于英法革命。而且，美国革命还有其与英法革命都已不同的规律和特点，其中有许多经验值得总结和借鉴。下面仅就美国这次革命对内所取得的成就，谈一些个人的初步看法。

一

第二次大战后出现的、以罗伯特·布朗和但尼尔·布尔斯丁为首的“新保守派”认为美国第一次革命只不过是一场反对英国的、争取独立的战争，在战争期间在美国国内并没有发生什么革命或变革。在布朗看来，独立前的北美殖民地是一个非常民主的社会，居民一般地在经济上是平等的，在政治上是自由的，而且

刘先生手迹

序

2021 年 5 月 11 日是我国著名史学家、也是我们敬爱的导师刘祚昌先生一百周年诞辰的日子。

刘祚昌先生（1921—2006 年）是中国世界史学科、美国史研究的主要奠基人之一，生前是山东师范大学教授、南开大学兼职教授、博士生导师，曾任第六、七届全国人大代表、山东省历史学会会长、中国史学会理事、中国美国史研究会顾问等职，获山东省专业技术拔尖人才、国务院政府特殊津贴、美国富布赖特学者等称号。他学贯中西，著作等身，代表作有《美国内战史》《杰斐逊传》《杰斐逊全传》等，主编多部全国通用教材，《世界史·近代史》曾获山东省社会科学一等奖、国家教委人文和社会科学一等奖、国家教委优秀教材一等奖等，为我国的世界史和美国史研究作出了重要贡献。

刘祚昌先生是山东师范大学世界史学科的创始人。刘先生自 1956 年从东北师范大学来山东师范大学任教以来，长期担任世界史学科的学术带头人。在他的领导下，本学科成为国内最早的世界史研究中心之一。改革开放以来，学科建设走上正轨，1978 年始招收世界地区国别史硕士研究生，1981 年成为国内首批获得硕士学位授予权的单位之一。1991 年，本学科被定为山东省的省级重点学科。2003 年成为博士学位授权单位，开始招收博士生。2006 年又被评为山东省省级强化建设重点学科。2019 年获得国务院学位办批准成立世界史博士后流动站。本学科的每一步发展，都浸透着先生的心血和辛劳，先生对学科建设和发展殚精竭虑，做出了卓越贡献。

十年树木，百年树人，先生几十年如一日，站在三尺讲台从教，教学认真，启导教诲，提掖后辈，师表风范，桃李天下。在全国重点大学从事世界近代史教学的工作者中，有很多人直接或间接是他的学生。1978 年以来，他又培养了 22 名硕士和 3 名博士。这些人也都成了各地院校世界史学科的骨干。退休后，先生虽居住国外，仍然十分关心学校和系里的教学工作和世界史的学科建设，每次回国都要为学生做学术报告。

刘先生之所以在学术上取得辉煌成就，是因为他有高尚的品格。他认为人生在世不能碌碌无为，应该做一个对社会有用的人，应该对国家对人民尽到自己的责任，这样人生才有意义，才不致虚度。作为一名历史教师和历史学家，更应有使命感和社会责任感，通过历史教学和著述尽到自己的责任，介绍国内外尤其是美国的历史经验和教训作为借鉴，使人民从历史中得到启迪，摆脱精神愚昧。先生为人正直无私，一生刚正不阿，高风亮节，最瞧不起“曲学阿世”或媚世媚俗、阿谀奉承的小人。他为人耿直，富有正义感，办事光明磊落，持身清廉，处处表现了中国知识分子的传统美德。堪为楷模。

为了纪念刘祚昌先生一百周年诞辰，总结先生的学术成果、治学思想和教学经验，我们编辑了这部纪念文集。文集收录了先生发表的所有学术论文和文章、未发表的文章和手稿、与友人和学生的书信、照片、友人和学生写的回忆和纪念文章，反映了刘先生辉煌的一生。

本书由陈海宏和邢佳佳编辑整理。颜春杰、艾临、王宗涛、吴倩、丁同祯、韩慧等为本书的出版做了大量工作。本书的出版还得到了山东师范大学和该校历史文化学院的大力支持。刘先生的许多弟子、学生和友人也提供了文章，在此表示衷心的感谢！

目　录

一、世 界 史

二、美 国 史

三、中 国 史

四、杂 感

五、未发表的文章

六、刘祚昌论著要目

七、纪念文章及信稿

一、世 界 史

论文艺复兴、“地理大发现”与宗教改革

——兼论世界近代史的开端问题

新中国成立40年来，我国史学界对于文艺复兴、“地理大发现”及宗教改革的研究，取得了很大的成就。现在，仅就大家过去所忽略的问题，抒发自己的一些看法。换言之，我想在本文中论证如下三个命题：第一，文艺复兴、“地理大发现”及宗教改革三大运动并不是相互孤立的，而是互相影响，互相渗透的，在精神上也是一脉相通的。第二，这三大运动引起了世界历史局势的重大变化，都为近代工业革命作了准备。第三，揭开世界近代史序幕的应该是这三大运动，而且1500年应该是世界近代史的开端。

一

文艺复兴运动肇始于14世纪中叶而终结于17世纪初；“地理大发现”完成于15世纪末和16世纪初；宗教改革发生在1520—1570年间。可见，这三大运动在时间上相距甚近，可以说有时间上的一致性。这并不是偶然的巧合，这是因为这三大运动之间是有内在联系的。

首先，这三大运动有共同的历史背景：早在14、15世纪在西欧的一些地区就出现资本主义生产关系的萌芽。因之，资产阶级也出现了。但是横在新兴资产阶级面前的是一个天主教神学笼罩下的封闭性的、好似一潭死水的封建社会。这也是一个僵化了的、压抑一切生机的、气息奄奄然而又迟迟不肯断气的庞大的无所不包的社会经济、政治和宗教的实体，它成为阻挡新兴资产阶级前进去路的一座大山。文艺复兴、“地理大发现”及宗教改革就是

新兴资产阶级在不同的领域内、从不同的角度进攻这座大山的第一个阶段的战役。

这三大运动之间也存在因果关系，这就是说：较早发生的文艺复兴运动既推动了“地理大发现”运动，也推动了宗教改革运动。在谈到文艺复兴如何推动“地理大发现”及宗教改革之前，必须先弄清楚文艺复兴的意义。文艺复兴运动意义重大，这不仅是因为运动中天才辈出，灿若群星，他们创造出绚丽多彩的，美不胜收的文学、艺术作品，写出宏博深沉的政治思想方面的著作，而且也因为它是一次思想大解放，从根本上改变了人的价值观念，改变了人们对于生活的态度。诚然，文艺复兴只限于社会上少数英才——学者、作家和艺术家的活动，但是他们所弘扬的思想意识，不啻是向长期以来在基督教神学统治下陷于沉闷窒息的西欧、中欧社会送来的一股清新的气息，令人精神为之一爽，并且把大多数有文化素养的人士从中世纪的昏睡中唤醒过来。

文艺复兴是欧洲思想文化界人士复兴希腊、罗马古典文化的运动。在他们的心目中，古代希腊、罗马是欧洲历史上的黄金时代，在这个时代欧洲文化艺术达到高度繁荣和高度完美的境界，但是到中世纪却陡然衰落下来，甚至堙没无闻了。中世纪早期的欧洲简直变成了一片文化沙漠，荒凉枯寂，缺乏生机。因此，他们抱着一种复古的心情去挖掘古代遗产，力图恢复古典文化艺术，使之再放光芒。这便是文化复兴一词的由来。

但是，文艺复兴并非对于古典文化艺术的“亦步亦趋”的简单模仿，而在很大程度上是一种创新，它是新兴资产阶级反封建斗争在意识形态内的反映。新生的资产阶级为求得自身的发展，必须首先在思想上从中世纪的宗教神学的桎梏下解放出来。为此，他们便不得不借用作为基督教神学对立物的、富有生活气息的、世俗的古典文化来表达自己的世界观和人生观。实际上，文艺复兴在许多方面超越了古典希腊、罗马的文化，文艺复兴中产生的文学、艺术作品及政治、哲学思想都鲜明地表达出新的时代精神。这个新的时代精神可以析为以下几个具体内容：

——重视现世生活，藐视关于来世或天堂的虚无缥缈的神话，因而追求物质幸福及肉欲上的满足，反对宗教禁欲主义。文艺复兴的杰出诗人彼特拉克就说过：“平凡的人要先关怀世间的事”，“我是平凡的人，我只要求平凡人的幸福。”他在他的抒情诗《歌集》中对于女主人公“劳拉”的歌颂，就充满了情欲及色情的东西。

——重视人的价值，要求发挥人的聪明才智及创造性潜力，反对消极的、无所作为的人生态度。卓越的人文主义大师伊拉斯谟就特别要求人们发挥自身的潜力及创造性，要求人们用理性武装自己，并且指出这是人和动物的区别所在。他写道：“现在，具备理性才能算作一个人。如果树木和野兽是自然生长起来的，那么我相信人是被塑造出来的。古代的人生活在森林里，只是为自然的需要和渴望所推动，既不受法律的引导，也不去整顿社会，所以他们只能被断定为粗暴的野兽，而不能算做人”。

——强调运用人的理智，反对盲目依靠权威。达·芬奇说过：“谁要靠引证权威来辩论，他就是没有运用理智”。

——在文学、艺术上要求表达人的真实感情，反对虚伪和矫揉造作。

——反对消极退缩，提倡积极冒险精神。

——重视科学实验，反对先验论。

——要求发展个性，反对禁锢人性；在道德观念上要求放纵，反对自我克制。

——提倡“公民道德”，认为事业成功及发家致富就是道德行为。

——乐观主义。伊拉斯谟就表现出这种人生态度，他说：“我几乎愿意再年轻几岁，这只是因为我相信在最近的将来一个黄金时代就要来临”。

——有一种不可抑制的求知欲和追根究底的探求精神：对于一切事物都要研究个究竟，决不满足于一知半解。

这些态度概括起来，就是所谓“人文主义”精神。而1500年前后完成的“地理大发现”，就是这种人文主义精神的外在表现。意大利是欧洲文艺复兴的发源地，而“地理大发现”的主角哥伦布和卡波特都是意大利人（前者是热那亚人，后者是威尼斯人）。这绝非巧合。哥伦布等人是在“人文主义”精神的鼓舞下参加地理探险事业的。

首先，哥伦布之决定投身于充满危险、艰苦的探险事业，就说明他富于乐观进取和积极冒险的精神，而这种精神恰恰是文艺复兴的产物。离开欧陆向西航行，等于深入龙潭虎穴，生死未卜，意外事件随时随地都可以发生，然而他毫不畏惧地承担了这个任务，这是中世纪的人做梦也不敢想的。

其次，哥伦布之不顾艰难险阻，远渡重洋，深入不测，也是为他那按捺不住的寻找黄金的炽烈欲火所推动的。1503年，他在致西班牙国王和王后的信里写道："黄金是一切商品中最宝贵的，黄金是财富，谁占有黄金，谁就获得他在世上所需的一切。同时也就取得把灵魂从炼狱中拯救出来，并使灵魂重享天堂之乐的手段"。这里，他热烈追求现世幸福的渴望，跃然纸上。而这种渴望，如前所述，正是文艺复兴运动的产物。

再次，哥伦布所拟定的向西航行以寻找到东方去的新航路的探险计划，是建立在关于地球是圆形的科学信念上面的，而且他之甘心情愿地冒这个大的风险，也有力地说明他充满了文艺复兴所迸发出来的科学实验的精神及探求精神。

由此可见，"地理大发现"就是文艺复兴运动的副产品，二者之间的因果关系是非常明显的。当然促成"地理大发现"还有一系列其他因素及条件，但是"地理大发现"之与文艺复兴的时代精神相吻合，是毫无疑义的。

文艺复兴也有力地推动和影响了宗教改革运动，并且为这个运动提供了重要的助力。

首先，在文艺复兴中人们重视人的价值，重视现世的生活，以及反"权威"的精神，都在当代人中间唤起了对于天主教会及其神学的怀疑及反感，最后导致宗教改革运动爆发。

从马丁·路德的新教思想及他的言行中也可以看出文艺复兴对他的影响。路德很重视人，他写道："我们看见，人是一种特殊的创造物，是为了分享神性和不死而被创造出来的，因为人是比天地间所有一切东西都更好一些的创造物"。"我是一个人，这个头衔比一个君主还要高些。原因是：神未曾创造君主，神唯有创造人，使得我成为一个人。"路德反对天主教的禁欲主义。他本来是一个独身的修道士，但是后来为了实践自己的新教信念，他终于结了婚。路德的上述思想和言行表明他重视人的价值，重视世俗的享乐。这说明他接受了文艺复兴的强烈的影响。

其次，文艺复兴中的人文主义者通过文学、艺术等形式讽刺、揭露天主教会的腐败和丑恶。这里特别应该指出人文主义巨人荷兰的修道士伊拉斯谟（1466—1536）的功绩。他在讽刺作品《朱利叶斯被拒绝》中有力地嘲笑了教皇朱利叶斯在天堂大门外遭到圣·彼得冷遇和拒绝的情景。他也冷嘲热讽了当代教会人士崇拜圣物以及其他种种迷信、欺骗行为。1509年他写了一首轻松的讽刺诗《愚颂》，该诗以开玩笑的笔调开始，但是很快笔锋一转，便无情鞭挞了天主教经院哲学家及他们那种枯燥无味、吹毛求疵的逻辑，攻击了天主教修道院的僧侣们的穷奢极欲的糜烂生活。他从多方面、多角度揭露教会的丑恶，为马丁·路德后来攻击天主教会及教皇提供了大量的强有力的炮弹。

最后，文艺复兴也对于新教教义的形成发生了影响。这里还要以伊拉斯谟为例。伊拉斯谟也是一位古典学者，他之潜心研究希腊古典著作，是为了以它们为津梁，去探求希腊文《圣经》中所蕴藏的基督教的原始教义。他发现基督教的原始教义被中世纪的天主教经院学者歪曲了，而且也在天主教会的腐化中被湮没了。他看到了教皇宫廷中的奢靡腐化，与基督及其使徒们的简单朴素的生活作风形成鲜明的对比。他立志要恢复基督教的本来面目。他编辑了希腊文新《圣经》，这个工作大大有助于恢复被歪曲的、被掩盖的基督的真正教义。他这个工作也为马丁·路德提出新教教义铺平了道路。无怪乎伊拉斯谟曾半开玩笑地说：他首先下了蛋，然后路德用这个蛋来孵鸡。

然而伊拉斯谟并没有成为路德教派信徒，他是一位博览群书的饱学之士，也是一位温和宽厚的长者，他没有正面地向天主教教会挑战。路德反对教会的激烈态度使他惴惴然不安，他特别害怕路德的越轨行为会造成基督教世界的分裂，所以他曾劝告路德谨慎从事。他也以沮丧的心情注视路德与教皇之间的斗争的激化。当他听说教皇发布命令开除路德的天主教教籍时，他很替路德难过。当时路德和教皇都关切伊拉斯谟的态度和立场，殷切盼他能站到自己的一边。但是在伊拉斯谟最后发表一篇文章（《论自由意志》），明确地表白了自己的温和的、中间的立场（这正代表了文艺复兴运动的人文主义立场）时教皇和路德大失所望，而伊拉斯谟也就终于和路德分道扬镳了。

伊拉斯谟的上述一系列行动不但说明文艺复兴运动向宗教改革运动提供了有力的助力，而且也说明这两大运动之间的联系和区别。上述一大串事实都充分证明：文艺复兴、“地理大发现”和宗教改革三大运动并不是互相孤立、彼此隔绝的，而是互相影响、互相渗透的。特别应该看到文艺复兴所起的独特的作用，因为在向一个封闭的、天主教神学思想笼罩下的封建社会的进攻中，文艺复兴运动走在最前头，打了头阵并且带动了另外两大运动。

这三大运动在精神上也有共同之处。它们都反映了新兴资产阶级的观念和愿望。如上所述，文艺复兴运动所释放出来的现世的乐观进取精神就是不折不扣地反映了新兴资产阶级的人生观和世界观。“地理大发现”运动则反映了新兴资产阶级打破世界地区间的隔绝状态的要求。众所周知：在奴隶社会和封建社会，生产技术的落后及生产规模的限制、决定了奴隶主阶级和封建主阶级的心胸及眼界的狭隘性，并且进而决定了奴隶社会及封建社会的封闭性。与奴隶社会及封建社会不同，资本主义社会是世界性的、开放型的。它以全世界为自己的发展场地，如果不掠夺海外，资本主义是发展不起来的。因此，新兴资产阶级之要求打破国界，冲向海外，以便在全世界范围的广阔天地大显身手是很自然的。宗教改革反映了资产阶级打破禁锢人心的、严重地阻碍资本主义发展的、作为封建制度强有力的支柱的天主教会的统治不可遏止的愿望。

这样看来，文艺复兴、“地理大发现”及宗教改革三大运动之间的密切联系是洞若观火的。

二

新兴资产阶级这个新生儿在呱呱坠地后，不但局促于欧洲之一隅，而且身上还披着沉重的天主教神学的精神枷锁，蹒跚颠簸，步履维艰。但是在 16 世纪之后，他们终于初步挣开了这个枷锁的束缚，满怀着乐观进取的心情闯出欧洲的狭小天地，精神抖擞、勇往直前地走向海洋、走向世界，并且在工业革命后不到一百年内就奇迹般地创造出一个资本主义世界。为什么资产阶级能够这样从小到大，从弱到强，从消极到积极，从无所作为走向有所作为，并且最后成为顾盼自雄、傲睨一切的庞然大物？道理很清楚，这是与文艺复兴、“地理大发现”及宗教改革分不开的。这三大运动从不同方面、以不同的方式、在不同的程度上为资本主义的这种猛烈的发展提供了物质上、精神上的前提。文艺复兴向新兴资产阶级注入了一种积极进取的精神，“地理大发现”为资产阶级开辟了广阔的商品市场，宗教改革打击了作为封建统治的顽固堡垒的天主教会的统治，把资产阶级从中世纪的精神枷锁下解放出来，并且为他们锻炼出用以征服世界、掠夺世界的强有力的精神武器——路德教和加尔文教。

首先，文艺复兴为新兴资产阶级提供了新的人生观。

新兴资产阶级在迈出走向世界的第一步之前，必须有充分的精神准备。在天主教神学的影响下，人们把一切希望寄托于来世，他们的一切活动都是为死后进入天堂做准备。他们认为人一生下来就是有罪的（称之曰“原罪”），所以在现世受苦受难是理所当然的。在这种精神状态下，很难期望人们有所作为，干出惊天动地的事业来，然而文艺复兴一下子改变了这种消极的、灰色的人生观。如前所述，文艺复兴把人们从中世纪漫漫长夜的昏睡中唤醒，使人们意识到人生的价值，人们的地位和尊严，从而产生了一种奋发向上、乐观进取的心态及为现世的幸福而奋斗的人生观。这就武装了新兴资产阶级的头脑。

资产阶级就是凭借这种精神征服世界的。他们之残酷地剿灭土著居民，他们之无情地奴役土著居民，他们之在非洲海岸像猎取野兽一样猎取黑人并且把他们运到美洲去出卖，他们之寡廉鲜耻地抢劫孟加拉的金库——这一切都是在文艺复兴中产生的人生观的指引下进行的。因此，文艺复兴从精神上推动了西欧资产阶级的海外征服、殖民扩张及种种掠劫行为。

其次，也要看到文艺复兴运动中诞生的新的科学方法和科学实验精神所起的作用。这里特别不能忘记弗兰西斯·培根和勒内·笛卡儿二人的杰出贡献。

培根（1561—1626）曾说过“知识就是力量”的名言。他提出了“归纳法”作为研究自然科学的方法，这个方法要求在制定一种普遍原理之前，必须小心认真地观察客观现象，然后从观察所得的大量材料和数据中归纳出科学原理。培根的归纳法是对于中世纪以来流行的演绎法的重要补充，因而使科学方法愈益臻于完善，有利于自然科学的发展。

笛卡儿（1596—1650）相信科学不应该依据于书本，而应该依据于对事实的观察及实验。他曾指着他即将解剖的一筐兔子告诉一位来访者说：“这里便是我的书籍”。他强调：只有通过实验，才能取得新的知识。

此外，文艺复兴的科学家兼艺术大师达·芬奇也重视实验，他说：“科学如果不是从实验中产生并且以一种清晰的实验结束，便是毫无用处的、充满荒谬的，因为实验乃是确定性之母。”

这些新的科学方法及科学实验精神成为16、17及18世纪的自然科学的大发展的坚实基础。要知道，这三个世纪自然科学及技术的突飞猛进的发展，是资本主义经济大发展的重要前提条件之一。

再次，在文艺复兴的时代激荡中诱发出来的“强权政治”理论也不容忽视。这个理论的代表著作便是意大利人马基雅维里写的《君主论》。马基雅维里(1469—1527) 在这个著作中主要阐发了为君之道。他特别提倡权术，他主张一个君主为了达到自己的政治目的，可以不择手段，不管手段如何残忍，不管如何背信弃义。他直言不讳地否认道德，在他的政治哲学中是没有道德的一席之地的。他还说过一句名言：君主如果总是善良，他就要灭亡；他必须狡猾如狐狸，凶猛如狮子。

马基雅维里的强权政治理论发挥了威力，它武装了16、17及18世纪欧洲专制君主的头脑，对于专制主义民族国家的发展和巩固起了很大的作用。大家知道，专制主义民族国家是封建国家向资本主义国家过渡时期的上层建筑，从客观上来讲，这个政治上层建筑在颇大程度上是为新兴资产阶级服务的，它促进和保护了资产阶级的海外殖民掠夺，促进了原始积累。

“地理大发现”所引起的世界范围内的巨大变化，更是有目共睹。

“地理大发现”揭开了西欧人征服海外的序幕。“地理大发现”之后，西班牙、葡萄牙两国立即走上海外殖民掠夺的道路。葡萄牙在东方建立了一个商业帝国，垄断了从西欧到东印度的全部贸易。西班牙在美洲建立了幅员广阔的殖民帝国，无情地榨取土著居民及自然资源。在1600—1760年间：荷兰、法国和英国也先后步西班牙、葡萄牙之后尘，争先恐后地在海外建立了自己的殖民地及贸易据点。荷兰人把葡萄牙人从东南亚驱逐出去，成为旧葡萄牙殖民地的新主人。英、法、荷都在非洲海岸建立了贸易站，掠夺当地的居民和资源。英国在打败法国竞争者之后，几乎独吞了印度次大陆。在新世界，在与法国的角逐中取得最后胜利的英国也几乎独占了北美大陆。

“地理大发现”及继之而来的西欧人在海外的殖民掠夺，其经济后果是多方面的。

第一，海外殖民地成为欧洲工业品的广阔的市场，从而为欧洲的工业革命作了准备。欧洲的工业产品、棉纺织品、枪支、金属制品、船舶、船舶的附件等等在海外找到了日益扩大的市场。英国的伯明翰之成为大的工业中心，就是由于它为殖民地提供了各式各样的工业产品：“为印度提供斧头；为北美的土著民提供战斧；向古巴及巴西运送铁链、手铐及铁领圈，以供奴隶佩带”。

为了满足海外市场日益增长的需要，欧洲的工业家必须改善他们的生产技术。他们研究成的技术改进，为工业革命的到来奠定了牢固的机械基础。与此同时，为了满足海外市场日益增大的需要，他们也创造了“分配加工制”，亦即分散的手工工场制。未几，分散的手工工场制又发展为集中的手工工场制，这实际上就是资本主义工业生产组织的雏形。集中的手工工场制是建立在劳动分工的基础上面的，它为工业革命后出现的工厂制度奠定了基础。

第三，西欧的海外殖民掠夺，也促进了巨额财富的积累，从而为工业革命准备了重要的前提条件，因为有了巨额财富，企业家就有可能把这些财富转化为资本，去建造工厂、购买机器和雇佣工人。欧洲商人在海外殖民地采取各种肮脏的、暴力的手段去搜刮财富。在北美，贸易公司的商人把一些不值钱的物件以骇人听闻的高价去卖给印第安人，因而积累了数不清的巨额财富。西班牙人在墨西哥和秘鲁强迫土著印第安人去采银矿，然后把堆积如山的白银用船运回西班牙。但是，西班牙的运银船在海上往往遭到英国海盗的洗劫。英国著名海盗德雷克掠劫一次西班牙运银船就获利 47 倍。英国女王伊丽莎白由于为海盗提供船只，获得分成达到 250，000 英镑之多。她又把其中一部分投资到利凡特公司，该公司的利润又被利用去创建东印度公司。而东印度公司在征服印度的过程中肆意抢劫印度的金银财宝，然后运回英国化作资本。美洲殖民地上的黑人奴隶制度的发展，也使得从事奴隶贸易的欧洲商人大发其财。英国布里斯托尔到 18 世纪上期之所以成为英国第二大都市，就是因为它是奴隶贸易及砂糖贸易的中心。当地一位观察家写道：“该城市的每一块砖都凝聚了奴隶的鲜血。壮丽的邸宅、奢侈的生活，穿特殊制服的仆人，都是靠布里斯托尔商人买卖的奴隶的痛苦和呻吟赚来的财富的产物。”比奴隶贸易更生财的是新世界使用奴隶劳动的甘蔗种植园。西印度甘蔗种植园主成为当代的经济巨子，只有在印度大发横财的英国大富翁堪与比拟。

归根结底，“地理大发展”及接着而来的西欧向海外殖民扩张和掠夺，为工业革命的到来提供了不可缺少的前提条件和准备。

宗教改革所起的作用也不容忽视。

第一，它猛烈地冲击了天主教会，促成了教会的分裂，在中欧西欧的好几个国家天主教教会纷纷瓦解，取而代之的是新教教会。中世纪以来，天主教会与封建制度是一对孪生兄弟，二者相依为命，天主教教会是封建制度的强大支柱。天主教教会的瓦解，有力地削弱了封建统治，从而有利于资产阶级的活动，为资本主义生产时代的曙光到来铺平了道路。

第二，在德国宗教改革中，世俗的封建君主趁机夺取天主教教会的土地（当时教会土地占全德土地总面积的三分之一），这就大大加强了君主的经济地位。在英国，在国王亨利八世一手策划的宗教改革运动中，国王把教会附属的修道院的土地全部没收，除了一部分赠送给亲信贵族及宠臣，一部分放到市场上抛售（收入归国王所有）外，其余的土地统统归国王所有，因此英国国王的经济财政力量也大大加强。此外，过去各国的天主教教会直接从属于罗马教廷，处在当地世俗政权的管辖之外，成为“国内之国”。但是通过宗教改革，世俗君主或国王成为新教教会的首脑，于是在君主专制制度发展道路上的唯一障碍——天主教教会——被消灭了。在德国及英国都是如此。这样，宗教改革从经济上政治上加强了君主专制制度，加强了新兴的民族国家。而君主专制制度的民族国家，在其存在初期扮演了新兴资产阶级的庇护者的角色，这在前面已经论述过了。

第三，宗教改革中产生的路德教和加尔文教对于资本主义的发展起了积极作用，过去在天主教会的统治下，教皇以耶稣的首席使徒的嫡派继承人自居，其权威是至高无上的，他管辖的各级教会的地位是神圣不可侵犯的，只有教会的牧师才能解释基督教义，一个信徒只有通过教会，才能与上帝的精神相通，只有通过教会牧师所主持的“圣礼”（为初生儿“洗礼”，为信徒举行“忏悔”等等），信徒才能得救，因为信徒是无能力拯救自己的。一句话，在天主教神学的统治下，个人的存在也好，个人的独立性也好，都被否定掉了，信徒的命运被牢牢掌握在教会手中。但是宗教改革中出现的新教领袖路德提出了“因信称义”论，他宣布：信徒只要信仰耶稣，都可得救，而无须通过教会牧师的参与；《圣经》是信仰的唯一依据，信徒可以根据《圣经》

去理解教义。这是就说：信徒的信仰是个人的事，任何其他人都无权干涉。在这个意义上，每个人都是自己信仰的主宰者。于是，教会组织，教皇的权威，“圣礼”制度及教会法律，都失去了约束力。正如黑格尔所说的：“在和上帝发生绝对关系的地方，一切外在性都消失了，一切奴性服从也随同这种外在性，这种自我异化消失干净了”。由此看来，路德的教义包含了自由平等的民主因素。这些民主因素后来成为资产阶级民主思想的重要组成部分。

路德教的重要意义不仅在于它孕育了民主因素，而且也在于它肯定了享乐及满足欲望的行为。我们知道，天主教提倡禁欲主义，禁止人的享乐，劝人们通过现世受苦，为死后进入天堂作准备。但是路德的新教学说为人们的世俗享乐颁布了上帝的批准书。因为他说，“有信仰的人，只要他认为自己的行为是为上帝所欣然认可的，便可自由地做他所喜爱的一切事情”。“整个的人，他的本身和行为，都因基督所无偿赐予的慈悲而被算为并且成为正义的、圣洁的”。在他看来，只要信仰上帝，即使享乐及满足欲望的行为，也不算罪过。

但是直接为新兴资产阶级的经济活动提供了强大精神武器的是加尔文教。加尔文教有一个理论——“神定论”，“神定论”认为上帝从创世纪以来，就把世人分成“选民”与“弃民”，前者注定得救，后者注定沉沦。加尔文写道：“我们相信，按照永恒不变的计划，上帝一劳永逸地决定什么人是他允许得救的人，什么人是他听其灭亡的人。我们坚持认为这个上帝选民计划，是奠基于上帝慷慨施与慈惠上面的，与人的优点无关。”他认为人们在现世生活中的成功与失败就是“选民”与“弃民”的标志。上帝的预先决定，人无法得知，也无力改变。人只能在现实生活的遭遇中服从上帝为他安排的命运。一个人之所以发家致富，不在他的品德、智慧和勤劳，而端赖上帝的恩赐。与天主教教会的伦理观念不同，加尔文教不反对经商致富，不反对放贷取利。他说：“财富本身决不像某些蠢人所想的应予以斥责。”他认为一个人的贫穷是奢侈和懒惰所致。

这样，加尔文的“神定论”为新兴资产阶级的发家致富作辩护，并且为他们不择手段掠夺人民大开绿灯。显而易见，在16—18世纪的原始积累时代，欧洲资产阶级在海外肆无忌惮地掠夺榨取殖民地人民，就是受加尔文的“神定论”推动的。而且，“神定论”也鼓舞了资产阶级的进取精神。因为它使他们相信自己是上帝的“选民”，受上帝的特殊眷顾，产生一种优越感，增加了自信力，从而能够无所畏惧地开拓前进的道路。

加尔文教的另一个特点，是提倡过俭朴、严肃的生活。在他主持日内瓦政教期间，他甚至不许市民跳舞、观剧、酗酒等等。加尔文教的这个特点，也反映了新兴资产阶级的态度，有利于资本的积累及资本主义的发展。

总之，加尔文教是原始积累时代的重要的资产阶级意识形态，它是适应新兴资产阶级的要求而产生的，但是它一旦产生就成为资产阶级手中最强有力的精神武器。在原始积累时期在殖民掠夺舞台上最为活跃的分子，多半是加尔文教的信徒。这样，欧洲资本主义工业化与宗教改革的密切关系，也是昭昭然的。

一言以蔽之，文艺复兴、“地理大发现”与宗教改革有力地推动了资本主义的发展，对资本主义的胜利和确立起了关键性的作用。

三

世界近代史是资本主义上升发展的历史，而导致资本主义上升发展，资产阶级统治确立的一系列变化、一系列事件，几乎都起因于互相渗透、互相影响、在精神上一脉相通的，在时间上相距甚近，可以说是前后联翩发生的文艺复兴、“地理大发现”及宗教改革三大运动。这一点我在前两个部分已经论证过了。因此按理说这三大运动都应该算作是世界近代史的开端，但是这样做，在处理上有困难，我们只能在这三大运动中选择一个运动作为世界近代史的开端。我认为选择“地理大发现”作为开端，以 1500 年作为上限最为合适，因为在这三大运动中只有“地理大发现”直接诱发了西欧诸国的海外殖民扩张，对于西欧资本主义工业化起了最有力的催化作用。

以“地理大发现”为世界近代史的开端，还有两个重要理由。

第一，资本主义上升发展的历史，也就是从地区封闭隔绝向世界形成统一整体过渡的历史。而第一次打破世界地区的这种隔绝状态的便是 1500 年前后的“地理大发现”。只有在“地理大发现”以后，过去老死不相往来的世界各地区居民破天荒第一次进行了直接的接触。如此可见，1500 年实在是人类史上关键性的年代。哥伦布之在圣·萨尔瓦多的登陆，可以与前些年美国宇航员登上充满诗情画意的月球，因而打破了星球之间的隔绝状态的壮举遥相媲美。在这个意义上，以1500年为世界近代史起点也是再合适不过的了。

第二，历史唯物主义告诉我们，经济是基础，政治是上层建筑，因此世界史应该以导致世界经济形态的重大变化的事件或运动作为分期的标志，而不应以政治事件或政治革命作为这个标志。而地理大发现导致了世界经济形态的重大变化，因此，以它作为分期的标志最为合适。在这个意义上，地理大发现及1500年作为世界近代史的开端，也是有充分的根据的。

这样，无论从哪个角度来看，以“地理大发现”作为世界近代史的开端，以1500年作为近代史的起点，都是站得住脚的。

新中国成立四十年来，我国的世界近代史，无论是教材，还是教学，一直是以英国资产阶级革命（1640年）作为开端的。这是我们盲目照搬苏联教材的结果。现在看来，这种以政治革命为标准的分期办法是违反历史唯物主义的。而且，英国资产阶级革命只是英国一国范围内的政治革命，虽然它引起了英国内部的经济变革（特别是土地关系），但是它并没有促成全世界规模的经济形态上的重大变化。因此，世界近代史之以英国革命为开端，是不足取的。

（原载《史学月刊》1991年第1期）

1871—1914 年资本主义国家的政治、社会调整

1871 年以后，伴随着资本主义从“自由竞争”向垄断的过渡、科学技术和工农业的飞跃发展以及世纪之交第二次工业革命的猛烈开展，欧美几个资本主义大国在社会经济和阶级斗争方面出现了新的形势，这表现在如下几个方面：第一，由于向垄断过渡，资本主义社会的阴暗面更加突出，社会不公正现象愈趋严重。国民财富急剧增长，但是财富分配极不公平，贫富差别天悬地隔。第二，劳动人民的觉悟空前提高，马克思主义在工人中间广泛传播，各国工人阶级纷纷成立自己的政党，在政治生活中取得举足轻重的地位，资本主义面临严重的挑战。第三，1871—1914 年是社会化大生产时代，工业化与城市化同步发展，以致社会生活愈益错综复杂，意想不到的新问题纷至沓来。第四，资产阶级政治积弊成堆，腐化在侵蚀着整个政治肌体。第五，各国工业发展的不平衡加剧了各国之间的工业竞赛，不断提高劳动生产率也在各国被提到日程上来。

面对上述新形势新问题，旧有的资产阶级政治结构、社会结构中的许多环节以及旧有的方针政策已经不能适应了。如果“率由旧章”，一切墨守成规，资本主义只有没落或灭亡之一途。为了让资本主义继续生存下去，为了给资本主义增添活力，为了迎接新时代的挑战，资本主义国家便不得不在政治、社会领域内进行一连串的调整。本文的目的便是考察、分析和论述这些调整的来龙去脉、作用及其历史含义。由于篇幅所限，只举典型国家的典型例子。

一

首先谈政治调整。这个调整包括强化国家机器、完善国家管理机构和

扩大政治民主三个内容。

（一）强化国家机器

过去我国史学界一致认为在 1871 年以后资本主义国家都强化了国家机器，其主要表现是加强了军队、警察机构，建立或加强官僚制度。对于这个看法，我没有异议。这里只想作两点补充。

第一，我认为这个时期国家机器的职能不止于镇压和压迫，它的职能扩大了，更加多样化了，如管理教育，负责公众卫生，保护自然资源，推行劳工福利政策，甚至制裁托拉斯的不法活动，等等。诺赛亚·斯坦普写道："国家已从作为警察的国家，发展为作为护士、医生、药剂师、保护人、向导、哲学家和朋友的国家了，从摇篮到坟墓。"①

第二，我认为 1871 年以后行政权力的加强也是强化国家机器的一个重要表现，而这一点过去被人忽略了。这里我愿意就这个问题多谈几句。为了应付近代化大工业所带来的问题，提高政府工作效率便成为当务之急，而行政手段的效率显然要比立法手段更高，所以 1871 年以后英美及比利时等国行政权力加强了。

1870 年以前的英国，议会权力曾经是至高无上的，以致有人说"议会除了不能使一个女人变成一个男人或一个男人变成女人外，能够做出一切事情。"② 然而到 19 世纪晚期，议会权力逐步缩小，而内阁权力却膨胀起来。内阁在立法中的作用比过去更大了，因之人们呼内阁为立法机关的第三院。内阁也不像过去那样奉命唯谨地向下院负责了。当代政界人士都承认这一点。1894 年萨利斯伯里说："……在下院中发生了一个重大的变化，而且这种演进还在继续着：讨论是在内阁里面进行，而在下院中的讨论徒具形式。""我认为……有关重大问题，在与内阁和选民相比，下院逐步失去它的权力。"③

这个时期，美国也呈现国会权力削弱和总统权力增强的趋势。

---

① 乔治·亚当斯：《英国宪政史》（George Adams, Constitutional History of England），伦敦 1939 年版，第 560—561 页。

② 埃尔弗·詹宁斯：《英国议会》，商务印书馆 1959 年版，第 2 页。

③ 乔治·亚当斯：《英国宪政史》，伦敦 1939 年版，第 471—472 页。

（二）进一步完善国家管理机构

进入19世纪晚期，由于社会化大工业及城市的发展，社会生活日趋复杂化、多样化，为了处理千头万绪的国家事务，就必须加强政治管理的专业化、科学化，以期国家管理机构臻于完善。1871—1914年英美两国在这方面做得很出色：第一，它们都通过文官制度的改革，完善了国家管理机构。第二，美国实现了城市管理机构的完善化。

在英国，在文官制度改革之前，吏治窳滥，政府工作效率低下。这是不合理的文官任免制度有以使然。官吏任免大权掌握在内阁首相及大臣手中，他们任人唯亲，一般都把本党的亲信安插在政府各个部门。黜陟官吏也不是依据才能大小、勤奋与否或政绩优劣，而是以资历深浅及上级喜怒好恶为转移。结果，冗官充斥，效率低下，工作混乱，贪污盛行。

吏治腐败，在美国表现在“分赃制”上面，这个制度形成于19世纪30年代，其特点是：甲党上台，立即斥退大批政府官员而让在竞选中立功的本党党徒①“取而代之”。乙党上台，亦如法炮制。因之政府官员素质很低，道德败坏。而且，“分赃制”也影响了政府工作的连续性和稳定性。

为了矫正这些弊端，也为了适应近代化大工业时代政府工作专业化、科学化的需要，英国在1855年和1870年前后颁布了两道枢密院命令，美国在1883年颁布了“彭德尔顿法”，分别推行了文官制度的改革。综合言之，两国文官制度改革有以下内容：一，文官任用采取公开平等考试、择优录取的办法。只有具备一定的科学文化与专业知识的人才能担任官吏。在美国，有时邀请学术界专家主持考试。二，实行定期考绩，按照勤惰、政绩大小予以升降、奖惩。三，禁止文官介入党派活动，文官不与执政党共进退。

文官改革收到了一定的良好效果。首先，文官超然于党派斗争之外，这保证了政府工作的连续性和稳定性。其次，把竞争机制引进文官制度中来，这就在某种程度上减少了官场中的腐败现象，提高了文官的素质和工作效率，激发了他们的积极性。第三，它也推动了文官的知识化、专业化和政

---

① 程西筠：《从恩赐官职到择优录仕》，《世界历史》1980年第5期。

府管理的科学化，使学有专长的知识分子取代了庸庸碌碌的政客。

在美国，还通过市政改革实现了城市管理机构的完善化。

到世纪之交，美国经济结构发生了重大变化：在全国范围内以城市为中心的经济体系已经初步形成，经济发展的重心转向城市。由于经济结构发生这样重大变化，现有的城市体制已无法与它相适应。这便是美国市政改革的基本原因。

在改革之前，美国城市一般的实行市长—市政会议制。在这个体制下，市政管理效率甚低，而且贪污成风。到 19 世纪 90 年代，随着进步运动的兴起，市政改革的要求发展为一个声势浩大的运动。

改革运动产生了结果，市长—市政会议制被送到历史博物馆里去，取而代之的是委员会—经理制。在新体制下面，委员会（5—9 人）由市民按普选制原则选出，由它负责制订政策，颁布法令，批准年度预算。经理是由委员会聘请的、受过专门教育并且有丰富的管理经验与才干的专家担任，由这位经理全权负责城市的行政管理。他向委员会负责，任期不限，由委员会视其政绩优劣而定。该体制既有民主成分（由人民选出的委员会掌握大权，由它来决定方针大计），又能发挥专家特长。易言之，它把企业管理原则注入民主的市政管理之中，它既能照顾到市民各个集团的利益，又能实现城市管理的专业化、科学化。①

这样，在 1871—1914 年间，为了适应工业化、城市化的时代需要，为了应付社会生活的复杂化所带来的新问题，资本主义国家进行了政治上的调整——改革了文官制度，改革了城市管理体制，从而完善了国家管理机构，使其专业化、科学化，这样就使得政治上层建筑适应了工业化社会的新格局，为资本主义社会的正常运作创造了有利的政治环境。

（三）扩大政治民主

在这个问题上，英国是一个典型。在 1871 年以后，英国工人阶级已经发展成为一支不可忽视的社会力量，他们不但有自己的工会组织，而且也日

---

① 王旭：《一种富有生机的市政体制》，《美国研究》1989 年第 3 期；刘绪贻等译：《1900 年以来的美国史》上卷，中国科学出版社 1983 年版，第 87—91 页。

益倾向于社会主义。面对这个情势，在英国交替执政的两大党自由党和保守党，都感到有必要在政治上进行调整：进一步扩大民主，借以缓和工人阶级的不满情绪。他们从过去几十年的经验中看到，扩大政治民主不但不会威胁私有财产制度，反而可以麻痹工人阶级的革命意志，磨掉他们的斗争锋芒，从而可以达到稳定社会秩序、巩固资产阶级统治的目的。这便是19世纪末20世纪初英国当政者通过改革扩大民主的主要原因。当然，也不能忽视资产阶级扩大民主的另一个动机，那就是企图削弱或消灭贵族的封建势力。

这一时期英国扩大民主的主要内容有以下几个方面：实行秘密投票制，以保证选民的投票自由；进一步扩大选举权范围，甚至实现妇女投票权，因而使英国接近了普选制；调整议会的席位分配，因而实现了比较公平的代表制；取缔选举中的舞弊行为，因而减少了贿选现象。而且，也对贵族势力的堡垒——上院进行了改革：大大降低了上院的权力地位，使议会权力重心转移到下院来，在立法和财政方面下院取得了最后决定权。

在这一时期，英国地方政府也日趋民主化。在1870年以前英国长期实行地方自治，地方大权都被地方贵族及国教教会僧侣所垄断。各郡的行政司法权力都由贵族出身的治安官掌管。县的权力机关评议会则在僧侣的控制下。

但是，到19世纪晚期，英国对地方政府进行了改革。1888年在各郡都成立由选举产生的郡务会议，由它接管治安官的大部分职权，治安官只保留警察权及颁发许可证的权力，而且警察权还要和郡务会议下面常设的联合委员会共同行使①。到1894年又对县级政府作了改革，用选举产生的县务会议取代县评议会。在这些改革中基本上摧毁了地方贵族、僧侣的封建统治，实现了郡、县的政治民主化。

这时在美国也有扩大民主的趋势，这主要是在州以下的地方政府进行的。在欧洲其他国家（俄国是例外）也都在不同程度上扩大了民主。

---

① 戴维·凯尔：《1485年以后的近代英国宪法史》(David Keir, The Constitutional History of Modern Britain Since1485)，伦敦1961年版，第513—514页。

二

在 19 世纪末 20 世纪初，主要资本主义国家在社会领域内也进行了调整，而这些调整也是有针对性的。以英国为例，它在 1870 年以前实行的是经济上的放任政策，而实行这种政策的结果是社会经济上的不平等加剧，大公司、大企业飞扬跋扈，富者“腰缠万贯”，贫者欲求温饱亦不可得，他们的生活下降到无法维持健康和工作效率的水平。① 这种情况如果任其发展下去，必然激化社会矛盾，危及资产阶级的统治。为了防止这个后果，统治集团感到有必要实行社会调整。实行社会调整意味着从过去的自由放任政策过渡到对社会生活的干预。

英国实现这个过渡之前是有舆论准备的。英国有三位思想家约翰 · 穆勒、弗兰西斯 · 布拉德雷和托马斯 · 格林从理论上提倡国家干预。穆勒要求扩大国家活动范围，他说：“我们认为未来的社会问题，就是怎样把最大的个人行动自由，同地球上原料的公有及平均享用共同劳动果实结合起来。”格林对于个人自由作了非功利主义的解释，并且从伦理的角度提出了“共同的善”这一概念，从而在思想上为国家干预社会经济生活和社会改革扫清了道路。② 布拉德雷和格林都无情地批判了放任主义，他们指出：国家干预不但不能破坏，反而可以促进个人自由和人格的实现。国家的职能便是保证在个人、企业妨碍个人和社会福利时，用政府的行动去限制它或取而代之。③

实际上，这个时期在社会领域内进行调整也是可能的，因为当时具备了客观条件。第一，科学发展日新月异，一支强大的科学家队伍（包括自然科学家和社会科学家）已经成长起来了，他们用自己的科学知识及科学研究成果为政府出谋划策，协助政府实行社会调整。④ 第二，工农业的飞速发展，

---

① 戴维 · 凯尔：《1485 年以后的近代英国宪法史》，第 457—458 页。

② 《新编剑桥世界近代史》第 11 卷，中国社会科学出版社 1987 年版，第 155—156 页。

③ 戴维 · 凯尔：《1485 年以后的近代英国宪法史》，第 458 页。

④ 《新编剑桥世界近代史》第 11 卷，第 24—25 页。

创造出丰盈的社会财富，为实行这个调整提供了坚实的物质基础。①

针对社会上的贫富悬殊和垄断资本的横行霸道，资本主义国家所实行的社会调整主要有两个内容，即推行劳工福利（或社会保障）政策和触动上层集团利益的政策。

（一）劳工福利政策

在此期间英国所推行的劳工福利政策，在广度上和深度上都是首屈一指的。但是英国当政者之决定实行这个政策，也是社会上各种力量推动的结果，首先是工人的压力，其次是社会主义者的呼吁，最后是社会科学工作者的督促和协助。

费边社是一个社会主义团体，它最关心下层人民的生活。著名费边社人士悉尼·韦伯提出了一个社会改革方案，它涉及标准工资率、标准劳动时间、卫生条件及安全保障，等等，并且以该方案为基础向政府提出改革建议。这个建议不仅有力地推动政府的劳工福利政策，而且也成为政府实行这个政策的依据。②

更值得大书特书的是19世纪晚期一些社会科学工作者的感人事迹及其重大贡献。他们通过社会调查，用触目惊心的事实揭示出下层人民的苦难，从而使得统治阶级不得不认真对待这个严重的社会问题。在这方面最突出的是查理·卜斯和塞包姆·朗特里两人所作的社会调查。卜斯本来是一个大富翁（大船主），但是他热心于社会工作，并且变卖了大量财产用于社会调查上面。他写的《伦敦人民的生活和劳动》一书，便是他多年从事社会调查的成果。此书共17大卷，第1卷于1889年问世。书中提出了一个值得深思的问题：当代产品异常丰富，社会财富多如山积，但是却存在如此严重的贫困现象。他的调查非常客观真实，这个调查“本身几乎构成一个运动，是影响社会思想的重要研究成果。”③

卜斯在书中第一次使用“贫困线”这个术语，他把维持普通生活水平

---

① 巴特·珊主编：《英国社会政策的起源》（Pat Thane, The Origins of British Social Policy），伦敦1978年版，第15页。

② 樫原朗：《“ィキ”ス社会保障の史的研究》（日文），京都1978年版，第345—350页。

③ 樫原朗：《“ィキ”ス社会保障の史的研究》（日文），京都1978年版，第353页。

的家庭，和未能维持普通生活水平的家庭之间的差别作为“贫困线”。他发明“贫困线”这个概念，是他对于社会科学的重要贡献。他的缺陷是：他未能对“贫困线”一词作出严密的、科学的界定。

他调查的对象伦敦是全世界最富的大都市，但是他发现 1889 年伦敦市民有 30.7%的人生活在“贫困线”以下。他也注意到老年人问题，发现年龄与贫困的关系至为密切。这个发现给社会以巨大的冲击。他以此为根据在 1899 年提出了“老年津贴制”的建议。英国政府在 1908 年颁布的“老年津贴法”，就是他这个建议的开花结果。①

朗特里也作出了巨大贡献。他把贫困家庭分为两类：第一类是家庭总收入不足以维持肉体的机能。第二类是家庭总收入足以维持肉体的机能。他把肉体机能的维持与否作为划分“贫困线”的标准。他在确定每个家庭最低收入时，把维持肉体机能所必需的最低的用餐费、房租、衣服、燃料及杂用的费用都算了进去，而认为总收入低于这些费用的便是“贫困线”以下的家庭。显然，朗特里对于“贫困线”的界定，比卜斯前进了一大步。有了朗特里的这个标准，英国的劳工立法才有了科学依据。②

也不能忽略工厂主资本家的作用。英国政府（商业部）遇事总是找他们商量，只有在取得他们同意后，才制定有关劳工福利的法律。大企业主一般的同意实行这样的政策，这是因为在他们看来，实行这样的政策，可以达到“社会控制”的目的。他们认为社会福利政策可以防止工人倾向社会主义。关于“社会控制”的重要意义，阿斯克威思在谈到 1911 年工人骚动时分析得很透彻，他说：“工人运动在规模、组织及团结一致方面，都有增无已。这些便是我们对于全局的看法，因此我们得出的结论是：应该做出一切努力以维持控制……”③

然而，“社会控制”并非工厂主资本家支持福利政策的唯一动机。对于他们说来，有时提高生产率的考虑更为重要。他们认为福利政策有助于刺激工人的劳动积极性。④

---

① 樫原朗：《“ィキ”ス社会保障の史的研究》（日文），京都 1978 年版，第 350—359 页。

② 樫原朗：《“ィキ”ス社会保障の史的研究》（日文），京都 1978 年版，第 350—359 页。

③ 巴特·珊：《英国社会政策的起源》，伦敦 1978 年版，第 109—110 页。

④ 巴特·珊：《英国社会政策的起源》，伦敦 1978 年版，第 109—110 页。

以上就是英国政府实行劳工福利政策的复杂的历史背景。下面缕述英国实行劳工福利政策的经过及具体内容。

1897年制定工人赔偿法，规定：危险最大的产业部门——铁路、制造业、采矿业、采石业及建筑业——中的工人因工致死或致残者，可以领取赔偿费。到1900年又扩大到农业部门，1906年普及一切产业部门。①

1905、1909年制定了有关解决失业问题的法律，但是实行结果，成效不大。因此到1911年自由党人劳埃德·乔治向议会提出失业保险法案，并获得通过。其内容要点如下：保险适用范围包括建筑业、土木事业、造船业；每周从工人工资中扣出2.5便士，雇主出钱2.5便士，政府出钱1.25便士，作为保险基金；失业工人领取15周的生活费，每周7先令。②

1909年颁布商业法，它授权成立一个机构，由它对几个工资低下的工业部门的工资实行工资管制。但是，受益者只有100000人。③

1908年制定关于老年津贴的法律，规定年过70岁的穷人每周可以领取5先令的津贴。据该法，全国只有490000人有资格享受这个待遇，而且其中许多人是妇女。这笔钱是完全由国家负担。④

1911年又制定"国民保险法"，内容有二：第一，工人生病、残废或怀孕者，可以领取补助金。第二，经费来源是：工人每周拿出4便士，雇主拿出3便士，政府拿出5便士。⑤

英国也实行工厂法，以求改善工人的劳动条件。1878年的"工厂与工场法"确定了工人10小时工作制及星期六半日制。1886年的"商店法"规定了在零售店中工作的儿童及青年的工作时间。1908年的"煤矿法"规定了井下工作时间为每天8小时。⑥

---

① 爱德华·洛伊尔：《近代英国社会史，1750—1985》(Edward Royle, Modern Britain-A Social History, 1750—1985)，伦敦1987年版，第200—201页。

② 樫原朗：《"ィキ"ス社会保障の》(日文)，京都1978年版，第370、508页。

③ 爱德华·洛伊尔：《近代英国社会史，1750—1985》，伦敦1987年版，第200—201页。

④ 爱德华·洛伊尔：《近代英国社会史，1750—1985》，伦敦1987年版，第203页。

⑤ 爱德华·洛伊尔：《近代英国社会史，1750—1985》，伦敦1987年版，第203页。

⑥ 爱德华·洛伊尔：《近代英国社会史，1750—1985》，伦敦1987年版，第203页。

英国之所以能够推行这样广泛而有一定实效的劳工福利政策，也与当政者的远谋深算有密切关系。19 世纪晚期的约瑟夫·张伯伦，20 世纪初的劳合·乔治以及温斯顿·丘吉尔之所以汲汲于实行这些社会政策，主要是因为他们意识到来自社会主义者的威胁越来越大。托马斯·琼斯对于劳合·乔治的政策所作的解释可谓切中肯綮，他说：劳合·乔治“用从自由主义军火库中拿出来的本质上是保守派的措施，破坏了社会主义计划。”① 同时，这些政治领导人也敏锐地觉察到英国国际竞争敌手德国早已实行劳工福利立法，因此增强了德国工业在国际市场上的竞争力量。而且，英国人也广泛地讨论与优生学有关的“国民退化”问题，以及在第二次布尔人战争（1899—1902 年）中英国志愿军健康水平的低下问题。英国统治集团特别痛切感到工人福利关系到大英帝国的安全和“光荣”。他们之愿意采取措施以提高穷人、工人的生活水平，并不是因为有一副慈悲的心肠，而是因为他们考虑到如何增强英国“种族”，以便实现对外扩张。②

在这个时期，美法德诸国也在不同程度、不同规模上推行工人福利政策。其背景因国而异，有的出于阶段斗争的策略上的需要（如俾斯麦的德国），③ 有的来自改革运动的推动（如 20 世纪初的美国）。但是无一例外，这些国家的劳工立法都是在资本主义框架内实施的。

（二）触动上层集团利益的政策

这个时期，资本主义国家也试图实行某些触动上层集团利益的政策，以图安抚下层人民的不满，缓和社会矛盾，以达到巩固资本主义的目的。这表现为反托拉斯的斗争和向富人征税（累进所得税）。

反托拉斯斗争以美国为其典型。

19 世纪末以后在美国出现的一个惊动人心的现象便是大公司、大垄断组

① 爱德华·洛伊尔：《近代英国社会史，1750—1985》，伦敦 1987 年版，第 203 页。

② 爱德华·洛伊尔：《近代英国社会史，1750—1985》，伦敦 1987 年版，第 203 页。

③ 威廉·卡尔：《1815—1945 年的德国史》（William Carr, A History of Germany, 1815—1945），伦敦 1979 年版，第 144 页；戈登·克列格：《1866—1945 年的德国》（Gordon Craig, Germany 1866—1945），牛津 1978 年版，第 151 页。

织的权势骎骎乎凌驾于州政府之上，甚至与联邦政府分庭抗礼。① 更严重的，大托拉斯还凭借其强大的经济力量干出许多危害人民利益的勾当。因此，美国公众以极其愤慨的心情，要求政府制裁这个横霸势力。

当时要求制裁托拉斯的不仅有人民群众，也不仅有中等阶级，而且也有垄断资产阶级中的自由派。西奥多·罗斯福就反映了这个自由派的愿望，但是，罗斯福并不反对托拉斯本身，他只反对托拉斯的不法行为和犯罪活动。他把托拉斯分为“好的”和“坏的”两大类，主张限制托拉斯的“坏的”方面，而保存其“好的”方面。② 罗斯福之从事反托拉斯的斗争，也有安抚中、小资产阶级和防止社会主义在美国传播的目的。正如霍夫斯塔特所指出的，罗斯福制裁托拉斯的动机是“避免范围广泛的灾难、群众的不满、可能发生的暴民的暴力行动、一个潜在的同情罢工以及‘社会主义的行动’。”③

罗斯福反对“坏的”托拉斯的斗争，一个时候声势很大。斗争的结果，“坏的”托拉斯的凶焰有所收敛，但是托拉斯本身照旧发展下去。因此，触及上层集团利益的政策，表现在反托拉斯斗争上，效果是不大的。

然而，作为触动上层集团利益的政策的另一个表现形式的征收累进所得税的措施，取得了一定的效果。

资本主义国家的当政者征收累进所得税，有双重目的：一是为了解决推行劳工福利政策所需要的资金的来源问题；一是为了缓和贫富悬殊所造成的社会矛盾。④

英国政府用在实施劳工福利政策上面的金额，数量大得令人咋舌。1914 年为 20，500，000 镑，而国家全部财政支出为 192，300，000 镑。地方政府用在社会政策上面的金额为 19，000，000 镑，而其财政支出总额为 148，300，000 镑。⑤

---

① 理查德·霍夫斯塔特：《改革时代》（Richard Hofstadter, The Age of Reform），纽约 1960 年版，第 231—232 页。

② 理查德·霍夫斯塔特：《改革时代》，纽约 1960 年版，第 231—232、236—237 页。

③ 爱德华·路易斯：《美国政治思想史》（Edward Lewis, A History of American Political Thought），纽约 1969 年版，第 330 页。

④ 《新编剑桥世界近代史》第 11 卷，中国社会科学出版社 1987 年版，第 30 页。

⑤ 巴特·珊主编：《英国社会政策的起源》，伦敦 1987 年版，第 15 页。

为了弥补这一大笔财政支出，英国政府诉诸向富人征税的手段——实行累进所得税。早在19世纪80年代英国已开始把征收累进所得税的措施纳入正常的轨道。从19世纪90年代起，德意等国，从20世纪初起美法也实行这样的税收制度。英国从1894年起，法国从1901年起，用征收遗产税的办法作为征收所得税的补充手段。在英国，所得税收入在税收总额中的比例，也从微不足道的数目上升到30%。①

触动上层集团利益的政策，无论是反托拉斯斗争，抑或是向富人征税，都不过是资本主义制度下面的局部调整，丝毫也没有破坏资本主义的经济基础。

三

1871—1914年欧美几个资本主义大国所推行的政治调整及社会调整，涉及范围至为广泛，大到政府结构和国家方针大计，小到私人日常生活。从宏观的角度来看，这也是近代世界史上仅见的规模宏大、内容深刻、多层次多角度、各个部分之间有密切的内在联系及互相配合的系统工程。其所要达到的目标也非常明确，那就是：稳定资本主义秩序和繁荣资本主义经济。

工程的各部分之间是怎样密切联系，互相配合的呢？

首先，在政治调整与社会调整之间存在着互相呼应的联系。某些政治调整是为社会调整的需要所推动的，如官僚制度加强和膨胀，是因为在1871年以后国家必须推行劳工福利政策，必须向富人征税，必须加强国家对于社会生活的干预，从而势必扩充管理机构，增加国家工作人员。同样，国家管理机构的完善化，在一定程度上也出于社会调整的需要。再者，政治上扩大民主与社会领域内的劳工福利政策两者是相辅相成的，是资产阶级对付工人阶级的策略的两种不同的表现。更重要的，政治调整为社会调整铺平道路，因为国家机器加强了，国家管理机构完善了，民主的扩大把各方面的

① 《新编剑桥世界近代史》第11卷，中国社会科学出版社1987年版，第31页。

积极性调动起来了，于是国家才有可能得心应手地对社会经济生活实行有效的干预，并且随心所欲地完成各项社会调整工作。

其次，在政治调整、社会调整内部的各个组成部分之间也存在紧密的联系。加强国家机器、完善国家管理机构和扩大政治民主三者是互相依附、互相补充的。靠加强国家机器来发挥其镇压的职能，只有与扩大政治民主齐头并进，才能起到“鞭子与蜜糕”的作用，才能更有效地巩固资产阶级的统治。只有完善国家管理机构，才会使加强国家机器发挥更大的效果。扩大政治民主与完善国家管理机构两者，也是相辅相成，相得益彰的。

工人福利政策与触动上层集团利益的政策两者，如车之双毂、鸟之双翼，互相依辅，缺一不可。如果只实行工人福利政策而不能触动上层集团的利益，不征收累进所得税，则实行工人福利政策所需要的资金就没有着落。如果只是实行工人福利政策而不去制裁垄断巨头的非法活动，就不足以平民愤，就会影响工人福利政策的效果。

再其次，在第三个层次的各个组成部分之间也形成一个子系统。由于篇幅所限，这里只举一例。在劳工福利政策方面，关于失业的立法，老年的立法，工作时间的立法，工资的立法，并于工伤、疾病保险的立法，各种工厂法，都是互相关联的，如果缺少一项，工人的福利保障就残缺不全了。

各个组成部分之间的这种密切联系、密切配合，是政治、社会调整取得成效的保证。当然，各国在这个问题上所取得的成就，也是不平衡的。其中以英国为最。

资本主义国家所进行的这些调整，达到了以下两大目的：

第一，巩固了资产阶级的统治，延长了资本主义的寿命。不消说，强化国家机器收到了稳定社会秩序的效果，从而有利于巩固资产阶级的统治。然而必须看到：在这个问题上，扩大政治民主的作用，比强化国家机器的作用要大得多。资产阶级国家之扩大政治民主这件事本身，就剥夺了人民群众进行独立的政治斗争的意志。以英国为例，自由党人格莱斯顿曾积极地为扩大政治民主（主要是扩大选举权）卖过力气，结果他在人民眼中就成了代表进步、正义的英雄。因此，在人民取得了选举权之后，人民踊跃地投了格莱斯顿的票，而没有运用选举权来选出人民自己的代表。一句话，在扩大政治民主之后，人民成了资产阶级政党的尾巴。① 此外，政治民主的扩大，也起了资产阶级社会的“安全阀”的作用。因为在资产阶级民主制度下，人民群众可以在许多场合（特别是在选举中）发泄内心的不满，这样就不至于由于不满情绪长期郁积心中不得宣泄而最后爆发为革命行动。再者，政治民主对于广大人民来说，也是一副有效的麻醉剂，使他们容易产生对于资产阶级统治的幻想，从而满足于现状。

但是，比起扩大政治民主，资产阶级国家的劳工福利政策所起的作用更大，至少两者有“异曲同工”之妙。劳工福利政策与触动上层集团利益的政策相配合，发挥了社会财富再分配的作用。以英国为例最能雄辩地说明这个问题。自从 18 世纪以来一直到 1870 年为止，英国政府的大部分财政收入来自对消费者征收的“国产税”，因而税的负担主要落在广大消费者劳动人民身上。而与此同时，英国政府把财政收入的一半以上用于支付国债利息和处理国债需要的费用。这意味着以国家财政政策为杠杆，穷人的财富源源不断地流入富人或大资本家的金库中去。结局是富者愈富，贫者愈贫。但是，1871 年以后实施的劳工福利政策及累进所得税制（这是触动上层集团利益的政策的主要表现形式）两者结合在一起，发挥了国民财富再分配的作用：从富人身上挖出一小部分财富，用在穷人身上。② 这种财富再分配，在稳定资本主义社会秩序中所扮演的角色，是不容忽视的。社会财富再分配，使得劳动群众勉强维持温饱，至少可以避免饥寒交迫、转于沟壑的悲惨命运。结果，他们安于现状，而不至于铤而走险或接受革命思想。归根到底，借助于劳工福利政策和触动上层集团利益的政策，资产阶级达到了“社会控制”的目的，巩固了自己的统治。

众所周知，在 1871—1914 年间，在西欧和北美的资本主义大国都呈现了社会安定的局面，没有发生人民革命。这是为什么？显而易见，这主要是和这个时期这些国家实行政治、社会调整分不开的。

第二，资本主义增添了活力，出现了资本主义经济的高速发展。这里，我们首先看到的仍是劳工福利政策及触动上层集团利益的政策所起的重要作

① 《新编剑桥世界近代史》第 11 卷，中国社会科学出版社 1987 年版，第 543 页。

② 巴特·珊主编：《英国社会政策的起源》，伦敦 1987 年版，第 21 页。

用。大家知道，资本主义市场经济必然会拉大贫富之间的差距，并且导致劳动人民的贫困，因而降低他们的购买力，造成周期性生产停滞。然而，劳工福利政策及触动上层集团利益的政策却在一段时间内缓和了资本主义市场经济所造成的这个矛盾，因为这两项政策在实质上意味着对于低收入的工人的一种经济上的补偿，他们在得到补偿后，购买力提高了，社会需求增大了，这就刺激了生产，导致经济繁荣。市场经济所重视的是钱，而以劳工福利政策为主要内容的社会调整所强调的是人，实行社会调整就是对于市场机制的一种限制，就是对市场经济所造成的劳工贫困的一种经济上的补偿，因而对于资本主义经济的稳步增长大有裨益。①

此外，劳工福利政策还有一个积极作用：它既可以刺激工人的劳动生产积极性，又有助于他们的体力的恢复，因而有利于资本主义经济的繁荣发展。

我们还要看到，国家管理机构的完善，为资本主义经济发展提供了政治上的保证；政治民主的扩大有助于阶级矛盾的缓和，从而为经济发展准备了一个安定的社会环境。很难想象在一个政治专制、国家管理混乱、行政效率低下的国家，会出现经济繁荣的景象。

大家都知道，19 世纪末 20 世纪初出现资本主义经济飞跃发展和空前繁荣的局面，并且发生了第二次工业革命。蒸汽时代已成为过去，电气时代翩然来临。原因安在？原因就在于这些工业大国推行了一整套政治、社会调整。

取得了巩固资产阶级统治和资本主义经济的高速发展这两大成果——这就是这些资本主义大国实行政治、社会调整的全部历史含义。

（原载《世界历史》1991 年第 5 期）

① 张小禾：《试论美国社会保障制度对市场机制的调节、补偿作用》，《世界历史》1989 年第 4 期。

中西文明的互补性

中西文明有其相通之处。我在研究美国大思想家、大政治家托马斯·杰弗逊的过程中，高兴地发现，在杰弗逊的思想学说中竟有许多地方与中国孔子、孟子的思想若合符节，或者说不谋而合。孟子提出性善说，他说："人性之善也，犹水之就下也，人无有不善，水无有不下"。"仁、义、礼、智，非由外铄我也，我固有之也。"杰弗逊也倡性善说，主张人性皆善，认为每一个人都天生具有道德意识，这个意识是他的天性的一部分，"犹如听、视、感觉的官能是身体的一部分"。孔子提出"仁"这个道德范畴，主张"仁者爱人"，"己欲立而立人，己欲达而达人"，要求人们互相亲爱。杰弗逊同样提倡人与人之间的爱。他认为古代希腊哲人着重个人的身心修养（如控制个人感情，保持内心平静），而忽略"对他人的责任"，他们没有要求去爱他的邻居，更没有要求"以仁慈之心去对待整个人类大家庭。"杰弗逊发现，只有到耶稣出来，才第一次（当然指西方而言）"宣扬普遍的爱，不仅爱亲戚和朋友，爱邻居和同胞，而且也爱全人类"。因此，杰弗逊推崇耶稣备至，并且在1804年写《耶稣的哲学》，目的在于发扬耶稣所倡导的博爱精神。孔、孟都非常重视教育，并且认为教育是政治的基础，把教化人民的责任放在君主身上。孟子引证《书经》，主张"作之君，作之师"。他们都强调通过教育使人民为善，而反对用严刑峻法去统治人民。孔子说："道之以政，齐之以刑，民免而无耻；道之以德，齐之以礼，有耻且格。"杰弗逊是美国第一位提倡教育最有力的政治家，他不但终生致力于发展教育，而且对教育的作用有最深刻的认识。在他看来，政治民主是和教育分不开的，一个愚昧的民族，是与政治民主不相称的。关于教育的作用，虽然杰弗逊与孔、孟在看法上不尽相同，但是他们在把教育看作为政之本这一点上是一致的。孔子重视人的价值，他的全部学说都是从这出发的。"厩焚。子退朝，曰：‘伤人乎？’而不问马。”这表现了孔子的人道主义精神。杰弗逊同样重视人的价值。他虽然是奴隶主，但是却反对奴隶制度，因为这个野蛮的制度把黑人当作财产（物）。他的理想是自食其力的自耕农社会，在这个社会里，人们可以充分享受人的尊严，既不剥削别人，也不受别人剥削，可以享受真正的自由和平等。杰弗逊虽然不是和平主义者，但是一般说来他是厌恶战争的。在他当政时，他的方针是：尽可能避免对外战争，因为他看到，战争是要死人的。他与那些黩武主义者及把人民的生命视同草芥的统治者，是不可同日而语的。

要知道，孔、孟与杰弗逊在时间上相距近两千年，在空间上相距万余里，而在思想上竟有这些惊人的相似，这在人类文明史上不能不说是一个饶有兴趣的现象。

然而，表现在孔、孟与杰弗逊思想上的这种相似，只能是个别的例子，从总体说来，中、西文明有本质上的差异。

不同的民族、种族有不同的文明，这是很自然的，是不同的地理环境和不同的社会历史条件所决定的。

但是，不同的民族、种族的不同的文明，各有其独特的特点，是不存在高下优劣之分的，都对人类大家庭作出应有的贡献。而且，有意义的是，不同的中、西文明不但不互相抵牾，而且是互相补充的。

以我个人的愚见，作为中国文明的核心的儒家思想，以伦理学说见长，它特别重视现在的人际关系及现实生活，而轻视虚无缥缈的天道及玄之又玄的形而上学理论。孔子说：“未知生，焉知死。”“未能事人，焉能事鬼。”子贡说：“夫子之文章可得而闻也，夫子之言性与天道，不可得而闻也。”孔、孟所探讨的都是人事，如怎样处理好人与人的关系，怎样处世，怎样做人，以及怎样能实现人的最大价值等等（即人生哲学）。在人际关系上重视和谐，以“仁”（即爱人）作为人际关系和谐的凝聚剂。在处世做人方面强调义利之辨，重义而轻利，强调人格的修养及人的自我完善。在价值观上，重视人，而不重视物。这些都是儒家思想中的积极成分。

但是，儒家思想中有一个致命的弱点：它把伦理与政治混为一谈，把政治作为伦理的延长，把伦理应用在政治上，于是便产生了儒家的仁政学说。孔、孟提出仁政学说，主观用意是好的。他们针对君主的残暴及压榨人民的客观现实，苦口婆心地劝告君主要爱民如子，要施恩泽于百姓。但是，仁政学说在客观上并没有发生什么良好的效果。汉武帝采纳董仲舒的建议，罢黜百家，独尊儒术，好像愿意把儒家的政治理想付诸实施。董仲舒还警告说：如果帝王暴虐无道，上天必定降下灾异，以示惩罚。但是武帝并没有认真听从这些忠言，照旧横征暴敛，残害百姓，成为历史上仅次于秦始皇的暴君。中国历史上的许许多多暴君，也无一不是双手沾满人民鲜血的刽子手，就连史家满口称赞的所谓“明君”唐太宗也不例外。我读中国史书所得到的突出的印象就是：历代帝王把杀人看作家常便饭。有人说一部二十四史便是相砍史。我还可以补充一句：一部二十四史也是帝王随便杀人的历史。

为什么会这样？为什么儒家仁政学说完全落空了？我可以毫不迟疑地回答说，这主要是因为仁政学说把君主看成是政治的主体，把人民当作是客体；把前者放在主动的地位上，而把后者放在消极被动的地位上面；把一切希望都寄托在所谓“明君贤相”的善良动机上，而让人民消极等待上面“恩赐”仁政。这充分证明儒家仁政学说的空想性质。要知道一个人一旦大权在握，而且权力无限，势必要为所欲为，流于残暴，而走向暴政。英国自由主义者阿克顿爵士有言：“权力意味着腐化，绝对权力意味着绝对腐化。”我感到这句名言不够全面，应该再补上一句：“权力意味着残暴，绝对权力意味着绝对的残暴”。幻想一个掌握无限权力的人实行仁政，无异于缘木求鱼。只有人民成为政治的主体，通过自己选出的代表参加政权，或者至少在政治上有发言权，才能使政府真正保障人民的权利，为人民谋幸福。儒家的仁政学说的缺陷正好应该用出于西方人所首创的这种民主来补救。我曾说：西方文明对人类的伟大贡献有二：一曰民主，二曰科学。民主虽然滥觞于古代希腊城邦，但是真正的民主产生于近代，它的思想基础是自由、平等及人权学说，西方民主在制度上的表现便是代议制、普选制及三权分立等等。

对于西方来说，科学技术的发展，导致了经济的发展及人们生活水平的提高，人们的物质上的享受所达到的水平，是人类祖先做梦也想不到的。

但是，西方科学技术的过度发展，及与它相关联的工业的高度发展，使人的社会变成一架机器，每个人都成为它的零件或螺丝钉。活生生的人“物化”了。科学万能的结果，温情脉脉的人情味淡薄了，人际关系冷漠了，人们的精神空虚了。贪求物质享受，造成“人欲横流”，犯罪猖獗。而且科学的盲目发展，也导致生态平衡的破坏，环境的污染，甚至为人类所固有的人伦关系遭受破坏的可能，也正在威胁着人类（如生物工程中的克隆)。

西方文明所面临的这个危机，恰恰需要中国儒家思想中的积极部分（上面已经谈到）来挽救。

（原载《文明比较研究》创刊号，2000 年第 1 期）

二、美 国 史

美国殖民地时代的议会制度

在法国大革命前，全世界除了英国外，只有北美殖民地出现了议会制度（指近代意义上的议会制度），这是一个非常值得注意的现象。本文试图就北美议会制度的起源和议会的权力等问题做初步的探讨。

一、北美议会制度是英国背景与北美特殊环境相结合的产物

我们首先遇到的问题便是：为什么当时除英国外只有北美产生了议会制度？在回答这个问题之前有必要简单地回顾一下殖民地早期议会创立的过程。北美议会之创立主要通过以下几种方式：

第一，议会之召集出于居民的要求及统治当局的主动。典型的例子便是弗吉尼亚议会。弗吉尼亚殖民地是英国弗吉尼亚公司创建的。最初公司派总督到殖民地实行总督的独裁统治。总督的暴政引起居民的不满，群众强烈要求公司改变这种统治方式。公司的领导人之一桑狄斯是一位思想开明的资产阶级民主主义者，他在 1614 年任英国下院议员时曾作了抨击专制制度的大胆发言。当时他看到弗吉尼亚迫切需要的不是撤换个别总督，而是改变统治方式，因此他建议在弗吉尼亚实行民选的议会制度。当时公司有人反对，担心“按照大多数人的选票和意见”进行统治，会造成混乱和降低行政效率。但是公司终于采纳桑狄斯的建议，同意在弗吉尼亚召集议会。于是在 1619 年召集了弗吉尼亚第一届议会，这也是北美第一个议会。

第二，议会之成立是人民斗争的结果。马萨诸塞议会之创立就是采取这个方式。马萨诸塞最初实行了类似寡头政治的统治，掌握大权的是总督及

其手下的几个助理，他们组成所谓总委员会，行使立法大权及行政大权，对居民实行高压统治。这种情况激起了广大人民的不满，从 1631 年起群众拒绝纳税，并且表示只有让人民选出代表参加政治管理，才同意纳税。1632 年当局让步了，同意每个市镇选出两个代表，与总督一道商量征税问题。结果 1634 年各市镇选出了代表参加总委员会。最初，选出的代表与总督及助理们在总委员会内一道开会，在投票时代表们为一方，官员们为另一方形成对峙，互不相让。为了打开这个僵局，到 1644 年总委员会分为上、下两院，上院由总督及助理组成，下院(即议会）由代表们组成。由是议会才告形成。

第三，议会之创立出自移民群众的首创精神。突出的例子便是朴利茅斯的议会。创立朴利茅斯殖民地的“移民始祖”是出身卑微的农民、工匠及小商人①。他们都是独立派教徒，因不堪英国国内的宗教迫害，才逃到北美，希望在这里实现自己的宗教理想及谋求生活出路。他们一开始就有自治的愿望，这个愿望明确地表达在他们共同制定的“五月花”公约里。“五月花”是他们来美时乘坐的船，1620 年 11 月 21 日在离船上岸之前，他们在船上共同制定了一个“公约”，一致约定：成立公民组织，共同制定法律并且自觉遵守这些法律。②他们登岸后在成立朴利茅斯市镇时，便把这个“公约”付诸实施：成立市镇大会（全体居民都参加），在市镇大会上选出总督和助理，由他们负责管理全市镇的公共事务。不久，陆续出现其他市镇，这些新市镇的居民感到去朴利茅斯开会路途遥远很不方便，于是便在 1639 年选举代表到朴利茅斯开会。这就产生了代议制的议会③。

第四，殖民地的创始人及领导人按照自己的民主理想创立议会。罗德·艾兰殖民地议会的成立，就是属于这个类型。1636 年，一群不满马萨诸塞的政治压迫及宗教迫害的人们，在民主主义者罗杰·威廉斯的率领下离开马萨诸塞来到普罗维登斯，在这里定居下来建立了市镇。到 1640 年，市镇的居民在威廉斯的指导下制定宪法，成立了政府。政府由一个议会和五个“处理员”组成，议员及“处理员”都由居民选出。1644 年根据英国长期议

---

① 莫理森等:《美利坚共和国的成长》第 1 卷，天津人民出版社 1980 年版，第 105、106 页。

② Commager, Documents of American History, Vol.I, pp.15—16.

③ Savelle, A History of Colonial America, pp.106—107.

会颁发的特许状，普罗维登斯和另外三个市镇合并成立罗德·艾兰殖民地。该殖民地在1647年召开了代表大会，制定一部体现了威廉斯民主思想①的新宪法。根据新宪法，该殖民地的政府由一个议会和以主席为首的行政机构组成②。

第五，议会的成立完全出于业主的主动。宾夕法尼亚议会就是这样产生的。业主佩因在1682年创立该殖民地时，一开始就主动地在殖民地上设置一个由上、下两院组成的议会。到1701年，又根据佩因的意见，两院制议会改为一院制议会。

上述议会形成的过程表明，北美议会并不是自天而降的，大多数场合是通过人民群众及其领袖的艰苦斗争和努力争取才得以建立起来。但是，单单用这个来说明北美议会产生的原因，是远远不够的。因为一种思想一种制度，并不是突如其来的，它的产生必须以“已有的思想材料”和制度为依据。北美议会之产生也不例外，创立北美议会的人们也是以“已有的思想材料”和制度为依据的，具体说来他们所依据的是英国的议会传统。

英国议会传统由来已久。早在5世纪条顿人入侵英国后不久，就在英国形成了市镇大会、百族大会及部落大会等直接民主的组织形式。这可以说是英国议会的雏形。部落大会到7世纪演变为贤人会议，贤人会议到11世纪又发展为大会议。1244年大会议改名为议会（Parliament），议会名称就是这时出现的。议会最早是封建贵族与王权进行斗争的工具，它在13、14世纪的过程中逐渐形成为一套比较完整的、粗具规模的制度。在这个制度下，议会分为上、下两院，上院（贵族院）是由国王任命的大贵族及主教组成，下院（平民院）是由骑士与城市代表组成，是通过选举产生的。议会有

---

① 威廉斯主张教会与国家分离及信仰自由。在政治上，他认为国家必须建立在人民的同意上面，人民是一切权力的来源。这是他成立议会的理论基础。他深信政府的权力是人民委托给它的，因此他主张：“政府的权力不能大于人民同意委托给它的权力，它行使权力的期限也不能长于人民同意的期限”。他强调人人平等，反对压迫印第安人。他重视自由，但是认为自由不等于放纵。他反对无政府主义。参看 Charles Andrews, The Colonial Period of American History, Vol. Ⅱ, pp.20—21.

② Savelle, A History of Colonial America, pp.136—140；Charles Andrews, The Colonial Period of American History, Vol. Ⅱ, pp. 26—29.

立法大权，下院单独有征税权。国王有权召集议会和解散议会，并且可以对议会的立法行使否决权。与议会制度形成的同时，在英国人民中间也产生了与此相适应的观念：政府只有得到作为人民代表机构的议会的同意，才能向人民征税；人民没有自己的代表参加议会，就没有纳税的义务①。

从5世纪到17世纪40年代在英国形成了历史悠久的议会传统。从英国来的移民正是把英国的这些传统带到北美，于是在北美才形成了议会制度。北美议会制度之产生是依据英国的议会传统，北美议会制度在形成后也是在英国的影响下日臻完善的。正如美国历史学家格林所观察到的，北美殖民地社会对英国有一种强烈的“模仿的冲动”。殖民地的政治领袖们总是想以英国的下院作为楷模来改进北美的议会，而在这方面他们有大量的、现成的资料可供参考。他们可以读到在17世纪出版的几种有关英国议会的理论与实践的著作，这些著作会使读者对于议会的程序，它的惯例议会的权力范围及其特点有所了解。此外，这些著作还举例说明选举的方法，议员及选民的资格，检查选举结果的方法，选举议长的方式，议长执行职务的方法，通过法案的正当程序，议会辩论的程序，议会委员会的种类、结构及职务等等。这些有关英国议会的著作为北美议会的活动提供了重要的规范，从而在帮助北美议会制度的改进及完善方面，“与有力焉”。

但是英国背景只是问题的一面，议会制度之所以在移植北美后，在那里扎下了很深的根，也与北美的特殊环境有密切关系。北美是一片辽阔无际的处女地，这里既没有欧洲那样古老的封建传统及根深蒂固的封建势力，也没有国家教会的束缚，而且它和宗主国隔着烟波浩渺的大洋，宗主国的统治力量鞭长莫及。因此，数千英里迢迢来到北美的移民可以按照自己的信念及理想从心所欲地安排和组织自己的政治生活。同时，北美殖民地方兴未艾的资本主义关系也是议会制度得以成长壮大的肥沃土壤。

写到这里我们可以得到如下结论：北美议会制度是英国背景与北美特定环境相结合的产物。因为北美有文化历史深厚的英国作背景，在北美又存在有利的特殊环境，再加上人民的主观努力和斗争，所以才能在北美形成和发展了议会制度。这也是为什么在法国大革命前夕，除英国外北美是世界上最

① Gardiner, Student’s History of England, 45，ff.

早产生议会制度的重要原因。

然而北美议会制度并非英国议会制度的简单“再版”，而是有所发展，有所创新。第一，英国议会上院是由国王任命的大贵族及主教组成，因而具有浓厚的封建色彩，并且竭力维护土地贵族及国教教会的利益，成为英国政治生活中的保守派的堡垒。而北美部分殖民地（新英格兰）的议会上院（助理会）却是通过选举产生，带有一定的民主性质。此外，与英国两院制不同，北美个别殖民地（宾夕法尼亚）议会是一院制的（1701年以后），因而彻底摆脱了英国议会的两院制传统，更能充分反映选民的意见。第二，在18世纪的英国，参加议会选举的选民只占成年男子的十分之一①。而在北美殖民地参加议会选举的选民在自由白人成年男子中所占的比例要比英国更大。诚然，殖民地的选举权一般说来有财产资格的限制。比如在马萨诸塞只有每年有40先令进项的土地财产的所有者，或个人财产价值50镑的人才有选举权②。可是，如许多历史学家所指出的，在北美自由白人中间小土地所有者及小资产者比较普遍，因而尽管有财产资格限制，选举权是相当广泛的：在自由白人成年男子中间大约有80%有选举权。第三，18世纪英国下院的代表制极不合理，许多“衰败的城镇”早已变为荒村，甚至只剩几户人家，但是仍保留选区资格，在下院拥有代表席位；而新兴都市如曼彻斯特等却没有一个席位。这种情况使得大地主政客垄断了下院席位。而在北美则不然，在17—18世纪随着新的县或市镇的出现，它们立即在议会中取得代表席位。第四，在新英格兰的罗德·艾兰殖民地实现了很大程度的议会民主化。为了避免议员脱离选民的控制，每年改选议会一次。也实行立法程度的民主：选民有创制权和复决权。法案首先由某一个市镇的市镇大会提出，由其他市镇讨论，在各市镇都同意后，交由议会通过，最后再由各市镇的选民投票表决批准。不受人民欢迎的法律也可以在选民投票中被废除③。

这样，北美议会制度比起英国有更大程度的民主。其原因何在？我以为至少有以下几个原因：第一，在英国遭到压抑和摧残的民主思想在传播到

① Cheyney, A Short History of England, p. 559.

② James Adams, Provincial Society, pp.19—20.

③ Charles Andrews, The Colonial Period of American History, Vol. Ⅱ, pp. 26—29；Savelle, A History of Colonial America, pp.136—140.

北美之后得到发扬。近代英国民主思想滥觞于16、17世纪之交，当时蓬勃开展的清教徒运动对民主思想的产生起了“触媒作用”。不仅资产阶级新贵族积极参加反对国教教会的斗争，而且小资产阶级和劳动人民也卷入斗争，并且在清教徒内部成为最激进的一翼。他们在宗教上的激进主义，表现在政治上便是要求自由平等的民主思想。这种民主思想在1646年出现的小资产阶级平等派的民主纲领中得到了进一步的发展。平等派在与新掌权的独立派的斗争中阐明了自然权利和人民主权的学说，要求实行普选制及一院制议会(亦即取消带有封建性质的上院)。这就是说，他们要求议会制度民主化。这样，平等派丰富了议会制度的概念，并且赋予这个概念以民主主义性质。但是，平等派遭到克伦威尔的镇压而失败，以致英国议会制度的民主化推迟200年左右①。但是发源于英国的这个民主思想的火种并没有被扑灭，它被移民带到北美殖民地上来，并且在某些殖民地上被付诸实践。最突出的例子就是罗杰·威廉斯的民主思想对罗德·艾兰议会制度民主化所起的决定性作用。威廉斯本人虽然并非平等派，而且他的政治活动要比平等派早几年（在英国革命爆发前)，但是他的思想与平等派的思想有一个共同的来源，那就是上面谈到的清教徒运动中的激进民主主义派别，因而二者在本质上是相近的。而且，威廉斯在英国革命期间（1646年7月）在英国发表的著作成为英国激进教派与平等派所爱读的手册之一，并且至少在某种程度上对于英国1648年革命运动的深入发展起了推动作用②。

那么为什么英国民主思想能够在大西洋彼岸的北美开花结果成为现实?我以为首先还是北美的特殊环境起了作用。这个特殊环境不仅有利于议会制度的成长（这在前面已经分析过)，而且也使得像威廉斯这样的民主主义者有可能实践自己的民主理想。其次是因为没有遭到英国政府的干扰或限制。17世纪上期北美议会初创时，正值英国国内多事之秋。最初是英国专制政府全力应付资产阶级新贵族向王权的进攻，接着而来的是全面内战，因而英国几乎失去对殖民地的统治力量，更无力干涉或限制殖民地居民的行动。而

---

① 通过以1832年的议会改革为开端的一系列民主改革，到20世纪初英国议会民主化才告完成。

② Charles Andrews: Charles Andrews, The Colonial Period of American History, Vol. Ⅱ, pp.24—30.

且罗德·艾兰议会之创立，正是资产阶级新贵族初掌政权的时候，这个新的革命政权正忙于内战，也不遑过问殖民地事情。

第二，在殖民地时代，居民点不断地向殖民地政府权威达不到的西部荒野扩展。而荒野的生活，正如卡尔·贝克所说的，容易“培养出一种粗犷而果断的性格”和反对阶级差别的“造反精神”①。同时，在远离政府权威的边疆荒野上，居民一般都习惯于自治，他们自动组织起来直接参加地方事务的管理。从这种生活的实践中生活生长出自由平等的思想及人民主权观念。一句话，北美的荒野生活成为适应民主发展的肥沃土壤。

第三，为了吸引移民前来北美以便开发这里无限的富源，有少数创立殖民地的业主不得不以比欧洲更为宽大的方法统治殖民地，不得不摆出民主的样子。如宾夕法尼亚的佩因便是如此。

二、殖民地议会的权力问题

作为代议制机构的议会的权力大小，是一个不能等闲视之的问题，因为在一定的历史条件下它关系到哪个阶级掌握国家大权的问题。在1688年以后的英国，议会权力日见膨胀，凌驾于君主之上。这意味着君主立宪制度的确立及资产阶级新贵族统治权力的巩固。

在北美的王家殖民地及业主殖民地上，议会的权力问题同样关系重大，因为议会权力的增长，可以削弱英王或业主的代理人——总督的权力，从而可以减轻英国或业主对于殖民地的限制和压榨，有利于殖民地的发展及提高殖民地对于英国或业主的独立性②。

下面就三种类型的殖民地上的议会权力问题分别加以研究。

在王家殖民地上，议会的权力有愈益增长的趋势，这是议会与总督长期斗争的结果。

在王家殖民地上，议会与总督之间发生长期斗争并不是偶然的。众所

① Carl Becker, Beginnings of American People, pp.164—165.

② 关于议会权力大小对于自治殖民地的作用问题，这里暂且存而不论。

周知，王家殖民地上的总督是代表英王统治殖民地的，他视殖民地为大英帝国的从属部分，应该受其控制，应该服从英国统治阶级的利益。相反的，议会则代表殖民地的利益（当然主要是代表殖民地上层统治阶级的利益），要求殖民地尽可能摆脱大英帝国的控制，争取在帝国范围内取得更多的自治权利。从而，在议会与总督之间存在根本性质的矛盾，这就是二者之间发生斗争的总的根源。

而且，与格林的说法①相反，在这个斗争中一般说来议会总是采取攻势。原因有如下数端：

第一，北美殖民地的经济发展日新月异，到 18 世纪在工、商业及农业各方面都呈现欣欣向荣的繁荣景象。随着殖民地经济的发展，代表殖民地利益的议会必然地要求扩大议会的权力，以便更好地保护殖民地的经济利益。为了扩大议会的权力，便不能不向总督发动攻势。

第二，英国的影响。首先是思想影响。北美议会人士可以读到大量的英国政治文献及有关英国政治思想的读物。如在 17 世纪英国发表的 1618 到 1648 年英国下院每届会议记录、17 世纪七八十年代下院会议记录，以及复辟时期辉格党人为了进行反对斯图亚特王朝两个君主的斗争而发表的文章，其中包括席德尼和洛克的论文。议会会议记录记载了英国议会与国王斗争的生动事迹，论文则从理论上阐述议会反对国王的斗争的必要性。此外还有大量有关革命理论的著作流传到北美来。这些英国历史文献和著作主要发挥了两个主题思想：（一）在国王特权与“人民的权利、自由及财产”之间存在着天然的对立；（二）议会下院的首要职责便是：“保存我们的自由及财产不受侵犯，而不要向……绝对的、专断的统治让步”。都是议会反对王权的斗争，这些斗争对于北美议会反对总督的斗争，无疑地起了鼓舞和推动作用。英国下院到 18 世纪中叶已经发展为国家最高权力机关，它不但掌握立法大权及财政大权，而且也从国王手中把行政权夺过来。这对于北美王家殖民地上的议会是一个很好的榜样，后者很自然地渴望通过斗争取得和英国下院相同的地位②。

---

① 格林认为在这个斗争中始终采取攻势的是总督，而议会在本质上是采取守势。

② H. Hale Bellot, American History and American Historians, pp.42—43.

第三，从英国派来的总督，一般的都是些品德龌龊之辈，他们之得以被任命为总督，有的是奔走夤缘的结果，有的是由于与英国当局有亲朋故旧的关系。一些人之谋求总督，是为了到殖民地去搜刮民财，以便重建破落了的家产。富兰克林说：总督往往是"品德败坏和破了产的人，英国大臣们把他们送来是为了甩掉他们。"①总督之在殖民地上恣意朘削，也是推动殖民地议会起来与他作斗争的原因之一。

在谈到王家殖民地议会与总督作斗争之前，有必要首先介绍二者原来的职权范围。

在王家殖民地上，总督是政府首脑。他的权力是建立在英王颁发的委任状和训令上面的。总督在参事会的协助下，既按照训令办事，又执行殖民地立法机关所通过的法律。他还有权任命殖民地上的县行政司法长官、各级法官、治安官以及其他行政官员。在新开的地区设置法院的权力也属于他。

总督有权召集议会，宣布议会休会和解散议会。立法机关所通过的法案也要经过他的批准才能生效，而且他对于法案有否决权。按照英王颁发的训令，他必须否决以下各种类型的法律：损害英王特权的法律，违反英国所制定的管制贸易法规的法律，与英国议会的法律相抵牾的法律，干涉运进奴隶及契约奴的法律，以及使纸币成为法币的法律，等等②。总督还掌握军权，他是殖民地上的武装部队的总司令，他可以招募民兵，任命军官及指挥战争。

议会（下院）和参事会（上院）都有立法权，法案由两院通过后才提交总督批准实施。两院都有提案权，但有关财政的法案只能由议会提出。只有议会有权征税及为行政费用拨款。而且在大多数王家殖民地上，总督的薪俸由议会拨给，薪金多寡也由议会决定。这就使得总督在一定程度上受制于议会。但是总的说来，总督的权力是凌驾于议会之上的。

在议会与王家总督作斗争中，议会的目的是"力图夺取对于财政及行政管理的控制权"③。因此，斗争主要是在控制财政及行政大权等问题上展开的。控制财政大权的斗争，在纽约殖民地上特别尖锐。

① Jernegan, The American Colonies, 1492—1750, p.281.

② Jernegan, The American Colonies, p.276.

③ H. Hale Bellot, American History and American Historians, p.44.

在纽约，也和在其他殖民地上一样，议会一开始就掌握财政大权，只有议会才有权征税和拨款。总督在行政方面所需要的钱，都是由议会拨给的。议会拨款的具体办法是：由每届议会作一次总的拨款，这笔款项交给司库官（司库官由总督任命并且向总督负责）保管，然后按照总督及参事会的意图用于特定的目的。而且，议会无权要求总督说明这些开支的用途，也无权对财政支出进行检查①。因此，一些无节操的总督往往肆意挥霍公家钱财，并且借机饱了私囊。

为了杜绝总督滥用议会所拨的款项，议会在 1692 年成立一个委员会，以便调查为了维持边疆防务而支出的钱，其真正用意是了解总督是否有贪污行为。但是总督拒绝让委员会查看账目，因而调查工作无法开展。

到 1694 年议会决定采取强硬态度，于是总督才让步，允许查账。这样，议会不但有征税及拨款的权力，而且也争取到监督行政部门使用款项的权力②。

1702—1708 年康恩伯里勋爵任纽约殖民地总督。他品质卑劣，挥霍成性，不但利用职权谋私利，而且任意为他手下的官吏增薪。针对这些问题，议会采取了两项措施：(一) 司库官改由议会任命，并向议会负责，而不再向总督负责；(二) 削减了总督手下官吏的薪金。

后来又经过多年的斗争，在 1736 年总督克拉克任内，议会又强迫总督接受下列拨款方式：每次只拨给供一年用的款项作为行政费用，而且只能由议会指定的人用于由议会指定的目的。到 1739 年，议会已经控制了全部财政大权，不但有征税、拨款的权力，而且还控制了司库官，有权监督政府财政支出的细节③。

通过不懈的斗争，王家殖民地上的议会也一步一步地把一部分行政权甚至军权，从总督手中夺过来。在某些殖民地上，任命关税及内地税的征税官、税务检查官、监督官等等的权力都转到议会手中。举行军事远征或修筑要塞也必须由议会授权。军官任免权也为议会所取得。议会还掌握了照看、

① Jernegan, The American Colonies, 1492—1750, p.283.

② Bassett, A Short History of the United States, p.103.

③ Savelle, A History of Colonial America, pp.309—310.

监督一切军需品，召集军队及管理军队的权力。议会时常派委员去检查行政部门执行议会的决议的情况①。

议会向总督作斗争的结果，也争取到议会本身的自由权利，其中有议会开会时自由辩论的权利，议会审定议员资格的权利，议会定期开会的权利以及议会自行决定休会或散会的权利。有几个殖民地的议会还争取到“三年一次法案”的实施，它规定：立法机关至少每隔三年集会一次，不管总督召集与否②。

在控制司法机构的问题上，一些王家殖民地议会也与总督发生尖锐冲突。一般说来，议会把设置法院的权力从总督手中夺过来了，但是争取法官的任免权的斗争以失败告终。不过，一些殖民地议会实行了逐年按人发薪金给法官的办法，对于不孚众望的法官扣留薪金不发。这就在一定程度上约束了法官的行为③。

归纳起来说，在王家殖民地上，在议会与总督的长期斗争中取得基本胜利的是议会，同时议会通过斗争增大了自己的权力。

在这场斗争中议会之取得最后胜利，是由各种因素促成的。首先，殖民地经济一年比一年发展起来，人口更是逐年增加。因此，议会有实力愈益雄厚的殖民地作为自己的后盾。而总督所依靠的是远在数千英里外的英国政府，因而势孤力单。而且，英国在17世纪末到18世纪60年代初一直埋头于对法战争，无力支持总督对议会的斗争。北美是英国对法作战的主要战场之一，在战争中处处需要依靠殖民地的帮助，这也迫使总督在与议会斗争中处于被动地位。英国诱使北美殖民地在对法战争中提供援助，是以对殖民地的让步为条件的，因而在议会与总督的斗争中，对总督“爱莫能助”④。再者，在这场斗争中，议会处于有利的地位：它控制了“钱袋”。当时北美流行一句谚语：“总督有两个主人；一个主人向他颁发委任状，另一个主人把薪水发

① Savelle, A History of Colonial America, p.409 ；Jernegan, The American Colonies, 1492—1750, pp.287—288.

② Savelle, A History of Colonial America, p.408.

③ Bernard Bailyn, The Origins of American Politics, p.75.

④ Carl Becker, Beginnings of American People, p.205.

给他。"[1]议会用拒绝拨款或降低总督薪金的办法可以迫使总督屈服。新泽西议会的一个议员曾说过："让我们使这些狗东西（指总督——引者注）经常闹穷，这样一来我们就会使他们做我们所高兴的事。"[2]最后，总督本身的一些弱点也使他们在斗争中处于不利地位。他们大多数人是"少不更事"的纨绔子弟出身，能力很差，"平凡、迟钝"是其特点[3]。而且，他们一般任期很短，因为他们到任后远离英国，无法接近使其长期留任的势力。"他们之接受在北美的官职这个事实本身，就使他们失去保持这个官职的能力。"此外，英国政府发给总督的训令是很详尽的硬性的指示，这就使得总督在与议会发生争执时无法随机应变，因而陷于束手无策和软弱无力[4]。

那么为什么英国政府坐视殖民地议会权力的增长而不加以干涉或制止呢？原因有三：第一，负责殖民地事务的英国贸易殖民部缺乏足够的权限去执行它的政策；第二，在18世纪上期英国国王与英国议会为了权力明争暗斗，双方都希望削弱对方。前者害怕后者插手北美殖民地事务从而增大后者的力量，后者力图削弱前者在殖民地的统治地位。二者互相掣肘，以致对殖民地议会权力的增长，始终未能进行有效干涉；第三，统治英国达20年之久（1721—1742年）的渥尔波首相对殖民地的"无为而治"的政策也起了不小作用。他反对干预殖民地事务，并且把管理殖民地的责任交给国务秘书纽开什尔公爵，而后者把主要精力用于争取辉格党下院中的多数（通过对选民的贿买手段）上面，而从不过问殖民地问题[5]。

诚然，通过斗争，王家殖民地议会增强了权力，但是其权力与英国下院相比，还是相形见绌的。第一，与1707年后立法不再受英王否决的英国下院不同，北美议会的立法随时有被总督否决的可能。而且北美议会所通过的法律还可以为英国枢密院驳回[6]，从1675年到1775年枢密院驳回的法案多达500起。第二，参事会也起了抑制议会权力的作用。成立参事会的目的

---

① Carl Becker, Beginnings of American People, p.169.

② Jernegan, The American Colonies, 1492—1750, p.285.

③ Miller, Origins of the American Revolution, p.33.

④ Bernard Bailyn, The Origins of American Politics, pp.71—89.

⑤ Miller, Origins of the American Revolution, pp.37—38.

⑥ Bernard Bailyn, The Origins of American Politics, p.67.

就是为了“限制人民的愤怒和狂暴”。参事是由英国政府根据总督的推荐任命的，总督总是推荐殖民地上层有产集团中的“知名人士”。

而避免让“煽动家”或下层分子进入参事会。而殖民地上的大商人或种植场主则视参事为一种荣誉职位，所以一旦被任命为参事，就感激涕零地效忠于英国政府。参事会有三种职能：一、是立法机关的上院，享有立法权；二、是最高法院，享有司法权；三、是总督的顾问，享有一定的行政权。此外，在政治上，参事会的成员时常操纵下院的选举，从而在下院议员中有影响；它还时常阻挠议会提出有利于人民的议案①。

上面论述的是王家殖民地议会的权力增长问题。至于业主及自治殖民地议会的权力，则有以下四种不同情况：

第一，议会创立伊始即享有最高权力，唯一例子便是康涅狄格的议会。康涅狄格殖民地是来自马萨诸塞的移民在托马斯·胡克的领导下创建的。殖民地刚一建立，就制定了一部宪法。根据宪法的规定，殖民地政府由议会、总督及助理会组成，议员、总督及助理均由各市镇的“自由人”选出。议会权力最大，总督没有实权，他没有否决权，也没有官吏任免权。总督不但无权控制议会，反而受制于议会，议会对于总督及助理的行政工作进行全面监督，总督的一切行政措施都要由议会批准。议会不但控制了行政部门，而且也控制了司法部门。它不但监督军事，而且还掌握军官的任命权。议会可以行使没有被宪法否认的任何权力。一位议长曾说过：议会可以做几乎任何事情例外的只是无权改变选举的结果。一句话，议会是殖民地上最高权力机关。康涅狄格的这种政治特点体现了殖民地创始人胡克的民主思想。

第二，议会权力的增长是人民革命的结果，马里兰的议会就是通过 17 世纪末的革命取得了其他殖民地所享有的权利的。

第三，议会享有大权出于业主的主动，宾夕法尼亚议会即其一例。根据业主佩因在 1701 年制定的宪法，该殖民地议会不但是一院制的，而且享有相当大的权力，而且业主权力很小，他甚至无权否决议会立法。宾夕法尼亚议会权力之大，甚至使得一个总督发出这样怨言：这个议会“被王权和业主纵容得最甚，被容许享有这个大陆上任何一个议会所不知道的权力，以致

① Labaree, Conservatism in Early American History, pp.6—15.

今后会使得它成为一个危险的机构。”①

第四，议会权力始终很小，唯一例子便是罗德·艾兰的议会。它虽然是立法机关，但是选民可以干预立法，选民有创制、复决权及废除法律的权力。同时，总督的权力也不大，因为他受到选民的严格控制：选民每年改选总督一次，选民还可以对他行使罢免权②。

综上所述，我们可以看到，在北美诸殖民地当中，议会权力最大者，当首推康涅狄格议会，它俨然成了本殖民地上最高权力机关。其次便是业主殖民地宾夕法尼亚议会，再次是王家诸殖民地议会。但是，尽管有程度上的不同，议会权力之增长则是一般的发展趋势，只有罗德·艾兰是例外。因此，有的人认为北美殖民地的许多议会只“具有咨议的性质”，这种看法显然是错误的③。

议会权力之增长，对于王家殖民地及业主殖民地来说，具有特别重要意义，因为在这两类殖民地上议会权力之增长意味着殖民地在自治的道路上阔步前进，而这对于殖民地社会经济向前发展是有利的。而且还必须看到：在 18 世纪下期全部 13 个殖民地中，王家殖民地和业主殖民地就占 11 个，因而这两类殖民地上议会权力的增长影响很大。可以说，18 世纪北美殖民地经济的巨大发展，与议会权力的增长不无关系。

三、小结

应该看到，北美殖民地议会有其阶级局限性，也有不少不民主的表现，兹举其显而易见者如下：首先，殖民地议会在选举方面尚未实现普选制，自由白人中的雇佣劳动者、贫民、白人契约奴、黑人（包括奴隶及自由人）以及印第安人都被剥夺了选举权，这就使得北美议会的民主性大为减色。其

① Savelle, A History of Colonial America, pp.319.

② Carl Becker, Beginnings of American People, pp.26—29；Savelle, A History of Colonial America, pp.139—140.

③ 如苏联波尔什涅夫编的《新编近代史》第 1 卷，人民出版社 1955 年版，第 175 页上就是这样写的。

次，议会的代表制很不公平合理。在沿海诸县聚居了大种植场主、富商巨贾以及大地主等上层有产集团，而西部山区诸县的居民主要是贫苦的小农。沿海各县人口少而西部各县人口多，但是前者在议会中的席位却多于后者。以宾夕法尼亚为例，沿海有三个县一个市，一共拥有 26 个席位。西部五个县，才只有 10 个席位。假若按人口比例分配席位，则沿海诸县只能有 23 个席位，而西部诸县应有 27 个席位。这种情况是大种植场主、大商人垄断议会席位的原因之一①。最后，殖民地议会通常都处在上层有产集团的控制之下。以弗吉尼亚为例，它的议会就是由少数贵族家族所控制。17 世纪晚期到 18 世纪中期，控制议会的是兰多夫家、李家及鲁滨逊家等等②。因此，议会实际上是殖民地上层集团手中的统治工具。

但是，整个说来，北美殖民地上之出现议会制度，在当时的历史条件下，是不容忽视的进步现象。如果拿近代议会制度与君主专制制度加以比较，这一点更是显而易见的。君主专制制度是封建社会末期的政治上层建筑，立法、行政及司法大权均集于君主一身，他的话就是法律，他的行动不受任何限制，对于臣民他凭个人喜怒可以任意“生杀予夺”。这个制度堵塞了言路，桎梏了人们的自由，扼杀了社会的生机，阻碍了科学文化的进步，不利于资本主义的发展。而近代议会制度是资本主义上升发展时期为了适应资本主义发展而形成的资产阶级政治上层建筑。议会制度就是对于君主专制制度的否定，因为它之出现打破了一人独揽大权、万民噤若寒蝉的局面。作为代表机关和立法机关的议会，能够在一定程度上成为沟通上下的渠道，通过这条渠道，新兴的资产阶级的意见和要求有可能充分表达出来，并且在政府的施政方针及国家政策中得到反映。这对于上升发展中的资本主义说来，无疑是有利的。因此，当欧洲大陆各国人民呻吟在君主专制制度的黑暗统治下的时候，议会制度之能在北美的荒野上茁壮成长，肯定是有进步意义的。

北美殖民地的议会抵制了英国对于殖民地的限制和压迫，捍卫了殖民地的利益。议会所起的这个作用，在独立战争前夕的殖民地反英斗争中更为

---

① Jernegan, The American Colonies, 1492—1750, pp.290—291.

② Pole, “Historians and the Problem of Early American Democracy”, in American Historicai Review, Vol.67, No.3, pp.635—636.

明显。而且，独立战争中出现的好多革命领袖都是出身于殖民地议会的议员。议会抵制英国殖民压迫的活动，不仅有利于殖民地上层统治集团，而且在一定程度上也有利于广大劳动人民，因为在当时的历史条件下，在反对英国殖民统治者的斗争中，上层有产阶级与劳动人民之间有共同的利益。议会虽然基本上是殖民地上层集团为本阶级谋利的工具，但是在某些场合，议会也保障了劳动人民的利益，制止了总督的专横①。在总督贝尔彻当政时期的马萨诸塞，议会曾接受农民的要求，赞助成立“土地银行”，并且授权该银行发行15万英镑的纸币，以便贷给农民，贷款以土地为抵押，利息百分之三，限在20年内分期还清。这显然有助于缓和农民的困难，而不利于大商人及债权人。

北美殖民地议会在美国政治制度发展史上占有极其重要的地位。今天的美国国会和州立法议会便是从殖民地时代的议会发展而来，而且议会制度从殖民地存在初期到今天绵延三百六十几年一直没有间断。在这个漫长的时间里，美国议会积累了不少经验，创造了不少惯例，在美国统治机构中成为一个重要组成部分。

（原载《历史研究》1982年第2期）

① 如在马里兰，虽然一开始就有议会，但议会权力太小。这就造成总督专横、跋扈的局面。他要求全体居民都向他宣誓效忠，凡反对他的人，他都处以残酷的刑罚，如穿舌、割鼻、剁去双手，直至处死，总督的暴政激起了17世纪末的革命。经过这次革命，议会的权力大大加强。于是才结束了总督暴政时期，总督权力受到议会的限制，初步保障了人民的人身安全。见 Charles Andrews, Our Earliest Colonial Settlements, pp.151—162。

论北美殖民地社会政治结构中的民主因素

英属北美殖民地有三个类型：王家殖民地、业主殖民地及特许状殖民地。王家殖民地和业主殖民地由英王或业主派来总督进行统治，英国的殖民政策就是通过这些总督执行的。特许状殖民地的总督虽然由当地居民选出，但是他们必须遵照英王颁布的特许状来管理殖民地。英国殖民者满心希望以这样的政治安排来巩固对北美人民的殖民统治。然而事与愿违，在长期的演变过程中，在北美殖民地社会政治结构中逐渐地产生出来民主因素，这些民主因素不仅使北美居民享受比世界上其他国家的人民更多的自由和权利，而且也削弱了英国在北美的统治基础，从而为美国的独立战争铺平了道路。

一

早在17世纪上期，在北美殖民地创立后不久，殖民地上就出现了通过选举产生的议会①。

殖民地上的议会是不是民主的？在我看来，北美议会之是否民主，主要应该取决于三个条件：第一，选举权范围的大小；第二，代表制是否公平；第三，议会本身的权力大小。第三个条件是衡量殖民地议会民主与否不可缺少的重要标准，因为在北美殖民地，议会是代表殖民地居民与英国派来的总督相对抗的唯一机构，其权力大小，标志着北美殖民地对英国的依附程度。

① 关于北美殖民地议会制度的产生及其原因，可参看刘祚昌：《殖民地时代的美国议会制度》，《历史研究》1982年第1期。

现在让我们先考察殖民地选民范围问题。

关于选举权范围问题，有不少学者认为北美殖民地上的选举权范围太小，由于有财产资格的限制，享有这个权利的人，为数极少。如苏联学者叶菲莫夫在他的《美国史纲》一书中就坚持这个说法："有些殖民地只有20%的居民享有选举权，另外一些殖民地则是8%至10%。"① 美国学者詹姆斯·亚当斯认为在北美殖民地上有资格参加选举的人，只占成年男子人口中的极少数②。许多美国进步派学者也坚持这个观点。我认为这个看法是不够正确的。为了解决这个问题，我们必须对北美的选举权问题作全面的、通盘的考察。

殖民地存在的早期本来对于选举权没有什么限制，只是到了后来才确立了财产资格③。这是因为英国政府在给殖民地总督的训令中要求北美遵循英国的惯例对选举权规定财产资格④。而且，和在英国一样，在北美一般人中间形成了一个固定的看法：只有对当地有利害关系的人才应该有选举权或被选举权⑤。所谓对当地有利害关系的人，就是指有财产的人；没有利害关系的人，就是指没有财产的人。在他们看来，没有财产的人，是不可靠的，因为这样的人很容易被有钱有势者收买⑥。

在马萨诸塞根据1691年的特许状，在新罕布什尔根据1699年法案，选民的资格都是：拥有每年收入40先令的土地或价值50镑的个人动产⑦。其他殖民地所规定的财产资格也与此大同小异。

我认为对于殖民地之规定选民的财产资格，应该做如下的分析和理解：

第一，北美规定的选民财产资格并不算很高，实际上凡是在生活上过

---

① 叶菲莫夫：《美国史纲》，生活·读书·新知三联书店1972年版，第132页。

② James Truslow Adams, Provincial Society, p.21.

③ Daniel Boorstin, The American Colonial Experience, p.101.

④ Oliver Perry Chitwood, A History of Colonial America, p.195.

⑤ 这是南卡罗来纳议会所通过的一项法案中的话，见Carl N.Degler, Out of Our Past, p.59。

⑥ Gordon Wood, "Revolution and the Political Integration of the Enslaved and Disenfranchised", in Americas Continuing Revolution, pp.101—104.

⑦ James Truslow Adams, Provincial Society, pp.19—20.

得去的小康之家，都具备这种资格而享受选举权。这样的规定，一方面可以防止富豪之家独占政治权力以扩大选举范围；另一方面也鼓励了欧洲人到北美殖民地来定居①。

第二，如伯纳德·贝林所指出的，“如果拥有每年 40 先令收入的土地在英国是一个限制性的资格的话，那么在殖民地上它就等于取消限制，因为在这里的白人中间自由土地所有制几乎是普遍的”②。“据 18 世纪初马萨诸塞殖民地纽伯里的人口调查：在 268 家中有 27 家无土地，其中一个人有一头牛，一个人有两头牛，另一个人有一匹马，其余 24 家没有任何财产。”③可见，全人口十分之九以上拥有土地。因而北美“殖民地人民享有比世界上任何其他国家的人民更为广泛的选举权”④。在北美，财产权之比较普遍，原因有二：一、土地便宜，二、经济机会多⑤。

第三，北美虽然对选举权规定了财产资格，但凡是家具、衣物等都包括在财产项目之内，这就使获得选举权更加容易。比如，关于 1772 年马萨诸塞的选举，赫秦生（Hutchinson）写道：“根据宪法，40 英镑的财产——据他们说，即值 40 英镑的衣服、家具或任何种类的财产——就是参加选举的资格，具有这个条件的人，也不经过审查就被允许参加。”⑥

第四，殖民地经常出现通货膨胀，这实际上降低了财产资格。在罗德艾兰殖民地，40 镑（原文是 400 镑，显系印刷上的错误）的财产资格是用地方纸币计算的，这就使得选民人数大大增加⑦。

因此，尽管北美殖民地对选民有财产资格限制，但实际上有选举权的人数并未由此而减少。下面的材料足资证明：

---

① C．Randolph Benson, Thomas Jefferson As Social Scientist, p.43.

② Bernard Bailyn, The Origins of American Politics, pp.86—87.

③ James Truslow Adams, Provincial Society, p.96.

④ Gordon Wood, “Revolution and the Political Integration of the Enslaved and Disenfranchised”, in Americas Continuing Revolution, pp.101—104.

⑤ Oliver Perry Chitwood, A History of Colonial America, p.194.

⑥ J.R.Pole, “Historians and the Problem of Early American Democracy”, in American Historical Review, Vol.LXVII, No.3, p.633.

⑦ Bernard Bailyn, The Origins of American Politics, p. 348.

据罗伯特·布朗的统计，在马萨诸塞的许多市镇，成年男子有80%享有选举权，有些市镇达90%以上。有三个市镇是50%，剩下的市镇介乎二者之间①。在纽约殖民地的农村，白人成年男子有半数以上获得选举权，甚至租地产户也享有这个权利②。

里查德·麦克米科（Richard McCormick）证明：在新泽西，财产资格对绝大多数成年男子来说根本算不上是取得选举权的障碍。米尔顿·克连（Milton Klein）指出：在纽约有55%的白人成年男子实际上投了票，他暗示有投票资格的人实际上接近100%。在宾夕法尼亚，据麦金莱（Mckinley）估计，费城城外的农业地区至少有一半白人男子可以参加选举，尽管在城内的数目可能低一些。乞尔顿·威廉逊（Chilton Williamson）对殖民地时代的选举权作了全面考察，他发现在有数字可考的所有地区，选民在白人成年男子中所占的比率至少达到50%③。

但是有的史学家记载的选民人数却少得多。如，据方纳估计，在宾夕法尼亚农村享有选举权的人仅8%，费城市内只有2%④。同是在宾夕法尼亚，为什么方纳统计的数字与上面所引的麦金莱的统计数字相差悬殊？显然，方纳是把奴隶、契约奴及妇女儿童都算进总人数中去了；而麦金莱则把这些人除外。因此，我们可以有把握地说：北美殖民地的选民至少占全部白人成年男子的半数以上。这比选民只占白人成年男子十分之一的英国来说⑤，选举权的范围要大得多。

而且还应该考虑到：白人契约奴虽然被剥夺了选举权，但是他们在服完劳役（一般5—7年）之后，便可以得到解放，并从主人那里领取小块土地以及劳动工具。在宾夕法尼亚以南，他们通常可以领取50英亩的地产⑥，因

① J.R.Pole, “Historians and the Problem of Early American Democracy”, in American Historical Review, Vol.LXVII, No.3, pp.633—634.

② Michael Kammen, Colonial New York—A History, pp.207—209.

③ Carl N.Degler, Out of Our Past, pp.62—63.

④ 方纳：《美国工人运动史》第1卷，生活·读书·新知三联书店1956年版，第51—52页。

⑤ Cheyney, A Short History of England, p.559.

⑥ Kemmerer Jones, Economic History of American People, p.340.

而他们就可以很快地取得选举权。至于没获得选举权的穷人，一般都是刚刚从欧洲来的新移民。在北美的条件下，这些穷人只要肯勤苦劳动，也可以很快地取得财产，从而成为选民。总之，与世界上其他国度不同，北美殖民地是人口经常保持一定数量的没有选举权的人口，但是就某一个特定的白人来讲，他总有一天会当上选民。如果把这些情况考虑在内，那么我们有理由承认：在北美殖民地上，选举权范围差不多包括所有的白人成年男子。

下面研究一下北美议会的代表制问题。

首先有必要把英国和北美作一个对比。1839 年议会改革之前的英国议会代表制是很不合理的：许多原来的城市虽然已变成杳无人烟的荒村，从而被称为“衰败的市镇”，但仍有权选派代表出席议会，而新兴的工业城市虽然人烟稠密，却没有取得选区的地位，无权选派代表参加议会。这一方面使得有钱有势的政客有可能利用“衰败的市镇”把自己的代理人塞进议会，另一方面剥夺了新兴城市的居民（包括新兴工业资产阶级和无产阶级）的选举权。对于这种明显的不公平的现象，英国统治阶级却振振有词地加以辩解。他们制造一种“理论”，说什么议会的每一个成员不是代表任何特殊地区，而是代表整个社会。艾得曼·伯克（Edmnnd Burke）说：议会并不是“来自不同的敌对的利益集团的大使的会议……而是……一个国家的审议会，它只代表一个利益，即全体利益”。在英国统治阶级看来，使议会议员具有代表性的，并不是投票选举过程（这被认为是附带的），而是把代表与人民联系在一起的相互利益关系。他们甚至说什么议会议员实际上代表一切没有投票选举他的人——包括殖民地人民①。这纯粹是强词夺理，荒谬绝伦的“理论”。

与英国不同，在北美居民区，每当人口增加到一定数量时，立即成立新的市镇或新的县份，并使之成为新选区，可以选代表参加议会②。在 13 个殖民地中有 9 个殖民地要求每一个代表——议员都必须是本选区的实际居住者，而且选民们有时还向代表——议员发指示，责成他们在议会中应如何

① Gordon Wood, “Revolution and the Political Integration of the Enslaved and Disenfranchised”, in Americas Continuing Revolution, pp.101—104.

② Gordon Wood, “Revolution and the Political Integration of the Enslaved and Disenfranchised”, in Americas Continuing Revolution, pp.101—104.

投票[①]。北美的这种选区制度使任何地区都可能有自己的代表在议会中替本地区说话，维护本地区的利益——这对人民总是有利的。这是18世纪北美代表制比英国更为公平的地方。

然而北美代表制距真正的公平尚远。在东部沿海地区集中了大量种植场主、大地主阶级或富商大贾，而在西部诸县则聚居着“瓮牖绳枢”的小农。沿海诸县面积小，人口少；西部诸县面积大，人口多。但是西部诸县在议会中的代表席位少，而沿海诸县的代表席位多。代表人数与人口不成正比例。以北卡罗来纳为例，按照1715年的法律，沿海每个县有五名代表，而西部每个县只有二名代表。西部人口逐年增加，而代表人数始终不变。这就使得议会落到沿海诸县的控制之下，亦即一小撮富人的控制下。西部人民要求重新分配议席的斗争，充满了18世纪北美的史篇。但是到第一次革命前为止，这个问题迄未得到解决[②]。不过，总的说来，北美的代表权虽然和真正的公平还有一段距离，但是比起英国来说更为公平一些。

既然在白人中间选举权的范围比较大，代表权也表现了一定的公平性，那么我们有理由肯定北美议会是在一定程度上民主化的议会。

最后再研究一下殖民地议会权力大小问题。

议会在其存在的早期（17世纪末以前）权限很小。在当时的北美殖民地权力结构中有三个主要成分：总督、参事会和议会。参事会和议会组成立法机关，相当于英国的上、下两院。参事会还兼任总督的行政顾问和最高法院的角色。在这个权力结构中，总督的权力最大，他不但掌握军事行政大权，而且还可以否决立法机关制定的法律，从而也干预了立法权。议会只能充当从属的角色，在立法权方面不但受制于总督，而且还遇到参事会的掣肘。但是，经过几十年议会与总督的权力之争，议会的权力步步增长。到18世纪中叶，议会不但几乎全面掌握立法权（参事会的地位这时已经大大降低，已不足以与议会抗衡了）及财政大权，而且还把一部分行政权力从总督手中夺过来[③]。这时议会“已经从一个处在从属地位的立法机关上升到殖

① M.J.Heale, The Making of American Politics, p.24.

② Max Savelle, A History of Colonial America, pp.348—349.

③ 关于北美殖民地议会权力的增长过程及其原因，可以参见 M.J.Heale, The Making of American Politics, p.24。

民地上的权力中心的地位”①。

由于北美议会选民范围相当广泛，代表制有一定程度的公正性，议会本身还掌握了凌驾于总督之上的大权，因此，我们可以说，北美殖民地的议会有一定程度的民主，它构成北美社会政治结构中民主因素的一个重要组成部分。

二

北美殖民地上没有封建特权，没有等级制度，政治经济机会向大多数白人开放——这也是北美社会内部的一个民主因素。

首先我们必须承认在殖民地上的确存在高踞于人民头上的有钱有势的上层集团（又称为绅士或贵族集团）。属于这个集团的，首先是大地产所有者：在南部有大业主、大种植场主、大庄园主及边疆土地投机者，在中部有哈得逊河流域的庄园主、宾夕法尼亚及新泽西的大业主，在新英格兰有缅因原野上的土地投机商、康涅狄格及马萨诸塞西部市镇上的土地投机商。这些大土地所有者的土地，有的是靠国王的赏赐，有的是靠殖民地参事会的赠予，有的是靠继承，也有的是靠土地投机而取得的。在一些殖民地上，为了维持大地产制度，还实行“长子继承法”及“限定嗣续法”。大地产给地产所有者带来政治经济力量，也提高了他们的社会地位及社会声望。属于这个集团的，其次便是北部、中部的富商大贾。大商人在17世纪后半期上升得很快。伦道夫（Randolph）在1676年报告说：在马萨诸塞有30个大商人，其资财在1万—2万英镑之间。如果说种植场主和土地投机商把土地看作是发财的源泉的话，那么大商人则主要面向海洋。1750年北美有八大港口城市（波士顿、萨列姆、普洛维登斯、纽波特、新伦敦、纽哈文、纽约及费城），每年从七大洋运来的大量船货在这些港口卸货。海上私掠船船长和海盗也来到这些港口挥霍他们用非法手段得来的金钱。某些大商人和王家官吏也和这些海盗们建立联盟，和他们共分赃物。走私的大商人在生财之道方面

① Jack Greene, “The Role of the Lower House of Assembly in Eighteenth-Century Politics”, in Interpreting Colonial America, p.323.

也不落后。不管通过什么渠道，只要“腰缠万贯”就身价百倍，社会地位随之上升，从而跻身于绅士集团①。

这样的贵族集团形成了一个盘根错节的社会势力，这是因为互相通婚所造成的亲属纽带及共同的经济利益把他们紧紧地团结在一起了。尽管他们彼此之间难免发生争吵，但是一般说来，他们在敌对的人民群众的力量面前总是团结一致。即使在一些重大问题上有时可能使这个贵族集团发生分裂，但是在长远的过程中，还是团结的，而且始终保持要求维持现状的保守主义态度②。

对于上述种种现象应该如何看？北美殖民地上形成的这个贵族集团是不是可以与法国大革命前的法国封建特权等级相提并论？我认为两者是有本质差别的：

第一，北美贵族之形成，不是靠封建君主的封赠，而是靠经济力量。美国历史学家丹尼尔·布斯廷写道：“在英国，人们长期以来想念绅士的神秘性，……在弗吉尼亚，绅士也有光轮，但是一个贵族家庭可以很容易用金钱制造出来。……无论何时，只要盾形徽章（世家门第的标志——引者注）能够用金钱购买，人们就一定会怀疑贵族的全部声望。”“弗吉尼亚的显赫的大贵族家庭，如拉得威尔斯家、斯宾塞家、斯蒂格斯家、伯得家、卡里家及楚家，不久以前还是商人家庭。”“在弗吉尼亚殖民早期，上升到乡绅地位的机会是很平常的。在1700年以前，弗吉尼亚由于劳动力缺乏，所以工资较高。这里的劳动者每天所挣到的钱等于英国人一周所挣到的钱。劳动者有发迹的希望。初来时还是学徒，但是经过几年辛苦劳动后，就变为土地所有者。初来时手中有中等资本的人，就很容易扩大自己的家产，并且用钱购买比英国更高的社会地位。许多弗吉尼亚名门大族是由手艺人或工匠靠非凡的才能、财产或机运创立起来的。他们在取得大块地产后，不久就能够过一种相当于乡绅的生活。”③一个费城的商业巨子可能是一个卑微的教友派工匠的后代。弗吉尼亚的高傲的费茨胡家的祖先是麦芽制造工人。北美社会比欧洲

① Jernegan, The American Colonies, 1492—1750, pp.390—392.

② Leonard Woods Labaree, Conservatism in Early America History, pp.30—31.

③ Daniel Boorstin, The Americans: The Colonial Experience, pp.100—105.

社会更富于流动性，农民、学徒，甚至契约奴也有可能上升到富翁的地位；尽管也不是每个人都能爬到这个地位①。

当然，也有的北美贵族出身于英国封建贵族，如弗吉尼亚的大地主威廉·伯得就是在“英吉利共和国”时代从英国逃到北美来的保王党人②。但这毕竟是少数，并不能影响全局。

第二，与靠世袭贵族爵位、等级特权、国王的赏赐及领地上的封建地租收入维持其寄生生活，整日游手好闲，坐吃山空的欧洲封建贵族不同，北美的贵族绅士“只能靠竞争及兢兢业业的经济活动来维持自己的经济地位”③。在北美，出身门第或贵族头衔决定不了人们的地位及势力，只有进取心及能力才能决定一切。而且在北美这样一个不发达的国度，拥有大地产并不能引起社会上的怨言，它只能证明与自然作斗争的成功，“是衡量个人勇敢的标准，是市民道德的考验”④。以弗吉尼亚的贵族为例，他们一般都富于企业进取心，他们是种植场主，同时又兼商人。他们中间有很多人有丰富的工业、商业知识，有的人甚至对自然历史感兴趣，掌握医药、工艺、气象学及法律知识⑤。

第三，大革命前的法国，封建贵族及僧侣在法律上享有种种特权，如免税权及担任军政要职的权利。贵族可以单纯依靠贵族身份任政府官吏、军队中的军官及教会中的高级僧侣。但是在北美则不然，这里不存在法律上的特权，即使有人要求享受这种权利，也必定遭到抗议。在宾夕法尼亚，业主佩因家族的免税权就引起了群众的抗议。更重要的是，北美议会议员，新英格兰的各级官员，包括总督，都是通过选举产生，而不是靠特权或世袭。只有中部、南部殖民地的参事、县行政长官等才是上级任命的⑥。

---

① Henry F. May, The Enlightenment in America, p.29.

② Carl L.Becker, Beginnings of American People, pp.72—73.

③ Bernard Bailyn, “Political Experience and Enlightenment Ideas in 18th Century America”, in American Historical Review, Vol.LXVII, No.2, p.349.

④ Carl L.Becker, Beginnings of American People, p.79.

⑤ Daniel Boorstin, The Americans: The Colonial Experience, pp.105—106、108.

⑥ Bernard Bailyn, “Political Experience and Enlightenment Ideas in 18th Century America”, in American Historical Review, Vol.LXVII, No.2, p.349.

由此可见，在北美殖民地上尽管存在着贵族集团或绅士集团，而且他们高高在上，从私人生活到社会政治地位及经济地位都与普通人民迥然不同，但是他们和人民之间并不存在泾渭分明的法律界限。他们的贵族地位并不是法律上固定下来的，他们也没有合法的特权。一句话，不存在壁垒森严的封建等级分封特权。一切政治经济机会都是向大多数白人开放，这是北美社会内部民主因素的另一个重要表现。

三

在北美殖民地上，掌握政治大权的是上述贵族统治集团。殖民地上的一切重要官职——法官、县行政司法长官、海军军官、司库官以及议员、参事等关键性的职位都被垄断在他们手中。议会和参事会，当然也由这个集团所控制。至于下层群众，如酒店老板、小农及工匠等要想获得一官半职，是非常困难的[①]。以弗吉尼亚为例，这里的议会就完全由当地绅士所把持。17世纪晚期到18世纪中期，屈指可数的几个大家族始终盘踞弗吉尼亚殖民政府中的要津。三大家族——鲁滨逊家、伦道夫家及李家为这个殖民地提供了大多数议会领袖，而这几个家庭不是大奴隶主，就是大商人[②]。

就是在康涅狄格这样富有民主色彩，不仅议员，一切官职均由选举产生的殖民地上，实际上也盛行一种贵族式的、家长式的和在一定程度上的教士的统治。在这里，政治是由一小撮绅士所操纵。绅士集团出身的人一旦当选为议员或官长，就连选连任，往往搞成终身制。总督实际上就是终身制，因为一般都连选连任[③]。从1662年至1776年，在该殖民地上任总督、副总督及助理者（相当于参事）共111人，其中平均每个人连选连任14次，瓦尔科特(Walcot)任期最长，他被选为助理达26次之多，当选为副总督9次，

① Leonard Woods Labaree, Conservatism in Early America History, pp. 3—5.

② J.R.Pole, “Historians and the Problem of Early American Democracy”, in American Historical Review, Vol.LXVII, No.3, p.633。

③ Charles M.Andrews, Our Earliest Settlement, pp.131—132.

当选为总督有3次。除了有两年中断外，他一共当了38年的长官①。

马萨诸塞的官吏（包括总督在内）一年改选一次，但是一个人一旦当选为长官，就能年复一年地连选连任下去。这里的上院（称曰助理院）成员虽然也是选举产生，但是由于连选连任，实际上也是终身制。波士顿的著名律师科顿说过："一个地方长官如果没有正当理由是不应当下台当老百姓的，正好像一个老百姓不能无缘无故被剥夺地产一样。"②

只有罗德艾兰殖民地例外，在这里，同一个人长期连续被选为长官的情况很少。一个官员平均任期只有5年。这与当地的民主风气有关。选民们喜欢官职轮换的民主原则③。

一般说来，北美殖民地总的倾向是：一个官职往往世代相传地为一个名门贵族所垄断。这种现象，无论是在南部或北部都是存 在的。约翰·亚当斯的话也证实了这一点，他写道："到新英格兰的每一个村庄去。那么你就会发现：治安法官的职务，甚至代表（代表从来都是靠人民的自由选举产生的）的职务，一般的都由至少三四个家庭世代相传担任的。"④

有些学者认为上述现象是北美殖民地政治不民主的重要表现。如波尔（J.R.Pole）就持这种看法，他写道："殖民地议会还有一个特点……虽然选民有很多选择余地，但是越来越甚的倾向是：选举出来的公职或任命的公职逐渐成为世袭的了。这在欧洲当然很明显；在美洲是值得注意的现象。一个职位往往世代相传地被掌握在一个家族手中，……如果这便是民主的话，它就是把帽章牢固地钉在假发上的民主。"⑤

我不同意波尔的这个看法。我认为对这个问题应该"一分为二"：固然北美议员席位及其他许多官职基本上为少数名门贵族所垄断，但是我们也不应该忽略另一个重要方面，即议员及许多官员毕竟是通过选举这个民主方式

---

① Leonard Woods Labaree, Conservatism in Early America History, p. 22.

② Oliver Perry Chitwood, A History of Colonial America, p. 138.

③ Leonard Woods Labaree, Conservatism in Early America History, p. 26.

④ J.R.Pole, "Historians and the Problem of Early American Democracy", in American Historical Review, Vol.LXVII, No.3, p. 646.

⑤ J.R.Pole, "Historians and the Problem of Early American Democracy", in American Historical Review, Vol.LXVII, No.3, pp. 639—640.

产生的，无论是事实上演变成终身制也好，还是造成世代相传的结果也好，每逢选举日子到来，这些垄断议席或官职的上层分子还是要积极参加竞选，由选民决定自己是否能连选连任。

当然，他们的金钱和势力在选举中起了很大的作用。(一) 竞选中，他们总要拿出大量款项“招待”选民，以博得他们的好感和支持。一次“招待”往往要花费数十镑。在弗吉尼亚，竞选者萨缪尔·欧佛顿在两次竞选中一共花去75镑；乔治·华盛顿的竞选费用一般不少于25镑，有一次竟用去50镑。这笔钱数倍于购买房产及小块土地的价钱，亦为选民财产资格的数倍。这是为什么出身名门大族的人当选机会多的原因之一。(二) 在弗吉尼亚，投票是公开的，而且按照习惯，参加竞选的绅士可以亲临选举场，这就使得选民不得不投他的票。(三) 绅士还具备其他有利条件。比如在弗吉尼亚，负责选举事宜的县行政长官由总督从绅士中间任命，他可以决定一个人是否有资格当选民，可以决定选举日期、确定投票开始及结束的时间，这样，他就可以在选举过程中上下其手，为绅士的竞选创造有利条件。而且在弗吉尼亚，如果一个绅士在数个县都有产业，他在这几个县里都可以参加投票，这就增加了他的选票①。

但是，我们也不能忘记下面的事实：在每次选举中，参加竞选的绅士们总要千方百计地想博得选民的欢心。为了达到这个目的，他们不但花钱去“招待”选民，而且更重要的是他们不得不把自己打扮成人民的朋友，至少要在口头上表示要维护人民的利益。往往出现下述情况：当竞选者在选民的支持下当选后，在竞选中“伪装的东西最后竟成为现实，而这是他们始料所不及的”②。而且，也有这样例子：弗吉尼亚的一个富人兰敦·卡特（Landon Carter）在一次选举中落选了，如他自己所说的，落选的原因在于他没有和“人民”亲密起来。可见，选民在选举中终究是起作用的。

此外，在1740—1741年的选举中，马萨诸塞议会中的一些议员落选了，原因是他们反对选民所拥护的成立土地银行（目的在于为殖民地群众提供他

① Daniel Boorstin, The Americans:The Colonial Experience, pp. 114—116.

② Gordon Wood, “Revolution and the Political Integration of the Enslaved and Disenfranchised”, in Americas Continuing Revolution, pp.101—104.

们所需要的纸币）的措施①。

选民的意志能在选举中起一定的作用，当选的官员或议员在施政过程中或多或少地满足了选民的要求——这些不能不是民主的表现。

四

北美是劳动者大有作为的广阔天地，它有着一片无际无垠的处女地，劳动者只要肯流汗，至少可以得到温饱。如果他有一技之长，又肯艰苦劳动，再遇上机会，就有可能上升为财产所有者甚至跻身于上层分子的行列。这里地广人稀，所以经济机会多，取得土地比较容易。小土地所有者在白人总人口中所占的比例比欧洲为大。博学多闻的本杰明·富兰克林在1751年写道：在北美，土地是大量的，“而且又是那样便宜，……以致一个懂得种田的劳动者能够在短时期内积攒足够的钱去购买一块农场……”他继续写道：有进取心的青年不必为他自己的子女的未来担忧，因为他不久将看到“可以同样轻而易举地取得更多的土地，无论在什么样的情况下都会是这样”。一个英国官员在1760年说过：在殖民地，“只要适当地劳动劳动，就可以维持温饱的生活，甚至仅仅勤俭，就可以过富裕生活……”②克列维科尔（Crevecoeur）在18世纪70年代写道：“在北美，与欧洲不同，这里并不存在拥有一切的大贵族地主，也不存在一无所有的人民大众。这里没有贵族家庭，没有宫廷，没有国王，没有主教，没有教会领地，没有赋予少数人以看得见的权力和看不见的权力，没有雇佣上千人的大制造业者……富人与穷人之间的距离并不像欧洲那样大”③。

在北美，经济机会是如此之多，以致财产的分布比较广泛，特别是土地财产。马萨诸塞的王家总督赫秦生在1764年写道：在所有殖民地，佃农

① M. J. Heale, The Making of American Politics, p.25.

② Carl N.Degler, Out of Our Past, pp.42—43.

③ Alden Vaugham , ed., America Before the Revolution, pp.28—29.

不超过农民的2%。他说：在殖民地，财产分配比欧洲任何国家都更为平等，特别是在马里兰以北。“1755年马萨诸塞议会宣称：土地是如此丰富，以致想得到土地的任何一个年轻人，都可以创建一个家庭而不需要花一文钱——这里机会之多，欧洲任何一个国家都不能与之匹敌”①。由于经济机会多，社会流动性也大。有一个典型例子：一个名叫安托尼·兰姆的人在英国已经被判处死刑，1742年在被处决前片刻，突然被改判为流放：以契约奴的身份到弗吉尼亚去。在服完契约奴的劳役后，他拼命劳动，什么活都干，最后在纽约市成为一家乐器厂的主人。他的儿子约翰成为纽约市屈指可数的头面人物之一②。

历史学家的研究也证实了这几个当代人的言论。研究1740—1777年康涅狄格殖民地肯特（Kent）市镇的结果表明：该市镇总人口中有70%的人（当然都是白人）在一生中都得到了土地，西弗吉尼亚的卢念堡（Lunenburg）县，1764年有150人无地，然而到1782年这些人中有四分之三的人取得了土地。杰克逊·特纳·梅因（Jackson Turner Main）进行研究的结果发现，纽约商人中有60%的人原来是一文莫名的穷人；波士顿商人中有70%的人原来是穷人③。又据海因估计，北美家道小康的小财产所有者、工匠及自由职业者占全部白人人口的70%④。

总的说来，如果把北美社会比作一个金字塔的话，这是一个形状奇特的金字塔：一则它没有国王、宫廷贵族及世袭封建贵族，是个削去了尖端的金字塔；二则由于财产分布甚广，无产者人数比有产者少，形成底层小、上层与底层之间的距离比欧洲（如果把欧洲社会也比成一个金字塔的话）更小的金字塔。北美殖民地的首富之家，用欧洲标准衡量，亦不过是“中产阶级”而已⑤。可见，殖民地时代的北美在其经济结构中有相当大的民主成分，尽管这个民主只属于白人。

然而，也不宜夸大北美的经济民主。美国有一些历史学家就是过分地

---

① Carl N.Degler, Out of Our Past, p. 43.

② Carl N.Degler, Out of Our Past, p. 45.

③ Carl N.Degler, Out of Our Past, pp. 45—46.

④ Jackson Turner Main, The Social Structure of Revolutionary America, pp.272—277.

⑤ Carl N.Degler, Out of Our Past, p. 46.

夸大了北美的经济民主，把北美渲染成一个没有贫富之分，个个都是中产阶级的人间天堂。在这方面罗伯特·布朗（Robert Brown）便是个典型，他写道："从经济上来说，它（北美——引者注）是一个中等阶级的社会，在这个社会里，……人民中的大部分人是拥有财产的农民。……大量的、永久性的劳动阶级实际上是不存在的"①。"只有少数市镇的居民是例外，其余广大地区从诺瓦·斯科蒂亚到佛罗里达的居民都是农民"②。"我发现殖民地并不是一个……有富人与穷人之分的社会，而是一个中等阶级占压倒优势的社会"③ 实际上，布朗的论点有二：（一）北美殖民地基本上是一个中等阶级农民的社会，既不存在永久性的劳动阶级，也不存在高高在上的贵族绅士集团。（二）在北美看不出贫富差别，也没有不平等现象。他这两个论点，经不住史实的检验，因而都是错误的。以第一点来说，他完全抹杀了客观存在的事实：北美明明存在像黑人奴隶那样永久性的劳动阶级和贵族集团。但是他却视而不见。以第二点来说，大量史实也驳倒了他的观点。詹姆斯·亚当士指出：殖民地上时常颁布关于救济债务人及救济穷人的法律，也经常有人表示害怕穷人成为社会的沉重负担——这都证明贫困现象是存在的，除农民外，还有无地的穷人。据詹姆斯·亚当士估计：从开始殖民的时候起，在殖民地居民中就一直存在社会差别。在前来的移民中间，在任何时候，在财富、家庭地位、教育及其他方面，都是有差异的。尽管一个穷人比欧洲有更多的机会上升到乡绅地位，但是贫富的差别始终存在。尽管在边疆地区贫富差别要少些，而且在殖民地上谋生比较容易，但是发财的可能性并非每人都有④。里查德·莫里斯也有类似的看法，他写道："在北美殖民地上到处可以看到不平等的现象。殖民地社会到处划分为不同的身份及阶级。到十八世纪，尽管富裕是增加了，但是贫困也增加了。一方面是工匠，小店主及工人的生活水平提高了，但是面对着更为生意兴隆的商人时，他们的地位就相形见绌了。在精选出来的农村地区可以看到同样的贫富差别。……甚至在维持

① Robert Brown, Middle-Class Democracy and the Revolution in Massachusetts, pp.401—402.

② 转引自 Apthecher, The American Revolution, 1763—1783, p.11.

③ Robert Brown, Charles Beard and the Constitution, p.20.

④ James Truslow Adams, Provincial Society, pp.57—58.

生计的农业之乡——新英格兰，人口的增长大大地减少了每个人可以利用的土地，并且促进了经济上的两极分化”①。

平心而论，北美自然条件优越，劳动者取得土地或其他财产比较容易，农民土地所有者人数较多，社会流动性大，贫富之间不像欧洲那样天悬地隔。但是贫富差别还是存在的（这在前面已经证明了），赤贫的人虽少，但也是存在的。因此，我们只能说，北美有一定程度的经济民主。

五

北美殖民地特别是在新英格兰诸殖民地盛行的地方自治，是北美政治生活中的又一个民主因素。地方自治，作为中央集权的对立物，是由当地居民直接参政、自己管理自己，而不受外来权威干预的一种政治组织形式。在这个形式下，人民可以享受最大限度的参政权。因此，地方自治是资产阶级民主的一种表现。在新英格兰诸殖民地，地方自治是以市镇为单位实现的。市镇自治的基本管理形式是市镇大会。市镇大会是从英国移植来的，它可以溯源到英国中世纪晚期及近代初期的教区大会。但是英国移民并不是原封不动地移植过来的，而是扬弃其中一部分，保留一部分，并加以发展，以适应北美的新环境②。

新英格兰市镇自治滥觞于 17 世纪 30 年代。市镇上凡满 21 岁的成年男子，都参加市镇的管理。他们管理市镇事务的具体步骤便是出席市镇大会（在早期不出席市镇大会的成年男子还要罚金），选举市镇行政委员（Selectmen）及其他管理官员、选举出席殖民地议会的代表，提出议案、讨论议案及通过议案③。此外，市镇大会还处理地方重大事务：征税、分配土地、制定地方法规及为学校、教会制定章程等等。在市镇大会休会期间，行政委员

① Richard B.Morris, “We, the People of the United States: The Bicetennial of a Peoples Revolution”, in American Historical Review, Vol.82, No.1, pp. 5—6.

② Bruce C. Daniels, The Connecticut Town, p.64.

③ John Fiske, Civil Government in the United States Considered With Some Reference to Its Origins, p.19; Max Savelle, A History of Colonial America, pp.127—128.

处理日常事务，其人数从 3 个人到 21 个人不等。他们向市镇大会负责，并且只能行使市镇大会授予他们的权力①。在市镇大会上，民主空气比较浓厚。当地“每一个居民都可以自由地在会上发表他们的见解和主张，也可以发泄不满情绪。参加大会的居民对于财政控制得很严。他们用冷静的、节约的心情注视公共开支，而且在市镇大会上他们必定要发言反对向自己的土地征收任何赋税”②。可见，市镇自治是很民主的。

但是，随着时间的推移，市镇大会逐渐发生变化。比如，康涅狄格市镇自治制度就发生了以下几种变化：第一，市镇大会每年开会次数减少了。在哈特福特，1639 年开了 13 次大会，1640 年为 16 次，但是到 1644 年减少为 5 次。17 世纪 70 年代后，每年才开两到三次。第二，大会的职权也减少了。早年，市镇大会管理的范围异常广泛，而行政委员的活动受到限制。比如，1938 年哈特福特市镇大会对于全市镇的事务，无论巨细都要管，甚至修理院墙也由大会下达命令。但是到 70 年代市镇大会的职权大减，它只限于批准行政委员所作的决定。70 年代，诺维乞及温莎两个市镇的大会活动只限于选举市政官员及批准行政委员的决定。第三，市镇行政委员的权力增大。早年他们的每一行动都要向市镇大会负责。但是后来，他们把行政、立法及司法的全部大权都抓在自己手中，他们甚至有权向居民发出“传票”，命令他们到行政委员会议接受审查。第四，行政委员的职位由市镇上的少数有钱有势者所垄断。本来行政委员是由市镇大会自由选举出来的，不受任何干扰。但是后来根据殖民地议会的命令，市镇大会只能从当地“主要居民(即少数有钱有势的人）中选出”③。如是，在时间的演进中，市镇自治机构越来越脱离群众，越来越官僚机构化，从而地方自治的性质也愈益冲淡，民主的成分也随之减少。市镇权力结构的这种变化，首先是市镇经济发展所带来的阶级分化所造成的。从居民中分化出来的上层分子利用自己的财力和势力，轻而易举地把权力攫到自己手中。其次，人口的增长也是一个重要原因。居民人数增加，使得市镇大会的直接民主行不通了。不过，市镇大会的民主性

① Oliver Perry Chitwood, A History of Colonial America, p. 188.

② Carl Bridenbaugh, Early Americans, pp.175—176.

③ Bruce C. Daniels, The Connecticut Town, pp.64、67—68、75—76.

质并未完全丧失，因为它仍享有选举市镇官员的权利，以及批准行政委员所作出的决定的权利。

六

这些民主因素产生的原因和根源，我已在另一篇文章①里讨论过，这里就不重复了，这里需要指出的是，与这些民主因素交织在一起的还有大量不民主、反民主及人压迫人、人剥削人的现象，有的甚至是触目惊心的。首先，北美 13 个殖民地上到处存在黑人奴隶制度，遭受惨无人道的剥削、失去一切自由的黑人奴隶不消说在政治上也被削夺了选举权及被选举权。其次，如前面已经论述过的，议会代表制还不够公平，贵族集团控制了整个殖民地的政治、经济。第三，宗教迫害。诚然，在大多数殖民地上已经实现了相当程度的信仰自由。在弗吉尼亚，英吉利国教教会全是官方教会，然而非国教的教派受到一定的宽容，他们的信仰并不遭到禁止。在宾夕法尼亚则实现了最大限度的信仰自由②。但是在某些殖民地，特别是在马萨诸塞，神权统治最为残暴。每当神权统治受到威胁时，当局就加紧迫害巫觋。有许多无辜的穷苦劳动者被诬以巫觋的罪名而处死刑③。第四，言论出版自由得不到保障。在几乎每一个殖民地上都颁行严厉的惩治诽谤罪的法律。《纽约周报》的出版人曾格就曾经因让莫里斯在他的报刊上刊载了批评总督的文章而引起了著名的诉讼案。而且，一个人批评议会，无论是口头抑或是书面，都是一件危险的事。殖民地出版最早（1690 年）的报纸——《波士顿公事》仅仅出了一期，就由于抨击政府当时进行的一次战争而被迫停刊。1692 年，费城一个印刷商威廉 · 布拉得福因煽动性的诽谤罪而受审。托马斯 · 冒尔于 1696 年在波士顿由于同样的罪名而受审，尽管这两个人最后都被免除了囚禁。本杰明 · 富兰克林的兄弟由于批评马萨诸塞殖民政府而身陷缧绁。第

① 见拙文:《美国殖民地时代的议会制度》,《历史研究》1982 年第 1 期。

② 莫里森等:《美利坚共和国的成长》第 1 卷第 1 分册，第 156—157 页。

③ 阿普特克:《美国人民史》第 1 卷，生活 · 读书 · 新知三联书店 1962 年版，第 99—102 页。

五，刑法残酷，人身得不到保障。在殖民地早期的康涅狄格和马里兰，渎神罪或骂上帝罪，均要处以死刑。在弗吉尼亚，偷猪三次也要被处死刑。甚至在以“人道主义”而著称的宾夕法尼亚，死刑罪达 14 项之多。而且处死的手段也很残忍：通常用绞刑，有时用火刑，对于较轻的罪处罚的办法是：罚金、鞭笞、浸刑以及带上吊枷和颈手枷监禁。在弗吉尼亚，每个县都被要求制造足枷和浸刑凳以及颈手枷。有时叫犯人站着，把他的耳朵钉在面颈手枷上，最后把耳朵割掉。在殖民地早期还使用其他非人道的惩罚手段；用热烙铁在颊或前额上打烙印，或用烧红的铁条穿舌头①。在马里兰，在1688年以前的总督暴政期间，刑罚之酷，骇人听闻，有割鼻、剁双手及穿舌等惨无人道的刑罚②。

但是，我们不应该被这些黑暗面遮住了眼睛，应该看到：在北美这个民主因素与不民主因素杂糅交错在一起的社会里，民主因素是新生的、进步的事物，它们所占的阵地愈益扩大。上述马里兰的残酷刑罚在 1688 年以后就取消了——这就是一个明证。可以说，在美国独立战争前夕，在封建专制制度仍然笼罩着欧亚大地的条件下，北美殖民地是全世界民主成分最多的社会——这是北美殖民地社会的独特之点。

民主因素在北美殖民地躯壳内部日益成长扩大意味着什么？其作用或历史意义何在？我认为在这方面至少有以下几点可言。第一，有利于资本主义的发生和发展。人人都知道，法国大革命前的专制制度、贵族等级制度及种种封建特权，形成了一种僵化了的硬壳，它压抑了社会经济中的新生力量，限制了资本主义的成长。在革命前的北美则不然。北美社会政治结构内民主因素的成长扩大，意味着一个松动的、开放型的、生气勃勃的、充满活力的社会经济和政治有机体已经形成。在这个有机体内，有一条沟通上下的政治渠道（议会民主），有发挥群众的首创精神的自治机构（市镇大会），有各种经济机会在等待着有进取精神的人。这一切不但有利于资力雄厚的新兴资产阶级，而且也为资本主义因素的发生和成长提供了肥沃的土壤。特别是议会民主成为资产阶级手中的工具，利用这个工具以维护和促进自己的阶级利益。

---

① Oliver Perry Chitwood, A History of Colonial America, p. 191.

② Charles M. Andrews, Our Earliest Colonial Settlement, p. 156.

第二，对人民群众来说，这些民主因素的成长意味着他们的政治经济地位的提高。特别是议会，它成了人民群众影响政府施政方针及具体政策、措施的重要渠道。

第三，这些民主因素的成长，在很大程度上削弱了英国对北美的殖民统治的基础。殖民地议会到 18 世纪中叶以后成了抵制英国对殖民地的压迫，捍卫殖民地利益的重要堡垒。在 1764 年以后的反英斗争中，殖民地议会成了殖民地人民和英国斗争的前哨阵地，其中锻炼出不少革命领袖人物，如乔治·华盛顿，托马斯·杰弗逊及帕特里克·亨利等人。

第四，民主因素的成长，是导致北美独立战争爆发的重要原因之一。民主的现实，不能不在人们的头脑中有所反映。诚然，殖民地上有一种重视门第之风。贵族集团中有不少人以门第相夸，有的甚至伪造谱牒，冒充英国贵族的后裔①。在新英格兰重视门第的歪风最为严重，基督教徒在教学里做礼拜时，座位也要按照其社会身份作严格的安排②，甚至在当时的最高学府——哈佛大学也是按社会地位排列学生名次。在有 24 名学生的一个班里，约翰·亚当斯竟被排列在第14名③。但是，这种风气却被一种平等的风气所压倒。在一个大多数白人拥有财产并且享有选举权的北美社会里，平等思想之盛行是可以理解的。一个作者 1756 年在《宾夕法尼亚日报》上评论道:“这个省的人民一般说来在生活上是过得去的……他们享受并喜爱自由，他们中间最卑微的小人物也认为他有权利得到大人物的殷勤招待。”一个官员在 1760 年写道: 在北美，“在民主政府下，一切令人痛心的身份差别都消失在公众的平等之中”，甚至平等的风气也波及上层社会。菲利普·费乞安（Philip Fithian）于 18 世纪 60 年代在他的故乡新泽西就看到了“平等”的迹象。他写道:“我们看到绅士们，当他们不从事公务时，在他们的农场上劳动，以便为他们底下人做出榜样; 而另一方面，我们又看到劳动者在主人的客厅里和主人坐在同一个餐桌上吃饭，一同话家常”④。民主精神或共和主义精神，在殖民地居民中也日见抬头。英国一名官员在 1763 年对英国商务部

---

① Leonard Woods Labaree, Conservatism in Early American History, p. 2.

② James Truslow Adams, Provincial Society, pp. 57—58.

③ Carl L. Becker, Beginning of American People, pp. 165—166.

④ Carl N.Degler, Out of Our Past, p. 47.

抱怨说："新英格兰政府都是按照共和主义原则形成的，而这些原则被热心地灌输在他们的青年的头脑之中。"康普特洛勒·威尔（Comptroller Weaer）在1760年指出：甚至在王家殖民地上，"英王的权威也得不到充分的支持，因为在人民中间一种共和主义精神泛滥起来了，人民极端猜忌不直接来源于他们自己的任何权力"①。爱好自由，反对外来权威的干预，这种精神在北美居民中到处可见。安得鲁·伯恩比（Andrew Burnby）在1759—1760年间访问了北美，据他描写，弗吉尼亚人特别"高傲而珍惜自己的自由，忍受不了任何限制，几乎不能容忍任何高高在上的权力的控制，甚至有这种想法他们都受不了。他们中间有许多人把殖民地看作是除了有一个共同的国王而外不与大不列颠发生任何联系的独立的国家"②。北美人民的这种思想状态，使得他们无法容忍1764年以后英国对他们的权利和自由的侵犯，因而独立战争的爆发就成为不可避免的了。

第五，北美殖民地内部民主成分的大量存在这个特点也在颇大程度上决定了美国第一次革命的温和性质。道理很简单：压迫愈大，反抗亦愈深，反之亦然。举法国为例。大革命前夕的法国社会是一个"铁槌与铁砧"的社会（伏尔泰语），广大人民辗转呻吟在封建特权等级和专制暴君的淫威之下，处在水深火热之中。因而革命一旦爆发，激昂的群情像开了闸的大水一样，汹涌澎湃，冲击一切网罗，结果出现了大量过火的、剧烈的革命行动。在北美则不然。北美殖民地时代虽然有阶级压迫，但是人民群众（白人）在政治经济上享有一定的民主，这个民主缓和了阶级矛盾。这就决定了北美人民在革命期间没有做出法国人民那样惊天动地、疾风骤雨般的过火的革命行动和恐怖行为。

（原载《文史哲》1987年第3、4期）

---

① Carl N.Degler, Out of Our Past, p. 63.

② Gilbert Chinard, Thomas Jefferson: The Apostle of Americanism, p. 42.

论美国第一次革命的成就

17 世纪的英国革命，18 世纪末的法国大革命与 18 世纪下期的美国第一次革命，都是早期资产阶级革命。但是好多年来国内史学界一提到早期资产阶级革命，首先想到的便是英国革命和法国大革命，在谈到早期资产阶级革命的特点或规律性时，也离不开这两次革命，也总是喜欢从这两次革命中总结历史经验和教训。相形之下，介于这两次革命之间的美国第一次革命则被忽略了。其实，美国革命无论就其所取得的成就及其在美国历史发展中的作用来说，抑或就其对于世界的影响来说，其重要性并不亚于英、法革命。而且，美国革命还有其与英法革命截然不同的独特之点，其中有许多经验值得总结和借鉴。下面仅就美国第一次革命的成就，谈一些个人的初步看法。

一

对于美国第一次革命，美国有一些历史家有一种奇特的解释，他们说这只不过是一场对外的反英的、争取独立的战争，而美国内部并没有发生什么革命或变革。第二次大战后出现的以罗伯特·布朗和丹尼尔·布尔斯丁为主的“新保守派”就持这种观点。在布朗看来，独立战争前的北美殖民地是一个非常民主的社会，居民一般的在经济上是平等的，在政治上是自由的，而且大多数白人享有投票权。只是英国在 1764 年以后想剥夺北美人民所享受的自由权利，才激起独立战争。因此，他相信美国革命是“历史上独特的革命，是一次为了保存民主社会而不是为了争取一个民主社会而进行的革命，是一次为了阻止变革而不是为了促进变革而进行的革命。”①

这个观点之错误是显而易见的。实际上，正如美国历史学家卡尔·贝克所指出的“美国革命不仅仅是一个争取脱离英国的民族独立的运动，它也是一个争取美国社会和政治的民主化的运动。”②

但是，只承认美国革命有对内争取民主的斗争一面是不够的。如果对这次革命的过程作全面而仔细的考察，我们会发现这一次革命除了赢得对英独立这个众所公认的成就而外，在对内方面所取得的成就也是巨大的。这首先表现在各州所争取到的各种民主成果上面。

第一个重大成就便是取得丰硕的民主成果，这些成果，可以分为四类。

第一类，各州内部的政治进一步民主化。这主要是通过制定新的州宪法而实现的。

美国学者克利斯托尔写道：在革命中制定的州宪法，“对于现存的政治制度很少有基本的改变。”③这个说法是违反事实的，实际情况是：州宪法对于北美现存政治制度作了重大的改变，并使其大大民主化。

甲、宣布共和制。独立前的殖民地时代实行的是君主制，因为英国国王就是包括北美殖民地在内的大英帝国的元首，殖民地居民就是英王的臣民。弗吉尼亚等三个州在 1776 年后制定的州宪法中分别宣布成立共和国。州宪法彻底摧毁了“国王的职位”，并且“绝对地剥夺它的一切权利、权力和特权”，为的是“所有其他人将永远不会享有这些东西，这个职位今后不许存在，无论在名义上或实质上，在这个殖民地上都不许重建。”④

乙、保障人民基本权利的措施。革命领袖都认识到：为了防止人民受压迫，从法律上保障人民的基本自由权利非常重要。他们都回忆到 1689 年英

---

① 布朗：《中等阶级民主与马萨诸塞的革命（1691—1780）》（Robert Brown, Middle Class Democracy and the Revolution in Massachusetts, 1691—1780），第 303 页。

② 卡尔·贝克：《合众国—— 一个民主的实验》（Carl Becker, The United States: An Experiment in Democracy），第 35 页。

③ 参看欧文·克利斯托尔：《美国革命是一次成功的革命》（Irving Kristol, American Revolution As a Successful Revolution），第 13 页。

④ 戈登·伍德：《美利坚合众国的创立》（Gordon Wood, The Creation of the American Republic），第 136 页。

国国会所制定的“权利法案”对于遏制国王的权利膨胀和防止暴政，起了巨大作用。因此，在所有的州宪法的开头部分都附上“权利法案”或“权利宣言”，其中作了保障人民各种自由权利的规定。

丙、禁止官职世袭及摈弃贵族头衔。早在殖民地时代北美人民就讨厌贵族头衔。而且他们对下面情况也深为不满：在某些殖民地上，包括上院成员及法官在内的某些官职实际上变成世袭的了。因此，革命中产生的州宪法（如马萨诸塞，新罕布什尔）宣布禁止官职世袭。在1776年颁发的马里兰州的“权利宣言”中规定：“在本州不得授予贵族头衔及世袭的高级官职”。北卡罗来纳宣布“在本州不得授予世袭的津贴、特权或勋位”。宾夕法尼亚的“权利宣言”也宣布摈弃贵族头衔。佐治亚的州宪法规定：剥夺任何要求拥有头衔的人的投票权或担任官职的权利。①

丁、扩大官职选举的范围。在革命前，只有自治殖民地的总督通过选举产生，王家及业主殖民地的总督都是由英王或业主任命，州宪法改变了这个情况，各州州长均通过选举产生。有八个州的州长由选民选出，有六个州州长由州议会任命（实际上是间接选举）。在佐治亚，州以下的地方官吏也是选举的。②

戊、削减州长的权力和增大州议会的权力。在殖民地时代，总督作为英王的代表（指王家殖民地）是压迫的象征，而议会则是保卫殖民地的机构，因此，在革命中人民普遍要求增大议会权力及减削州长权力。人民的这个要求在州宪法中得到反映。过去，王家总督对议会的立法有否决权，现在大多数州的宪法限制了州长的否决权。北卡罗来纳甚至取消了州长的否决权宪法规定，只要议会的议长签字，法案就获得法律的效力，在纽约，由一个“修正委员会”（由州长及数名法官组成）行使否决权。大多数州只要立法机关的简单的多数票就可以抵制州长的否决。只有马萨诸塞要求有立法机关的三分之二的多数票。殖民地时代，总督作为行政首长掌握大部分任命官吏的权限。现在州宪法限制了这个权利。在纽约，由州长和参事会共同行使任命

---

① 约翰·奥尔登：《美国革命史》（John Alden, A History of the American Revolution），第358—359页。

② 狄利：《美国州宪法的成长》（Dilly, The Growth of the American State Constitutions），第36页。

权，在决定中州长只有一票。在新泽西，任命权划归立法会议。[①]一些州宪法还容许立法机关弹劾州长等官员。在殖民地时代，法官由总督推荐，英王任命，现在州宪法把这个任命法官的权力送给立法机关。[②]

己、参事会的改革。在殖民地时代，王家殖民地总督下面的参事会，是先由总督遴选殖民地上的知名人士（即绅士）向英王推荐，然后由英王任命。参事会一身而三任：为总督出谋献策，因而是行政机构；兼立法机关的上院，因而是立法机构；接受和审理下级法院的上诉案件，因而是司法机关。这无异于贵族官僚干涉立法权和司法权，久已为人们所不满。现在新的州宪法把参事会与上院分开，也把参事会与司法机构分开，把参事会改为州务会议（行政机关），另成立单独的上院，单独的上诉法院及平衡法院。同时，州务会议不再由长官任命，而是改由议会选出，而且宾夕法尼亚及佛蒙特则由选民直接选出。州务会议的地位也比参事会提高，过去的参事会是总督的助手，现在州务会议控制了州长，这样一来，过去的参事会这个“官僚贵族的微弱的痕迹”也被根除了。

庚、州议会的民主化。州议会虽然保留了两院制，但是比殖民地时代的立法机关更加民主化。第一，与革命前的王家殖民地的上院（即参事会）通过任命产生不同，现在的州上院是选举产生的，尽管许多州为上院议则规定了很高的财产资格。第二，议会改选时期缩短，一般都是一年一改选。这可以保证议员不脱离选民的控制。第三，实行比例代表制。革命前的代表制极不合理。沿海诸县聚居大种植场主及富商巨贾，人口少，但是在议会中所占席位却很多，西部诸县的主要居民是贫苦的农民及拓荒者，人口多，但在议会中的席位却少。这种情况显然有利于上层有产者集团。现在大多数州的宪法规定了比例代表制，各县在议会里的代表人数与该县人口（纳税人口）成正比例，这就有利于西部劳动人口。

辛、选举权扩大。在殖民地时代为选举权规定了财产资格。现在，各州的宪法对于财产资格作了不同程度的改变。在 13 个州中，有 9 个州降低

① 凯利·哈比逊：《美国宪法的起源及其发展》（Kelly Habison, Origin and development of the American Constitution），第 96—97 页。

② 戈登·伍德：《美利坚合众国的创立》，第 142、160 页。

了财产资格。在佛蒙特州，新宪法甚至确立了成年男子普选制。选民的扩大引起了一些保守分子的反感，北卡罗来纳有一个人悲叹道："那个最美妙而重要的权利（指选举权）扩充到森林中每一个二足动物身上了"。①

这样，州宪法大幅度地扩充了州的民主。无怪乎本杰明·富兰克林在1777年5月"以狂喜的心情"阅读了这些州宪法。②

第二类，范围广泛的民主改革。旨在维护大土地所有制的"限定嗣续法"及"长子继承法"被废除了。一些殖民地的官方教会被取消了，从而实现了宗教自由。以弗吉尼亚为首的几个州实行教育改革，从而向普及教育迈出了一步。北部、中部诸州废除了奴隶制度。刑法也改革了，缩小了判处死刑的范围，只有谋杀及叛国才处以死刑。革除了一些野蛮残酷的刑罚，实行了罪罚相称的制度。

第三类，南方大批黑人奴隶获得解放。南方黑人奴隶之得到解放，是通过两个渠道。第一个渠道是：逃亡奴隶参加英军后得到解放。从战争一开始，英军当局就引诱奴隶参加英军方面作战，并且许诺在战后解放他们。结果逃到英军方面者极多，共达10万之众。他们中间有不少人在战后得到自由，但是也有许多人死亡或者被英方卖到西印度重新当奴隶。第二条渠道是通过参加美军而获得自由（至少有5千人）。③大批奴隶之获得解放，沉重地打击了奴隶制度。

第四类，半封建大地产租佃制之局部瓦解。在战争期间，革命政府（州）没收了托利党人④地产，这些地产有相当一部分转到劳动者手中，因而增大了农民土地所有者的数量。

上述第一、第二类民主成果之取得，是民主运动推动的结果。

这个民主运动在1776—1777年达到高潮，并且持续到18世纪80年代末。

---

① 约翰·詹姆逊：《作为社会运动的美国独立战争》(John F. Jameson, The American Revolution Considered as a Social Movement)，第28页。

② 赫伯特·阿普特克：《美国革命，1763—1783》(Herbert Aptheker, American Revolution, 1763—1783)，第232页。

③ 赫伯特·阿普特克：《美国革命，1763—1783》(Herbert Aptheker, American Revolution, 1763—1783)，第218、225—226页。

④ 托利党人即殖民地上的亲英派，他们从事破坏活动，给革命造成巨大损失。

运动的群众基础是农民，边疆拓荒者，工匠、工人、小店主及黑人，运动的领导者是资产阶级民主知识分子。其中最突出的有三个人——托马斯·杰弗逊，塞缪尔·亚当斯和本杰明·富兰克林。

人民群众在运动中提出了广泛的要求：

第一，要求实现资产阶级的政治民主。他们不但要求驱逐王家总督及英国委派的官吏，而且也要求打倒殖民地时代控制议会的“大人物”或“贵族党”，希望把整个政府机构都置于人民的控制下面。他们要求实行代议制民主，取消对于选举权的财产限制，实现公平合理的代表权。他们反对上院，认为设置上院是对下院的一种限制，因此要求一院制。他们认为以总督为代表的行政权是压迫的象征，所以他们要求无限加强作为人民的代表机关的议会的权力，而尽量削减行政权力。他们也主张实行短期选举制，官职轮换制。① 尽可能削弱中央政府的权力，把权力重点放在各州一级。这是因为美国人民从过去的经验中体会到一切政府都是压迫人民的工具，从而相信：“统治最少的政府，是最好的政府。”②

第二，要求消灭一切前资本主义制度，消灭贫富悬殊的现象；消灭宗教压迫，以实现宗教自由。

参加争取民主改革斗争的称民主派。站在他们对立面的是保守派，保守派代表大资产阶级，大种植场主的利益。参加保守派的一般都是富商、大种植场主，收入丰厚的律师，圣公会及公理会的牧师等等。他们主张在政治经济上维持现状，尽可能少作变动。他们强调“上等人，有价值的人，有经验的人”应该统治国家，因此要求限制选举权，主张成立两院制议会，扩大行政权，确立立法者及州长的财产资格。保留官方教会和维持不平等的代表制。③ 他们还要求建立强大的国家机器及加强中央政府的权力，以便更有效地保护富人利益和镇压人民的反抗。在经济上，他们反对消灭大土地所有制，反对以民主方式解决土地问题，反对触动前资本主义制度。

这样，保守派的纲领和民主派的纲领是针锋相对的。所以人民群众争

---

① 戈登·伍德：《美利坚合众国的创立》，第227—231页。

② 赫伯特·莫里斯：《为自由而奋斗》，第220页。

③ 约翰·奥尔登：《美国革命史》，第334—335页。

取民主改革的斗争，实际上就是民主派与保守派之间的斗争。

各州政治的民主化，就是在制定州宪法的过程中民主、保守。两派进行你死我活的斗争的产物。在佐治亚，两派的斗争达到不可调和的地步，以致一个时候出现两个立法机关两个行政机关对峙的局面。①1779 年在费城展开了两派间的斗争演化为武装冲突，造成两人的死亡。②

虽然在制定州宪法的斗争中，保守派在大多数州取得胜利，但是慑于群众的力量，他们也不能完全忽略人民的愿望：第一，他们在反英中揭橥出人民的权利的口号，因而感到拒绝把一定程度的权利送给“卑下的美国人”是很难的。第二，他们看到完全不顾人民的要求，也不利于全局，因为只要反英战争在继续进行，人民群众的支持是为取得战争胜利所不可少的，而为了赢得人民的支持，就不能不对人民作一定的让步。③

各州之所以能实现一系列民主改革，也是和民主派的努力分不开的。第一,一系列改革法案之获通过，一方面得力于以杰弗逊为首的民主派领袖在各州议会内的争取，另一方面也是议会外的民主派群众施加压力的结果。

杰弗逊是广泛的民主改革的倡导者和推动者，他认为反英战争正是争取内部民主改革的千载难逢的大好时机，因为这场战争激起人们的爱国热情和革命热情，利用这种热情来推行改革，可以减少许多阻力。④ 为了在自己的家乡弗吉尼亚推进改革，他宁愿放弃大陆会议委派给他的出使法国的光荣使命，他在弗吉尼亚专心致志于四项主要改革工作，取消限定嗣续法，废弃长子继承法，实现宗教自由，实行普及教育。因为在他看来，完成这四项改革具有非常重大意义，他说：这些改革合在一起，就“形成一个制度，靠这个制度就可根除古老的或封建的贵族的每一根纤维，并且为真正共和主义奠定基础。”⑤

---

① 查尔斯·比尔德、玛丽·比尔德：《美国文明的兴起》（Charles Beard and Mary Beard, The Rise of American Civilization）第 1 卷，第 261 页。

② 约翰·奥尔登：《美国革命史》，第 336—337 页。

③ 约翰·奥尔登：《美国革命史》，第 336 页。

④ 梅里尔·彼得逊：《杰弗逊与新国家》（Merrill Peterson, Thomas Jefferson and the New Nation），第 99 页。

⑤ 梅里尔·彼得逊：《杰弗逊与新国家》，第 111 页。

各种改革法案之获得通过，关于民主派群众的压力所起的作用。查尔斯·巴克尔写道：在革命期间，“抗议的政治”甚为发展，在18世纪70年代的10年中，“选举宣誓，对代表的训令，群众大会、委员会及协会之出现，都从立法机关的大门外加强了人民群众对政府的压力，增加了对于政治决策的影响。”①

当然，某些改革之实现，也有客观因素。如北部中部诸州之废除奴隶制度，固然是民主派（黑人及白人）争取（通过请愿或其他方式的结果)，但是另一方面也是由于上述地区的自然环境不利于奴隶制度，奴隶制度对于奴隶主来说已无利可图了。

第三、第四两类民主成果之取得，是战争促成的。美国历史学家尼斯贝特说过，战争总是伴随着革命，特别是当战争拖长的时候。②这个道理也适用于独立战争。大批奴隶之获得解放，不消说，是战争造成的。就是大地产租佃制之局部瓦解，也与战争有莫大关系。被没收地产的都是托利党人，他们站在英国方面从事破坏活动，显然不利于独立战争之进行。没收他们的地产，是出于战争的需要。不过，还必须看到，革命政府之采取这个措施在某种程度上也反映了两种情况：(一）北美佃农的斗争。在革命前夕佃农普遍有土地改革的要求。被谴责为“抢劫和谋杀普通穷人的”李文斯顿家就预感到佃农要起来夺取他们的土地。第二，在人民中间流行的财产平等思想。1776年宾夕法尼亚的宪法草案中有一个条款（这个条款后来被删掉了）写道：“大量财产之归少数人所有，对于权利是有害的，并且会破坏人类的共同幸福；因此，每一个自由国家都有权利利用法律去阻止大财产所有制。”③

① 赫伯特·阿普特克：《美国革命，1763—1783》，第236页。

② 罗伯特·尼斯比特：《革命的社会影响》（Robert Nisbet, Social Impact of the American Revolution)，载《美国继续革命》(America’s Continuing Revolution)，第81—82页。

③ 里查德·莫里斯：《我们合众国人民，人民革命200周年》（Richard Morris, We People of the United States, The Bicentennial of A People’s Revolution)，载《美国历史评论》第82卷第1号，第17页。

二

综观革命期间所取得的民主成果，我们可以作出如下评价。第一，这些成果是丰硕的，并不像很多人所想象那样微不足道，我们可以对它作出如下的估价。第二，美国革命的某些改革的激烈程度如没收托利党人土地，甚至超过法国大革命时没收逃亡贵族土地的革命行动。① 第三，与法国大革命相比，美国革命的民主成果，涉及的范围更为广泛，更有特色。从政治到经济，从社会到宗教，从文化教育到刑法，莫不发生深刻的变革，而这是法国革命所不及的，因为法国革命根本就没有触及教育及刑法。

经过这一系列的民主改革及革命变革，在法国爆发大革命前，美国成为全世界首屈一指的最民主的国家。

因此，我们可以得出结论说：美国第一次革命不愧为一次民主成果丰硕的资产阶级革命。

为什么美国革命能收获如此丰硕的民主果实？为什么它所完成的变革的范围比法国更为广泛，这样有特色？在我看来，这不仅是由于群众性的民主运动的推动，也是由于这个民主运动有高度的自觉性。

这个运动的高度的自觉性，首先表现在人民群众身上。人民群众在反英战争中清楚地意识到，不但应该推翻英国的殖民统治，而且也应该通过民主改革，提高人民的政治经济及社会地位而斗争。

早在 1776 年上半年，纽约市技工委员会就提出了“谁应该在国内进行统治”的问题。他们热烈希望在美国建立“一个自由的，人民的政府。”工匠们纷纷讨论独立后的新政府形式，一致要求建立与殖民地时代不同的政治制度，群众还警告说：“有某种地位的人们”梦想在北美建立在欧洲常见的“主公与封臣，或长官与属官的制度”。纽约的一个工匠还告诉大家说：必须丢弃只有“富人”才有权当官的观念；关于“人民过于愚昧所以不能管理国家大事”的论点，只不过是富人造谣。费城一个“穿皮围裙”的工人在一篇文章（1776 年 3 月 14 日刊于宾夕法尼亚晚邮报上）里写道，“不是工匠和

① 赫伯特·阿普特克：《美国革命，1763—1783》，第 16 页。

农民构成美利坚人民的99%吗？如果这些人由于职业的关系而不能参加选举他们的统治者或选择政府形式的话，立即承认完全由绅士组成的英国国会的管辖权难道不是最好的吗？”①

在群众中间要求实现社会经济平等的思想也开始流行。弗吉尼亚的兰多福上校在1784年抱怨道：“独立的精神变为平等的精神了。”②

许多民主派领袖的思想言论反映了群众的这些要求。但是在民主派领袖中，只有杰弗逊的思想最全面地、最深刻地、最集中地体现了人民的思想感情和渴望。

杰弗逊对这次革命抱有最殷切的期待，他满腔热情地希望在革命中实行广泛而彻底的改革，把殖民地时代遗留下来的全部污秽一扫而光，实现自己的民主理想。他梦寐以求的是在美国建立一个民主共和国，在这个共和国里，既没有剥削，也没有压迫；既没有镇压人民的官僚警察的国家机器，也没有吮吸人民膏血的豪门巨族。人人参加国家管理，个个享受自由平等的权利。每个人都过着有道德、有文化的幸福生活。为了达到这个令人神往的目标，他要求实行全面的改革：在政治上革除殖民地时代的政治积弊，实现代议制民主政治；改革选举法以保证人民在国家事务中的发言权；实行三权分立以杜绝暴政；废除长子继承法及限定嗣续法，以根除殖民地上的旧贵族势力；取消官方教会，以实现宗教自由；颁布土地改革法，以扩大小农土地所有制；实行教育改革，以普及文化知识；改革刑法，以实现人道主义；废除奴隶制度，以实现人人平等的原则；等等。

这个民主改革总纲的最高原则，便是他在“独立宣言”中所宣布的原则：“人人生而平等，他们都被造物主赋以某些不可转让的权力，其中包括生命权，自由权和追求幸福的权利。为了保障这些权利，所以才在人们中间成立政府，而政府的正当权利则来自被统治者的同意。如果有任何一种形式的政府变成是损害这个目的的，那么人民就有权利改变它或废除它，以建立新的政府。”

① 菲利普·方纳：《劳工与美国革命》（Philip Foner, Labour and the American Revolution），第164—166页。

② 赫伯特·阿普特克：《美国革命，1763—1783》，第259页。

杰弗逊在制定这个行动纲领时，还有一个宏伟的抱负，希望在美国建立起来的民主共和国，成为全人类的楷模，使全世界普遍建立这样的共和国，把黑暗的封建专制制度及一切不合理的现象统统从地球上抹掉。“我们有一个目的，那就是使代议制政体成功，而且这并不单单为了我们自己而活动，也是为了全人类而活动。我们的实验是为了证明人类是否有自治的能力。受苦受难的人类正在以渴望的心情把我们看作是他们唯一的希望……我希望和坚信：全世界或早或晚会从我们关于人的权利的主张中得到好处。”①

值得注意的是，杰弗逊在制订他的改革纲领时，并不是简单地反映人民的心声，而是把来自群众原始素材加以综合，提炼、加工和提高。

第一，杰弗逊的纲领比群众的革命要求更为全面，更为系统。群众往往囿于狭隘的视野，只能提出片面的、零碎的、眼前的要求，缺乏全局观点及周密的考虑。而杰弗逊则能高瞻远瞩，洞察秋毫，因而他能提出一个涉及各个方面的，宏伟而缜密的纲领。

第二，杰弗逊能抓住改革的根本，他认识到教育改革是一切改革的关键。在他看来，为了建成一个巩固的民主共和国，只是进行政治上的民主改革，是远远不够的，还必须大力发展教育事业，因为教育是民主的基础，在一个广大群众愚昧无知的国家，民主政治等于建立在沙堆上面的楼阁。他指出：“地球上每一个政府都有人类弱点的一些痕迹，腐化和蜕化的一些萌芽……每一个政府，当它整个被委托给人民的统治者的时候，就要蜕化，因此人民本身才是它的唯一可靠的保管人。为了使他们成为可靠的，他们的头脑必须改善到一定的程度……必须修改我们的宪法，以促进公众教育。”②他认为防止权力堕落为暴政的有效手段，便是在“实际可行的范围内普遍地启迪人民的智力”。③而且，他还指出了教育在其他方面的功能，（一）培养德才兼备的国家管理人才，即他所说的“自然贵族”，以保证每一代人都有一个贤明正直的政府。（二）提高人民的文化知识和科学水平，以增进人类的物质，精神的幸福。（三）提高人民的道德品质。

---

① 菲利普·方纳：《杰弗逊选集》，第 39 页。

② 菲利普·方纳：《杰弗逊选集》，第 77 页。

③ 凯莱布·帕特逊：《杰弗逊的宪法原则》（Caleb Patterson, The Constitutional Principles of Thomas Jefferson），第 174—175 页。

第三，杰弗逊的纲领用意更深，更切合实际，这里至少有两点可谈。首先，美国人民群众赞成一院制议会，因为殖民地的经验告诉他们：议会上院是为了抑制下院中的人民代表而设置的。但是杰弗逊却主张保留上院，他保留上院的用意在于使它与下院达到互相补充之效。在他看来，立法机关的两院应该分别建立在不同的原则和利益上，上院应该发挥智慧的作用，下院应该发挥维护人民的利益的作用。因此他主张选出有经验有学识的人为上院议员。他认为上、下两院互相配合，才能使立法工作臻于完善。①显而易见，杰弗逊的主张更有见地，更有深意。其次，群众继承殖民地时代议会反对总督的斗争（这个斗争的目的在于提高议会的权力和地位）传统，要求确立议会的至高无上的地位。而在杰弗逊则反对这种做法。他说，议会权力无限增加，同样会产生暴政。“这些权力由多数人行使而不是由一个人行使，也不会减轻[暴政的程度]。173 个暴君（弗吉尼亚下院有 173 个议员——引者注）和一个暴君一样，都会压迫人。他们即使是由我们自己选出的，也不会有什么好处。一个选出来的暴政并不是我们争取的政府。”②他主张以三权分立代替立法机关权力至高无上的原则，认为只有这样才能保证政府不致蜕化为暴政机关。

此外，对许多问题，杰弗逊也善于提出更为精辟而深透的见解。比如，他在反对官方教会的统治和要求实现宗教自由这个问题上，和广大人民是完全一致的；但是对于国家干涉宗教自由的害处及实现宗教自由的益处，他的认识就更深入了一层。他写道：用国家的力量，采取高压手段，强制人民去接受某种信仰，其效果只能是“在世界上制造出一半愚人及另一半伪善者。”“只有谬误的思想才需要政府的支持。”真理本身是用不着权威来支持的，不同的思想自由竞争，对于真理的发展有百利而无一害。③“限制（思想）会使他成为伪君子，从而使他变得更坏，而绝不会使其成为一个更诚实

① 梅里尔·彼得逊：《杰弗逊与新国家》（Merill Peterson, Thomas Jefferson and the New Nation），第 104—105 页。

② 杜马斯·马伦：《杰弗逊和他的时代》（Dumas Malone, Jefferson and His Time），第 1 卷第 380 页。

③ 梅里尔·彼得逊：《杰弗逊与新国家》，第 138 页。

的人。”①

杰弗逊不但从群众中汲取滋养，② 而且还接受了欧洲的启蒙思想。

整个18世纪，欧洲特别是英国与北美之间的思想接触始终没有间断，到18世纪，这种接触更加频繁了。欧洲及英国的书刊源源不断地运到北美，因而英法启蒙思想——洛克，孟德斯鸠及伏尔泰的思想也流传到北美，同时，英国不信国教者（英国政治生活中的左翼）的思想也渗入北美。③ 不过，美国革命领袖受洛克的思想影响最大。正如米勒所说的，“如果说有任何一个人统治了美国革命的政治哲学的话，他就是洛克。”但是如果说“美国政治思想主要是对于洛克的注解”④ 也是不对的。因为以美国民主运动的主要领袖杰斐逊来说，他就没有墨守洛克的教条。比如前面引的杰弗逊执笔的《独立宣言》中的一段话虽然脱胎于洛克的自然权利学说，但是杰弗逊却用“追求幸福的权利”去取代洛克的财产权利。⑤ 实际上，这并不是简单几个字的问题，而是杰弗逊在有原则性的大问题上与洛克分道扬镳。洛克站在英国资产阶级新贵族的立场上，竭力维护财产权，而杰弗逊打破了洛克学说的资产阶级局限性，把人民群众的愿望吸收到自然权利学说中来。这样，他就赋予自然权利学说以浓厚的民主主义色彩，从而创造性地发展了这个学说。正是杰弗逊的这种博大精深的思想及宏伟的行动纲领，指导了美国民主运动，指导了英国革命。如果说罗伯斯庇尔为首的雅各宾主义是法国大革命的灵魂的话，那么以杰弗逊为代表的民主思想是美国革命的旗帜。

诚然，杰弗逊思想中有不少成分在资本主义制度下只能是幻想，但是他的思想及纲领标志了美国革命的高度自觉性，使美国革命具有深厚的思想

---

① 赫伯特·阿普特克：《美国革命，1763—1783》，第242页。

② 有人根据杰弗逊在上述思想主张上与群众的差异，竟把杰弗逊划为中间派，这是不对的，如约翰·阿尔登就持这种错误观点。

③ 伯纳德·贝林：《18世纪美国的政治经验与启蒙思想》（Bernard Bailyn, Political Experience and Enlightenment Ideas in Eighteenth-Century America），载《美国历史评论》第67卷第2号，第343—344页。

④ 约翰·米勒：《美国革命的起源》（John Miller, The Origin of American Revolution），第166页。

⑤ 对于这个问题的进一步分析，可参看拙文：《美国独立与独立宣言》，《山东师大学报》1982年第5期。

内容或“知识容积”。① 美国革命之所以能够收获如此丰富的民主果实，它所实现的民主改革之所以如此广泛而有特色，与革命期间的民主运动的这种高度的自觉性有莫大的关系。

三

1787 年制定的联邦宪法也是美国革命的一个重大成就。

如果说上面讲到的一系列民主成果之取得主要应归功于民主派的努力，那么赢得联邦宪法这个重大成就就是保守派的业绩。但是这也是保守派与民主派之间的十余年斗争的结果。

在 1776 年宣布独立后，过去的 13 个殖民地实际上成了 13 个主权国家。虽然中文译为州，在 1776—1777 年制定的“邦联条款”（下面简称“条款”）在本质上并没有改变各州作为主权国家的地位。因为“条款”中所规定的中央政府的权力太小了。

在 1781 年“条款”实施后，美国不过是一个松散的国家之间的联盟。

“条款”的这个特点，主要反映了大陆会议中民主派代表的特点，民主派根据殖民地时代的经验，生怕中央权力太大，会压制人民的自由，侵犯人民的权利，会产生暴政。

诚然，其他势力在其中也起了一定的作用。第一是南方种植场主。南北经济制度不同，利害关系迥异。南方种植场主代表害怕中央权力过大，会为北方大商人所利用，把不利于自己的政策强加于己。第二是小州的代表。小州的代表之所以反对中央权力加强，是因为害怕一个强大的中央政府会使大州有可能通过中央政府来压迫小州。

但是在制定“条款”中起主要作用的是民主派。可以说“条款”的通过，是民主派对保守派的胜利。

① 这是借用克利斯托尔的现成语汇。参见《作为成功的革命的美国革命》（Kristol, American Revolution As A Successful Revolution），载《美国继续革命》（America’s Continuing Revolution），第 6 页。

保守派早在“条款”1781年生效以前，就站出来反对，他们认为按照“条款”规定建立的中央政府的过于软弱，无力阻止人民运动的发展和镇压人民的暴动，无力保护私有财产。他们要求加强中央权力。

在各州制定出新的州宪法之后，保守派加强中央权力的要求更加强烈。这是因为他们感到州宪法的民主成分太多，只有加强中央权力。保守派的这个态度，在兰多福的言论中表露无遗。他在1787年制宪会议上宣称：主要危险来自“我们的（州）宪法的民主成分。下面的格言是颠扑不破的；人民所行使的政府的权力会把其他部门吞没。没有一部（州）宪法规定了足以抑制民主的办法。”①

经济上的利害关系进一步加强了保守派加强中央权力的要求。

一些有势力的经济集团在“条款”下处于不利地位。公债持有权者集团希望战后能由政府清偿公债，但是按照“条款”的规定，国会没有征税权力，当然也就无力偿还公债。因此，这个集团要求建立一个强有力的中央政府。金融家集团也感到不安，他们的利益在“条款”下受到多方面的损害。由于中央权力太小，它无力保护制造业，无力保护对于西部土地的投资，无力保护美国海上航运业。这就使得金融家找不到有利可图的，安全的投资场所。而且中央无权限制各州的银行滥发纸币，致使金融家们在放贷方面吃亏不小。由于各州保留很大权力，货币不统一，货币规格不稳定，以致货币制度陷入混乱，这也不利于金融家。制造业、航运业集团也不满“条款”。早在1785年4月，费城的著名商人及实业界人士就向州议会提出备忘录，抱怨国会没有“充分而完全的权力去控制合众国的商业”，希望让国会享有这样权力，以保护幼稚的美国工业及航运业。西部土地投机者也有同感。在“条款”下面，中央政府不能维持军队，西部边疆的安全得不到保障。所以他们也要求有一个强大的中央政府。②

保守派中间有许多人参与上述集团，因此政治原因和经济原因结合在一起，推动保守派发动一个制定新宪法的运动。

---

① 詹森：《邦联条款》（Merrill Jensen，The Articles of Confederation），第XIV、3—4页。

② 查尔斯·比尔德：《对于宪法的经济解释》（Charles Beard, An Economic Interpretation of the Constitution），第31—33、40—50页。

不过在统治阶级内部步调很不一致。南方种植场主和小州的统治集团都对强大的中央政府存有戒心，对这个运动持观望态度。但是1786年的谢司起义震动了整个统治集团。他们不约而同地认识到加强中央权力的必要性及迫切性，认为只有这样才能有效地防止和镇压人民运动。因此南方及小州的统治集团都摒弃原来的成见及顾虑，同意参加制定新宪法运动。

1787年费城制宪会议之召开及联邦宪法之制定，终于使保守派的夙愿得偿。因为这部宪法规定了如下的内容：

第一，联邦政府（全国政府）的权力大大加强，它获得如下权力、征税、征兵、发行纸币、规定度量衡、制定工商业政策、决定军事外交及对外政策、决定对外和战、管理邮政及对外贸易，等等。联邦政府还有偿付国债的权力。

第二，总统作为行政首脑享有很大的权力。他不但有行政大权，而且还有对于国会立法的否决权，更重要的是有指挥军队的大权。他和他的内阁不向国会负责，国会的不信任票不能促成总统及其内阁辞职。

第三,三权分立。如比尔德所指出的，宪法为了抵消人民群众及民主方量对政府的影响，设置了重重障碍。制定宪法的保守派鉴于州宪法所确立的议会权力至上，容易造成“过度的民主”，对上层有产集团不利，因此便在宪法中贯串了三权分立的原则，来消弭人民群众对联邦政府产生的影响。他们知道，在联邦政府机构中，唯有国会的众议院议员是各州选民直接选出的，因此群众对于众议院的影响，是在意料之中的。在这个情况下，为了限制众议院的权力，他们便在众议院上面设置了参议院，以便减少人民对政府的影响，因为参议院是各州立法会议选出的，距离选民更远一些。但是，这样保守派还不放心，他们害怕万一人民对国会发生影响，于是又设置拥有大权的总统，以图抑制国会的权力——他有否决国会立法的权力。对于国会及总统还不放心，还担心它们受到选民的影响（因为它们都是选举产生，尽管有的是间接选举），保守派又设置一个高等法院，企图用它去钳制国会及总统的行动。① 孟德斯鸠之提倡“三权分立”，目的在于限制君权，而现在美国保守派之在联邦宪法中确立“三权分立”原则，却是为了限制人民的权力。

这样，联邦宪法所确立的全国政府，既可以有力镇压人民革命运动及

① 查尔斯·比尔德、玛丽·比尔德：《美国文明的兴起》第1卷，第326页。

限制人民和民主力量的影响，又可以满足保守派所代表的各个集团的经济要求。因此，联邦宪法的制定，不能不是保守派对民主派的胜利。

然而，这部宪法是不是像比尔德派历史学家所说的那样，是一部仅仅有利于这几个经济集团的所谓“经济的文件”①呢？我认为这种看法是片面的。

首先，联邦宪法虽然满足了保守派的政治、经济上的要求，但是我们不能忽视它同时也有利于整个美利坚民族，有利于人民。这是因为它确立了一个真正的全国政府，它用一个名副其实的国家去代替“条款”下面的一个松散的、众多的主权国家之间的联盟，这一方面有利于一个全国性市场的形成，有助于资本主义的迅速发展；另一方面使得这个新国家有可能维持足够的军队，以对付英国和西班牙的侵略。②因此，仅仅在这一点上，这部宪法就是一个进步的文件。

此外，这部宪法还包含了大量的民主要素。

第一，宪法中的“三权分立”原则虽然有压抑人民的消极作用，但是也有其积极的一面，而这是比尔德所没有讲到的。按照宪法的规定，固然总统可以限制国会的权力，最高法院可以限制国会及总统的行动，但是同样按用宪法规定反过来，国会也可以限制总统的权力，因为国会可以弹劾总统，总统任命高级官员要得到参议院的批准。总统及参议院在任命最高法院法官方面的决定权，也可以对法官起制约作用（虽然制约得不够）。这样，三个权力机构之间的这种互相制约、均衡的作用，可以防止出现独裁或暴政，③可以保障资产阶级民主。

第二，联邦宪法虽然比起“条款”来说，大大加强了中央的权力，但是它还把相当多的权力保留给各州。换言之，该宪法确立了一个“联邦制”国家制度。这个“联邦制”既避免了“条款”的极端，又避免了中央政权的弊害，既把各州团结成为一个国家，又可以保障人民自由及发挥地方的积

① 查尔斯·比尔德：《对于宪法的经济解释》（Charles Beard, An Economic Interpretation of the Constitution），第 152 页。

② 赫伯特·莫里斯：《为自由而奋斗》（Herbert Morais, The Struggle for American Freedom），第 257 页。

③ 赫伯特·阿普特克：《美国革命，1763—1783》，第 239—240 页。

极性。① 要知道，在 18 世纪下期，全世界绝大多数国家（至少是大国）是中央集权的封建专制国家，在这个时代环境中，独有美国革命家创造了现代“联邦制”国家形式，这不能不说是对于人类的重大贡献。

第三，确立了共和制。如前所述，首先宣布共和制的是各州。各州的这个行动得到了联邦宪法的认可（宪法第四条第四款），有趣的是：共和主义在美国革命刚一开始（1776 年）就取得胜利，而在以启蒙思想传统自豪的法国一直到革命爆发后第 4 年（1792 年 8 月）才获得胜利，在英国则在革命爆发（1640 年）后经过 9 年，到 1649 年才宣布共和。这个现象应该这样解释：共和主义在北美有比欧洲更为深厚的社会基础，“共和主义传统在殖民地上始终是强大的，移居到这些殖民地上的大多数人是同情体现在克伦威尔共和国里面的思想的宗教不同意见者。而且北美的政治制度一开始就在事实上接近共和主义，特别是新英格兰的清教徒社会的政治制度。”② 而且，美国是近代史上全世界第一个在幅员广阔的国土上建立共和制的国家，开创了很好的先例，这是她对人类的另一个贡献。

第四，实行民选政府制度。国会是选举产生，总统是选举产生——至少在形式上把资产阶级革命家所标榜的关于政府应该建立在被统治者的同意上的理论付诸实施。这也在全世界树立了一个良好的榜样。

第五，联邦宪法体现了文官政府的权力高于军权及文官政府控制军事大权的原则。

第六，宪法规定了修改宪法的程序，这体现了杰弗逊的思想，杰弗逊认为死人不能统治活人，上一代人所制定的宪法不应该束缚下一代人，下一代人必须结合当代的实际对宪法做必要的修改。

由于具备了以上几种重要的民主成分，这部宪法是一个进步文件，无怪乎在美国历代人民中间受到很大的尊重。

这里出现一个问题：既然这部宪法主要是保守派制定的，而且他们大都是上层有产集团的代表人物，那么为什么能够从他们手中制定出一部含有大

① 纳尔逊：《美国革命的性质》（William Nelson, The Revolutionary Character of the American Revolution），载《美国历史评论》第 70 卷第 4 号，第 1012 页。

② 参看欧文·克利斯托尔：《美国革命是一次成功的革命》（Irving Kristol, American Revolution As a Successful Revolution），第 11 页。

量民主成分的宪法呢？其实这个问题是不是难解答的。第一，诚然参加制定宪法的大多数人是有钱有势的大种植场奴隶主、大商人，显赫的律师及其他头面人物，但是同时他们也不像比尔德所理解的那样，个个都是斤斤计较本集团及个人利益的自私的“斗箕小人”。在他们中间不乏有文化素养的，有开明的政治头脑的、识大体的人物。虽然他们也关心本阶级本集团的物质利益，也多半热衷于当官掌权，但是他们也不能不同时关心整个国家的命运。国家的繁荣昌盛、社会安宁、国家的长治久安及国防的安全。[①] 而且，他们中间有许多人毕竟是上升时期的资产阶级代表，是为国家民族的自由而奋斗的带头人，还保留一定的革命锐气，从而是可以突破狭隘的阶级局限性的。第二，他们中间大多数是久经磨炼的政界人物，他们认识到，如果不把人民群众在这次革命中所争取到的果实中的某些部分保留下来，如果不向人民做一些让步，势必会激起人民的新的起义。第三，他们也不能不受欧洲启蒙思想的影响。比如，宪法中的“三权分立”原则显然受法国孟德斯鸠的学说的影响。第一届大陆会议在“致魁北克人民书”中就强调了“三权分立”的重大意义，它写道“许多国家的历史”显示出这个单的真理：“靠一个人或一组人的意志生活，分造成一切人的灾难。”“把几个权力分开，分配给不同的机构，以便互相抑制”的办法，是“人类智慧所能想出来的可以促进自由和繁荣的最有效的方式。”[②] 这种想法，自然地也支配了1787年的制宪者。

总之，联邦宪法既确立了一个有利于美国繁荣发展的全国政府，又带有浓厚的民主色彩，它的制定无疑是美国第一次革命的一个伟大成就。又使这个政府建立在资产阶级民主法治的基础上，从而给美国带来了长期的政治安定的局面。美国建国200年来从未发生过一次政变，便是一个明证。因此，戴厄蒙所说的联邦“宪法的制订才意味着美国革命的完成”[③] 这句话是有一定道理的。联邦宪法的制订，不能不说是美国革命的另一个重大成就。

---

① 约翰·奥尔登：《美国革命史》，第512页。

② 戈登·伍德：《美利坚合众国的创立》，第150页。

③ 马丁·戴孟德：《革命的实事求是的前景》（Martin Diamond, The Revolution of Sober Expectations），载《美国继续革命》（America’s Continuing Revolution），第32页。

美国革命不但收获了丰富的民主成果，而且又制定了一部进步的联邦宪法，因此成就是巨大的。但是，这次革命的成就也有其局限性或不彻底性。

四

收获丰硕的民主成果和制订一部进步的联邦宪法，是美国革命的对内两大成就。这两大成就，对美国历史发生了深刻的影响。

第一，促进了美国经济的飞快发展。美国建国后经济有了长足的进展，并且到19世纪头20年已开始了工业革命。当然，美国经济发展得如此之快，主客观原因很多，但是革命期间的民主改革及“联邦宪法”之制定，显然是决定性的因素。

第二，部分贵族的“式微”和“新人”之上台，在殖民地时代，北方的商人贵族及南方的种植场主贵族以及中部的大地主等构成上层统治集团，他们形成一个牢固的政治经济势力。但是这个集团中的一部分在革命中遭到沉重的打击，因而没落了。其重要原因便是他们参加了托利党，因而被剥夺了政治权利及财产，还有许多人被驱逐出境。与部分上层集团没落的同时，“新人”上台了。费城一个贵族悲叹道，革命把所有的社会“渣滓”搅到社会上层来。① 所谓“渣滓”是指旧时代的劳动人民及中小商人等普通老百姓而言。这些人中间有不少人靠个人能力、魄力及进取心而成为暴发户，不仅经济地位上升了，而且政治地位也抬高了。据詹姆斯·麦迪逊说，“州的每一次新的选举都发现有一半代表换了人。”② 这种变动，显然是革命期间所完成的民主改革及政治生活的民主化所促成的。

但是，这次革命的成就也有很大的局限性——许多民主任务没有完成。

第一，没有摧毁南方奴隶制度，黑人奴隶继续处在水深火热之中。

① 里查德·莫里斯：《我们合众国人民，人民革命200周年》，《美国历史评论》第82卷第1号，第18页。

② 里查德·莫里斯：《我们合众国人民，人民革命200周年》，载《美国历史评论》第82卷第1号，第18页。

第二，州宪法未能实现普选制，仍保留选举权的财产资格。在人民中间，不但黑人奴隶及白人契约奴，而且自由白人中间的无产者及雇佣工人享受不到选举权。

第三，西部土地问题没有以民主方式解决。诚然，西部土地在革命期间实现了国有化，但是并没有采取措施无代价地把土地分配给无地和少地的劳动者。

第四，半封建的租佃制虽然遭到沉重的打击，但是还有一部分保存下来。这是以下两种情况造成的。首先，在革命政府分小块拍卖收来的托利党人土地时，也有许多大商人或土地投机者用种种非法手段抢购这些土地。如有的人利用假名套购大量土地。他们在取得大块土地后，继续实行半封建的租佃制剥削。其次，革命当局只没收了托利党人的土地，而未触动非托利党的大地主的土地。因此这些大地主的地产及其半封建的租佃制都完整地保存下来。

那么，为什么美国革命出现上述局限性，或者说，这样不彻底？原因何在？列宁指出，一切资产阶级革命的彻底的程度如何，取决于下层群众的压力大小。美国革命之所以不彻底，主要原因在于“下层”人民对于革命领导集团的推动及对他们施加的压力不够。这就是说，美国革命采取了温和的方式，没有出现法国那样疾风骤雨式的群众行动的惊天动地的场面，没有出现一再发生在巴黎的那样狂飙般的群众暴动。诚然，在美国革命期间，可以看到“下层”人民中间流露出来的反对富人及特权的思想倾向，也发生了反对囤积者及破坏限价的商人的粮食暴动和示威，其中轰动一时的是发生在费城的群众袭击奸商詹姆斯·威尔逊住宅事件。[①] 但是，在美国革命期间，没有发生1789年7、8月席卷法国农村的农民暴动[②]“没有发生农民从一个封建城堡奔向另一个封建城堡，烧掉一切法庭档案及屠杀地主的情景。”[③] 因而在美国没有形成一股压力，迫使革命领

① 里查德·莫里斯:《我们合众国人民，人民革命200周年》，载《美国历史评论》第82卷第1号，第8页。

② 里查德·莫里斯:《我们合众国人民，人民革命200周年》，载《美国历史评论》第82卷第1号，第16页。

③ 约翰·詹姆逊:《作为社会运动的美国独立战争》(John F. Jameson, The American Revolution Considered as a Social Movement)，第48页。

导集团把改革进行到底。

为什么没有出现群众性的疾风骤雨般的行动？为什么没有形成法国那样大的“压力”？美国有的学者认为这是由于盎格鲁–撒克逊人所特有的“理智”，“清醒”的缘故。[①]这样解释实际上还是唯心主义老调。其实真正的原因应该到美国革命的具体条件中去找。

第一，独立战争是美利坚民族反对英国殖民统治的民族解放战争。在这次战争中，人民把主要仇恨集中在英国殖民者身上，把大部分精力用在反英斗争及反英战争中去，这就相应地削弱了争取民主改革的力量，减弱了对领导集团的压力。在1764年至1776年的反英斗争中，群众运动一浪高过一浪，列克星敦的战斗可以说是美国的攻陷巴士底狱的行动。而在内部斗争中始终没有出现这样的群众运动的规模和热情。

第二，独立战争前的北美殖民地的社会经济矛盾及阶级矛盾都没有达到大革命前的法国那样尖锐程度。在革命前的法国，广大人民群众在封建专制制度的残酷的压迫和敲骨吸髓的剥削下，辗转呻吟，处在水火之中。在这个情况下，一旦革命到来，群众感情便像火山一样爆发出来，因而在思想和行动上也就容易走极端。消灭一切不合理现象，推翻一切不平等的制度的想法激动了每一个人。于是群众的暴力行动纷至沓来，这对整个领导集团形成一种压力，因而革命步步深入，甚至过头的地步。在北美则不然，革命前的北美虽然处在英国的殖民统治及殖民地上的统治阶级的双重压迫下，但是广大人民群众并没有贫困到衣不蔽体，食不果腹的地步，在政治上也没有达到完全处于无权地位，任意受官府的宰割的地步。之所以如此，如纳尔逊所说的，是因为“欧洲古老社会中的法律上的不平等及特权的那种精密的压抑人的制度在北美并不存在，即使存在也采取粗略的，不发达的形式。”[②]这就是说，尽管在北美殖民地上存在人剥削人的制度，甚至前资本主义剥削制度，存在阶级矛盾和阶级压迫，存在贫富的差别及政治上的不平等，但是在北美没有欧洲式的中世纪特权，没有专制制度的压迫，白人居民中有相当一部分人享有选举权及某种程度的民主，存在限制总督权力的议会制度，等等。而

① 约翰·詹姆逊：《作为社会运动的美国独立战争》，第48页。

② 纳尔逊：《美国革命的性质》，载《美国历史评论》第70卷第4号，第1007—1008页。

且，如艾利舍·道格拉斯所指出的，北美殖民地也是一个有“高度伸缩性的社会”。大量廉价土地的存在缓和了社会的痛苦，缓和了潜在的变乱。① 在北美谋生之道也比较容易，富兰克林写道：“尽管发财的机会并不是每个人都有的，但是凡是会装钓饵或者会扣扳机（指用猎枪打猎）的人都能在北美找到食品。”② 在北美“没有折磨人的压迫或勒索”。又如莫理斯所说的，以农村的阶级对立来说，法国地主对农民的榨取，比美国大地主对佃农的榨取更重的多，因而美国佃农对地主的仇恨不如法国农民对贵族地主之甚。③ 北美政治、经济及社会的这些具体情况，决定了北美人民在革命期间没有做出种种过火行为或恐怖。

第三，美国革命是一个分散的革命。革命前分成 13 个殖民地，革命后成立的 13 个州只有到 1789 年实行联邦宪法后，才浑然成一整体。除了在反英战争及制定全国宪法的工作中的共同行动外，政治革命基本上都是在各州范围内分散进行的。这种分散的革命造成人力的分散，这就很自然地缓和了群众运动的规模及激烈的程度。④

第四，在革命时期的美国没有大革命时期法国那么多的大城市，也没有像巴黎那样的全国中心。1771 年纽约市人口才将近 2 万，1775 年费城人口也只有 3 万左右。巴尔的摩和查尔斯顿是南方两个最大的城市，1775 年其人口分别为 6000 和 12000 人。⑤ 南方其他所谓城市，不管是安那波利斯也好，还是威廉斯堡也好，永久性居民都不超过几百人。⑥ 因此，也就不存在法国巴黎、里昂和马赛那样大城市所特有的城市下层集团——无产

① 赫伯特·阿普特克：《美国革命，1763—1783》，第 230—231 页。

② 亚当斯：《北美殖民地社会》（Truslon Adams，Provincial Society），第 57—58 页。

③ 里查德·莫里斯：《我们合众国人民，人民革命 200 周年》，载《美国历史评论》第 82 卷第 1 号，第 16 页。

④ 尼斯贝特：《美国革命的社会影响》（Robert Nisbet, The Social Impact of the Revolution），载《美国继续革命》（America’s Continuing Revolution），第 90 页。

⑤ 格林：《革命的世代》（Evarts Boutell Greene，Revolutionary Generation），第 306—307 页。

⑥ 马歇尔：《激进派，保守派和美国革命》（Peter Marshall, Radicals, Conservatives and the American Revolution），载《过去与现在》（Past and Present）1962 年第 23 期，第 49 页。

者、流浪者乃至流氓，要知道，这样集团的存在正是激进思想及群众暴动的温床。

五

美国革命虽然有上述局限性，但是就其所已经取得的成就而论，它们并不是昙花一现，而是一直牢固地保存下来，并且得到发展。其主要原因是：美国第一次革命没有经历英、法革命所经历的那样的反复。

17 世纪英国革命虽然在人民群众及平等派运动的推动下步步深入，并且在 1649 年推翻了君主制，建立了共和国，但是在达到这个革命顶点之后，革命走了下坡路，共和国蜕化为克伦威尔的护国政治，反革命势力 1660 年卷土重来，被推翻的旧封建王朝复辟了。只有到 1688 年发生“光荣革命”，英国政局才稳定下来。由于经历了这样大的波动和反复，英国革命所收获的某些民主成果——共和制及一院国会制——完全被消灭了。

法国大革命自从 1789 年爆发后，是沿着上升路线发展的，到雅各宾专政时期达到顶点，但是自从热月政变后，也是步步走下坡路，经过热月党统治及拿破仑的军事独裁以及十五年的震撼全欧的拿破仑战争，到 1815 年出现了波旁王朝的复辟，此后又经历 1830 年革命、1848 年革命、1851 年政变、1870 年革命及 1871 年巴黎公社，到 1875 年法国政局才最后趋于稳定。我们可以说法国革命经历了 80 余年的动荡纷扰的过程。因而雅各宾派时期法国人民所争取到的民主果实（特别是 1793 年民主宪法）丧失殆尽。

英、法革命之所以出现反复，究其原因，恐怕就是如恩格斯所指出的，在于“过分的革命活动”。① 这就是说，英法革命都超越了时代，这样势必要发生反动。

美国第一次革命则没有经历这种反复。与美国邻国——19 世纪 20 年代独立的许多拉丁美洲国家的政变频仍，时局多变相比，美国的政局要稳定得多。

---

① 《马克思恩格斯选集》第 3 卷，人民出版社 1972 年版，第 392 页。

美国革命之所以没有出现反复，原因是多方面的。

第一，没有“过分的革命活动”，没有超越时代的限度。具体言之，美国革命只是破坏或局部破坏了已经过时的，陈腐不堪的制度(大地产租佃制，长子继承法及限定嗣续法等）或濒于灭亡的制度（北部中部的奴隶制度），而没有触动正在上升发展中的制度（如北部中部的资本主义制度和自由劳动制）或尚有生命力的制度（南方种植场奴隶制），因而也就没有伤害政治经济上最有势力的阶级或集团。而革命之是否会有反复，在很大程度上取决于革命行动是否损害当代正在发展中的势力强大的阶级的利益。而美国革命既然没有伤害这个阶级，因而也就减少了发生反复的机会。

第二，美国革命是一次流血较少的革命（当然这里是把战场上的流血除外），这就是说，在美国第一次革命中，没有像法国大革命那样实行恐怖，没有建立法国式的革命法庭和断头台。当然，在与托利党人作斗争时，爱国的群众也使用了各种惩罚办法，甚至也处决了少数顽固的，手拿武器的托利党人。① 因此，克利斯托尔说托利党人没有一个被处死，是不符合事实的。② 但是不管怎样，美国革命流血不多，没有实行过火的恐怖，则是事实，革命政府对待没有反革命行动而只有不同政见的托利党人表现了异常的宽大。这种政策，缓和了敌人对革命的仇恨情绪，这就是为什么在 1783 年独立战争结束后在美国没有发生过托利党人叛乱的原因之一。③

第三，在法国，封建特权等级（贵族和僧侣）是一个累代培植起来的根深蒂固的势力，“百尺之虫，虽死不僵”，在革命的风暴中他们虽然被打倒了，但是远远没有被消灭，不但没有被消灭，而且还保存着雄厚的力量（加上有外援），因而在 19 世纪的几十年中他们一再兴风作浪，一直在演出复辟的丑剧。在革命打击下丧失财产和权力的托利党人只是一个势力薄弱的少数集团；还有不少贵族上层分子站到爱国阵营方面，从而减弱了托利党人的力量。④

---

① 约翰·奥尔登:《美国革命史》，第 455 页。

② 欧文·克利斯托尔:《美国革命是一次成功的革命》，第 9 页。

③ 约翰·奥尔登:《美国革命史》，第 498 页。

④ 里查德·莫里斯:《阶级斗争和美国革命》(Richard Morris, Class Struggle and the American Revolution)，载《威廉和玛丽季刊》(William and Mary Quarterly) 1962 年第 1 期，第 16 页。

后来在革命高潮中托利党人中的活跃分子都被驱逐出境（有的逃到加拿大，有的逃回英国），其人数达 10 万人之众。这更减少了革命期间敌人捣乱甚至复辟的可能性。

第四，美国政府虽然在革命期间剥夺了托利党人的一切政治权利，但是在战争结束后又恢复了他们的政治权利，为了发展商业，美国政府在战后放松了对于被放逐者的限制，允许他们回国并且恢复其公民权。到 1787 年，约翰·杰伊报告说：大多数托利党人已经恢复了权利和地位。许多托利党人回国后不但重新取得了公民权，而且取得了相当的社会地位。彼得·万·莎克是一个被放逐的托利党人，回国后他不但恢复公民权而且也被允许重操律师业，并且成为一个地位很高的律师。另一个被放逐的托利党人理查德·哈利逊在回国后当上了纽约代表大会代表。①

第五，联邦宪法对一系列问题的安排处理得当。为了解决小州、大州之间的矛盾，宪法规定，国会的参议院议员每州两名，而不论州大小，这是对于小州的照顾。它又规定，各州在众议院中席位多寡，与州人口成正比例，这是对于大州的照顾，② 为了缓和州权主义者（包括民主权，小州派及以南卡罗来纳为首的南方一些种植场主）宪法放弃了中央集权制度，而采用了联邦制度。为了避免南方分裂出去，宪法在奴隶制问题上向南方作了让步，默许了南方奴隶制度的存在，尽管少数北方代表和弗吉尼亚的梅逊基于道德上的理由反对承认奴隶制度。③ 为了调和南北之间的矛盾，宪法规定，在征税及分配国会众议院席位上，南方黑人以五分之三计算，④ 总之，宪法制定者善于调处各种矛盾集团之间的关系，因而避免了矛盾的爆发。

小　结

美国第一次革命虽然远不如法国大革命那样有声有色，那样轰轰烈烈，

① 格林：《革命的世代》，第 306—307 页。

② 约翰·奥尔登：《美国革命史》，第 515 页。

③ 法兰德：《宪法的结构》（Max Farrand，The Framing of the Constitution）第 149 页。

④ 约翰·奥尔登：《美国革命史》，第 517—518 页。

但是从实际效果来看，美国革命在不声不响之中完成了卓有成效的各项民主改革和改造工作。这些改革实际上为美国资产阶级国家制度打下了坚固的基础，为资本主义顺利发展扫清了道路。而且这些改革还在这方面表现了首创性，开创了世界的先例，如共和制、联邦制、三权分立及成文宪法等等。这些制度先后为世界各国所采用。

美国革命虽然不如法国大革命那样彻底，但是它所取得的革命果实是牢固的，在革命后一直被保存下来，成为革命所遗留下来的宝贵遗产，为子孙代代所享用。相反的，法国大革命虽然很彻底，但是革命成果中有相当一部分，特别是在政治方面的成果只是昙花一现，在热月政变后就被取消了。

而且，美国第一次革命除了对内取得两个重大成就而外，对外还取得了对英的独立。因此，这次革命取得了三个方面的重大成就。这次革命的重大意义也在这里。

最后，如果说美国第一次革命具有与英法革命不同的特点的话，那个特点便是：它是一次温和的、没有经历反复的和取得多方面成就的资产阶级革命。

（原载《美国史论文集 1981—1983》，生活 · 读书 · 新知三联书店 1983 年版）

北美独立战争胜利的原因

距今180多年前，北美大陆发生了一次民族解放战争——“北美独立战争”。这次战争是新兴的美利坚民族反对英国民族压迫的武装斗争，斗争的结果，推翻了英国的殖民统治，实现了民族独立，从而打碎了英国束缚北美13州发展的枷锁，并为资本主义在美国的发展开辟了广阔的道路。因此，列宁认为它是“一次伟大的、真正解放的、真正革命的战争……”①

独立战争是英国的压迫所引起的。英国为了把北美殖民地变为英国原料供应地和商品市场，采取了一系列措施以限制殖民地工商业的发展，这是北美人民起来对英国进行武装反抗的基本原因。战争从1775年开始，一直进行到1781年才告结束。在这6年当中，美国人民不惜牺牲生命和财产，历尽一切困难和痛苦，终于取得辉煌胜利，推翻了英国的殖民统治，建立了自己的独立国家——美利坚合众国。

★★★★

这次战争是一个人口只有260多万（1775年）、工业发展还很薄弱的美利坚民族反抗拥有广大领土并掌握海上霸权的强国——英国——的战争，但是战争的结局是：英国惨败，最后不得不承认美国的独立。

我们知道，18世纪后期的英国是个强大的殖民帝国，它打败了法国，从法国手中夺取了广大殖民地。在东方，它驱逐了法国在印度的势力，在北

① 列宁：《给美国工人的信》，转引自福斯特：《美洲政治史纲》，人民出版社1956年版，第167页。

美它又侵占了加拿大及密西西比河以东法国的辽阔土地，这些领土，特别是印度，成为英国统治阶级恣意掠夺的对象，是增加英国财富的源泉。

英国当时也是个工商业大国。16世纪以来，通过一系列的商业殖民战争，英国先后打败了自己的竞争者——西班牙、荷兰及法国，到18世纪后半期，英国已经执世界贸易的牛耳，它不仅掌握世界大部分贸易航运业，而且也独占了奴隶贸易。海外贸易及航运事业每年给英国带来无穷的财富。从18世纪60年代以后，英国开始了工业革命，成为当时世界最先进的工业国家。由于工商业的发展及金融事业的发达，英国政府通过国债制度，可以筹办大量金钱去进行对外战争。英国资产阶级是愿意把钱贷给政府的，因为他们可以从这里获得高额利息。这样，当时英国的财政力量是很雄厚的。

英国的军事力量也远远超乎美国之上。1775年，她有3万可用的军队，其中将近三分之一驻扎在北美殖民地。除了本国的军队之外，英国政府还雇用大量外国军队，只在1775年就与德意志小邦君主们订立了关于雇佣1万8千名士兵的合同。在整个独立战争期间，英国政府派往北美去的战斗部队共达9万人，其中有3万名是从德意志运去的雇佣兵。加之，在北美殖民地还有3万至5万“效忠派”，一些印第安人也参加英国方面作战。虽然在英国军队中认真作战的人很少，士兵们只是为了金钱而战，但是一般说来，英军是有训练的职业兵，服役期限较长，装备及武器都很好。

英国的海军力量，在当时世界上也是首屈一指的。在地中海英国拥有优良的海军基地，英属直布罗陀是地中海的咽喉，控制了地中海。英国海军可以毫不费力占领北美沿海的任何港口，可以在沿海一带任意把军队从这里调往那里。并且有可能封锁整个美国海岸，摧毁新英格兰的渔业，并防止美国从外面运入军火物资。美国在战争初期只能派出一些私掠船去对抗英国海军，只有到战争接近尾声时，才有少数美国军舰出去应战。

与英国的力量相比，美国就显得太弱了。

先拿兵力来说，大陆会议最初不得不依靠无组织无训练的民兵作战。民兵主要由农民组成，他们多半在春天荷枪入伍，一到夏末就回家收割庄稼去了，因此流动性很大，要想经常维持大量军队是困难的。华盛顿的军队最多时也不过1.6万人。

美军的物资供应也很困难。1775年，华盛顿开始指挥民兵时，民兵都照旧是工人农民打扮，甚至高级军官如普特南将军也是身穿礼衫头戴歪帽指挥作战，当时有人对于弗吉尼亚骑兵队伍这样描写说："有些人只穿一只长筒靴，另一些人没有袜子，脚面完全露出鞋外，另一些人则穿着难以见人的短裤，一些人穿短衫，另一些人身穿长袍……"①美国军队一直闹鞋荒。1776年在提康得洛加作战的美军有1.2万人，但只有900双鞋子。衣履不整还是小事，最大的问题是缺乏军火及粮食。1776年，美军总司令华盛顿本人曾表示没有军火及武器，以致很难作战。1777年，舒勒将军也说他的部队缺乏食粮、装备、军火及大炮。由于食物供应不上，士兵们在一星期中往往有三天不得不枵腹作战。

开战之初，美国财政十分困难，当时各级革命政府仓促组成，一切都没有走上正轨，甚至管理政府收支的财政部门还没有建立起来。大陆会议不敢向人民征税，怕引起人民的反感，因为独立战争本身就是由于反对英国的征税而直接引起的。

美国内部还有一个弱点，就是反革命"效忠派"分子的破坏活动。参加"效忠派"的主要是殖民地上的富有的地主、殷实的商人、王家官吏及国教教会的僧侣等。这些坏分子给英军当奸细，潜伏各地从事暗害、怠工等破坏活动，并且直接组成军队参加反对革命的战争。这些内部敌人对革命事业有很大的危害。

最后，美国在战争期间还不是一个真正统一国家，各州的统治阶级互相猜忌，内部分歧削弱了美国的作战力量。

双方力量的对比既然是这样，那么从英国统治集团看来，北美13州要想用武力与英国相抗衡，不要以卵击石；而英国要想压平美洲殖民地的"叛乱"，简直是易如反掌的事。

但是，历史的发展与反动派的主观想法恰恰相反。1781年，英国军队在约克城下的战役中一败涂地，竟不得不向美国人民纳降。战争以英国的失败而告结束。

现在我们分析一下北美独立战争获得最后胜利的原因究竟在哪里。

---

① Herbert M. Morais, The Struggle for American Freedom, The First Two Hundred Years. International Publishers, New York, p. 195.

★★★★

北美独立战争是美国人民反抗殖民统治者的压迫和剥削的正义斗争，人民发挥了英勇的战斗力量，这就是战争胜利的基本原因。

美军的主要战斗力量是农民、工人、小资产阶级和黑人（奴隶及自由人），他们为了求得解放而战，为了切身利益而奋斗到底，所以能够不避一切艰难，甘愿忍受各种痛苦，奋勇抗敌。农民之积极参加革命战争是由于：第一，英国的贸易限制造成农产品价格低落并促成消费品价格高涨，因而影响了农民的生活；第二，1764年的“通货法案”限制殖民地货币的流通额而严重地损害了农民的利益，因为农民多半是债务人；第三，英国在1763年把西部划为禁地，这就打击了农民向西部迁移占地的希望。城市工人及小资产阶级的战斗热情也是有充分的物质基础的。英国政府限制殖民地工业的措施，造成工资的下降及失业，也加速了小资产阶级的破产，而“通货法案”也使欠债的工人和小资产阶级更加困难。英国关于西部的禁令也粉碎了他们到西部寻找出路的梦想。至于黑人，则是殖民地最下层、最受压迫的群众，他们认为革命的到来是提出本身要求的最好机会，因之他们也踊跃参加反英战争。

农民、工人、小资产阶级认识到：只有革命才能摆脱殖民者的剥削与压迫，才能获得解放。因此在战争中他们发挥了高度的革命英雄主义及艰苦卓绝的精神。例如，关于在铁炉谷（Valley Forge）地方的美军艰苦的情景，华盛顿有动人的描写，据他说，这些美国士兵没有一件遮体的好衣服，没有一床铺在身底下的被子，没有一双鞋，大家都光着脚，在严寒及大雪中行军，他们通过的道路上往往印满了破裂的脚所留下的殷红血迹，士兵们经常没有粮食吃，圣诞节的晚上在露天睡觉，但是他们忍受了这一切而毫无怨言。

美国人民队伍为了歼灭敌人，是能克服困难的。1775年在包围波士顿时，民兵队伍缺少子弹，他们揭下屋顶上的铅板，拿掉百叶窗上的铅锤，用来铸造枪弹。当铅弹不足时，就索性用钉子及碎铁装在枪膛里去射击敌人。

在激烈的战斗中，黑人战士表现了惊人的勇敢和顽强。早在战争开始之前，反英斗争中的第一名牺牲者就是黑人克里斯帕斯·阿塔克斯，他是在1770年3月5日的波士顿血案中被英军枪杀的。在所有13州的武装部队中都可以看到黑人在作战，黑人有的组成单独的黑人部队，有的与白人混合编制。据估计，在战争中参加革命队伍的共有5千名黑人。黑人参加了许多重要战役——莱克星顿、班克山、布兰迪怀因、提康得罗加、萨拉托加、约克城，等等。黑人在长岛及萨瓦纳战役中表现最为出色，他们建立了辉煌的战功。在黑人战士中最出名的有彼得·萨列姆，他是班克山战役的英雄；有萨列姆·普尔，他作战异常英勇，曾有14个指挥官向大陆会议介绍他在萨瓦纳及克理斯顿战役中的功劳；有詹姆士·阿米斯泰德，他是一位机警的黑人谍报员，曾愚弄了英军将领康瓦利斯勋爵因而拯救了拉菲特的军队；最后还有奥斯丁·达布尼，他由于在多次战斗中英勇杀敌而得到佐治亚州及联邦政府的表扬。

也不能忘记妇女的作用，她们在革命热情的鼓舞下，为革命事业进行忘我的工作。她们献出窗上的铅锤及厨房中的铅壶供战士作子弹的原料，她们挨户劝募金钱及粮食供给前线士兵食用。男子当兵，妇女在田地上劳作，把生产出来的粮食送给军队。她们也在军队中从事救死扶伤工作，还有个别妇女亲身参加战斗。

人民群众不仅有着革命英雄主义及克服困难忍受痛苦的精神，而且也善于采用人民的、新型的战术——散开队形的战术。他们以分散的、流动的队伍，隐藏在各种障碍物后面，随时随地出其不意地打击敌人。而英军仍旧沿用古老的直线的战斗队形，运动极为不灵，以致处处挨打四面受敌。关于这一点，恩格斯写道："在美国独立战争中，起义者……没有应用横队的战斗队形，来在开阔的地带上和英兵作战而让英国人高兴，他们是以分散的流动的散兵队，在森林的掩护之下来打击英兵的。横队在这里无能为力，而被无法看见的、无法接近的敌人所击败。因之就发明了散兵战，——这种新的作战方法是士兵材料改变的结果。"①

人民战术在北美独立战争中起了很大的作用。例如，圣·列格尔所部的一支英军部队在摩瓦克河一带遇到当地居民的狙击，狼狈地逃回加拿大。

---

① 恩格斯：《反杜林论》，人民出版社1956年版，第173页。

又如1777年英国柏高因将军的军队从加拿大经过张伯伦湖南下，以破竹之势攻至爱德华要塞。要塞附近美国的居民，主要是农民，在美军最能干的军官约翰·斯塔克的号召下，蜂起打击敌人，使其遭受严重挫折，并且陷于进退维谷之境地，最后不得不退到萨拉多加。这时，新英格兰的农民越聚越多，他们离开家园，从四面八方奔向萨拉多加，把它团团围住。美方武力为英军的四倍，弹尽粮绝的柏高因军队被迫在1777年10月14日投降。这次萨拉多加的大捷是开战以来美军的第一次胜利，是战局的巨大转折点，而在这次大捷中，人民的力量及人民战术起了决定性作用。

又譬如，在战争后期，当英军蹂躏南部诸州的沿海地带时，美国人民退到腹地的沼泽及山地中，在这里组成游击队不断出击。神出鬼没的人民队伍利用悬崖峭壁和荫翳蔽天的森林为障碍，从背后射击英军，等敌人发现他们时，又躲得无影无踪。美国人民的这种战术使英国军队无法深入内地，其活动范围只能局限在沿海平原一带。在这种情况下，即使美军在沿海地带完全失败，他们也可以据守腹地与英军斡旋到底，一遇机会便从阿雷亘尼山后出击敌人，一直到最后一个英兵被逐出北美大陆时为止。美国南部人民的游击战在很大程度上帮助了正规军。1781年英军主力在约克镇的最后败降，和游击队的配合不是没有关系的。

美国的人民战术是从印第安人那里学来的，美国人民学会了它，并且发展了它。

由此可见，人民的英勇战斗是决定革命战争胜利的主要原因。正如福斯特同志所指出的："假如没有小农、小商人、手工业者及工人的强大政治压力及英勇战斗精神，革命是不会成功的。"①

美国人民还有一个良好条件，也是有利于革命战争的，那便是"地形对他们是有利的。"美国人民是在自己的领土上作战，士兵都熟悉地理形势，因而善于利用地形去歼灭敌人。英军远渡重洋作战，由于地情生疏而蒙不利，而且大洋之隔使得他们的供应越来越困难，特别是在法国参战之后。

美国革命阵营内部的团结也是保证胜利的原因之一。美国上层有产者和广大劳动人民之间虽然存在深刻的矛盾，但是在共同敌人面前他们却能团

① The Negro People in American History, p.45.

结一致。在战争期间，英国企图利用美国工人对于美国投机商人的不满，曾悬出重赏去劝诱他们放弃革命，但是美国大多数工人不为所动，始终忠于革命事业。宾夕法尼亚十一军团曾由于当局长期不发薪饷而不满，士兵们威胁要掀起叛乱，当时英军司令克林顿立刻派秘密工作人员前往进行煽动，结果美国士兵扣押了一部分英国工作人员，并且绞死了他们。又把他们的尸体高高挂起示众，为的是"教训那些敢于怀疑宾夕法尼亚工人对于革命的忠诚的人。"①

绝大多数的革命领袖对于革命事业也是忠贞不贰的。约瑟夫·律德是大陆会议的有力代表，英国代理人曾经想用一万镑的高价贿赂他，希望他利用在大陆会议中的势位促成双方的妥协。但是律德毅然拒绝了，他表示：如果他值得收买的话："以大不列颠国王之富，也买不起他"。许多著名领袖在英国利诱下表现了同样的高贵品质。英国政府又曾千方百计用贵族爵位为甘饵去进行引诱，提议以贵族头衔送给华盛顿及富兰克林等人，还许诺赠给他们以终身官职及津贴。英国向华盛顿表示：如果他离开革命，英国政府将封他为公爵，但是英国所有这些伎俩都遭失败。

与美国人民的团结一致相反，在英国内部存在极大的分歧，这在客观上也很有利于美国。当时英国正在发生工业革命，工业资产阶级力量开始抬头，他们与当时的英国统治阶级——大地主大资产阶级不但在内政上发生冲突（工业资产阶级要求实行国会改革，争取选举权），而且在对待北美殖民地问题上也抱不同态度。英国工业资产阶级以为英国在北美所实行的航海条例只对英国的大船主大商人有利，对工业家没有什么好处，而英国限制北美殖民地工业，对于英国工业资本家说来，也不是必要的，因为英国用机器进行生产的大工业是不怕竞争的，即使美国获得独立，她仍不失为英国工业品的良好市场。因此，英国工业资产阶级同情美国人民的斗争，在北美指挥英军作战的威廉·豪埃将军就是这样的一个人。豪埃将军本来是一位战略家，颇有军事才能，但是由于政治观点与英国当局不同，他在调度军队时，异常迟缓，特别是在战争的重要关头，这就使英军错过了打击美军的良好机会。

欧洲先进人士对美国人民和无私的支持，也有助于革命战争的胜利。

---

① Ф. Фонер, История Рабочево Движения в США, Москва, 1949, p. 54.

美国人民的解放斗争博得欧洲进步社会的极大同情。欧洲很多知名人士先后组织志愿军横渡大西洋来到北美参加革命战争。法国贵族拉菲特侯爵在战争开始时年方19岁，他在热情的驱使下，自己解囊装备一艘船，满载军事供应品，不顾法国专制政府的阻难，前往北美投效美军。拉菲特在华盛顿军队中，以少将资格担任一支部队的指挥，亲身参与许多重要战役。他为美国革命立下了许多功劳，但是拒不受报，因而感动了许多人。空想社会主义者圣西门，也亲身参加了这次战争，并在抗英战争中树立了功勋。普拉斯基是一位波兰革命家，他也满腔怀着革命热情到北美去为革命效劳，但不幸在萨瓦纳一役阵亡。另一位波兰志士克休兹柯也以志愿军的一员，为美国革命贡献了自己的力量，曾在萨拉多加大捷中立功。一些欧洲职业军官也在美军中服务。如普鲁士军官斯徒本男爵曾协助华盛顿训练美军，1779年他还替美军制定了“美军纪律章程”。

在英国地主压迫下的爱尔兰人民也和美国人民站在一起。在战争期间，爱尔兰人把自己的港口开放给美国的私掠船。

援助美国人民的朋友是这样多，但是英国却得不到这种同情和帮助，她只能用金钱“购买”外国士兵。所谓“得道者多助，失道者寡助”，在北美独立战争中也是如此。

最后，不能忽视的是欧洲列强的援助所起的巨大作用。

当时，直接间接援助美国的有法国、西班牙、荷兰、俄国以及欧洲其他许多国家。但是与志愿军不同，这些国家的援助是出于自私的打算，并不是由于有什么正义感。

美国革命领袖从战争一开始就认识到争取外援的重要性，他们善于利用英国与其他列强之间的矛盾，以有利于革命。1776年在大陆会议中推动许多代表去决定宣布独立的最重要的考虑之一就是：宣布独立会有利于北美人民与外国缔结同盟。

18世纪70年代与英国矛盾最大的是法国。从1689年以来，英法就展开了争霸的斗争，到17世纪上期，法国在斗争中失败，商业霸权输给英国，在17世纪中叶的殖民地争夺战中，法国蒙受更大的失败，七年战争结束时，法国在印度的商业势力被英国“取而代之”，在北美的广大殖民地也被英国夺去。因此，从这时起，法国就一心一意想“雪1763年之耻”。在独立战争开始以后，法国还害怕英国侵吞其在西印度群岛的岛屿，她希望在参战后不但可以确保这些岛屿而且还可以夺取英国在西印度群岛的殖民地。此外，法国也想在打败英国之后独占美国贸易。

西班牙与英国之间也有很大的矛盾，因为在18世纪初（1713年）她的直布罗陀及麦诺加岛被英国强占，在七年战争中西班牙又一次被英国打败，她在北美的佛罗里达也送给英国。过去，西班牙与英国处在敌对地位达半个世纪以上，在1700—1750年的短短50年中，双方打了四次战争，英国想趁西班牙之衰落而把自己的商业势力伸入西属南美殖民地去。1713年的乌特勒支条约规定英国在西班牙及西属殖民地有贸易特权，其中包括向西属南美殖民地输入黑奴的独占特权。从那时起，西班牙人就以嫉妒的眼光注视英国商人每年从这些贸易中所赚到的丰厚利益。更使西班牙无法忍受的是：英国还想在西属洪都拉斯沿岸殖民。

正是由于和英国有这些尖锐的、不可调和的矛盾，法国和西班牙这两个封建专制国家才出于无奈地支持和援助这个“背叛”宗主国的年轻共和国，并且最后不顾一切地加入了战争。

早在参战之前，法国就对美国进行财政上的、物资上的援助。为了掩饰人们的耳目，法国政府利用“高尔塔莱斯公司”的非官方名义，以大量军火物资供给美国。到1776年10月为止，美国驻法代表赛拉斯·丁通过这个公司替美国获得两万人的服装、3万人的武器及大量军火。法国供给美国的金钱也不在少数，“高尔塔莱斯公司”。从1776年创办时起到1783年为止帮助美国的款项共达210亿里弗。

法国还允许美国商人在法国港口进行贸易，予以一切可能的方便，法国港口庇护了美国私掠船，从英国掠来的战利品就在法国港口秘密出售。法国海军军官也帮助美国建造军舰。

西班牙政府也对美国援助30万美元。

尽管列强在战争初期没有公开参战，但是她们所进行的秘密援助对美国的帮助是很大的。要知道，美国人民在反英的武装斗争中最大的困难之一便是金钱及物资的缺乏，而这些外援在一定程度上就解决了这个困难。

法、西参战后，作用更大了。在萨拉多加大捷后4个月（1778年2月）法国与美国订立了同盟条约，根据这项条约，法国必须参加对英战争，并保证美国的独立，条约规定任何一方不得对方的同意不得单独与英国媾和。西班牙则在法国劝诱下于1779年加入法国方面作战。

1780年，俄国发表“武装中立”宣言，同年又发起成立北欧的“武装中立”同盟，目的在于用武力抵抗英国海军对于中立国商船的袭击。参加“武装中立”同盟的有荷兰、丹麦、瑞典及奥地利。“武装中立”同盟的出现对于美国也很有利，因为这在外交上孤立了英国。这样，俄国的行动帮助了美国人民的斗争。同时，北欧诸国之参加这个同盟，对英国害处很大，因为过去英国一直仰给于波罗的海沿岸的木材、松树脂及苎麻来制造军舰，在独立战争爆发之后，对于这些原料的需要更大，而波罗的海诸国宣布武装中立就使这些原料来源中断了。

1780年，英国对参加“武装中立”同盟的荷兰宣战，理由是：英国发觉荷兰与美国正在商谈同盟条约，实际上这不过是英国的借口，借以掩盖英国对于荷兰商业竞争的恐惧。当时荷属西印度群岛中的圣·尤斯塔修士岛成为荷兰与美国进行有利贸易的基地。荷兰商品，特别是军火从荷兰运到这里，与美国的烟草、靛青交换，然后这些军火及商品再从这个岛屿转运至华盛顿军中。荷兰商人从这项贸易中获得至少一倍的利益。而且，荷兰还允许美国私掠船使用荷兰港口，进行对英舰的袭击。

法、西、荷三国的参战标志着英美冲突扩大为国际性的冲突，英国与许多国家为敌，处在“四面楚歌”之中。海军在当时的战争中是决定性的力量，英国在战争初期的优势就得力于她的强大海军，但是自从法、西、荷参战后，英国就失掉了海上的控制权。

法、西在参战后，法国海军立刻驶往印度，它的头等舰队及强大陆军开到西印度群岛，而西班牙也开始围攻直布罗陀。在这种情况下，英国就不得不把大部分舰队从北美调往地中海、印度、非洲及加里比海去，这样一来不但削弱了英国封锁美国海岸的力量，而且也使英国在北美沿海往来调动军队更为困难了。

法国海军的强大力量是促成1781年英军最后降败的重要因素。战争后期，北美海上的控制权由英国转到法国手中。1781年，当英国陆军主力在蹂躏美国南部之后来到约克城的时候，华盛顿和洛山波率领的美法联军从陆上包围了约克城，这时只是由于得·格拉斯指挥的法国舰队切断了约克城英军与海上英国舰队之间的联系，才迫使康瓦利斯将军带领7000英军投降，而这次英军败绩决定了整个战争的命运。

列宁充分地估计了列强援助对于美国革命的意义，他在“给美国工人的信”中写道：“当美国人民进行反对英国压迫者的伟大解放战争时，压迫美国人民的还有法国和西班牙人，现在的北美合众国的一部分领土在当时就是属于他们的。美国人民在自己争取解放的艰苦战争中，为了削弱压迫者，为了加强进行反压迫革命斗争的人们，为了被压迫群众的利益，也曾和一些压迫者缔结‘协议’去反对另一些压迫者。美国人民利用了法国人、西班牙人和英国人之间的纠纷，有时甚至和法国人及西班牙人这些压迫者的军队并肩作战去反对英国压迫者。”①

★★★★

总之，美国人民群众的斗争在战争中作用最大，人民所发挥的巨大力量和其他有利条件——其中特别是列强的援助——配合起来，才保证了革命战争的最后胜利。

整个说来，美国之所以终于战胜强大敌人是因为美利坚民族是个新兴民族，美国资本主义正在上升发展中，而英国的殖民统治则是加在这个新生力量上面的镣铐，美利坚民族正是力图要打断这个镣铐因之能够克服一切困难，并取得最后胜利。

有些资产阶级历史学家夸大外援的作用，以为“如果没有欧洲同盟的危险，则大不列颠恐怕要调遣更多的军队，有更多的时间，而能征服各州也说不定”②。这种看法是不对的，因为实际上法、西、荷等国的公开援助是1778年以后的事，但是战局自从1777年萨拉多加大捷后就开始向有利于美国的方向发展，而扭转这个局势的是美国人民自己的力量。因此，国际列强

① 列宁：《给美国工人的信》，转引自哈第：《美国第一次革命》，生活·读书·新知三联书店1955年版，第97—93页。

② F.A. Shannon, Economic History of the United States, p.125.

的援助只是加速了胜利的到来而已。

资产阶级学者也往往过分夸大华盛顿个人的作用，好像美军之得胜是出于华盛顿之所赐，这是错误的唯心主义观点。当然，我们并不抹杀华盛顿的作用及功绩。他把混乱而没有训练的民兵改组为正规军队，他擅长把小股兵力凑成整的力量予敌人以大胆的、有计划的打击。他的沉着坚定的态度也博得部下的信任。但是如果没有广大人民的高度革命精神，他个人的能力也终归于零。华盛顿之所以能够成为卓越领袖是因为他代表了整个美利坚民族解放的利益，体现了历史前进发展的客观要求。

（原载《历史教学》1957 年第 1 期）

美国奴隶制度的起源

美国奴隶制度形成于17世纪，亦即殖民地创建时期，到19世纪60年代，才被内战的炮火所摧毁，一共存在了200多年之久。这是一个极其黑暗的、残酷的剥削制度。

那么，为什么在古典的奴隶制度早已消失了1000多年，而资本主义已经在先进国家胜利进军的时候，与时代精神完全不相协调的奴隶制度又出现北美大陆？这个制度是在什么样的历史条件下产生的？哪些集团应该对奴隶制度的产生负责任？这些都是饶有兴趣的问题，本文便试图回答这些问题。

国内发表的有关著作及文章，都没有全面地、系统地介绍美国奴隶制度产生、形成和确立的过程。为了填补这个空白，也是本文的目的。

现在分以下几个方面来谈。

一、白人契约奴——黑人奴隶的先导

关于北美殖民地上奴隶制度的出现，首先我们必须弄清下面几件事实：第一，在欧洲人或英国人离开欧洲来北美之前，并没有预先就打算在北美建立一个奴隶制社会①。第二，北美殖民地上的奴隶制度也并不是殖民地上的人们单凭主观愿望随心所欲地创造出来的。

那么北美奴隶制度到底怎样产生的呢？在这个问题上，马克思的话具有指导意义，他说："一个黑人就是一个黑人，在一定情况下，他才成为奴

① C. Duncan Rice, The Rise and fall of Black Slavery, p.61.

隶。一架纺纱机就是纺纱的机器，在一定情形下，它才成为资本。”①北美奴隶制度就是在一定情形下，亦即在北美殖民地的特定的历史条件下及地理环境中被建立起来的。假如没有这个特定的历史条件及地理环境，就不可能产生奴隶制度。

本来在欧洲封建制度瓦解和资本主义产生过程中，在所谓原始积累时期，直接生产者与生产手段的分离，为上升发展中的资本主义生产提供了它所必需的大批自由劳动力，英国的圈地运动便是一个典型的例子。然而，如马克思所指出的，在北美殖民地，“劳动者由劳动条件和他们的根（即土地）分离出来的事实……还不存在，……或止于在非常有限的范围内存在。”②这就是说，在北美不具备欧洲那样大量自由劳动者涌现在劳动市场上的历史条件。当北美的地主资本家迫不及待地渴望掠夺美洲大陆的富源的时候，却遇到严重缺乏供他们剥削的劳动人手的困难。因为展现在他们眼前的是人烟稀少、一望无垠的“处女地”。我们知道，当哥伦布发现新世界时，北美大陆上的印第安人只有100万人，而在从缅因到佛罗里达，从大西洋沿岸到阿巴拉契亚山脉的整个地区只有20万印第安人③。于是，如何解决劳动力缺乏问题，是摆在他们面前的最为迫切的问题。而且，在当时的航海技术水平低下的条件下，横渡大西洋费黄金钱，又极艰苦，欧洲的普通劳动人民要想来到北美，并不是轻而易举的事情。因此，自由劳动力的供应就大成问题④。

同时，由于北美地广人稀，从欧洲移来的劳动者往往为了避开地主资本家的剥削，而到殖民当局权力所达不到的地方去“占地”，成为自食其力的小土地所有者。这是迫切需要劳动力的地主资本家所遇到的另一个困难⑤。马克思写道：“今天的工资劳动者，明天就会成为独立的自耕农民或手工业者。他们由劳动市场消失了……这种不断的转化，在劳动力市场状态

---

① 马克思：《资本论》第1卷，人民出版社1975年版，第968页小注。

② 马克思：《资本论》第1卷，第971页。

③ 阿普特克：《美国人民史》第1卷，生活·读书·新知三联书店1962年版，第8页。

④ C. Duncan Rice, The Rise and fall of Black Slavery, pp.1—2.

⑤ Simmons, Social Forces in American History, pp.19—20; Bogart and Thompson, Readings in the Economic History of the United States, p.84; Lippincot, Economic Development of the United States, p.75.

上引起了极有害的反应作用。”①

此外，当时还存在两种情况：第一，在创建北美殖民地的时候，人们会看到西班牙葡萄牙殖民者已经在拉丁美洲建立了奴隶制度，并且正在从奴隶劳动中攫取高额利润②。第二，基督教也并不反对奴隶制度，它甚至认可了这个制度③。

为了解决殖民地上劳动力奇缺的问题，也为了防止劳动者逃避剥削和变为独立小所有者的倾向，同时也基于上述两种情况，心中燃烧着发财欲火的北美地主资本家便建立了强迫劳动制度，他们不问肤色，也不问年龄和性别，把凡是能够劳动的人，一律投到奴隶队伍中去，为他们创造利润④。

北美奴隶制度产生的背景，大体上说来就是如此。关于这个问题，马克思做了科学的概括，他写道：“……在殖民地……一旦有相反的情形阻碍着产业后备军的形成，而同时并妨碍着工人阶级对于资本家阶级的绝对隶属性，资本家和它的平凡的桑和·彭萨（Saneho Pansa），就马上会背叛那‘神圣的’供求法则，要用强制的手段来支持它了。”⑤

北美地主资本家最初是利用北美的印第安人充当他们的奴隶。新英格兰殖民地最早使用印第安人奴隶，并且在整个殖民地时期所拥有的印第安人奴隶也比南卡罗来纳以外的其他殖民地更多。在南卡罗来纳，在1708年有1400名印第安人奴隶。迟迟到1706年马萨诸塞还在出卖12岁以下的印第安儿童为奴(这些儿童是在对印第安人的战争中被掳来的)⑥。但是，奴役印第安人，碰到许多困难。当时北美印第安人未脱离原始公社阶段，他们习惯于无拘无束的自由生活。当他们被抓去当奴隶之后，总是想方设法逃走，而且附近的印第安人部落也不容忍自己的同胞被人奴役，而竭力帮助他们逃走。甚至如方纳教授所描写的，印第安人在逃回自己的部落之后，往往“从那里邀集更多的伙伴跑回来，以割去他们从前主人的头颅，作为对他们的尊

① 马克思：《资本论》第1卷，第972—973页。

② C. Duncan Rice, The Rise and fall of Black Slavery, p.15.

③ C. Duncan Rice, The Rise and fall of Black Slavery, pp. 6—7.

④ Schmidt and Ross, Readings in the Economic History of American Agriculture, p.244.

⑤ 马克思：《资本论》第1卷，第806页。

⑥ Gunes Truslow Adams, Provincial Society, p.101.

敬。”[①]1622年弗吉尼亚的印第安人于白人实行大屠杀，这更使得白人不敢使用印第安人当奴隶[②]。而且，印第安人在体质上也不适于紧张的农田劳动，他们还很容易感染欧洲人所带来的疾病，死亡率很高[③]。由于奴役印第安人遇到上述种种困难，北美殖民地上的地主资本家乃毫不留情地奴役自己的同胞——白人。这样便产生了白人契约奴。

白人契约奴主要可分为两类：第一类是自愿的契约奴，其中以“赎身者”（Redemptioners）为主；第二类是非自愿的契约奴，其中以从英国或其他国家拐骗或绑架来的人为主。

北美殖民地建立后不久，殖民地上的地主商人就委托代理人从欧洲诱致劳动者前来，并且发动了大规模的宣传运动，把北美夸张成天堂般的乐土，借以吸引欧洲贫民前来[④]。这些代理人往往是从事殖民地贸易的商人或船主，他们诱致欧洲劳动者最普通的办法便是与想来北美而又缺乏旅费的穷人订立契约，契约规定由商人或船主拿出旅费，在这个穷人到北美后，必须当一定时间“契约奴”，以偿还这笔旅费[⑤]。这样的契约奴就是所谓“赎身者”。这些商人或船主在到达北美海岸后，一般都把这些契约奴转卖给殖民地上的地主资本家，获利甚多。他们一般把穷人运到弗吉尼亚只花8—10镑的旅费，然而到美洲后，可以按40、50，甚至60镑的高价出卖他们[⑥]。因之不久在英国出现了一种经常性的贩运人口的行业，伦敦和布里斯托成了这个行业的中心。参加这个行业的，既有从事殖民地贸易的商人、船主，也有与殖民地素无瓜葛的经纪人[⑦]。

非自愿的契约奴主要来自被拐骗的人，因为贩运契约奴获利丰厚，于

① 方纳：《美国工人运动史》第1卷，第29页。

② C. Duncan Rice, The Rise and fall of Black Slavery, p. 26.

③ John Hope Franklin, From Slavery To Freedom, p.47; 福斯特：《美国历史中的黑人》，生活·读书·新知三联书店1960年版，第24页。

④ 方纳：《美国工人运动史》第1卷，第30页。

⑤ Bogart, Kemmerer, Economic History of American People, p.98.

⑥ George Bancroft, History of the United States of America, Vol., I, p.138.

⑦ Bogart, Kemmerer, Economic History of American People, p.98; Lippincot, Economic Development of the United States, p. 78.

是出现许多骗子，专门拐骗人口或绑架人口，然后把他们强制运到美洲出卖为契约奴。伦敦大街上充斥着这类歹徒，以致弄得人心惶惶，谈虎色变①。到1681年为止，平均每年有1万人被从英国拐骗到北美②。

运入北美的白人契约奴的数量极大，只是在1635—1705年间运入烟草殖民地（弗吉尼亚和马里兰）的契约奴就达80万人以上。18世纪来到宾夕法尼亚的移民，有三分之二是契约奴③。到独立战争前夕，北美殖民地全部居民中有70%是“赎身者”或过去的“赎身者”④。

欧洲的许多穷苦劳动者，本来是怀着对新世界的美好憧憬而来美的，但是作为契约奴来到北美之后，他们所遇到的却是主人的残酷压榨及虐待。

自愿的契约奴服役期限为5年到7年，非自愿契约奴为7年到10年，在稀有的情况下，终身服役。在服役期间，他们在主人的支配下从事各种各样的劳动：有的在主人家中做家务劳动，有的在主人的土地上干农活，有的在主人的手工业作坊里做手工劳动。主人总是最大限度地榨取他们的血汗，因为他知道他们在契约期满后就要离开的。主人还可以任意鞭打他们。他们被剥夺了大部分自由，一切行动都受主人约束，甚至结婚也要取得主人的同意。契约奴在被转卖时，往往造成骨肉的分离。主人还时常制造借口，故意延长他们服役年限。由于长期受酷刑及虐待而致死者，大有人在，而主人对于契约奴的这种死亡不负法律上的责任。据当代人记载，契约奴“既得不到日常应有的粮食，更没有称体的衣服，尽管事实上（富人们）所享受的种种生活上的舒适，大都是他们不倦地劳苦工作的结果。”⑤

契约奴由于不堪虐待而逃亡的现象，是屡见不鲜的。主人在捉回他们时，往往加以无情的惩罚：在身上打烙印，延长服役年限，有时甚至处死。虽然如此，有的契约奴还是成功地逃走了，他们多半逃到边疆杳无人烟的地方“占地”。并且不止一次地拿起武器来捍卫自己的利益。

但是，契约奴既然是按照契约上所规定的年限服役，那么在服役期满

① Charles Beard, The Rise of American Civilization, pp.103—104.

② Jennings, A History of Economic Progress in the United States, p.18.

③ Kemmerer, Jones, American Economic History, p.36.

④ Aptheker, Colonial Era, p.36.

⑤ 方纳：《美国工人运动史》第1卷，第40页。

时，都可以获得释放而成为自由人，而且还可以领到“解放费，其中包括衣服、一支枪、工具及一些土地，其内容因地而异。在宾夕法尼亚以南，他们通常可以领到50英亩的土地”①。

白人契约奴，在本质上是一种半奴隶制，他们是北美黑人奴隶的先导，最后黑人奴隶制代替了白人契约奴制。

二、黑人奴隶制度与奴隶贸易的发展

北美的地主资本家奴役白人契约奴还嫌不够，他们也使用黑人奴隶，黑人奴隶的故乡是非洲，北美黑人奴隶是奴隶贩子从非洲贩运来的。因此，北美之使用黑人奴隶是与奴隶贸易密切地联系在一起的。

非洲奴隶贸易滥觞于15世纪中叶，当时葡萄牙人用惨无人道的手段在非洲西海岸捕捉黑人然后到欧洲市场上出卖。不久，西班牙、英国等国的商人也加入了这种可耻的贸易。在最初50年间，被贩运到欧洲的黑人，主要在南葡萄牙种植场、西班牙矿山上当奴隶，也有不少黑人在西、葡、英、法等国当家内奴隶②。但是贩运黑人奴隶到欧洲是没有发展前途的。这是因为：第一，15世纪末以后，欧洲开始了剧烈的社会经济变动，封建社会开始衰落，在封建社会的母胎中已经孕育出资本主义萌芽了。新兴资本主义经济所需要的不是奴隶，而是像飞鸟般自由的劳动者。第二，这时欧洲原始积累开始加速进行，有大批失去土地的农民和失去生产资料的手工业者正在等待新兴资本主义经济吸收他们，这更使黑人奴隶在欧洲没有插足的余地。第三，欧洲的银行家、船主、商人及暴发户的家庭只能使用有限的家内奴隶③。

但是，正在这个时候，非洲奴隶贸易却有了新的出路，那就是美洲。当时美洲刚刚被欧洲人发现，这块新大陆的丰富的自然资源正在等待开发，迫切需要大量劳动力。因此，非洲和美洲之间的奴隶贸易就开始大规模地开

① Kemmerer, Jones, American Economic History, p. 34.

② 阿普特克：《美国人民史》第1卷，第8页。

③ John Hope Franklin, From Slavery To Freedom, pp. 45—46.

展起来了[1]。

从1517年主教拉斯·卡萨斯允许西班牙商人每个人把12个黑人带到新世界时起，对美洲的奴隶贸易就开其端了。最初非洲奴隶被运往西印度群岛，因为这里的种植场上需要大批奴隶。只有从17世纪初以后，非洲奴隶才开始被运到英属北美殖民地。

西班牙是从事非洲与美洲间的奴隶贸易的第一个欧洲国家，然而后来荷兰、法国及英国以及美国也先后参加了这个贸易。荷兰在1621年成立荷兰西印度公司，专门从事奴隶贸易。17世纪在奴隶贸易中占首要地位的便是荷兰，当时荷兰商人出现在美洲几乎每一个港口[2]。法国开始加入奴隶贸易的行列，也是在17世纪，但是她始终扮演次要的角色。到18世纪执世界奴隶贸易的牛耳的是英国商人，他们这时取代了荷兰人而独占了这个贸易。

其实，英国开始奴隶贸易为时更早，早在1562年，英国著名海盗约翰·霍金斯就在一次航行中把大批黑人从非洲运到西印度群岛，并且获得惊人的利润。他的这次生意，甚至引起英国女王伊丽莎白的艳羡，在5年后的一次航行中，女王不但以政府力量予以保护，而且自己也参与了这个罪恶事业[3]。

英国奴隶贸易虽然开始得很早，但是只有到17世纪才开始从事经常性的贸易。1618年英王詹姆士一世颁发了“伦敦冒险公司”的特许状，这个公司在非洲建立了第一个英国贸易站，从这时起，英国贸易才有起色。17世纪中叶以后，英国又在战争中打败了荷兰，于是英国奴隶贸易才有进一步发展[4]。但是只有到18世纪，英国才在奴隶贸易上压倒一切国家，并且取代荷兰而独占了这个贸易。这里原因有二：第一，1698年英国政府允许私人企业参加奴隶贸易。第二，1713年英国与西班牙订立的乌特勒支条约，使得英国有权在30年内独占西属美洲殖民地的奴隶贸易：英国每年可以运去4800个奴隶[5]。

---

① John Hope Franklin, From Slavery To Freedom, pp. 45—46; Aptheker, Colonial Era, p. 15.

② John Hope Franklin, From Slavery To Freedom, pp. 49—50.

③ George Bancroft, History of the United States of America, Vol, I, p.136.

④ John Hope Franklin, From Slavery To Freedom, pp. 52—53.

⑤ Du Bois, The Suppression of the African Slave Trade to the United States, p.2.

在英国独占奴隶贸易后，利物浦由于成了英国奴隶贸易的基地而空前繁盛。利物浦在1730年用在奴隶贸易上的船只为15艘，到1751年增至53艘，1760年达到74艘，1774年为90艘，1792年达到132艘。①

北美新英格兰商人从17世纪也开始靠奴隶贸易而获利。

奴隶商人取得黑人的方式不一而足。第一种方式是商人以非洲海岸的贸易站为基地用各种棉织品、黄铜、锅蜡制的器皿、各式各样大小不一的串珠、象牙盒、枪支、火药和酒类等物从酋长手中购买黑人。这些酋长为此而进行不断的战争，袭击邻近部落，把俘来的黑人出卖给欧洲商人②。第二个方式便是商人自己动手去"猎取"黑人。他们在"猎取"黑人时表现了极大的残酷性。据英国商人霍金斯的自供，有一次远征非洲时，他放火烧了一个城市，全市居民有8千人，他劫走了250人。这些买卖人口的恶棍有时还用卑鄙的欺骗手法去补充暴力手段。比如1645年一伙奴隶商人在到达非洲海岸后，"邀请黑人到他们船上"，表示要款待他们，岂知这些黑人来到船上时，一个个都从座上宾变为阶下囚。然后这些歹徒再登陆突袭一个市镇，杀人放火，无恶不作③。

但是也不要忘记，奴隶贩子在"猎取"黑人时，往往遭到黑人的猛烈抵抗，因而使自己蒙受重大的损失④。黑人在从非洲到美洲的途中，也进行英勇的抵抗。据一个商人讲，黑人是"那么顽固和眷恋故土，以致他们时常从船上跳到大海里，在水里待着一直到淹死为止。"⑤

在美洲的航海途中，黑人的遭遇更为惨不忍闻。在船上由于卫生条件不好，病死者比比皆是。黑人在途中死亡率高得惊人：1700—1750年间，英国商人从非洲运走的黑人有150万人，其中死在途中者竟达八分之一⑥。然而即使这样，奴隶商人还是赚了很多钱，18世纪末一个船长在出卖307个奴隶时，可以得到360镑的佣钱，而商人可以赚465镑。一艘载250个奴隶

① 马克思：《资本论》第1卷，第960页。

② John Hope Franklin, From Slavery To Freedom, pp. 54、55—56.

③ George Bancroft, History of the United States of America, Vol, I, pp.136—137.

④ Foster, Negro People in American History, pp. 28—29.

⑤ John Hope Franklin, From Slavery To Freedom, pp. 28—29.

⑥ Great Events By Famous Historians, Vol. Ⅺ, pp.88—90.

的船在一次航行中净赚 7000 镑，也是很寻常的事[①]。

关于在非洲奴隶贸易中被运走的黑人的数目，统计材料是颇有出入的。据美国黑人学者杜波伊斯估计，从非洲运往美洲去的奴隶人数如下：16 世纪为 90 万人，17 世纪为 275 万人，18 世纪为 700 万人，19 世纪为 400 万人，总数为 1500 万人左右。虽然他认为这些数字不大可靠，但是他说最低限度有 1000 万非洲人被劫往美洲。据隆歇尔的估计，在 17 及 18 世纪运到美洲去的奴隶达 1500 万人，在 1798—1848 年间又有 500 万人运进美洲。这就是说，一共有 2000 万人[②]。据阿普特克的统计，在 400 年的非洲奴隶贸易中，大约有 1500 万非洲人活着被运往西半球[③]。

我们还没有掌握全部必要材料去精确地核对上引数目字，但是其数目之大，是不成问题的。而且，上面的数字还不能说明万恶的奴隶贸易给非洲造成的全部损失，因为它还没有把在奴隶贸易过程中死亡的黑人包括在内。据阿普特克计算，每有一个黑人活着到美洲，就有 5—6 个黑人死亡。他们死在非洲争夺黑人的部落战争中，在从非洲内地到海岸去的旅途中，在运奴船中[④]。杜波伊斯也认为活着到美洲的黑人与死在运奴过程中的黑人的比例为一比五，因此他得出结论说：奴隶贸易一共夺走了 6000 万个非洲人[⑤]。

这对非洲说来，真是骇人听闻的损失，奴隶贸易之夺走如此之多的黑人，在非洲历史上造成了极其深远、极其猛烈的社会倒退。奴隶贩子所夺走的黑人多是身强力壮、有能力的青年。而且捕捉黑人的地方正是非洲文化最高的地方（指撒哈拉以南的非洲）。非洲人的精华被劫走了，这对于非洲的社会经济发展，起极其有害的作用，使它倒退了好几个世纪。

在奴隶贸易中发生一种奇怪的现象：黑奴不间断地，大批地被运进美洲，但是美洲的黑人并不相应的增多。林香神父写道："在 50 年间仅仅圣多明格群岛一地就输进 220 万个奴隶，但是现在它的全部黑人只有 60 万人。"

---

① John Hope Franklin, From Slavery To Freedom, p. 57.

② Jean Suret Canale, Afrique Noire Occibentale et Central, 俄译本，第 186 页；John Hope Franklin, From Slavery To Freedom, p. 58。

③ 阿普特克：《美国人民史》第 1 卷，第 10 页。

④ 阿普特克：《美国人民史》第 1 卷，第 10 页。

⑤ Jean Suret Canale, Afrique Noire Occibentale et Central, 俄译本，第 186 页。

马提尼克群岛总督费尼伦对此做了一个实事求是的解答，他说：美洲黑人人口之所以减少，其原因在于食物粗窳，劳动过度等等。奴隶贩子德格兰普尔不得不承认："假如不经常地把新的奴隶群运进来的话，安提尔群岛的奴隶人口将在最短期内最后死绝。"① 正是这个秘密，才使得奴隶贸易得到不断发展和繁荣。

奴隶贸易虽然给非洲带来如此浩劫，但是在另一方面它却增大了欧洲资产阶级的腰包，成为资本主义原始积累的重要来源之一。供给英国工业革命所需要的资本，在不小的程度上来自这种可耻的贸易。同样，奴隶贸易也促进北美新英格兰工商业的繁荣。

三、黑人奴隶制在北美确立的过程

到17世纪末，黑人奴隶制度已经在北美殖民地上正式确立，并且成为一种正常的劳动制度。但是它之确立，非一朝一夕之功，是有一个演变过程的②。

1619年荷兰船只把20名黑人运到弗吉尼亚的詹姆士顿港口出卖，这是运入英属北美殖民地上来的第一批黑人奴隶。不过，最初殖民地上的地主资本家还意识不到黑人在北美经济生活中的作用，因为不断地运进白人契约奴。他们也很少注意黑人的身份。所以黑人所处的地位，与白人契约奴无何重大区别。1619年运入的第一批黑人就是被当作契约奴看待的。在1623及1624年的弗吉尼亚人口调查中，黑人是作为"契约奴"被登记入册的。在弗吉尼亚的种植场上，黑人是与白人契约奴并肩劳动的。一直到1651年，某些服役期满的黑人和白人契约奴一样得到释放，并且领到一些土地③。诚然，黑人比白人契约奴所遭受的待遇更坏，服役期限更长，"犯罪"时，受

① Jean Suret Canale, Afrique Noire Occibentale et Central, 俄译本，第184—185页。

② C. Duncan Rice, The Rise and fall of Black Slavery, p.24.

③ John Hope Franklin, From Slavery To Freedom, p. 70.

③ Duncan Rice, The Rise and fall of Black Slavery, p. 84；莫里森等：《美利坚共和国的成长》第1卷第1分册，第94页。

更严厉的惩罚（如1662年弗吉尼亚的法律规定，黑人与白人通奸，要比白人之间通奸，罚金多一倍)①。但是在第一批黑人到达弗吉尼亚后的40年内，黑人是以契约奴的身份存在的②。在马萨诸塞，最早的黑人奴隶也享有和白人契约奴相同的权利。在审判纵火、谋杀及强奸等案件时，马萨诸塞的司法机关是不分肤色的③。

这样，北美殖民地上的地主商人并没有一开始就把黑人当作奴隶来用，只有迟迟到17世纪晚期，他们才正式确立黑人奴隶制度。

这是为什么？关于这个问题，史学界曾有不同的解释。有的学者认为奴隶制度早已在欧洲消失了，而且英国法律也不支持奴隶制度。也有的人认为英国移民者不存在奴役黑人的偏见，他们不大愿意奴役外来人种。其实这些解释显然都是站不住脚的。在北美殖民地上，黑人奴隶制度确立较晚，其主要原因在于：在殖民地初创的40年内，进口的黑人数量太少，从而把他们隔离成独特的法律范畴，是行不通的。比如弗吉尼亚在1660年以前从未超过几百人，到1660年，北美所有的英属殖民地上只有3000个黑人④。那么为什么在殖民地初期进口黑人是那么少？主要原因有二：第一，当时北美地主商人财力不足，无力购买那么多的黑人奴隶。第二，当时荷兰商人垄断奴隶贸易，出卖黑人时卖价甚昂。

只有到17世纪晚期，随着黑人人口的增加，北美殖民地上的黑人才正式沦为奴隶，黑人奴隶制度才最后确立。弗吉尼亚殖民当局在1670年颁布的法规宣布：“用船运进这个殖民地的非基督教徒，都是奴隶。”到1682年又增加下列条款：“接受基督教的信仰，并不能成为解放的理由”；白人男子与黑人妇女结合所生下来的子女，也是奴隶⑤。在马里兰殖民地，1663年的法律规定：该殖民地上所有的黑人都是奴隶，而且将要出生的一切黑人幼儿也都是奴隶。1671年的法律又规定：奴隶即使信仰基督教，也不影响其奴隶身份。在纽约殖民地，在荷兰统治时期，黑人的身份还不明确。但是在

① C. Duncan Rice, The Rise and fall of Black Slavery, p. 84.

② John Hope Franklin, From Slavery To Freedom, p. 20.

③ C. Duncan Rice, The Rise and fall of Black Slavery, pp. 49、25—26.

④ C. Duncan Rice, The Rise and fall of Black Slavery, pp. 49、25—26.

⑤ George Bancroft, History of the United States of America, Vol., I, pp. 71—73.

1664 年英国夺取了纽约殖民地后，便开始加强了对于黑人的管制。1665 年，殖民地当局正式颁布法律，宣布黑人为奴隶。在新英格兰，最初黑人的地位也是不固定的，第一批运进的黑人在服役一定年限后，都可以得到释放。但是后来由于奴隶主需要永久性的劳动力，便把黑人变为奴隶。不过只有到 17 世纪晚期，黑人奴隶制才在新英格兰得到法律上的认可①。

殖民地上的地主商人之所以决定把黑人降到奴隶的地位，是因为在他们看来，这样做有许多方便及好处。第一，可以解决使他们烦恼的劳动力缺乏的问题。随着殖民地的经济发展，地主资本家越来越感到劳动力不够，如果让黑人继续享受白人契约奴的待遇，期满可以得到释放的话，会严重地减少他们的劳动人手。而把黑人变为奴隶，则不但可以奴役他们终身，而且还可奴役他们的后代。一句话，可以使在黑人身上的投资带来更多的利润②。第二，把黑人降到真正的奴隶地位，还可以收“分而治之”之效。他们最害怕黑、白劳动人民的团结，在他们看来，把黑人降到比白人契约奴更为低下的地位，就有可能在白人劳动者中间灌输种族优越感及对于黑人的种族歧视，这对于巩固地主资本家的统治是有帮助的。

黑人之被降到奴隶地位，激起了他们的英勇反抗。1687、1709 及 1710 年在弗吉尼亚先后发生三次黑人奴隶起义的密谋事件③。1712 年在纽约市区曾有 23 个黑人奴隶拿起武器举行暴动，以反抗“他们的主人所加于他们的残酷的待遇。”④

黑人奴隶暴动及密谋的频发，引起了奴隶主莫大恐惧，为了防止奴隶起义，为了巩固奴隶制度，他们感到有必要制定一部奴隶法典，以便加强对于黑人的控制。

早在 17 世纪末，弗吉尼亚就颁布了奴隶法典，它规定：奴隶不得主人许可，不能擅自离开劳动场所及住处。奴隶犯有谋杀及强奸罪者，处以绞刑。盗窃行为要受鞭笞 60 下，带上颈手枷，耳朵钉在柱子上半小时，然后把耳朵割掉。犯任何微小的“过失”都要受到“惩罚”，轻者鞭打，重者打

① John Hope Franklin, From Slavery To Freedom, pp. 88—91、103—105.

② C. Duncan Rice, The Rise and fall of Black Slavery, p. 57.

③ 阿普特克：《美国黑奴的起义》中译本，第 15—16 页。

④ 方纳：《美国工人运动史》第 1 卷，第 42 页。

成残废或打烙印①。奴隶主“因施行极端的惩罚而致奴隶死亡者，不算是重罪”，“追捕逃亡的有色人奴隶，即使打伤或者甚至杀死他们”，也是合法的。在马里兰殖民地，1659 年的奴隶法典规定：奴隶凡杀人、放火、盗窃、与白人交往及对主人“不敬”者，处以鞭笞、打烙印一直到死刑的惩罚。到殖民地末期，马里兰已经有了一套很完备的奴隶法典。在所有的殖民地中，以南卡罗来纳的奴隶法典最为残酷。1686 年，南卡罗来纳立法会议通过了第一部“奴隶法典”，它规定：如果不得主人的同意，奴隶在每天日落与日出之间不得离开主人的地方。1722 年又颁布新法，它授权法官搜查黑人的枪支、刀剑及其他武器，发现时即予以没收。不仅杀人，而且盗窃，逃跑及放火者，也都处以死刑。而且，南卡罗来纳在处死黑人时，采取最惨无人道的手段：磔刑，烧刑及饿死，等等②。

在纽约殖民地,1705 年的法律规定：逃亡奴隶在被抓住时，要处以死刑，只要有两个人作证即可。③ 在纽约，“法律禁止四个以上的奴隶集合，甚至木棍也不能携带，违者笞 10 下。”④

为了严格执行黑人法典，奴隶主还设立普遍巡逻制度（这主要是在南方），巡逻人员至少每周巡查黑人住宅区一次。他们也负责搜捕逃亡奴隶⑤。

为了巩固奴隶制度，奴隶主还千方百计地从思想上麻痹奴隶。基督教的牧师向奴隶宣传说：奴隶制度是使异教徒接受基督教和拯救灵魂的最好的制度。奴隶主还对奴隶说：黑人是野蛮的种族，这个种族只有接触“西方文明”才能变成文明的种族，而奴隶制度就是黑人接受“文明”的最好的媒介。他们又胡说什么黑人的性格、气质及肤色注定了他们的天然命运是当奴隶⑥。

这样，奴隶制度这个经济基础刚一确立，产生在这个基础上面的上层建筑便成为“极大的积极力量帮助自己基础的形成和巩固。”

---

① John Hope Franklin, From Slavery To Freedom, pp. 73、77—78.

② Du Bois, The Suppression of the African Slave Trade to the United States, p. 5.

③ John Hope Franklin, From Slavery To Freedom, pp. 90—91.

④ John Fiske , The Dutch and Quaker Coloies, Vol. Ⅱ , pp.287—288.

⑤ John Fiske , Old Virginia and the Neighbours, Vol. Ⅱ , pp.202—203.

⑥ John Hope Franklin, From Slavery To Freedom, pp. 85—86.

四、黑人奴隶制之取代白人契约奴隶制

在时间上，北美殖民地之使用黑人奴隶要比使用白人契约奴为晚。比如，在弗吉尼亚，第一批被使用的劳动者便是白人契约奴①。而且在殖民地早期，白人契约奴在数量上占很大的优势，而黑人则为数寥寥。在乞撒皮克湾地区，在总督柏克莱时代，居民中有13%的人是白人契约奴，而黑奴只占5%。17世纪在烟草殖民地上，白人契约奴为数达10万人之众，黑人则少得多②。1671年在弗吉尼亚，白人契约奴有6千人，而黑人奴隶只有2千人③。

但是到18世纪，情况大不相同：黑人奴隶在人数上压倒了白人契约奴的人数。班克罗夫特教授认为1714年北美大陆殖民地上的奴隶人口总数为5900人，1727年为78000人，1754年为293000人，1790年的人口调查表明：北美的奴隶有697897人④。这种倾向在南方尤为突出。在独立战争前夕，黑人奴隶人口几乎占南方全部人口的40%⑤。一句话，黑人奴隶有取白人契约奴而代之的趋势。这是为什么？道理也很明显。首先，在主人眼中，“契约奴”的“缺点”之一，便是他们服役期间有限。卡洛来纳的一个牧师在1716年写道：“……白人奴仆不大值得养活，他们在契约期满之后，决不留下来工作……”⑥。黑人奴隶不但终身服役，而且他们的子女也是主人的财产，因而不像白人契约奴那样在服役期满后因离开主人而造成工作的中断⑦。当主人非法留住白人契约奴不放时，他们还可以控告主人，这也给

① Ulrich B. Phillips, “Plantation with Slave Labour and Free”, in American Historical Review, Vol. 30, p.739.

② Michael Krauss, The United States to 1865, p.72.

③ Schmidt and Ross, Readings in the Economic History of American Agriculture, p. 86.

④ Du Bois, The Suppression of the African Slave Trade to the United States, p. 5.

⑤ Aptheker, Colonial Era, p. 39.

⑥ Jennings, A History of Economic Progress in the United States, p. 70.

⑦ Bogart Kemmerer, Economic History of American People, p.107.

主人带来很大麻烦①。因此，主人很自然地倾向于使用黑人奴隶。其次，白人契约奴有反抗精神，当主人虐待他们时，他们或者杀死主人以示报复，或者逃亡，或者反抗闹事。而且白人契约奴在服役期满后，就变为失业者，这对于法律及社会秩序是一个很大的威胁②。再者，主人维持黑人奴隶所需要的费用，要比白人契约奴少一半以上③。而且主人在契约奴期满时，还得拿出一笔“解放费”。这些都是主人不愿使用白人契约奴的原因。此外，白人契约奴的来源也愈益减少。到十八世纪，英国政府明令禁止人们以契约奴身份迁往北美④。因为英国政府害怕英国人口流出，造成国内劳动力减少。同时，英国劳动者后来还认识到北美殖民地并不是什么天堂。这也是白人契约奴来源减少的原因。相反的，黑人来源充沛，进口的黑人到18世纪遽增。18世纪60年代每年平均进口奴隶总数在4万到10万之间⑤。这是因为在英国政府的鼓励下，奴隶贸易日益发展。主人之所以越来越多地使用黑人奴隶，也是因为他们看到使用黑人奴隶有以下多方面的好处：黑人的肤色可以帮助区别于其他居民，便利于特殊的剥削，在他们逃跑时也便于识别他们，从而很容易地把他们抓回来⑥。黑人体力强壮，适合于南方的农活。黑人被从非洲运入北美后，处于孤立无援的状态，“没有自己的同胞和社会组织来帮助他们逃跑或者进行反抗。”⑦ 当他们受主人虐待的时候，“在政府中没有朋友，也不理解如何向政府控诉。”⑧

由此可见，北美殖民地上的奴隶主之所以越来越多地使用黑人奴隶，越来越少地使用白人契约奴，并不是由于主观上同情白人，而是由物质利益及利害关系决定的。

---

① John Hope Franklin, From Slavery To Freedom, p. 48.

② C. Duncan Rice, The Rise and fall of Black Slavery, pp.23、26、57.

③ 方纳：《美国工人运动史》第1卷，第38页。

④ 安娜·罗乞斯特：《美国资本主义（1607—1800）》，第25页；莫里森等：《美利坚共和国的成长》中译本，第1卷第1分册，第95页。

⑤ Du Bois, The Suppression of the African Slave Trade to the United States, p. 5.

⑥ John Hope Franklin, From Slavery To Freedom, p. 49.

⑦ 阿普特克：《美国人民史》第1卷，第9页。

⑧ C. Duncan Rice, The Rise and fall of Black Slavery, pp. 54—55.

五、黑人奴隶制度在空间上发展的不平衡

在17、18世纪，黑人奴隶制度是在北美13个殖民地上普遍存在的。但是，在南部与中部、北部之间存在很大的差别，在中部、北部，黑人奴隶除了从事农业劳动以外，更主要的是当家内奴仆、阍人、园艺工人、厨师、随从、车夫，店员，甚至从事手工业劳动。一般的，主人是和奴隶一道劳动的：共同耕种土地，或共同在小作坊里劳动。主人拥有一、二名奴隶是最普遍的现象，超过此数者甚少①。而在南部则情形迥异。在这里，奴隶主要是在大种植场上成群地劳动。主人所拥有的奴隶多在几十人以上，甚至几百人。奴隶主之剥削奴隶，也比北部、中部更残酷得多。这里的奴隶饮食很坏，也往往没有蔽体的衣服②。在南卡罗来纳稻米种植场上，黑人在灼人的阳光下劳动于沼泽之中，健康受害很大。奴隶主往往不顾奴隶死活一味地驱使他们作繁重的劳动，奴隶因劳累过度而死者，不可胜数③。在弗吉尼亚的潮水地带，奴隶主用监工去监视奴隶劳动，监工所领的工资与生产量成正比例，这就推动监工加紧驱赶奴隶劳动，以致奴隶的命运完全处在监工的摆布之下。奴隶主之虐待奴隶致死者，不乏其例。有一个叫作萨缪尔·格雷的奴隶主，把逃跑的黑孩子绑在树上，然后用鞭子把他活活打死。主人打死奴隶通常并不算犯罪。1656年在马里兰有一个奴隶主在用警犬把逃亡的奴隶捉回来之后，用烧热的猪油浇在奴隶身上，把他生生烫死。这个灭绝人性的奴隶主虽然被送到法庭受审，但是最后还是无罪获释④。

在南部殖民地上，奴隶制度也破坏了黑人奴隶的正常的家庭生活及性生活。白人与黑人通好者亦复不少，因而在南方种植场上出现了许多黑白混血儿⑤。更悲惨的是，时常在出卖奴隶时，拆散了夫妇关系。

---

① John Fiske , The Dutch and Quaker Coloies, Vol. Ⅱ , pp.286—287; John Hope Franklin, From Slavery To Freedom, pp. 93、97、100、105.

② Hart, American History Told By Contemporasies，Vol. Ⅱ , p.307.

③ John Fiske , Old Virginia and the Neighbours, Vol. Ⅱ , pp. 326—328.

④ 阿普特克：《美国黑奴的起义，1626—1860》，第7页。

⑤ John Fiske , Old Virginia and the Neighbours, Vol. Ⅱ , pp.202—203.

南部和中部北部的奴隶制度不但有上述重大差别，而且随着时间的推移，在发展上也表现了很大的不平衡：到18世纪，中部、北部的黑人奴隶制度有趋于衰落之势，而南部的奴隶制度则愈来愈发展起来，这从黑人人数的分布中可以看出。

1760年，整个北美殖民地上的黑人奴隶总数达40万人，而其中有四分之三集中在南部[①]。1750年，弗吉尼亚的黑、白人口相等，都是25万人[②]。18世纪60年代，北部的马萨诸塞殖民地的黑人只占全人口的2.2%。1774年，罗德·艾兰有黑人3761人，占全人口的6.3%，康涅狄格为6464人，占全人口的3.2%。独立战争时，新英格兰的黑人只占全人口的2.4%，即16 000人。同一时期，中部几个殖民地的黑奴人口占总人口的8%[③]。

黑奴在北部殖民地上人数太少，所以在这里的经济生活中几乎不发生什么作用。

为什么出现这样的不平衡？为什么在北部、中部殖民地上黑人奴隶制日趋衰落，而在南部殖民地上它越来越走向发展和繁盛？这主要和各地区的自然地理条件及经济情况的巨大差异有密切的关系。

黑人奴隶制度之所以在北部、中部逐步趋于衰落，是地理环境有以使然，而不是由于这里的人们道德高尚。

以北部来说，这里冬季漫长，土地多石而贫瘠，这种艰苦的环境使许多人向工商业方面发展，而从事农业的人们也只能进行多样化农产品的小规模生产。在工商业及小农经济中实行大规模的奴隶制度，在经济上是不可能的[④]，诚如安东尼·宾拔所说的，“奴隶制度之所以未能在北部诸州巩固地建立起来，是因为没有适合于它生存的肥沃的土壤。奴隶劳动并不是为工商业所需要的。资本主义制度需要的是另一种奴隶制度，也就是说，工资奴隶制——它要求‘自由’劳动者。”[⑤]

在中部殖民地上，黑人奴隶制同样不是经济上的必需。这里的土壤虽

---

① Jennings, A History of Economic Progress in the United States, p. 20.

② John Fiske , Old Virginia and the Neighbours, Vol. Ⅱ , p. 191.

③ C. Duncan Rice, The Rise and fall of Black Slavery, pp. 48—49.

④ Charles Beard & Mary Beard, The Rise of American Civilization，Vol. I, p.55.

⑤ 转引自 Foster, The Negro People in American History，p.36。

然不像北部那样坏，但也没有南方那样好，所以也没有引起南方那样大规模的农业生产，因而小农经济占优势。在小农经济的基础上，不可能发展大规模的奴隶制度。在纽约殖民地上，大地产主要是由地主租给佃农耕种，因此对于奴隶劳动的需要，比南方小得多①。宾夕法尼亚的居民虽然主要从事农业，但是工商业也很发达，在这样的社会经济环境里，奴隶制也无从发展，所以这里的黑人奴隶主要限于家内服役②。黑人历史学家约翰·普蕾·富兰克林关于这个问题作了如下的概括："作为一个制度，在殖民地时代末，在大部分中部殖民地上，奴隶制度是失败了。工商业在这个地区占优势，这就阻碍了大规模采用奴隶劳动。除了在哈得逊及德拉瓦尔河以外，是没有欢迎大规模购买奴隶的农场的。荷兰人、瑞典人及德意志人小心翼翼地耕种自己的土地，所以不适合广泛使用奴隶。"③

在南方，黑人奴隶制度之所以得到极大的发展，主要是由南方的自然地理和气候条件决定的。在这里，在山脉与海洋之间形成了约200英里宽的沿海平原，这是一条河川缓流、土壤肥沃的地带，海潮通过河溪而浸润内地。在这个潮水地带后面，肥沃的土地一直延展到阿巴拉契安山脉的脚下④。这样得天独厚的优良的地理条件，再加上南方气候炎热，颇适于烟草、大米等农作物的大规模生产⑤。此其一。

早在16世纪中期，烟草就从美洲输往欧洲，在英属北美殖民地创建之前，烟草在欧洲的市场已经存在50年左右⑥。而且烟草在欧洲市场上的卖价当时很高，约翰·史密斯船长在王家委员会上的证言便是很好的证明。当时有人问他为什么弗吉尼亚种烟草而不种小麦，他回答说：一个人的劳动力在

① John Fiske , Old Virginia and the Neighbours, Vol. Ⅱ , pp. 286、325—326.

② John Fiske , Old Virginia and the Neighbours, Vol. Ⅱ , pp. 286、325—326.

③ John Hope Franklin, From Slavery To Freedom, p. 98.

④ 安娜·罗乞斯特：《美国资本主义（1607—1800）》，第25页；莫里森等：《美利坚共和国的成长》中译本，第1卷第1分册，第19页。

⑤ Schmidt and Ross, Readings in the Economic History of American Agriculture, pp. 86—87、83.

⑥ Schmidt and Ross, Readings in the Economic History of American Agriculture, pp. 86—87、83.

烟草种植中所生产的价值为种小麦的 6 倍①。此其二。

上述两种情况结合在一起，便推动南方地主资产阶级大规模地生产烟草和稻米，建立了烟草和水稻的种植场。

而在急于获利的南方大种植主看来，在大规模生产及土壤肥沃的条件下，使用无知识而又身强力壮的劳动力用原始的方法，粗放的方式耕种土地，最为划算，而不需要有知识有技巧的自由劳动力去深耕细作。而且他们又认为大面积的种植场也有利于把劳动者组织起来成群结队地生产。因此，他们决定使用最适合这些条件的黑人奴隶。一句话，按照种植场主的想法，在大片肥沃土地上使用大群的黑人奴隶进行原始的耕作，是成本最低，赚钱最多的好办法②。在南方，使用奴隶进行大规模生产之有利可图，下面图表可资证明：

每年支出（成本）	每年收入
（1）购买奴隶用的资本（50 镑）的利息 .... 2 镑 10 先令 （2）每名奴隶所需要的农场资本利息.. 2 镑 （3）每名奴隶的生活费........ 3 镑	（1）二桶烟草........ 16 镑 （2）玉蜀黍........ 4 镑
总 计 7 镑 10 先令	20 镑

图表表明：每名奴隶全年所创造的财富值 20 镑，而每名奴隶每年的全部花销只不过 7 镑 10 先令而已，从而每名奴隶每年给奴隶主创造的纯收入是 12 镑 10 先令。在独立战争前夕，维持一个奴隶的费用为 7 镑 10 先令，而雇用一个自由劳动者，每年要付出 20 镑的工资③。

这就是为什么黑人奴隶制度在南方发展起来的主要原因。

最后，黑人奴隶制度之所以能够在北美特别是在南方得到发展，在很大程度上也与英国实行的政策有关。英国统治阶级对北美殖民地的政策之

① Schmidt and Ross, Readings in the Economic History of American Agriculture, pp. 85—86.

② Charles Beard & Mary Beard, The Rise of American Civilization，Vol. I, p.45.

③ Schmidt and Ross, Readings in the Economic History of American Agriculture, pp. 86—87.

一，便是大力扶植奴隶制度。为了扶植奴隶制度，英国一再干涉殖民地对于奴隶贸易的限制。

这个问题必须从北美殖民地限制奴隶贸易谈起。北美殖民地由于种种原因，曾经要求限制奴隶贸易。在南卡罗来纳，并且在某种程度上在弗吉尼亚，对于奴隶暴动的恐惧使得殖民地上的统治阶级有了抑制奴隶进口的要求。在纽约从事奴隶贸易的商人自己也想限制奴隶人口的数目，目的在于抬高奴隶价格。此外，殖民地上的一些进步人士基于道德上的理由，更要求禁止奴隶进口。在这个情况下，在18世纪一个时期一些殖民地在不同的程度上采取措施去限制奴隶贸易。有的对奴隶进口征收进口税，有的完全禁绝进口。但是，这样的措施，都被英国否决了。比如，1760年南卡罗来纳禁止奴隶进口，但是这个措施马上被英国枢密院下令撤销。1710年弗吉尼亚的立法机关制定一项法令，对于进口的奴隶每名征收5镑的税，但是这也被英国否决了①。此外，英国政府还时常训令北美殖民地上的总督，叫他们“给（奴隶贸易）商人……特别是给英国王家公司以一切应有的鼓励和劝诱。”殖民地上的总督一般的都奉命唯谨地执行英国政府的这样训令。早从1700年以来，鼓励奴隶贸易就已经成为英国政策中的指导原则②。

因此，奴隶贸易畅通无阻，商人源源为南方殖民地运入奴隶。这样一来，奴隶制度一年一年地在南方发展起来。

那么为什么英国扶植北美的奴隶制度呢？这是因为：奴隶制度在北美的发展，对英国统治阶级说来有以下几种好处：第一，可以为英国提供大量经济作物，如烟草大米等。关于这一点，阿普特克写道：“对英国统治者而言，种植园经济比许多自由土地持有者经营的农业更是特殊有利。因为这种经济提供一种最好的手段，便于控制大批劳动力，生产英国本国所缺少的原料。”③第二，可以使英国奴隶贸易商人赚得更多的钱。第三，可以巩固英国对于殖民地的统治，英国统治阶级最担心自由小农经济在北美的发展。在他们看来，自由小农经济是民主政治的温床，不利于英国对于殖民地的统治，

① Lippincot, Economic Development of the United States, pp. 81—82.

② Du Bois, The Suppression of the African Slave Trade to the United States, p. 4.

③ 阿普特克：《美国人民史》第1卷，第8页。

而发展种植场奴隶制经济则可以抑制自由小农经济的发展。

这样看来，黑人奴隶制在南方得到巨大的发展，是完全合乎规律的现象，它不但是南方自然地理条件所决定的，同时也是英国统治阶级大力扶植起来的。

总而言之，北美殖民地上的地主资产阶级为了解决劳动力缺乏问题，为了防止劳动力流动及其从劳动市场上消失，同时也由于有西、葡殖民地上的奴隶制度的先例可循，使用强暴手段建立了强迫的劳动制度，凡是能劳动的，都成了他们奴役的对象。他们奴役了印第安人，但是遇到很多困难，以致印第安人奴隶制一直没有发展起来。他们也奴役了自己的同胞，使用了契约奴，但是由于他们不合乎他们的要求，所以最后使用黑人奴隶去代替白人契约奴。而黑人奴隶制度的形成，一方面，由于黑色皮肤便于奴役；另一方面也和奴隶贸易有密切关系。奴隶贸易是世界资本主义原始积累过程的一部分，它一方面给非洲带来空前的浩劫，也使千千万万个黑人陷于奴隶制的深渊，但是另一方面却养肥了世界资本主义。因此，北美奴隶制度的产生，是欧美资产阶级的重要罪行的表现。北美奴隶制之所以在南方发展起来，不但与南方的自然条件有关，而且也是宗主国——英国资产阶级大力扶植的结果。最后我们可以得出这样的结论：北美黑人奴隶制度之出现，固然与北美的特殊的历史条件及南方的自然条件有莫大的关系，但是北美的地主资产阶级，从事奴隶贸易的欧洲资产阶级以及英国资产阶级要负主要责任。

这里可能发生一个问题：既然北美奴隶制度之产生是由北美的特定的历史及地理环境决定的，那么为什么要由资产阶级承担责任？实际上这个问题容易回答，因为北美的特定的历史条件及地理环境，也只有和资产阶级的贪婪性结合在一起，才产生奴隶制度。我们知道，在同样的历史条件及地理环境下，也未尝不可以出现更民主的劳动制度，问题在于当事人是哪个阶级。

（原载《史学月刊》1981 年第 4、5 期）

对于美国南北战争原因的初步探讨

美帝国主义不仅是中国人民的凶恶敌人，也是全世界和平与民主的死敌。因此，目前在保卫世界和平及抗美援朝的伟大运动中，为着进一步认识美帝国主义的本质，对于历史教学工作者来说，深入地系统地研究美国历史是一个义不容辞的任务。

美国历史上尚待解决的问题虽然很多，笔者愿先就南北战争原因的问题，做一个初步的探讨，以为“引玉之砖”，尚希读者多多批评和指正。

美国南北战争，如美共主席福斯特所指出的，是一种资产阶级性的革命，因为它消灭了资本主义的赘瘤——美国南部的奴隶制，而保证了全国规模的资本主义的进一步发展。南北战争也是工人运动史上的一个里程碑，因为“在黑色皮肤上打着奴隶烙印的时候，白色劳动者也得不到解放。”奴隶制的扩展可能使白色工人沦为奴隶；而且，奴隶制阻碍了资本主义的发展，从而也限制了工人阶级的成长壮大。所以摧毁了奴隶制度的南北战争，也就替美国工人运动的蓬勃发展扫清了道路。因此，马克思说：“恰如美国独立战争是为中等阶级的登场开辟了一个新的时代似的，美国反奴隶制的战争也会为工人阶级开辟了一个新的时代。”①

但是，在美国南北战争的问题上，存在着各种不正确的见解。其中，关于战争发生的原因，更有很多错误的观点。这对于正确地全面地了解美国历史无疑地是一个很大的障碍。

从来对于南北战争发生的原因，英美资产阶级历史家有不少恶意的曲解：有的夸大保证关税政策与自由贸易政策的冲突；有的把战争的原因归结于单纯的政治纠纷；也有的把战争责任推卸在北方诸州身上，似乎北方诸州

---

① 《第一国际致林肯书》，《马恩论美国内战》英文本，第 279 页。

为了独占联邦的统治权才发动战争；更有大部分人笼统地罗列了一些无关紧要的因素来说明战争爆发的必然性，但都没能把握问题的本质。

在中国，一些标榜新史观的史学界人士也未能完全摆脱资产阶级观点的影响，就以坊间所常见的几本历史书籍来讲，真能抓住美国南北战争之基本原因的也是绝无仅有的。试举钱亦石先生的《近代世界政治史》为例，他对于这个问题的看法就是很不妥当的。他用下列两点来说明战争发生的背景：第一，黑奴问题：南方使用黑奴，而北方从事工矿业的人，只需要有知识的劳动者，因此，维持黑奴劳动的南部与主张废止黑奴的北方之间，便对立起来。第二，关税问题：南方要求自由贸易，北部赞成保护关税制度。第一点分析得既不深入，而且也不明确，好像战争是由南北双方同时发动似的。实际上不然，战争是由奴隶主首先挑起的。至于第二点更错误了，因为南北战争之爆发是与关税问题风马牛不相及的，其道理等下面再讲。林举岱先生的《西洋近代史纲》（上海杂志公司刊行）也大体上同样地以关税问题奴隶制问题并列。丁则民先生在他的《美国史教学纲要》(1951 年 4 月 21《光明日报》载）里，在这个问题上，虽然引了一些马克思的词句，但却缺乏深入的分析，并且罗列了一些次要的原因如建筑铁路的纠纷及保护关税问题，所以也难以令人满意的。此外彭迪先先生《世界经济史纲》（三联书店发行）以及潘非的《美国简史》（中外出版社）也独类似的毛病。

如此可见，在南北战争的原因问题上，一般历史学家或者语言不详，缺乏精辟的分析；或者罗列次要原因，而找不到问题的重心，或者歪曲事实，造成混乱状态。为了正确认识这个问题，把它还原为本来面目，我们不能不用马列主义的科学历史观点来做一番更深入而具体的研究。

早在美国内战当时，马克思就有力地粉碎了“南北战争是一个关税战争”的论说。当时，英国资产阶级报界硬说南北战争是保护制度与自由贸易制度之间的战争。不错，在 19 世纪上期，南方奴隶主为了本身的利益，主张实行自由贸易政策，而北方工业资本家则为了保护工业，避免外贸的竞争，而要求提高外国工业品入口的关税税率。但是促成战争发生的原因并不在这里。马克思在驳斥这种说法时指出：美国政府“从 1864 年到 1861 年实行自由贸易政策，众议院议员莫里尔（Morrill）只有在 1861 年即叛乱已经发生之后，才在国会里，使他的保护关税法案通过。所以并不是因为《摩理而税法案》通过国会，才发生分离，相反的最多也不过因为分离事件发生，莫里尔法案始在国会通过，1831年当南加罗来纳州发起最初的分离运动的时候，1828年的保护关税法的确会被用作借口，但是仅仅用为借口而已，……但是这次旧的借口事实上并未被重复。在蒙哥马利的分离大会上，一切触及关税率的问题都避而不谈，因为路易斯安那州（南方最有势力的州之一）的制糖业是完全依靠保证政策的。”（马克思著：《北美内战》）南部奴隶主之脱离联邦并悍然挑起内战并非由于要求实现自由贸易政策，这是很显然的，因为战争前夕，在南部奴隶主压力之下，从1846年以来美国政府所实行的就是自由贸易政策。既然如此，那么，拿所谓保护政策与自由贸易政策的冲突来说明战争原因的论据自然不攻自破了。

同一时期，在英国资产阶级中间有些人谓南北战争是北方用武力维持联邦的统一的战争。据他们说，北方不愿南方11个州脱离联邦，因为这样会削弱美国的力量的，所以北方才发动战争。这种见解也是违反事实的。正如马克思所说：“战争不是由北方发动，而是由南方发动的。北方处于防御状态。”（北美内战）事实上，正是南方首先炮轰并占领萨姆特炮台才引起这场流血战争。

那么，美国南北战争究竟为什么爆发起来呢？马克思关于这个问题，作了天才的分析。他在《合众国的内战》一文中写道：“目前的南北之间的斗争，不外是两个社会制度之间的奴隶制与自由劳动制之间的斗争。斗争之爆发是因为两个制度再也不能和平地在北美大陆上共处了。它仅能以一个制度对另一个制度的胜利而结束。”换句话说，南部奴隶制与北部资本主义制度间的冲突，是引起南北战争的基本原因。两种社会制度的冲突如何最后导向战争呢？这是我们需要解决的问题。

原来在独立战争后，美国经济是循着两条不同的道路发展的：在北部及西北部成长着工农业资本主义；在南部诸州，则奴隶制的大农场经济日益巩固和扩大。北部工业在19世纪上期由于下列几种原因而得到发展：第一，西部的开发及西向移民造成广大的国内市场；第二，欧洲的移民供给了大批产业工人；第三，1830年开始的铁路修筑也刺激了工业的繁荣。至于西北部农业资本主义之发达是西方耕地不断开垦与机器的广泛采用的结果。北部及西北部诸州，由于盛行资本主义制度，所以称为自由州，系与南部奴隶州相对而言。在自由州，奴隶制是被禁止的。

与北部及西北部资本主义日渐成长的同时，在南部却发展了迥乎不同的社会制度，即奴隶制度。南部的奴隶制经济可以上溯至殖民地时代。在这里，土壤肥沃，气候温暖，一切自然条件都适于栽烟、米、靛青及甘蔗等农产物；而来到南部的英国人多半是大贵族及封建地主，他们从英国带来大量财富，因此从17世纪起，在南方就出现了大规模的农场经济。贪婪凶狠的贵族们发现使用贱价的奴隶劳动最为合算，他们曾企图把俘获的印第安人变为奴隶，但是酷爱自由的印第安人是不愿沦为奴隶的，他们拼命抵抗，或者逃入深山。在这个企图失败之后，贵族们于是便把罪犯、债务人或被拐骗来的儿童当作奴隶用在农业生产上，因此17世纪以前，南部的奴隶是由白人充当的。到18世纪，非洲输入的黑人逐年增加，其体力及劳动强度都胜过白人，于是黑人奴隶渐渐代替了白人奴隶。

奴隶主对黑奴所施行的剥削和压迫极尽残酷之能事。在监工的监视之下，奴隶从黎明到天黑劳作不休，在夏天执锄的奴隶们耕作达16个小时之久，仅仅在吃饭的时候才有闲暇，稍一懈怠，便遭监工者的鞭打，一旦逃跑时奴隶主就放猎犬去追逐。奴隶主们以最残忍非人道的刑罚来迫使奴隶服从，在极轻微的借口之下可以任意处死他们。通常一个奴隶工作10年或8年就困顿致病而死。在这种情况下，奴隶们一再掀起反抗的斗争，但是每次暴动都被镇压下去了。

19世纪初，棉花栽种业开始发展，它逐渐排挤了烟草及靛青等物，成为南部奴隶主的主要事业。棉花种植业发达的原因有二：第一，马克思在《英国的危机》中指出，“1793年，刚在英国伟大的机器发明后不久，一位康涅狄格州的教友派教徒惠特尼发明轧棉机，即把棉花纤维从棉花种子分离开的洗棉机。在轧棉机发明之前，一个黑奴紧张地劳作一天仅能从棉花种子分离出一磅的棉花纤维。及轧棉机发明之后，一个老年的黑奴每天能从容不迫地供给50磅棉花，经过改进之后，又加倍了机器的效率，于是加诸棉花栽培上的桎梏，现在被粉碎了。”第二，英国工业革命后，棉纺织业首先繁荣起来，因此世界市场上的棉花需要突然增加，棉花价格扶摇直上，这便大大地刺激了南部奴隶主种植棉花的狂热。南部棉花业便是这样兴旺起来的。19世纪以来，南部棉花出产量的四分之三是向外输出的。1824年有1.72亿磅的棉花输往英国，1844 年增至 4 亿磅，1854 年达 8 亿磅，迄 1861 年内战以前已达 15 亿磅了。美国南部诸州在当时有“棉花王国”之称，其棉花种植业之盛于此可见一斑。

在所谓“棉花王国”的美国南部诸州，其政治经济情况也是特殊的。在这里，白人人口为 600 万人，其中奴隶主仅占一小部分，才 300 多万人。土地大部分集中在奴隶主手中，少数大的奴隶主往往拥有 1 万英亩以上的棉田，使用成千的黑奴。奴隶主以外的一般白人包括小资产阶级及贫民在政治上经济上都是没有地位的。奴隶主垄断了整个政治及经济命脉，南方简直成了奴隶主的天下了。1828 年南方奴隶主为了维护奴隶制并反对保护关税政策，便勾结北方大资产阶级金融巨头银行家等组织“民主党”。北方金融界巨头之参加奴隶主们所组织的民主党，第一，是由于他们在经济上与南部奴隶主有若干联系，主要是债务上的联系，他们是向奴隶主放债的；第二，是由于他们与奴隶主同样反对有利于工业资本家的保护关税政策。由于得到北方民主党的支持，南方奴隶主在 19 世纪上期直到内战前夕为止得以取得联邦政府中的统治地位。19 世纪上期，北方推出的总统仅哈利逊与泰勒二人而已，其余都是南部奴隶主的代理人。

建立在奴隶劳动基础上的棉花栽培是与地力的消耗分不开的，从而不断地增加新的土地扩大奴隶制区域就成为奴隶主的迫切要求了。马克思在《北美内战中》说明这一点时写道：“建立在奴隶劳动基础上的南方输出品棉花，……栽培只有在这种情形下才会生利”。在仅需要简单劳动的天然肥沃的广大土地上，大规模地利用大批奴隶来经营它。集约的耕作是与奴隶制的性质和矛盾的，因此之故，原来利用奴隶生活输出品的州如马里兰州及弗吉尼亚州很快变为奴隶蓄养州，而把这些奴隶输往南方远远地方去。甚至在南卡罗来纳州，这里奴隶占全人口的七分之四，由于土壤的耗尽，这些年来棉花的栽培几乎完全停顿。的确，在环境的压力下，南卡罗来纳州已经部分地变为奴隶蓄养州，只因它已经向极南方及西南方贩卖奴隶了（所赚的钱每年达 400 万美元之多）。一旦达到了这点，为了使奴隶主的一部分在新的肥沃土地上配置奴隶，为了对于其余留在后面的一部分奴隶主借这个手段建立奴隶蓄养业，奴隶贩卖的新市场、新领地的获得立刻成为必要的了。譬如假若合众国不获得路易斯安那，密苏里及阿肯色的话，弗吉尼亚州及马里兰州的奴隶制则早已被取消了，这是无可怀疑的。这样，如果不扩大奴隶制区域，根据经济法则，南方的奴隶制将不可避免地走向衰亡，因而奴隶主们便要求把西部新开发的土地化为奴隶州，以便使奴隶制有出路。(当时西方土地不断开发，新的土地不断以州的资格加入联邦。)

其次，南方认识到巩固奴隶主在联邦政府中的统治地位是绝对必要的，因为如果他们失去这个地位，奴隶制也将随政权丧失而被废止的。但是为了达到这个目的必须增加奴隶州，其道理马克思分析得很透彻，在《北美内战》他继续写道："所周知，每州在国会中的代表，对于众议院来说，以其州之人口数目多寡为转移。因为自由州的人口增加得远比奴隶州为快，北方议员人数是必然地很快地超过南部的。南部政治权力的真正重心因而越来越转移到美国参议院去，在这里，每个州不管其人口多寡是被两位参议员所代表的。为了维持其在参议院中的势力，并且通过参议院以维持其在合众国的霸权，因此南方要求不断地形成新的奴隶州。"

最后，还有一种情况，也使得奴隶主们不能不要求增加奴隶州以扩大奴隶制区域。其原因马克思在《北美内战》中是这样分析的："在联邦的南部，真正的奴隶主的数目不超过 30 万，这是一个面临着几百万所谓贫穷白人（即非奴隶主的白人——译者注）威胁的狭隘的寡头政治，而贫穷白人的数目由于土地的集中而不断增多，他们的状况只能与罗马极衰微时期的罗马平民相比。所以只有借取得新的领地或取得新领地的期望，以及借掠夺侵略等手段，方能调和这些贫穷白人与奴隶主的利益，方能给他们不安的渴望以无害的方向，方能借有朝一日自己成为奴隶主的远景来安慰他们。"换言之，奴隶主为了消除来自贫穷白人方面的威胁，以巩固他们的统治，就必须增加新的奴隶州。

总而言之，增加新的土地，成立新的奴隶州是关系南部奴隶主生死存亡的问题。因为对于奴隶主而言，假若南部不增加新的奴隶州，将会招致下面的恶果：第一，根据经济法则，奴隶制将自消自灭；第二，南方将失去其在联邦参议院中的优势地位，从而奴隶制也将随政权之丧失而被废止；第三，奴隶主在南部的统治可能被贫穷白人所颠覆，从而奴隶制也将随之而瓦解。一句话，不增加新的奴隶州便意味着奴隶制之死亡。在这种情况之下，南方奴隶主便疯狂地要求在西部新开发的土地上成立奴隶州。

实际上，在奴隶主的要求下，美国政府早在19世纪初期就开始以收买及侵略手段取得新的土地。1803年从法国购得路易斯安那地方，1819年从西班牙购买佛罗里达地方，1840—1850年间，更以武力从墨西哥掠夺了得克萨斯、新墨西哥及加利福尼亚等地方。但是这并不能满足贪婪成性的奴隶主的欲望，他们还想在西部成立更多的奴隶州。

19世纪上期是奴隶主不断要求在西部扩大奴隶制区域的时期。

早在独立战争后不久，1787年末届的大陆会议及1789—1790年的第一届立宪会议会决定在俄亥俄西北一带的所有领地上禁止奴隶制。但是1820年的所谓《密苏里协定》扩大了奴隶区，它规定密苏里以西，北纬36度以北的西部土地划为禁止奴隶制的区域，这样就把奴隶制区域向北推进了数个纬度。1854年，国会取消了《密苏里协定》，又通过了所谓《堪萨斯—内布拉斯加法案》，这法案是北方民主党领袖道格拉斯所提出的。它规定在新的州加入联邦时，该州居民的过半数的意见有决定其为自由州或为奴隶州之权力。这个规定给奴隶区域的无限扩大创造了可能性，因为奴隶主可以借款欺骗手段造成虚伪的多数，新墨西哥在1859年，便是奴隶主用这种卑劣手段化成奴隶州的。奴隶主们在堪萨斯的行动更为野蛮，为了造成奴隶主在人口中的多数，他们组织流氓武装派往该地，以武力驱逐北方的移民，结果发生大规模的流血冲突，北方的农民和工人以英勇的斗争来答复奴隶主的横暴。后来奴隶主终于在政府军队的帮助下，在堪萨斯州树立了奴隶制。

但是奴隶主的欲望是无止境的，他们在1857年更通过在他们控制下的最高法院（该院中有9个法官，其中有5人为南方奴隶主出身）企图把奴隶制推行于全国，包括北方诸州在内。最高法院在同年“斯科特案件”中下了一个判决，把奴隶认作是主人的绝对财产，主人可以将奴隶运往任何一州，包括禁止奴隶制的地方，并且一旦在该州定居下来之后便可以强迫奴隶替他们工作。换言之，这个判决无异把奴隶制推广至全国。

在南方奴隶主得寸进尺地要求扩大奴隶制区域的情况之下，北方是不能容忍的。首先对于北方工业资产阶级来说，奴隶制的存在及其扩大，是非常不利于工业的发展的。在南方，奴隶主实行掠夺式的耕种，进行对奴隶的惨无人道的榨取，不但耗损地力，而且造成农村的贫困。奴隶和贫穷白人是无力购买北方工业生产品的，因此存在奴隶制的地方便不能为工业提供良好市场。而且奴隶制盛行的地方也不可能发展工业，因为奴隶主通常把过剩资本投向土地及奴隶上面，他们很少肯把资本投到工厂及铁路事业上面的。奴隶制简直可能使美国陷入停滞状态。其次对于北方农民来说，奴隶主所到之处，便大肆囊括土地，农民要想取得土地是很困难的。奴隶州在西部的增加会使北方农民获得土地的机会减少。最后，对于北方工人阶级来说，他们反对奴隶制更为坚决了。工人阶级不仅在道义上同情奴隶，而且为了自己的解放，也必须反对奴隶制的。

在这种情况之下，北方很早就掀起了反奴隶制的运动。有威廉·哈里逊者为了与奴隶制进行斗争，刊行《解放者》杂志，鼓吹废止奴隶制不遗余力，又组织“奴隶解放协会”，参加者有资产阶级、农民及工人大众，至1840年，该协会会员达20余万人。该协会会员遍布各地，以各种手段协助南方奴隶的解放。他们想尽各种方法搭救从南部逃出来的黑奴，在各地设立招待站，有组织地偷运奴隶到北方去。1830—1850年有5万以上的奴隶得到解放。

1837年有名劳·乔易者在阿尔顿地的报纸上发表一篇文章，揭发奴隶主烧死黑奴的暴行，于是该报馆便被奴隶主的走狗们所捣毁。后来，劳·乔易又成立一个义勇队保护报馆，结果他在一群暴徒的进攻下丧了性命。

1859年工人组织“劳动者同盟”，同盟的代表大会以反对奴隶制为其任务之一。代表大会在决议案中声明：“我们抨击奉行任何形式下出现的任何奴隶制。”“我们必须寻取我们所有的一切手段，对奴隶制进行斗争。”

在堪萨斯冲突事件中，北方及西北部的资产阶级农民及工人成立一个组织，并以军火武器及金钱支援与奴隶主流氓武装进行斗争的堪萨斯农民工人。未几，从这个反奴隶主的组织中出现了共和党。

1855年共和党已获得众议院的多数，翌年在竞选总统时，提出初步的反奴隶制政纲，虽然其候选人弗里蒙特未获当选，但是投他票的人之数目之多也足以证明共和党的强大势力了。

1860年总统大选前夕，共和党在第二次全国代表大会上提出更为明确的政纲，其要点为：第一，不允许扩大新的奴隶区域；第二，禁止奴隶贩卖行为；第三，反对为扩展奴隶区而进行的对外掠夺战争。

是年11月6日共和党候选人林肯当选为总统。造成共和党胜利的原因是不难了解的：第一，是民主党内部的分裂所造成的。过去南北民主党是一直合作着的，但是1857年“斯科特案件”判决后，北方民主党党魁道格拉斯认为这个判决不但违反了他在1854年所提出《堪萨斯—内布拉斯加法案》的精神，而且会因而失掉自己的势力地盘。因为道格拉斯是西北部伊利诺伊州选出的参议员，他害怕假若他同意南方把北方移民所占据的州化为奴隶州的话，他会失去自己的势力的。由于这种考虑，道格拉斯乃与南方民主党分裂。在竞选中，南北民主党分别提出自己的候选人，从而分裂了选票，以致造成共和党胜利的机会。第二，一种反奴隶制的心理支配着千百万选民，尤其是北方的农民、小资产阶级及工人，他们热烈地投共和党的票。第三，共和党在竞争时允诺它将满足农民对于西部土地的要求，因此特别得到广大农民的拥护。第四，共和党更得到北方工业资产阶级的有力支持，主要是金钱上的支持。因为在1857年发生了一个短时期的经济恐慌，资本家要求保护关税甚为迫切，而共和党恰恰答应了这个要求，所以得到他们的拥护。

林肯的当选对于南方奴隶主是一个当头棒喝，因为这意味着至少在今后4年中，美国行政大权落入共和党手中，而4年后的总统竞选将更不利于奴隶主了，因为当时西北地区的发展蒸蒸日上，西北人口仅在1850—1860年间就增加两倍——这个新生力量的反奴隶制的态度比东北区更为坚决，因此4年后共和党更得到发展，行政权将继续保持在共和党手中。这就意味着奴隶主扩大奴隶制区域的企图彻底破产。而如前面所述，奴隶区之得不到扩大，就等于注定奴隶制的消亡。在这种无可奈何的情况下，奴隶主们愤怒了，他们决定脱离联邦并诉之于战争。

1860年11月8日，即林肯获胜后第三日，南卡罗来纳州宣布退出联邦，11月10日佐治亚州从事脱离的准备，接着其他南部各州都陆续退出联邦。最后，1861年2月14日，南方诸州在蒙哥马利城召开大会，成立所谓“南部联盟”，同时制定了奴隶制的宪法，选出大奴隶主戴维斯为总统，斯蒂芬斯为副总统。奴隶主们在大会上竟猖狂地宣称：“新联盟政府置基于一个伟大原则上，即黑人不能和白人平等，他们的奴隶劳动是唯一的正常的状态。”穷凶极恶的奴隶主们竟这样恬不知耻地夸张他们的丑恶制度。马克思在《第一国际致林肯书》中非常愤慨地写道：“它居然敢于把奴隶制度写在武装叛乱的旗帜上，这在世界史上是第一次。”

当南部诸州以全力准备战争的时候，北方资产阶级却希望和平解决，这是因为当时北方一些银行家及大商人是南部奴隶主的债权人，一旦战争爆发，就无法收回这些债务。还有个别的纺织业厂主恐怕在发生战争后，南方就不供给棉花了。由于这些原因，在南方脱离联邦4个月之后，联邦政府依然百般劝告南方，希望取得和解。林肯就职后，继续想进行和平谈判，甚至提议召开一个全国的会议以求解决南北间的矛盾。但是南部终于在1861年4月15日开始炮轰萨姆特堡垒的北方军队，这时，林肯才仓促地召集武装人员75 000人以抵抗南方的攻击。南北战争的幕布便这样揭开了。

总括说来，南北战争是由进步的资本主义制度与落后的奴隶制度的严重对立所引起来的。对于南方奴隶主来说，为了保存奴隶制，就不能不扩大奴隶区，最后势必扩大至全国，否则就不能避免奴隶制的消灭。对于北方工业资产阶级来说，奴隶制的存在及扩大是妨害资本主义顺利发展的，他们坚决地反对奴隶区的扩大，而1860年林肯的当选总统就切断了南方扩大奴隶区的可能性。因此感到没有出路的南部奴隶主乃悍然不顾一切掀起了叛乱的战争。

以上便是美国南北战争爆发的真实原因。

（原载《文史哲》1953年第1期）

美国内战期间黑人反对种族歧视的斗争

一部美国黑人史便是他们坚持不懈反对压迫、反对种族歧视的斗争史。美国反动统治集团的种族歧视政策贯串着全部美国历史，是它一贯奉行的统治策略，是其对内对外反动政策的重要组成部分。甚至在1861—1865年内战期间，在美国北方资产阶级迫切需要利用黑人的力量去粉碎奴隶主叛乱集团的时候，他们也没有放弃这个政策。因此，美国黑人在内战的艰苦岁月里在为了争取从奴隶制度的压迫下解放而斗争的同时，也不得不与可诅咒的种族歧视作顽强的斗争。本文的目的便是揭露美国资产阶级在内战期间加在黑人身上的种种压抑、凌辱及歧视，描写黑人不畏强暴反对种族歧视的英勇斗争事迹，并试图说明这个斗争的性质、特点、局限性及其作用和历史意义①。

一

美国黑人在内战中起了决定性的作用，他们对于革命战争的最后胜利作出了伟大的贡献。在整个战争期间，一共有30万黑人拿起武器打击南方奴隶主叛乱者，此外，至少还有30万名黑人为支援革命战争而辛勤劳动。②

---

① 关于内战期间南方奴隶起义及北方黑人为争取废除奴隶制度而进行的斗争，由于与本题无直接关系，故存而不论。

② 杜波依斯指出：人们都承认参加联邦军队当兵的黑人有20万人，然而事实上不止此数。因为他们中间每有一个人死亡或战死时，就有另一个黑人顶上他的名字参加军队。大概有30万名黑人实际上拿起武器。此外，至少还有30万黑人在联邦军队中劳动。参看 W.E.B.Du Bois, Du Bois, “Negro and the Civil War”, in Science and Society, 1961, Dec., p.351。

黑人士兵在战场上表现得异常勇敢，这是为当代人所一致公认的。许多联邦将领都称赞黑人士兵的大无畏精神。1863年6月7日，但尼斯将军写道："任何人都比不上黑人勇敢。"此外，班克斯将军、托马斯将军及布伦特将军都有同样的评价。甚至敌人也不得不承认这一点。一个联盟士兵在一次战役后惊呼："我从未见过像这些黑人所表现的那种不怕危险不怕死的精神。"黑人是为同胞的解放而战的，是为消灭奴隶制度的崇高目标而战的，这就是为什么他们能够发挥高度革命英雄主义的根本原因。

在内战期间，黑人一共参加198次战役，而小型战役还不在此数。联邦军队所取得的几次大捷，都与黑人之积极参加及出色的战斗分不开。1865年4月初，当攻陷叛乱者首都里士满时，高唱《约翰·布朗》之歌首先入城的便是黑人部队。内战中北方最优秀的军事统帅如格兰特、奈尔曼及巴特勒将军诸人就是用黑人军团居多数的军队赢得几次重大胜利的。除了在战场上直接打击敌人之外，黑人还充当联邦军队的向导、侦察员，提供了大量有价值的军事情报，这些也都在保证军事胜利方面起了重大的作用。黑人所组织的游击队也从后方沉重地打击了敌人。这些事实有力地推翻了资产阶级历史学家们的谬论，他们硬说黑人对于内战毫无贡献，他们之获得解放，是美国政府"赐给"他们的①。美国黑人历史学家杜波依斯说得对："就内战而论，对于正直的人们说来，有一件事是洞若观火的，以致不需要特别努力去研究，那就是：黑人赢得了内战……"②。福斯特也指出："为争取自由而战斗的武装黑人是赢得伟大内战的一个重要因素"③。

二

虽然美国黑人在内战中立下了卓越的功勋，用鲜血换得了北方的胜利，

① Simons在他所著的Social Forces in American history一书中就有这类说法，他写道："黑人在战争危机中毫无动作，他在破坏枷锁的斗争中未能起任何作用——这些事实告诉世人：黑人并不是自己用武力解放自己的人。"（见该书，第274页）。

② W.E.B. Du Bois, "Negro and the Civil War", in Science and Society, 1961, Dec., p. 347.

③ W.Z.Foster, The Negro People in American History, p. 275.

但是美国资产阶级却“以怨报德”，用可耻的种族歧视去“答谢”黑人的巨大贡献。种族歧视首先表现在黑人参加联邦军队的问题上。

内战爆发后，美国废奴主义者就主张使用黑人当兵，作为粉碎南方叛乱的军事措施。马克思也在《纽约论坛报》上为文强调北方政府武装黑人的重要性。但是北方资产阶级竭力阻碍采取这个措施，当时北方广大黑人群众热烈要求参加军队为解放南方的同胞而战，但是都被拒绝了。许多黑人写信给政府当局，表达自己的愿望。1861 年 10 月 30 日，密歇根州自由黑人，G. P. 密勒写信给陆军部长卡麦伦，表示他愿意在 60 天内为联邦招募五千到一万名自由黑人参加战斗。他说：“假如这个建议被拒绝的话，我们同意以游击队的身份参加战斗，只要政府给我们发下武器和装备的话”①。

黑人还通过报纸上通讯、群众大会、请愿书及公开讲演表明自己的态度。1861 年 5 月 20 日在波士顿举行的黑人群众大会上通过一项决议，上面写道：“南方叛乱者们在进攻合众国政府时所怀的意图是：推翻这个政府以便使奴隶制度永久化；在南北之间进行的这样一个斗争中——我们相信这是一场自由与暴政之间的斗争——对于每个阶级的公民来说，……宣布他们的意见及立场，是很重要的；因此，我们决议：我们的感情推动我们向我们国人说：‘我们准备和白人一样拥护及保卫政府……我们请求你们修改你们的法律，俾使我们有可能报名 [参加军队]，以期有色人胸中燃烧着的爱国主义感情能够充分发挥出来——我们誓把国内 5 万名有色人组成为军队。我们所能建立起来的军队其半数以上是南方生人，知道它的地理，熟悉敌人的性格，对政府会提供无法估价的贡献。有色人妇女愿意当护士、裁缝及战士，如果必要的话，以帮助粉碎叛乱及支援政府。”② 从这些文件中可以充分看出：黑人之要求参加作战，是具有很大觉悟的，他们认识到内战的性质及黑人参加战斗的重大意义。

但是，北方资产阶级政府不仅不允许黑人参加军队，而且还禁止他们学习军事。萨姆特要塞陷落后数日，纽约的废奴主义者设立军事俱乐部并且让黑人在俱乐部里进行军事训练时，警察竟出来横加干涉，禁止黑人加入这

---

① A Documentary History of the Negro people in the United States, p. 460.

② A Documentary History of the Negro people in the United States, pp. 464—465.

个俱乐部。对于当局的这种无理的行动，黑人坚决起来抗议。黑人在致林肯总统的信里写道：禁止有色人参加联邦军队是“不符合正义及平等的精神的……我们希望承认我们保卫自己家园及保护这些家园的政府的应有的权利。”

美国黑人杰出领袖腓特烈·道格拉斯积极领导了黑人反对联邦政府在参军问题上的种族歧视政策的斗争。他在他所办的《道格拉斯月刊》1861年5月一期的社论中要求政府宣布解放奴隶，召集奴隶及自由黑人入伍，并且把他们组织“成为一支解放军，向南方进军，在奴隶中间高举解放的旗帜”。他提醒政府说：携带星条旗（美国国旗——引者注）进入南方的一个黑人团队会大大有助于教育奴隶去“理解这一场战争的性质……其作用比……1000个传教士还要大”①。

联邦政府之所以拒绝黑人当兵，其原因有以下数端：第一，在容许黑人入伍之前必须解放他们，而解放奴隶在当时并不是共和党政府的目的，因为林肯害怕解放奴隶将损害边境州奴隶主的利益，而北方资产阶级是很重视与这部分奴隶主的联盟的。林肯担心宣布解放奴隶会推动边境州奴隶主投到叛乱者怀抱中去。第二，资产阶级的阶级本性决定他们：解放奴隶及武装黑人不仅仅威胁南方叛乱者奴隶主集团，而且也威胁北方统治阶级。黑奴在叛乱者后方的革命行动特别提示了他们这一点，南方黑奴放火烧掉种植场及杀死奴隶主的事件层出不穷。北方资产阶级认为：南方奴隶主的这个命运接着就会轮到自己头上，假如黑人获得武器取得自由而没有得到他们所争取的政治权利及土地的话，而资产阶级是不想满足黑人的政治权利及土地的要求的。第三，北方资产阶级也害怕工人阶级与黑人联合起来共同反对自己，而黑人与白人并肩作战是会促进这个联合出现的。第四，北方资产阶级力图不要黑人帮助去击溃奴隶主叛乱，以便在胜利后按照自己的意愿去解决黑人问题：用资本主义雇佣劳动制剥削去代替奴隶制剥削。

只有到1862年下半年—1863年上半年，在黑人斗争的强大压力下，在北方广大人民的推动下，也由于军事上的需要，联邦政府才终于走上了革命道路，它不但颁布了黑奴《解放宣言》，而且也通过法律允许黑人组织团队参加战斗。这是黑人反对种族歧视的斗争的初步胜利。

① Philip S. Foner, The Life and Writings of Frederick Douglass, Vol. 3. pp. 94—95.

三

但是，黑人在获得参加军队的权利后，新的种族歧视又落在他们的头上。北方资产阶级虽然不得不利用黑人作战，但是却不愿意这些黑人士兵和白人士兵享受到平等的待遇。

联邦军事当局不准许黑人与白人在一个团队里，把黑人组织成单独的团队。而且，黑人团队中一切重要指挥职务均由白人军官充任。黑人所领的薪金比白人少：白人士兵每月可得薪金 13 美元，服装津贴 3 美元 5 角，而黑人每月所得薪金只有 7 美元，服装津贴只有 3 美元①。白人士兵可以领入伍奖金，黑人士兵则享受不到这个待遇。黑人士兵不能被擢升为军官。军事当局强迫黑人士兵从事军队中的杂务，特别是有害健康的劳动。黑人士兵之生病及受伤者享受不到良好的医药治疗，因之黑人士兵因伤病而死的百分比亦比白人士兵为大。

黑人士兵还受到染有种族主义毒素的白人官兵任意凌辱、虐待。联邦军队中的白人官军甚至在战场上把枪口调转回来射击与自己并肩作战的黑人部队。比如，1863 年 4 月就发生这样骇人听闻的事件。当时叛乱军队向奥尔良的重要阵地西普岛举行猛攻，防守阵地的有 7 个黑人连。进攻的敌人兵力为防守者 5 倍之多，所以情况至为危急。联邦军事当局乃派炮舰去援助黑人。但是炮舰上的白人水兵不是向敌人发炮，而有意对艰苦防守中的黑人开火。

在种族歧视的政策下，黑人很难被提升为军官，道格拉斯便是一例。1863 年 3 月以来，道格拉斯担任招募黑人士兵的重要工作，他为鼓吹劝诱黑人参军不遗余力。陆军部长斯当东在 1863 年 7 月末曾当面许诺把助理副官的职位送给他，但是迟迟不肯把委任状发给他，任命道格拉斯为军官一事终于未能实现②。

当黑人士兵落到敌人手中时，他的遭遇更加悲惨。联盟当局以野蛮手

---

① Philip S. Foner, The Life and Writings of Frederick Douglass, Vol. 3. p. 33.

② Philip S. Foner, The Life and Writings of Frederick Douglass, Vol. 3. pp. 37、39.

段对待黑人战俘，它不承认被俘的黑人士兵是战俘。黑人俘虏不是惨遭杀害，就是被送到种植场上当奴隶。但是林肯政府对于敌人这种违反战争法的行为置若罔闻。另一方面，当南方当局杀害白人俘虏时，联邦当局立刻提出抗议，并且威胁着要对叛军战俘施加报复。这样，在歧视黑人问题上，南北统治阶级竟结成了同盟。

联邦政府在军队中所实行的这些种族歧视引起广大黑人的愤慨，他们纷纷向总统及国会请愿，要求取消这些可耻的措施。马萨诸塞第五十四团队的全体士兵为了抗议薪金上的不平等待遇而拒绝领取薪金。

黑人领袖道格拉斯为争取消灭军队中的种族歧视而进行不懈的斗争。为了反对种族歧视他发表一份公开信，严厉谴责林肯政府。他指出：当南方叛乱当局以杀害白人士兵相威胁时，总统立即通知联盟说：联邦政府"将进行严厉的、无情的报复。"但是当黑人士兵被杀害时，则"听不到国会大厦发出一言"。他写道：在林肯使用他的权利"去防止对黑人士兵进行的这种残忍的屠杀"之前，"文明世界将认为他和杰芬逊·达维斯（叛乱政府的总统——引者注）同样对这些屠杀负责"。道格拉斯要求政府马上采取行动："如果总统要想给黑人士兵以正义及人道的待遇的话，现在不正是这样做的时候吗"？他要求对黑人士兵施以充分的训练，派给有能力的军官，停止叫黑人士兵从事损害健康的劳动。他坚持主张给黑人士兵以平等的报酬，让黑人有上升为军官的机会。他写道："有色人不仅有权利要求同工同酬，而且也有权利要求以功绩（而不是肤色）作为政府分配职位时所应遵循的标准"①。

在发表上述公开信之后，道格拉斯表示在政府改变对待黑人的政策之前，他停止他的劝募黑人入伍的工作（当时他正在从事这项工作）。当时他对一个负责组织黑人军队的军官说："我对于长期受欺侮的同胞特别是对于已经参加军队的同胞所应尽的义务便是揭露他们的苦难，为他们进行辩护②"。抱着这个目的，道格拉斯在 1863 年 7 月末面见了林肯总统，痛切指责政府对于黑人士兵的压迫政策。

① Philip S. Foner, The Life and Writings of Frederick Douglass, Vol. 3. p. 35.

② Philip S. Foner, The Life and Writings of Frederick Douglass, Vol. 3. p. 35.

由于黑人再接再厉斗争的结果，军队中的种族歧视政策被局部地取消了。1864 年 7 月，联邦国会被迫通过法案，实行黑、白人士兵同酬的办法，马萨诸塞第五十四团队过去 8 个月间拒绝领取的薪金，也按照白人的标准补发。在黑人的强大压力下，也由于许多黑人士兵建立了不容抹杀的功绩，在内战中一共有75名黑人被提升为下级军官①。这可以说是黑人士兵反对种族歧视的斗争的又一次初步胜利。

四

内战期间，林肯政府的种族歧视政策的另一个重要表现便是黑人移出计划。1862 年林肯在决定采取解放奴隶的措施后，就着手实行这个计划，希望在自愿的基础上把美国黑人分批移出国外。1862 年 8 月，林肯邀请一群知名的自由黑人到白宫来，劝他们支持黑人移出计划。他对这些黑人代表说："黑人留在美国，无论对于黑人或白人来说，都是痛苦的根源"。他还说："假如没有你们这个种族住在我们中间的话，这次战争就不会存在，……" ②

美国统治阶级的黑人移出计划的实质在于：在利用黑人开发及建设美国之后一脚把他们踢开，把多少世代居住在美国的黑人放逐国外而不管他们死活。众所周知，黑人是北美大陆的早期开发者，他们居住在北美的历史与白人同样悠久。美国的经济是靠黑人的血汗发展起来的，美国统治阶级的财富也是靠奴役及剥削黑人而建立起来的。在 18 世纪末争取独立的斗争中，黑人也贡献出巨大力量。这样，黑人是美国的建设者及保卫者，从而他们居住在美国是他们的天然权利。因此，林肯的黑人移出计划遭到广大黑人的反对。

1862 年 8 月 20 日在长岛的新镇，黑人召开了一个群众大会，通过了决议，坚决反对林肯的建议，决议指出："这是我们的故乡；和别人一样，我们

① W.Z.Foster, The Negro People in American History, p. 277.

② Carl Sandburg, Abraham Lincoln, War Years, Vol. 1, p. 575.

对于故乡的小山、溪谷、平原、茂密的森林、潺潺的溪流、雄伟的河川及崇山峻岭都自然而然地怀有强烈的感情。我们对于从这个国家早期以来就和我们的血凝结在一起的白人也感到一种强烈的感情。……这是我们所选择的国家，是我们祖先的国家。……总统关于这个国家的有色人的政策是一个错误的政策。”① 这是一个多么有力的谴责！

美国黑人领袖道格拉斯也对于总统的这个种族歧视的表现大为愤慨，他谴责林肯的“种族及血统的自豪感，他之藐视黑人及他的伪善口吻”。他把林肯关于黑人的存在是导致内战的基本原因的论点批驳得体无完肤。他指出：“按照总统对于这个问题的理解，一个盗马者或一个劫路贼大概也值得尊敬了，因为盗马者可以为自己辩解说，他之所以盗马，是因为有马，劫路贼可以为自己辩解说，他之所以抢钱，首先是因为行路者的腰包里有钱”。他接着说：“不，总统先生，成为盗马的原因并不是这匹无辜的马，成为劫路贼抢钱的原因也不是行路者的钱袋，引起这一场丑恶而不自然的战争的原因并不是黑人存在，而是由于那些想依靠盗窃、抢劫及叛乱的手段去占有马匹、金钱以及黑人的人们的贪婪”②。

黑人的英勇斗争终于挫败了林肯政府关于黑人移出的计划。

五

美国统治阶级在法律上及实践中剥夺黑人的公民权利及选举权，是其种族歧视政策中的最重要部分，因为剥夺黑人的这样权利，是保证他们加强剥削及压迫黑人的最可靠的手段。内战后期，北方资产阶级虽然被迫宣布黑奴的解放，但这不过是一时的权宜之计，是一种军事措施，为的是更有效地粉碎南方叛乱的军事力量，并非出诸对于黑人的同情。因此，一旦采取解放奴隶的步骤之后，他们便不想再进一步去为黑人做任何事情了。他们根本不愿意提高被解放者的地位，既反对把土地分配给他们，也反对把起码的公民

① A Documentary History of the Negro people in the United States, pp. 472—473.

② Philip S. Foner, The Life and Writings of Frederick Douglass, Vol. 3. p. 25.

权利——投票权——送给他们，因为剥夺黑人的土地及权利可以更便于他们用资本主义剥削去代替奴隶制剥削。

早在1863年12月，林肯就提出了南方重建计划，在这个计划中，他一方面允许南方种植场主享有选举权（只有少数联盟高级军政人员是例外），另一方面却剥夺了黑人的选举权。林肯政府剥夺南方黑人选举权的做法，在广大黑人中间引起极大的不满，黑人掀起了一个争取公民权利及选举权的运动。许多地方的黑人召开群众大会，通过决议，并且向政府请愿。1864年3月10日，新奥尔良的黑人集会抗议政府剥夺路易斯安那州黑人的选举权，他们向总统及国会提出请愿书，在上面签字者有一千多名黑人①。

1864年10月初于希拉古斯召开的全国有色工人代表大会，是内战期间美国黑人争取选举权的斗争中的重大步骤。出席这次大会的代表有144名，他们来自18个州（其中有7个奴隶州）。在大会上，代表们的发言反映了美国黑人的共同要求及渴望。一位俄亥俄的代表在大会上表示："我们正在为争取有色人的权利而做的努力，也就是为争取承认国内白人的权利而做的努力，"因为二者都"是发动这次叛乱的寡头政治的奴隶"。代表大会在"告美国人民书"中指出："人们问我们，甚至一些废奴主义者也问我们，为什么我们（至少现在）不满足于人身的自由；在法庭上作证的权利；占有、购买及出卖不动产的权利；控告及被控告的权利呢？我们回答说，因为在一个普遍选举权成为常例的共和国里，人身的自由及上述其他权利只能成为其他人任意予夺的特别待遇。刚刚从国王及教士统治下的国家到来的移民为什么在美国人眼中特别受重视呢？这并不是由于他们有品德，因为他们时常是道德败坏的人；不是由于他们有知识，因为他们时常是愚昧无知的；不是由于他们有钱，因为他们时常很穷；那么为什么一切政、党的领袖都向他们献殷勤呢？解答是，我们的制度授予他们以选举权，而且他们在制定国家法律时有发言权。把选举权送给这个国家的有色人吧！那么你们就会看不到暴徒们把黑人劳动者从大城市的码头上赶走，把他从他老老实实为了糊口而辛苦劳动的其他地方赶走。"投票权利是"人类自由的圆顶大厦之拱心石"，而"如果你们还要问为什么我们希望投票的话，我们回答说，因为我们不愿意被暴

① A Documentary History of the Negro people in the United States, p. 495.

徒们聚众把我们从工作地点赶走，或者在每一个角落里被肆意侮辱。我们是人，我们愿意在我们本国里和别人一样自由。”这里，黑人代表们虽然未免夸大了选举权在美国资产阶级社会中的作用，但是他们正确地认识到选举权是保障黑人自由的重要手段。

值得注意的是黑人领袖道格拉斯为争取黑人的选举权而进行的斗争。早在 1863 年 5 月他就表示为黑人的权利而奋斗的决心。在纽约市的一次讲演中他坦率地宣布了他的未来的行动方针：“我将为黑人辩护，要求把黑人充分而完全地接纳入美国大家庭中来。我将为他们要求最完全的公民及政治平等，要求让他们享有国家任何其他成员所享有的一切权利、特权及豁免权。当我主张这是一劳永逸地解放我们当前问题的唯一办法时，我是出诸仔细考虑而说出的，而且说的完全是正经话”①。

道格拉斯在以后的讲演中一再鼓吹黑人的公民权利。1863 年 12 月 3 日，在“美国反奴隶制协会”年度大会上，许多发言者认为既然政府已宣布废除奴隶制度，那么“反奴隶制协会”的工作就应该结束。当时道格拉斯表示反对，他强调指出废奴主义者的任务有二：一是争取奴隶的解放，二是争取提高黑人地位；在奴隶制度废除之后，争取提高黑人地位的任务仍旧存在。他认为提高黑人地位的最好办法便是把选举权送给他们。道格拉斯有力地反驳了关于黑人由于愚昧无知而没有资格参加投票的谬论。他说：“……假如说他（指黑人——引者注）知道一个正直的人与一个强盗有区别，那么他的知识要比我们白人选民中间的某些人更多得多。假如他在清醒时和一个爱尔兰人在醉酒时知道得同样多的话，那么他就有足够的知识去投票。假如他有足够的知识拿起武器来保卫这个政府，并且敞开胸口去迎受叛乱者的猛烈炮火的话，那么他就有足够的知识去投票。”道格拉斯又指出：侈谈拯救联邦及主张把它恢复到战前状态的人们，只是自欺欺人而已。旧联邦已经死亡，它已被轰击萨姆特要塞的第一发炮弹打死了。“我们正在为争取某种旧联邦更好地无可比拟的东西而战斗。”这场战争正在为建立一个新的联邦而进行着，在这个新的联邦里将“没有黑人、白人之分，而只有国家的团结，使每一个

---

① Philip S. Foner, The Life and Writings of Frederick Douglass, Vol. 3. p. 42.

奴隶都自由，并且使每一个自由人都成为选民”①。

这样，以道格拉斯为代表的美国黑人，不但从理论上证明黑人应该享有选举权并且驳倒了反对者的谬论，而且还能从黑人本身的利益及整个革命的前途着眼去说明授予黑人选举权的重大意义。更重要的是：他们还以敏锐的眼光预见到在内战中被打败的南方奴隶主将来进行复辟的可能性，从而指出如果北方资产阶级把选举权送给南方黑人及继续与他们建立同盟的话，就可以防止这种复辟。

六

毛主席在1963年八月八日的声明中指出：“民族斗争，说到底，是一个阶级斗争的问题。”在同一天接见非洲朋友时，毛主席又指出：“种族问题实质上是阶级问题。”毛主席这个指示，是我们了解美国黑人问题的一把钥匙。内战期间的种族歧视实际上也是一种阶级压迫。推行这个政策的联邦政府是北方资产阶级手中的工具，它之歧视黑人，是从资产阶级的阶级利益出发的。联邦政府之拒绝接受黑人当兵，主要是因为武装黑人会威胁资产阶级的阶级统治；它在军队中歧视黑人士兵，破坏白人劳动者与黑人之间的团结，因为美国资产阶级最害怕的便是这种团结；它之企图把黑人逐出国外，也是因为担心黑人住在美国会加强整个人民的革命力量；它之剥夺黑人选举权，是为了使资产阶级更能得心应手地剥削及压迫黑人劳动者。至于在白人群众及士兵中间存在的种族主义情绪，则是反动统治阶级长期以来有意培养起来的东西，反动派为了巩固自己的统治，是善于采用“分而治之”的手法的。种族歧视既然是一种阶级压迫，所以内战期间美国黑人所进行的反对种族歧视的斗争，从性质来说，不外乎是阶级斗争的一种表现形式。

内战期间美国黑人反对种族歧视的斗争也是有它的特点的：它的主要形式是请愿、抗议及群众大会，既没有发展为声势浩大的全国规模的运动，也

① Philip S. Foner, The Life and Writings of Frederick Douglass, Vol. 3. pp. 382—383、385—386.

没有发展到更高的斗争形式或群众性的暴力行动①。这可以说是它的最大局限性，其所以如此者，基本上是由内战的革命任务及客观形势所决定的。当时革命的基本任务是击败南方叛乱集团及消灭奴隶制度。而对于美国黑人本身来说，其最直接的任务便是参加反对奴隶主叛乱者的武装斗争及奴隶的解放，与这个任务相比，反对种族歧视的斗争显然居于次要地位。为了黑人本身的利益及整个革命的利益，美国黑人应该把主要力量放在参加革命战争及争取奴隶解放的斗争上面。而且到内战第二阶段，解放奴隶已经（至少在客观上）成为战争的主要目标了，因此黑人的压倒一切的任务便是献出全部力量打击叛乱者，争取战争的胜利结束。由于主要注意力集中于反对奴隶主的战争上面，这就相应地减少了黑人反对种族歧的斗争力量，从而限制了这个斗争的规模及形式。有觉悟的黑人意识到反对种族歧视的斗争固然很重要，但是更重要的是把黑人最大限度的力量投到战争中去。道格拉斯是对于这个问题认识得最清楚的人，他一方面抗议当局的种族歧视，并且为取消这个政策而坚持斗争，但另一方面他一再呼吁他的同胞们，“千万不要让对黑人歧视的心理使自己变成了瞎子而竟看不清整个战争的重大意义了”②。道格拉斯勉励黑人同胞参加军队，不管薪金多寡，要为自己的解放而战斗。他指出：黑人士兵即使不领薪金，参加战斗也是应该的③。黑人士兵中间有许多人在战场上喋血作战而不愿领取一文钱。甚至靠他们的赡养而生活的家人也支持这种可贵精神，宁愿自己挨饿④。

其次，内战期间美国黑人反对种族歧视的斗争之所以有很大的局限性，也与当时黑人本身的发展情况有一定的关系。内战期间美国黑人大部分是集中于南方的奴隶（有三、四百万人），北方的自由的黑人只有360，000人。在黑人中间还没有形成无产阶级，而缺乏无产阶级的领导，也是当时美国黑人反对种族歧视的斗争没有发展到最高形式的原因之一。

虽然如此，内战期间美国黑人反对种族歧视的斗争还是有其不容抹杀

① 当然，这里只指反对种族歧视的斗争而言，至于黑人拿起武器与叛乱者作战及黑奴在叛乱者后方举行起义和进行游击战，则不消说是黑人武装革命行动的重要表现。

② 方纳：《美国工人运动史》第1卷，生活·读书·新知三联书店1956年版，第482页。

③ Philip S. Foner, The Life and Writings of Frederick Douglass, Vol. 3. p. 34.

④ Strunsky, Abraham Lincoln, p. 194.

的伟大意义在于它推动了革命的发展，促进了内战的胜利，并且帮助黑人争取到某些权利。黑人争取参加联邦军队的斗争，迫使北方政府在1862年下半年以后走上武装黑人道路，从而把战争引向胜利；黑人反对联邦军队中的差别待遇，迫使联邦当局在一定程度上取消了军队中的种族歧视，这在推动黑人更踊跃参军上起了一定的作用，从而也有助于内战的最后胜利；黑人的斗争粉碎了林肯政府的黑人移出计划，从而制止了黑人的移出，巩固了黑人的力量；黑人之反对剥夺黑人选举权的斗争虽然在内战结束之前未产生任何效果，但是它是内战后南方重建时期推动资产阶级承认南方黑人选举权的重要力量之一。这一切说明阶级斗争是历史发展的动力。

而且，内战期间美国黑人反对种族歧视的斗争也标志了美国黑人觉悟发展上一个重要阶段。以道格拉斯为首的美国黑人在进行这个斗争时，充分认识这个斗争对于黑人本身发展及整个革命发展的意义。他们在斗争中不但意识到黑人的共同利益，而且也意识到黑人利益与美国全体人民的利益之间的有机联系。这说明在内战期间，通过革命斗争的锻炼，美国黑人的觉悟大大提高了。

但是，与内战时期相比，今天的美国黑人取得了更大的进步，他们的觉悟有了更进一步的提高。毛主席正确地指出：目前“美国黑人正在觉悟，他们的反抗日益强烈”。自从1957年阿肯色小石城的黑人展开英勇的斗争以来，美国黑人反对种族歧视、争取自由和平等权利的斗争进入了一个新的阶段。1963年美国黑人向华盛顿的强大进军显示了美国黑人的雄伟力量及斗争的勇气。我们相信不久将来美国黑人的正义斗争一定会胜利的，他们一定会把压在他们头上的美帝国主义的统治抛到九霄云外的。

（原载《史学月刊》1964年第9期）

美国人民争取西部土地的斗争与《宅地法》问题

美国人民争取西部土地的斗争滥觞于18世纪末，在19世纪40年代后进入高潮，而内战期间颁布的《宅地法》便是这个斗争的最后成果。这个斗争是19世纪上期美国政治生活中的一件大事，而《宅地法》是美国历史上的一项著名的经济措施。本文准备对这个问题作较系统全面的介绍。

在外国史学界连篇累牍的著述中，出现过一些错误的观点。有些人对《宅地法》评价过高，说这项立法是美国有史以来在土地政策上的空前创举，它的实施标志了与过去的土地政策完全决裂，并且进而夸大了它的后果。在他们笔下，好像《宅地法》在西部创造了奇迹，既制造出人数众多的农民土地所有者，也加速了西部的开发，等等①。苏联史学家对于这个问题的看法，基本上也属于这个类型，他们一般都是夸大《宅地法》的重要性，并且把它和林肯的《解放宣言》并列为标志内战向革命战争过渡的两大革命措施。②另一方面，也有的人全盘否定《宅地法》的积极作用③。澄清一些混乱的看法及批判某些错误观点，也是本文的目的之一。

一

美国在18世纪末建国伊始就实行了西部土地国有化政策。最初划归国有的，只是宾夕法尼亚以西，俄亥俄河以北的土地。到19世纪上期，在美

---

① 盖茨：《在不一致的土地制度下的宅地法》（Cates, "The Homestead Law in an lncongruous Land System"），《美国历史评论》第41卷，1936年7月，第652—653页。

② 伊万诺夫：《美国内战》，第109页；叶菲莫夫：《美国史纲》中译本，第272页。

③ 亨利·纳什·史密斯：《处女地》（Henry Nash Smith, Virgin Land），第221—223页。

国通过购买或侵略战争取得了路易斯安那、佛罗里达、俄勒冈、加利福尼亚等地之后，这些地区的土地也全部划归国有。因之美国国有土地增至1465000000 英亩，① 为今天美国领土的 73% 。

联邦政府之决定西部土地国有化，是美国建国初期充满民主情绪的广大人民积极推动的结果，无疑的也是资产阶级进步性的措施，因为它暂时制止了土地投机者及有钱有势者无止境地囊括这些土地。但是它也有其反动的、侵略的一面：它意味着对于印第安人土地的剥夺，因为包括西部土地在内的美国整个领土原来都是属于印第人的。

在实行西部土地国有化之后，劳动人民满心希望政府能无代价地把它分配给一切急需土地的劳动者。但是美国政府不是这样做，而是实行出卖的政策。这是因为：第一，掌握政权的大金融家、大商人和奴隶主希望用出卖土地的收入去应付政府支出，特别是用它去偿还国债，因为他们多半是国债债券的持有者。第二，他们指望靠出卖国有土地以增加政府收入，从而减轻自己的纳税负担。第三，他们也认为实行出卖国有土地的政策会使自己有机会从事土地投机生意②。那么，按照什么原则出卖国有土地呢？

在联邦政府成立后不久，国会就征求了财政部部长哈米尔顿的意见。哈米尔顿在 1790 年提出一份报告，力主要照顾富有者集团的利益。1796 年的《土地法》就是按照哈米尔顿的建议制定的。③ 该法规定：出卖土地的单位面积不得低于 640 英亩，价格不得低于每英亩 2 美元，而且实行公开拍卖，卖给出价最高的人。显然，这个办法颇不利于劳动人民而有利于上层有产阶级。因此它激起了广大群众的极大愤慨。从这时起，一个争取西部土地的长期斗争开始了，这个斗争一直延续到 19 世纪 60 年代初。参加斗争的先后有西北地区的农民、拓荒者、东北地区及中部大西洋沿岸各州的工人、农民和贫民，南部的小农及“贫穷白人”，也有从欧洲迁来的

---

① 施米特·罗斯：《美国农业经济史读物》（Schmith Ross, Readings in the Economic History of American Agriculture），第 339 页。

② 蒂尔登：《被看作美国农业革命的基础的内战时期的立法》（Tilden, The Legislation of the Civil War Period Considered as a Basis of the Agriculture Revolution in the United States），第 15 页。

③ 蒂尔登：《被看作美国农业革命的基础的内战时期的立法》，第 15—17 页。

移民。这个斗争本质上是美国人民争取以民主方式解决西部土地问题的群众性运动。

二

这场斗争可以分为两个阶段。第一阶段从18世纪末到19世纪30代末。这个阶段的斗争序幕是由西北地区的农民揭开的。1796年《土地法》颁行后不久，西北的农民便展开了斗争，他们的要求是：减少出卖单位面积和降低卖价，并且实行赊买制度以利于贫民。在群众的压力下，国会于1800年通过了新的法令，把拍卖的最小单位面积缩小到320英亩，并且实行赊买制：在40天内先缴纳总卖价的四分之一，在两年内缴纳第二个四分之一，在四年内缴齐，过期不完纳者，土地予以没收①。

这种赊买制度起了很坏的作用，因为它诱使很多劳动者在财力不足的情况下购买了土地，以致有一大批购买者由于届期缴不上地价而被没收了土地②。

这种情况又引起了新的群众运动。早在1812年就有一群拓荒者成立“真正美国人协会”，会员遍及俄亥俄、伊利诺伊等地。他们纷纷请愿，要求政府采取新的措施以满足群众的土地要求。俄亥俄的会员们在请愿书中写道：要求土地的人们“都是穷苦者，而另一方面合众国的［土地］财产却空闲着无人占用。每个人按照自然权利都应该享受一块土地，不许任何人占有200英亩以上的土地。”③人民的斗争又一次迫使政府让步，1820年国会通过了新的法令，对土地政策做了新的调整，取消了赊买制度，同时把公开拍卖的最小单位面积减至80英亩，把最低价格降到每英亩1.25美元④。

---

① 康马杰：《美国史资料》（Commager, Documents of American History）第1卷，第185—186页。

② 扎赫勒：《东部工人与国家土地政策，1829—1862》（Zahler, Eastern Workingmen and National Land Policy 1829—1862），第3—4页。

③ 希巴德：《公有土地政策史》(Hibbard, A History of the Public Land Policies)，第349页。

④ 康马杰：《美国史资料》第1卷，第185—186页。

1820年的法令实施后，有不少拓荒者买到了土地。但是买到土地者只能是手头有积蓄的人，而广大群众对于国有土地仍是可望而不可即。这是因为：一则他们绝大多数人终年劳动，求一温饱尚不可得，根本无余钱去买地；二则国有土地都是公开拍卖的，土地投机者竞出高价，穷苦者无力与其竞争。① 结果，穷人只好眼睁睁地看着一大块一大块土地被土地投机者买去。

19世纪上期，美国土地投机活动异常猖獗，在亚拉巴马、密西西比，路易斯安那等州，拍卖的土地有四分之三被投机者买去。他们在买到土地后，便等候时机以高价出卖，取得惊人的利润。有一个年轻的律师在一天之内净赚500美元。一块土地有的在60天内转了12回手②。

在土地投机商疯狂抢购土地的情况下无法直接从政府手中买到土地的普通劳动者，往往到西部“占地”。19世纪二三十年代，“占地”之风甚盛。艾奥瓦有些地区到1838年已为“占地人”住满了。早在20年代，亚拉巴马的居民中就有三分之二是“占地人”，在密苏里居民中有65%是“占地人”③。

但是在“占地”后，他们必须为保卫自己的土地权利而不断地斗争。他们不但与前来驱逐他们的政府军队作斗争，而且还要和土地投机商作斗争，这主要是因为在他们占据及开垦小块土地后，政府时常把他们开垦好了的土地强制拍卖，在拍卖过程中，他们的小块土地一般都为土地投机者抢购了去。

为了与投机者斗争，西部的“占地人”大多数组织起来，成立“土地权利协会”。当协会会员开垦好了的土地被政府强制拍卖时，他们便在拍卖场上用集体的力量强迫投机商人放弃购买的企图。有时也用严厉手段惩罚购买土地的投机商人。

为了从根本上杜绝投机商购买他们的土地的可能性，他们提出了“先

---

① 蒂尔登：《被看作美国农业革命的基础的内战时期的立法》，第17—18页。

② 詹宁斯：《美国经济发展史》（Jennings, A History of Economic Progress in the United States），第234—236页。

③ 捷米霍夫斯基：《19世纪20—30年代为争取所谓美国社会基金的土地而斗争》（Демиховский, “БорЬба за земли так называемого общестзенного фонда США в 20—30 годах XIX века”），苏联《近现代史》杂志，1962年第1期，第115页。

买权”的要求。所谓“先买权”就是：政府在拍卖土地时，允许“占地人”按政府规定的最低价格优先购买自己所开垦的土地。亚拉巴马的“占地人”甚至表示要“依靠武力取得这个权利”。①

“占地”的群众性及“占地人”的顽强斗争，迫使国会在1841年制定了“先买权法案”，它规定：“占地人”有权利按照最低价格优先购买自己开垦的土地，但不得超过160英亩②。但是这些成果的局限性还是很大的，因为到1841年为止，取得西部国有土地还不是无代价的，广大穷苦劳动者要想得到土地，还是很困难的。因此，1841年以后，美国人民再接再厉地斗争下去，他们要求无代价地分到国有土地。

三

美国人民争取西部土地斗争的第二阶段开始于19世纪40年代初。

40年代初，斗争出现一个高潮是和广大人民的深重灾难分不开的。当时俄亥俄、肯塔基等州的国有土地业已售罄，土地价格在投机商的操纵下扶摇直上，大批劳动者由于买不起土地，而不得不当地主的佃农，同时，由于资本主义在农业中发展，土地愈益集中到少数资本主义大农手中，多数农民趋于破产。

东部工业区的工人阶级的景况亦同样悲惨。工人受失业、物价不稳及劳动日长等等威胁。1854年仅纽约市就有8万人（为全市人口五分之一）靠领取救济金或施舍度日。欧洲移民的涌入，又使本来已有人满之患的东部贫民窟更加拥挤不堪了。工人最苦恼的是：欠债到期无力偿还，就要被“捉将官里去”，一旦坐牢，全家立刻就有冻馁之虞。

这些挣扎在饥饿线上的破产农民、佃农、失业工人及新来的欧洲移民，眼前只有一线希望，那就是迁到西部去取得小块土地，成为独立的土地所有者。因此他们积极参加争取西部土地的斗争，从而把斗争推向一个高潮。斗

① 希巴德：《公有土地政策史》(Hibbard, A History of the Public Land Policies)，第119页。

② 蒂尔登：《被看作美国农业革命的基础的内战时期的立法》，第18页。

争的目标是争取无代价分配国有土地。

事实上，这一要求，早在20年代就由西部农民的代言人托马斯·边顿提出来了①。到30年代，东部工人也提出了这个要求②。但是在二三十年代，提出这个要求的只限于少数人，只有到40年代后它才成为千千万万劳动者的共同口号。这主要应归功于乔治·亨利·伊凡斯的努力。

伊凡斯早在20年代就投身于工人运动，到30年代初他把注意力集中到土地问题上，40年代初已经就土地问题提出系统的主张和纲领。

伊凡斯继承和发展了边顿的主张，他从理论上阐明劳动人民土地要求的正当性。他反对向统治阶级"乞求"土地，并理直气壮地指出：享有国有土地的一份，是每一个劳动者的固有权利。他说："如果一个人有权利生存在这个世界上，那么他就应该有权利获得足够的土地以便在上面建造自己的住房。如果他有权利生活下去，那么他就应该有权利获得足够的土地以生产维持生活的粮食。"③

他反对土地垄断，认为土地垄断是"一切垄断之王，是一切重大灾难的基本原因。"④他要求用法律限制人们的土地财产，借以消灭土地垄断。他反对国会把大块国有土地赠送给铁路资本家⑤，因为这种做法是造成土地垄断的原因之一。他主张把全部国有土地都分成小块农场，任何想迁到西方去的无地公民，都应该免费取得这样的小块农场。他认为这样做不仅对无地的穷人大有好处，而且也可以有助于解决东部城市工人的贫困、失业等问题。如果东部失业工人有机会到西部去取得小块农场，就会大大减轻城市劳动力的过剩。这样一来，留在城市的工人的状况也将得到改善：不但工资提高了，而且失业也会消失。⑥

---

① 蒂尔登：《被看作美国农业革命的基础的内战时期的立法》，第20—21页。

② 扎赫勒：《东部工人与国家土地政策，1829—1862》（Zahler, Eastern Workingmen and National Land Policy 1829—1862），第29—30页。

③ 扎赫勒：《东部工人与国家土地政策，1829—1862》，第405页。

④ 方纳：《美国工人运动史》中译本，第1卷，第285页。

⑤ 在19世纪上期，国会一再把整批国有土地赠送给私人铁路公司，只是伊利诺—中央铁路就从政府领到250万英亩的土地。（参看科尔：《控制不住的冲突》，第116—117页。）

⑥ 扎赫勒：《东部工人与国家土地政策，1829—1862》，第33—36页。

他的土地改革方案是：把整个国有土地分成市镇，每个市镇方圆 6 平方英里。市镇中央设置地方政府及公共娱乐场所，学校，商店等。周围的土地都分成宅地，每块宅地面积为 160 英亩，每一个无地的穷人都可以无代价地分到一块宅地，在宅地上安家落户。任何人都不许占有更多的土地，他的宅地也不能转售给他人。市镇之内，除农民外，还有工匠若干人，每名工匠至少领到 5 英亩的土地，以供在工业劳动之暇从事耕种之用。市镇内的自然资源都保留给社会使用①。

显而易见，伊凡斯的思想包含有空想社会主义成分。然而与空想社会主义者不同，他并没有天真地把改革的希望寄托在统治阶级身上，他主张依靠人民群众的政治行动来实现这个理想。具体言之，应该号召广大选民把拥护土地改革的人选进国会，来促进国会制定一部以他的土地改革方案为内容的"宅地法"。为了这个目的必须成立一个宣传机构，在群众中间广泛地宣传土地改革思想。因此，1841 年他与一些志同道合的朋友创立了"全国改革协会"②。

伊凡斯把工人阶级作为政治行动的主力，所以在"协会"成立后，便在人中间展开宣传鼓动工作，并且提出了一个颇有吸引力的口号："为了你的宅地而投票吧！"工人踊跃参加听讲，并且纷纷加大"协会"的地方组织。"整个北部和西部以至于少数南部地区的工人们都参加了全国改革协会。"③

但是"协会"也没有忽略对农民的宣传。因之纽约，俄亥俄、威斯康星等州的农民也大批地参加了"全国改革协会"。

伊凡斯的主张也感染了一些中等阶级知识分子，如舆论界巨子霍列士·格瑞利就是服膺于伊凡斯思想的一个人。他在 1845 年参加了土地改革运动，不久就成为"协会"的"保护人"，而他主编的《论坛报》则成了这个运动的喉舌。

---

① 扎赫勒：《东部工人与国家土地政策，1829—1862》，第 36—38 页；希巴德：《公有土地政策史》(Hibbard, A History of the Public Land Policies)，第 364—365 页；方纳：《美国工人运动史》中译本，第 1 卷，第 286 页。

② 扎赫勒：《东部工人与国家土地政策，1829—1862》，第 41—43 页；方纳：《美国工人运动史》中译本，第 1 卷，第 289 页。

③ 方纳：《美国工人运动史》中译本，第 1 卷，第 289 页。

这样，一个以“全国改革协会”为中心的土地改革运动的高潮终于出现了。这个高潮产生了积极的效果，40 年代中期以后有不少土地改革派分子被选进国会，成为国会中支持“宅地法”的重要力量。而且伊凡斯等人的宣传鼓动，也有力地推动了一个新的政党——自由土地党的产生。一些工人，农民以及中等阶级知识分子在“协会”的影响下，于 1848 年建立了“自由土地党”。该党的政治纲领主要有两点：第一是反对南方奴隶制度向西部扩展，第二是争取“宅地法”。“自由土地党”虽然在几次选举中失败了，但是它不遗余力地宣传了“宅地法”思想，使这个思想深入人心。

伊凡斯所倡导的土地改革运动，在本质上是小资产阶级的土地平分运动。它所提出的“宅地法”要求是一个具有进步意义的要求，因为在美国当时的历史条件下，它是解决西部土地问题最民主的方式，它的实现，将有力地促进美国资本主义的发展。因此，马克思肯定了这个运动的“历史合理性”，并且在《共产党宣言》里建议共产党人支持这个运动①。列宁也承认它的进步意义②。

然而，这个运动也有其消极的一面。第一，运动的领导人对于当时正在蓬勃开展的废奴运动抱反对的态度。他们谴责废奴派，说他们对于北方的工人漠不关心，还硬说什么北方工人的处境比南方奴隶还要悲惨③。这种态度显然是错误的，当时美国劳动人民的首要任务是反对南方奴隶制度，因为正如马克思所指出的，“当黑人劳动者套上枷锁的时候，白人劳动者便不能解放他们自己。”④土地改革派的这个态度，在很大程度上阻碍了劳动人民参加废奴运动。

第二，伊凡斯的运动不利于工人运动的正常发展。他对工人说：工人阶级的敌人不是资本家工厂主，而是土地垄断者。结果，大部分工人放弃了反对资本家的斗争，而集中精力于土地改革运动。更严重的是他的思想导致了“美国例外论”的产生。“美国例外论”的早期代表人物克利盖就是在他的思

---

① 《马克思恩格斯全集》第 4 卷，人民出版社 1958 年版，第 502、509 页。

② 《列宁全集》第 13 卷，人民出版社 1959 年版，第 254 页。

③ 香农：《宅地法与劳力过剩》（Shannon，“Homestead Law and Labor Surplus”），《美国历史评论》1936 年 7 月第 41 卷，第 640 页。

④ 马克思：《资本论》第 1 卷，第 353 页。

想影响下创出这个有害的理论的。按照他的理论，美国有大量的自由土地，所以美国工人不需要走欧洲工人兄弟所走的革命道路。实际上美国虽然存在大量国有土地，但是它并没有消除资本主义的矛盾。因之，“美国例外论”显然是错误的。

但是，不管怎样，19 世纪四五十年代的土地改革运动究竟是一个广泛的群众性运动，其规模远比废奴运动为大，这主要是因为这个运动所揭橥出来的纲领符合广大劳动人民的物质利益。正是在这个运动的强有力的推动下，40 年代下期以后，“宅地法”成为国会的中心议题之一。

四

在“全国改革协会”的号召下，在 19 世纪 40 年代下期出现了一个强大的请愿运动，力量如此之大，以致在 1846 年以后，“宅地法”一个接一个在国会中被提出来。但是内战前这些法案都遭到失败。因为国会里反对“宅地法”的势力太大。

当时反对“宅地法”的有两大集团：第一个集团是东南地区的奴隶主代表，他们之所以反对它，是因为：第一，他们害怕“宅地法”会在西部造出大量的独立小农，这对于奴隶制的存在及奴隶主的统治，是个严重的威胁；第二，他们也担心实行“宅地法”之后，将失去本地区的劳动人口，从而会影响他们在联邦的统治地位（众议院的代表人数是与各州的人口成正比例的）。第二个集团是东北地区的一部分着重眼前利益的工业资产阶级的代表，他们之所以反对“宅地法”，是因为他们“害怕工人……将离开工业区而到西部去，从而造成劳动力减少和工资的上升。”①

这个时期，拥护“宅地法”的有三个集团：第一个集团是西北地区的代表，他们之所以支持它，是因为他们一般都是律师和商人，而这类两类人的福利完全有赖于西部的迅速开发，而西部的迅速开发又取决于土地政策的民主化。第二个集团是西南地区的奴隶主代表。他们支持“宅地法”，是因为

① 香农：《宅地法与劳力过剩》，《美国历史评论》1936 年 7 月第 41 卷，第 641 页。

南方种植场耗损地力太快，他们迫切地要求向西扩张，以便把奴隶制移植到那里去。但是，假若没有农民拓荒者走在前头为他们开路，要想在西部建立新的种植场是很难的。“由于拓荒者的劳动，道路开辟出来了，桥梁修成了，粮食及肉类生产出来了，……种植场主才有可能跟在他们后面，……来到西部。”此其一种植场主在西部建立新的种植场所需要的土地，都是从拓荒者手中买到的，这些拓荒者在卖掉小块土地后，一般的都迁到更远的西部去重新开荒。此其二。因此对于奴隶主来说，只有实现“宅地法”，使拓荒者在更远的西部取得土地，才有可能从他们手中抢购土地，才有可能在西部建立新的种植场。这就是为什么西南区的奴隶主愿支持“宅地法”的复杂的背景。①

支持“宅地法”的第三个集团是东北地区的一部分有远见的工业资产阶级的代表，这是因为他们认识到：“宅地法”将加速西部的开发，使西部成为工业品的市场，并且为东部工业区提供原料及农产品。

拥护“宅地法案”的三个集团的代表在众议院里居多数，而反对“宅地法案”的东南区的代表及东北区的工业资产阶级的一部分代表在参议院里占优势，因之在1846—1854年间几个《宅地法案》虽然在众议院获得通过，但是都被参议院否决了。这就是为什么1854年以前所有的“宅地法”遭到失败的重要原因。

但是19世纪50年代下期，国会里围绕“宅地法”斗争的对抗力量发生了变化。1856年南方奴隶主纠集一帮武装匪徒闯进堪萨斯境内，想靠武力把奴隶制扩大到堪萨斯去。他们的野蛮行动激起了北方特别是西北地区的农民的英勇抵抗，因而发生了一场流血斗争。堪萨斯斗争促使国会内一些集团对“宅地法”的态度发生转变。原来支持《宅地法》的西南地区的奴隶主看到西北地区的农民是他们扩张奴隶制度的严重障碍，是自己的死敌，从而不能不反对西北地区的农民所争取的“宅地法”，原来反对“宅地法”的东北地区的资产阶级代表，现在认识到南方奴隶主是决心不惜任何代价把奴隶制扩大到西部去的，为了制止奴隶制的扩张，就必须联合农民，因而就必须

① 捷米霍夫斯基：《19世纪20—30年代为争取所谓美国社会基金的土地而斗争》，第123—124页。

支持“宅地法”。

这样一来，在19世纪50年代下期，支持“宅地法”的是西北地区及东北地区的代表。反对“宅地法”的是整个南方的奴隶主的代表，前者在众议院里居多数，后者在参议院内占优势。

1857—1859年间，在国会里一共提出了四个《宅地法案》，只有约翰逊提出的法案得到了表决的机会。并在1859年1月被众议院通过，但是后来却被参议院否决了。为了打破僵局，约翰逊便实行让步，把原案中关于免费分配宅地的规定删掉了，而确定了出卖的原则，[①]把原案中的民主内容阉割殆尽，使该法案在1860年获得了两院的通过。然而在提交布坎南总统签署时，法案被否决了。布坎南总统站在最反动的南方奴隶主的立场上，担心改变现存的土地制度，会成为一个更激烈的民主改革的开端。

内战前，“宅地法”虽然未获实现，但是，人民的力量和历史的潮流是不可抗拒的。在内战爆发后的第二年，北部人民大众久盼而未得的“宅地法”[②]终于成为现实了。

内战期间《宅地法》之所以获得通过，主要原因有三：第一，反对《宅地法》的南方奴隶主代表全部退出国会而参加南部叛乱。第二，内战期间北方执政的政党是共和党，而共和党在1860年竞选时就在纲领中列进了《宅地法》的要求，所以上台后便不能不履行自己的诺言。第三，“林肯总统积极赞助《宅地法》，因为他认为实行《宅地法》可以促进西部农业的发展，可以增加粮食产量，从而有利于战争。[③]

《宅地法案》是在1862年2月28日由众议院通过的，5月6日由参议院通过，5月20日，林肯总统就签署了它。1863年1月1日生效。它规定：凡是未参加叛乱的男子都可以登记领取160英亩的宅地，但是登记人必须宣誓：“获得土地是为了居住和耕种，而不是为了别人的直接或间接的利益”。登记人还必须缴纳10美元的手续费。登记人在宅地上一连耕种5年，就可

---

① 它规定每英亩二角五分钱。扎赫勒：《东部工人与国家土地政策，1829—1862》，第170—171页。

② 《马克思恩格斯全集》第15卷，人民出版社1963年版，第553页。

③ 卡尔·桑德堡：《亚伯拉罕·林肯，战争年代》（Carl Sandburg, Abraham Lincoln , The War Years），第1卷，第511页。

以领取土地执照，成为宅地的所有主。①

五

在 1862 年《宅地法》被通过后不久，格瑞利对于未来抱十分乐观的态度。他满怀信心地预言：《宅地法》将消灭穷人，将创造出人数众多的独立小农。他表示相信：拥挤在城市贫民窟的成千上万个贫民，将兴高采烈地奔向西方，在那里建立新的家园，过一种“日出而作，日入而息”的世外桃源生活，而美国大工业区的贫困、失业等现象，将成为历史的陈迹。②

然而，历史却似乎在有意嘲弄这位预言家，《宅地法》并未产生他所预期的结果。

第一，它并没有创造出人数众多的独立小农。在 1863—1890 年间，只有 40 万人领到宅地，而在此期间美国人口增加大约 3200 万人，其中仅西部就增加 1000 万人以上③。

第二，《宅地法》并未解决工业区的贫困、失业等问题。比如，1885 年美国工人失业人口达 998839 人。④ 而且，19 世纪下期，美国工人贫困还是相当严重，工资低及劳动日长仍是普遍的现象。

第三，《宅地法》也没有为农民在西部创造一个“世外桃源”，相反，西部却成了土地日益集中，佃农制日益发展的地区。在 1860 年以后的 20 年内，美国 1000 英亩以上的大地产从 6000 个增加到 29000 个⑤。土地集中的另一面便是佃农的增加。1880 年美国全部农场中有 25% 是由佃农耕种的，到 20 世纪初这个比例上升到 35%。⑥ 1890 年，美国佃农不下 150 万人。⑦

① 扎赫勒：《东部工人与国家土地政策，1829—1862》，第 175 页。
② 亨利 · 纳什 · 史密斯：《处女地》（Henry Nash Smith, Virgin Land），第 220—221 页。
③ 亨利 · 纳什 · 史密斯：《处女地》，第 221 页。
④ 香农：《宅地法与劳力过剩》，第 651 页。
⑤ 香农：《宅地法与劳力过剩》，第 647 页。
⑥ 查尔斯 · 比尔德、玛丽 · 比尔德：《美国文明的兴起》，第 275—276 页。
⑦ 香农：《宅地法与劳力过剩》，《美国历史评论》，第 649 页。

其中，西部的佃农占了很大的比重。

凡此种种，都表明《宅地法》并没有带来人们所期望的那样大的好处。这主要是因为《宅地法》本身有很大局限性，并且在实施中发生大量的舞弊现象。兹视缕如下：

第一，国会在通过《宅地法》时，在其中加上了“折偿”条款，按照这项条款，凡希望在耕种5年期满以前取得宅地的所有权的人，只要在宅地上住满6个月并且按每英亩付出1.25美元的现金，就可以取得它的所有权①。这无异为土地投机商抢购土地大开方便之门，因此，在《宅地法》生效后，投机商纷纷成立公司，雇佣大批冒名顶替者，在“实际移住者”的名义下，通过履行“折偿”条款把宅地买下来②。国有土地委员会也不得不承认：“（折偿条款）成了国有土地以惊人的速度转到大公司掌握中的巧妙的手段”③。在1882—1904年间，有2000万英亩的土地是按照折偿条款处理掉的。在一些年月里有将近三分之二的土地执照是通过折偿方式被取得的。④可见，大量国有土地转到土地投机商手中。

第二，国会在通过《宅地法》时，没有采取有效的措施去帮助想取得宅地的贫苦人民，既没有提供交通方便，也没有贷款给他们作为安家费，而如果做不到这几点的话，一文莫名的劳动者要到遥远的西部去领取宅地，简直是不可想象的。因为正如历史学家沙农所指出的，为了到西部去领取宅地，必须筹措500—1000英里的旅费或运输费，这相当于一个产业工人6个月的工资，而且一个人要想在边疆成功地经营一块农地，还必须拿出数倍于此的费用⑤。因此，到西部领取宅地的只能是一些靠紧衣缩食积累起来一些钱的劳动者，这就是为什么在《宅地法》下领到宅地的人是如此之少的主要原因。即使有些穷人冒险到西部领取宅地，其旅费也只能靠借债，而且在他们领到宅地后，为了购买农具、种子等，又不得不靠抵押土地去借债。70、

① 蒂尔登：《被看作美国农业革命的基础的内战时期的立法》，第3页；希巴德：《公有土地政策史》，第386页。

② 祖波克：《美国史略》，生活·读书·新知三联书店1959年版，第29页。

③ 蒂尔登：《被看作美国农业革命的基础的内战时期的立法》，第116页。

④ 香农：《宅地法与劳力过剩》，第647页。

⑤ 香农：《宅地法与劳力过剩》，第645页。

80年代抵押给银行的农场占西部全部农场的四分之三①。到期不能偿债时，这些抵押出去的土地当然就被没收，而宅地人就不能不沦为佃农。

第三，在实施《宅地法》后，不但《先买权法》继续有效，而且政府拍卖国有土地的政策照旧实行。拍卖的不但都是膏腴之地，而且一般都是大块大块出卖的。因此有些历史学家关于在1862年以后国家已经停止出售国有土地的说法，是与事实大相悖谬的②。

拍卖的这些土地当然也多数为投机商人买去。狡黠的投机商人一般都走在实际移住者的前头，在边疆地区抢购最好的土地，以待移民大群蜂拥而至的时候，高价出卖。有的历史学家关于《宅地法》实施后土地投机活动的机会少了的观点③，也是错误的。

第四，1862年以后，政府继续把大批国有土地赠送给私人铁路公司，在1862—1871年，私人铁路一共免费获得127628000英亩的国有土地④。铁路公司在领到国有土地后，只是使用一小部分土地去铺铁轨，其余土地一般的都以高价出卖，净赚了一大笔钱。而且，在颁行《宅地法》之后，在遥远的边疆地区，一些大畜牧公司还与地方政府勾结，圈占大量固有土地。到1888年被非法圈占的国有土地共有750万英亩⑤。

总而言之，在1863年实施《宅地法》之后，并没有按照美国人民的要求把国有土地全部划为宅地分给劳动人民，只有一小部分落到劳动人民手中，而大部分土地则通过各种渠道转到了土地投机商及大公司手中。它远远没有满足人民的土地要求，也远远没有体现伊凡斯在其土地方案中所提出的民主原则。

---

① 库罗皮亚特尼克:《宅地法和“美国的”农业资本主义的发展道路》(Куропятник, Закон о гомстедах и “амириканекий” путъ рбзвития капитализма в селъском хозяйстве), 见《纪念美国内战一百周年》文集(К столетию гражданской войны в США), 第224页。

② 盖茨:《在不一致的土地制度下的宅地法》, 第652页。

③ 内文斯就持这个观点, 见内文斯:《为联邦而战》(Nevins, The War for the Union), 第2卷, 第205页。

④ 盖茨:《在不一致的土地制度下的宅地法》, 第657页。

⑤ 蒂尔登:《被看作美国农业革命的基础的内战时期的立法》, 第119—120页。

综上所述，无论从“宅地法”本身的局限性及实施中的流弊来看，抑或从它的作用及后果来看，我们都无法把它的意义估价太高，不能说它是美国有史以来在土地政策上的一个空前的创举，不能说它是与美国过去的土地政策完全决裂的重大措施。因此，我们不应该把它与林肯的《解放宣言》相提并论，在作用及影响方面，前者与后者相比，显然是相形见绌的。众所周知，林肯发表《解放宣言》，不但消灭了美国资本主义发展道路上的主要障碍——奴隶制度，而且也促成了战争性质的转变，成为内战向革命阶段过渡的重大转折点，从而引向了战争的最后胜利。因此，马克思称《解放宣言》是“在联邦成立以来的美国史上最重要的文件”，并且指出：由于发表了这个宣言，“在美国历史和人类历史上林肯必将与华盛顿齐名！”①

然而马克思对于《宅地法》却没有作出同样高的评价，只是把它列为1862年上半年美国国会所制定的“一系列重要法令”之一②。

因此，苏联历史学家把《宅地法》放到与《解放宣言》相等的地位，把二者同样说成是标志向革命阶段过渡的两大革命措施，是显然错误的。

但是在另一方面，我们也不同意把《宅地法》的积极作用完全抹杀。实际上，《宅地法》比起过去一系列土地法令来说，究竟是前进了一步，因为它在美国历史上第一次宣布免费分配土地，从而在一定程度上满足了人民的土地要求，创造出一定数量的农民土地所有者，这就在一定程度上为美国农业资本主义沿着“美国式的道路”发展提供了有利的条件。

（原载《世界历史》1979年第4期）

① 《马克思恩格斯全集》第15卷，第586页。

② 《马克思恩格斯全集》第15卷，第558页。

略论托马斯·杰弗逊的民主思想

托马斯·杰弗逊（1743—1826 年）是美国第一次革命时的重要理论家。他是与华盛顿、林肯齐名的美国三大伟人之一。美国人民之所以推崇杰弗逊，并不仅因为他是美国开国元勋之一，而更主要的是因为他是美国资产阶级民主传统的奠基人。

本文不准备对杰弗逊的民主思想做全面的、系统的阐述。这里只是根据个人的意见。就杰弗逊的民主思想的主要几个方面提出自己的看法。

一

维护资产阶级在反封建斗争中所倡导的人的自由、平等权利是杰弗逊民主思想的重要内容。

早在 16 世纪文艺复兴时代就有人提出了自然权利学说。这个学说认为，在人类成立政府之前，人们生活在“自然状态”之中，他们享有一系列“自然权利”，过着自由平等的生活。他们不受任何人管辖，他们只是服从“自然法则”。经过 17 世纪英国平等派思想家和资产阶级新贵族思想家（特别是约翰·洛克）以及 18 世纪法国启蒙思想家的发扬，到 18 世纪末它已经成为风靡一时的学说了。在美国第一次革命前夕，这个学说也在美国广泛传播。

杰弗逊深受这个自然权利学说的影响。他早在 1770 年就公开说过，在自然法则下面，一切人生来都是平等的①。后来他在《英属美利坚权利概观》这一

① 马隆：《杰弗逊和他的时代》（Dumas Malone, Jefferson And His Time），英文版，第 1 卷，第 175 页。

文件中又谈到自然权利。但是只有到 1776 年在他执笔草拟的《独立宣言》原稿中，他才对自然权利学说作了正面的阐述："我们认为下面这个真理是神圣的和无法否认的：人人生下来就是平等的和独立的，因而他们都应该享有与生俱来的、不能转让的权利，其中包括生命的保存，自由和追求幸福的权利"。①

杰弗逊的这句名言显然脱胎于约翰·洛克的学说，因为洛克曾经说过：每一个人都被自然赋予某些权利，其中包括生命、自由及财产权利。但重要的是杰弗逊用"追求幸福"的权利去代替洛克的"财产权利"。这是一个带有原则性的改变：洛克站在英国资产阶级新贵族的立场上竭力维护私有财产制度，而杰弗逊则打破了洛克的自然权利学说的局限性，把广大人民的渴望和要求反映到自然权利学说中来。这样一来，他就赋予自然权利学说以浓厚的民主主义色彩，从而创造性地发展了这个学说。

以后，杰弗逊又一步一步地充实了自然权利的内容。

1789 年法国大革命爆发时，杰弗逊正任驻法公使。当时他的老朋友拉斐德为法国国民会议起草了一部《人权宣言》，在草稿里拉斐德在列举人民的自然权利时，把"财产权"加了进去。当他向杰弗逊征求意见时，后者建议把"财产权"删掉，另外加上"生命权、享有自己的劳动果实的权利、发挥个人才能的权利、追求幸福的权利以及抵抗压迫的权利"。②

杰弗逊不仅继承了前人关于自然权利的学说，进一步发展了它，丰富了它的内容。更重要的是，他以自然权利学说为依据，为争取人民的一系列自由权利而进行过顽强的斗争。他是第一个把自然权利学说写进官方文件中的人。他对 1787 年联邦宪法缺乏保障人民自由权利的条款非常不满，要求把保障人民自由的《权利法案》加到宪法中去，主张在《权利法案》中规定人民的一系列自由。

他首先强调人民的言论自由。他认为：一个共和政府必须尊重人民的言论自由，并且从法律上加以保障。他指出，人们如果没有思想自由及表达思

① 博伊德：《杰弗逊全集》(Boyd, The Papers of Thomas Jefferson)，第 1 卷，第 423 页。

② 马隆：《杰弗逊和他的时代》(Dumas Malone, Jefferson And His Time)，英文版，第 1 卷，第 223 页。

想的自由，人就不过是一架肉的机器，只能靠外力而活动①。他主张人民有权利批评政府，不管这个批评对与不对，政府不应该加以禁止或治罪②。他说：在人们的意见变为公开的行动之前。政府不应当干涉意见的表达③。“政府的立法权力只能干涉行动，而不能干涉意见。”④他相信：人是有理性的，有良知良能，如果享有言论自由和思想自由，就会使真理愈辩愈明。

其次是出版自由。他认为出版自由甚至比言论自由更为重要，因为后者只影响少数人，而前者可以影响全国各个角落。他指出，出版自由的益处很多，特别是它可以防止野心家篡夺国家大权。

他承认在美国，报纸是真理、投机、推想及谎言的大杂烩。但是他相信在通过公共教育提高广大读者的文化水平后，他们自然会识别真理与谎言的区别。

他虽然从经验中认识到：出版自由时常会起伤害或有害作用，但是他还是相信政府的检查制度所造成的害处，比出版自由的害处大一万倍。他指出：一个政府，只要本身正直廉洁，是不怕受报纸攻击的，更不会由于受到恶意攻击而倒台的⑤。

杰弗逊还特别重视宗教自由，这是因为在殖民地时代，宗教是极端不自由的。国教教会是与政权合一的，政府强迫居民信仰国教。国教教会对于异教徒进行残酷的迫害。针对这些情况，杰弗逊才提出宗教信仰自由的要求。他指出：信仰纯粹是个人的事情，国家不应该干涉。他有一句名言：“我的邻居说上帝有20个或者没有上帝，这对于我来说，并没有任何损害。既

① 帕特森：《杰弗逊的宪法原则》（Patterson, The Constitutional Principles of Thomas Jefferson），英文版，第183页。

② 科克、佩登：《杰弗逊的生平和著作选》（Koch，Peden, The Life and Selected Writings of Thomas Jefferson），第544—545页。

③ 比尔德夫妇：《美国文明之兴起》（Charles Beard, Mary Beard, The Rise of American Civilization），英文版，第1卷，第380页。

④ 帕特森：《杰弗逊的宪法原则》（Patterson, The Constitutional Principles of Thomas Jefferson），英文版，第183页。

⑤ 帕特森：《杰弗逊的宪法原则》，英文版，第187页。

没有掏我的腰包，也没有打断我的腿。”① 他不仅要求信仰自由，而且还要求国家与教会分离，并且反对强迫居民纳税来维持教会的存在。他说：“强迫一个人捐献金钱为的是普及他所不信仰和讨厌的见解，是一种犯罪的、暴虐的做法。”②他认为国教是富人的宗教，非国教教徒完全是穷人，因此应该免除非国教教徒的纳税负担。

总之，精神自由是杰弗逊所最关心的东西，而宗教信仰自由是精神自由的一个重要部分，因此他为了宗教自由的实现而进行了坚持不懈的斗争。他在1779年向弗吉尼亚州议会提出了宗教自由法案，并且获得通过。他颇以此而感到自豪，认为这是他一生中最大的成就之一。最后，为了保障人民的自由，他还提议取消常备军，建立陪审员制度，等等，这里就不一一细述了。

但是必须看到：杰弗逊虽然为争取人民的自由权利而作出了很大的努力但是他都没有坚持到底，在某些地方是言行不一致的。比如，1776年，他在为弗吉尼亚州草拟宪法时曾建议，宗教自由“不能被理解为替任何反对民主政府权威的煽动性说教提供法律根据。”1783年，他在为弗吉尼亚州提出另一部宪法时，他虽然使报纸免除了事先的审查，但是却规定要对于所谓报道不真实者追究刑事责任。在他任总统期间，他的共和党政府在纽约对一个联邦党编辑起诉，理由是他对杰弗逊总统进行过煽动性的诽谤。在同一年，杰弗逊写信给宾夕法尼亚州州长，并且把无情的攻击他的一份报纸附在信里，要求该州长对这家报纸进行起诉，因为据他说，这样做“对于恢复报纸的诚实会发生有益的影响。”1840年，他在给艾比盖尔·亚当斯的信里写道：“虽然我们否认国会有权限制出版自由，但是我曾经主张州长有这样的独占权利。”③

虽然如此，在资产阶级民主的历史上，杰弗逊维护人民自由的功绩还是应该肯定的。

① 马隆：《杰弗逊和他的时代》（Dumas Malone, Jefferson And His Time），英文版，第1卷，第275—276页。

② 潘凯克：《革命的哲学家杰弗逊著作选》（Pancake, Thomas Jefferson; Revolutionary Philosopher; A Selection of Writings），第321—323页。

③ 转引自《美国历史评论》杂志，第68卷第1号，第25—26、23、30—31页。

二

在封建专制的神权时代，君主政府是神圣不可侵犯的。因此，新兴资产阶级要想推翻封建统治者，就必须从理论上证明革命的合理性和正当性。这就是提出革命的权利的历史由来。为了向全世界人民表明北美人民拿起武器反抗英国压迫是正当的行为，杰弗逊也不能不求助于革命的权利的思想。他在1776年7月4日的《独立宣言》里声称：成立政府的目的就是为了保障人民的自然权利，“如果遇到任何一种形式的政府损害这个目的，那么人民就有权利来改变它或废除它，以建立新的政府。……当一个政府在一个时期开始实行的一连串的暴政和倒行逆施（并且一成不变地追求同一个目标），表明它决心要把人民放在绝对专制权力的淫威之下的时候，人民就有权利，也有义务，去推翻这样的政府并且为他们未来的安全设立新的保障”。①

虽然，人民革命权利的思想也不是杰弗逊首先提出来的，但是杰弗逊第一个把这个思想写进官方文件里，并且在美国人民反英斗争方兴之际宣布了这个思想，这就使这个理论成为巨大的物质力量，对于激发美国人民的革命精神和战斗力来说，起了不可估量的重大作用。

由于杰弗逊有了这个思想，所以在1789年震动全欧的法国大革命轰然爆发后，他以饱满的热情歌颂了法国人民的英雄业绩，1793年1月3日，他在一封信里毫不含糊地表示同情法国人民在雅各宾党人领导下废除君主制的划时代的伟大举动，并且赞许了巴黎人民镇压反革命的行动。

他不但强调人民的革命权利，而且还歌颂人民的反抗精神。他认为人民之有反抗精神，是好事，而不是坏事，应该培养和发扬这种反抗精神。他写道：“……但愿我们每隔20年发生这样一次叛乱。”因为人民可以通过暴动来警告统治者：人民是不可侮的，这样就会使统治者有所顾忌，不敢为非作歹，不敢继续侵犯人民的自由。② 他又写道：“时常发生一点儿暴动是一

① 博伊德：《杰弗逊全集》（Boyd, The Papers of Thomas Jefferson），第1卷，第423—424页。

② 博伊德：《杰弗逊全集》，第12卷，第356页。

件好事……在某种场合，反抗政府的精神是如此可贵，以致我希望这种精神永远保持下去。它往往被运用错了，但即使这样也比完全不被运用更好。我喜欢时常发生一点儿叛乱，它好像大气中的暴风雨一样。”①

他认为保持人民的这种反抗精神，至少有以下两点好处。第一，可以“防止政府的蜕化变质”；第二，可以“助长人们普遍关心国家大事”。他说：在暴力政府下面，不容易发生叛乱，因为政府对人民的控制很严，而在自由政府下面，则容易发生叛乱，因为人民享有很大的自由，“但是……我宁喜欢会引起危险的自由，也不愿意有平安无事的奴隶制”。② 杰弗逊关于反抗精神的言论，可以说是发展了关于人民的革命权利的理论。

杰弗逊这些大胆的言论，在当时的美国资产阶级社会里真可谓“惊世骇俗”的了，因此在统治阶级内部引起许多人的反感。甚至他的传记作者约翰·马士也认为他的这些言论是“愚蠢的”。

写到这里应该说明三个问题：第一，杰弗逊虽然主张人民有举行革命或暴动的权利，一再歌颂革命，歌颂人民的反抗精神，但是实际上他并不是暴动的煽动者。约翰·马歇尔的传记作者把杰弗逊说成是一个人民叛乱的煽动者，是不符合事实的③。杰弗逊的传记作者马隆的见解是正确的，他认为杰弗逊有关革命或暴动的言论，一般都不是直接对人民群众讲的，而是私下对统治阶级人物讲的（往往是私人通信），他既没有号召人民起来暴动，更没有直接领导人民起来暴动。④ 谢斯起义时，他正在法国。

第二，到晚年，杰弗逊已不再坚持革命权利的思想了，而且还反对过激的革命行动。他这种态度，在拿破仑战争结束后特别显著。他在 1815 年 2 月 19 日致拉斐德的信里写道：法国共和主义者不满足于建立君主立宪制，而要求实行更进一步的改革，“……法国国民接着所蒙受的苦难及罪恶，都来自共和主义者这个改革的错误；来自他们和你本人及立宪派的分道扬镳……结局，用他们所取得的有限制的君主制换得了罗伯斯庇尔的无原则的、血腥的暴政以

① 马隆：《杰弗逊和他的时代》（Dumas Malone, Jefferson And His Time），英文版，第 2 卷，第 158 页。

② 博伊德：《杰弗逊全集》（Boyd, The Papers of Thomas Jefferson），第 11 卷，第 92—93 页。

③ 莫尔斯：《杰弗逊传》（John T. Morse, Thomas Jefferson），第 91 页。

④ 马隆：《杰弗逊和他的时代》，英文版，第 2 卷，第 166 页。

及波拿巴的同样无原则的疯狂的暴政”。①

1817年他又强调了这一点，他在致法国朋友马尔布阿的信里写道：“当我在1789年末离开法国时，你们的革命，在我看来，是在有能力的正直的人们的领导下进行的。但是，他们的一些后继者们的疯狂，其他人的恶德”等等，“形成了人类历史上一个可悲的时期。”②

到晚年，他在自传里又写道：“我们应该把（法国）王后幽禁在一个修道院里，使她的权力不致为害，并且把国王放在他的位置上，授以有限的权力，我相信这个权力他是会按照他所理解的程度老老实实地行使的。这样就不会产生招致一个军事冒险家（指拿破仑——引者注）的篡夺的王位空虚，也不会有机会使这些穷凶极恶的行为蹂躏世界诸国并且毁灭它的几百万生灵。”③

因此，菲力普·方纳教授认为杰弗逊并没有对“过度的民主”（亦即过火的革命行动——引者注）感到不愉快，是不合事实的，至少是不全面的。

杰弗逊到晚年之所以不继续强调革命的权利，甚至反对激烈的革命行动，只能说明他的革命意志衰退了。④

第三，在杰弗逊看来，行使人民的革命权利，是非常手段，它只适用于统治者暴虐无道的国家；对于“自由”国家来说，人民无须诉诸革命行动，只要定期审查、修改国家基本大法就够了，具体做法便是召开人民代表大会，由代表大会审查、修改宪法或法律，然后把审查、修改的结果提交给全体人民去表决。他认为这样做，就可以保证国家制度及方针政策适应人民的

① 科克、佩登：《杰弗逊的生平和著作选》（Koch，Peden, The Life and Selected Writings of Thomas Jefferson），第521—522页。

② 博伊德：《杰弗逊全集》（Boyd, The Papers of Thomas Jefferson），第12卷，第356页。

③ 马隆：《杰弗逊和他的时代》，英文版，第2卷，第158页。

④ 在这个问题上，杰弗逊的传记作者马隆的观点是错误的：第一，他没有看到杰弗逊的谴责过火的革命行动是晚年的事情，而错误地认为杰弗逊有时歌颂革命，有时谴责革命行动。第二，他没有看出杰弗逊的反对过火的革命行动是他晚年革命意志衰退的表现而错误地说：“杰弗逊对各个阶段的法国革命的态度，在很少程度上反映了他在政治上的两重性：一方面他忠于他认为是超时间的普遍性原则，另一方面他又是一个有经验的政治家，有敏锐的现实主义感，他意识到环境不适宜的时候，把抽象的原则推行过远的危险……”（马隆：《杰弗逊和他的时代》第3卷，第39页）。

要求，从而可以清除人民不满的根源。

他认为这是在任何一个社会，宪法和法律都不应该是一成不变的，到一定时期，必须重新审查它，修改它，以适应新时期的需要。为了说明自己的主张，他发表了许多精辟独到的见解，现在把他的见解归纳为如下几点：

一、世界始终属于活着的人，他们有权利管理世界和支配自己。死去的人没有权利以自己所制定的宪法或法律去支配下一代的活人。如果把上一代人制定的宪法、法律强加在下一代人身上，那就是暴虐行为。

二、有的人认为上一代人的智慧过人，所以他们所留下来的宪法、法律、制度、方针及政策都应该原封不动地继承下来。这个看法是错误的。上一代人不论如何明智，但是他们却没有“今天的经验”，他们预见不到他们死后的时代变化，因之他们所留下来的典章制度不能适应时代的要求，必须加以必要的改革。

三、法律和制度必须和人类精神的进步一道前进。当人类精神愈益发展，愈益开明时，当有新的法规新的真理被揭露出来而且习俗和见解也随着环境的变化而变化时，制度也应该前进，以便与时代保持同一个步调。

四、欧洲之所以发生了流血革命，就是由于欧洲的君主顽固地抱着旧时代留下来的法律、制度不放，不肯进行改革的结果。

五、只有活着的人，而且只有活着的大多数人，亦即人民群众才有权利制定、修改宪法和法律，并且使宪法成为他们认为对他们是有利的宪法。

总之，在杰弗逊眼中，活人比死人更重要，大多数人的幸福比法律更为神圣，宪法和法律应该为活着的大多数人的幸福服务。

杰弗逊还为宪法和法律的审查、修改规定了年限。他主张每隔 19 年重新审查、修改一次旧的宪法、法律及制度，因为他认为 19 年正好是一个世代。他还警告说；假如不这样做的话，就有爆发革命的可能。

总的说来，杰弗逊之宣传革命的权利的思想，是有积极的意义的。在 18 世纪法国大革命的前夕，当世界绝大部分地区的人民在封建专制的黑暗统治下呻吟的时候，杰弗逊之高唱人民的革命的权利，的确起了发蒙启聩的作用，它不但在美国独立战争中鼓起了人民的斗志，而且对于即将到来的欧洲及拉丁美洲的革命风暴，也起了推动作用。美国历史学家阿瑟·M. 施莱辛格认为在《独立宣言》中宣布的固有的、普遍的革命的权利的观念，是美国对于人类文明的十大贡献之一，而且是首要的贡献。① 这个说法虽然未免有些夸大，但是也道出了一定的真实情况。

三

反对和防止暴政，在杰弗逊的民主思想中占有重要地位。他曾经警告说：万一在美国出现个人独裁的暴政，一切为了争取自由而参加独立战争的人，都“一定会感到困惑和沮丧!”他仇视暴君到这样程度，以致他在自己的图章上刻下如下的格言：“反抗暴君，就是服从上帝”。

为了防止暴政的出现，他苦心构想出一套缜密的方案。

他在分析欧洲制度的弊害时，得出一个结论：各国政府的发展趋向是权力的自我膨胀，以致超出了人民的控制之外，结果势必产生腐化和暴政。为了防止美国政府权力膨胀及走向暴政，他赞成从国家组织上采取两个重大措施：

第一便是实行三权分立，以收立法、行政、司法三个权力互相牵制、互相平衡之效。他认为把三个权力都集中在一个主体或个人手中，就会产生压迫人民的暴政。把三个权力都集中在一个机构手中，“恰恰就是一个暴虐的政府。”因此他要求建立这样一个政府，“它不仅仅建立在自由原则的基础上，而且在几个政权机构之间实行分权和互相平衡，使无一个政权机构能够超越其合法限度之外，而由其他机构予以牵制和限制。”②

在他看来，不仅三个权力要分开，而且三个权力还要互相牵制，互相平衡，不使任何一个权力过大，以致凌驾于其他权力之上。他认为尽管三个权力分开，如果一个部门的权力过大，也会发展为暴政。他感到：如果议会权力过大而不加以限制，也会产生暴政。他说：“这些权力由多数人行使，

① 《美国历史译论》杂志，第 67 卷第 3 号，第 647 页。

② 马隆：《杰弗逊和他的时代》，英文版，第 1 卷，第 380 页。

而不是由一个人行使，也不会减轻（暴政的程度）。173个暴君（下院有173个议员——引者注）和一个暴君一样，都会压迫人。他们即使是由我们自己选出的，也不会有什么好处。一个选出来的暴政，并不是我们争取的政府。”①

但是，他认为最大的危险来自行政元首的权力。他尤其担心美国联邦宪法规定的总统连选连任制，他认为这样将为总统的终身制铺平道路，而总统的终身制必然导致总统权力膨胀及个人独裁。他在致麦迪逊的信里表示坚决反对总统连选连任制，认为这是违反官职轮流制的精神的。因此他主张实行总统一任制（四年任期期满之后，不能第二次被选为总统）。后来他又做了让步，同意总统在第一任期满时，可以连选连任，但是第二任期满就不能被选为第三任总统了。为了履行自己的主张，他自己在任八年总统后，主动放弃竞选，目的在于创造一个先例。

其实，问题并不限于总统的连选连任，比这更重要的是宪法授给总统的权力过大。按照联邦宪法，美国总统不但掌握全部行政大权，而且也可以干预立法大权，因为他享有否决权，可以否决国会所通过的任何一项法案。而且，他在战时还有统帅整个陆海军的大权，可以行使独裁权力。易言之总统的权力远远超出行政权力的范围，因而有发展为独裁者的危险。但是，杰弗逊对于这一点却没有提出过任何反对意见，这是他的不彻底的地方。

后来他又看到破坏三权的牵制平衡和侵犯人权的最大威胁来自最高法院。当时联邦最高法院首席法官约翰·马歇尔时常利用联邦宪法规定的司法权，任意以“违宪”为理由判决国会所通过的法律为无效，往往一些进步性的法律被他否决掉了。因而司法机关的权力骎骎乎凌驾于国会和总统之上，并且成了阻碍进步的反动堡垒。因此，谴责联邦最高法院的文字充满了他的书信和文章。他指出：“认为法官是一切宪法问题的最后的仲裁者的学说，是很危险的。这个学说会把我们放在一个寡头统治的暴政下面……”他认为司法机关这样专权，是会取消大多数人的意志，会毁灭民主的。他警告说：“在大多数人的法律停止被承认的地方，政府就会终止；最强者的法律就取而代之。”

他也要求州政府实行三权分立，并且使三个权力机关互相牵制互相均

① 马隆：《杰弗逊和他的时代》，英文版，第1卷，第380页。

衡。为此，他提出如下的具体建议：

第一，为了限制州的立法、行政及司法等三个权力机构中的任何一个权力机构的擅权及越权行为，成立一个弹劾法庭，这三个机构都有代表参加这个法庭，任何机构如有不法行为或擅权行为者，均应在这个法庭中受审。

第二，为了防止州长的专权，应规定州长由州立法会议两院联合投票选出，任期为 5 年。这样就把州长放到议会的控制之下。又成立州务会议，由 8 人组成，由州立法会议两院联合选出，任期为 7 年。州务会议有自己的主席，在州长缺席时，可以由主席主持会议。在州长死亡、辞职、免职或无能时，可以由主席执行州长职务。州务会议向州长提出的建议，“在任何场合对于他们都是一个制裁。”可以说，州长处在州务会议的经常监督之下。而且，州长任期 5 年期满时，不能连选连任，以免导致州长的独裁。

第三，为了限制立法会议的专权或轻举妄动，还成立一个修改法律委员会，这个委员会由州长、州务会议的两名委员及三名法官组成。该机构对立法会议的立法有否决权，立法会议只有三分之二的多数票才能取消这个否决。

关于杰弗逊的三权分立的主张，还需要辩明下面两个问题。第一，杰弗逊与法国伟大的启蒙思想家，卢梭都是自然权利及人民主权论者，但是在权力划分的问题上，卢梭的见解主张却与杰弗逊大相径庭。卢梭反对三权分立，认为权力不可分割，理由是：人民的总的意志是不可分割的。显然，卢梭的这个论点是不切合实际的。如果按照他的主张去做，只能导致暴政，而这也是与卢梭的主观愿望背道而驰的。从这里可以看到：杰弗逊的思想比卢梭的思想更为接近现实主义。

第二，比尔德和马隆二人都认为杰弗逊的三权分立主张与联邦党人一致①。这个观点并不完全正确。实际上，尽管杰弗逊和联邦党人都强调三权分立，而且杰弗逊也表示赞同 1787 年联邦党人所制定的联邦宪法中所体现的三权分立原则②，但是二者在目的及具体主张上有很大的不同。杰弗逊强调三权分立的目的是为了防止政府蜕化为压迫人民的暴政机关，

---

① 参看比尔德：《杰弗逊民主的经济起源》(Charles Beard, The Economic Origins of Jeffersonian Democracy)，英文版，第 452—453 页；马隆：《杰弗逊和他的时代》，英文版，第 1 卷，第 380—381 页。

② 1787 年 12 月 20 日在致麦迪逊的信里，杰弗逊就有这一表示。

是为了杜绝独裁的出现；而联邦党人实行三权分立的目的，却在于抵消人民群众及广大选民对于政府机构的影响。① 在具体主张上，如前所述，杰弗逊反对联邦宪法中关于总统可以连选连任的规定，因为这会造成总统终身制从而造成个人独裁；他也反对联邦宪法与司法机关的权力太大，认为这会破坏三权的平衡，造成司法机构的专横及对于人民权利的蹂躏。

总而言之，杰弗逊之强调三权分立及实行严格的互相牵制、互相平衡的制度，对防止暴政是有一定作用的。不但杰弗逊的三权分立主张值得肯定，而且法国孟德斯鸠的三权分立学说也应该肯定，因为孟德斯鸠提出三权分立，目的是为了限制君权，是对于君主专制制度的大胆挑战，不仅如此，而且近代许多资产阶级国家所实行的三权分立，也有其限制暴政及保障资产阶级民主的一面。

杰弗逊所提出的防止权力膨胀及暴政的第二个措施是地方层层分权制。

孟德斯鸠认为共和制度只能推行在小国寡民的国度，杰弗逊反对这个观点。他认为在美国这样广土众民的大国照样可以实行共和制度。不过，在他看来，为了保障人民的自由和权利，为了真正实现共和制度，中央集权是不行的，必须实行地方层层分权制。他举出许多理由痛陈中央集权的害处，他写道："如果国内外一切政务，事无巨细，均集中到作为一切权力中心的华盛顿的话，一个政府部门对于另一个政府部门的牵制就成为无力的了，并且变为和我们与之分离的那个政府（指英国政府——引者注）同样腐败和暴虐的了。""把一切州权都集中到全国政府手中，就会增加盗窃、投机、掠劫、冗官及钻营官职的机会。" ②

因此，他建议把国家的权力分散到地方各级政府。1816 年 2 月 2 日在致卡贝尔的信里他提出了关于地方分权的具体方案："把国家的防务、对外及州际关系委托给全国政府；各州掌握公民权利、法律、警察及一般涉及州的事务的行政管理；各郡掌管郡的地方事务，各区管理区内有利害关系的事

---

① 关于这一点，比尔德夫妇论述得最为精辟，见二人合著：《美国文明之兴起》，英文版，第 1 卷，第 325—327 页。

② 帕特森：《杰弗逊的宪法原则》，英文版，第 106—107 页。

务。这就是把全国层层分割和再分割为大小不同的共和国，从联邦一直到个人自己管理小农场；使每个人管理自己的眼睛可以监视到的范围，使一切都可以管理得尽善尽美。……”关于这个方案，他进一步作了如下的说明：每个人都应该“成为有关他本人的权力的保管人，只要他胜任，而只是把超出他的能力以外的东西，按照一个综合的程序委托给层层更高的官吏等级，以便受委托的人的寡头程度越大，委托给他的权力就越小。区的基层共和国、郡共和国、州共和国以及联邦共和国形成层层的权力等级，每一个等级都照法律办事，都掌管被委托的那部分权力，在基本上组织成为真正互相牵制平衡的政府制度。”①

杰弗逊特别对于基层单位——区——的组织及职能做了细致的描述：“把郡分成每个公民都能参加大会并且亲身发生作用那样大小的区，让他们管理区内一切与他们有关的事务，由他们选出一名法官、一名警官、一个连的民兵、一个巡逻人员，由他们照管区内的贫民，区内的公路。”②

杰弗逊认为实行这样的层层分权的地方自治，好处甚多：

第一，可以防止“我们的政府的蜕化，可以防止它的一切权力集中到一个人，少数人，出身名门的人或多数人手中。”③

第二，可以收人民监督政府之效。他说：“我们国家太大，以致不能由单一的政府去管理它的一切事务。公仆距离他们的选民的监视是如此遥远，以致无法管理和照看一切为了很好地治理公民所必需的细节；同样，由于他们的选民无法识别，会促成公仆的腐化、掠夺和浪费。”④ 而实行地方层层分权，就可以免除上述种种困难和弊病。

第三，可以使得每个人都关心政治及国家大事。他认为：只有每个人都关心公共事务，才会有好的政府，而要想使每个人都关心公共事务，只有实行地方分权，把行政管理的区域加以限定才有可能。如果政府远离人民，或者高高在上，那么群众的关心就会消失。

第四，可以避免形成臃肿庞大的官僚机构。官僚机构是中央集权的产

① 科克、佩登：《杰弗逊的生平和著作选》，第 660—662 页。

② 潘凯克：《革命的哲学家杰弗逊著作选》，第 34—35 页。

③ 科克、佩登：《杰弗逊的生平和著作选》，第 662 页。

④ 帕特森：《杰弗逊的宪法原则》，英文版，第 106 页。

物，相反的，如果实行地方层层分权的地方自治，则官僚机构就没有存在的余地了，它不但不必要，而且也不可能。杰弗逊素来就反对官僚制度，他之所以反对官僚制度，是因为他感到官僚制度不仅是人民自由的大敌，而且也增加国家财政支出（养活一大批官僚，需要一大笔费用），从而增加人民的负担。他之所以主张地方分权，目的之一就在于摧毁官僚制度形成的基础。

总而言之，为了限制政府权力，为了防止出现独裁和暴政，杰弗逊不但要求实行三权分立，而且也要求实行地方层层分权，这二者都是互相平衡的原则的体现。如果说三权分立是这个原则的横的表现的话，那么地方层层分权就是其纵的表现。

为了更有效地防止政府走向暴政和腐化，他又提出通过发展教育提高全体人民的文化知识水平，使人民有可能更好地行使自己的民主权利，更有成效地监督政府，从而可以防止它蜕化变质，防止出现暴政及独裁者。也可以说，他认为教育是防止暴政的最好的手段。关于这一点，他解释道："经验表明：即使有了最好的政府形式，那些被委托以政权的人们总有一天，靠缓慢的动作，把政权转化为暴政；我们相信防止这个转变的最有效的手段，便是普遍地尽可能启迪人民的精神，特别是授给他们以历史知识，以便掌握其他时代其他国家的经验，使他们能够识别一切形式的野心，并且迅速地运用他们的自然力量来击败它的目的。"①

以上便是杰弗逊为了防止暴政的产生而考虑出来的一套方案，尽管这个方案不是尽善尽美的，但是他的用心是可贵的。

四

杰弗逊不但以实现政治上的自由平等为己任，而且也梦想建立一个社会上经济上相对平等的、没有剥削的、以小农为主体的社会。为了建立这样一个社会，他提出以下几个方面的改革方案：

---

① 帕特森：《杰弗逊的宪法原则》（Patterson, The Constitutional Principles of Thomas Jefferson），英文版，第 212—213 页。

（一）铲除“人为的贵族”，用“自然的贵族”取而代之。

杰弗逊本人虽然出身贵族，但是他最看不起贵族。他认为当代美国的贵族是以门第和财富为基础的，并且称他们为“人为的贵族”。他指出：这种“人为的贵族”之存在，是造成社会不平等的重要原因。因此，他要求铲除这样的贵族。为此，他提议采取以下几种措施：第一，刻除嗣续限定法；第二，废除长子继承制。他认为实施这两项措施将从经济上打击“人为的贵族”，“砍掉人为的贵族之根”。弗吉尼亚之废除这两种制度，就是他努力的结果。他得意地说：在整个独立革命中，没有任何改革比弗吉尼亚之废除嗣续限定法及长子继承制更为重要的了。但实际上如贝林所指出的，嗣续限定法和长子继承制从来都没有在北美生根，甚至在潮水地带的弗吉尼亚也是如此。在土地价廉和容易取得土地的地方，这种法律上的限制，是没有多大实际意义的。因而在革命期间及革命后的法律上废除嗣续限定法及长子继承制，并未起过实质性的作用。而且，在这以前，北美地广人稀的条件就已经判决了它的死亡①。其实，在南方，为了砍掉贵族的根，更有效的办法莫过于消灭种植场奴隶制度，而对于这一点，杰弗逊似乎没有认识。

在铲除“人为贵族”之后，他还主张另外培养“自然的贵族”来代替“人为的贵族”管理国家。在他眼中，所谓“自然的贵族”便是德才兼备的人才。他主张通过学校教育来培养“自然的贵族”。1779 年在他所草拟的弗吉尼亚州普及教育法案中指出：“鉴于人民的幸福取决于法律良好及管理良好，而这二者又取决于制定法律的人及管理法律的人之贤明和正直与否；因此，为了促进公众的幸福，那些被自然赋予天才及道德的人们，不论是贫富、出身高低或其他偶然状态或环境，都应该通过自由教育养成保卫公民同胞的神圣的权利和自由的能力，他们应当担负起那个责任”。②

（二）消灭贫富悬殊现象

他反对财产上的极端不平等的现象。1785 年 10 月 28 日他在致麦迪逊

---

① 《美国历史评论》杂志，第 67 卷第 2 号，第 345 页。

② 潘凯克：《革命的哲学家杰弗逊著作选》，第 212—213 页。

的信里就指出财产上“这种极大的不平等的后果给广大群众带来那么悲惨的生活”。他说：“无论何时在任何国家出现荒废土地及失业的穷人，这就说明财产法扩展到侵犯自然权利的地步。”① 他看到富人对于穷人的掠夺，感到痛心疾首，并且认为这是人吃人的现象。1785 年秋他在法国枫丹白露，由于亲眼看到农民过着牛马不如的悲惨生活而伤感不已，并且感到：财富过分集中在少数人手中是造成农民贫困的主要原因。

然而，他又“感到平均分割财产是行不通的”，所以他主张采取温和的措施：“让它的分割与人心的自然感情联系起来进行，静悄悄地缩小财产上的不平等。”② 他提议采取下述几种措施：第一，实行累进所得税：“豁免财产在某种标准以下的一切人的税，而按几何级数向财产在这个标准以上的人征税”。第二，把未开垦的土地分配给无地的人。他说：“土地是作为共同的财产被送给人类供他们耕种和生活于其上的……耕种的基本权利应该归还给失业者”，应该“采取一切可能的办法尽量减少无小块土地的人。”③

他相信土地是财富的最可靠最耐久的基础，穷人有了土地财产，他们的自由权利也就有了保障，也就会产生独立自主的精神，这对于维持政治民主是大有好处的。1776 年他向弗吉尼亚的代表大会提议：凡土地财产不及 50 英亩的人，都应该无代价地分到 50 英亩的土地；土地财产在 50 英亩以上的人则无权分到土地。他同情在边远地区的“占地人”，他赞成把西部国有土地分成小块无代价地分配给他们，而不是卖给他们，并且希望这些贫苦的劳动者在分到土地后，不必向州政府缴纳地租。他反对政府把国有土地赠送已经拥有大量地产的人。

但是，杰弗逊关于无代价地分配西部国有土地的主张，只是停留在口头上，当他在 1800 年任美国总统后，他并没有把这个主张付诸实施。1804 年他所颁布的土地法虽然降低了土地出售的条件，而且还可以分期付款，但是距离无代价分配土地还很远。

① 博伊德：《杰弗逊全集》，第 8 卷，第 682 页。

② 科克、佩登：《杰弗逊的生平和著作选》，第 389—390 页。

③ 科克、佩登：《杰弗逊的生平和著作选》，第 389—390 页。

（三）建立一个以农民为主体的农业社会

他对于上升发展中的资本主义所产生的种种弊端抱很大的反感。在英国的旅行，使他亲眼看到英国劳动人民在资本主义制度下所蒙受的苦难。而且，他还看出：资本主义把财富集中在少数人手中，使大多数人陷于赤贫和破产，“把社会上大多数人变成贫穷的自动机器。”他认为商人在市场上贱买贵卖，这个职业不可避免地导向狡猾欺骗，并且通过投机、阴谋及操纵造成大量财富的集中①。因之，他很自然地要求美国避免资本主义灾难。按照他的想法，为了避免资本主义灾难，应该在美国建立一个以小农为主体的农业社会。他希望美国人民既不从事工商业，也不从事航海业，全体公民都是农民。

在他看来，美国得天独厚，有条件成为一个以小农为主体的农业社会。他说在欧洲，土地或者被开垦出来，或者被封锁起来不让耕种者染指，因此，不得已只好依靠制造业来维持其过剩人口。但是，美国却有大量土地引诱农民去耕种。他之所以希望美国成为一个以农民为主体的农业社会，还因为他感到自由平等的和独立的农民是政治民主的最好的基础，而工业资本主义的发展将破坏民主政治的基础。一个以小农为基础的农业社会，则会培养人民的善良的品德，从而对于民主政治的巩固发展大有裨益。

其次，他认为从经济角度来衡量，农业也远比工业更为优越，因为前者所创造出来的财富比后者更多得多。显然杰弗逊的这些观点都是错误的，不科学的。

但是，如马隆所指出的，杰弗逊之喜爱农业社会而讨厌工业社会，更多地基于道德的政治的理由，而不是基于经济上或者其他方面的理由。

不言而喻，杰弗逊的思想带有重农主义色彩。他研究过重农学派的许多著作，与法国重农学派尼摩尔交往甚密，因之重农学派对他发生影响是很可以理解的。但是对于重农学派思想中的反民主倾向他是反对的。

杰弗逊关于建立以小农为主体的农业社会的整个想法，是乌托邦的，因为在资本主义上升发展的条件下，要想维持这样的社会，是根本不可能

① 比尔德夫妇：《美国文明之兴起》，英文版，第1卷，第378页。

的。小农经济并不是一成不变的，它必然要发生分化，必然要走上资本主义道路。而且，他对于工业，农业的看法，也充满了主观唯心主义偏见。特别是他夸大了小农的品德，也是不符合实际情况的。

杰弗逊到晚年改变了原来的主张。在拿破仑战争中，中立国船只遭到掠劫，使欧洲工业品无法运到美洲来，这就使得他认识到美国发展工业的必要性及迫切性。

但是，美国应该工业化到什么程度，是否让它发展到超出本国需要之外并且与外国竞争的程度，以及美国将要走上一条怎样的道路，这些都是杰弗逊所没有解决，也不能解决的。

（四）废除黑人奴隶制度

最初杰弗逊曾经由于发现黑人在才智方面低劣于白人而感到难过。但是后来当他发现一位黑人学者本杰明·班尼克在科学方面取得卓越的成就时，他非常高兴。他在给这位黑人学者的信（1791 年 8 月 30 日）里表示：没有一个人比我更愿意看到像你所表现出来的事实，这个事实证明：自然赋予我们黑人同胞的才能是与其他肤色的人相等的。①

过了几年之后，他进一步相信一般黑人才能的低下是环境造成的，而并非生来就是如此。并且他还认为即使黑人劣于白人，也不应该成为他们被奴役的理由。他说："艾萨克·牛顿在理解能力方面是优于别人的，但是他不应该因此而当别人的主人"。② 这是因为他拳拳服膺于自然权利学说，相信每一个人都应该是平等的，而奴隶制度是违反这个原则的。

实际上，早在 1770 年他就公开反对奴隶制度，后来他在《英属美利坚权利概观》一文中又强调了这一点。在 1776 年他所起草的《独立宣言》原稿中，他郑重宣布：奴隶制度就是"向人性本身进行的残酷的战争"，它侵犯了黑人的"最神圣的生命和自由的权利。"③

1779 年杰弗逊向弗吉尼亚州议会正式提出了关于解放奴隶的法案，该

① 科克、佩登：《杰弗逊的生平和著作选》，第 508—509 页。

② 科克、佩登：《杰弗逊的生平和著作选》，第 594—595 页。

③ 科克、佩登：《杰弗逊的生平和著作选》，第 25 页。

法案虽然未获通过，但是他在法案中提出的解放方案却是值得仔细研究的。按照该法案，在法案通过后诞生的一切奴隶都应该得到解放。他们应该和双亲一道生活一个时期，并且由政府出资训练他们的职业技能，一旦到成年时，就把他们送到美洲大陆腹地，在那里帮助他们建立一个自由、独立的国家。这个国家应该与美国建立同盟关系，一直到它强大得足以自立时为止。在移出黑人的同时，也把同样数目的白人移民从欧洲招来，以取代黑人的位置。

那么为什么他要求把获得解放的黑人移出去呢？他的理由是，白人的根深蒂固的偏见；黑人对于他们所受虐待的大量回忆，以及许多其他情况，会引起骚动，结果只能导致一个种族或另一个种族的歼灭。

杰弗逊之提议移出黑人，也出于对黑、白人种混血的恐惧。他在《弗吉尼亚纪事》中写道："在罗马人中间，解放奴隶只需要一次努力。那里的奴隶在得到解放时，可以和主人混合而不至于玷污主人的血液。但是在我们这里，还需要第二次努力，这是史无前例的。当被解放时，他应该被移出去，以避免混血"。①

那么他又为什么主张采取缓和的步骤解放黑人奴隶呢？因为他担心如果采取激烈的办法立即解放奴隶的话，会引起社会的动荡。

从这里不难看出：杰弗逊在奴隶制问题上的主张，具有很大的局限性：不是一下子解放，而是长期缓慢的解放；解放后不是把黑人留在国内，而是把他们放逐到国外去。这充分说明杰弗逊还未能彻底摆脱种族主义及社会上保守势力的影响。其实，杰弗逊解放黑人奴隶的计划之所以如此不彻底，还有更为重要的原因：他本人就是一个奴隶主，家中蓄有不少奴隶，而他并没有决心去解放他们。

总之，杰弗逊在他的社会改造方案中固然提出一些独到见解，发前人之所未发，但是存在的问题也是不少的，特别是空想的成分占了很大的比重。因此，他的社会改造方案是他整个民主思想体系中最薄弱的一环。

---

① 潘凯克：《革命的哲学家杰弗逊著作选》（Pancake, Thomas Jefferson; Revolutionary Philosopher; A Selection of Writings），第 315—316 页。

结 语

杰弗逊的民主思想并不是他凭空构想出来的。一方面，他吸取了从古代希腊罗马到 18 世纪的许多杰出的政治思想家的思想精华。另一方面，他经常接近人民，关心人民的疾苦。这是形成杰弗逊的民主思想的另一个重要因素。杰弗逊虽然出身于贵族，但在策马出游时，却经常地在小农或手工业家门前下马，与他们攀谈，了解他们的生活和要求。

杰弗逊幼年居住在弗吉尼亚边境的农业地区，他在八岁以前还未见过超过 20 家的村庄。他的邻居和同辈人都是参加地方政府管理的刚强精干的边疆民主派分子。他所熟悉的都是边疆的自给自足的小农的自然经济。他耳濡目染了边疆的朴素自然的民主生活。因此，对于民主的信仰，对于农民的热爱，自幼就扎根在他的思想深处。

另外，他出使法国，旅游欧洲，使他亲身接触到 18 世纪末法国大革命前夕欧洲封建统治下的暴政及其积弊，也使得他进一步认识到争取自由的必要。

杰弗逊的民主思想，是封建社会向资本主义社会过渡，资本主义社会的阶级矛盾尚处在萌芽状态中的历史阶段的产物，它在本质上是反映了劳动农民的要求的小资产阶级民主主义思想。他所追求的一个没有剥削没有压迫的、人人享有最大限度的自由和平等的民主权利的小农共和国，正是美国广大农民梦寐以求的理想王国。

但是，在杰弗逊的思想里既有大量的积极的成分，也有不少的消极的成分。他之反对奴隶制度，反对贵族门第特权，反对暴政，主张限制权力，维护人民的革命的权利及人民的民主权利，以及重视教育的作用，等等，都是有积极意义的，而且其中不乏真知灼见及独到的见解。但是，他之希望使美国摆脱资本主义矛盾，使她从发展中的资本主义社会倒退到田园式的小农社会，这无疑的是空想的、落后的、不切实际的幻想，充分反映了他的世界观的局限性。这是他思想中的消极面。而且，就是那些积极部分，也没有坚决地贯彻到实际中去。在任总统八年中，许多地方与现实妥协了。

虽然如此，杰弗逊的民主思想的伟大的历史意义还是无法抹杀的。第一，他的民主主义纲领在独立战争中，在战后年代里以及他担任总统期间在一定程度上促进了美国政治和社会经济的民主化。第二，他为美国资产阶级民主传统奠定了基础，他的民主思想对于美国人民争取政治民主及社会进步的斗争是有利的。

（原载《历史研究》1980 年第 4 期）

杰弗逊与美国现代化

托马斯·杰弗逊（1743—1826 年）曾经向往过一个恬静的小农社会，醉心于朴素的田园生活，因此有人认为他的思想是与现代化格格不入的。但是要知道，杰弗逊是一位思想极其复杂而矛盾的人物。如果认真、仔细地考察他的全部思想和行动，就可以发现，他不但执行了现代化政策，而且在思想上也是一位现代化论者。更有意义的是，他所渴望的现代化是以人民福祉为目的现代化，并且在当时的美国可谓独树一帜。因此，研究他的思想，对于即将跨入 21 世纪的人类会提供一些有益的启示。

一、他的农业共和国幻想是与现代化思想背道而驰的

为了理清杰弗逊在美国现代化问题上的思想纠葛，首先必须从他的农业共和国幻想谈起，因为支配这个幻想的价值观，乃至他的全部思想，包括他的现代化思想，直到他逝世前也没有改变。

杰弗逊曾经勇往直前地投身于如火如荼的反英斗争，且以高度的革命热情领导弗吉尼亚的民主改革，然而他却醉心于一个幽静的、充满田园风光的农业社会。早在 1781—1783 年撰写的《弗吉尼亚纪事》中，他就提出了把美国变成一个农业共和国的奇妙的构想。在该书"第 XVⅢ问"中他写道："我们对于农业的感情是如此深厚，对外国制造品是如此爱好，以致不管明智与否，我们的人民将尽早回到原料品的栽培（指农业——引者注）上来，并且用这些原料品去交换比他们自己生产得更为精美的制造品。……当我们有土地可耕的时候，让我们不要希望看到我们的公民在工作椅上工作或摇动

一个卷线杆……，让我们的工场留在欧洲吧”①。同书“第XXⅡ问”里他又写道，美国应该放弃海洋，把海洋让给其他国家，“让他们把我们所需要的〔工业品〕运来，把我们能够省下来的东西（指农产品——引者注）运走”。“这会使我们在欧洲面前不致受害……并且会把我们全体公民都变为农民去种地”②。

1785年在写给霍根道普的信里，他再次重复了这个想法：“……倘若让我坚持我自己的理论的话，我希望它既不从事航海事业，也不从事商业，而是在对待欧洲的关系上站在中国的立足点（即以农立国——引者注）上。这样我们就可以避免战争，我们所有的公民都将是农民”。③

杰弗逊在许多其他场合一再重申这个论调，这说明他梦寐以求的是要把美国建成一个完全由农业人口组成的农业共和国。而且，在他看来，这个农业共和国也应该是一个小农社会，因为杰弗逊在许多场合表达了建立小土地所有制的殷切期望。在他草拟的弗吉尼亚宪法草案中，他提出了在弗吉尼亚无代价地分配土地的建议：“未被拨用的或被没收的土地应该由州长在州务会议的同意下予以拨用。每一个尚未拥有50英亩土地的成年人都有权利被拨给50英亩的土地，而且虽有土地但不足50英亩的人，应予以补足。”④

杰弗逊还力图证明小土地所有制的合理性，他从历史中为这个土地所有制寻找根据。他说这种土地制度是“古已有之”的：美国人的远祖、英国人的祖先撒克逊人就曾在这个制度下度过他们的黄金时代。1774年他在《英属美利坚权利概观》一文中说，撒克逊人的生活是异常幸福的，这是因为根据撒克逊人的财产法，人们凭绝对的所有权拥有土地，可以自由地支配自己的土地财产。只有诺尔曼人入侵英国后，封建制度才代替了自由的小土地所有制⑤。

① 梅利尔·彼得森编：《托马斯·杰弗逊集》（Mcrrilc Pcterson, ed., Thomas Jefferson, Writings），美国图书公司1992年版，第290—291页。

② 梅利尔·彼得森编：《托马斯·杰弗逊集》，第300—301页。

③ 梅利尔·彼得森编：《托马斯·杰弗逊集：一个侧面》（Mcrrilc Pcterson, ed., Thomas Jefferson: A Profile），纽约1997年版，第114页。

④ 梅利尔·彼得森编：《托马斯·杰弗逊集》，第343页。

⑤ 梅利尔·彼得森编：《托马斯·杰弗逊集》，第731—752页。

那么应该如何评价杰弗逊臆想出来的这个小农共和国呢？

美国学者乔伊斯·阿普尔比在评价这个小农共和国时写道，对于这个共和国来说，“更基本的”是“对于农业的商业性的开发，他的农民国家的幻想，使他专心一意地制订一个扩大基本农产品的国际贸易的长期纲领。从他当大陆会议中的弗吉尼亚代表时起，到他寓居巴黎、当国务卿、当总统……时为止，出卖美国过剩产品就一直吸引了他注意力。……他设想农民参加世界市场，而不寻求自给自足”。① 从这一大段话中可以看出，阿普尔比认为这个农业共和国的基调是开发农业经济。这等于暗示这个共和国的幻想有现代化思想倾向。

阿普尔比立论的根据是，该共和国的农产品是用于出口的。而实际上，在杰弗逊心目中出口农产品只不过是为了交换欧洲的工业品，其终极目的是为了保持这个共和国的农业性质。显而易见，出口农产品是手段，而保持共和国的农业性质才是目的。这就决定了出口农产品在杰弗逊内心中只占次要地位。据此来断定这个共和国的基调，是犯了推理上的错误。因此，阿普尔比关于该共和国的基调是开发农业经济的观点是没有根据的。

那么这个共和国的基调到底是什么呢？这需要从杰弗逊之所以一心一意追求这个农业共和国的一系列理由中去寻找答案。他追求这个共和国的理由，大体说来有三：

第一，天天与大自然接触的农民是最有道德的，他们朴实淳厚，性格刚健。杰弗逊不止一次地歌颂农民的品德。他在《弗吉尼亚纪事》里写道：“在土地上劳作的人们，是上帝的选民，……上帝有意使这样的选民的胸怀成为特别贮藏他那丰富纯真的道德的地方”②。“土地的耕作者是最有价值的公民，他们的精力最为旺盛、自尊心最强、最有道德”③。

相反的，他们为城市生活及工业社会却会败坏人的品德，使人们趋于

① 乔伊斯·阿普尔比：《在杰弗逊的政治哲学中什么在当前的美国仍有活力?》(Joyce Appleby, What is Stile American in the Political Philosophy of Thomas Jeffersom ?)，《威廉·玛丽季刊》第 39 卷第 2 期，第 295 页。

② 梅利尔·彼得森编：《托马斯·杰弗逊集》，第 290—291 页。

③ 朱利安·包伊德编：《托马斯·杰弗逊文集》(Julian Boyd, The Papers of Thomas Jefferson) 第 8 卷，普林斯顿 1953 年版，第 126 页。

堕落。他说：城市生活“会养成卑躬屈节和见利忘义的品格，扼杀道德的萌芽，并且为野心家的阴谋培养合适的工具”。在商业社会，居民不像农民那样自食其力，而是“依靠偶然性和顾客的反复无常的性格”。换言之，在他看来，工商业都远离大自然，容易产生淫巧和心机。他甚至把“大城市的暴民”比之为脓疮①。

第二，小农是民主政治的群众基础，他们与民主政治血肉相连。他说，小农“是与他们的国家紧密相连，并且用持久的纽带与它的自由和利益结合在一起。”“在这里，每一个人都拥有土地并且自己在上面劳作，如果他愿意的话，……每一个人，由于自己有财产，或者由于处在满意的地位，与法律和秩序有利害关系因而愿意支持他们。这样的人们全面控制他们的公共事务，是可以令人放心的”②。

第三，农民的职业可以造成社会秩序的稳定。1787 年，杰弗逊在写给华盛顿将军的信中说：“靠投机和掠夺得来的财富，在性质上是瞬息即逝的，并且使社会充满赌博精神。而农民的适度的、可靠的收入则会产生永久性的改进、安静的生活和安分守己的行为。”③

从杰弗逊向往农业共和国的上述理由中，我们可以看出他所追求的农业共和国是一个有道德的、充满民主精神的、人民安居乐业的理想社会。

具体来说，在他心目中这是一个“最合理”的社会，在这个社会里不但实现了社会正义，人人都过着舒适的物质生活，而且更重要的是，人人都有充实的精神生活。在这里，人们的行为都合乎道德规范，互助互爱蔚为风尚，掠夺、投机、赌博及贪污腐化都绝迹了，人人都享受政治自由和社会经济自由。小土地所有制将会使人们过平等而自由的生活。正如 C. B. 麦克佛逊所说的，“一个人如果拥有自己的小块土地，他就不能从属于别人了。而且小块地产是防止政府暴政和防止经济压迫的重大保障。杰弗逊之希望美国保持为一个小土地所有者国家，就是为了保证个人自由，以及只有在坚固的

---

① 梅利尔·彼得森编：《托马斯·杰弗逊集》，第 290—291 页。

② 转引自理查德·马休士：《杰弗逊的激进政治》（Richard Mathews, Radical Politics of Thomas Jefferson），堪萨斯大学出版社 1986 年版，第 31—32 页。

③ 理查德·马休士：《杰弗逊的激进政治》，第 40 页。

独立经济中才能成长的一切品德[①]”。因此，在这个共和国里，人们的工作是悠闲的，有节奏的，他们过着无忧无虑的、自由自在的生活。在他看来，这样的社会秩序和那充满牧歌情调的自然环境，会使人们心灵深处的渴望得到最大的满足。在这个农业共和国里，对杰弗逊最有吸引力的是以家庭为单位的小农经济，因为这种小农经济使得家庭全部成员有可能生活在一起，劳动在一起，从而最能实现合乎人之常情的天伦之乐。

总之，在杰弗逊看来，在这个自由的天地里，人们可以体验到真正的生活乐趣，人的尊严将受到尊重，人的价值可以最大限度地得到实现。他在这个共和国里看到了充满“友谊、幸福和自由”的“美好的生活”[②]。A. 惠特尼（Whitney）说得很肯綮，他说：“对他（指杰弗逊——引者注）来说，农业首先并不是财富的来源，而是人们的道德和民主性格的来源。它具有一种社会学上的价值，而不是经济价值。这便是他在这个问题上的一切言论的基调。[③]”

把“友谊、幸福、自由”放在第一位，把经济放在第二位——这便是这个农业共和国的基调，也是支配杰弗逊的农业共和国幻想的价值观。正因为如此，杰弗逊的这个农业共和国幻想，与现代化精神是大相凿枘的。而且，它在经济结构上也是与现代化背道而驰的。第一，这个农业共和国的小土地所有制是现代化的绊脚石。我们知道，现代化在农业上意味着机械化的、以集约生产为特点的大农场制度，而小土地所有制限制了大农场制的发展。第二，现代化的先决条件是工业化，而杰弗逊的这个小农社会恰恰缺少工业。

正是基于这个情况，美国有些学者把杰弗逊说成是与现代化格格不入的，留恋过去的复古主义者。比如佛瑞斯特·麦克唐纳就说，杰弗逊害怕现代化，而留恋“伊甸园的过去”，并且把杰弗逊与英国复古主义者波灵布罗克（Bolingbroke）相提并论[④]。J. G. A. 波科克也把杰弗逊描写成为充满怀古

① 转引自理查德·马休士：《杰弗逊的激进政治》，第 51 页。

② 理查德·马休士：《杰弗逊的激进政治》，第 124 页。

③ 亨利·戴斯洛夫编：《杰弗逊与美国的民主》（Henry Dethloff, Thomas Jefferson and American Democracy），马萨诸塞 1971 年版，第 46 页。

④ 佛瑞斯特·麦克唐纳：《杰弗逊总统任内》（Forrest Mcdonald, The Presidency of Thomas Jefferson），堪萨斯 1996 年版，第 19 页。

幽情的、害怕现代化的思想家，并且把他与否定人类一切文明而提倡回到自然法的卢梭等量齐观。

然而，这些史学家们忽略了杰弗逊思想的多层面性、复杂性、发展性和矛盾性。向往富于牧歌情调的农业社会，只不过是杰弗逊思想中的一个层面，尽管是一个重要的层面。如果我们全面而不是片面地，从发展的角度而不是静止地，深入地而不是肤浅地看问题，我们就可得出相反的结论，就可以发现杰弗逊不但执行了现代化政策，而且在思想深处也是一位现代化论者和鼓吹者。

二、被迫同意现代化

杰弗逊梦想在美国建立一个实现“美好的生活”的农业共和国，说明他是一位理想主义者，但也是一位现实主义者。他并没被这个农业共和国的良好幻想所陶醉。他说过，“在像政治经济学那样复杂的学科中，没有一个原则对于一切时代及一切环境都是正确的、有用的”①。他没有不分时间和条件而顽固地坚持自己的农业共和国幻想，在严峻的现实面前他不能不修正自己的原则。早在1791年6月23日在致戴维·汉佛莱的信里，他就公开承认美国之逐步转到制造业，是明智的②。到18世纪末他已经不反对工业了，他同意发展工业。1801年，他在总统就职演说中，已经以肯定的口气谈到“农业、制造业、商业及航运业我们繁荣的四根柱子”了③。他的态度的重大转变，与拿破仑战争有很大关系。在这场波及全世界的战争中，中立国的船只在海上遇到交战国船舰的肆意掠夺，以致欧洲工业品运不到美国来，给美国人的生活造成了严重困难。对此，杰弗逊不得不同意发展制造业。他在致杜邦·得·尼莫尔的信里说：“我们的禁运及断绝交往法（Nonintercourse Law）所造成的对英贸易的中断及英国露骨地让我们屈服于海上侵夺的企图，已在

① 梅利尔·彼得森编：《托马斯·杰弗逊集》，第1372页。

② 转引自理查德·马休士：《杰弗逊的激进政治》，第48页。

③ 梅利尔·彼得森编：《托马斯·杰弗逊集》，第507页。

我国产生了在制造业方面自力更生的，把在商品方面依赖英国的数量缩小到最低限度的普遍精神。……工业的精神已在我们中间根深蒂固，而其基础是靠大量的费用建立起来的，所以不能放弃”①。

杰弗逊之所以向工业让步，还有两个原因：第一，如司徒亚特·布鲁奇所说的“他想让多数人的意志，而不是让他自己的私人价值，表现出来”。杰弗逊感到他没有“权利按照他自己的爱好去决定他的国家的命运”②。这就是说，杰弗逊同意国家工业化，是由于他愿意放弃个人主张而服从大多数人的意志。实际上，杰弗逊后来在总统任上所推行的许多政策，也反映了这一点。用他自己的话来说就是：“那些被委托管理国家事务的人们有责任按照他们的选民们的选择办事。”他还进一步说明了其中的理由：“实用的东西一定要时常控制纯理论上的东西，而被统治者的习惯在很大程度上决定实用的东西”③。这表现了杰弗逊特有的政治家风度。

第二，杰弗逊的这种转变，也出于他的爱国主义考虑。他写道，在拿破仑战争中，欧洲工业产品的来源断绝了，“为了自食其力地实现生活上的舒适，我们就应该自己从事制造。……难道我们生活上的舒适与否，要受外国人的意志摆布吗？因此那些现在反对国内制造业的人们，一定是赞成让我们或者依附于外国，或者身穿兽皮，像野兽一样过穴居生活。我可不是这样的人，经验告诉我：制造业现在对于我们的独立和生活上的舒适都很重要”④。

这样，杰弗逊的农业理想主义终于向工业现实主义妥协，他终于认可了工业在美国的发展。那么，他所认可的是什么样的工业呢？

最初，他只是同意家庭制造业的发展。只有在他入主白宫的后期和退休以后，即1807—1816年间，他的态度才有了进一步转变，因为在这个时期美国手工工场和大工厂突飞猛进地发展。杰弗逊看到了这一点，他在1812年给朋友的信中曾承认：“在大城市有许多工场在生活优质的商品，而且许多新的工场每天都在出现；生产美利努呢绒的工场我们已有数千家

---

① 梅利尔·彼得森编：《托马斯·杰弗逊集》，第1208页。
② 亨利·戴斯洛夫编：《托马斯·杰弗逊与美国的民主》，第62页。
③ 亨利·戴斯洛夫编：《托马斯·杰弗逊与美国的民主》，第48页。
④ 梅利尔·彼得森编：《托马斯·杰弗逊集》，第1371页。

了"[①]。在事实面前，他不得不放弃扶植家庭制造业的政策，而接受了工厂制度的现实[②]。在 1816 年他不得不表示，"我们现在必须在农民的身旁安放工厂主"[③]。

但是必须看到：杰弗逊在被迫接受工厂制度和工业化的时候，对于美国应该工业化到什么程度，是否让它发展到超出本国需要之外并且与外国竞争的程度，还不太清楚。但是，可以断言的是，对于工业化，他是按社会需求而不是按照资本家的账目表来衡量的[④]。而且，杰弗逊同意工业化及工厂制度的发展，是很勉强的，是在严峻的现实面前让步的结果，而不是出于心甘情愿的。因为在 1812 年美国对英战争爆发后他写给朋友肖特的信中就说，"我们的敌人（指英国——引者注）感到恶魔般的安慰，因为他们把我们第一代双亲（指农业——引者注）从天堂移开；他们把我们从一个和平的、务农的国家变为一个军事的、制造业的国家"[⑤]。

尽管他在认识到工业化的迫切必要性之后放弃了他的农业共和国的幻想[⑥]，但是支配他的农业共和国幻想的价值观始终未变，而且一有机会就会自觉地暴露出来。1804 年，他已经承认发展工业势在必行，但是他在同年写给法国经济学家 J. B. 赛伊的信里，仍然说农民在道德上和物质上优于"城市工人"[⑦]。直到1816年他成为保护贸易论者之后，仍坚持农业优越论的观点[⑧]。他对于 1824 年的关税法表示气愤，因为该法提高了工业品进口税，而损害了购买欧洲工业品的南方农业集团的利益。在他逝世前 6 个月给麦迪逊的信里，他悲愤地写道："在为了支持制造业等等而实行的关税下面农业

① 梅利尔·彼得森编：《托马斯·杰弗逊集》，第 1266 页。

② 梅利尔·彼得森编：《托马斯·杰弗逊：一个侧面》，第 155—159 页。

③ 梅利尔·彼得森编：《托马斯·杰弗逊集》，第 1371 页。

④ 参见弗尔农·派林顿：《美国思潮中之主流》（Vernon Pallinton, Main Currents in American Thought），第 1 卷，纽约 1927—1930 年版，第 348 页。

⑤ 转引自理查德·马休士：《杰弗逊的激进政治》，第 49 页。

⑥ 我不同意格利斯沃德（Griswold）关于杰弗逊一直到逝世前始终不渝地把农业共和国看作是最好的理想的观点（参看亨利·戴斯洛夫编：《杰弗逊与美国的民主》，第 50 页）。

⑦ 梅利尔·彼得森编：《托马斯·杰弗逊：一个侧面》，第 140 页。

⑧ 梅利尔·彼得森编：《托马斯·杰弗逊：一个侧面》，第 140—141 页。

集团所遭受的普遍的挫折，以及我们纸币价值的灾难性波动，使得农业处在悲惨的萧条状态”之中①。

这样，一方面他在感情上始终不忘情于农业，另一方面在理智上又不得不同意工业资本主义的发展。这是他身上表现出的最大的矛盾之点，也是他被政敌说成是无原则的政客和伪善者的原因之一②。

然而不管内心的思想感情怎样，杰弗逊之同意工业化则是事实。而这就意味着他是支持现代化的。

三、现代化政策的执行者

杰弗逊不止同意工业化、现代化，也是现代化政策的执行者。早在美国革命高潮中，他在弗吉尼亚进行的一连串民主改革，如废除长子继承制，限定嗣续法，实现宗教自由等方面，都在不同程度上为清除封建残余，推进工业化和现代化做出了贡献。

尤其值得一提的是他在任总统期间的业绩。为了为工农业发展提供充足的劳动力，他在 1801 年建议国会放宽入籍法的限制，以便鼓励外国移民来美。1802 年他又建议国会采取措施，鼓励人们向印第安人让出土地所有权的西部地区移民。这有力地推动了西部的开发。

为了推动工商业的发展，必须发展交通事业。在第六、第八年度国情咨文中，他曾请求国会考虑把财政收入的剩余部分用于“公共教育、道路、河川、运河”的修建上③。1802 年 4 月，国会乘俄亥俄加入联邦的机会，责成政府以出卖州内公共土地总收入的 5%用于修建道路。这就为国道的大规模修建奠定了始基。

同年，他在咨文中还劝说国会采取措施以“保护适应于我们环境的制造业”，以及“扶植捕渔业和海上养鱼场”。他在咨文的末尾说：“至于我，

① 亨利·戴斯洛夫编:《杰弗逊与美国的民主》，第 62 页。

② 亨利·戴斯洛夫编:《杰弗逊与美国的民主》，第 156 页。

③ 梅利尔·彼得森编:《托马斯·杰弗逊集》，第 529 页。

你们可以相信我一定欣然同意每一项为公众谋福利的措施。”[①]1804 年他又提请国会注意范围更为广泛的、一大批具有重大利益的事情。他说：“农业、制造业、商业及航海，我们繁荣的四根支柱，当被交给个人企业去自由经营后，已经兴旺发达起来了。如果在您的观察和研究的过程中，它们看来需要我们宪法权力限度内的任何援助的话，你们对它们的重要性的认识，就足以保证它们引起你们的注意”[②]。

正如希纳德所指出的，这最后一句话“只能有一个意思，那就是：这位总统并不想完全地、彻底地离开汉密尔顿鼓励制造业的政策”。“如果在杰弗逊当政期间工业和农业利益在美国第一次发生冲突是真实的话，我看不出总统做出任何努力去靠牺牲工业的利益来帮助农业”[③]。

杰弗逊也支持保护贸易政策。他在提交第六个年度国情咨文时，正面临 1805 年政府财政盈余的前景。但是他并没有建议国会放弃保护关税措施。他说：“难道我们取消关税，把好处送给外国制造业而危害本国制造业吗?”[④]

在总统任期内，杰弗逊为美国现代化作出的另一个贡献是：采取措施促使印第安人从原始社会的狩猎生活过渡到农耕生活。在这里，他主张采取说服的方式，而不是暴力的手段。他曾多次写信给印第安人酋长，反复向他们解释农业生活对狩猎生活的优越。他写道：“兄弟，在您已经着手干的伟大的改革中继续前进吧！劝说我们红色同胞们冷静一些去耕种他们的土地，并且说服他们的妇女为他们的家人纺织吧！不久您将看到你们的妇女和儿童都丰衣足食，你们的人在和平和富裕中幸福地生活，而且你们的人口将一年比一年增加”[⑤]。结果，许多印第安人部落开始放弃狩猎而从事农业。印第安人生活的这个变动有双重意义：第一，推动印第安人社会的发展，使他们能跟上现代社会的步伐。第二，印第安人放弃狩猎转而从事农

---

① 亨利·戴斯洛夫编：《杰弗逊与美国的民主》，第 64 页。

② 转引自亨利·戴斯洛夫编：《杰弗逊与美国的民主》，第 64 页。

③ 吉尔伯特·希纳尔：《杰弗逊评传》（Gilbert Chinard, Thomas Jefferson, The Apostle of Americanism），密西根 1975 年版，第 394—395 页。

④ 梅利尔·彼得森编：《托马斯·杰弗逊集》，第 529 页。

⑤ 梅利尔·彼得森编：《托马斯·杰弗逊集》，第 556 页。

业，意味着把大量用于狩猎的土地变为农田，有利于农业的发展，进而推动美国的现代化。

杰弗逊为美国现代化作出的最大贡献，是在他的总统任期内，于1803年从法国手中购买路易斯安那地区。路易斯安那的购买表现出杰弗逊的胆识：第一，他是冒着违反宪法的危险购买这块广阔土地的；第二，他认识到路易斯安那地区对于美国未来发展的巨大意义；第三，他洞悉当时的复杂的国际关系，利用法国皇帝拿破仑的困境，不失时机地以极低的价格将此买到手。购买路易斯安那使美国领土几乎增加了一倍，为美国带来了说不尽的益处。正如杰弗逊自己所说："密西西比河及其水系的财产权及主权，不但为西部诸州的产品取得了一个独立的出口，及一条贯穿整个河道的不受［外国］控制的航路，这条航路可以避免与其他强国发生冲突以及由此产生的对我们和平的威胁，而且这片土地的肥沃，它的气候和地域的广阔，在适当的时候肯定对我们的国库是一个重要的帮助，并且为我们的子孙后代提供充足的粮食，为自由和平等的法律祝福提供了一个广阔的场地"①。

事实也是如此，美国在购买了路易斯安那以后，一跃而成为一个大国，农业基地扩大了，市场广阔了，自然资源增加了，这为美国在19世纪末20世纪初成为头等现代化工业强国，起了重要作用。

总而言之，杰弗逊之认真执行现代化政策，对于加速美国工业化、现代化作出了杰出的贡献。

但是，这里必须严格划分他所执行的政策与他内心思想之间的界线。他执行的这些政策，其中大部分或者是迫于现实，或者是为了服从选民大多数人的意志，并没有反映他个人的主观愿望。这一点，他自己也承认。他在1801年曾说："我的主张是：在两种方案都同样正确时，采纳最合乎人民的意愿的方案，是对人民应尽的责任。"所以，他宁愿放弃自己的观点和主张而服从人民中大多数的观点和主张②。实际上他在执行上述许多政策时，其内心是另有一套现代化思想的，尽管这一思想没有付诸实践。

---

① 梅利尔·彼得森编：《托马斯·杰弗逊集》，第512页。

② 亨利·戴斯洛夫编：《杰弗逊与美国的民主》，第59页。

四、内心深处的现代化思想

如果说在杰弗逊政治生涯早期（18世纪80年代末以前），他的农业共和国幻想在他的思想中占主导地位的话，那么到他政治生涯的后期（18世纪90年代初以后）直至晚年，他的现代化思想就越来越占上风。

（一）作为美国建国初期的一位启蒙思想家，杰弗逊相信未来，对人类前途充满信心和乐观情绪。他认为，人类历史便是一部进步的历史。在这方面，他的言论俯拾皆是。1816年8月1日，他在给约翰·亚当斯的信里宣称："我对于未来的梦想，比对于过去的历史，更加喜爱。"①1818年，在他起草的弗吉尼亚大学筹备委员会的报告中强烈表达了他反对倒退的思想。他指出，美国印第安人所以过着悲惨的生活，就是因为他们"顽固地崇拜他们祖先的所谓智慧，并且荒谬地认为为了追求更美好的事物必须向后看，而不是向前看，似乎在渴望返回吃橡实树皮的时代……"②。他的这个信念，到逝世前两年仍未改变。1824年9月6日在给一位朋友的信里又说："您在您7月30日的来信里所提出的，社会是在从它的原始状态向现在已经达到的状态进化的思想，与我所猜想的似乎是一致的，的确，我们亲眼看到的许多现象证明了这一点。……野蛮社会在此期间在［社会生活］改进的稳步前进的脚步面前退却了"③。

简言之，他相信人类社会是不断前进的，人的生活水平也将随之提高，而且这种进步可以达到"无限定的（尽管不是无穷尽的）程度"④。

（二）他相信科学技术可以无限度地改进人类的生活。1818年，他在一封信里写道："当我想到在此期间在科学及工艺、发明方面所完成的巨大进步时，我满怀信心地期待着在当前这个时代中也会有同样的进步，并且不怀

---

① 转引自理查德·马休士：《杰弗逊的激进政治》，第116页。

② 梅利尔·彼得森编：《托马斯·杰弗逊集》，第461—462页。

③ 梅利尔·彼得森编：《托马斯·杰弗逊集》，第1496—1497页。

④ 骚尔·帕多弗：《杰弗逊论民主》（Saul Padover, Thomas Jefferson on Democracy），纽约1939年版，第90页。

疑他们将一定比我们更聪明得多，正如我们比我们祖先更聪明”①。同年，他对于科学技术的进步及其作用又做了更深入、具体的论证。他说：“任何人都无法否认：每一代人都继承了上一代人所取得的知识，并且把所取得的知识和新发明加进这个知识宝库中去，再把这个知识宝库一代一代地传下去，每一代人都把新的知识储存到这个知识宝库中去。这样，知识的积累一代比一代更丰富，这就无限期地一步一步增进人类的幸福。因而人类幸福的增进是无止境的。的确，我们只要回顾半个世纪以来的情况，……就可以看出在这半个世纪内在科学和技术方面所取得的令人惊奇的进步。其中某些进步使得物质要素本身为人类的目的服务，使得人们不但利用它去节省劳力，而且还能利用它去完成人类本身的微薄力量所无法完成的工作，因而大大增加人类生活上的舒适”②。杰弗逊是如此重视知识，以致认为：“知识就是力量，愚昧就是软弱。”③

杰弗逊不但重视科学技术，而且也为推动科学技术的发展做了大量工作。在出使法国期间，他定期向国内科学界朋友寄送欧洲出版的最新科学技术书刊，提供新的科学信息。为了促进美国科学技术的进步及应用，他还担任过“美国哲学协会”主席，并创办了一个“农业协会网”（System of Agricultral Societies）。其宗旨是推进技术的传播，“借此用现在使用的劳动为我们同胞取得更多的维持生活的手段和幸福”④。更难能可贵的，他在公务之余从事创造发明活动。他发明了打大麻的槌，改进了耕犁的曲面铸板等等。

大家知道，工业化、现代化是离不开科学技术的。杰弗逊重视它并且为它的发展付出很大努力，说明他不愧为美国现代化的思想先行者。

（三）和法国启蒙思想家一样，杰弗逊深信教育是通往人类进步的必由之路，认为发展教育可以促进人们生活水平的提高和社会的进步。他在1818年写道：“除了教育之外，还有什么能够使我们超越我们的土著邻居（指

---

① 转引自C. 道夫·边森：《作为社会科学家的杰弗逊》（C. Randolph Benson, Thomas Jefferson as Social Scienist），联合大学出版社1971年版，第265页。

② 梅利尔·彼得森编：《托马斯·杰弗逊集》，第462页。

③ 转引自科克·佩登编：《杰弗逊生平和著作选》（Koch Pedin, The Life and Selected Writings of Thomas Jefferson），纽约1944年版，第169页。

④ 理查德·马休士：《杰弗逊的激进政治》，第46页。

印第安人——引者注）的状态?”① 他又写道：“如果人类的生活如我们所希望和相信的那样应该一步一步地改善的话，教育应该是达到这个目的主要手段。”② 他还说：“除了教育而外，任何东西都不能促进一个国家的繁荣、强大和幸福。”③ 为什么教育会促进人类生活的改进？他的回答是：通过教育，人们可以获得知识。

1822 年，他在给友人的一封信里，还对普及教育的重要性做了进一步阐述：“我把教化和教育的普及看作是为了改进人类生活，促进道德和提高人们的幸福而最应该依靠的手段。……而且，我希望在当前把教育的好处扩展到人类广大群众的潮流中可以看到人类幸福的巨大提高；而且这个提高将是无止境的”④。

为此，杰弗逊在晚年几乎把全部的心血都倾注在创办弗吉尼亚大学上。从筹措经费、选择校址、设计校舍蓝图、寻找建筑工程承包商、监督工程进度、检查工程质量，以及派人到意大利邀请大理石雕刻师，到英国牛津、剑桥和爱丁堡大学网罗一流的教授来校任教等等，他无不亲自过问。甚至还亲自教泥瓦匠如何砌墙，教木匠如何量尺寸。弗吉尼亚大学建成后，他曾感慨地说，当我在为革新公共教育而努力的时候，“我是在履行一个医生的可厌的职责；向一个意识不到吃药的必要的病人的咽喉中灌药。”⑤ 在当时的美国，像杰弗逊这样把教育看作是医治社会落后病的良药，似乎还没有。

综上所述，我们可以得出以下结论：第一，他是一位现代化论者。因此佛瑞斯特·麦克唐纳和 J. G. A. 波科克等人关于杰弗逊害怕现代化和留恋“伊甸园的过去”的论点不攻自破。第二，他对现代化有很深刻的理解：他强调人类的进步，是抓住了现代化的精神实质；他重视科学技术，是把握住了现代化的关键；他重视教育，是找到了实现现代化的基础，因为发展科学技

① 梅利尔·彼得森编：《托马斯·杰弗逊集》，第 461—462 页。

② 洛伊·霍尼威尔：《杰弗逊的教育工作》（Roy Honeywell, The Educational Works of Thomas Jefferson），纽约 1964 年版，第 147—148 页。

③ 哥登·李：《反对愚昧的运动》（Crusade Against Ignorance），纽约 1964 年版，第 120 页。

④ 骚尔·帕多弗编：《杰弗逊论民主》，第 92 页。

⑤ 参见拙著：《杰弗逊传》，中国社会科学出版社 1990 年版，第 476 页。

术，提高人的素质，开发人的智力资源，实现人的现代化（这些都是现代化的前提条件），都离不开教育。第三，他所渴望的现代化，是以不断提高人类生活水平为宗旨的现代化，即与当时美国社会生活中以追求最大限度的利润为目的的、盲目扩大再生产的资本主义现代化，是有很大区别的。对此，杰弗逊虽然没有直接表达他的看法，但是，我们从他的社会观中，是不难推论出来的。比如，他起草的《独立宣言》和《人权宣言》，他在总统任期内所推行的、旨在消除社会极端不公的经济政策（减免穷人的赋税，对富人按“几何级数征税”），反对不法分子的“赌博投机行为”等等，都可以得到证明。

（原载《历史研究》1994年第2期）

杰弗逊、麦迪逊与共和党的兴起

美国建国之初，华盛顿、杰弗逊、麦迪逊、汉密尔顿等开国元勋，几乎都认为政党是导致相互倾轧和政治动乱的祸根。美国联邦宪法关于政党只字未提，就反映了宪法制定者们的这种态度。然而，政党毕竟产生了。在华盛顿任总统期间就出现了共和、联邦两个政党。那么，共和党是怎样产生的呢？本文试图就这一问题作初步探讨。

一、追本溯源

杰弗逊和麦迪逊反对汉密尔顿的财政政策的斗争，是共和党产生的根源。

汉密尔顿是一个马基雅维里式的政治野心家。他虽然出身微贱，但在跻身于显贵富豪之后，即转而仇视人民。他曾说，人民是“一只大野兽”，没有理性，脾气暴躁，是危险的一群，所以只能用铁腕使其就范①。他认为，共和制政府就是人民群众掌权的政府。因此，他对这一政体颇感厌恶，而对英国式的君主制极为推崇。按照联邦宪法成立的联邦政府就是一个共和制政府，这当然是他不能接受的，但是他不敢公开要求改变这种政体，因而想出了一个策略，即在外表上保留共和制政府的形式，而在实质上阉割它的内容，力图把美国变成一个半君主式的、集权式的国家。②

---

① 参见艾伯特·杰伊·诺克：《杰弗逊》(Albert Jay Nock, Jefferson)，纽约 1926 年版，第 183、181 页。

② 参见艾伯特·杰伊·诺克：《杰弗逊》第 183—184 页。

通过对英国君主立宪制政府的研究，汉密尔顿发现，英国在1688年后，其政局较为稳定，主要得力于大金融家、大商人的支持，而这些人的支持是因为他们从政府的国债政策中大发横财。从英国的这一经验中，汉密尔顿得出了一个结论：为了把美国变为一个集权国家，也必须借鉴英国的经验，争取国内财界大亨及富商大贾的支持，让他们从政府的财政政策中捞取油水，即使严重损害民众的利益，也在所不计①。汉密尔顿还发现，英王乔治三世的专制权力是建立在对议会议员们的贿买上面的。联系到美国，他认识到，为了强化联邦政府的权力，收买国会议员是必要的。他相信"人"只能靠"暴力"和"利益"来推动，收买议员就可以将他们变为政府得心应手的工具。他甚至说，腐化是维持一个政府继续运转不可缺少的手段。②

这就是汉密尔顿在任联邦财政部长期间，推行其财政政策的背景及良苦用心。总之，他的财政政策是他改变美国国家性质的庞大计划的一个重要组成部分。

在汉密尔顿推行的财政措施中，有三项引起了激烈的争论。第一项是在1790年1月，他向国会提出的按票面价值偿还在独立战争期间发行的公债，即允许债券持有人用贬了值的债券按票面价值换取由联邦政府发行的新债券，从而新债券既可以生利，又可以作为货币流通③。汉密尔顿提出这项建议的目的，就是按票面价值偿还公债，以便让金融家和大商人靠牺牲民众利益大发不义之财，从而把这个集团的利益与联邦政府的利益捆在一起，使得这个集团成为联邦政府的重要支柱④。原来在独立战争期间许多农民、士兵及小商人出于爱国动机，也购买了一批公债，但是后来因为生活所迫不得不以低于票面的价值，把债券转卖给投机商人。在某些州有1/2或3/4的公

① 参见M·J·希弗：《美国政治的发展过程》（M. J. Heat，The Making of American Politics），纽约1977年版，第72—73页；克劳德·鲍尔斯：《杰弗逊与汉密尔顿》（Claude Bowers，Jefferson and Hamilton），纽约1953年版，第31页。

② 参见艾伯特·杰伊·诺克：《杰弗逊》，第184—185页。

③ 参见理查德·霍夫斯塔特编：《美国历史上的大争论》（Great Issues in American History, Edited by Richard Hofstadter），纽约1958年版。

④ 见梅利尔·彼得森：《杰弗逊和新国家》（Merrill Peterson，Thomas Jefferson and the New Nation），纽约1970年版，第409页。

债券以票面价值的 1/6，甚至以 1/12 的低价被卖掉[①]。而且，汉密尔顿在向国会提出这项建议前的两个月，就把其中的内容透露给自己的亲信（包括部分国会议员）和与其有关系的商人。这些人得到消息，便立即以低价四处抢购公债券[②]。因此在偿债政策实施后，有许多金融巨子和大商人，甚至国会议员从这一投机中发了大财，净赚多达 4000 万美元，而普通百姓即原债券持有人却蒙受了重大损失[③]。在国会里，这项措施遭到了一些议员的抨击，抨击最有力的是麦迪逊。他建议，由政府负责赔偿原债券持有人，但他的建议在 1790 年 2 月 22 日被国会否决了。事后发现，在众议院 64 名议员中，有 29 人是公债券的持有人[④]。

引起激烈争议的第二项财政措施是，汉密尔顿在 1790 年 1 月向国会提出的由联邦政府“承担”偿还州债的法案。他提出这一法案旨在把州的债权人团结在联邦政府周围，以便削弱州政府的地位。该项措施一提出，便引起轩然大波，因为在此问题上各州利害不同。比如，马萨诸塞和南卡罗来纳诸州所借的债尚未还清，因而由联邦政府偿债显然对本州有利。相反，弗吉尼亚等州当时已有州政府偿还了债务，如果由联邦政府“承担”州债，就会增加本州纳税人的负担，使他们蒙受损失[⑤]。国会议员麦迪逊代表弗吉尼亚州的利益，坚决反对这项措施。在他的影响下，国会否决了承担州债的法案。后来，经过双方妥协，法案得以通过。为了应付承担州债的需要，在汉密尔顿的推动下，国会又就征收国产税——酒税法案进行表决，尽管也引起了一些议员的反对，但仍获得通过。

引起激烈争议的第三项措施是成立合众国银行，这是汉密尔顿在 1790

① 查理・比尔德：《杰弗逊民主的经济起源》（Charles Beard，Economic Origins of Jeffersonian Democracy），纽约 1927 年版，第 133 页。

② 参见杜马・马隆：《杰弗逊和人权》（Dumas Malone，Thomas Jefferson and The Rights of Man），波士顿 1957 年版，第 290 页。

③ 参见保罗・古德曼：《联邦党对杰弗逊的共和党人》（The Federalists Versus The Jeffersonian Republicans），纽约 1979 年版，第 24 页。

④ 参见克劳德・鲍尔斯：《杰弗逊与汉密尔顿》（Claude Bowers，Jefferson and Hamilton），纽约 1953 年版，第 48 页。

⑤ 参见阿得利尼・科克：《杰弗逊与麦迪逊》（Adrienne Koch，Jefferson and Madison），纽约 1969 年版，第 106 页。

年12月向国会提出的。该法案虽然获得了国会两院的通过，但是却遭到了麦迪逊等议员的攻击，在国会外反对最强烈的是国务卿杰弗逊。此时，杰弗逊不仅反对银行法案，也抨击汉密尔顿的公债政策。因为他经过调查研究，已经弄清汉密尔顿的公债政策使债权人获得了巨额利息，而政府为了偿还公债本息，则必须向民众征税。因此，他认为通过汉密尔顿的公债政策，民众的血汗钱源源流到了富有的公债债权人的腰包中，使贫者愈贫，富者愈富①。而且，投机商在抢购公债时所玩弄的种种欺诈手段，更加深了他对这项政策的反感。他还注意到，公债投机风对于正常的生产和经营活动造成了极为不利的影响。1791年8月2日，杰弗逊在一封信里写道："内债的固定利息为6厘，比一般利率高出12.5%"；"在国家证券上的投机已吸引了我国过多的公民，如果不予制止，我们担心它会妨碍我国的商业、制造业和农业"②。设立银行的法案被通过后，杰弗逊又发现，银行会加剧这种不良的趋势，使投机和欺骗长期继续下去。因此他认为，银行是特殊利益集团手中的工具，是经济力量的恶性集中，是靠牺牲农民利益来促进金融集团利益的阴谋的一部分。杰弗逊相信，凡是发行银行券的银行，都存在弊端，而合众国银行则集这些弊端之大成；银行会助长奢侈放荡，使人们走向堕落。他的根据是，银行并不产生资本，而是把资本从有用的经济活动中吸引到证券、股票的投机冒险活动中去③。

可以说，汉密尔顿建议成立合众国银行，是他与杰弗逊之间由合作走向对立的转折点。到1792年，杰弗逊进一步认清了汉密尔顿财政政策给国家带来的危害。同年2月，他对华盛顿说，汉密尔顿的财政政策鼓励了公民的投机行为，并且把他的毒素引进政府中来，"立法机关的某些成员，在审理这些法案期间，用债券营私舞弊以自肥，然后投票支持此法案，使其获得通过。于是从那时起"，就以他们的官职为诱饵，"建立和扩大这个体系"。④

① 参见梅利尔·彼得森：《杰弗逊和新国家》，第435页。

② 参见［美］吉尔贝·希纳尔：《杰弗逊评传》，中国社会科学出版社1987年版，第238—239页。

③ 参见梅利尔·彼得森：《杰弗逊和新国家》，第435—436页。

④ 梅利尔·彼得森编：《杰弗逊政治文选》（The Political Writings of Thomas Jefferson, Edited by Peterson），马里兰1993年版，第107页。

同年 5 月，他又对华盛顿说："这个体系成为腐化立法机关部分议员的有效手段，而这部分议员在投票中又起决定性作用；这个腐化集团决定了立法机关的意见，已表现出他们取消宪法加在全国立法机关的限制的意图……这个体系的最终目的便是把现在的共和主义政府形式变为君主制政府形式铺平道路。"①由此可见，这时的杰弗逊已看出，汉密尔顿的财政政策正在把美国从一个民主共和制变为一个以大财阀为支柱的、充满腐化的反民主的集权制国家。

杰弗逊和汉密尔顿在有关财政政策上发生的分歧，绝非他们之间的个人之争，而是维护民主还是实行集权统治的斗争。这场斗争在美国历史上具有深远的意义。虽然 1787 年的制宪会议制定了世界史上第一部民主宪法，并于 1789 年按照这部宪法成立了联邦政府，但是这个联邦政府把美国"引向何处去"的重大问题尚待解决。杰弗逊和汉密尔顿之间的斗争正是围绕这一重大问题展开的。汉密尔顿逆民主潮流而动，力图按他的既定方针把美国改变为财阀寡头专政的、集权的国家。杰弗逊和麦迪逊等人担心，汉密尔顿的意图一旦成为现实，美国人民在反英战争中经过流血争取到的民主成果将化为乌有。杰弗逊在给其密友肖特的信里就表达了这种担心："可以预料，我们的共和国将与这位总统（指华盛顿——引者注）同时死亡。"②出于这种担心，杰弗逊在与汉密尔顿的斗争中，提出了自己的奋斗纲领：美国应该本着 1776 年革命精神，捍卫联邦宪法，继续发扬民主，为民众谋利，把美国建成为一个全世界瞩目的"民主自由的国家"。这一纲领为共和党的形成奠定了思想基础。

二、共和党形成的群众基础

共和党的产生是有其群众基础的。它首先是通过意识形态领域里的斗

① 威廉·林奇：《政党斗争 50 年》（William Lynch, Fifty Years of Party Warfare 1789—1837），哥洛塞斯特 1967 年版，第 21 页。

② 阿得利尼·科克：《杰弗逊与麦迪逊》，第 140 页。

争，亦即两次“报刊论战”形成的。

第一次论战是由《人权》一书引起的。1791年春，英国政论家埃德蒙·伯克与美国民主斗士托马斯·潘恩展开笔战，前者写了《对于法国革命的思考》一书，不遗余力攻击法国大革命；后者写了《人权》一书，热情颂扬法国大革命。杰弗逊站在潘恩一边，私下里说了一些同情法国大革命的话。但是一次偶然的机会，这些言论被传了出去。众议院秘书贝克利拟在美国再版《人权》一书，他在把书交给出版商之前，将书借给了麦迪逊，后者又把书转借给杰弗逊。杰弗逊读毕之后，在交给出版商时随便附上了一张短笺，上面写了两句话：“我极高兴地看到它将再版，终于有人公开说话反对最近在我们中间出现的异端了。”“无疑地我国公民将再一次团结在《常识》的旗帜下面。”不料，出版商事前没有征得杰弗逊的同意，就擅自把短笺上的两句话放在书的前言发表了。而且，出版商在前言中还加了一段赞颂杰弗逊的话：这里引证的杰弗逊的词句不仅对于潘恩是公道的，而且给杰弗逊也带来荣誉。因为它“使人们想到杰弗逊的共和主义的坚定性和民主主义的朴素性，而正是他的这种品性使得信奉人权的每一位朋友都亲近他”①。《人权》一书于1791年5月在费城再版了。

杰弗逊在短笺里所提到的“政治异端”，是指副总统约翰·亚当斯的保守思想。因此，亚当斯在读了《人权》的前言之后，气得暴跳如雷。他让儿子约翰·昆西·亚当斯写文章攻击杰弗逊。约翰·昆西·亚当斯用“Publicola”的笔名，发表了一系列文章，从而引起了许多共和主义的拥护者的反击。双方一来一往，互相批判，在社会上产生了广泛的影响。1791年仲夏，埃德蒙·伦道夫向杰弗逊报告说，“共和主义的旗帜已经树立起来了，有许多团体都聚集到这面旗帜下”②。这样，杰弗逊就“突然作为共和主义的捍卫者被推到了公众面前”③。

第二场论战是由于创办《国民新闻》引发的。杰弗逊在就任国务卿后不久，已经觉察到临时首都笼罩着反民主的气氛。后来，他又从汉密尔顿所

① 杜马·马隆：《杰弗逊和人权》，第357页。

② 小诺布尔·坎宁安：《杰弗逊的共和党人》（Noble Cunninghan, Jr., Jeffersonian Republicans），查帕尔山1957年版，第12页。

③ 小阿瑟·施莱辛格：《美国民主党史》，上海人民出版社1977年版，第22页。

推行的财政政策中看到美国的民主岌岌可危，而且以汉密尔顿为代表的反民主思潮还有其喉舌——约翰·费诺主编的重要报纸《合众国新闻》。该报是一份“传播君主制、贵族制学说，排斥人民影响的托利党思想的报纸”（杰弗逊语）[①]。为了抵制该报传播反民主思潮，杰弗逊和麦迪逊感到有必要创办一份从正面宣传民主思想的报纸。不过，这时他们还没有考虑要组织一个政党，或者创办一份党报[②]。

1791年10月末，在麦迪逊的努力下和杰弗逊的指导下，由民主诗人菲利普·弗列诺任主编的《国民新闻》第一期与读者见面了。之后，以麦迪逊为首的民主派积极为该报撰文，热情宣传民主思想。但是最能震撼读者的是主编弗列诺的文章。他的激进民主思想，辅之以他那犀利之笔，沉重地打击了反民主的人。他指名道姓地攻击汉密尔顿的财政政策，说他的偿债措施将造就出一个脑满肠肥的富人小集团，新生的一大群收税官也将加入这个小集团。弗列诺还攻击了汉密尔顿的银行政策，指出：“正如在偿还公债政策下面一样，我们看到5000万美元的想象中的资本，以国家资源为抵押措施，将流入富有的投机者腰包。所以依靠这种银行制度，我们已经看到这些公债债权人变成了享有特权的法人团体。”在另一篇文章中，弗列诺又说，正当欧洲国家由于实行借债制度及永久性征税政策的结果，似乎在即将发生的社会大动荡之际，“被少数人的贪婪和野心”所制定的这些措施包含了推翻人权的原则。我们共和国政府将“像影子一样消失，其存在时期将是如此之短，以致几乎没有资格在历史上占有一席之地”[③]。弗列诺在无情地鞭挞汉密尔顿的同时，又极力颂扬杰弗逊，说他是“杰出的爱国主义人士、政治家和哲学家”，独力地同君主制和贵族制作战的“自由的巨人”[④]。

其实，弗列诺的行为是违反杰弗逊、麦迪逊让他办报的初衷的。杰弗逊原希望创办《国民新闻》报“只是惩罚那些赞成贵族政治和君主制的作者，

---

① 小诺布尔·坎宁安：《理性的追求》（Noble Cunningham，Jr.，In Pursuit of Reason），巴顿·路日1987年版，第169页。

② 参见小阿瑟·施莱辛格：《美国民主党史》，第24页。

③ 威廉·林奇：《政党斗争50年》，第23页。

④ 约翰·米勒：《联邦党时代》（John Miller, The Federalist Era），纽约1960年版，第91页。

而不是批评政府的工作”①。就是说，杰弗逊并不希望弗列诺公开批评汉密尔顿的财政政策，但是弗列诺没有按杰弗逊和麦迪逊的意愿行事。结果，弗列诺的文章引起了《合众国新闻》的猛烈反击。该报的矛头直指杰弗逊，谴责他是这场笔战的“始作俑者”，从背后搅乱了公众的“和平”。文章署名为“一个美国人”，但是杰弗逊和他的朋友们根据文章的“体例、材料……〔及〕文章的口气，断定作者是汉密尔顿本人”②。

与汉密尔顿不同，杰弗逊一直没有发表文章反击。这是合乎他的性格的，他文质彬彬，向来不做非礼之事，认为作为政府官员在公开场合互相攻讦，是有失身份的。因此，他稳坐家中，保持沉默，尽管他的朋友们纷纷撰文予以回击，但他却拒绝“走向战场”。这使汉密尔顿大为恼火。按汉密尔顿的说法，杰弗逊稳坐高台，用哲学把自己包裹起来，并且保持了自己为官者的尊严，怎样才能使杰弗逊暴露其真面目，“把被笼罩在政治神秘、政治欺诈的烟雾中的”、“玩弄阴谋的煽惑者”引诱出来呢？汉密尔顿绞尽了脑汁，最后只好亲自出马，攻击杰弗逊。这反而在客观上抬高了杰弗逊在民众中的威望，把他视为反汉密尔顿、维护民主事业和人民利益的领袖③。

由弗列诺的《国民新闻》报挑起的这场论战，其重大意义在于，把政府和国会内的反汉密尔顿的斗争公开化并扩大到全国，使广大公众了解了斗争的真相，从而有助于树立杰斐逊的民主捍卫者的形象④，有助于全国民众团结在杰弗逊的周围。当然，汉密尔顿所推行的偿债政策，也有助于树立杰弗逊在公众中的威望。第一，他实施的偿还公债、成立合众国银行及征税等措施，一方面使公债投机商、大金融家和大商人发了横财；另一方面使得以农民为主体的劳动人民蒙受了巨大损失，从而将这些人推到了杰弗逊和麦迪逊一边，使他们把杰弗逊看作自己利益的维护者。第二，汉密尔顿的“承担”州债的政策，损害了弗吉尼亚等州居民（其中包括种植园主）的利益，从而迫使他们支持麦迪逊为维护其利益而斗争。第三，汉密尔顿征收酒税的措

① 小阿瑟·施莱辛格：《美国民主党史》，第 24 页。

② 梅利尔·彼得森：《杰弗逊和新国家》，第 469—470 页。

③ 参见杜马·马隆：《作为政治领袖的杰弗逊》（Dumas Malone, Jefferson As Political Leader），伯克利 1963 年版，第 12—13 页。

④ 参见小诺布尔·坎宁安：《杰弗逊的共和党人》，第 19 页。

施，加重了以酿酒为副业的山区农民的负担，因此这些农民拥戴杰弗逊，也是很自然的[①]。

这样，意识形态领域里的斗争和经济利益方面的驱动，为共和党的形成，提供了广泛而扎实的群众基础。

三、共和党形成的历程

关于共和党的形成问题，存在两种不正确观点：一是认为共和党是杰弗逊、麦迪逊二人在一次旅行途中建立起来的。1791 年 5 月中旬至 6 月中旬，杰弗逊与麦迪逊二人到纽约和新英格兰作“植物考察”旅行，二人的旅行日记只记载了旅途中所观察到的花卉树木的名称和特征，以及山川风貌等，并没有涉及政治。但是，他们是在社会斗争十分复杂的时刻作这次旅行的，因此，他们的政敌将此次旅行与他们的政治活动联系起来，就顺理成章了。汉密尔顿的一个朋友给他写信说：“在首席法官（指利文斯顿——原注）、伯尔、杰弗逊和麦迪逊之间存在着热烈求爱的一切迹象。”[②]据此，一些史学家便作出了种种臆测，其中克劳德·鲍尔斯的说法最为武断：“当他们二人在等待鱼儿上钩的时候，曾就组织一个反对联邦党人的反对党的必要性交换了意见，甚至有可能在从乡间小路上的这些交谈中实际上已产生了民主的政党……”[③]鲍尔斯的说法缺乏事实根据。我认为很可能是杰弗逊与麦迪逊在旅途中顺便会晤了一些地方领导人，和他们交换了政治见解，联络了彼此间的情感，从而为共和党的形成创造了条件。因为后来这些人都成了共和党的骨干。

第二个不正确的论点是，关于共和党的形成过程。有些史家认为，共和党小组首先出现在各地，然后由杰弗逊把它们联合起来，成为全国性的政党。克劳德·鲍尔斯就持这一论点。他写道：“在杰弗逊用温和的眼睛环视

① 参见克劳德·鲍尔斯：《杰弗逊与汉密尔顿》，第 31 页。

② 杜马·马隆：《杰弗逊和人权》，第 362 页。

③ 克劳德·鲍尔斯：《杰弗逊与汉密尔顿》，第 81—82 页。

大地时，发现在几乎每一个州都有地方党派，有的存在时间长，为他们所理解的人权而斗争，但是他们的战斗是在地方上进行的。他要创立的政党正是要为同样的事业而斗争……为什么不把这些地方党派合并为一个大的全国性的组织，并且把争端扩大开来，使其包括州的和全国的问题呢?"①鲍尔斯的论点是错误的。因为他把共和党的形成过程恰恰弄颠倒了。实际情况是，共和党的核心组织首先是在国会里形成的，然后走向国会之外，把各地的民主力量联合起来，最后扩展到全国的选民中②。

国会共和党的核心组织是在麦迪逊的领导下，在反对汉密尔顿的财政法案的斗争中自然形成的。1791 年 10 月到 1792 年 5 月的众议院议员的投票记录表明：在一个有65名议员的众议院里，有17名议员在23次的表决中，总是与麦迪逊投相同的票，有大约半数的议员始终保持中立③。这样，那些支持汉密尔顿的议员即被称为联邦党人，而追随麦迪逊、反对汉密尔顿的议员就被称为共和党人④。国会共和党核心组织并非任何人事先按计划成立的。麦迪逊在开始领导这一小群议员时，首要目的是击败汉密尔顿的财政法案，在主观上尚没有建立政党的意图。共和党核心小组首先在国会里产生，也非偶然。因为汉密尔顿的财政法案必须先经国会通过，然后由总统批准才能生效。所以，国会议员的表决不仅成了汉密尔顿的财政法案能否通过的关键，也反映了议员们的政治态度和立场，而持相同立场的议员也就会自然地站在一起，阻止或者促使其法案的通过。

在共和党核心小组形成之后，麦迪逊不得不为政党的产生辩护。1792 年 1 月 23 日，他发表了篇题为《论政党》的文章，其中虽然承认政党的出现是坏事，但又认为是不可避免的，因为利益上的矛盾必然会推动政党的产生。他指出，政党之间的斗争起互相牵制的作用，因而可以促进对公众利益的维护⑤。同年 9 月，他又发表了一篇文章，对共和党和联邦党分别下了定义：联邦党是希望由少数人掌握政权，为富人谋利益，靠军事手段统治国家

① 克劳德·鲍尔斯：《杰弗逊与汉密尔顿》，第 143 页。

② 参见约翰·米勒：《联邦党时代》，第 102 页。

③ 参见小诺布尔·坎宁安著：《杰弗逊的共和党人》，第 22 页。

④ 参见 M.J. 希弗：《美国政治的发展过程》，第 77 页。

⑤ 参见理查德·霍夫斯塔特编：《美国历史上的大争论》，第 80 页。

的政党；而共和党则是相信人民有自治能力，尊重人权，为公众利益服务的政党①。

麦迪逊领导下的国会共和党核心小组并不是孤立的，它不但得到了杰弗逊的关心和指导，而且也和国会外的共和主义者保持密切联系，得到了他们的支持，有其广泛的群众基础。共和党在1792年的国会选举中所取得的胜利，就是广大公众支持的结果。这次选举是在反对汉密尔顿斗争愈趋尖锐的形势下进行的，也是对共和党的一次严峻考验，是它成长过程中的一个关键阶段。杰弗逊非常关心这次选举的结果。他在给法国友人拉法耶特的信里写道："进入我们立法机关的股票经纪人和国王的经纪人为数过多了。或者说，我们立法机关里有为数过多的人成为股票经纪人和国王的经纪人。但是，人民的声音开始喊出来了，而且多半会在即将到来的选举中迫使他们离开国会议席。"②

在1792年的选举中，国会共和党核心小组开展了积极的宣传活动。它散发的一份《告新泽西选民书》中说，汉密尔顿的财政体系产生了危险的后果，特别是偿还公债和成立银行的政策，后果更为可怕。另一份传单写道："在调查政府账簿及档案时，如果发现你们的代表们是投机商，他们为了私利而投票通过了偿还公债的法案，并且把你们的财产及凭你们的辛勤劳动挣来的钱夺去，以供他们自己使用的话，无疑地你们将选举公正无私的绅士。这样一来，你们就可以防止将来出现巨大灾难。"③共和党人的这些宣传把国会里面的分歧和斗争公开给选民，迫使议员候选人在竞选中必须面对选民表态：或者站在共和党一边，或者站在联邦党一边。选民也不会中立，他们或投共和党候选人的票，或投联邦党候选人的票。由于国会共和党核心小组在竞选宣传中善于抓住汉密尔顿财政法案的要害，提出了与选民切身利益相关的问题，使选民的大多数投了共和党候选人的票。通过这次选举，共和党在民众中的印象加深了。

同一年，还举行了总统选举，华盛顿再度被推为候选人。由于他的声

① 参见安得利尼·科克：《杰弗逊与麦迪逊》，第125页。

② 彼得·欧诺夫编：《杰弗逊遗产》（Jeffersonian Legacies），查洛茨维尔1993年版，第926—927页。

③ 小诺布尔·坎宁安：《杰弗逊的共和党人》，第29—30页。

望，无人与之匹敌，因此副总统的职位成了角逐最为激烈的对象。杰弗逊希望具有共和主义思想的人当选为副总统，以便取代思想较保守的亚当斯。为了协调副总统候选人的提名，麦迪逊进行了积极的活动。1792 年 9 月末，他派贝克利前往纽约会见当地共和主义者首领伯尔上校。贝克利返回费城后向麦迪逊汇报说，伯尔上校向我们保证，他会高兴地支持把 A 先生（指亚当斯——引者注）赶下台，并且尽全力去帮助 C 先生（指克林顿）当选①。在麦迪逊的推动和努力下，纽约、弗吉尼亚及全国各地的共和主义者首领，在提名克林顿为副总统候选人的问题上达成了一致意见。这意味着在总统与副总统的竞选活动中实现了以国会共和党核心小组为领导的各州首领之间的协调与合作。

这次总统选举的结果，共和党副总统候选人克林顿得票 55 张，虽然落选，但是仅比当选的亚当斯差12张，二人悬殊并不大②。而且，由于共和党在国会选举中获胜，使其议员在新一届国会里占多数。因此，通过 1792 年国会和总统选举，共和党不但从国会核心小组一跃发展为全国性的政党，而且也成为与联邦党势均力敌的大党。

然而，到 1792 年底为止，共和党“尚未深入国家政治生活里面去”③，只有在法国大革命和英法战争爆发之后，才使它前进了一大步④。1792年冬，从欧洲传来了法国人民把入侵的普鲁士军队逐出境外以及法国建立共和国的消息，1793 年 4 月又传来了英法战争爆发的消息。这些消息在美国引起了极大的震动，并很快分成了两大对立的阵营：以汉密尔顿为首的联邦党人及其追随者对法国革命又恨又怕，希望以英国为首的欧洲反法联盟一举把法国革命扑灭；共和党人及广大人民则同情法国革命，对法国人民在反对欧洲封建主义的斗争中所取得的每一个胜利都感到由衷的高兴。他们把法国革命同美国革命联系起来，认为反对汉密尔顿的财政政策与法国反对英国的战争一样，目标是一致的。因此比起过去，有更多的群众被吸引到了政治运动中，并团结在共和党的旗帜下。像“民主协会”、“民主俱乐部”等群众团

① 参见小诺布尔 · 坎宁安：《杰弗逊的共和党人》，第 46 页。
② 参见小阿瑟 · 施莱辛格：《美国民主党史》，第 51 页。
③ 小诺布尔 · 坎宁安：《杰弗逊的共和党人》，第 49 页。
④ 参见理查德 · 霍布斯塔特编：《美国历史上的大争论》，第 88—89 页。

体，如雨后春笋在全国各地涌现出来。到1794年底以前，这样的团体在全国不少于35个。它们主要由下层民众和中等阶级组成，同情共和党，支持法国大革命。1794年1月，马萨诸塞“宪政协会”在其“发起书”中就宣称，全人类的幸福完全取决于法国大革命的胜利①。诚然，这些民主团体在组织上还没有成为共和党的基层组织，但它们已是国会外的一种“压力集团”（Pressure groups），为共和党增添了力量②。正如杰弗逊所说，英法战争“以一种单单靠我们国内的利益之争绝不可能激起的热情，激发和推动了两党的发展”③。

共和党和联邦党成为全国性的两大政党以后，对于推进美国的民主化和在国家政治生活中起了重大作用。众所周知，美国宪法为美国国家组织搭好了一个民主的“框架”，并借助三权分立原则和联邦制对联邦政府的权力做了有效的限制，从而保障了民主。但是它忽略了政府机构运作中的实际问题。比如，按照宪法确立的三权分立原则，行政部门和立法、司法部门互相分立、相互制衡，以避免其中一个部门侵犯另一个部门的权力，用意甚好，但是问题在于它们中间缺少一个联结物，因而无法保证相互间工作上的协调，容易造成三权之间互相扯皮、推诿，影响国家政局的稳定和经济建设的正常进行。因此，共和党和联邦党的出现，不仅弥补了上述的不足，也有利于防止独裁统治的存在。比如，后来在杰弗逊任总统期间，他即以共和党领袖的身份，通过国会内的共和党议员（特别是通过国会共和党领袖），实现了政府部门和立法部门之间的协调与合作。政党在总统之间发挥了桥梁和纽带作用，保证了国家朝着民主化的方向发展④。

在此顺便谈两个问题，一个是共和党性质问题，有人说共和党是“南部种植园主联盟”；还有人认为“共和党是以奴隶主的名义，并且作为南方的‘特殊制度’的维护者发言的”⑤。我认为这一观点是错误的。理由是：第

---

① 参见保罗·古得曼：《联邦党人对杰弗逊的共和党人》，第36—37页。

② 参见理查德·霍布斯塔特编：《美国历史上的大争论》，第92页。

③ 参见小诺布尔·坎宁安：《杰弗逊的共和党人》，第54页。

④ 参见多尔斯·斯考编：《权力与总统职位》（论文集）（Power and Presidency），纽约1976年版，第27页。

⑤ 参见约翰·米勒：《联邦党时代》，第91页。

一，受汉密尔顿财政政策之害的主要是小农、小商人和城镇工匠，正是这些占全国人口大多数的社会下层构成了共和党的基本队伍。当然，南方种植园主因受汉密尔顿财政政策之害，也有人加入了共和党，但是与上述社会下层相比，毕竟是少数①。而且，与19世纪上半期不同，18世纪90年代的南方种植园奴隶制度尚未发展到兴盛阶段。因此，南方种植园主参加共和党改变不了共和党的性质。第二，在国会共和党议员及地方共和党骨干中固然有南方种植园主，但是共和党向来没有把维护南方的“特殊制度”列入其纲领中，也没有提出种植园主的“单独要求”。因而，以共和党中有南方种植园主成员为根据，否认它的民主性质是不符合历史事实的。

另一个是关于杰弗逊和麦迪逊二人在共和党形成过程中所起的作用问题。从个人性格及才能来说，杰弗逊不适合担任政治领袖。他拙于言辞，缺乏辩才，是一位学者型的活动家。1796年大选中，其政敌就说他只适合当大学教授，而不能胜任总统。所以，他对共和党形成的贡献正如米勒说的，“主要是在幕后作出的……作为一个政治领袖，这位国务卿宁愿通过别人做工作，而自己不肯露面；宁愿写信，而不愿讲话”②。麦迪逊主要是做具体的组织工作。在国会里领导共和党核心小组投票反对汉密尔顿财政法案的是他，积极推动弗列诺主编《国民新闻》报的是他，1792年选举中推动共和党发展为全国性政党的也是他。因此说麦迪逊是共和党的组织者，是恰如其分的。

但从总体上说，杰弗逊对共和党所起的作用是麦迪逊自叹弗如的。这是因为杰弗逊是共和党的精神力量，共和党在形成和发展中的每一步都离不开他的精神感召，麦迪逊在做具体工作时，总是与他保持联系，接受他的指导。正如马隆所指出的，麦迪逊虽然是一位真诚的人权维护者，但是在热情上比杰弗逊要逊一筹，他的热情要靠杰弗逊为他升温③。在大多数公众的心目中，杰弗逊身上充分体现了1776年革命精神，他不仅是反英民族解放斗争的卓越领导人之一（《独立宣言》的起草者）、共和主义的象征，而且是维

① 参见艾伦·希尔编：《美国史论文集》（Edited by Aleen Hill, British Essays in American History），纽约1957年版，第88—89页。

② 参见约翰·米勒：《联邦党时代》，第103页。

③ 参见杜马·马隆：《杰弗逊与人权》，第422—423页。

护人民自由、平等权利、反对一切暴政的旗手①。正因为如此，他成了共和党内公认的领袖，麦迪逊也甘愿做他的副手。约瑟夫·查理的话不无道理，杰弗逊“没有创立一个政党，然而一个广泛的民众运动却承认并且要求他当它的领袖”②。

（原载《历史研究》1996年第2期）

① 参见杜马·马隆：《作为政治领袖的杰弗逊》，第11页。

② 约瑟夫·查理：《美国政党制度的起源》，转引自约翰·米勒：《联邦党时代》，第10页。

杰弗逊的农业理想国

在美国开国元勋中，只有托马斯·杰弗逊是一位知识型的理想主义者。他所追求的理想是：使美国成为一个以农立国的、以小农为主体的、充满人情味的、牧歌式的农业共和国。我简称之为“杰弗逊的农业理想国”。

一

杰弗逊最早是在他所写的《弗吉尼亚纪事》（写于1780—1783年）一书中提出建立农业理想国的构想的。在该书“第XVIII问”中他写道：“我们对于农业的感情是如此深厚，对于外国的制造品是如此爱好，以致不管明智与否，我们的人民将尽可能早日回到原料品的栽培（指农业——引者注）中来，并且用这些原料品去交换比他们自己生产得更为精美的制造品。……当我们有土地可耕的时候，让我们不要希望看到我们的公民在工作椅上工作或摇动一个卷线杆……对于制造业的一般运行来讲，让我们的工厂留在欧洲吧！”①

在同书“第XXII问”里他写道：美国应该放弃海洋，把海洋让给其他国家，“让他们把我们所需要的（工业品）运来，把我们能够节省下来的东西(指农产品——引者注）运走。”“这会使我们在欧洲面前不致受到伤害……并且会把我们的全体公民都变为农民去种地。”②

1795年在致霍根道普书中，他又写道：“……倘若让我坚持我自己的理

---

① Jefferson: Writings, pp.290—291

② Ibid., pp.300—301.

论的话，我希望她既不从事航海业，也不从事商业，而是在对待欧洲的关系上，站在中国的立足点上（即从事农业——引者注）。这样，我们就可以避免战争，我们所有的公民都将是农民”。①

可见，杰弗逊希望美国以农立国，而反对在美国发展工业。

他之这样构想，是有他的理由和根据的。

首先，这是因为他认为与欧洲的情况不同，美国得天独厚，它的优越的自然条件适合于建立一个农业共和国。他在《弗吉尼亚纪事》“第 XIX 问”中写道：“在欧洲，土地或者被开垦了，或者被封锁起来不让耕地人使用。因此，必须依靠制造业，以维持过剩的人民的生活，这是不得已的，而不是出于自愿的选择。但是，我们这里有大量的土地在向农民招手。”②在他看来，美国一望无际的未经开垦的处女地，具备建立一个农业共和国的条件。

然而，杰弗逊之所以如此向往一个农业社会，主要是因为在他眼中，务农的人“抱朴全真”，忠厚善良，有优良的道德品质，而工业发展会使人们趋向腐化堕落。他在《弗吉尼亚纪事》“第 XIX 问”里写道：“在土地上劳作的人们是上帝的选民，如果他曾有过选民的话；上帝有意使这样的选民的胸怀成为特别贮藏他那丰富纯真的道德的地方。这里才是上帝保持神圣之火旺盛地燃烧的中心，否则这个神圣之火就会从地球上消失。耕种土地的广大群众道德腐化的例子在任何时代，任何国家都没有过。为了维持自己的生活，不像农民那尊重上苍，尊重自己的土地和尊重自己的劳动，而是依靠偶然性和顾客的反复无常的性格的人们（指工业人口——引者注），才会走向道德的腐化。依赖会产生奴性和贪财之心，会扼杀道德的萌芽，并且为野心（家）的阴谋提供适当的工具。这是技巧的自然进展的后果，它有时可能被偶然的环境所阻抑；但是一般说来，在任何国家，公民的其他阶级的总数与农民的总数之间的比例，我是其不健康的部分与其健康部分之间的比例，并且是衡量腐化程度的很好的晴雨表。……大城市的暴民之于纯洁的政府，正如脓疮之于健康的身体。保存一个共和国的旺盛的精力，是一国人民的态度和精神。这些东西之蜕化，就是一种癌症，它很快地会侵蚀到它的法律和宪

---

① 转引自 Thomas Jefferson: A Profile, Edited by Peterson, p.144。

② Jefferson: Writings, p.290.

法的核心中去。”①

在给朋友们的书信中，他一再强调农民的优良品质和工人的恶劣品质。在致约翰·杰伊书中他写道：“土地的耕作者是最有价值的公民。他们的精力最为旺盛，自尊心最强，最有道德……因此，只要他们能在这方面找到工作，我就不希望把他们变为水手、工匠或任何其他种人。……我认为工匠阶级是助桀为虐的人，是被利用去推翻一个国家的自由的工具。”②

在致麦迪逊书中他又写道：“我认为我们的政府经过许多世纪后仍将是有道德的，只要他们在基本上是务农的，只要在美国的任何地区存在空闲的土地。当他们都拥挤在大城市的时候，如在欧洲那样，他们也将和在欧洲一样腐化下去。”③

1804 年 2 月 1 日在给法国学者 J.B. 赛伊的信里，他又强调农业人口对于工业人口的“道德上的和物质上的优越性”。④

这样，杰弗逊之倾向于一个农业共和国，是着眼于道德。

他的另一个着眼点，是政治上的。他在给约翰·杰伊的信里写道：“耕种土地的人们……用最持久的纽带与他们的国家联结在一起，与它的自由及利益联结在一起。……”⑤

在给约翰·亚当斯的信里他又写道：农民“由于他拥有财产，或者由于满意于自己所处的地位，最关心维持法律与秩序，这样的人们可以令人放心地全面控制他们的公共事务”。⑥

这即是说：他认为农民是与民主、自由血肉相连的，农民的善良的胸怀，刚健的性格和独立的精神，是民主政治的可靠的保障。而且，农民是独立，自由的公民，他们最关心自由和权利，他们的目标是与民主共和国一致的。

他主张以农立国，还因为他发现农业可以带来好处。1787 年 8 月 1 日

① Jefferson: Writings, pp.290—291.

② The Papers of Thomas Jefferson, Vol.8, p.246.

③ Ibid., p. 918.

④ Ibid., p.1144.

⑤ Ibid., p.818.

⑥ 转引自 Richard Mathews, The Radical Politics of Thomas Jefferson, pp.31—32。

他在给华盛顿的信中写道："农业是我们最明智的职业，因为它终究最有助于创造真正的财富、良好的道德和幸福。靠投机和掠夺而得到的财富，就其本性来说，是瞬息即逝的，并且使全社会弥漫着赌博的精神。而农业可以带来适度的、可靠的收入，产生持久性的改进、安静的生活和公私守法的行为。"①

1785年4月29日在给移住美国的法国朋友德麦尼尔的信中，杰弗逊劝他在美国当农民，理由是：农业"是最安静、最健康和最有独立性的。……我想这是会产生最大的幸福和使您的哲学气质得到满足的职业。"②

他执着地追求的农业理想，在颇大程度上与他的个人性格、爱好有莫大的关系。他自幼生长在弗吉尼亚的西部边陲，天天接触农民和土地，所以对于农业和农民生活产生一种天然的感情和由衷的爱好。田园生活的情趣像磁石一样始终在吸引他，即使他在公务繁忙或远离故国时他也不忘情于故园的风物，而梦魂萦绕他的蒙蒂赛洛③家园。而且，他生性淡泊，不慕荣利，农村田园生活最适于他的这种性格。他一再辞官返里，原因就在这里。他在给友人书中表达了这个心迹，他写道："……我但愿幽居在一所朴素的农舍里，和我的书籍、我的家人以及少数老朋友一处生活，吃粗茶淡饭，把世俗的盛衰荣辱完全置之度外，而不愿身居高位，大权在握。"④

在给另一位朋友的信里他又写道："我生性鄙野，所以我酷嗜蒙蒂赛洛的森林、荒野和僻静，而厌恶这个华丽的首都（指巴黎——引者注）的一切令人眼花缭乱的享乐。所以我将以新的爱慕之情，怀着极度欣赏的心情，重返我的故里，因为虽然那里（指故乡——引者注）并不富足，但是却有更多的自由、更多的安逸，而苦恼很少。"⑤

这样，他对于农村的田园生活是一往情深，享受田园生活是他一生的夙愿。推己及人，很自然地他也希望美国同胞都享受这种生活乐趣。

① The Papers of Thomas Jefferson, Vol.12., p.38.

② Jefferson: Writings, p.1029.

③ 蒙蒂赛洛（Monticello）是他家乡的一座小山，他的住宅就建立在上面。

④ Edited by Sarah Randolph, Domestic Life of Thomas Jefferson, p.133.

⑤ Edited by Boyed, The Papers of Thomas Jefferson, Vol, 8., p.500.

杰弗逊之倾心于一个农业社会，也由于在他心目中农业生产效果大于工业。1816年在致本杰明·奥斯汀书中他表明了这个看法，他说：由于土地有一种天然的能力，农民对土地施加劳动，可以增加数倍的产量，比如每播一粒小麦，就可以生产出20或30甚至50粒小麦，而制造业者的劳动却不能增加任何东西。① 他这个理解是错误的，而且这也不是他向往农业社会的主要原因。

“杰弗逊的农业理想国”是有其思想上的渊源的，这个渊源可以上溯到罗马古典文学。他自幼耽读古罗马田园诗人维吉尔的作品，因而悠然神往于农村的田园生活。他之梦想美国成为一个充满田园情趣的农业国家，显而易见是受维吉尔的思想影响。

最后，“杰弗逊的农业理想国”也是北美独特的地理环境的产物。波涛浩渺的两大洋把北美大陆与旧世界隔开，这就在北美居民中产生一种隔绝感，产生一个建立与世隔绝的、不受外界干扰的“世外桃源”的幻想。杰弗逊的农业思想集中地反映了这个幻想。

杰弗逊向往农业理想国的背景就是如此。但是美国学者劳伦斯·卡普伦却另有解释。他认为杰弗逊之主张美国成为一个农业社会，是出于对英国的恐惧。他说：美国建国初期，它的国民经济处于英国的控制下，英国商品大批涌入美国，严重地威胁了美国的经济独立。杰弗逊“相信自给自足的农业经济会自动地把美国从英国商人的控制下解放出来。”②

这个解释显然是错误的，国家为缺乏有力的根据。

第一，杰弗逊的农业共和国并不是自给自足的。他在许多场合表示他的农业社会在工业品及生活必需品方面要仰给于欧洲。

第二，英国之控制美国经济只是在美国独立后几年内的一个短时期的事，而杰弗逊却是终生爱好农业社会，让美国保持一个农业社会一直是他内心中潜在的理想。

---

① Richard Mathews, op. cit., p.48.

② Lawrence Kaplan, Jefferson and France, p.22.

二

那么，杰弗逊所设想出来的这个农业理想国究竟是一个什么样的社会呢？它有哪些特点呢？

通过他的言论，我们可以窥见一个概况：在这个排除工业发展的农业社会里，几乎所有的公民都是农民。家庭是社会细胞，也是生产单位。社会的基层是“分区”（Ward），一个县应该分为若干个“分区”。“分区”是自治的，每一个成年男子都有选举权，都可以参加“分区”的管理。每一个“分区”都设立一个初级学校，儿童免费受三年初级教育。农民都是小土地所有者，① 实行小土地所有制。

这个理想社会具有以下几个特点：

1. 农民在经济活动上是自由的、独立的，既不受人剥削压迫，也不剥削压迫别人。他们为自己劳动而不是为别人劳动，过一种“日出而作，日入而息，凿井而饮，耕田而食”的自食其力的生活。这是农民小土地所有制所决定的，关于这一点 C.B. 麦克弗森（McPhirson）作了如下的说明：“一个人如果拥有自己的小块地产，他就不能从属于别人了。而且小块地产是防止政府暴政和防止经济压迫的重大保障。杰弗逊之希望美国保持为一个小土产所有者的国家，就是为保证个人自由，以及只有在坚固的独立经济中才能成长的一切品德。”

他又写道：“总之，对于拥有地产的正当性的辩明，是以比动物更高的生活水平的权利为基础的：有免除强制劳动和专横统治的自由，被认为是充分意义上的人的生活的一部分。同时，对于它的正当性的这个辩明，就是维护对于劳动手段的权利。全部要点是：一个人由于在自己的土地上或其他生产手段上劳动，才能够是独立的和自由的。” ②

2. 情谊高于经济利益。1784 年杰弗逊在给麦迪逊的信里写道：“……和

---

① 杰弗逊在他草拟的弗吉尼亚宪法草案中规定州政府无代价地分配土地（50 英亩）给每一个成年男子，其已拥有土地但不足 50 英亩者，其不足数由州政府予以补足。见 Jefferson：Writing, p.343。

② 转引自 Richard Mathews, op. cit., p.51。

谐友爱的社会对于幸福和我们的生存价值来说，是有头等重要性……要好好衡量一下：和谐友爱和金钱利益哪一个价值大，并且问一问您自己，在您一生中哪一个最能增加您的幸福。”①

杰弗逊的这一席话反映了他的价值观：与金钱利益相比，他认为情谊更有价值。他希望在他的理想国里也建立这样一个情谊高于金钱的人际关系。在这个社会里，人与人之间的关系应该是互让互利的关系。他认为，如果人类忘记“他们自己”，而专门去为发财赚钱而奋斗的话，到最后必将达到人们“互相吞噬”的地步。②

3. 人人有知识，人人有文化。杰弗逊一向认为愚昧是民主和人民幸福之大敌，所以他提倡普及教育不遗余力。关于教育的重要性，他发表的言论多得不可胜举。在给他的老师威思的信里他写道：“我认为在我们整个法典中最重要的法案便是有关在人民中间传播知识的法案。为了保存自由和幸福，想不出任何其他可靠的基础。……我亲爱的先生，请提倡一个反愚昧的运动吧；制定和改进关于教育普通人民的法律吧。”③

杰弗逊既然如此重视普及教育，在他的理想国里，无疑问一切公民都应该是文质彬彬的有文化素养的人。

4. 人人都享受家庭的天伦之乐。在出使法国期间，在从巴黎写给国内朋友贝立尼的信里，他把法国与美国的家庭关系做了一个对比，他写道：在法国“不正常的男女关系在年轻人中间有，在有野心的人们中间有，在年事已高的大人物中间亦有。在他们中间不存在夫妇之爱，完全不知以夫妇之爱为基础的家庭的天伦之乐为何物。在他们中间只有追求，这个追求助长和加强了我们全部的恶劣的情欲，只带来片刻的狂欢，每天每月处在不安和痛苦之中。这比美国坏得多了，因为美国家庭的温暖使居民大多数人享受平静的，历久不变的幸福。”④

他之赞美美国家庭生活，实际上反映了他个人爱好或思想倾向，他所欣赏的就是夫妇亲子之间的互相关心、充满骨肉之爱的，恬静而幸福的家庭

---

① The Papers of Thomas Jefferson, Vol.7., pp.558—559.

② Richard Mathews, op. cit., p.123.

③ Jefferson : Writings, p.859.

④ Ibid., p.833.

生活。而且他本人也实践了这个理想，他的家庭就是夫妻互敬互爱、父慈子孝的雍和静穆的家庭。他中年丧妻后始终没有再婚，但是到晚年子孙绕膝，充分享受了天伦之乐。

他期待于他的农业理想国的，当然就是这种人人都享受天伦之乐的家庭关系。

5. 富于悠闲情趣的生活。清教主义要求人们从黎明劳动到曛暮，从髫龄之年劳动到老死，要求人们像牛马一样无休止地劳动，不给他们闲暇时间和剩余的精力，以免“堕落”、“犯罪”。杰弗逊反对这种苦行僧式的生活，他认为追求幸福是人的自然权利。因此，在他的理想国里，农民应该过一种“悠闲”的生活：愉快地劳动，有节制地劳动，有时间和精力从事娱乐和文化活动。

而且，他所提倡的农民小土地所有制本身就决定了农民生活的“悠闲”的性质，因为和农奴不同，和工资劳动者也不同，自由的小农可以完全自由地安排自己的劳动。如果说“紧张”是农奴及工资劳动者的劳动特点的话，那么“悠闲”便是“杰弗逊的农业理想国”里的居民的劳动特点。

6. 讲求科学技术以提高人民的生活。杰弗逊一向重视知识，重视科学和技术，因为他深知道它们有助于人民生活的改进。他这个态度也表现在行动上。他在出使法国期间为了向美国引进欧洲科学技术及新的发明成果做了大量的工作。他本人也从事科学研究及技术创造活动。

因此，不难看出：在他的理想国里，科学技术占有重要地位。重视科学技术，说明杰弗逊并不想使他的农业共和国倒退到中世纪时代。他虽然鼓励科学技术，主张用科学方法种地，但是他反对农业生产的无限制的发展，他认为农业发展要适可而止。因为在他看来如果农业生产发展过度，就会出现奢侈腐败现象，会蹈工业社会的覆辙。[①] 他要求生产有节制，人的欲望有节制。

可见，“杰弗逊的农业理想国”实际上是体现了中庸之道。

7. 禁绝投机、赌博，人人过一种严肃的生活。杰弗逊在 1816 年给克劳福德的信里写道：“……我们在我们自己身上有最丰富的幸福资源，不许感

---

① Richard Mathews, op. cit., p.123.

染上放荡和赌博的狂热病的少数公民，把危险带给在家内从事无害的、安全的工作的广大群众。”①

他本人从未涉足于土地投机、金融投机活动。②据他家中的黑人仆役艾萨克口述，杰弗逊不但自己从不赌博，而且也禁止家里人赌博。③

可以想见，杰弗逊的理想国应该是一个投机、赌博绝迹的、生活严肃的社会。

8. 实现种族友爱。在这个理想国里也有印第安人的地位。印第安人习惯于原始的狩猎生活，不懂得农耕。杰弗逊希望把印第安人吸收到他的农业社会里来，所以在任总统期间他一再向印第安人部落写信，向他们晓谕农业生活的优越性。他的努力虽然失败了，它至少说明他希望在他的理想国里白人与印第安人共处，以实现种族友爱。

顺便指出：杰弗逊没有让黑人参加他的理想社会，这是因为他发现黑人在智力上劣于白人，害怕黑、白人混血会降低白人的素质。相反的他发现印第安人在智力上与白人相等，所以他不担心白人与印第安人混血。

归纳起来说，这是一个人情和美，其乐融融的社会，因为这里没有人剥削人、人压迫人的现象；没有钩心斗角、尔虞我诈、损人利己，甚至图财害命的现象；也没有人欲横流、利欲熏心、穷奢极欲以及精神空虚的社会病。一句话，它是一个丰衣足食的、富有人情味的、充满田园情调的“世外桃源”。

但是这个社会也有其经济基础，那就是小土地所有制，它与这个社会所具有的上述种种特点的关系是皮与毛的关系，假若没有这个小土地所有制，这些特点也就无所依附了。

三

杰弗逊不但有崇高的理想，而且也有实践精神。他没有睡在这个温馨、

---

① 转引自 Richard Mathews, op. cit., p.37。

② Dumas Malone, Thomas Jefferson and His Time, Vol.1., p.252.

③ Jefferson At Monticello, edited by James Bear（Jr）, p.72.

美妙的理想上自我陶醉，他曾为实现这个理想而奋斗过。为了为这个理想社会打下经济基础，作为实现这个理想的第一步，建立小土地所有制是他争取的主要目标。

1776 年他在弗吉尼亚宪法草案中提出无代价分配小块土地的建议，这是他争取实现小土地所有制的最早的尝试。然而，该宪法草案未获采纳，他的建议落空了。

后来，他又把实现小土地所有制的希望寄托在西部土地上。1777 年他在弗吉尼亚议会里提出了一项法案，规定把西部土地分成小块无代价地分配给无地的劳动者。但是，该法案在议会的讨论中遭到肆意删改，结果被通过的法案已面目全非，安全失去了原来的民主性质。于是，杰弗逊的努力又化为泡影。①

1776—1779 年间，杰弗逊在弗吉尼亚议会中提议废除长子继承制和限定嗣续法（Entails），其主要目的是打击大土地所有制，为最终实现小土地所有制铺平道路。经过他的斗争，这两个封建法制被废除了。但是从效果来看，它们之废除并未导致大土地所有制的削弱，反而有愈益加强之趋势。②

总之，杰弗逊实现小土地所有制的努力以失败而终。

但是，他并未因此而心灰意冷，他也从其他方面为实现他的农业理想国而努力。

1778—1781 年他担任弗吉尼亚州的议员和州长期间，他积极支持民族英雄乔治·罗杰斯·克拉克在弗吉尼亚西北边疆的反英武装斗争，并且一再帮助他制定军事计划。杰弗逊的动机是很明显的：他不但企图借此来巩固弗吉尼亚的战略地位，而且也希望把西北地区从英军占领下解放出来，以便为在西北地区实现他的农业理想创造前提条件。③

1784 年任邦联国会议员时，杰弗逊曾为国会起草了《西北法令》，其主要内容有三：第一，在西部成立新的州时，必须实行民主；第二，西部新州可以以与旧州平等的资格加入联邦；第三，在西部禁止奴隶制。这些措施的

① Merrill Peterson, Thomas Jefferson and the New Nation, p.122.

② 详情可参看拙文："杰弗逊改造美国土地制度的宏图"，《美国研究》1987 年第 4 期。

③ Merrill Peterson, op.cit., pp.177—178.

主要目的在于为他有朝一日在西部实现的农业理想社会提供政治、经济上的保障。这个法令虽然获得国会的通过，但是由于种种原因被束诸高阁。因而杰弗逊的打算又化为乌有。①

这样，杰弗逊为了他的理想国所作的种种努力都归于失败。

但是他一生中的许多活动，都说明他始终不忘情于他的农业理想国。

在出使法国期间，他特别热心于把欧洲的农作物新品种引进美国。他为把欧、亚、非诸洲的优良的大米品种引进美国而耗费了大量心血。他说过："为国家的耕种增添一个有用的植物，也是对国家的最大贡献。"② 农业理想一直萦绕在他的心头，他任何时候也不忘为他的美国农业"大花园"增添一草一木。

杰弗逊在欧洲旅行期间，特别留心考察当地的农业，而对于工业则不甚措意。他旅行的目的"是为了看农村，而不是看城市"。③ 这是为什么？很明显，他是想以欧洲的农业状况作为他在美国实现农业理想国的借鉴。

他也是一位现实主义者，理想主义与现实主义在他身上恰当地统一起来。他说过："在像政治经济学那样复杂的学科中，没有一个原则对于一切时代及一切环境都是正确的、有用的。"（1816 年）④

他没有不分时间和条件顽固地坚持自己的原则，在严峻的现实面前他也不能不让步。到 18 世纪末，他不再反对制造业了，他同意发展制造业。到 1801 年他已经以肯定的口气谈道："我们财产的四根柱子——农业、制造业、商业及航运业。"

他的态度的这个重大转变，与拿破仑战争有很大的关系。在这一场波及全球的战争中，中立国的船只在海上遭到交战国船舰的肆意劫夺，以致欧洲的工业品无法运到美国来。1809 年，杰弗逊进一步认清了这个现实，他说：美国人要想生存下去，就必须依靠"农业、制造业与商业之间的平衡"。当然，在他的价值表上，农业还要领先，但是他看到制造业、商业及航运业

① 参看拙文：《杰弗逊改造美国土地制度的宏图》，《美国研究》1987 年第 4 期。

② Durmas Malone, op.cit., Vol.2, p.126.

③ Merrill Peterson, op. cit., p. 350.

④ 转引自 Thomas Jefferson: A Profile, p.135。

对于美国来说，已成为迫切的需要了。① 他还说："工业的精神已经在我们中间扎下了很深的根，而且其基础是靠很大的牺牲才打下的，所以不能放弃。"② 到1816年，他对于工业的重要性有了更为深刻的认识，他写道：在拿破仑战争中，"海盗行为蔓延于陆地和海上，……在这个国与国之间秩序混乱的情况下，我们有上千只船被抢劫……这样，我们就完全被从海上排挤出来。……为了独立，为了生活上的舒适，我们就应该自己从事制造。现在我们应该把制造业者放在农民身旁。……我们是制造自己的生活用品呢，还是不这样而依靠外国的意志呢？现在反对国内制造业的人，一定是或者希望我们降到对外国依靠的地位，或者让我们赤裸着和野兽一样过穴居生活。我不是这样的人，经验告诉我：制造业现在对于我们的独立和舒适的生活都很重要。"③

但是必须看到以下几点：

第一，杰弗逊之向严峻的现实让步，是很勉强的，不是出于心甘情愿，因为他在1812年对英战争爆发后写信给友人肖特道："我们的敌人（指英国——引者注）感到恶魔般的安慰，因为他把我们第一代双亲（指农业——引者注）从天堂移开：他把我们从一个和平的、务农的国家变为一个军事的、制造业的国家。"④

第二，杰弗逊之从反对工业化到赞成工业化的转变，并不是受争霸的野心所驱使，而是由于他关心美国人民的生活和幸福。诚然，他在赞成工业化的时候，对于美国应该工业化到什么程度，是否让它发展到超出本国需求之外并且与外国竞争的程度，还不太清楚。但是可以断言的是：对于工业化，他是按照社会账目表（亦即人民的幸福），而不是按照资本家的账目表来衡量的。⑤

第三，他是在环境的压迫下不得不同意工业化的，他在思想感情上爱好农业、歌颂农民和关心农民的命运的态度始终未变，他照旧关切农民的利

① Ritchard Mathews, op, cit., p.48.

② Ritchard Hofstadter, The American Political Tradition, p.51.

③ Thomas Jefferson: Revolutionary Philosopher, Edited by John Pancake, pp. 114—115.

④ 转引自 Ritchard Mathews, op, cit., p.49。

⑤ Vernon Parrington, Main Currents in American Thought, Vol.1., p.348.

益。这最清楚地表现在他任总统期间购买路易斯安那的问题上面。

1803年，美国从法国手中以很低的价钱（60，000，000法郎，相当于16，000，000美元）购买密西西比河以西的大片领土路易斯安那（相当于当时美国的全部领土）。关于这次购买的重大意义，杰弗逊在致国会的咨文中做了说明，他说：“密西西比河的财产和主权及其水道，不但为西部诸州的产品确保了一个独立的出路及其全程不受（外国）控制的航行，从而可以避免与其他强国的冲突及对和平的危害，而且这块土地之肥沃、它的气候和土地的广袤，为我们的财政部门在恰当的时刻提供了重要的帮助，为我们的子孙提供了丰富的物资储备，而且为实行自由和平等的法律，提供了广阔的场地。”①

在这里，“自由和平等的法律”，不言而喻，意味着无代价地分配小块土地给西部居民。而且显而易见，通过路易斯安那的购买，杰弗逊是希望吸引大批移民到路易斯安那安家立业，使他们享受悠闲自在的、自食其力的农民生活。易言之，他仍在梦想在大西部实现他那海市蜃楼式的农业理想国。

但是，不管他如何苦心孤诣地为实现自己的理想而奋斗，这个理想终究是可望而不可即的，因为在资本主义工业在世界范围内胜利进军中，杰弗逊的农业理想是违反历史潮流的。

四

杰弗逊是用诗的语言描绘这个理想国的。他没有使用政治经济学上的枯燥乏味的、生硬的术语和词句，没有求助于理智上的思辨或逻辑上的推理，而是凭借他那丰富的想象力，用饱含感情的绮丽多姿的辞藻，通过文学形式表述了他一心向往的理想社会。实际上，他那有美学价值的、充满诗意的农业理想国，以及其中蕴涵的优美的境界，也只有用他所使用的优美的语言，才能生动地、洞见底蕴地表达出来。

那么，学者们是如何估价、评论“杰弗逊的理想国”的呢？

---

① 转引自 Stuart Gerry Brown, Thomas Jefferson, pp. 121—122。

波科克（J.G.A.Pocock）把提出这个理想的杰弗逊描写成一位充满怀古之情的、害怕近代化的思想家，并且把他和否定人类一切文明而提倡人类回到自然去的卢梭等量齐观。① 这种观点是难以令人首肯的，因为杰弗逊固然很欣赏印第安人的原始社会，也希望用原始社会的古朴质素的精神去医治文明、科学及艺术的高度发达所带来的社会病，但是如上所述，他是重视科学技术，重视文化，重视农业生产改进的。这正是他与卢梭的主要分歧所在。

理查德·马修斯（Richard Mathews）的提法比较合理，杰弗逊的农业理想是一种“中庸之道”（Golden Mean），是一个介乎荒野的无忧无虑的无政府状态与城市污秽场所的堕落的过度的文明之间的整洁的、丰富的花园，是把旧世界的艺术、科学和技术的优点移植到新世界尚未为（近代文明）所污染的乐园中来的产物。②

也有些作者把杰弗逊的农业思想与重农学派的学说混为一谈。诚然，二者是有其类似之处，因为二者都重视农业，都认为农业可以创造真正的价值；但是二者却有很大的区别，因为杰弗逊同情农民而反对大土地所有者；重农学派忽视农民的利益，只提倡大农场制度。二者之间的区别还不止于此，更有其本质上的区别。列欧·马科士（Leo Marx）写道：“虽然农业派（Agrarian）③ 这个名称通常被用来概括杰弗逊在这里所赞赏的社会理想，但是如果称杰弗逊的这个社会理想为‘牧歌式’（Partoral）则更为准确，更有启发性。这并不是模棱两可的语言：其中包含一个重大的区别。……那么，区别在哪里？主要区别在于这两个词（指农业派和“牧歌式”——引者注）对于经济因素的重要性的看法有所不同。称杰弗逊为一个农业派，就等于说他的论点在本质上奠基于对农业经济的重视的上面。但是，在（《弗吉尼亚纪事》一书中的）‘第 XIX 问’里面他明显地否认了在评价各种不同形式的社会的优劣中采用经济标准的重要性。尽管他那时代的真正的农业派重农学派曾经证明大规模农业的效率优越，杰弗逊继续维护小型的家庭经营的农

① Richard Mathews, op.cit., p.119

② Richard Mathews, op. cit., pp. 47、51.

③ Agrarian 一般译为“土地均分论者”，但是马科士把重农学派包括在 agrarian 里面去了，所以只好译为“农业派”。——作者注。

场。”①

这样，马科士一针见血地指出了重农学派的学说与杰弗逊农业思想之间的本质上的差别：重农学派是用经济标准去评价各种不同的社会经济制度的，他们重视经济效率；而杰弗逊则持相反的态度，他所欣赏的不是经济效率，而是“牧歌的”情调。

但是，如果往更深一层去追究，我们可以发现杰弗逊的农业理想国反映了他所特有的价值观。

首先是他对于“人”的重视。在他的理想国里，“人”的地位提高了。农民经营独立自主的经济，在他们身上体现了“人”的尊严、独立的人格。相反的，在工业社会里只看到人的依附地位——工人变为机器的附属品，金钱支配了人，物支配了人，人失去了独立存在的价值。在对待“人”的态度上，杰弗逊与亚历山大·汉米尔顿形成了最明显的对比，因为前者把人看成是目的，认为一切其他，包括财产或政府在内，都不过是为人谋幸福的手段；相反的后者把财产放在首位，把人放在次要地位，把财产当作目的，把人看成是手段。他的财政纲领就颠倒了人和金钱，人和物，人和财产的关系。为了发展工业资本主义，为了使资本家发财，即使任意蹂躏妇女儿童，他也毫不内疚于心。当他一心一意筹划把妇女儿童驱进工厂当工资奴隶时，杰弗逊正在满腔热情地为实现他的普及教育的计划而奋斗，为提高人的素质而呕心沥血。②

其次，是他重视情谊而轻视金钱利益。在他的农业理想国里，人际关系是互利互助的，没有残酷的斗争，人与人的关系是友谊的关系、骨肉情爱的关系，而不是金钱利害的关系。

再者，是他把精神生活放在第一位，把物质生活放在第二位。在他的理想社会里，人们过着悠闲的、从容不迫的生活，他们有健康的娱乐，有正常的文化活动。人人都享受内容充实的精神生活。当然，杰弗逊并不忽视人的物质生活，他希望通过科学技术的发展来提高农业生产，使农民能够享受舒适、富裕的生活。但是，他反对狂热地追求物质上的享受而忽略高尚娴雅

---

① 转引自 Ritchard Mathews, op, cit., p.43。

② Richard Hofstadter, op.cit., p.54.

的、富有情趣的精神生活。

这样，杰弗逊在构思他的农业理想国时，力图最大限度地实现人的价值，使得人们生活得更有意义、更为充实，从而达到精神生活与物质生活互相协调的康乐之域。因此，我的结论是：杰弗逊是一位名副其实的伟大的人文主义（Humanistic）思想家，他的农业理想充满了人文主义精神。

杰弗逊之提出富有人文主义精神的农业理想，在欧美思想界可以说是异军突起，是对于16世纪到19世纪初在欧美盛行的思潮的大胆的否定。

从16世纪以来，欧洲许多政治理论家纷纷出来为上升中的资本主义设计它的发展准则。他们虽然言人人殊，但是有一个共同的基调：放手让每一个人都去追求个人的狭隘的私利，并且认为如果每一个人都循着这个方针去做的话，社会整体就会稳定、繁荣和进步，国家也会发达昌盛。这种思想，在实质上就是"有占有欲的个人主义"（Possessive Individualism）。伯纳德·曼德维尔（Bernard Mandeville）以简洁的语言概括了这个思潮如下："这样，每一个部分都充满了邪恶，然而整体却是一个天堂"。①

这个思潮，美国学者马修斯称之为"市场哲学"，其核心便是以物质利益来衡量一切。金钱至上，个人利益第一，便是其响亮的口号。根据这个市场哲学，人与人的关系只能是金钱关系，或贷方与借方的关系。

美国建国伊始，汉米尔顿等人继承了这个"市场哲学"的衣钵，成为有占有欲的个人主义传统的嫡派传人。汉米尔顿渴望资本主义充分发展，他眼中只看到财富、权力和所谓的"荣耀"。在他看来，"人类社会在本质上是一系列市场关系。"他相信人性是恶的，每一个人都"有野心，好报复，贪婪成性"，一切国家，一切时代概莫能外。他认为"个性只有在累积财富中才能得到充分的实现，只能由某些人积累财富，只能靠牺牲他人的个性"。他还认为，为了让这样的社会运行下去，必须运用政治权威去保护一部分人加速积累财富。因此，他鼓吹要有一个奠基在资本主义扩张上面的强大的国家主权者。②

与这个"市场哲学"针锋相对的，是杰弗逊的人文主义，因为他的人

---

① 转引自 Ritchard Mathews, op, cit., p.36。

② Ritchard Mathews, op, cit., p.123.

文主义在社会经济意义上是“非市场哲学的”，“非资本主义的”（Noncapitalism）。

有趣的是：杰弗逊的人文主义与中国儒家思想有惊人的类似。

《论语·乡党》：“厩焚。子退朝，曰：‘伤人乎？’不问马。”这不是重视“人”的价值吗？

《论语·先进》：曾皙曰：“莫春者，春服既成，冠者五、六人，童子六、七人，浴乎沂，风乎舞雩，咏而归。”“夫子喟然叹曰：‘吾与点也’”。这里，孔子所击赏的，不是一种生趣盎然的“悠闲”的情趣吗？

《论语·里仁》：“子曰：‘君子喻于义，小人喻于利’”。孔子提倡“仁”，主张“爱人”，提出“忠”、“恕”之道。他反对“争”，强调“让”。这些，不是说明孔子所向往的是一种重视情谊的、富有人情味的人际关系吗？

可见，杰弗逊与孔子的价值观在基本上是一致的。这是人类思想文化史上一个非常值得注意的现象，它有力地证明：中、西文化并不是水火不相容的，而是有其相通之处。

（原载《美国研究》1987年第4期）

杰弗逊改造美国土地制度的宏图

在美国革命时期的领袖中间，像托马斯·杰弗逊那样锐意于改革事业并且为之付出大量心血的人是不多见的。杰弗逊有一个宏伟的抱负：把新诞生的美国建设成他心目中最理想的共和国。为此，他提出了一个全面的改革方案，它涉及政治、经济、教育、宗教甚至刑法，其中，土地改革纲领占有重要的地位。本文的目的是试图对这一纲领和为实现它而进行的斗争做一个初步的探索。

一

杰弗逊特别偏爱农业，一度曾幻想让美国永远保持为农业社会，而把工业留在欧洲。① 他向往恬静而富有人情味的小农社会。对他说来，农业是最合乎自然的职业；农民质朴淳厚，具有人类的一切美德，是共和政府的最可靠的社会基础。1785 年他写道："耕种土地的人是最有价值的公民，他们是最为生气勃勃的、最独立的、最有德行的人，他们与国家联成一体，并且用持续不断的纽带和它的自由及利益结合在一起"②。

他之歌颂农民，固然与个人的偏好有关，但也基于政治上的考虑；他是民主政治的坚决的捍卫者，认为小农社会是民主政治的重要保障。第一，小农是独立而自由的公民，最关心自由与权利的保持，目标与民主政治一致。第二，拥有小块土地的农民，"由于有财产，或由于满意于自己所处的地位，

① Koch and Peden, The Life and Selected Writings of Thomas Jefferson, p. 384.

② Ibid., p. 377.

最关心维持法律和秩序。而且这样的人们可以令人放心地全面控制他们的公共事务……”[①]；第三，农民道德品质好，这有利于维持民主的社会。

他是如此倾慕这种土地所有制，以致他从各种不同的角度来论证它的合理性。首先，他到历史中去为这个土地所有制寻找根据。他认为这种土地制度，是“古已有之”的：美国人的远祖，英国人的祖先撒克逊人就曾在这个制度下度过他们的黄金时代。1774年他在《英属美利坚权利概观》一文中说，撒克逊人的生活是异常幸福的，这是因为根据撒克逊人的财产法，人们凭绝对的所有权拥有土地，可以自由地支配自己的土地财产。只有诺尔曼人入侵英国后，封建制度才代替了自由的小土地的有制[②]。

杰弗逊又以法律来证明自由小土地所有制的合理。1776年8月13日，他在致埃德蒙·彭德尔顿的信中写道：“关于我们的土地应该是完全自由的私有的见解，是我长期以来就有的，而且在我研读法律后更加强了这个见解。”封建所有制的“历史不是大家所熟悉的吗？实施它的目的不是为了建立防卫制度吗？后来它不是变为一架庞大的压迫机器吗？……我们现在立刻返回到8世纪以前实行过的我们祖先的那个幸福的制度，人类的智慧所曾设计过的最英明的和最完善的制度，不是更好吗？”[③]

杰弗逊之如此尽情地歌颂自由的小土地所有制，还与他的社会政治思想有关。

他是自然权利论的热心维护者，他相信每一个农民根据自然权利都应该有一份土地。他写道：“土地是（自然）作为共有物赠给人们，供他们劳作和生活于其上的。”“财产权利是建立在我们的自然的需要上面的，是建立在我们被赋予的，借以满足这些需要的手段上面的，当然，用这些手段取得财产的权利，并不意味着侵犯别人的同样的权利”[④]。

杰弗逊不但相信人们的土地权利，而且相信财产上的平等[⑤]。他在法国乡间散步时遇见一位贫苦农妇，听她倾诉了自己的苦难后非常感动，施舍

① Henry Dethloff, Thomas Jefferson and American Democracy, p.51.

② Merrill Peterson ed., Jefferson: Writings, pp.751—752.

③ Ibid., pp.751—752.

④ Henry Dethloff, ed., op. cit., p.51.

⑤ Koch and Peden, op. cit., pp.411—412.

了一些钱给她。他写道："这个小小的同情心，加上我踽踽独行，引起了我的一连串的思考。我想到：财产分配上的不平等造成了我在这个国家所看到的，并且也可以在全欧洲到处可见的那种数也数不清的悲惨的事例。……我认为平均分割财产是行不通的，然而既然极大的不平等给人类大多数造成那么多的灾难，立法者为了再分配财产而创造出再多的方案也不为过，只是要注意他们的再分配的措施不违反人类之常情"①。

一言以蔽之，自由的小土地所有制便是杰弗逊所热烈追求的理想的土地制度。

二

但是北美的土地制度与杰弗逊的理想却大相径庭。

在殖民地时代，殖民当局时常把大块土地赠送给有势力的人，英王也任意把大量土地"赏赐"给自己的宠臣。这便促进了北美殖民地大土地所有制的形成和发展。弗吉尼亚的大种植场奴隶主都拥有成千成万英亩的地产，他们实行限定嗣续法（Entails）和长子继承制。按照限定嗣续法，遗产（包括土地和奴隶在内）只能由有一定身份的人继承；而在长子继承制下，遗产只能传给长子，其余的子女均无权分到遗产。大土地所有制所以能够维持下去，还由于它是建立在种植场奴隶制经济上面的。黑人奴隶是奴隶主的财产，是"会说话"的工具。奴隶主靠残酷剥削黑人致富和扩大种植场经济。因此奴隶主的大地产的维持和扩张是离不开奴隶制度的。

这样，限定嗣续法及长子继承制是大土地所有制的法律上的保障，而奴隶制度则是大土地所有制的经济基础。

这便是弗吉尼亚的现实。

但是在13州以西，亦即阿勒格尼山以西的"西部"，则是另一番景象。"西部"在1763年以后被英国划为"禁区"，不许东部居民越过大山向西迁移。但是禁令并未生效，东部居民照旧西迁，特别是在独立战争爆发后，西迁人

① Henry Dethloff, ed., op. cit., pp.56—57.

数与日俱增。有两股人口洪流涌向“西部”：一是贪婪成性的大土地投机商或由他们组成的土地公司。在1776年以前的25年中，“西部”的大量土地落到这些人手中。他们或者是从英王或殖民地当局那里取得土地赠予；或者是与土著印第安人磋商，然后从他们手中“购买”土地，只付出微不足道的价钱；或者是用屠杀、驱逐的手段夺取印第安人的土地。另一股人口洪流是穷苦的劳动者大军。他们翻山越岭，长途跋涉进入“西部”，占据小块土地，定居下来。这便是所谓“占地人”（Squatters）。与牟取暴利的土地投机商不同，“占地人”到“西部”来是为了用自己的双手开发处女地，他们披荆斩棘开垦荒地，对于西部的开发作出了巨大的贡献。他们中间有的人定居在无人问津的土地上，也有的人定居在土地公司遥领（因为公司在“取得”土地后并不在土地上安家落户）的土地上，因而时常在土地投机公司与“占地人”之间发生土地所有权的纠纷①。这个纠纷的焦点是：西部土地应该归广大无地的劳动者所有？还是应该落到土地投机商手中作为他们非法牟利的手段？这是长期未获解决的问题。

同时，这两股人口洪流在西进中也与西部土地的真正主人——印第安人发生冲突。在这个冲突中印第安人总是失败者，他们的土地一片一片地落到白人手中。

面对这个现实，杰弗逊的态度是明确而坚定的：他反对大土地所有制，反对“以富益富”，同情无地的居民，同情千辛万苦到“西部”去的“占地人”，而反对自私自利的土地投机商。而且，他也在一定程度上同情印第安人。杰弗逊为人正直廉洁，从未参加“西部”土地投机，也没有与从事土地投机的公司发生任何关系②。

从这个立场出发，杰弗逊在第一次革命期间构思出一套比较完整的土地改革纲领。它大体上分为两大部分：第一大部分是弗吉尼亚土地改革纲领，目的在于打击弗吉尼亚大土地所有制，促使其瓦解。具体措施有二：一，取消限定嗣续法及长子继承制；二，解放奴隶。前者旨在剥夺大土地所有制的法律上的保障，后者旨在消灭大土地所有制的经济基础，因为解放

① Merrill Peterson, Jefferson and the New Nation.

② Ibid., p.119. Dumas Malone, Jefferson, the Virginian, p. 252.

奴隶势必瓦解种植场经济。这两者的最终目的显然是实现自由的小土地所有制。

第二部分是“西部”土地改革纲领，目的在于在“西部”建立自由的小土地所有制，从而创造出大批自由的小农阶级。方法是用民主方式解决土地问题，具体措施是：一，无代价地把“西部”土地分配给无地的劳动者；二，为“占地人”取得小块土地的所有权创造条件；三，打击土地投机者，剥夺他们兼并“西部”土地的机会。

鉴于美国西部有广阔的处女地这样罕见的有利条件，杰弗逊早就主张吸引欧洲受苦受难的劳动人民前来北美，给他们小块土地，作为安身立命之所。1775 年，他在为大陆会议草拟的《关于拿起武器的宣言》中宣布：“北美的政治制度，它的各种不同的土壤和气候，向每一个国家的不幸的人们和有进取心的人们招手，向他们开放一些资源，并且保证他们取得财产和自由享有财产”①。他期待由来自欧洲的千千万万劳苦人民组成理想中的小农社会。

但是，杰弗逊认识到，只是采取上述措施，只是用民主方式解决土地问题，是不够的，还必须配合以几种辅助的措施：（一）公平合理地解决印第安人的土地所有权问题。因为无论是从法理讲，还是从道义讲，美洲的土地本来都是属于印第安人的。因此在处理“西部”土地中，必须尊重印第安人的土地所有权。

（二）实行“西部土地”国有化。这是用民主方式解决“西部”土地的前提，因为只有由官方掌握全部“西部”土地，才能谈得上把土地无代价地分配劳动者。

（三）为“西部”自由的小土地所有制提供政治上、经济上的保障。具体措施有三：一，在“西部”成立新州，并使它们取得与旧州完全平等的地位。他之强调新旧州间的平等地位，是因为他感到只有这样，才能保证“西部”诸州避免沦为东部诸州的殖民地，从而保证“西部”自由的小土地所有制的存在和发展。当然，杰弗逊之提出这个主张，也是由于他一直认为，既然美国宣布对英独立是为了摆脱英国的殖民压迫，那么，在独立后美国也不

① From Henry Dethloff, ed., op. cit., p.52.

应该把西部当作自己的殖民地加以奴役①。二，在西部新州建立民主共和制政府，使广大居民对政府的施政有发言权。因为，只有这样，自由的小土地所有制才能得到保障。三，在“西部”禁止奴隶制度，因为在存在奴隶制的地方，自由的小土地所有制会受到严重的威胁。

可见，杰弗逊的“西部”土地纲领是一套规模宏伟的，以土地改革为中心的，包括政治、经济改革的，缜密周详的纲领。他之所以如此苦心擘画西部的土地改革，是因为他对“西部”寄予无限的希望。诚如马隆教授所指出的，“与同时代许多人在这个共和国的广阔的未分配的土地中看到建立个人财产和使之永久化的可能性不同，他却在其中看到建立一个更强悍的小农社会的可能性”②。

以上便是杰弗逊改革美国土地制度的宏图，其终极目的是实现以自由的小土地所有制为基础的小农社会。

三

为了改革弗吉尼亚的大土地所有制，杰弗逊决心首先为消灭限定嗣续法及长子继承制而斗争。

他所以决心消灭限定嗣续法，第一，是因为他看出这个封建法律所造成的害处，他写道：大土地所有者，“由于想为自己建立高大的门第，确立了限定嗣续法，这个财产代代以同一个姓名传下去，这就扶植了一些不同寻常的世家巨族，这些世家巨族为了使财产长久地集中有自己手中，靠法律的手段享有特权，于是他们就形成一个贵族阶级”。第二，是因为在他看来，“废除限定嗣续法会防止财富积聚和永远积聚在上流家族手中，并且使得这个地区的土地避免愈益被这些家族吞并，成为他们的永远的产业”③。

他所以主张废除长子继承制，是因为他看到“取消长子继承者及平均

---

① Dumas Malone, op. cit., p.411.

② Ibid, p.252.

③ Marie Kimball, “Jefferson’s Four Freedom”, Virginia Quarterly Review, Vol. 19, No.2, pp.213—214.

分配遗产会消灭使得每一个家庭的一个成员富裕，而使所有其余成员变穷的封建的，不自然的差别待遇”①。

可见，他消灭这两项封建法律的目的在于打击、瓦解大土地所有制，至少可以防止土地进一步集中。他认为，这样做再加上实行其他改革（实现宗教自由，实行教育改革等等），就会“根除古代的或封建的贵族的每一根纤维，并且为真正的共和政府打下基础”②。他希望通过土地改革，来消灭他所厌恶的贵族。

杰弗逊本人虽然是弗吉尼亚的贵族，但是他成了本阶级的“叛逆”。他称这个贵族阶级为“人为的贵族”，认为他们“既无德，又无才”③，他们之能爬上社会的高位，是靠人为的手段，亦即靠财富及门第，而不是靠品德及本领。这样的贵族之存在，是造成殖民地社会不平等的重要原因之一。因此他要求铲除这样的贵族，而另外培养“自然”的贵族。他说“自然的贵族”就是德才兼备的贵族。他主张通过教育来培养“自然的贵族”，然后让人民通过选举把“自然的贵族”选出来，以代替“人为的贵族”。而为了铲除“人为的贵族”，在他看来，取消限定嗣续法及长子继承制，是最有效的办法。但是他说，“为了实现它，暴力是不必要的，也不剥夺自然权利，而毋宁是靠废除法律来扩大自然权利”④。

杰弗逊在 1776 年 10 月 14 日向弗吉尼亚议会提出了关于废除限定嗣续法的法案。但是这个法案在议会里遭到保守派头头埃德蒙·彭德尔顿的反对和阻挠，他建议修改这个法案，主张在法案中规定：由土地所有者自己去决定他是否限制土地的继承。⑤这个法案也激起了其他保守派分子的狂怒。大保守派兰登·卡特在致华盛顿的信中写道：杰弗逊所发动的这个反对限定嗣续法的运动，就是进攻“我们任意处置自己的财产的权利”。他特别把仇恨

① Marie Kimball, “Jefferson’s Four Freedom”, Virginia Quarterly Review, Vol. 19, No.2, pp.213—214.

② Merrill Peterson, op. cit., p.110.

③ Pancake, Thomas Jefferson: Revolutionary Philosopher, A Selection of Writings, pp.25—26.

④ Kimball, op.cit., pp.213—214.

⑤ Dumas Malone, op. cit., pp. 253—254.

集中在杰弗逊身上，他讽刺地说，那个有财产的绅士居然这样干，简直令人大惑不解，除非他是一个“白昼的酒鬼”①。这个法案终于在 1776 年 11 月 1 日被通过。杰弗逊在给富兰克林的信中高兴地表示：这个重大的变革并没有发生“阵痛”②。

后来杰弗逊又向弗吉尼亚议会提出关于废除长子继承制的法案。这一法案，不但要求一切合法的子女有平等的继承权，而且私生子，外籍子女，同母异父或同父异母的子女都能继承。而按照英国的习惯法，这三种子女都无权继承父母的财产③。

在议会讨论这个法案时，反对的仍是以彭德尔顿为首的保守派。由于赞成这个法案的议员很多，彭德尔顿不得不让步，他主张：至少长子应该得到其弟妹两倍的遗产。杰弗逊反唇相讥道：“假如长子能够吃两倍多的饭，或者能干两倍多的活的话，那么这就证明他有权利领取双份；但是，他的能力和需要完全和他的兄弟姊妹一样，因而他在分遗产时就应该获得同样的份额”④。

但是，关于废除长子继承制的法案迟迟到 1785 年（当时杰弗逊正出使法国），才在詹姆斯·麦迪逊的努力下获得议会的通过。乔治·塔克是当时弗吉尼亚的法学家，他认为，这个法案不仅废除了长子继承制，而且还引进和建立了“直接与习惯法对立的原则，它消灭了封建的野蛮主义”而代之以“开明的理性”⑤。

在取消了这两项法律之后，已往继承权被限定的土地和奴隶的所有者，现在可以把土地和奴隶出卖或转让给任何人了。同时，没有立遗嘱的地产也可以平均分配给所有的子女了。在杰弗逊看来，这才是合乎理性和自然的制度⑥。

---

① Marie Kimball, “Jefferson’s Four Freedom”, Virginia Quarterly Review, Vol. 19, No.2, pp. 255—256.

② Ibid., pp. 255—256.

③ Marie Kimball, op. cit., p.215.

④ Merrill Peterson, op. cit., p.115.

⑤ Ibid., p. 116.

⑥ Ibid., p. 114.

在1776年以后的10年中，各州都废除了限定嗣续法，只有两个州例外，因为这两个州这项法律从来就没有认真实行过。而长子继承制则在15年内在所有的州都无例外地被废除了。不过北卡罗来纳和新泽西仍歧视妇女：北卡罗来纳只许男子继承遗产，除非死者无男嗣。新泽西则给男子两倍于女子的遗产①。

那么，废除这两种封建法律的效果和影响如何呢？

勒·普列伊、亚列克西·托克维尔及西·利普塞特等人都认为废除这两种法律有重大意义，是对大土地所有制的严重打击②。杰弗逊的传记作者奇纳德也持同一见解，他写道："世袭地产制的废除，使得这些地产负有个人财产的一切义务，'可以被出卖、转让、没收、交换和传给子孙'，和普通的财产一样，这意味着弗吉尼亚的高雅的阶级的迅速消灭"③。

现在看来，这些人都把这个改革估价过高。以实际效果来衡量，这个改革并没有给弗吉尼亚的大土地所有制带来多大变化。第一，正如美国历史学家伯纳德·贝林所看到的，限定嗣续法及长子继承制从来也没有在北美生根，甚至在弗吉尼亚也是如此。在土地价格低廉和容易取得的地方，这种法律上的限制，并未起多大作用④。比如，限定嗣续法在弗吉尼亚并未普遍实行。杰弗逊的父亲彼得的地产就不是限定继承的⑤。而且这个法律在实施中还出现逃避现象：一块大地产，在主人履行所谓"截去"（Docking）的法律手续后，依然可以出卖或让出。"截去"是指由立法机关通过一种特殊的法令，尽管手续复杂、麻烦，但是一个大地主只要办理这样的法律手续，就可以自由处理自己的土地。长子继承制也常常实行不了，因为在这项法律下，只有在死者没有遗嘱的情况下，遗产才由长子继承；如果死者在遗嘱中申明遗产可以在子女中间平均分配，那么就可以不实行长子继承制的办法⑥。

---

① J.Franklin Jameson, American Revolution Considered as A Social Movement, p.57.

② Herbert Aptheker, America's Continuing Revolution, pp.82—84.

③ Gilbert Chinard, Jefferson: An Apostle of Americanism, p. 88.

④ Bernard Bailyn, "Political Experience and Enlightenment Ideas in the 18th Century America", American Historial Review, Vol.67, No.2, p.345.

⑤ Dumas Malone, op. cit., pp.253—254.

⑥ Merrill Peterson, op. cit., pp.113—114.

第二，19世纪初，弗吉尼亚的大土地所有制愈加发展。当时的一位观察家对潮水地带做了调查，发现贫富差别与殖民地时代相比有过之无不及："这里那里的富丽堂皇的贵族宫殿及其附属物，很惹人注目；而周围许多英里内，除了贫苦的、勤劳的、愚昧的佃农的冒烟的茅屋外，看不到其他建筑物"①。

在我看来，杰弗逊打击弗吉尼亚大土地所有制的努力所以未能产生重大效果，主要是因为他没有打中要害，取消限定嗣续法及长子继承制，只能触及大土地所有制的皮毛。为了真正彻底改造大土地所有制，必须实行法国大革命期间所实行的革命方式——没收和再分配。但是在美国革命的形势下，这是办不到的，因为大种植场主大多数参加了革命，并且参加了领导集团。

四

为了解放奴隶，杰弗逊也作了一番努力。

杰弗逊是一位资产阶级民主主义者，他强调人性尊严，在他的理想社会里当然没有奴隶制存在的余地。而且他也看到"奴隶制的存在必然要对我们同胞（指白人——引者注）的习惯发生不良的影响"。因为奴隶制度会败坏奴隶主及其子女的道德，也会养成白人好逸恶劳的恶习②。此外，杰弗逊也对于被侮辱、被蹂躏的黑人奴隶表示了深切的同情。他在1786年写道：黑人在北美奴隶制度下面每一小时所蒙受的苦难，比北美白人在英国殖民统治下所蒙受的"几百年的苦难更为深重"③。因此，杰弗逊从1774年起就猛烈地谴责奴隶制度，并且立下了为解放奴隶而奋斗的心愿。

但是，杰弗逊之反对奴隶制度和主张解放奴隶，还有一个重要的理由，即经济上的理由：解放奴隶有助于打击或改造大土地所有制，因为美国南方

---

① J.Franklin Jameson, American Revolution Considered as A Social Movement, p. 116.

② Ibid., p. 228.

③ Pancake, op. cit., pp. 337—308.

的大土地所有制是和种植场奴隶制经济紧密地结合在一起的。解放奴隶是杰弗逊改造弗吉尼亚大土地所有制，改造美国土地制度的宏图中的一个重要的组成部分。

革命开始后，杰弗逊试图让弗吉尼亚在解放奴隶的道路上迈出第一步。1776 年他在弗吉尼亚州宪法草案中规定："今后进入这个州的任何一个人都不许在任何借口下被置于奴隶制度之下"①。可惜的是：这个宪法草案没有被弗吉尼亚代表会议所采纳。

但是杰弗逊并未灰心。1776 年他被弗吉尼亚议会指定为法律修改委员之一，修改委员们在他的主持下起草过一份解放奴隶的计划。但是当时客观条件尚未成熟，舆论界还不能接受有关解放奴隶的任何建议。修改委员们意识到这一点，所以一直未能把这个计划作为正式法案提出来。杰弗逊本人也觉察到在这个形势下如果不合时宜地突然提出解放奴隶的建议，会冒葬送整个改革计划的危险，因为他当时还为实现一系列其他改革而斗争②。

后来杰弗逊在写《弗吉尼亚纪事》一书时，把这个计划的内容也写了进去。这就使得我们有可能窥见杰弗逊解放奴隶的具体打算。按照他的计划，在解放奴隶的法案通过后出生的一切奴隶都应该由政府予以解放。他们在出生后要和双亲一道生活一个时期，由政府出钱训练他们的职业技能，到达成年时，就由政府把他们送到美洲大陆的腹地，在那里帮助他们建立一个自由独立的国家。这个国家应该与美国建立同盟关系，一直到它强大得足以自立时为止。在移出黑人的同时，也把同等数目的白人移民从欧洲招来，以取代黑人的位置③。

杰弗逊解放奴隶的计划有很大的局限性和不彻底性。他不是想一下子解放奴隶，而是想长期慢慢地解放他们；解放后不是让他们留在国内与白人共同生活，而是把他们放逐到国外去。他的缓慢的解放计划显然是受到州内保守派的影响；他之主张放逐解放后的黑人，是由于他自己没有摆脱种族主义

---

① Merril Peterson ed., op. cit., p. 344.

② Ibid., p. 152.

③ Ibid., p. 264.

的影响。他害怕黑人与白人混血，这是因为他认为黑人是劣等种族。而且，他这个计划也有很大程度的空想性，所以它之未能实现，自是意料中事。

五

从1776年起，杰弗逊就为实现西部土地改革纲领而奋斗。

（一）为公平处理“西部”印第安人土地而努力

1776年6月，杰弗逊在他草拟的弗吉尼亚州宪法草案中特别规定，“在从印第安人土著所有主手中购买土地之前，不许占用任何土地；从他们手中购买任何土地都应着眼于公益，而且每次购买都要由议会通过法案特别处理”①。从这里可以看出两点：第一，杰弗逊是尊重印第安人的土地所有权的；第二，他也赞成白人通过合理合法手段购买印第安人土地。这包含着他的用白人进步文明征服印第安人的落后的文明的意图。但是他并不像许多白人那样想在肉体上消灭印第安人。毋宁他是愿意在他的小农社会中给印第安人留一席之地，同意印第安人参加这个社会。这不仅因为他自幼与印第安人经常接触，而且也因为他经过多年观察及研究，发现印第安人在身心两个方面与白人不相上下。弗吉尼亚代表会议基本上采纳了杰弗逊在宪法草案中所提出的处理印第安人土地所有权的政策，它通过一个决议，谴责一切私自从印第安人那里购买土地的行为②。但必须指出，杰弗逊的努力及弗吉尼亚代表会议的决定都没有产生多大效果。后来西进运动的历史表明：印第安人照旧遭到白人屠杀、驱逐及丧失土地的悲惨命运。最后，联邦政府把他们统统赶到西部穷山恶水的“印第安人保留区”，听其遭受饥寒交迫的命运的摆布。

（二）为“西部”土地的国有化而努力

早在1776年草拟弗吉尼亚宪法草案时，杰弗逊就主张把“西部”土地

① Merril Peterson ed., op. cit., p. 343.

② Ibid., p. 118.

归州所有，并且把这个主张写进草案里。该草案中专门有一条规定弗吉尼亚州的疆界，这是按照 1609 年特许状（该特许状规定弗吉尼亚的疆界从海到海）的原则规定的，这就意味着“西部”土地也归弗吉尼亚州管辖。草案被通过后，弗吉尼亚以西的“西部”土地就正式划归州所有，州政府有权处理这些土地①。

归州所有是“西部”土地向国有化迈进的第一步。第二步是从州有向国有化过渡，对于这个过渡，杰弗逊也起了推动作用。他一再督促弗吉尼亚议会把西部土地割让给邦联。他相信弗吉尼亚应该以大卡纳华（Great Kanawha）河口的子午线为它的边界。

1784 年，邦联国会接受了弗吉尼亚把俄亥俄河以北的“西部”土地割让给邦联的申请（弗吉尼亚同时把俄亥俄河以南的土地留给自己，以便分配给大陆军队的官兵，作为对他们服役的报酬）。

（三）为用民主方式解决“西部”土地问题而斗争

早在 1774 年，杰弗逊就在他所写的《英属美利坚权利概观》一书中提出了用民主方式解决北美土地问题的主张。他写道：“从公民制度的性质和目的来讲，在任何单个的社会的周围的管界内，一切土地都属于这个社会，只有这个社会才能分配”②。他不但提出了这个主张，而且建议把它制定为国家政策。1776 年，他在弗吉尼亚宪法草案中就提出了在弗吉尼亚无代价分配土地的建议：“未被拨用的或被没收的土地应该由州长在枢密会议的同意下予以拨用。每一个尚未拥有 50 英亩土地的成年人，都有权利被拨给 50 英亩的土地，而且虽有土地，但不足 50 英亩的人，应予以补足”③。然而，这个草案未获采纳，所以这个建议落空了。

他把重点放在“西部”，殷切地希望在“西部”全力推行这一政策。在他起草这部宪法草案的同一年，他就主张在西部实行无代价分配土地，而反对由政府出卖西部土地。他在致彭德尔顿的信中就明确地提出：“我是完全

① Merril Peterson ed., op. cit., p. 118.

② Ibid., pp. 119—120.

③ Ibid., p. 343.

反对出卖土地的，”“如果实行出卖土地的政策，就会增加移住到西部的人们的负担。向他们出卖土地，你会引起他们的厌恶，……他们将不顾任何人的反对而去占据土地———我同时清楚地认识到：他们应该被分配以小块土地”①。

他不但提出了这个主张，而且也在弗吉尼亚议会中为实现这个主张而斗争。在议会中与杰弗逊志同道合的议员还有梅森，他们二人一致同意分两个步骤去解决西部土地问题：第一步解决悬而未决的问题，第二步确立一项永久性的政策。两人决定分头负责，梅森起草与第一个步骤有关的法案，杰弗逊起草与第二个步骤有关的法案。这两项法案都是在 1778 年 1 月提出的。

梅森的法案规定：在 1778 年 1 月以前到西部去的一切定居者都可以以名义上的（微不足道的）价钱购买 400 英亩的土地，并且授权成立一个委员会（Commission），由它对有争论的土地问题作出裁决。这个法案一字未改被通过了。

杰弗逊的法案授权成立土地机关，按四种办法处理西部未被占据的土地：第一，任何人只要来到西部，就可以领取土地，这等于恢复殖民地早期的人头权（从欧洲来到北美殖民地的人，每个人都可以领取土地）；第二，在共和国建立后出生的每一个自由人都有资格在他（她）结婚时领取 75 英亩的土地；第三，在反英的独立战争中服役的军官和士兵都可以领取数量不同的土地；第四，任何人都可以向土地机关申请购买土地，每 100 英亩 40 镑。该法案在议会里遭到代表东部种植场主利益的保守派议员的猛烈反对。一般地说，东部种植场主都对西部的发展不感兴趣，在他们看来，这个法案如果通过就会吸引东部人口大量西迁，促成东部土地的贬值。而且保守派领袖如哈里森、布拉克斯顿等人都与北方土地公司有瓜葛，想从土地投机中牟取厚利。还有的议员担心这个法案的实施，会推动军队中的士兵离开军队西去，这对于战争不利②。还有的人着眼于州的财政问题，指望靠出卖西部土地来增加州的财政收入，以应付日益增加的战争费用③。上述这几类人都反

① Merril Peterson ed., op. cit., pp. 752—753.

② Ibid., p. 121. Dumas Malone, op. cit., p. 258.

③ Ibid., p. 122.

对杰弗逊的法案。他们联合起来对法案大肆修改，粗暴地删去了头两项关于无代价分配土地的条款。还删去了法案中另一项有重要意义的规定：凡购买不超过 400 英亩土地的人，都可以从任何县法院领取土地执照。在删去这项规定后，他们又加上如下规定：购买土地不论多寡，均要到州的首府所在地的土地机关登记局领取土地执照。弗吉尼亚是一个幅员很大的州，杰弗逊原来的规定显然对购买小量土地的小农有利。议会还做了另一个重大的删改。杰弗逊的法案对每个人购买土地的数量作了限制，目的在于防止大土地投机商乘机囊括土地，而议会把这项规定取消了。只有作了这些重大删改之后，议会才通过了杰弗逊的法案。这样一来，杰弗逊的法案被糟蹋得面目全非，已失去了原来的民主性质。法案通过后，西部土地大块大块地落到大土地投机商人手中。杰弗逊的希望又化为泡影了①。

（四）为西部的政治民主化及禁绝奴隶制度而斗争

在西部实现政治民主并且禁绝奴隶制度，以便为自由小农社会安排一个适合的政治经济环境——这是杰弗逊多年的心愿。到 1784 年实现这个愿望的机会到来了。这一年邦联国会任命杰弗逊为一个委员会的主席，任务是起草一个关于在“西部”土地上成立临时政府的法案。杰弗逊便把自己的上述愿望具体化为条文，写进了法案：第一，西部土地应划为若干州，“它们各自的政府必须是共和主义形式的”。实行成年男子的普选制（当时还没有一个州采取这样大胆的步骤）；第二，“在基督教纪元 1800 年以后在上述诸州内不许有奴隶制度，也不许有非自愿的劳役，除非为了惩罚个人犯罪行为”②。这就是说，要在整个“西部”禁止奴隶制度；第三，西部新州应以与旧州平等的身份加入联邦③。

法案包含在西部禁止奴隶制的条款，是杰弗逊的远见卓识。这当然与他的哲学及社会政治观点一致，但是如果我们把这个建议和他的整个西部土地纲领联系起来看，更可以看出这个建议的深远意义，因为禁绝奴隶制度是

① Merril Peterson ed., op. cit., p. 122.

② Edward Dumlanlol ed., The Political Writings of Thomas Jefferson, pp. 39—40.

③ Ibid., p. 40.

与他的小农社会理想完全合拍的。

但是，这个法案在国会遭到强烈反对的就是关于奴隶制的条款。反对者主要是南方议员，他自己的代表团（弗吉尼亚）也背叛了他。南方议员中只有他的好友休·威廉森（北卡罗来纳）和他一道投了赞成票。结果只是因为少了一票，禁止奴隶制的条款被删去了。

法案被删去禁止奴隶制的条款后被通过了。但是此后它却被束诸高阁，这主要是由于势力强大的反对者多方加以阻挠。他们害怕西部在成立政府后，广袤富饶的土地会把东部的人口吸干。他们也不相信“西部”边疆，认为那是个无法无天的场所，所以对西部发展不感兴趣。反对者的领导人是鲁弗斯·金和内森·戴恩两人。结果，国会在1787年又通过了一个法案，叫作“西北法令”，用它去代替杰弗逊的1784年法案。“西北法令”所涉及的范围只限于俄亥俄河以北，局限性很大：第一，它砍掉了杰弗逊法案中关于在“西部”各州实行民主共和制的规定，为选举权增加了财产资格及居住资格，缩小了选民的范围。它也为当官者规定了很高的财产资格；第二，它虽然恢复了杰弗逊关于禁止奴隶制的条款，但只限于俄亥俄以北①。这就削弱了它的意义，因为俄亥俄河以南才是斗争的焦点，南方奴隶主最感兴趣的便是这里。

归纳起来，在杰弗逊的“西部”土地改革纲领中，虽然有些要求实现了，但作为纲领核心的以民主方式解决“西部”土地问题的目标没有达到，这意味着他的西部土地改革计划基本上失败了。

简短的结论

综上所述，杰弗逊改造美国土地制度的宏图以失败而告终。

但是我们不应以成败论人。杰弗逊在这个斗争中表现了崇高的政治品质。马隆教授关于杰弗逊倡导土地改革的动机这样写道：“……他的全部记录表明：推动他的政策的是哲学上的考虑，而不是狭隘的政治上的考虑，而

---

① Merrill Peterson, op. cit., p. 285.

且也没有史料证明他怀有野心，想博得群众的欢心”①。我同意这个评价。但是我认为应该补充一句：杰弗逊所从事的这一场斗争是富有理想主义色彩的。这里所谓理想主义有两个含义：第一，热烈地追求尽善尽美的境界；第二，忽视现实生活中的客观条件。杰弗逊一心一意想实现的那种小农社会及自由的小土地所有制，确有“令人向往之处”，但是它却缺乏必要的历史条件和社会基础。首先，18世纪末的美国正处在资本主义发展的起步阶段，美国朝着资本主义迈进，是不可逆转的历史发展方向，而杰弗逊却天真地想使美国返回“鸡犬相闻，老死不相往来”的小农社会，这就严重地违反了历史潮流，而逃不了失败的命运。其次，种植场奴隶制经济是美国特别是弗吉尼亚社会经济中一个不容忽视的重要力量。而种植场主阶级又是一个盘根错节的势力雄厚的社会政治集团。同时，在美国这样一个拥有辽阔的处女地的国家，土地投机形成了一个社会风气，不但许多利欲熏心的大商人大种植场主，而且，一些知名的有威望的革命领袖（如乔治·华盛顿、帕特里克·亨利等）都热衷于“西部”土地的投机活动，从中捞取不义之财。因此土地投机者也是一个可以左右一切的社会力量。杰弗逊的土地改革计划恰恰要以这两大势力作为打击对象，这就无异于“与虎谋皮”，其以失败而终也是必然的。

（原载《美国研究》1987年第4期）

① Dumas Malone, op. cit., p. 257.

论杰弗逊的独特风格

写一个历史人物，既要有血有肉，写出他思想、言论、行动及生活各方面的生动事迹，又要画龙点睛，从大量的具体事例中演绎出他的性格特征或独特风格。只有这样，才能把人物写活，“传神阿堵”，栩栩如生，从而发挥史笔威力，以感染读者、教育读者。

那么，杰弗逊的独特风格是什么呢？他是一个充满矛盾的人物，在他身上可以看到五组矛盾：理想主义与现实主义的矛盾，激进主义与稳健作风的矛盾，崇高抱负与实干精神的矛盾，隐居思想与出仕思想的矛盾，奴隶主贵族地位与民主主义思想的矛盾。这些矛盾在他身上辩证地统一起来，便是他的独特风格。

一

1816 年 8 月 1 日，杰弗逊在给约翰·亚当斯的信里写道：“我对于未来的梦想，比对于过去的历史，更为喜爱。”① 在美国开国元勋中，只有杰弗逊是一位知识型的理想主义者。他有崇高的追求，向往美好的理想境界。他的社会理想，便是一个以农立国，以农民为主体、充满人情味的农业理想国。我简称之为“杰弗逊的农业理想国”。

那么，他设想的农业理想国是一个什么样的社会呢？这是一个禁绝工业发展的农业社会。杰弗逊认为工业社会充满了弊害，从而反对发展工业。在他的农业理想国里，几乎全部公民都是农民，他们所需的日用品和工业品

① 转引自 Richard Mathews, The Radical politics of Thomas Jefferson, p119。

除一小部分由家庭副业提供外，大部分依赖欧洲工业国家供应。实行小土地所有制，农民都是小块土地所有者。家庭是社会细胞，也是生产单位。社会的基层是“分区”（Wards），一个县分为若干个“分区”。“分区”实行自治，每个成年男子都有选举权，参加“分区”的管理。每个“分区”都设立一个初级学校，儿童免费受3年的初级教育。

在杰弗逊的心目中，这个理想社会应该有以下几个特点：一，农民在经济活动上是自由的、独立的，既不受人剥削，也不剥削人。他们为自己劳动而不是为别人劳动，过一种“日出而作，日入而息，凿井而饮，耕田而食”的生活。二、情谊高于经济利益。在这个社会里，人与人的关系应该是互让互利，没有斗争，没有巧取豪夺，更没有人压迫人的现象。三、人人有知识，人人有文化。杰弗逊一向认为愚昧是民主及人民幸福的大敌，所以他提倡教育不遗余力。四、人人都享受家庭的天伦之乐，夫妇相爱，父子相亲，骨肉情深。五、人人并非终日为衣食而不辍地劳动，而是愉快地、有节制地劳动，以便有时间和精力从事娱乐活动，生活富有悠闲的情趣。六、讲求科学和技术，以提高人民的生活水平。这说明杰弗逊并不想使他的农业理想国倒退到中世纪。七、禁绝一切投机及赌博等放荡行为。每一个人都过一种自得其乐的、严肃的生活。八、实行种族友好，鼓励印第安人参加这个农业共和国，成为和白人一样的农民。

概括说来，杰弗逊的农业理想国是个人情和美、其乐融融的社会，这里没有人剥削人、人压迫人和人吃人的现象；没有钩心斗角、尔虞我诈、损人利己，甚至图财害命的现象；没有人欲横流、利欲熏心、穷奢极欲以及精神空虚的社会病。一句话，这是一个丰衣足食、富于人情味、有健康的精神生活、充满田园情调的“世外桃源”。

那么，应该如何评价“杰弗逊的农业理想国”？波科克（Pocock）把提出这个农业理想的杰弗逊描写成一个充满怀古之情、害怕近代化的思想家，并把他与否定人类一切文明而提倡回到自然去的卢梭等量齐观[①]。这种观点难以令人首肯，因为杰弗逊虽然很欣赏印第安人的原始社会，也希望用原始社会的古朴素质的精神医治文明高度发展带来的社会弊病，但如上所述，他

① 转引自 Richard Mathews, The Radical politics of Thomas Jefferson, p.119。

重视科技、文化的发展，重视农业的改进。这正是他与卢梭的分歧所在，因此把二人等量齐观是错误的。

也有的作者把杰弗逊的农业理想与重农学派混为一谈。诚然，二者有相似之处，都重视农业，认为农业可以创造真正的价值。但两者有很大的区别，杰弗逊同情农民而反对大土地所有者，重农学派忽视农民利益而提倡大农场制。此外，两者本质区别还在于价值观不同：重农学派以经济效益作为衡量社会制度的尺度，而杰弗逊则从“人”的角度衡量一切。因此，结论是：杰弗逊是一位名副其实的伟大的人文主义思想家，他的农业理想充满了人文主义精神①。

但是，热情洋溢的理想主义者杰弗逊，同时也是一位冷静的、讲求实际的现实主义者，这首先表现在他放弃了反对工业化的态度上。在拿破仑战争中，中立国船只遭交战国掠劫，欧洲工业品无法运到美国。这个客观现实，使他认识到美国发展工业的必要性和迫切性，于1801年成为工业发展政策的皈依者，并以赞许的口气谈道：“我国财产的四根台柱——即农业、制造业、商业及航海业”。到1816年，他对工业的重要性有了更清晰的认识，他写道：“为了独立，为了生活上的舒适，我们就应该自己从事制造。现在我们应该把制造业放在农民身旁。……我们是自己制造生活用品呢？还是不这样而依靠外国的意志呢？现在反对国内制造业的人，一定是或者希望我们降到对外国依靠的地位，或者让我们赤裸着和野兽一样穴居生活。我不是这样的人，经验告诉我：制造业现在对于我们的独立及舒适的生活都很重要。”②

但是，这里应该看到以下三种情况：第一，杰弗逊之向严峻的现实让步，是很勉强的。他在1812年对英战争结束后写信给肖特道：“我们的敌人（英国——引者注）对于所我们的第一代双亲（即农业——引者注）从天堂移开：对于把我们从一个和平的农业国家变为一个军事的和制造业的国家，感到了恶魔般的欣慰。”③ 第二，诚然，杰弗逊对美国应该工业化到什么程

① 转引自 Richard Mathews, The Radical politics of Thomas Jefferson, pp.119—126。

② Joho Pancake, Thomas Jefferson: Revolutionary Philosopher, A Selection of Writings, pp.14—15.

③ 转引自 Richard Mathews, The Radical politics of Thomas Jefferson, p.49。

度，是否让它发展到超出本国需求并与外国竞争的程度，还不太清楚，但他从反对工业化到赞成工业化的转变，并非受霸权野心驱使，而是由于他关心人民的生活与幸福。因此，我们不难理解他对于工业化的估价不是按资本家的账目表，而是按社会账目表(即人民幸福）来衡量①。他容许发展工业时，并不希望在欧洲造成种种弊害的“工厂制度”及城市“暴民”得到发展。第三，他虽在环境逼迫下不得不同意工业化，但他偏爱农业、同情农民及关心农民命运的态度历久不变。

然而，不管怎样，事实是：杰弗逊并不是骛于玄想、脱离实际的理想主义者，他善于把理想主义与现实主义统一起来。

二

杰弗逊是一位激进的民主主义者，他的激进思想表现在许多方面。首先，他极端仇视君主制。1776年他偶然从富兰克林那里听到一句格言：“反抗暴君，就是对上帝的服从”，于是便把这句格言镌刻在自己的印章上终身佩带，作为座右铭。其次，他对人民有无限的信任，相信人民的善良和判断能力，相信人民有自治和管理国家的能力。他在致法国重农学派尼莫尔书中写道：“我们两人都爱人民，但是你把他们当作幼儿加以爱护，假如没有保姆你是不相信他们的，而我则把他们看成是成年人，他们统治自己我是放心的。”②针对一些人关于人民愚蠢，并且没有自己管理自己的能力的谬论，他发问道：“有时据说人在管理自己方面是靠不住的，那么他在管理别人方面是靠得住的吗?”③他认为多数人的意见总比少数人的意见更合乎正义。联邦党人要求让“有财产、有原则的”人管理国家，但杰弗逊对富人抱不信任态度，他说：“我从未见过人们的正直随着他的财富的增加而有所增加。”④

杰弗逊不但相信人民有管理自己的能力，而且相信每个时代的人民都

---

① Vernon Parrington, Main Currents in American Thoughts，第1卷，p.343。

② 转引自 Richard Mathews, The Radical Politics of Thomas Jefferson, p.120。

③ Thomas Jefferson: Revolutionary Philosopher，Edited by John Pancake, p.22.

④ Vernon Parrington, Main Currents in American Thoughts，第1卷, p.360。

有权修改或重新制定宪法及法律，他甚至歌颂人民的叛乱，歌颂人民的反抗精神。他说：民主政府的主要缺点是容易出现人民骚乱，“但是如果与君主制的压迫相比，就是微不足道的了。我宁愿有危险的自由，也不愿有平静的奴役。”“我喜欢时常发生小规模的叛乱。”①

杰弗逊攻击奴隶制度是不遗余力的。早在1770年他就指出：这个制度破坏了人的自然权利。在《独立宣言》草稿中他郑重宣布：奴隶制度是“向人性本身进行的残酷的战争”，它侵犯了黑人“最神圣的生命和自由的权利”②。1786年他进一步指出：黑人在北美奴隶制下面每一小时所蒙受的苦难，比北美白人在英国殖民统治下所蒙受的“几百年的苦难还要深重”③。

要知道，在美国革命领袖中间，只有杰弗逊一个人要求解放奴隶。（汤姆·潘恩也主张解放黑人奴隶，但他不是真正美国人。）

杰弗逊的言论和立场既然如此激进，无怪乎有些人对他发生误解，说他是一位不切实际的幻想家。如查尔斯·卡罗尔说他是“一个讲空话的、富于幻想的人物”④。但事实并非如此，不管他在原则上，在重大的是非问题上如何义正词严、慷慨激昂，他在行动上却反对冒进，反对盲动，在具体问题上非常讲求实效，表现出务实精神、稳健态度和老练作风。如果说他的激烈言论是他的正义感、革命热情迸发的话，那么他稳健的态度则是他感情向理智的转化。他有用冷静的理智去驾驭感情的本领。正如帕多弗（Padover）所指出，杰弗逊是一位冷静而沉着的政治家，他力求达到最大限度的政治效果⑤。

杰弗逊在具体问题上的稳健作风，例子是很多的。

首先，他起草的《独立宣言》就是激进的反英革命原则与稳健的态度相结合的典范。他在宣言的第二大段里大胆地提出了人民的革命权利，指出

---

① Joho Pancake, Thomas Jefferson: Revolutionary Philosopher, A Selection of Writings, pp.889—890.

② Carl Becker, The Declaration of Independence, pp.147—148.

③ Joho Pancake, Thomas Jefferson: Revolutionary Philosopher, A Selection of Writings, p.308.

④ 转引自 Richard Hofstader, The American Political Tradition, p.28。

⑤ Edited by Padover, Thomas Jefferson on Democracy, 前言。

人们成立政府的目的，就是为了保障人民的自然权利，如果政府侵犯人民的这些自然权利，人民就有权利推翻这个政府。但在同一段里他又指出："事实上出于谨慎的考虑，不应该由于轻微的、暂时的原因，而把长期成立的政府加以推翻，而过去一切经验也正表明：只要那些罪恶尚能容忍时，人类总是宁愿默默忍受，而不愿推翻他们习惯了的那种形式以恢复他们自己的权利。"① 美国"新左派"历史学家莱米希（Lemisch）认为杰弗逊这段话缺乏革命精神，并说他倾向于容忍旧制度的压迫，竭力把自己打扮成一个合乎人情的老成持重的人。其实，杰弗逊在这段话中所表明的稳健态度，正是应该肯定的。

杰弗逊的稳健求实精神也表现在他为弗吉尼亚起草的州宪法草稿之中。在草稿里，他为州议会规定了两院制：参议院与众议院。人们都知道：无论是英国议会，还是北美殖民地时代的议会，设置上院或参议院的用意是希望借此来限制或控制选民选出的下院或众议院。因而人民群众是憎恨两院制的，而且当时的民主派一般也都倾向于一院制议会。民主战士汤姆·潘恩在设计宾夕法尼亚州宪法时，就建议成立一院制议会。因此，一些史学家对杰弗逊主张两院制议会颇有微词。彼得森写道：杰弗逊是"想通过上院这个贵族性质的机构去抑制一年一度被人民选出的众议院"②。霍夫施塔特（Hofstadter）也认为杰弗逊之提出两院制州议会，是他的保守主义的表现③。我认为这些观点是不正确的，实际上，杰弗逊的本意是想让上院的作用与下院的作用互相补充，互相配合。他认为下院议会来自人民，容易感情用事，易趋向极端或带有片面性。他写道："我观察到：人民自己选出的代表一般的并不以智慧见称"④。而上院的设立便可以其理智去调节下院的盲动性。在他看来，立法机关上下两院应该建立在不同的原则上：上院应该发挥智慧的作用，下院应该发挥维护广大选民的利益的作用。

在解放奴隶的问题上也可以看出杰弗逊稳健、审慎的态度。1776 年他参加弗吉尼亚的改革工作时，曾准备提出废除奴隶制的法案，而且草案都拟

① Carl Becker, The Declaration of Independence, p.142—143.

② Merrill Peterson, Adams and Jefferson, p.22.

③ 转引自 Richard Hofstader, The American Political Tradition, pp.35—36。

④ Merrill Peterson, Thomas Jefferson and the New Nation, p.104.

定了，但是一直没有把它提到议会上要求通过。为什么？他作了如下说明："我发现舆论是经受不住的，……然而经受得住并且采纳它的日子不会很远，不然的话，事态会更坏。"① 彼得森解释说，杰弗逊觉察到当时的社会阻力很大，在这个形势下如果不合时宜地贸然提出解放奴隶的建议，会有葬送整个改革计划的危险，因为他当时还为实现其他一系列改革而斗争②。可能有人问，固然从制度上解放奴隶的时机不成熟，那么杰弗逊为什么不解放自己家中的奴隶呢？在这个问题上他是不是言行不一？我认为，对这个问题应该这样看：第一，在杰弗逊看来，解放个别奴隶而不废除整个奴隶制度，意义不大；对被解放的黑人无任何好处。因为在当时的南方自由黑人的遭遇很坏，受到种种歧视，也受到种种限制，地位并不比当奴隶好多少。杰弗逊感到，不解放自己的奴隶而是用宽厚的态度对待他们，比解放他们反而更好一些。第二，杰弗逊一直相信黑人在智力和能力上劣于白人，所以他担心一旦解放他们，他们在白人中间寻求生活之道一定很困难③。

杰弗逊的稳健作风还表现在国家管理的问题上。如前所述，杰弗逊曾表示他相信人民有自治能力，相信人民的判断力及能力。他这个激进的言论与联邦党人汉米尔顿形成鲜明的对比，因为后者明目张胆地仇视人民，鄙视人民，甚至辱骂人民是一只"大野兽"。为了与汉米尔顿辈的言论主张划清界限，杰弗逊发表这些言论是必要的，在原则上也是正确的。然而在遇到具体问题时，杰弗逊非常讲求实效，态度极为稳健。他清楚地看到：国家管理是一个复杂的、专业性很强的工作，人民群众参加这样工作显然是不胜任的，因此他主张由德、才兼备的"自然贵族"（Natural Aristocrats）来担此重任。他要求人民只是间接地参加国家管理：定期选举德、才兼备的"自然贵族"为国家各级领导人及议员。同时，他也提出了培养"自然贵族"的具体方案：从社会各阶级中间，特别是从穷人中间挑选品学兼优的子弟，由国家出钱培养决心保卫人民自由的、有管理能力的德才兼备统治人才。而且，为了使人民胜任选举工作，杰弗逊又提出了普及教育方案，希望使人民成为

---

① 转引自 Richard Hofstader, The American Political Tradition, p.26.

② Merrill Peterson, Thomas Jefferson and the New Nation, p.152.

③ 这本来是美国希拉古斯大学拉尔夫·凯查姆（Ralph Ketcham）教授的看法，是他在信中告知我的，我赞成这个看法。

有文化知识的公民，便于他们在选举中的判断能力。此外，为了防止掌权的“自然贵族”腐化或独断专行，杰弗逊又赞成有效地发挥“三权分立”的机制。这样，杰弗逊在原则上提出了人民有自治能力的激进主张，但在具体问题上又提出了周密、稳健的措施。

总之，杰弗逊善于把激进思想和稳健的作风结合起来，这就使得他的激进主张不致落空，并且发挥良好的效果。

三

杰弗逊无论是最初参加革命，还是后来从事政治活动，都怀有一个崇高的抱负；维护人民的自由，促进人民的幸福。他不仅为故乡弗吉尼亚人和美国人着想，而且也为全人类着想，希望自由的旗帜插遍全球。1795 年在给友人的信里他热情洋溢地畅述了自己的政治抱负，说自己要“热心争取的目标，是全人类都得到和享受自由……”①

但是，与一些怀有大志而又自视甚高，不屑于从事实际工作的人不同，杰弗逊这位有崇高理想抱负的人，却甘愿做许多平庸的事、琐碎的工作，只要这些工作对人民有利，对实现他的理想抱负有利。在他当弗吉尼亚州长时，事无巨细，凡是值得做的，他都亲自去做。他始终严守时间，工作有条不紊，并且夙夜匪懈，宵衣旰食。当时反英战争正酣，弗吉尼亚成为支持南方战争的重要基地，它有责任为在南方作战的美军提供人力、物力及财力。在这些方面，杰弗逊都恪尽职守，为支持反英战争，全力以赴。民兵的招募，粮食的征购、武器的供应，事事他都过问，都负责到底。他之所以竭尽全力从事这些具体工作，是因为他认识到这些工作都有利于反英事业。

他也做大量不属于他职权范围的工作，因为他认为这些工作对国家、对人民有利。在任驻法公使期间，他很关心美国大米的出口。他发现改良品种或引进外国优良品种，是增加大米出口的关键。为此，他不惜占用自己

① Saul Padover, Jefferson: His Famous Biography——Abridged, p.102.

的许多休息时间，到处物色优良的大米品种，并且一旦发现，就立即寄回美国。

杰弗逊在驻法期间，公务之余仍念念不忘美国科学技术的发展。他定期向国内寄送新书，提供新的科学信息。他发现美国建筑缺少艺术风格，于是又致力于把欧洲罗马古典建筑式样风格介绍给美国。

他还在公务之余从事创造发明活动。他发明了打大麻用的槌，设计了二轮马车的皮制顶盖，发明了一种可以旋转的座椅，改进了耕牛拉犁的曲的面铸板，等等。在整个一生当中，无论是忙还是闲，他每天都坚持记录气候及自然界的变化，甚至在赴欧的海船上也没有中断这项工作。

杰弗逊就是样一个勤劳不辍的实干家，甚至到晚年也是如此。他的黑人仆役艾萨克回忆说："杰弗逊先生是我一生中所见到的最勤勉的人。……我可以自由进入他的房间，……在我和他同住的整个 20 年间，我每次进入他的房间时，总是发现他在工作，只有二次例外。……一次是他患牙痛；另一次是他在从贝德福德农场回来后，曾睡在窗户玻璃破了的屋子里，被风吹了因而患一种神经痛的病。在所有其他时候，他或者读书、写字、谈话、做某种设计图，或者做其他事情。"①

像他这样以天下为己任，全心贯注于自由事业的人，竟能不辞辛劳亲自从事这些大量的琐屑事务，这种实干精神究竟从哪里来的？这是由他的人生观决定的。第一，他自幼在父亲的教导、熏陶下，立志成为对社会有用的人。而且在父亲的言传身教下，他自幼养成了一种劳动的习惯。父亲时常教导他说："你自已所能做的事，千万不要要求别人替你做。"②第二，他相信科学，相信人类的进步，相信科学技术的进步可以提高人的物质生活。他之从事科学技术工作，就是基于这样的信念。

在杰弗逊的身上，崇高的抱负与实干的精神这组矛盾统一起来了，而且两者相得益彰。由于有崇高的抱负，他的实干就有了动力和目的；由于有实干精神，他的崇高的抱负才有了着落，才能开花结果。两者的结合，使得他对人民对国家作出更大的贡献。

---

① Editde by Jemes Bear, Jefferson At Monticello（Jr.）, p.84.

② Saul Padover, Jefferson: His Famous Biography——Abridged, p.11.

四

杰弗逊的气质、性格、才能及经历都不适合于当一个政治家，更不适合于当政客和军人。他生性腼腆，一见陌生人就局促不安。有交际场中，在大庭广众之下，他更是畏缩不前，如临大敌。诚然，在写作方面他下笔如有神，他的文笔有横扫千军万马之势，以至于他成为新英格兰人所推崇的作家（Pen Man）。① 然而，他讷讷若不能言，最不善于辞令，从来没有发表过一篇像样的演说。在总统任内，他从未在国会议员面前宣读国是咨文，他的咨文都是用书面的形式发给议员的。他有纤细的神经，遇事很敏感，特别怯于别人对他的批评。他是感情真挚深厚的人，妻子病逝时，他悲痛得昏了过去。他的政敌攻击他有“女人气”。②

他与军旅之事是无缘的，对于打仗望而却步。在整个独立战争期间，他没有像华盛顿、汉米尔顿等人那样到战场上去杀敌立功，而是留在后方从事“精神战斗”，并且致力于弗吉尼亚的改革。这实际上是才能不同的分工。但是他的政敌贝弗里奇却把他形容为一个逃避战斗的懦夫。这是非常不公正的评价。③

杰弗逊害怕政治斗争，甚至害怕争论。1796 年 12 月 17 日他在致拉特利奇书中表示：“我没有统治人的爱好，我不喜欢在暴风雨中翱翔”。④ 而且，他生来缺乏政治煽动者的才能和气质，也不具备近代民主政治下面的群众领袖的本领。⑤ 在竞选总统时，他从来没有直接与选民见过面，竞选工作都是由他的朋友和追随者们一手包办。他特别厌恶官场中的种种丑恶，既讨厌政治舞台上的明争暗斗，又懒于从事官场上的种种应酬。而且，仕途上的风险及宦海沉浮，更使他望而生畏。

他鄙视历史上那些叱咤风云的征服者，而崇拜默默地探讨自然和社会

① Dison Wector, “A Gentle Radical”, in Thomas Jefferson: A Profile, p.4.

② Ibid, pp.1—2.

③ Ibid, p.6.

④ Ibid, p.9.

⑤ 转引自 Richard Hofstader, The American Political Tradition, p.26。

奥秘的科学家、哲学家。他家中墙上悬挂的是培根、牛顿和洛克的画像。他生平的交游，主要限于文化名流学者。他本人博览群书，求知的兴趣极其广泛，不但潜心探讨人文科学，而且喜爱钻研自然科学方面诸问题，涉及博物、建筑、数学、机械学、园艺学，等等。他是美国哲学协会会员，接受过许多大学的荣誉学位。而且，他也是一位家庭观念极重的人，他宁愿朝夕与家人相聚，以享天伦之乐，也不愿背井离乡，在政治上飞黄腾达。他一再向知心朋友表达这个愿望。在给唐纳德书中他写道："我宁愿幽居在一个很朴素的农舍里，和我的书籍、我的家人以及少数老友一处生活，吃粗茶淡饭，把世俗的盛衰荣辱完全置之度外，也不愿占据任何人的权力所能赋予的最显赫的要职。"①

他的气质、性格、爱憎及能力、特长既然如此，他也很有自知之明，所以他的最大的愿望莫过于隐居家乡，过一种耕读生活。正如韦克特所说："假如命运没有把他从他在蒙蒂赛洛（Monticello，这是一座小山，杰弗逊的住宅就建在上面——引者注）建立的象牙塔中拖出来并且把他投入最激烈的政治动乱中的话，杰弗逊会以有书卷气的、生活上过分讲究的弗吉尼亚乡绅的身份度过一生的。"②

但是，事与愿违，他的大半生是在纷扰喧闹的政治斗争中度过的，最初投身于革命，后来当国务卿、副总统及总统。这首先与客观形势有关。在他盛年时，正值发生反英独立战争及第一次革命，时代的风云把他卷入政治旋涡中。独立后的党派斗争，又把他推上政治舞台。然而，他之参加政治，也是由下面两种情况促成的；第一，是他的社会责任感。他感到人民需要他，时代呼唤他，国家也少不了他，为自由事业而奋斗是他义不容辞的责任。他有理想，有抱负，认为只有参加政治斗争才能施展自己的抱负。第二，是朋友们及政治信徒们的怂恿和劝驾，其中麦迪逊的作用最大。

在当总统之前，他归隐两次，一次是在任州长（两任）期满之后，另一次是在与汉米尔顿的斗争中对政治感到厌倦之后（1793 年）。第二次归隐后他在蒙蒂赛洛闲居不到 3 年又出山了，1796 年冬当选为副总统，1800 年

---

① Domestic Life of Thomas Jefferson, Edited by Sarah Randolph, p.133.

② Dison Wector, "A Gentle Radical", in Thomas Jefferson: A Profile, p.1.

又当选为总统。只有到1809年在当了两任总统后，才最后退休到蒙蒂赛洛，此后再也没有离开故乡，直到1826年逝世时为止。

这样，杰弗逊的一生，是出仕思想与归隐思想互相矛盾和仕宦生涯与退隐生活互相交替的一生。然而他出仕是出于不得已，隐居读书才是他的夙愿。杰弗逊这种“出处进退”的态度，在欧美历史上大概是少见的，他这种不慕荣利，弃官爵如敝屣的风格，足为西方文化增色不少。正是归隐思想与出仕思想的矛盾统一，使他成为功德及于后世的伟大政治家。

五

杰弗逊出身于弗吉尼亚的一个显赫的贵族家庭，父亲彼得·杰弗逊是一位著名的乡绅，母亲是名门闺秀，从娘家带来巨额财产。杰弗逊的父亲逝世时留下的遗产有2700英亩土地和上百名奴隶。杰弗逊本人结婚后，又接受了妻子带来的大量财产。所以，他的全部财产达到10000英亩土地及一二百名奴隶，[①]成为弗吉尼亚屈指可数的大种植场奴隶主。但是，这位大种植场奴隶主后来竟成为美国杰出的民主主义思想家和民主战士。

奴隶主贵族的地位是与民主主义思想相矛盾的，是水火不相容的。但是，二者在杰弗逊身上同时存在。那么，奴隶主贵族的地位对杰弗逊的民主主义思想究竟发生了什么样的影响呢？

美国已故知名历史学家霍夫施塔特在这个问题上提出了如下的看法：贵族地位给杰弗逊带来了消极的影响，在他的思想上打上了保守主义的烙印。他认为杰弗逊的保守主义表现在以下几个方面：

首先，他在弗吉尼亚推行的改革是不彻底的。霍夫施塔特写道：“如果杰弗逊成为一个打破现存的秩序并且把斗争进行到底的一个厉害的叛乱者，那才是怪事哩！”他举出废除长子继承制及限定嗣续法为例，说废除这两项法律的效果不大，因为这两项法律原来就名存实亡。[②]霍夫施塔特的这个观

---

① 转引自 Richard Hofstader, The American Political Tradition, p.23。

② Ibid, p.25—26.

点是片面的、武断的。他没有看到：在美国第一次革命期间，在革命领袖中只有杰弗逊一个人单枪匹马在弗吉尼亚全力以赴地推行改革，而且涉及范围极广：教育、宗教、社会、刑法以及土地。当然，其中有的成功，有的失败，有的效果大，有的效果小，而且这是多种客观原因造成的，与杰弗逊的主观愿望及主观努力无何关系。

其次，霍夫施塔特又举出杰弗逊在任驻法公使时对法国大革命提出了所谓保守的建议，作为例子说明他的贵族出身对他发生的消极的影响。① 其实，霍夫施塔特在这个问题上只知其一，不知其二。诚然，杰弗逊在法国大革命中曾向法国友人建议法国仿效英国，实行君主立宪制。显然，这个建议带有温和的色彩。但是，这只是杰弗逊的现实主义机动灵活性的表现。他虽然以反对君主制及维护民主制度为职志，但是他发现当时的法国不存在实行民主共和制的条件，特别是法国人民缺乏自治的能力，在他们处于愚昧状态和对现状持默默忍受的态度时，如果骤然实行共和制及高度民主，必然造成灾难性的后果。② 而且，杰弗逊吸取了当时荷兰革命的经验教训，感到过火的革命和过度的民主会激进反革命势力的拼命反抗，从而会对革命带来不利的后果，甚至导致革命的失败。③ 再者，他提出这个建议不过是权宜之计，他希望将来法国人民觉悟提高、条件成熟时，再逐步过渡到民主共和制度。可见，杰弗逊对法国革命提出温和的建议是有其正当理由的，这谈不上霍夫施塔特所说的贵族出身的影响问题。

第三，霍夫施塔特又以杰弗逊在他起草的弗吉尼亚宪法草案中为选举权规定了财产资格为理由，说明杰弗逊的贵族出身造成他思想上的保守性。④ 我看，他用这个例子来说明杰弗逊的保守性，也是毫无根据的。诚然，在他起草的弗吉尼亚宪法草稿中并没有取消选民的财产资格，但是在实质上实行了成年男子的普选制。这是因为：一、他所规定的选民财产资格非常低，而在当时的弗吉尼亚几乎所有的长期居民都拥有财产（土地），从而达到了选民资格的标准；而只有刚刚从欧洲来的移民没有土地。二、杰弗逊

---

① 转引自 Richard Hofstader, The American Political Tradition, pp.27—28。

② The Papers of Thomas Jefferson，第 10 卷 , p.244.

③ Robert Palmer, The Dubious Democrat: Thmas Jefferson in Bowrbon France, p.102.

④ 转引自 Richard Hofstader, The American Political Tradition, pp.36—39。

在同一个宪法草稿中规定了无代价分配土地的办法：对于新移民均授以 50 英亩的土地。这就使得这一部分居民也成了土地所有者，从而取得了选民资格。应该看到：杰弗逊的这些规定，比取消选民的财产资格更富于民主性，因为后者以承认社会上存在无产者为前提的，这等于默认无产者存在的合法合理性。而杰弗逊既主张每个人都有财产（特别是土地），又主张每个人都有选举权，使居民既享受经济地位，又享受政治权利。

最后，霍夫施塔特认为，因为杰弗逊是一个奴隶主贵族，所以他与人民有很大距离。他引证了威尔茨（Wiltse）的话："他始终远离群众，如果说他主张一切人平等的话，那不是因为他感到人们是平等的，而因为他根据道理认为他们必须平等。"①我认为这个问题应该从本质上去看，不应停留在表面现象上。诚然，杰弗逊没有到人民群众中间去宣传或煽动，没有在群众面前发表慷慨激昂的演说，但是这是他的性格内向使然，并不是由于他出身贵族。在另一方面，他深入下层去了解人民生活却是事实。在巴黎期间，他时常漫步到乡下，与农民谈话，询问他们衣食住的状况。1785 年他在乡间散步时，曾遇到一个贫穷的农妇，这位农妇向他诉说自己的苦楚，在杰弗逊施舍一些钱给她时，她感激得流泪。杰弗逊还劝朋友们多多接近人民。更重要的是，他在思想感情上与人民相通，他的政治纲领和改革主张是符合人民的利益和要求的，并且博得人民的爱戴。因此，霍夫施塔特关于杰弗逊远离人民的说法，也是站不住脚的。

总之，贵族身份并没有在杰弗逊身上打上保守主义烙印。而且，他的平民化作风，更说明贵族地位并不妨碍他成为一个真正的民主派。例子是很多的。比如，1801 年就任总统的那一天中午，杰弗逊和平常一样，从寓所步行了两段大街，来到国会大厦参加就职典礼这与约翰·亚当斯形成鲜明对照，因为 1797 年在亚当斯就职那一天，他是乘坐 6 匹高头大马趾高气扬地参加就职典礼的。②

其实，贵族出身的地位不但没有在他身上发生任何消极的影响，相反的对他起了积极的作用。首先，由于他出自贵族富豪之家，他有充裕的财力

① 转引自 Richard Hofstader, The American Political Tradition, p.23。

② Saul Padover, Jefferson: His Famous Biography——Abridged, p.126.

和时间去读书和思考。也可以说正是奴隶劳动使得他有闲暇从事写作，维护人类的自由，成为博古通今、有深厚的科学文化素养的民主主义思想家。这个优势，在平民出身的民主派身上是阙如的。其次，由于他是一个拥有雄厚资财的大种植场主，由于他在蒙蒂赛洛有一所舒适的山庄，他在政治上进可攻退可守，既可以出仕，也可退隐，使得他在政治舞台上处于主动权。

由此可见，杰弗逊把奴隶主贵族地位与民主主义思想这个矛盾对立的东西很好地统一起来，并发挥良好的作用。

六

在历史上和现实生活中常见的现象是：有崇高理想的人往往缺乏现实主义精神，好流于幻想，成为脱离实际的空想家；思想激进的人又往往在行动上不切实际，倾向于过火、冒进或盲动；有宏伟抱负的人大多半不屑于从事扎扎实实的工作，致使抱负落空，从事革命活动或政治活动的人在获得高位后，又容易贪恋权力而不愿引退；出身于特权富豪之家的人，总是竭力维护既得利益，甚至与人民为敌。

然而杰弗逊却英伟特立，能振拔于流俗之上，把这五种互相矛盾的东西统一起来，从而就把众多的优秀品质集于一身。他既有崇高的理想，向往一个有田园情调的农业乌托邦，并为此而奋斗不息，又能发挥现实主义精神，向严峻的现实让步，忍痛放弃自己原有的以农立国禁绝工业的主张。为了实现建立农业共和国的愿望，他长期以来为农民小土地所有制而奋斗，这个奋斗虽然以失败而告终，但是却留下了耕者有其田的思想，这个思想终于在 19 世纪中叶内战期间颁布的“宅地法”中开花结果。另一方面，在他任美国总统期间，他也着眼于全局利益，毅然放弃了以往的态度，采取发展工业的方针，这应使美国走上了工业资本主义的发展轨道，为美国后来的工业化奠定了基础。他虽然在思想言论上有许多过激之处，但是在具体问题上能够坚持稳健的态度，这正是他一生事业中取得一系列重大成就的保证。他既把宏伟的抱负作为自己的奋斗目标，又能从事艰苦的、细致的、实际的工作，表现出他所固有的实干精神，他在政治生涯中所创造的大量的光辉业绩，就是由这种精神凝结而成的。他既基于社会责任感投身于革命洪流和政治斗争，又能随时随地急流勇退，放弃高官厚禄拂袖返里，能为常人所难之事，从而表现出“兼济”和“独善”的高尚品德和风流儒雅的情操。他虽然出身奴隶主贵族，但是他能背叛自己的阶级而献身于革命和民主事业，不但为建立和巩固美国的资产阶级民主制度作出了应有的贡献，而且制定和弘扬了体大思精的、富于人文主义色彩的民主主义思想体系，为人类留下了宝贵的精神财富。

这就是为什么杰弗逊被美国人民推崇为美国少数伟人之一的主要原因。

（原载《文史哲》1990 年第 3 期）

林肯新论

我在《美国内战史》一书中，曾对林肯(1809—1865，美国第16任总统)有所评论，在此之前还发表过三篇评论林肯的文章。[①] 近年来，又接触了不少新材料，对问题的认识也较以前有所深化，发现我过去的观点有的地方肤浅或失之偏颇。为了对林肯作一较为公允的评价，故撰此文。

一

林肯不是政治思想家，没有创造博大精深的政治理论体系，但也不是庸庸碌碌的政客，而是一位有政治头脑、有政治信念，并为之奋斗终生的政治家。

1854年以后，林肯的大部分言论是反对奴隶制度的。他反对奴隶制，是为了捍卫美国资产阶级民主和资本主义制度。这里需要强调的是，他对自己所要达到的目的，是有独特理解的。

按照林肯的解释，美国的民主应该是杰弗逊式的民主。他拳拳服膺杰弗逊的民主思想，对杰弗逊起草的《独立宣言》推崇备至，并且把杰弗逊的民主思想看成是自己民主思想的源头[②]。他说："杰弗逊的原则是自由社会的定义和公理"。"杰弗逊的党是建立在对于人的利益的热爱上面，它把财产权利放在次要地位，使其大大低于人的权利"。他又说："一切荣誉归于杰弗

① 《林肯、黑人和奴隶制度》，《光明日报》1964年1月29日；《林肯解放黑奴的历史真相》，《史学月刊》1965年第8期；《论林肯》，《开封师范学院学报》1978年第1期。

② 霍夫斯塔特：《美国的政治传统》，纽约1982年版，第101页。

逊”，因为他在《独立宣言》中宣布的“抽象的真理，适用于一切人和一切时代，是对于暴政和压迫的严重谴责”。①

按照林肯的说法，美国的资本主义应该是一种以社会流动为内容的资本主义。对此，他在一次讲演中解释道：“什么是劳动者的真正态度呢？我以为最好是让每个人自由地、尽可能迅速地取得财产。有些人将富起来……我愿意让最贫困的人有一个平等的机会和任何其他人一样致富。自由社会就是这样一个社会，在这个社会里，一个人开始时虽然很穷……但他知道他能够改善自己的生活；他知道在他整个一生中，劳动状态并不是固定不变的。我愿意每一个人都有一个机会——而且我相信黑人也有这个机会——能够改善他的生活的机会——他可以高兴地期待：‘今年和明年成为一个雇工，然后他可以为自己劳动，最后就可以雇别人为他劳动。这就是真正的制度’”。②

在这里，林肯的思想基调是：“让穷人富起来”。他最尊重从贫困中奋斗出来的成功者。正如他自己所说，“在活着的人们当中，没有比那些从贫困中奋斗出来的人们更值得信赖”。③ 相反，林肯对资本家却持鄙夷的态度。他曾称某些大资本家为“可敬的恶棍”。一次，他在私下谴责有些资本家大公司是“乘人之危的牟利者”。④ 但是，林肯也让资本家在他所赞赏的社会秩序中有一席之地。因为他认为，资本家的存在有其积极作用：为穷人提供职业，以帮助他们度过贫困的难关；同时也为穷人提供学习的榜样，鼓舞穷人“勤劳和进取”。在林肯看来，资本家的现有地位也是对他早年辛勤劳动的报偿。因为他相信，资本家多半是穷人出身的。

然而，当林肯为这个理想所陶醉的时候，他没有考虑到穷人不可能全都上升到资本家的地位，更没有预料到在他逝世之后随着垄断资本的出现，穷人和工资劳动者上升到资本家地位的道路完全被堵死了。因此，林肯所追求的社会秩序犹如镜花水月，只是一种幻想。

---

① 理查德·科连特编：《林肯的政治思想资料选集》，纽约 1987 年版，第 123—124 页。

② 尼古拉·海伊编：《林肯全集》第 2 卷，纽约 1894 年版，第 625 页。

③ 霍夫斯塔特：《美国的政治传统》，第 124 页。

④ G.S. 波利特：《林肯与美国经济理想》，孟菲斯州立大学出版社 1978 年版，第 223—224 页。

即使如此，林肯心目中的这种以社会流动为特征的资本主义，也并非是从真空中产生的，它在一定程度上是美国现实生活的反映。美国有辽阔的处女地，有俯拾皆是的发财机会，因之一文不名的穷人通过勤劳和聪明才智跻身于富人行列者大有人在，而成为富裕农民、杂货商、律师、医生者更是所在多有。①

林肯的这种思想也反映了他生活的那个时代的特点——从小手工业者、小农占优势的小生产向资本主义大工业社会的过渡。早年，林肯曾维护过小生产者的利益，中年又经历了席卷北方的工业革命，因而他不得不迁就资本主义大工业的现实。结果，使他在思想上产生了矛盾：既想捍卫穷人发家致富的权利，又容忍资本主义剥削制度的存在。

林肯思想的形成，还有主观上的原因。他出身贫寒，是通过个人奋斗成长起来并获得成功的。幼年饱尝艰辛的情景记忆犹新。因此，他对美国劳苦大众怀有一种特殊的情感，希望他们能够过上富裕的生活。有关他同情劳动人民处境的言论很多，这里就不一一摘录了。②

林肯关于以社会流动为特征的资本主义思想，虽然包含了内在矛盾，且充满了空想性，但是在19世纪中叶美国自由雇佣劳动制与奴隶制尖锐斗争的时代，无疑是有进步意义的。其中所蕴含的勤劳致富思想，反映了美国人民特有的积极进取的民族精神，这是值得肯定的。杰弗逊式的民主，加上以社会流动为内容的资本主义，就是林肯的政治信念。

在内战方酣之际，他在1863年11月发表的著名的《葛底斯堡演讲》中，把这个信念浓缩为建立“民有、民治、民享的政府”。他在演讲中指出，进行这次战争就是为了“使这个民有、民治、民享的政府永世长存”。③寥寥数言，涵盖了林肯毕生的经纶。它反映了林肯的愿望，也鼓舞了民众支持战争的热情，提高了战场上广大士兵的士气。这样，林肯的《葛底斯堡演讲》与杰弗逊起草的《独立宣言》就成了美国人民革命斗争史上的不朽文件。④

① 霍夫斯塔特：《美国的政治传统》，第102页。

② 参见霍夫斯塔特：《美国的政治传统》，第104页；卡尔·桑德堡：《林肯传》，纽约1982年版，第156页。

③ 卡尔·桑德堡：《林肯传》，生活·读书·新知三联书店1978年版，第364页。

④ 理查德·科连特：《林肯秘史》，纽约1986年版，第10页。

但是，对于林肯的政治信念，还应作具体的分析。第一，他在谈到政治信念时，往往把他追求向往的理想与社会现实混为一谈。按照他在《葛底斯堡演讲》及其他公开场合的讲话，似乎在美国北方已实现了“民有、民治、民享的政府”，实现了完美无缺的民主制度。其实，美国社会的政治现实距离他的“三民”政治相差甚远。内战期间北方财富集中于少数人之手，劳动人民的贫困，广大自由黑人备受歧视的事实，[①] 就是对此的绝妙讽刺。第二，林肯的政治信念缺乏具体的、实质性的内容，特别是经济方面。他没有提出具体的、切实可行的改善、提高人民生活的经济纲领。为了使穷人富起来，他只是笼统地强调人们应该有平等竞争的权利，但却没有提出保障这一权利实现的有效措施。虽然他在任期间颁布了《宅地法》，但那是国会在 1862 年根据北部及西北部人民群众的要求通过的[②]，而林肯似乎对它并不热心，他的行动仅限于签署了这项法令。他之所以签署，是因为在他看来《宅地法》的实施，可以促进西部地区的开发，增加粮食产量，进而有利于战争。[③] 林肯未能制订出一份实现他的政治信念的蓝图，主要是因为反对奴隶制是当时美国政治生活中的主题，他的主要时间和精力都用在反对南方奴隶制度和领导反击南方叛乱集团的战争上。林肯天真地相信，只要奴隶制度从美国大地上消失，只要内战取得胜利，一切问题将会得到解决。在他的心目中，打败南方叛乱集团就是在为实现他的政治信念而斗争的。1861 年 7 月 4 日，林肯在致国会的咨文中写道：“这在本质上是一场人民的战争。在联邦这一边，它是为了在世界上维持一种政府的形式和实质而进行的斗争而这个政府的主要目的在于提高人们的生活——把人为的重担从一切人的肩上卸下来——为一切人扫清求得值得称赞的职业的道路——为一切人提供生活道路上不受约束的有利条件，一个公平的机会。”[④] 1864 年 8 月 22 日，在一次讲演中他重申了这次战争的目的在于，使每一个美国人都“享有一个开放的场地和公平

---

① 参见拙著：《美国内战史》，人民出版社 1978 年版，第 383—391 页。

② 参见拙文：《美国人民争取西部土地的斗争与宅地法问题》，载《世界历史》1979 年第 4 期。

③ 卡尔·桑德堡：《林肯·战争年代》第 1 卷，纽约 1939 年版，第 511 页。

④ T. 哈利·威廉士：《林肯与激进派》，威斯康星大学出版社 1972 年版，第 8 页。

的机会”，借以发挥他们的“勤劳、进取精神和智力”。① 林肯是这么说的，也是这么做的。在战争的艰难岁月里，他席不暇暖，屡经险境，但是他对这一切都能甘之如饴，毫不动摇地把战争坚持下去。这说明林肯为实现自己的政治信念，有一种坚忍不拔的献身精神。

在林肯身上似乎也有某些政客作风，这在竞选中表现得最为突出。为了博得选民的欢心，林肯的讲话往往两面讨好，前后矛盾。比如在1858年的总统竞选中，他在废奴主义听众面前强调，忠于“一切人生来都是平等”的思想；在有亲奴隶制倾向的听众面前，他又表示反对“实现白人种族和黑人种族的社会政治平等”。② 有时林肯还隐瞒自己的观点，比如，他反对“无所知党”歧视外来移民的政策，并且在私下里谴责他们，但在公开演说时，又只字不提。③ 我以为，林肯的这种行为不足以损害他的政治家形象。

林肯是一位有政治抱负、忠于自己政治信念的人。为了实现自己的政治信念，必须竞选议员，直至总统，掌握政治大权。在美国这样的社会制度下，通过选举，赢得选民的拥戴，争取多数选票，是实现这一目的的有效途径。如果从这一角度思考问题，林肯的上述做法，也就不难理解了。

二

在林肯的思想言行及施政方针中，还可以看出如下倾向：在解决和处理国家重大问题时，能坚持温和适中的原则，不故步自封，也不哗众取宠；能审时度势，不超越客观环境所容许的限度，不急功近利，更不急躁冒进，“行险以侥幸”；既能适可而止，也“不为已甚”，表现了一个政治家所特有的气度和魄力。这些倾向，可以归纳为“中庸之道”四个字。

首先，他处理国家大事时，不是就事论事，而是高瞻远瞩，着眼于国家的整体利益和长远利益。这主要表现在南方奴隶主发动武装叛乱后，是先

① 理查德·科连特编：《林肯的政治思想资料选集》，第330页。
② 理查德·科连特编：《林肯的政治思想资料选集》，第28页。
③ 霍夫斯塔特：《美国的政治传统》，第113页。

进行内战还是先解放黑奴的问题上。激进派和废奴主义者认为，应该先解放南方各州的黑奴，然后出兵平叛。林肯拒绝了这一主张，他认为，当前最紧迫的问题是内战，应该把拯救联邦，恢复国家的统一作为最高奋斗目标，政府所推行的一切方针、政策都必须服从于这个目标。林肯的这个决定，不失为远见卓识之举。当时，美国面临的严峻形势是：南方奴隶主在发动叛乱后，悍然宣布脱离联邦，另立“国家”——“南方同盟”，一个充满希望的联邦遽然被劈为两半；为使阴谋得逞，叛乱者们竟不惜勾结欧洲列强，妄图倚仗外国势力压倒北方；英、法两国统治者对此幸灾乐祸，随时准备武装干涉，试图重温昔日殖民统治的美梦。如不当机立断，迅速投入战斗，而把宝贵的时间耽搁在解放奴隶这一极其复杂的问题上，势必会延误战机，造成严重后果。正是基于这种认识，林肯首先选择了战争。林肯认识到，作为国家元首，必须考虑国家整体和长远利益，而不能凭个人好恶，随心所欲。

林肯所以这样做，还有两条具体的原因。第一，出于政治上、战略上的考虑。内战爆发后，边境诸州肯塔基、马里兰、密苏里及德拉瓦尔，由于种种原因没有参加叛乱，尽管这些州都是蓄奴州。但是，前 3 个州都是大州，是联邦士兵的重要来源，是首都华盛顿的前哨，也是进攻南方的战略基地。林肯担心，一旦宣布解放奴隶，就会把这些州推到南方叛乱者的怀抱，后果是不堪设想的。他说，假如宣布解放奴隶，“这些州都会反对我们，而我们手中的事业对于我们说来是过于巨大了。〔我们宣布解放奴隶〕就等于我们立刻同意〔国家〕分裂”。① 同时，林肯也害怕宣布解放奴隶会影响战场上来自边境州的士兵情绪。他说：“在战场上只要有一整连的志愿军在知道弗雷蒙特的行动（指弗雷蒙特将军在密苏里州擅自宣布解放该州的奴隶一事——引者注）后，就会立刻放下武器，解散回家”。② 一句话，林肯所关心的是恢复联邦统一这个关系国家前途和命运的大问题。第二，北方大部分人愿意为拯救联邦而战，但是他们却反对为解放黑人奴隶而战。③ 林肯不能不考虑北方的这一舆情。他说：“公众舆论在这个国家便是一切”，一个成功

① 戴维·多纳德：《林肯新论》，第 134 页。

② 霍夫斯塔特：《美国的政治传统》，第 126 页。

③ 霍夫斯塔特：《美国的政治传统》，第 127 页。

的领袖不能走在他的群众的前面太远。[①] 在林肯看来，如果逆着群众的情绪一意孤行，贸然宣布解放奴隶，会挫伤北方人民的情感，不利于调动一切力量去镇压南方的叛乱，不利于国家统一的恢复。

有趣的是，到 1862 年秋林肯突然改弦更张，决定立即解放奴隶。究其原因，也是从恢复联邦统一这个最高目标考虑的。当时战争虽然进行了近一年半，但却无多大进展。这导致了北方参军热潮的锐减，前线士兵开小差与日俱增，兵源成了问题。同样严重的是，英国政府正在磨刀霍霍，随时准备出兵干涉。在这一紧要关头，林肯不失时机地于当年 9 月发布了预告性的奴隶《解放宣言》。林肯认为，这样做将会吸引南方大批的奴隶逃亡到北方，加强北方的力量而削弱南方，进而瓦解南方叛乱集团赖以战争的种植园经济。此外，宣布解放奴隶，还会赢得世界进步力量的同情和支持，特别是英国工人的欢迎，有助于粉碎英国武装干涉的企图。加之当时联邦已经牢牢地控制了边境诸州，即使解放这些州的奴隶，也不怕它们投向南方了。[②] 与此相反，急进派和废奴派从战争一开始就主张解放奴隶，尽管其精神不无可取之处，但他们多从本派系的立场出发，只看到个别和局部的问题，想的是"即使天塌下来，也要实现正义"，[③] 这怎能不把事情弄糟呢？

其次，表现在处理南方叛乱分子的态度上。1863 年 12 月，林肯制订了一项重建南方的计划，准备对叛乱分子实行大赦。其主要内容是：一切参加叛乱的人，只要宣誓效忠《联邦宪法》，并同意废除奴隶制度，就可以获得赦免，发还被没收的全部财产（属于奴隶的财产除外），恢复被剥夺的政治权利；但叛乱集团中的首恶分子不在大赦范围之内。[④] 由此可见，林肯对南方叛乱者是相当宽容的。

在 1865 年春内战结束前后，林肯对叛乱集团中的首恶分子实行了进一步的宽大政策。4 月 14 日，当有人要求林肯下令逮捕叛乱头目戴维斯等人（当时这伙人正准备逃亡加拿大）时，林肯反对说："如果你捉到一头象的后腿，

① 戴维·多纳德：《林肯新论》，纽约 1961 年版，第 142 页。

② 杜波伊斯：《黑人的重建》，纽约 1936 年版，第 85—86、99—100 页；米凯尔·克劳斯：《1865 年以前的美国》，密西根大学出版社 1959 年版，第 497—498 页。

③ T. 哈利·威廉斯：《林肯与激进派》，第 5、6 页。

④ 斯蒂尔·康马杰编：《美国历史文献》，第 430—431 页。

而它正在跑，那么你最好是让它逃走。”①

如何评价林肯的这种对敌宽大政策？过去我在《论林肯》一文中，曾批评说，这“是林肯的严重错误”。② 现在我认为，应该根据当时的历史环境，做具体分析。林肯的这种宽大固然与他的“仁慈、善良”的性格有关，但是，主要是由于他认识到这样做可以给国家带来长治久安的局面。严厉惩罚南方叛乱者固然会大快人心，但是也会造成严重后果，即在南方人中间播下仇恨的种子，助长他们的复仇心理，诱发第二次内战的爆发；即使不发展到这种地步，至少也会在南方造成长期动荡不定的局面。正如林肯所说，“曾经叛乱过的人民……假如他们感到自己脖子上被套上一个枷锁的话，一定不会变为良好的公民”。③ 在他看来，让叛乱头目戴维斯出国，定居墨西哥、秘鲁、伦敦或巴黎某个地方比把他逮捕法办好得多。如果严惩戴维斯，他就会很快成为南方人眼中的“殉道者”，就会不断有人出来为戴维斯复仇而闹得国无宁日。④

毋庸讳言，林肯对敌宽大也有失去原则、造成无谓损失之处。“铜头蛇”是南方叛乱集团在北方的代理人，他们进行的各种破坏活动令人发指，然而，林肯在镇压这些敌对分子方面却显得异常无力。瓦兰狄罕是“铜头蛇”的首恶分子，被捕之后，林肯不仅不予惩处，反而将他放逐国外。结果，瓦兰狄罕又潜回境内，重新从事阴谋活动。

不过，在是否将内战进行到底的问题上，林肯是坚定不移的。内战开始后不久，联邦军队在马纳萨斯一役遭到惨败，结果引起了许多人对林肯的指责。东部商业、金融势力对战争前途心灰意冷，害怕战争继续打下去会加重他们的赋税，因而要求停战和解。一向以坚决反对奴隶制著称的霍列斯·格瑞利，在 1861 年 7 月 29 日写给林肯的公开信中就表达了这种情绪。但是，舆论的压力并没有动摇林肯平叛的决心。他一面总结失败的教训，一面重整旗鼓，继续进行战争。1862 年夏，联邦军队在战场上再次失利，但林肯的决心却更加坚定了。他对国务卿说：“我想把这个战争坚持到胜利为

---

① 罗斯·斯特伦斯基：《林肯传》，纽约 1914 年版，第 246 页。

② 参见《开封师范学院学报》1978 年第 1 期。

③ 卡尔·桑德堡：《林肯·战争年代》第 4 卷，第 235、237 页。

④ 卡尔·桑德堡：《林肯·战争年代》第 4 卷，第 235、237 页。

止，或者坚持到我死，或者坚持到我被征服，或者坚持到我的任期届满，或者坚持到国会或全国人民放弃我时为止……”①从1863年起，民主党和平派不断要求政府和南方当局谈判和解。他们宣称，一旦停战，联邦统一即会自动恢复。林肯反驳道：“有些人对我不满，对这些人我会说，你们渴望和平，你们谴责我们不肯和平。但是，怎样才能够得到和平呢？只有一个办法，那就是‘用武力平定叛乱’！”②。为此，林肯一刻不停地督促他的将领们勇敢战斗。1862年初，当麦克雷兰将军在波特马克河上迟迟不肯对敌采取行动时，林肯以陆军总司令的名义，下令向敌人展开全面进攻。③。当格兰特率领大军穿过遍地沼泽和榛莽荒野时，林肯鼓励他说：“要像猎犬一样不停地猛攻、猛咬，要扼喉，要竭尽全力”。④

为了尽快结束内战，避免更多的人员伤亡，林肯于1865年2月4日在内阁会议上宣读了准备提交国会的咨文，其中要求国会授权总统向所有的蓄奴州交纳4亿美元，作为补偿这些州因解放奴隶而受的“损失”，同时限令南方叛乱当局须在是年4月1日前放下武器。林肯这样做，除了说明他“视民如伤”的“恕道”精神外，更反映了他的“中庸之道”的处世哲学。

在反对奴隶制，解放黑奴的问题上，林肯认为，奴隶主剥削奴隶固然可恶，奴隶的悲惨处境，理应受到同情，“因为我不愿当奴隶，所以我也不愿做奴隶主”。⑤但这些都是一种社会制度造成的，作为一种罪恶的制度，不是一朝一夕能够根除的。因此，他反对直接干预南方现存的奴隶制，而主张采用限制奴隶主扩张的办法，促使它逐渐消亡。因为南方奴隶制种植园经济的存在与其土壤的肥力程度是分不开的，只要扼制它不向外扩张新的土地，当原有的地力耗尽后，南方奴隶制经济就很难存在下去。林肯在许多场合申明了这个观点。⑥

---

① 理查德·科连特：《林肯秘史》，第182、184页。

② 理查德·科连特：《林肯秘史》，第182、184页。

③ 参见拙著：《美国内战史》，第241—242页。

④ 理查德·科连特：《林肯秘史》，第185页。

⑤ 卡尔·桑德堡：《林肯传》，纽约1970年版，第149页。

⑥ 参见卡尔·桑德堡：《林肯传》，第30页；理查德·科连特编：《林肯的政治思想资料选集》，第39页。

关于南方奴隶的前途问题，林肯的观点也与众不同。在这个问题上，当时北方存在着两个极端：保守派反对解放奴隶，希望奴隶永远是奴隶；急进派不仅主张立即解放奴隶，而且要求给以选举权。林肯同意解放奴隶，但只限于实现奴隶的人身自由。他认为，不能把选举权作为一种礼品赠送。当时的客观情况是，南方黑人刚刚从长期的奴隶枷锁下挣脱出来，没有文化知识，更不知民主为何物。他们世代处于被奴役、被剥削、被压迫和被侮辱的地位，对于民主生活在精神和心理上都缺乏准备。在这种情况下，如果骤然间给他们选举权，势必会引起许多尖锐，复杂的矛盾，尤其会引起奴隶与奴隶主之间的冲突。南方的种植园主是一股盘根错节的恶势力，虽然被北方打败，但并不甘心，总想伺机报复，现在北方不仅宣布解放奴隶，剥夺他们对奴隶的占有权，而且还要给予其选举权，这无异于火上浇油，导致矛盾进一步激化，于国、于获得自由的奴隶都不利。

上述分析，后来果真被事实所验证。在林肯遇刺身亡后，即在“急进派南方重建”时期，黑人获得了选举权，其中不少被选进议会，甚至当上副州长或代理州长。但结果怎样呢？第一，出现了一些黑人滥用选举权的情况，在黑人管理下的某些州政府不但行政效率低下，而且发生了不少骇人听闻的贪污受贿、营私舞弊现象。观察家帕克在谈到南卡罗来纳州政府的情况时写道：“这一群黑人代表，不管在其他方面如何……看来在贪污的艺术上却有很好的造诣”。① 第二，南方种植场主为了发泄对黑人获得选举权的愤恨，组成了“三 K 党”，肆无忌惮地屠杀或恫吓参加选举的黑人。在南方重建时期，被残杀的黑人多得无法统计。有人认为，“5000 人大概是保守的估计”。②

林肯在反对奴隶制、解放黑人奴隶，特别在给黑人选举权问题上，坚持“中庸之道”，正是建立在上述认识基础之上的。为此，他还提出了两点较为现实的措施。第一，在废除奴隶制问题上，给奴隶主经济上的补偿，以保证他们不至于破产，从而防止他们在找不到生活出路的情况下，铤而走

---

① 哈特编：《当代人笔下的美国史》第 4 卷，第 500 页。

② 奥斯卡·金尔温：《菲利普斯传》，纽约 1974 年版，第 536 页。

险，惹是生非。这在林肯拟订的边境奴隶解放的方案中，有充分的体现。①第二，在解放黑人奴隶的问题上，先让黑人获得人身自由，“随之而来的自然是获得它（指选票——引者注），但是要有一个预备期间，以便在此期间，奴隶能够为取得公民特权做好准备”。②

需要指出的是，林肯以“中庸之道”处理国家大事与“骑墙派”毫无共同之处。1860 年 11 月，他在当选总统后，面对南方叛乱集团的分裂活动及战争威胁，北方共和党内有些政客为南方的气势汹汹所压倒，他们主张放弃限制奴隶制向西部扩张的政策，企图用让步与南方达成妥协。但是，林肯坚决反对，他明确表示将毫不动摇地反对“在国家的保护下扩张奴隶制”，决不拿原则做交易。③1862 年下半年，在他做出解放奴隶的重大决策后，尽管存在来自许多方面的干扰和压力，但都改变不了他的决心。到 1863 年 1 月 1 日，林肯终于发布了奴隶《解放宣言》。1865 年 2 月 1 日，经过林肯的努力，又促使国会最后通过在美国废除奴隶制宪法第 13 条修正案。

三

林肯虽然不是学者，但他是通过自学成长为优秀的演说家和作家的。林肯的著作与已经出版的美国总统著作相比，其分量仅次于杰弗逊和西奥多·罗斯福。1953 年出版的《林肯全集》共 8 卷，包括他执笔的官方文件和私人书信。他起草的《葛底斯堡演讲》就是一篇措辞典雅、文情并茂的好文章，一百多年来一直为美国人传诵。他有雄辩的天才，他的讲演，不仅思路缜密，有很强的逻辑力量，而且不时出现意味深长的隽语警句。在轰动一时的“林肯—道格拉斯大辩论”中，他的辩才时常令辩论对手瞠目结舌，陷于困境。在美国历届总统中只有杰弗逊与威尔逊在文字表达能力上与林肯处于伯仲之间。④

① 参见 J.G. 兰得尔：《林肯总统》第 2 卷，纽约 1945 年版，第 141—143 页。

② 卡尔·桑德堡：《林肯·战争年代》第 4 卷，第 235 页。

③ 哈特编：《当代人笔下的美国史》第 5 卷，第 202—203 页。

④ 理查德·科连特：《林肯秘史》，第 7、134—135 页。

但是，林肯的才能更多地表现在政治和军事方面，尤其在4年内战中表现得最为突出。他担任总统恰与内战相始终，既是国家最高领导人，又是军队最高统帅（美国宪法规定，总统是美国陆海军及民兵的总司令）。如果把内战中的美国比作在暴风雨中行驶于大海的航船，那么林肯便是这艘航船的舵手。北方在内战中取得最后胜利，以及奴隶获得解放，都与林肯的卓越领导才能分不开。

由于内战期间林肯对国家的领导主要体现在军事上，这里仅就他的军事领导才能谈几点看法。

林肯在军事上对美国内战取得最终胜利，贡献多大？历来学者争论不休。英国军事史家沃尔斯利爵士和美国军事史学家约翰·洛普斯认为，林肯在军事上是无能的。美国志愿军少将弗兰西斯·格林和英国准将科林·巴拉德则持相反意见，认为林肯是一位非凡的军事战略家，北方取得最后胜利，主要得力于林肯在军事上的卓越领导。[①]事实证明，后两人的见解是正确的。

首先，林肯在内战中做出的几项决策，对内战的顺利进行起了重要作用。

林肯的第一个决策是向萨姆特要塞接济粮食。他就任总统后，南方已经脱离北方，成了一个单独的“国家”。对于北方来说，要拯救联邦，恢复国家的统一，就必须打一场进攻性的战争。当时，北方人虽然有恢复国家统一的强烈愿望，却不愿为此付出代价，不愿向南方进攻。在这种局面下，如何促使北方人民团结起来，积极为联邦而战，是林肯上任伊始迫切需要解决的大问题。林肯利用“萨姆特要塞危机”提供的绝好机会，巧妙地解决了这一问题。

萨姆特要塞是联邦在“南部同盟”境内的一个重要军事要塞，它俯临南卡罗来纳州的查理士顿港口。当时驻扎在该要塞的联邦部队（司令为安得逊少校）的粮食已经告罄，迫切需要联邦政府接济；而另一方面南方当局要求联邦部队撤出这个要塞。面对这一棘手问题，联邦政府处于左右为难的境地。如果接受南方的要求，就等于默认南方分裂国家的既成事实；如果向要塞运送枪炮弹药，加强军事力量也是冒险举动，因为一旦失败，将有损于林

① 理查德·科连特：《林肯秘史》，第7、134—135页。

肯政府的声誉，即使成功，也不利于联邦，因为它会被北方民主党人（他们同情南方叛乱集团）及边境诸州看作是北方对南方的粗暴侵略。因此，林肯放弃了这种选择，采取诱逼南方进攻要塞的策略。在他看来，一旦南方进攻北方，北方就赢得了道义上的胜利。因为它会激起北方广大人民的爱国热情，有助于动员人民群众踊跃参军。林肯决定向萨姆特要塞运送军粮。

1861 年 3 月 29 日，林肯命令海军和陆军部长协同，派出一支混合船队载满粮食开往要塞。与此同时，通知南卡罗来纳州州长说，联邦政府已决定向萨姆特要塞提供补给，但只限于供应粮食，不包括武器，并且提醒说："如果这个企图不遭到抵抗，以后将不会不通知就运送人员、武器及弹药……除非这个要塞遭到进攻。"①

派出这样一支救济船队，在北方公众眼中，无丝毫恶意，纯粹是为了救济即将挨饿的士兵。但在南方人看来，该要塞的驻军一旦获得粮食补给，就意味着联邦军队将无限期地驻扎在那里。这会严重损害"南部同盟"的"事业"：第一，它会降低南方在海外的威信，从而影响英法对南方的承认和援助；第二，萨姆特要塞控制了查理士顿港口，妨碍南方的对外贸易。因此，南方当局决定向该要塞发动进攻，拔掉这个插在南方的腹中钉。战斗终于在 4 月 12 日凌晨打响了。这是南方在内战开始后犯的一个重大的战略性错误，因为这等于把侵略的罪名加到了自己的头上：即南方当局不仅破坏了联邦的统一，而且首先向联邦开战！于是，北方舆论大哗，愤怒声讨南方的叛乱行径响彻北方大地。当林肯发出征召志愿军参战的号召后，立即得到了响应。对此，林肯的私人秘书约翰·尼科赖写道："迫使叛乱者进攻要塞，从而把自己放在正义一边，是林肯深思熟虑的计划。"②

林肯的第二个重大决策是，战争爆发不久，宣布对南方实行海上封锁。军事家们一致认为，此项决策非常英明，因为它严重地影响了欧洲对南方工业品和武器的供应，阻碍了南方的对外贸易，从而加速了它的最后崩溃。据研究，此项决策完全出于林肯。亨得逊对这次海上封锁曾评论说："在战争一开始就用海军力量对南方施加巨大压力的政策是明智的；而假如它（指南

---

① 霍夫斯塔特：《美国的政治传统》，第 120 页。

② 霍夫斯塔特：《美国的政治传统》，第 120 页。

方——引者注）的政治家们知道那个压力意味着什么的话，他们一定会认识到亚伯拉罕·林肯并不是普普通通的敌人。”①

其次，表现在指挥战争全局的才能上。格兰特是公认的杰出将领，内战得以取得最后胜利，与他在战场上的直接指挥密不可分。然而，在制订全盘战略计划方面却远逊于林肯。格兰特原负责指挥西部战场，1864年1月，林肯决定提升他为陆军总司令，统率全军，负责指挥各战场的军事行动。当林肯问他一旦膺此职后有何打算时，他回答说，他不想就其战区以外的战略问题提供意见，也不想“对这个问题作较多的考虑”。虽然不久提出了一项东部战场的作战计划，但却存在着许多失误和疏漏，只是在林肯的建议下，才使这项计划臻于完善。

1864年，林肯对联邦军队进行了改组，已经任陆军总司令的格兰特负责指挥联邦所有的武装力量，陆军部长斯当东负责部队人力和物力的征调，参谋长哈列克负责各战场的联络。林肯这样做，意在理顺军事指挥系统的关系，克服军事部门之间职能不清、相互扯皮的混乱现象，明确高级将领的职责，以便腾出手来更多地注意全国整个战局的发展、变化，以及政治和经济方面的重大问题。但是，林肯一刻也没有放松参与重大战略和战役计划的制订和指挥工作，甚至没有忽略具体的细节。由于军事统帅格兰特忽略了首都华盛顿的防御工作，1864年7月，南方军队突然迫近华盛顿，使之陷入危险之中。这时，林肯一面督促格兰特立即采取有效行动，一面亲自调配首都防御指挥人员，从而解除了华盛顿的危机。

其三，在军事上不墨守成规，善于因时因地做出战略决断。林肯不是军人出身，缺乏实际指挥作战的经验。但是，这一点反而对他有利。战争初期，林肯把联邦军队分散部署在各地，这违反了有关集中优势兵力打歼灭战的原则。然而，他这样做在政治和军事上都有道理。一是可以防止正在动摇中的边境诸州投入南方怀抱；二是联邦军队是在内战开始时仓促招募的，多数官兵缺乏实战经验，很难进行大规模行动；三是受地理条件限制，大部队驻扎一地会发生运送给养方面的困难；四是在战争初期部队分散部署既可灵活机动，充分发挥独力作战的能力，又可趁机扩充兵员。但是，这种部署不

① 理查德·科连特：《林肯秘史》，第135—136页。

是一成不变的。到了战争的第四个年头，林肯便开始采用集中优势兵力打歼灭战的战略方针。内战的最后胜利证明，林肯是正确的。

其四，善于识别和举荐将才。格兰特在担任陆军最高统帅之前，由于在生活上不拘小节，嗜酒如命，许多人要求林肯解除其职务。但是，林肯不仅不予理睬，反而在 1864 年 3 月 9 日正式任命他为“全军大将军”，即陆军总司令。林肯如此重用格兰特，是他长期对其考察的结果。早在 1861 年 9 月林肯已得知格兰特的军事才能，后来又对他作长时间的调查了解，从而得出结论：格兰特是一名不可多得的将才，“我……所要的和人民所要的，是愿意打仗并且能取得胜利的将军。格兰特就是这样的人，所以我支持他。”① 格兰特在内战后期的表现，证实了林肯的判断是正确的。美国学者 T. 哈利·威廉特评价说：“林肯作为一位伟大的战争总统而出人头地，他大概是我国历史上最伟大的 [战争总统]，是伟大的、天才的战略家，他比他手下任何一位将军都更为高明。为了联邦赢得这次战争，他……比格兰特和任何将军贡献都大。”②

综上所述，我们有充分理由说，林肯是一位出色的政治家，军事战略家，他被后人推崇为美国历史上乃至世界历史上的伟人之一，是当之无愧的。

（原载《历史研究》1991 年第 3 期）

---

① 卡尔·桑德堡：《林肯·战争年代》第 2 卷，第 120 页。

② 戴维·多纳德：《林肯新论》，纽约 1961 年版，第 83 页。

林肯解放黑奴的历史真相

美国黑人是在1861—1865年的内战炮火中从奴隶制枷锁中解放出来的。那么这次解放的真相到底怎样呢？关于这个问题，美国资产阶级历史学家不惜绞尽大量脑汁进行歪曲捏造，力图掩盖这一段历史的真实面貌。他们所编造的最为流行的神话便是：美国奴隶制度之废除，应该归功于林肯总统所颁布的黑奴《解放宣言》，黑人之获得解放，完全出于北方资产阶级的"恩赐"，而黑人本身在摧毁奴隶制的斗争中一无所为。按照这种说法，仿佛黑人天生懦弱，他们无力解放自己，只有白人资产阶级发了善心，才一下子把黑人从苦难中拯救出来。作为这类观点的典型例子，我们不妨引证一下资产阶级历史学家西蒙士的话，他说："黑人在战争危机中毫无动作，他们在破坏枷锁的斗争中未能起过任何作用——这些事实告诉世界：黑人并不是自己解放自己的人。"① 事情果真如此吗？我们且让事实本身去做回答吧！

（一）林肯颁布"解放宣言"是出于客观形势所迫

1861年4月，南方种植场奴隶主发动了武装叛乱，于是美国内战爆发了。关于内战发生的原因，马克思写道：美国内战是"两种社会制度之间的斗争，是奴隶制度与自由劳动制度之间的斗争，这个斗争之所以爆发，是因为这两个制度不能在北美大陆上和平共处。"② 内战虽然是奴隶制所引起的，但是北方领导战争的资产阶级并不是为了消灭作为战争起因的奴隶制度而战，而是为了镇压叛乱及恢复联邦的统一而战。北方资产阶级的战争口号是："拯救联邦！"因而黑人著名学者杜波依斯博士在谈到内战时一针见血地

---

① A.M.Simons, Social Forces in American History, p.274.

② 《马克思恩格斯论美国内战》，人民出版社1955年版，第79页。

指出："这是白人为保存联邦而进行的战争。"①

北方资产阶级之所以特别关心恢复联邦的统一，是因为1860年共和党人林肯在大选中获胜及1861年就职总统后，全国政权转到北方资产阶级手中，也是因为国家分裂不利于北方资产阶级的经济发展。资本主义工业首先要求有统一的国内市场，从而资产阶级迫切要求控制全国，统一全国，以便掌握及扩大国内市场，但是南方奴隶主脱离联邦及举行叛乱破坏了这个统一市场，因此恢复联邦统一是推动北方资产阶级走上军事行动的首要动力。

他们之所以回避奴隶制问题以及不愿以解放奴隶作为战争的目标，是因为：第一，他们从整个有产阶级的立场出发，害怕侵犯任何私有财产，他们认为解放奴隶就是侵犯私有财产的行动；第二，他们担心宣布奴隶解放会推动边境奴隶州（当时这些州仍留在联邦内部，而未参加南方奴隶主的叛乱）的奴隶主脱离联邦而投到南方叛乱者怀抱中去，这样就会失掉边境诸州这个进攻叛乱者领土的重要军事基地。第三，北方一部分有势力的资产阶级与南方奴隶主有密切的经济联系，他们生怕解放奴隶会损及自己的利益。②

黑奴是美国财富的生产者，但是，他们在社会中却处于被奴役、被压迫和被歧视的地位，他们仅仅是"会说话的工具"。因此，黑奴争取解放的斗争是一个民族斗争，同时，也是一个阶级斗争问题。所以，不敢触动奴隶制度的北方资产阶级政府，不但极力反对解放黑奴，而且还拒绝黑人参加联邦军队。甚至在1861年8月西部军团司令弗列蒙将军，为了军事上的需要将其所辖区内的反对者的奴隶宣布为自由人时，林肯却马上解除了弗列蒙将军的职务。总之，他们害怕被压迫的黑人获得解放，对资产阶级不利。正如毛主席指出的"民族斗争，说到底，是一个阶级斗争的问题。"

但是不管北方资产阶级在主观上如何力图压抑和避开奴隶解放问题，历史对他们却是无情的。战争局势的发展，迫使他们走上解放奴隶的道路。在客观形势的压迫下，他们最初试行局部的解放，最后采取了大胆的步骤——林肯总统颁布了著名的黑奴"解放宣言"。

---

① Du Bois, Black Recons Ruction, p.35.

② 北方大船主及大商人经营南方种植场上出产的棉花的运输及销售，北方大金融家为南方种植场奴隶主提供大量资金，新英格兰的棉花制造业者则从南方购买棉花作为原料，这些集团都与南方奴隶主叛乱分子有千丝万缕的经济联系。

首先让我们看看局部解放是怎样进行的。

第一，逃亡奴隶获得解放。尽管北方资产阶级对于黑奴的命运漠不关心，但是南方奴隶本能地意识到内战是他们得救和解放的机会，并且天真地相信从北方来的军队是自己的解放者。因此，战事一开始便不断地有成批奴隶离开南方种植场逃到北方军队的驻地。奴隶逃亡的规模越来越大，人数越来越多，因此杜波依斯博士称这种现象为黑奴“机动的、全面的大罢工。”①

奴隶逃亡并非一件简单的、轻而易举的事情，它本身就是一种艰苦卓绝的斗争，因为他们在逃亡时，必须克服重重的困难，冒着生命的危险。奴隶主的巡逻队时时刻刻小心防范黑人，逃亡黑人稍一不慎，就有被发觉及捕回去的可能，而且一旦被捉回去的时候，十之八九要被奴隶主置之死地。

逃亡奴隶大量涌进联邦军队阵线内的事实，给联邦军队带来了新的课题，由于联邦最高当局对于从叛乱地区逃来的奴隶如何处理尚无明确指示，战地上有些将领就采取权宜的措施，擅自把逃亡来的奴隶解放了。早在1861 年 5 月，有数百名逃亡奴隶（其中男女老幼都有）来到弗吉尼亚州门罗要塞的联邦军队营地。军队司令巴特勒将军马上宣布这些逃亡者为“违禁品”，并且把衣服和口粮发给这些黑人，同时还叫身强力壮的黑人从事军事劳动。

边境州内的奴隶也成群地逃到联邦军队阵地上来。为了“照顾”边境州奴隶主的利益，陆军部曾有令责成战地军事部门把这些边境州的逃亡奴隶引渡给其原来主人。但是，在军务倥偬之际，联邦将领并不照章办事。比如，驻在巴尔的摩（马里兰州）的狄克斯将军就拒绝履行这个命令，他宣称：“我们与奴隶毫无关系。我们既不是盗窃黑人的人，也不是捕捉黑人的人。”②在肯塔基的佘尔曼将军及布厄尔将军也采取了同样的态度。至于各个营地的下级军官，则往往根据个人意见及愿望，寻找各种借口去逃避陆军部的命令。由此可知，林肯的“解放黑奴”，仅是形势所迫而已。

随着军事斗争的开展，逃亡奴隶与日俱增，这个事实迫使联邦国会在1862 年 3 月通过法案，它规定：“合众国陆海军全体军官或服务人员不得使

① Du Bois, “Negro and the Civil War”, in Science and Society, 1961, Dec..

② Cambridge Modern History, Vo1. Ⅶ, p.583.

用他们指挥下的任何兵力”把逃亡奴隶归还给原来主人，违犯者予以撤职处分。①

这样，有许多奴隶由于逃亡而得到解放，这是他们自己斗争的结果。

第二，基于军事需要的局部解放。在战事紧急的情况下，一些战地上的联邦军队不但需要大量人手从事军事劳动（挖战壕，筑堡垒等等），而且还需要补充兵力，因此，许多将领不得不解放战地附近的种植场上的奴隶，以便利用他们的劳动力或让他们当兵。1862 年 5 月，在南加洛里纳作战的汉特尔将军没收了当地种植场上的奴隶，不但宣布他们为自由人，而且还把他们武装起来组成一个联队。② 一些其他司令官也采取了类似的措施。

第三，为了削弱敌人而实行的局部解放。为了削弱敌人力量，国会早在 1861 年 8 月就通过了“没收法案”，它规定：凡在战争中，在主人同意下为联盟（叛乱者所成立的“国家”）军队掘堑壕，运军火的奴隶，均当作财产加以没收。这也无异于把这样奴隶予以解放。该法案的提出者史蒂文斯在为该法案作辩护时指出：“当一个国家与敌人进行公开的战争时，每一个国际法学者都会同意你们有权利使用任何手段去削弱敌人。”③ 1862 年 7 月，国会又通过了一项新的“没收法案”，它规定：“凡犯有叛国罪或叛乱罪的人，其全部奴隶都应予以解放。”④

上述这些局部解放都是违反林肯政府的意愿而进行的，或者是奴隶本身斗争的结果，或者迫于军事上的需要，或者是为了削弱敌人的力量。这些局部解放为林肯政府发布黑奴“解放宣言”铺平道路。

但是，林肯政府之决定发表这个宣言，也是下列诸种客观因素促成的。

第一，北方人民革命运动的高涨。当内战进入第二个年头时（1862 年）北方在战场上的情况是很不妙的。1862 年 4—6 月，麦克列兰将军麾下的联邦军队在所谓“半岛之战”中被敌人打得落花流水。

究竟什么原因造成这种悲惨局面呢？原因很多，但主要原因在于林肯

---

① McDonald ed., Select Statutes of United States History, 1861—1898, pp.31—32.

② Foster, The Negro People in American History, p.249.

③ Carl Sandburg, Abraham Lincoln, War Years, Vol.I. pp.312—313.

④ 1862 年 4 月，国会又通过法案，解放了哥伦比亚特区的奴隶（美国首都华盛顿就位于这个特区内）。这次解放，也是在客观形势的压迫下实行的。

政府不是按照革命方法进行战争，而是在宪法范围内进行战争，换言之，它不敢宣布解放奴隶作为战争的目标。由于不敢触犯南方奴隶制度，“北方自己把奴隶变成了南方人那一边的战斗力量，而没有使奴隶反对他们。南方把生产劳动交给奴隶，因而能够把它的全部战斗实力放在战场上而无何妨碍。”[①] 此其一。由于不敢提出“解放奴隶”的口号，所以北方资产阶级也就不敢武装黑人，从而也就无法利用对于奴隶主说来是致命的这支强大的黑人力量。此其二。由于没有以解放奴隶这个革命口号作号召，北方政府就无法鼓起北方广大人民的战斗热情。此其三。

战场上的失败引起北方广大群众的不满和愤怒，北方普遍出现了人民运动的高涨，群众到处举行游行、示威和召开大会，纷纷反对政府当局的政策。工人、农民和小资产阶级知识分子要求过渡到革命战争，特别是要求立即解放奴隶及武装黑人。早在 1861 年底，一位熟悉农民情况的记者就报道了农民不满的情绪，并且警告说：“……我们现在面临着在北方发生革命的危险。”到 1862 年夏天，北方已出现了革命形势。当时密切注视美国内战的马克思写道：“如果林肯不让步（但是他会让步的）就会来一个革命。”[②]

在人民革命运动面前，林肯政府不能不让步，否则它就有被推翻的危险，颁布“解放宣言”就是这个让步的重要表现。因此，我们可以说，“解放宣言”是北方人民革命运动强加给政府的。

第二，北方黑人的强大压力。北方广大自由黑人最关心南方黑奴的解放，他们从内心里盼望自己的南方同胞能从沉重的奴隶枷锁下解放出来。因此，内战炮声一响，他们就立刻展开活动，为争取黑奴的解放而斗争。他们开大会，发表宣言，向政府请愿……要求政府尽快地宣布奴隶解放的命令。在这里，值得特别介绍的，是黑人的伟大领袖腓特烈·道格拉斯的活动。

内战刚一揭幕，道格拉斯就提出两个主张要求政府采纳：一是宣布解放黑奴，一是征召黑人入伍。1861 年 5 月，他以《如何终止这场战争》为题，发表一篇文章，要求政府马上颁布奴隶解放宣言，并且吸收奴隶及自由黑人参加联邦军队，把他们组织“成为一支解放军，向南方进军，在奴隶中间高

① 《马克思恩格斯论美国内战》，第 232—233 页。

② 《马克思恩格斯论美国内战》，第 233 页。

举解放的旗帜。”他提醒政府说：奴隶主叛乱者毫不迟疑地使用黑人为他们的战争服务，他们征发大批黑人去为他们生产军火物资，为他们修筑桥梁、抬担架等等。因此，北方应该把南方这个强大力量拉过来供自己使用，为了达到这个目的，只有宣布解放奴隶，方是唯一有效的手段。① 此后，在一系列文章及讲演中，他再三强调：“黑人是大局的关键——是决定整个叛乱的枢纽。”他屡次表示宣布奴隶解放会“打击叛乱的致命要害”，因为它可以剥夺叛乱者的劳动力，从而使其失去衣、食及军火方面的供应。他又指出：废除奴隶制度，会立即赢得全世界对于北方的同情。② 当他听说林肯撤销弗列蒙将军关于局部解放奴隶的命令时，他大胆地、直接地抨击了政府。他喊道，自从内战开始以来，政府犯了许多错误，而这次错误更大。林肯政府已经执政 6 个月了，但是它做了什么事呢？它制出了任何原则吗？一行字一个字都没有。③ 有一次在国庆纪念大会上他对 2000 名听众指责政府，并且说总统、内阁以及一些同情叛乱者的将领们都犯了叛国罪。他指出：叛乱和奴隶制度二者是“一对孪生的魔鬼”，“想扶助一个而同时又打倒另一个的一切企图”，都会给国家造成灾难。“不是废除奴隶制度，就是联邦的毁灭”，二者必居其一。“你必须废除奴隶制度，否则就必须放弃联邦。”他表示，只要政府有决心，它就会很快地废除奴隶制度。我们所需要的一切，便是总统发表一个宣言，宣布奴隶的解放。④

1861 年 11 月，道格拉斯与其他废奴主义领袖一道成立了“解放奴隶同盟”，其宗旨便是“鞭策人民及政府解放奴隶，作为正义的措施及军事需要。”道格拉斯积极参加了这个同盟所主办的一系列讲演。在一次讲演中他尖锐地攻击政府当局“在处理叛乱的重大问题的正确方法上”所持的“动摇、怀疑、半信半疑及犹豫不决的态度。”当他说“我们的政策似乎是没有政策的政策”时，挤满大厅的听众报以热烈的欢呼。⑤

道格拉斯的演讲很有说服力，他不但从感情方面诱发听众对奴隶的同

① Foner，The Life and Writings of Frederick Douglass, Vol. Ⅲ，p.13.

② Foner，The Life and Writings of Frederick Douglass, Vol. Ⅲ，p.13.

③ Foner，The Life and Writings of Frederick Douglass, Vol. Ⅲ，p. 18.

④ Foner，The Life and Writings of Frederick Douglass, Vol. Ⅲ , pp. 22—23.

⑤ Foner，The Life and Writings of Frederick Douglass, Vol. Ⅲ，p.20.

情，而且还能从利害关系上去打动听众的心。有一次他在纽约市的库波尔学院作了煽动性的演说，事后有一家报纸评论说："不止一个鉴定家认为在这个城市从来没有一个人发表过效果更大的演说。"①

为了呼吁解放奴隶，道格拉斯进行了极其广泛的活动，在1861年夏天至1862年初这个大半年里，他为了宣传鼓动而旅行了数千英里，向马萨诸塞、纽约、新泽西、俄亥俄及伊利诺的人民做了演讲。除了旅行演讲之外，他还不断敦促国会、内阁和总统采取解放奴隶的措施。

毫无疑问，北方广大黑人及其领袖道格拉斯的活动，在推动林肯政府颁布"解放宣言"方面起了巨大的作用。而这一点是过去许多人所忽略了的。

第三，为了摆脱西欧列强的武装干涉。美国内战发生后，欧洲列强特别是英国，都迫不及待地想武装干涉美国内战，这是因为英国资产阶级不但企图乘机削弱美国的力量，而且也关心棉花供应问题。内战前，英国棉纺织业主要依靠南方供应原料，但是美国内战开始后不久，北方就从海上封锁南方，这就切断了棉花来源。为了恢复棉花供应，英国资产阶级便要求英国政府出兵援助南方叛乱者。如果英国真的出来干涉内战，美国北方将更处于不利地位，内战前途将不堪设想。北方资产阶级认识到：只有英国民主舆论对其政府施加压力，才能粉碎其干涉计划，为了达到这个目的，必须争取英国民主力量同情北方，而其最好办法莫过于宣布黑奴解放。美国驻维也纳公使摩特利写信给林肯道：在他旅居伦敦、巴黎和柏林的时候，在他和俾斯麦一起喝黑啤酒的时候，他相信只有以下三种情况之一，才能防止欧洲承认联盟（即南方叛乱者所成立的"国家"）：第一，打一次大规模的、决定性的战役，粉碎联盟军队；第二，夺取棉花港口，为欧洲工厂供应大量棉花；第三，一个解放奴隶的明确政策。②美国驻西班牙大使卡尔·舒尔兹在他发给华盛顿的一封电报里写道："我深信，一旦这个战争成为明确的拥护或反反奴隶制度的战争时，舆论马上会强烈地、一面倒地同情我们，以致不管存在什么样的商业利益，或者秘密奸谋如何活动，没有一个欧洲政府会敢于借宣言或行动置身于一个受到举世谴责的制度那一

① Foner，The Life and Writings of Frederick Douglass, Vol. Ⅲ，p.20.

② Carl Sandburg, Abraham Lincoln, War Years, Vol.I. p.574.

方面。”① 卡休士·克雷准将在1862年8月面见林肯，劝他在解放奴隶方面采取坚决的步骤，他提醒林肯说：他发现欧洲所有的政府都准备承认联盟，迫切地想干涉内战，因此如果现在发布解放宣言，将会阻碍这些欧洲统治者的计划。② 林肯无疑地同意了这种看法。

归纳起来说，到1862年夏秋之交，林肯政府目睹北方人民革命运动的高涨及南方大批奴隶的逃亡，感到在奴隶解放问题上不向人民让步是不可能的了；同时在国内舆论及国际形势的压力下认识到：为了摧毁南方的经济力量，为了把南方黑人拉过来，为了利用黑人这个重要战斗力量，为了博得全世界进步力量的同情及支持，为了破坏欧洲列强武装干涉的企图，一句话，为了赢得内战的胜利，解放奴隶的步骤是绝对必要的。林肯个人的言论就可以有力地证明这一点。在1862年9月，林肯对芝加哥新教徒代表团说：“……我也承认解放奴隶会在欧洲造成有利于我们的后果……而且我更认识到它在北方也将有利于我们……那时，无问题它将把对于南方至关重要的劳动者（指黑奴——引者注）拉过来，从而削弱叛乱者的力量……”③ 在另一个场合，林肯表示：“……假如不采取解放奴隶的政策的话，人力是不可能平息这个叛乱的，任何其他政策都不足以削弱叛乱的道德的、特质的力量。解放奴隶会给我们带来在南方土地上生长起来的20万人（指黑奴——引者注）。它还会给我们更多的东西，它使敌人减少同样多的东西。”④

这样看来，北方资产阶级政府之最后决定解放奴隶，并不是为了黑奴本身的利益，而是为了打击南方叛乱者，为了恢复联邦的统一，归根结底是为了北方资产阶级的利益。

（二）一次不利于被解放者的“解放”

1862年9月24日，林肯政府终于采取了一个决定性的步骤——发布黑奴“解放预备宣言”。林肯在宣言里首先宣布要在不参加叛乱的州里实行有赔偿的奴隶解放措施，也就是说，对于这些州自愿解放奴隶的奴隶主予以金

① Foner，The Life and Writings of Frederick Douglass, Vol. Ⅲ , pp.23—24.

② Carl Sandburg, Abraham Lincoln, War Years, Vol.I. p.573.

③ Du Bois, Black Reconstruction, pp.85—86.

④ Du Bois, Black Reconstruction, pp. 99—100.

钱上的补偿，这笔钱由政府支付。接着他便郑重宣布“1863 年 1 月 1 日起，凡在当地人民尚在反抗合众国的任何一州之内，或一州的指明地区之内，为人占有而做奴隶的人们都应该在那时及以后永远获得自由；合众国政府行政部门，包括海陆军当局，将承认并保障这些人的自由，当他们或他们之中任何人为自己的自由而做任何努力时，不许做任何压制他们的行为。”然后，林肯又表示他将在 1863 年 1 月 1 日再一次颁布宣言，在那个宣言里将确定哪些州在举行叛乱，哪些州已经终止叛乱。最后，林肯申明要对于在整个叛乱期间始终如一地忠诚于联邦的奴隶主，赔偿其由于解放奴隶而蒙受的“损失”。① 以上便是预备宣言的主要内容。

对于这个宣言，还有必要进行具体的分析和说明：

第一，根据这个宣言，无条件解放奴隶的办法只适用于正在举行叛乱的南方几个州，而对于未参加叛乱的边境奴隶州，则实行逐步的、附有赔偿条件的解放。② 如果按照这个办法行事的话，诚如福斯特所指的，奴隶的全部解放，势必要拖延到 30 年后，亦即 19 世纪末，才能完成。③ 第二，假如叛乱诸州或其中某些州或地区在 1863 年 1 月 1 日以前放下武器停止叛乱的话，那么这个宣言中所规定的无条件解放办法也就不适用于它们了。换言之，对它们也实行逐步的、有赔偿的解放。第三，这个宣言对于黑人说来，只是宣布他们的人身自由，而没有答应分土地给他们，也没有把平等的政治权利送给他们。黑人领袖腓特烈·道格拉斯正当地指出：“在历史上还没有过这样例子，亦即解放的条件是那样不利于被解放的阶级。”④

整个说来，这个预备宣言的总的精神在于：它极端有利于奴隶主阶级，而不利于黑人。我们知道，奴隶主是穷凶极恶的剥削者及盗人犯，他们的全部财富是用黑人的血和汗凝成的，因而他们的土地财产应予以没收，他们的奴隶应予以无条件的解放。但是北方资产阶级不但不想没收他们的土地，反而要对他们进行金钱上的赔偿（当然，这在实际上并没有行得通）。黑奴是种植场上的直接生产者，是南方财富的真正创造者，因此在解放时理应把种

---

① Gohnson ed., Great Events By Famous Historians, Vol.XVIII, pp.71—74.

② 当时在这些边境奴隶州一共有 80 多万的奴隶。

③ Foster, The Negso People in American History, p.256.

④ Иванов, Гражданскаес Война в Сша, p.110.

植场奴隶主的土地分配给他们，但是这个宣言关于土地问题只字未提。在内战结束后南方重建时期，资产阶级也一直没有按照民主方式解决黑人土地问题。结果，黑人在解放后变成一无所有的人，因而沦为种植场上的对分农或合同雇工。这样，美国黑人虽然从奴隶制度下解放出来，但是又落到半奴隶制的剥削下。

（三）黑人是依靠自己的力量从奴隶制度下解放出来的

1863 年 1 月 1 日，林肯政府颁布了正式的《解放宣言》。由于到这时为止，南方叛乱诸州没有一个州放下武器停止叛乱，所以这个正式宣言宣布：阿肯色、得克萨斯等 10 个州（其中有少数地区除外）仍处在叛乱中，从而上述诸州的全部奴隶"现在和今后永远获得自由；合众国政府，包括陆海军当局在内，将承认并保持上述人们的自由。"林肯在宣言里又说："我现在命令这些被宣布自由的人们，除非是必需的自卫，不得有违法行为；我劝告他们，在任何可能的情况下，他们应当忠实地为合理的工资而劳动。"①这句话表明，南方黑奴虽然从奴隶制度下面解放出来，但是他们马上又被宣布为工资劳动制度下的奴隶，如果他们稍有反抗这个新的剥削制度的话，他们就要受到残酷的镇压。

实际上，到发表这个正式宣言时为止，南方已有成千上万的奴隶，或者由于逃亡到北方，或者由于北方军队侵入南方的军事行动，而已经获得实际上的解放了。因此，林肯的宣言对于这些人说来，只不过是对于既成事实的事后追认罢了。而且，对于当时仍住在联盟（即南方叛乱诸州）内部的大多数奴隶说来，只有当他们逃至北方，或者北方军队打到他们那里时，这个宣言才会发生实际的效用。或者说得更确切些，对于当时南方奴隶来说，这个宣言上的规定能否实现，完全取决于内战的结局，只有在北方从军事上彻底打垮南方叛乱者的情况下，南方奴隶才有可能获得实际上的、全部的解放。内战终于在 1865 年 4 月以北方的胜利而告结束，因此，只有到这个时候，南方黑奴才完全从奴隶制的枷锁下解放出来。

---

① 关于正式宣言全文，参考：《1765—1917 年的美国：世界史资料丛刊初集》，生活·读书·新知三联书店 1962 年版，第 84—86 页。

所以，对于内战的最后胜利，谁的贡献最大呢？我们可以斩钉截铁地说，是黑人，因为黑人在内战中起了决定性的伟大作用。

内战炮声一响，黑人就热烈地要求参军杀敌。但是只有到1862年下半年以后，他们才能被允许参加联邦军队。从那时起，广大黑人怀着炽烈的希望踊跃走上战场，其中既有北方原有的自由黑人，也有新从南方逃来的奴隶。到内战终了时，参加战斗的黑人一共有186 207人，此外还有25万名黑人间接参加战争——如为联邦军队挖战壕，修要塞等等。① 黑人士兵在战场上大显身手，他们的勇敢善战使当代人为之赞叹不已，许多次重要战役都是在黑人参加下取得胜利的。黑人还深入南方进行游击战，从背后打击敌人。有许多黑人充当北军的向导，并且为北军提供了不少有价值的军事情报。在内战战场上，黑人付出36000人以上的生命。南方黑奴起义及大批逃亡也有力地削弱了叛乱者的物质基础。因此，正如杜波依斯博士所指出的，“就内战而论，对于正直的人们说来，有一件事是洞若观火的，以致不需要特别努力去研究，那就是：黑人赢得了内战……” ②

既然“解放宣言”的实现取决于内战的胜利，而内战的胜利又是黑人用鲜血换得的，那么显而易见黑人之解放是自己斗争的结果。③

结　语

归纳起来，我们可以得出这样的结论：美国资产阶级在内战初期本来是无意于解放黑奴的，后来只是在人民的压力下，并迫于客观需要，为了粉碎叛乱者才迫不得已而颁布了“解放宣言”。而且即使他们决定解放奴隶，他们所确定的解放条件也是极其不利于黑人的。更值得注意的是：“解放宣言”

---

① Foster, The Negro People in American History, pp.271—272.

② Du Bois, “Negro and the Civil War”, in Science and Society, 1961, Dec..

③ 边境州的奴隶也是凭自己的力量获得解放的。在宣言里林肯虽然答应边境州采取附有赔偿条件的解放办法，但是这个办法始终没有为这里的奴隶主所接受。虽然如此，在内战炮火中，边境州的奴隶几乎都逃光了，并且大批参加了联邦军队。结果，他们也取得了自由。

虽然是北方资产阶级政府所颁的，但它只不过是一纸空文，它之变为实际，是黑人自己用流血牺牲争取到的。由此可见，美国黑人之能够从奴隶制度的压迫下解放出来，并不是出于什么资产阶级的“恩赐”，而是通过黑人自己的艰苦斗争而实现的。

这是一个很重要的历史经验，这个经验表明：美国黑人要想得到解放，必须依靠自己的力量，必须由自己去争取，而不应对白人统治集团抱任何幻想。近几年来，美国广大有觉悟的黑人正是这样做的。面对美国黑人日益高涨的斗争形势，约翰逊政府在对黑人进行血腥镇压的同时，还玩弄所谓“民权法”，借以欺骗黑人和国内广大群众。但是黑人对“民权法”并没有抱任何幻想。他们在革命斗争中，觉悟越来越高，他们清楚地认识到，不管美国统治阶级通过多少“民权法”，只不过是美国垄断集团用以欺骗、剥削、奴役和镇压黑人争取解放的工具。但是，近年来，黑人的斗争已抛弃了“非暴力主义”，日益走上了以暴力反抗暴力的斗争形式。目前，美国黑人争取解放的斗争，正以一浪高于一浪的形势发展起来。正如我们伟大领袖毛主席在《支持美国黑人反对美帝国主义种族歧视的正义斗争的声明》中所指出的：“我深信，在全世界百分之九十以上的人民的支持下，美国黑人的正义斗争是一定要胜利的。万恶的殖民主义、帝国主义制度是随着奴役和贩卖黑人而兴盛起来的，它也必将随着黑色人种的彻底解放而告终。”

（原载《史学月刊》1965 年第 8 期）

三、中 国 史

论孔子的理想国

古今中外，凡是杰出的、有创造性的大思想家大哲学家，几乎毫无例外地都有他所向往的“理想国”。古代希腊大哲学家柏拉图就写了《理想国》一书，寄托了他的理想。十六世纪英国著名思想家托马斯·摩尔写的《乌托邦》，也是表达了他的社会政治理想的杰作。作为中国古代最伟大的思想家孔子，当然也有他的“理想国”。

那么，孔子的“理想国”是什么？孔子在一次闲谈中向弟子们透露出他所追求的理想：——“颜渊季路侍。子曰：‘盍各言尔志？’子路曰：‘愿车马衣轻裘与朋友共，蔽之而无憾，’颜渊曰：‘愿无伐善，无施劳。’子路曰：‘愿闻子之志。’子曰：‘老者安之，朋友信之，少者怀之。’”（《论语·公冶长》）可见，孔子所忻慕向往的理想，是一个安定、和谐的社会政治秩序，在这个秩序下面，男女老幼各得其所，家给人足，人们互相爱护，人人过一种幸福而有道德的生活。

又有一天，“子路曾皙冉有公西华侍坐”，在大家都谈完自己的政治抱负之后，孔子唯独对曾皙的话表示了由衷的赞赏，并且“喟然叹曰：‘吾与点也！’”其实，与其他弟子不同，曾皙没有正面地表白自己的理想怀抱，而只是简洁地描写了一群成年人和青少年在春风骀荡的大自然怀抱中尽情欢乐歌唱的牧歌式的情景：“暮春者，春服既成，冠者五六人，童子六七人，浴乎沂，风乎舞雩，咏而归。”（《先进》）

孔子赞赏曾皙的话是因为曾皙所表达的境界，正是孔子所追求向往的境界，与孔子的理想完全合拍，二人都希望看到一个“黄发垂髫并怡然自乐”的社会。

孔子的这个政治理想，经过孔子的后学之手，在《礼记·礼运》篇中得到具体的表述：“大道之行也，天下为公，选贤与（举）能，讲信修睦，故人不独亲其亲，不独子其子，使老有所终，壮有所用，幼有所长，矜寡孤独废疾者皆有所养。男有分，女有归。货恶其弃于地也，不必藏于己；力恶其不出于身也，不必为己。是故谋闭而不兴，盗窃乱贼而不作，故外户而不闭。是谓大同。”

这个“大同”社会是孔子政治理想的最高境界。但是，这些年来我国有些学者把“大同”社会说成是实行人民公选国家元首的“天下公有”的民主社会，是“明显地否定生产资料私有制”，体现了“公有制原则”的公有制社会。他们的论据是《礼记·礼运》篇中的“天下为公”，“选贤与能”这八个字和“货恶其弃于地也，不必藏于己；力恶其不出于身也，不必为己”这句话。这种解释是错误的。正如董楚平同志所指出的，“天下为公”的“公”字乃是公正之意，非“天下公有”之意；“选贤与能”意味着天子个人让贤（“禅让”），而不应解释为人民公选元首；“货恶其弃于地也，不必藏于己”，只能说明人民群众爱惜物力，毫无自私自利之心的“道不拾遗”的美德，不能解释成财产共有；“力恶其不出于身也，不必为己”，只能说明“大同”社会的公民大公无私、热爱劳动，以助人为乐的美德，决不意味着集体劳动①。而且，从《论语》及《左传》等记载中也找不到孔子憧憬公有制及主张人民公推元首的言论。可见，孔子所忻慕的“大同”社会只能是建立在公正原则上面的互助互爱的社会，与公有制或人民公推元首的民主风马牛不相及。

但是，孔子认识到这个“大同”社会并不能一蹴而就，只有经过一个初级阶段的理想政治——“小康”阶段，才能最后过渡到“大同”社会。换言之，孔子的“理想国”包括两个发展阶段——“小康”阶段和“大同”阶段。孔子忙碌了一生，正是为了实现一个“小康”社会，而“大同”社会则只能寄托于渺茫的未来。因此他对于“大同”社会未提出更为具体的纲领计划。

孔子希望立即实现的“小康”社会，在《礼记·礼运》篇中被刻画出来：“今大道既隐，天下为家，各亲其亲，各子其子，货力为己。大人世及以为礼，城郭沟地以为固，礼义以为纪；以正君臣，以笃父子，以睦兄弟，以和夫妇，以设制度，以立田里，以贤勇知，以功为己。故谋用是作，向兵由此起，禹汤文武成王周公由此其选也。此六君子者，未有不谨于礼者也，以著

---

① 董楚平：《“天下为公”原义新探》，《文史哲》1984年第4期。

其义，以考其信，著有过，刑仁讲仁，示民有常。如有不由此者，在势者去，众以为殃。是谓小康。”这是一个实行家天下的世袭君主制的，等级森然的阶级社会。它虽然距离孔子的理想政治的极致尚远，但比春秋的乱世好得多，所以孔子一生努力争取的就是用这样一个社会去代替使他痛心疾首的礼崩乐坏的局面。

那么如何去实现这个初级阶段的政治理想呢？在孔子看来，关键在于调整好两类不同的人际关系：统治阶级内部上下级关系和统治阶级与被统治阶级之间的关系。

为了调整好前一种关系，孔子提出“正名”主张。什么是正名？它提出的背景是什么？

孔子的时代，是中国封建领主向地主经济过渡的时代，当时封建统治阶级内部秩序陷入混乱。国与国之间互相吞并，贵族的家与家之间也是互相侵夺不已。周朝天子早已失去其作为全中国最高统治者的地位，而受霸主任意操纵；诸侯的政权大多数转到大夫手中，甚至大夫的政权有的也转到陪臣手中。因之，在封建等级阶梯上出现了下级僭越上级的现象：诸侯僭越天子，大夫僭越诸侯，陪臣僭越大夫。君已经不像个君的样子，臣也不像个臣的样子，君臣关系已经“名”不符“实”了。孔子对于下僭上的现象颇有反感，所以才提出“正名”的主张：“名不正则言不顺；言不顺则事不成；事不成则礼乐不兴；礼乐不兴则刑罚不中；刑罚不中则民无所措手足……”（《子路》）“君君，臣臣，父父，子子”（《颜渊》）。“天下有道，则礼乐征伐自天子出；天下无道，则礼乐征伐自诸侯出。……天下有道，则政不在大夫。”（《季氏》）

孔子要求消灭这种“名”不符“实”的现象，要求诸侯做名副其实的诸侯，不要侵犯天子的权威；大夫做名副其实的大夫，不要侵犯诸侯的权威……这就是他“正名”的主张。他感到，只有“正名”，才能导致“天下有道”的局面，老百姓才能安居乐业，免遭战祸。

但是，孔子主张“正名”，不仅是针对下僭上，而且也是针对上侵下。他强调“君君，臣臣，父父，子子”就包含着对上下双方的要求：君应该像君的样子，而不应该任意侵害臣下的正当权益；臣应该像臣的样子，而不该做僭越非分的事；父子关系也是如此。

孔子这种主张也反映在他的君臣观上面。孔子固然主张“臣事君以忠”，但“忠”并不专指臣对君的态度，而是泛指对一切人的态度。而且孔子的忠君是有条件的，他认为只有“君使臣以礼”，臣才应该“事君以忠”(《八佾》)。他还指出：“所谓大臣者，以道事君，不可则止”(《先进》)。“勿欺也，而犯之”(《宪问》)。“事君敬其事，而后其食”(《卫灵公》)。可见，孔子认为臣对君并没有人格依附关系，臣并非为了事君而事君，他之事君，是为了行道。在君主胡作非为时，臣就应该犯颜谏诤。如果君主不接受谏诤，臣就应该辞官归里。这个观点证明孔子是君主专制制度的反对者。

总之，孔子之主张“正名”，意味着他既反对臣民犯上作乱，也反对君主无理地欺凌臣下；既反对乱臣贼子，又反对无道的昏暴之君。它既包含着封建社会所固有的等级尊卑的观念，又蕴藏着平等的因素。因此，孔子的“正名”思想实质上具有改革的、进步的意义。

孔子是一位高瞻远瞩的思想家，在他看来，为了达到他所向往仰慕的“小康”局面，光是调整好统治阶级内部上下级关系是远远不够的，更重要的还必须调整好统治阶级与被统治的人民之间的关系。如果说为了调整好统治阶级内部上下级关系，孔子对上下双方提出对等的要求的话，那么为了调整好统治阶级与人民之间的关系，他则向统治阶级单方面提出了更多的要求，要求他们担负起重大的道德上的和政治上的责任。孔子之所以伟大，原因之一恐怕就在于他关心人民的命运，并且要求统治阶级多多为人民的利益着想。

那么，孔子向统治阶级提出哪些要求呢？首先，他要求统治阶级实行“德礼之治”。

为了理解“德礼之治”的具体内容，先对“德治”与“礼治”分别加以解释。

“德治”主要有三个内容：

第一，统治者应该以宽厚的态度去治理和对待人民。他说：“居上不宽，……吾何以观之哉？”(《八佾》)更重要的，孔子要求统治者以“仁”的胸怀对待人民。“仁”字在孔子以前就已见于记载，但是，孔子赋予“仁”以新的含义。他以为“仁”就是“爱人”(《颜渊》)，他希望统治者能爱百姓，并且能做到“恭、宽、信、敏、惠”(《阳货》)。他还劝统治者从积极和消极两个方面去爱人民，从积极方面应该“己欲立而立人，己欲达而达人”(《雍也》)；从消极方面则要“己所不欲，勿施于人。”(《颜渊》)

第二，统治者应该实行“教化”政策，这就是说，应该用德去诱导人民，教育人民，使之向善，使每一个人都讲求孝、悌、忠、信等美德。

第三，统治者特别是上层统治者，必须努力培养自己的品德，端正自己的行为。只有这样，才能更好领导下级，才能感化人民，使之向善，才能提高教育人民的效果。他说：“政者，正也，子率以正，孰敢不正？”（《颜渊》）“苟正其身矣，于从政乎何有？不能正你其身，如正人何？”“其身正，不令而行，其身不正，虽令不行。”“上好礼，则民莫敢不用情。”（《子路》）“君子笃于亲，则民兴于仁，故旧不遗，则民不偷。”（《泰伯》）为什么会这样？孔子更设譬加以说明：“君子之德风，小人之德草，草上之风必偃。”（《颜渊》）。

孔子还要求把“德治”应用到对外关系上，他反对武力征服，反对统治者穷兵黩武，主张“远人不服，则修文德以来之，既来之，则安之”（《季氏》）。孔子是提倡华夏“大一统”的，为了实现“大一统”，他反对诉诸武力，而号召统治者在他的管辖境内“修文德”，借以吸引境外之人民，赢得他们的仰慕，使其主动归服，最后统一中国。

那么什么是“礼治”？孔子认为，“礼治”就是统治者用“礼”去约束人民的行动。

“礼”是社会公认的人们在日常生活中所应遵循的行为规范，它没有法律上的强制性，只能依靠人们自觉自愿地遵守。殷周以来是“礼不下庶人”的，“礼”只行于贵族中间，庶民是没有份儿的，庶民犯罪要用刑罚制裁。孔子提倡“礼治”，要求用“礼”来约束人民的行动（“齐之以礼”），意味着要求“礼下庶人”。这个要求，在本质上就是要求打破殷周以来在贵族和庶民之间建立的不可逾越的鸿沟。

孔子提倡“礼治”，这意味着他把人民看作是道德意识的主体，希望他们能够自觉自愿地遵守正当的行为规范，而不需要外部的强制。这在本质上是对人格的尊重，突出了人的尊严，提高了人的地位，也就是提高了人民的地位。这是孔子富有理想主义的人道主义的重要表现。仅这一点就足以证明关于孔子是奴隶主阶级的代言人的说法完全是无稽之谈。

孔子“德礼之治”的主张，大致如此。

从另一个角度来看，孔子提倡“德礼之治”，意味着他反对用严刑峻法和杀戮手段对待人民。他说："不教而杀谓之虐"（《尧曰》）。季康子问政于孔子曰："如杀无道以就有道，何如？"孔子对曰："子为政，焉用杀？子欲善为而民善矣。"（《颜渊》）孔子又说："'善人为邦百年，亦可以胜残去杀矣'。诚哉是言也。"（《子路》）这些言论都充分证明孔子对于"残"、"杀"的虐政，是深恶而痛绝的。顺便说说，孔子的这个态度，也是孔子没有杀过少正卯的一个有力的旁证。同时，这也表明：孔子在"刑"这个问题上也打破了贵族与平民间的等级森严的界限：过去是"刑不上大夫"的，"刑"是专门对付人民的，而现在孔子则反对用"刑"去对待人民。这也是孔子的改革思想的表现。

孔子提倡以"德"治国，以"礼"治国，以"宽"治国，正好与后来的法家的刻薄寡恩形成鲜明的对比。

孔子为什么醉心于"德礼之治"？这是因为他认识到"德礼之治"有助于提高人民的道德自觉性。"德礼之治"这个作用，他概括为下面两句话："道之以政，齐之以刑，民免而耻；道之以德，齐之以礼，有耻且格。"（《为政》）这就是说，如果用法制禁令（"政"）去指导人民，用刑罚去制裁他们的"越轨"行动，则民虽不敢做"越轨"行动，以逃避刑罚，然而却丧失了廉耻之心，失去了道德的自觉性。相反的，如果用道法去诱导、教化他们，并且使他们自觉地用"礼"（即行为规范）去约束自己的行为，则人民就会油然产生道德的自觉，培养了廉耻心，人心就会向善。孔子的价值观，与道家、墨家及法家截然不同之处，首先在于他重视道德的价值。孔子最关心人民的道德生活，他的最大的愿望之一，便是培养有道德觉悟的人民。他希望"民兴于仁"，又梦想人与人之间无争，孔子说："所讼，吾犹人也，必也，使无讼乎"（《颜渊》）。在他看来，"德礼之治"的优越性，首先在于它有助于提高人民的道德觉悟。

不过，孔子认为"德礼之治"还必须有经济措施的保证和配合。因为如果老百姓饥无食，寒无衣，他们就会铤而走险，揭竿而起，更谈不上要求他们再讲求道德。人民的贫困会大大抵消"德礼之治"的效果。因此，孔子又提出在向人民施行教化之前必须使人民富起来的主张："子适卫，冉有仆。子曰：'庶矣哉！'冉有曰：'既庶矣，又何加焉？'曰：'富之'。曰：'既富矣，又何加焉？'曰：'教之。'"（《子路》）

但怎样才能富民呢？孔子认为，首先，必须从积极方面实行养民的政策。他要求统治者“节用而爱人，使民以时。”（《学而》）他说：“子产有君子之道四”，而“养民也惠”为其一端（《公冶长》）。他特别认识到“因民之所利而利之”是养民的最有效的办法（《尧曰》）。其次，统治者还必须从消极方面去减轻人民的负担，减轻对人民的剥削。他反对苛政，说：“苛政猛于虎也”（《礼记·檀弓下》）；他反对横征暴敛，“季氏富于周公，而求也为之聚敛而附益之”。孔子曰：“非吾徒也。小子鸣鼓而攻之，可也。”（《先进》）他之谴责冉求，就是因为他为季氏聚敛以病民。

又据高亨先生的考证，春秋时期地主对农民的剥削采取实物地租形式。齐国是“民参其力，二入于公，而衣食其一”（《左传·昭公三年》）。在鲁国则实行对分制，即地主与平民各取其半，而孔子主张把地主对农民的剥削限制为十分之一①。

为了减轻对人民的掠夺和剥削，孔子还要求统治者要寡欲，不要贪财：季康子患盗，问于孔子。孔子对曰：“苟子之不欲，虽赏之不窃。”（《颜渊》）

孔子在强调富民的必要性的同时，也反对富者愈富而贫者愈贫的现象，并且主张救济穷人：“子曰：‘……吾闻之也：君子周急不继富。’”（《雍也》）“原思为之宰，与之粟九百，辞。子曰：‘毋！以与尔邻里乡党乎？’”原思家境贫寒，他的邻里也必然多是穷人，所以孔子希望他把粮食送给“邻里乡党”就意味着希望把粮食送给穷人。

有人认为孔子有平均主义思想，其根据是孔子的一句话：“丘也闻有国家者，不患寡而患不均，不患贫而患不安。盖均无贫，和无寡，安无倾……”（《季氏》）。其实，这是误解了孔子的意思。实际上当时孔子是用这一句话去反对季氏用武力吞并颛顼的企图的，而不是要求平均财产。周初封国，公侯百里，伯七十里，子男五十里。孔子所强调的“均”，即是维持周初的分封局面，反对用吞并手段去破坏这个局面。

在孔子看来，在实行以“富民政策”为辅的“德礼之治”的时候，统治者还有必要讲求如下的治国之道。

第一，“使民如承大祭”（《颜渊》）。这就是说，在役使老百姓时，要像

① 高亨：《孔子思想三论》，《孔子哲学讨论集》，第365—366页。

祭祀天地祖先那样毕恭毕敬，小心谨慎，千万不要无限制地虐使他们。

第二，要取信于民。孔子非常重视“信”，他多次提到它。“子贡问政。子曰：足食足兵，民信之矣。……自古皆有死，民无信不乏。”（《颜渊》）他又说：“道千乘之国，敬事而信……”（《学而》）。意思是：“从政者”必须取得老百姓的信任，假若欺骗老百姓，或朝令夕改，那就要失信于民，而一个国家若失信于民，是站不住脚的。

第三，要容许人民批评政府，统治者不要独断独行，春秋时郑国子产不毁乡校，孔子赞许子产的态度，子产死，孔子流涕，称子产为“古之遗爱。”可见，孔子是赞许人民言论自由的。鲁定公问：“‘一言而丧邦，有诸？’孔子对曰：‘言不可以若是其几也。人言曰：‘予无乐乎为君！唯其言而莫违也。如其善而莫之违也，不亦善乎？如不善而莫之违也，不几乎一言而丧邦乎？’”（《子路》）可见，孔子反对君主独裁。

第四，任用贤才。孔子对于世袭贵族之垄断政权，是很不满意的。他看到在世袭贵族中有许多人腐化堕落，人格卑污，“饱食终日，无所用心”（《阳货》）；还有不少人是“何足算也”的“斗筲之人”（《子路》），斤斤计较得失，终日忙于争权夺利。在孔子眼中，这些人已失去做官的资格。正是针对这个现实，孔子才要求君主任用德才兼备的人才来替代世袭贵族去管理国家。他对鲁哀公说：“举直错诸枉，则民服。举枉错诸直，则民不服。”（《为政》）这就是说，孔子建议把品德端正的人才提拔上来，放在品德败坏的人的上面。要求按人才正直与否来黜陟官吏，实际上就是要求举贤才，以打破世袭贵族垄断公职的局面。柳下惠是一位贤者，但是臧文仲不肯荐他做官，于是孔子便谴责臧文仲是“窃位者”（《卫灵公》）。“仲弓为季氏宰，问政”。孔子告诉他应该以“举贤才”为要务（《子路》）。仲弓本是贱人之子，但是孔子却很器重他，说：“雍（仲弓的名）也可使南面”（《雍也》），认为他有资格当长官。孔子又说过：“犁牛之子骍且角，虽欲勿用，山川其舍诸？”（《雍也》）可见，孔子是多么热心提倡“举贤才”！孔子的这个态度，充分说明他是周礼的背叛者，因为周礼的任官原则是从同族的近亲或世袭贵族中挑选当官的人（《左传·宣公十二年》：“其君之举也，内姓选于亲，外姓选于旧”）。可以说，孔子在这一问题上也是一位改革派。

综上所述，在政治混乱的春秋末年，孔子提出了一个比较完整周密的政治纲领：为了调整统治阶级内部上下关系，他提出了“正名”的主张；为了调整统治阶级与被统治阶级的关系，他要求统治阶级实行“德礼之治”、富民政策及一系列治国之道。他相信，一旦这个政治纲领为统治者所接受，并且付诸实施，就会出现一个令人鼓舞的理想的政治秩序：第一，恢复两周的“礼乐征伐自天子出”的“天下有道”的局面。第二，上有君主实行开明政治，下有贤臣襄助君主治理国家。第三，人民安居乐业，过一种富裕的生活。

这样一个政治秩序，就是孔子理想国的初级阶段——“小康”社会。在孔子心目中的“小康”社会的特点，应该是“和谐”——统治阶级内部上下之间的和谐和统治阶级与被统治阶级之间的和谐。当然，这种和谐只能是相对的、暂时的，阶级划分及“兵革”还是不可避免，只有到“天下为公”的“大同”社会，才能实现真正的、永久的和谐。

孔子依靠谁去实现他的“小康”社会呢？他是不是想依靠周朝天子来施展他的政治抱负呢？从《论语》一书来看，孔子谈到当代的周天子处很少。实际上，周王朝很久以来就已失去了作为中国最高统治者的地位。孔子清楚地看到了这一点，所以并不指望周王朝帮助他实现他的理想。他毋宁是期待另一个中央政权能取代周王朝。他说过：“如有用我者，吾其为东周乎？”（《阳货》）他说这番话的时候，就是想在东方（或鲁国）依靠一个新的政权去推行他的政治纲领，并且相信这个政权一旦实施他的政治纲领，就一定会出现一个令人鼓舞的局面：“近者悦，远者来”（《子路》），得到全中国人民的拥戴，最后统一天下。为了寻找一个能够接受他的学说的君主，他周游列国，栖栖惶惶，席不暇暖。但是没有一个国君肯听他的建议，也没有一个国君品德良好，足以实行“德礼之治”。于是使他大失所望。他不得已而改变了原来的计划，打消了对于各国君主的幻想，而把希望寄托在宰辅身上，因为在这里他还有作主观努力的余地：他可以亲自培养这样的宰辅人才。至少在他的后半生他之从事讲学授徒的主要目的就是为了培养造就德才兼备的人才，希望他们将来能辅佐世主推行他的政治纲领，以实现他的“小康”政治理想。

最后，让我对孔子的纲领及其“小康”理想作一个评价。

不消说，孔子的这个“小康”理想有其时代的局限性。他所提出的“正名”主张只能成为维护封建等级尊卑制度的工具。正是孔子思想里面的这个等级尊卑观念为历代统治阶级所利用，在客观上起了维护封建秩序的反动作用。同时，孔子也是在维护封建地主阶级的统治地位的前提下，劝告统治阶级实行“德礼之治”及“富民政策”的，他把一切希望都寄托在封建统治阶级身上，把人民看成是等待“上面”恩赐的、无所作为的消极因素。这就决定了他的“德礼之治”及“富民政策”的不可能实现。统治阶级从本身的利益出发，是不愿意采纳他的这些政治主张的。

而且，“德礼之治”也包含有很大程度的不切实际的幻想的成分，因为在现实社会里，单单依靠“德”和“礼”，而不同时实行法治，是无法维持一个良好的社会秩序的。

以上是孔子的“理想国”的消极面。

然而从另一个角度来看，孔子的思想里也包含着不少的积极成分。

第一，孔子的“德礼之治”主张是建立在对于人格的尊重上面的；他的富民主张，是出于对人民福利的关切。因此他的政治纲领富有人民性。这与后来的法家形成鲜明对比。法家主张用残酷无情的刑罚和杀戮来对待人民，而孔子则强调以“宽”和“德”治国，并且以教化为职志。法家把人民看作是实现君主个人政治目的的手段，视人民为统治阶级任意宰割的对象；而孔子则把人民看作是道德的主体，尊重人的价值，重视人民的福利。

第二，孔子的政治纲领包含了一系列重大的改革主张，如他主张打破贵族与庶民之间在“礼”、“刑”方面的界限；要求统治阶级减轻对人民的剥削；要求登用德才兼备的人才，以打破世袭贵族垄断政权的局面；主张实现言论自由，反对君主专制制度；等等。这些改革主张一旦获得采纳，一定有利于人民，有利于社会发展，有利于安定社会秩序。这有力地证明孔子并不是人们所常说的保守派，而是一位有胆识的、明智的革新者。

第三，孔子先富后教的主张，蕴藏着唯物主义萌芽，因为它是建立在物质生活是第一性而精神生活是第二性的思想基础上面的。同时，这也说明孔子既重视人民的经济生活的提高，又重视人民精神生活的向上。这是孔子的远见卓识。

第四，孔子提出了对于任何社会、任何时代都有头等重要意义的政治原则：“从政者”本人的人格品质极端重要，他必须端正自己的品德行为，以身作则，否则就没有资格在上面的向人民“发号施令”。

第五，孔子所提出的政治纲领对后世发生积极的影响。他的“德治”及“富民”的主张，和后来孟子的“仁政”学说结合在一起，形成了儒家特有的一套政治理想。这个政治理想成为两千多年来封建时代许多进步改革家所追求的目标，并且在不同程度上被付诸实施。

孔子的一生，是追求理想的一生，是为理想而奋斗的一生。他的思想主张陈义甚高，被认为是“迂阔而远于事情”，因而他的理想之落空，自是人们意料中的事。但是，理想毕竟是可贵的，人如果没有理想，没有对理想的追求，人类就不会有进步，就不会改造客观世界。而且，为了实现自己的理想，孔子呕尽了心血，不顾到处碰壁，不顾人们的冷嘲热讽，他以“知其不可而为之”的精神，奋斗到生命的最后一息。

提出理想，并且为理想而奋斗到底——这便是孔子的伟大处。

（原载《齐鲁学刊》1987年第1期）

孔子思想中的积极因素初探

前些时候读到美国历史学家卡尔·贝克的文章，标题为：《杰弗逊政治哲学中到今天仍有生命力的因素》，从这篇文章我联想到孔子的思想，我在心中琢磨：孔子思想中是否也有到今天仍有生命力的因素呢？经过长时间殚精竭虑的思考，得出了肯定的答案。

孔子思想是一个庞大的、包罗万象的、复杂的甚至矛盾的有机体系。和任何伟大思想体系一样，孔子思想也有其可析性。它可以分解为三大部分：第一部分是直接为封建统治服务的思想，这是应该加以摈弃的；第二部分是带有人民性的进步的思想，这些值得我们借鉴的；① 第三部分是孔子思想中的精华部分，它有普遍的意义，在任何时代都有其价值，到今天仍未失去其强大的生命力，所以我们应当加以继承，以丰富我们社会主义精神文明。

那么这精华部分到底包括哪些？我初步设想孔子关于人际关系的思想和道德修养的思想，如果剔除其封建糟粕，便属于孔子思想中最富有生命力的精华部分。

一

孔子最关心人事，他佩服子产的“天道远，人道迩”这句话（《左传·昭公十八年》），因而也最关心人与人的关系，亦即人际关系。他渴望建立一个和谐美满的人际关系。《论语》中至少有两条材料反映了他的这种渴望心情：

① 匡亚明：《孔子评传》，齐鲁书社 1985 年版，第 414—415 页。

第一条，“子曰：‘听讼吾犹人也，必也使无讼乎?’”(《颜渊》) 可见，孔子希望人与人无争，希望大家都和睦相处。

第二条，曾皙说：“莫春者，春服既成，冠者五六人，童子六七人，浴乎沂，风乎舞雩，咏而归。夫子喟然叹曰：吾与点也”。(《先进》) 可见，孔子很欣赏曾皙所描述的那种人情和美，在春风骀荡的大自然怀抱中，人们在一起尽情欢乐歌唱的情景。

这两段材料都说明孔子所追求的是一个充满人情味的、安定和谐的人际关系。可以说，在人际关系上，孔子所追求的是一个“和”字。有子说：“礼之用，和为贵”(《学而》)，就是表达了孔子的这个渴望。

孔子渴望人际关系的和谐，而人际关系在当时不外乎是个人之间的关系、家庭关系、当政者与人民之间的关系以及统治阶级内部上下级关系这四种关系，所以，孔子所渴望的是个人之间的关系的和谐，家庭关系的和谐，当政者与人民之间的关系的和谐和统治阶级内部上下级关系的和谐。

“孔子是不是满足于这种渴望而无所作为呢?”不是。他是热心于改变现实、改造世界的改革家，他不能不苦心焦思地考虑如何能把这个渴望变为现实，并且提出了一个实现人际关系和谐的最佳方案。在他看来，人是社会的动物，人不可能离群索居，人只能是群体中的分子；而群体则应该是用道德规范联系起来的伦理实体。他尖锐地看到：只有加强每个人的道德意识，每个人都自觉地履行自己的道德义务，才能获致人际关系的和谐。因此，他向人们提出各种不同的道德上的要求，认为如果人们都能按照这些要求去做，人际关系就可以达到和谐。

首先，为了实现个人关系的和谐，孔子提出“仁”这个重要的道德规范来。据他自己的解释，“仁”就是“爱人”(《颜渊》)。他提出“仁”的目的，就是要求人们要互相爱护。孟子后来对“仁”字作了进一步的解释，他说：“仁也者，人也；合而言之，道也”(《孟子・尽心》)，也就是以人道的方式待人。① 孔子自己实践了这个“仁”字，他就是以人道的方式待人的。“厩焚。子退朝，曰：‘伤人乎?’不问马。”(《乡党》) 可见，孔子对“人”是多

① 何新：《中国传统文化精神之我见》，《光明日报》1986 年 7 月 17 日。

么关切!

孔子提出“仁”这个道德规范来，是一件了不起的事，在封建领主经济时代，在等级森严的时代，孔子能打破阶级界限，要求人们相爱，是具有超阶级的伟大意义的。

但是,“仁”或“爱人”，意义未免过于浮泛，有些不着边际，所以，孔子又提出实践“仁”的具体方法:“忠”、“恕”。在他看来,“忠”就是“己欲立而立人，己欲达而达人”(《雍也》);“恕”就是“己所不欲，勿施于人”(《颜渊》)。前者是从积极方面去爱人，后者是从消极方面去爱人，而且都是“能近取譬”，以自己之心比别人之心。孔子能提出这种爱人的具体办法来，显示出这位哲人的非凡的智慧和广阔的人道主义胸怀。

然而，孔子并不主张人们无区别地爱人，或者不管什么样的人都要爱。他说:“唯仁者能好人，能恶人”(《里仁》)，对于坏人，他并不要求人们去爱，他要求大家去恨坏人。

除了“仁”和“忠”、“恕”之外，为了协调个人之间的关系，孔子还提出一系列合乎道德的行为准则，要求人们去做。如对自己要严，对别人要宽(“躬自厚而薄责于人”——《卫灵公》);要谦让而不要争夺(“君子无争，必也射乎，揖让而升，下而饮。其争也君子”——《八佾》;“君子矜而不争”——《卫灵公》);要讲信义(“与朋友交，言而有信”——《学而》;“朋友信之”——《公冶长》);要成人之美，不成人之恶(“君子成人之美，不成人之恶。小人反是”——《颜渊》);等等。

总的说来，为了处理好个人与个人之间的关系，孔子要求每个人都“互以对方为重，替对方着想”，这是梁漱溟先生最近说的，我同意梁先生的这句话。孔子提出的这个要求，恰恰与西方的“个人本位，自我中心”相反。自我中心，一切先考虑个人得失，所以容易引起对立与争夺;而“互以对方为重”，则会促进个人关系的协调。

但是，必须看到:在个人之间的关系上，孔子虽然主张每个人都要“替对方着想”，强调一个“让”字，然而，在原则问题上，在大是大非问题上，孔子并不主张“让”，不主张迁就别人。比如，孔子反对“乡原”，反对处世八面玲珑，不分是非曲直，一味迎合别人，生怕得罪别人的作风(“乡原，德之贼也”——《阳货》)。孔子要求人们用自己的正确意见去纠正别人的错误意见或补充别人的意见，反对由于对方地位高而盲目地附和于他（“君子和而不同，小人同而不和”——《子路》）。他甚至主张在君主犯错误时也要犯颜直谏（“勿欺也，而犯之”——《宪问》），而不应该阿谀奉承君主。孔子也不主张在任何问题上都谦让，他说：“当仁，不让于师”（《卫灵公》），这就是说，遇到正义事业，决不谦让，一定要争着去做，对老师也不让。

以上就是孔子为了处理好个人与个人的关系提出的一套正确的处世哲学，这个处世哲学在任何时代、任何社会都应该是人们待人接物的准则。

为了实现家庭关系的和睦，孔子要求家庭成员都按照与自己在家庭中的地位（血缘关系中自然形成的地位）相适应的道德规范去做：父要慈，子要孝，兄要友，弟要恭。

在人际关系中，孔子最重视家庭关系，他把家庭关系看作是全部人际关系的基础；并且也最重视维系家庭关系的道德规范，把它们看作是全部道德规范的出发点。他特别重视“孝悌”等道德规范。有子说：“孝弟也者，其为仁之本欤！”（《学而》）就表达了孔子的这种态度。

孔子的这个态度是和他的“爱的差等观”一致的。孔子虽然要求每个人都讲求“仁”，都要互相爱护，但是又主张随着远近亲疏之不同，爱也要有厚与薄之分。他要人们爱自己的父母兄弟，要比爱其他人更甚。这就是孔子的“爱的差等观”。孔子的“爱的差等观”，要比墨翟、耶稣的“兼爱说”高明得多。“兼爱说”之要求爱素不相识的人与爱自己的父母一样，是违反人之常情的，有强迫性，所以很难做到；而孔子的“爱的差等观”是与人们的天然感情一致的，是合乎人之常情的，所以很容易做到，做起来很自然。而且孔子所强调的家人父子兄弟之爱，还会产生一种生活上的乐趣，亦即天伦之乐。天伦之乐是受儒家思想熏陶的中国家庭所固有的，是充满个人主义精神的西方人们所体会不到的。

孔子最重视“孝”，把“孝”放在一切道德规范的首位。诚然，孔子所提倡的“孝”，其中包含不少不合理的成分，如孔子说过：“父母在，不远游，游必有方”（《里仁》）；“三年无改于为父之道，可谓孝矣”（《学而》）——这都表明孔子要求子女对父亲的绝对服从，这是不合理的。此外孔子所说的“生，事之以礼；死，葬之以礼，祭之以礼”（《为政》）——是封建式的孝，现在也是行不通的。

但是，孔子关于“孝”的许多言论主张，也含有大量合理的成分。首先，他正确地看出：“孝”是建立在亲子之间的感情上面的。他认为，子女从出生后到成年之前，特别是在三年孩提期间，全部生活都依靠父母，特别是母亲的关怀照顾，（“子生三年，然后免于父母之怀”——《阳货》），这体现了父母对子女的爱，所以子女也应该爱父母，孝顺父母，以报答父母养育之恩。其次，他对子女尽孝的具体做法也提出了合理的要求，他指出子女不但要在物质生活上赡养父母，而且还要加上一个“敬”字，他说，“今之孝者，是谓能养，至于犬马皆能有养；不敬，何以别乎？”（《为政》）在父母犯错误的时候，孔子也要求子女婉言劝止（“子曰：‘事父母几谏，见志不从，又敬不违，劳而不怨。’”——《里仁》）。对于孔子所提倡的这种合理的“孝”，不应该扣上封建主义的大帽子。

当然孔子所宣扬的“孝”，包含着人身不平等的因素。但是父母子女之间的人身不平等是合乎自然规律的。子女在孩提时，连话都不会说，在生活上也不能自理，一切全靠父母的抚养照看和管教。在这个情况下，要求亲子之间的绝对平等是不可能的。而且，孔子的“孝”在另一种意义上也体现了人的平等，因为每个人都有当父母的机会：自己当子女时孝敬父母，等到自己年老时，也会享受子女对自己的孝敬。而且还要看到，人到年老时，幸福的关键在于精神上的愉快，而精神愉快的关键在于享天伦之乐，即子女孝敬自己及自己关切子女所带来的乐趣。所以，孔子之重视孝道，既本诸人情事理，又有社会学的眼光，是充分有理性根据的。

但是，我们不能忘记：孔子在重视家庭关系中的天伦之爱的同时，也要求人们“推己及人”，把爱扩充到全人类。上面已经谈到，孔子提出“仁”这个道德规范，其目的就是希望人们能“爱人”，能爱一切的人。孟子后来所说的“亲亲而仁民”（《孟子·尽心上》），“老吾老以及人之老，幼吾幼以及人之幼”（《梁惠王上》），就发挥了孔子这个思想。

把强调天伦之爱和要求人类的普遍的爱结合起来，这便是孔子“爱的差等观”。

下面让我们再看看孔子是想如何协调为政者（亦即统治者）与人民之间的关系的。

我们知道，为政者与人民是一组矛盾，而为政者是矛盾的主要方面。

孔子认识到这一点，所以为了协调为政者与人民之间的关系，他对为政者提出更高的要求，要求为政者担负起重大的道德的、政治的责任。具体言之，孔子要求为政者“修己以安百姓”（《宪问》）。他认为为政者必须先“修己”，提高自己的道德品质，培养一种爱民的思想感情（“仁”），然后再去“安百姓”。“安百姓”有两个内容，一个是实行富民政策（“曰：‘富之’”——《子路》）；一个是对人民实行教育（“曰‘教之’”——《子路》）。为了富民，孔子要求为政者从积极方面养民，从消极方面减轻人民的负担。孔子的富民思想，是一个了不起的思想，因为某些为政者即使采取某种惠民政策，也不过是希望人民勉强维持温饱，以便让他们活下去，为自己多缴赋税，多服劳役。他们养鸡是为了取蛋。而孔子则不然，他之要求富民，就是要求限制为政者对人民的剥削，因为如果不限制剥削，人民是富不起来的。[①]在这里，孔子思想的人民性是显而易见的。但是，孔子感到光是富民是不够的，还必须通过教育来提高人民的文化道德水平。在教育人民方面，孔子特别强调为政者以身作则，要先正己，后正人；要通过修身以端正自己的品德，然后再去教育人民。孔子认为为政者这样做会达到上行下效的目的，会感化人民，使人民趋向为善，可以使世道人心风俗更加淳厚。

当然，为了协调当政者与人民之间的关系，孔子也提倡人民要敬上，要服从统治阶级，反对人民“犯上作乱”。这是孔子思想中的糟粕。

但是，更重要的是孔子把重点放在对当政者的要求上面，他谆谆告诫当政者要他们爱民，要他们在德行方面以身作则，要他担起重大的责任，这一点有普遍的、持久的意义。

为了达到统治阶级内部上下之间的和谐，孔子主张“正名”，要求上下各安于其位。孔子的“正名”主张虽然在当时的历史条件下有一定的积极意义，（这个问题，我另有专文论述）但是毕竟是以等级尊卑观念为前提的，所以到今天已经失去任何意义，只能是孔子思想中的糟粕，这里就不详论了。

以上便是孔子关于人际关系的思想，“和”、“仁”二字便是这个思想的轴心，“和”是目的，而“仁”是手段，因为在人际关系上，孔子所追求的

---

① 匡亚明：《孔子评传》，第265—266页。

理想便是和谐，而“仁”是密切人际关系的黏合剂，可以使人与人在内心中痛痒相关，从而导致人际关系的和谐，用“仁”来调剂，人际关系才会成为富有人情味的伦理实体，而不致变成冷酷无情、互相钩心斗角、离心离德的关系。梁漱溟先生用“伦理情谊”来形容中国传统文化的长处[①]。我看，也未尝不可用“伦理情谊”四个字来形容孔子理想中的人际关系。

写到这里，有必要纠正当前一些人在有关问题上的错误看法。前些日子《光明日报》刊载的一篇文章说：在孔孟伦理学中，群体只是把个体当作它的附属物，造成了个人的奴隶主义。[②]社会上也有些人认为孔孟伦理学取消个性，抹杀独立人格。其实这是对于孔孟学说的误解。孔子虽然强调个人对群体的道德义务，但是并没有像法家那样把群体绝对化，并没有抹杀个性。实际上他是尊重个体的独立人格的，并且突出了作为道德人格主体的个人的独立意志。他说：“三军可夺帅也，匹夫不可夺志也”（《子罕》）。匹夫就是老百姓。这就是说，孔子认为即使是普通老百姓，也要尊重他的意志，不能把别人的意志强加于他们。孔子既重视群体利益，又重视个人独立意志、独立人格和个性，要求达到个体的内心秩序与社会秩序之间的完善的协调。孔子认为个体只有溶化在群体中方能实现自己的价值，而群体只有尊重个体的人格，照顾个体的利益，才有其存在的意义。在孔子的理想中，个体与群体实现了统一。

二

“子曰：吾未见好德如好色者也”（《子罕》）。

“子曰：由！知德者鲜矣”（《卫灵公》）。

“齐景公有马千驷，死之日，民无德称焉。伯夷叔齐饿于首阳之下，民到于今称之”（《季氏》）。

以上数则材料表明：孔子非常重视德行。这是他重视道德修养的出发点。

---

① 《访梁漱溟》，《光明日报》1986 年 7 月 21 日。

② 《光明日报》1986 年 5 月 26 日。

孔子又说："性相近也，习相远"。(《阳货》) 可见，孔子不但认识到道德修养的必要性，而且也看到了可能性，人性都差不多，一个人通过修养陶冶是可以向善的。

孔子希望人人都能通过教育来提高个人品德。但是把重点放在"士"的身上，他特别重视"士"的品德培养。"士"就是知识分子，他们是春秋时代从贵族中游离出来的新兴阶层。孔子本人就是"士"的杰出代表，他的思想就体现了"士"的觉醒。孔子要求"士"奋起担当时代赋予他们的使命。孔子设帐授徒的目的就在于从"士"中间培养出大批新型的统治人才，以便通过他们实现自己的政治思想。德治是孔子理想政治的主要内容，所以品德修养也就成了孔子教学的主要内容。

孔子在教育上的重要贡献之一，就是他为"士"指出了道德修养上的奋斗目标，期望他们能达到"君子"（或"仁人"、"志士"）的人格标准，达到崇高的道德境界。实际上，"君子"就是孔子的理想人格的化身。

孔子心目中的理想人格具备许多品德上的特征：如以"仁"为怀，处处关心别人，而且一刻也不忘掉"仁"（"君子无终食之间违仁，造次必于是，颠沛必于是。"——《里仁》），重义轻利、做事或判断事物以义为准绳，不正当的、不义的事绝对不做（"君子喻于义，小人喻于利"——《里仁》）；要见义勇为，也就是说，遇到正义的事业，一定要勇敢地承当而不顾个人利害（"见义不为，无勇也"——《为政》）；洁身自好，决不为升官发财而采取不正当的手段（"不义而富且贵，于我如浮云"——《述而》）；不因为贫困而丧失节操，不因为怕挨饿而出卖自己的灵魂（"君子固穷，小人穷，斯滥矣"——《卫灵公》）；要团结群众而不结党营私（"君子群而不党"，"君子周而不比"——《为政》）；没有患得患失的苟且心理（"鄙夫可与事君也哉！其未得之也，患得之，既得之，患失之。苟患失之，无所不至矣"——《阳货》）；少说空话，多做实事（"君子欲讷于言而敏于行"——《里仁》），表里如一，决不花言巧语（"巧言令色，鲜矣仁"——《阳货》）；居常保持胸怀坦荡，无忧无虑（"君子坦荡荡，小人长戚戚"，"内省不疚，夫何忧何惧？"——《颜渊》）；不但有朴素的品质，而且还有文化素养（"文质彬彬，然后君子"——《雍也》）；等等。

这样，在孔子的理想人格——君子的身上体现了"知"与"行"的统一，

“质”和“文”的统一，“表”和“里”的统一，从而达到真善美的境界[①]；同时，君子也具备了“智”、“仁”、“勇”“三达德”（《中庸》），从而达到“不忧”、“不惑”、“不惧”的境界（“仁者不忧，智者不惑，勇者不惧”——《宪问》）。这里“仁”、“智”、“勇”“三达德”是互相联系的，因为孔子说过：“未知（智），焉得仁？”（《公冶长》）没有智慧，不明道理，就谈不上“仁”，而且，孔子认为仁者必有勇。不过，在“三达德”中，“仁”是主要的。

但是，在孔子看来，具备上述种种优美品德，只能是“修己”，亦即后来孟子所说的“独善其身”，而这是远远不够的，一个有觉悟、有大志的知识分子还要进一步有“安百姓”的伟大抱负。这就是说，“仁以为己任”，把“仁”的事业肩负起来，要有“博施于民而能济众”（《雍也》）的宏愿壮志。这才是理想人格的极致。这里顺便说说，我个人认为，孔子所提出的“仁”有高、低两个不同的层次。前面早已提到的被解释为“爱人”的“仁”，是属于低层次的“仁”；而一种崇高的救世济民的胸怀，则属于高层次的“仁”，这个“仁”，体现了伦理政治思想中最高价值的道德范畴。这里谈到的“仁以为己任”的“仁”就是高层次的“仁”。

孔子对于“士”提出的这种道德上的最高要求，通过曾子口中说了出来。曾子说：“士不可以不弘毅，任重而道远。仁以为己任，不亦重乎？死而后已，不亦远乎？”（《泰伯》）孔子自己也有这样的抱负。有一次在谈“志”的时候，他说他的志愿便是使“老者安之，朋友信之，少者怀之”（《公冶长》）。

孔子为知识分子标出的这种济世救民的理想，到宋代的理学家手中发展为“民吾同胞，物吾与也”、“为天地立心，为生民立命，为往圣继绝学，为万世开太平”的气魄更为磅礴的理想。把平民百姓看作自己的同胞，有天地化育万物的仁慈胸怀，为百姓创造美好的物质的、精神的条件，使人人安居乐业，享受生活乐趣，并且使这种状态千秋万世永远存在下去——这是何等伟大的抱负！这可以说是儒家一贯相传的历史使命感的重要表现。

在孔子看来，“士”不但要有兼济天下的宏伟抱负，而且还要有为了实现自己的抱负而坚持奋斗，“死而后已”的乐观的积极进取的人生观。这就

① 汤一介：《儒家关于和谐社会的理想》，《中华孔子研究所成立大会会刊》，1985年6月，第31—33页。

是孔子所说的“知命”（“五十而知天命”——《为政》；“不知命，无以为君子”——《尧曰》），所谓“知命”，就是明乎天人之际，一方面认识到个体人生在无穷的天道中的际限；另一方面，在主观上为实现自己理想而努力奋斗，发挥“知其不可而为之”的精神。换言之，明明知道一个人的生命，在茫茫宇宙的无限期的运行中只不过是短暂的沧海之一粟，但是，并不“听天由命”，而是效法天道“自强不息”的精神，为了“仁”的事业，“鞠躬尽瘁，死而后已”。①

孔子不但要求士以“仁”的事业为己任，为“仁”的事业全力以赴，而且还要求他们为了“仁”的事业，为了正义的事业，必要时献出自己的生命。孔子说：“志士仁人，无求生以害人，有杀身以成仁”（《卫灵公》）。孟子说：“生，亦我所欲也；义亦我所欲也，二者不可兼得，舍生而取义也。”（《孟子·告子上》）

这样，孔子把“仁人”、“君子”作为个人道德修养的目标，引导人们达到“仁”的道德境界，成为道德上的完人。孔孟之标出“仁人”、“君子”作为品德修养上奋斗的目标，在中国历史上发生很大的影响，两千多年来，在中国涌现出数也数不清的志士，仁人、“忠臣”、孝子，他们都是直接、间接得力于孔孟的思想熏陶。孔孟关于“杀身成仁”、“舍生取义”的说教，虽然只有寥寥数语，却有千钧之重，推动许多英伟豪杰之士做出“惊天地、泣鬼神”的举动，为中国的历史篇章增色不少。

孔子不但在道德修养上为“士”这个阶层树立了奋斗目标，而且也指明了一系列品德修养的方法：

第一是“学”。孔子特别重视“学”，自己也非常爱学，“十室之邑，必有忠信如丘焉者，不如丘之好学也。”（《公冶长》）孔子所谓“学”，有时是广义的，不一定完全指读书。他说：“君子食无求饱，居无求安，敏于事而慎于言，就有道而正焉，可谓好学也已”（《学而》）。而且，孔子还主张一个人要随时随地地学，并且强调向一切人学习。他说：“三人行，必有我师焉，择其善者而从之，其不善者而改之。”（《述而》）这里，“择其善者而从之，其不善者而改之。”有思考的成分。因此，孔子对于“学”与“思”并重，他说：

① 唐端正：《儒家的天道鬼神观》，《孔子研究》1986年第2期。

“学而不思则罔，思而不学则殆。”（《为政》）

他还要求在学得知识之后，运用思考，把这些知识融会贯通起来，“由博反约”。他向子贡道：“赐也，女以予为多学而识之者欤？”对曰：“然，非欤？”曰：“非也，予一以贯之。”

不过，“学”与“思”二者也有先后之分，孔子认为“学”是“思”的基础，所以又说：“吾尝终日不食，终日不寝，以思，无益，不如学也”（《卫灵公》）。这说明孔子在认识论上有唯物主义倾向，因为他反对冥想，要求在通过学习得到的材料的基础上进行思考。

第二个修养方法，便是经常反省。子曰：“见贤思齐焉，见不贤而内自省也。”（《里仁》）弟子曾子把老师的这个教导付诸实践，他说：“吾日三省吾身，为人谋而不忠乎？与朋友交而不信乎？传不习乎？”（《学而》）

第三，严于责己，而薄责于人。子曰：“躬自厚而薄责于人，则远怨矣。”（《卫灵公》）

第四，是改过，而不自护其短。子曰：“过而不改，是谓过矣。”（《卫灵公》）

总的说来，孔子的道德修养方法，可以归结为“求诸己”三个字（他说：“君子求诸己，小人求诸人”——《卫灵公》；“为仁由己，而由人乎哉？”——《颜渊》；“我欲仁，仁斯至矣”——《学而》）。“求诸己”，就是一切尽其在我，既不存功利主义动机，也不以客观的外在条件为转移。这是我国儒家伦理思想的可贵的特色之一。

诚然，孔子关于君子品德的说教也掺杂一些糟粕。如他认为“君子不重则不威；学则不固……”（《学而》），又主张“其事上也敬”才是“君子之道”（《公冶长》）。这就是要求“君子”成为对人民摆官架子，对上级官长服服帖帖的封建官僚。

然而，瑕不掩瑜，这并不妨碍孔子关于道德修养的思想的积极的意义。这是一个有系统的关于道德修养的思想，它既标出了“士”在品德修养上的奋斗目标，又指明了达到这个目标的方法，是体用兼备的完整的思想。这个思想的基本精神便是教人如何做人，如何做一个有价值的人，一个人格完美的人；在本质上，就是教人不断追求自身内在的价值。这是关于人格的自我完成的学说，它把重点放在个人的主观能动性上，要求发掘每个人内在的道德潜力，发挥“自强不息”的精神，本着“为仁由己”、“求诸己”的原则，不断追求人格的完善，最后达到“仁”的道德境界（当然这是高层次的“仁”）。正如梁漱溟先生所指出的，这是“反躬修己之学”，而修己的目的不是独善其身，而是为了“兼善天下”，“己”乃是以天下为己任的“己”。① 孔子这个有特色的思想，是中华民族的祖先留下来的一份极其珍贵的精神遗产。

三

孔子关于人际关系的思想和道德修养的思想，二者之间是有内在联系的，因为一个和谐的人际关系是离不开个人的道德修养的。而且更重要的，这两个思想还有一个共同的基调：崇高的道德生活比物质生活更为重要，道德的价值高于一切。在孔子看来，人生一世，首先应该做一个正派的人，一个有道德的人。人生的价值就在这里。如果一个人一味追求物质上的享受、肉体欲望的满足，而置道德于不顾，这就与禽兽无任何区别了。孟子说：“人之所以异于禽兽者几希。”人之所以异于禽兽者，就在于有理性，讲道德。这便是孔子的价值观。当然，必须看到：孔子之重视道德的价值，与宗教上的禁欲主义毫无共同之处，因为孔子很注意人民的物质生活，希望人民过一种富裕康乐的生活。他的思想是入世的，不是出世的，他并不要求人人都当苦行僧。不过，与物质生活相比，他更重视道德生活，把道德的、精神的生活放在第一位，把物质生活放在第二位。也正因为这样，孔子才提出“富”民的主张之后，立刻提出“教之”的主张。他的最终目的是建立一个讲求伦理道德的社会。

总之，孔子的这两种思想是整个孔子思想体系中最深刻的部分，它们触及全人类社会普遍存在的问题，反映了人类生存和发展的普遍要求，解决了人生最根本的问题，并且严肃地向人类指出了一条最有意义的、最有价值的生活道路。

---

① 梁漱溟：《儒家孔门之学是反躬修己之学》，《中华孔子研究所成立大会会刊》，第65—66页。

当然，孔子思想中的积极部分并不限于上述两个思想。孔子的教育思想也是不朽的，这早已为国内外学者所公认，并且把它进行了大量的研究，做出了不小的成绩。但是，我们不应该满足于已有的成绩，我们还要进一步挖掘孔子思想的宝藏。孔子关于政治及人生哲学方面还有不少天才的构想，如中庸之道等等。这些都等待我们进一步加以发掘、阐述。最近一位学者指出："我们对于传统文化凝结为物的遗存一向是重视的，考古文物被视为国宝；而创造器物的民族精神和气质，反被冷落，这是不应该的。对它的发掘，更应受到重视。"① 我非常同意这个见解，我主张：要动员学术界更多的力量挖掘孔孟精神遗产的宝藏。

（原载《山东师范大学学报》1987 年第 1 期）

① 牟钟鉴：《关于传统文化研究的几个问题》，《孔子研究》1986 年第 2 期。

孔子思想·士人政府·文治

一些人总是把孔子与中国君主专制制度联在一起，把中国两千多年的专制统治归咎于孔子，好像孔子是其“始作俑者”。其实这完全是一种误解或错觉。事实是，孔子是反对专制和暴政的[①]。不仅如此，他的思想还对于西汉以来的中国专制统治的残酷压迫起了一定程度的缓和作用。

下面试从中国历史上的特有现象——“士人政府”和“文治”及二者与孔子思想的有机联系来论证这个命题。

一

西汉武帝以后中国专制制度的特点之一，便是吸收士人广泛地参加政府。可以说，两千年来的中国专制政府在基本上是“士人政府”。

中国专制政府吸收士人参加，主要是通过一套制度来实现的，那就是：汉武帝时开始实行的学校与察举并举的制度，魏晋南北朝时期的九品中正制，以及隋唐到明清的科举考试制度。

中国先秦“皆封建诸侯，各君其国，卿大夫亦世其官”[②]。但是这种封建世袭制度在汉初就被打破了。汉初王侯将相大抵平民出身，因为这些人都是辅佐刘邦打天下的，从而才能平地青云，跃居高位。实际上，这是变态，而非常态。

汉初中、下层官吏，来源主要有三：一是荫任，即靠父亲的荫庇得官。

---

① 拙文《论孔子的理想国》，《齐鲁学刊》1987 年第 1 期。

② 赵翼：《廿二史劄记》第 2 卷，“汉初布衣将相之局”。

二是赀选，即富人靠纳赀得官。三是靠特殊技能。

这种用人之道主要是建立在特权和财富上面的，因而难免发生流弊。通过荫任和赀选而入仕的人，往往才能低下，不能称职，而且还鱼肉百姓，压榨人民。董仲舒在对策时痛陈其害：

“今吏既无教训于下，……暴虐百姓，与奸为市，贫穷孤弱，冤苦失职。”①

只有到汉武帝时，才开始实行了一套比较合理的用人制度：吸收士人参加政府。这里，大儒董仲舒的功绩是不可泯没的。他在对策中向武帝建议罢黜百家，独尊儒术，立五经博士，由儒者担任博士。这个建议获得采纳。博士虽然不参加实际政务，但常常出席廷议，与闻国家大事，所以他们对政府重大决策渐渐地发生巨大影响。可见，立五经博士为士人参加政府打开了一条通路。这个措施，意义重大。过去秦始皇根据李斯的建议，以吏为师，现在则以儒学指导政治②。

其次，更重要的，武帝接受董仲舒、公孙弘的建议，创建了一整套的培养士人、录用士人为官的制度。董仲舒为这个建议作了如下的说明：

“……夫不素养士而欲求贤，譬犹不琢玉而求文采也。故养士之大者，莫大乎太学，太学者贤士之所关也，教化之本原也。……愿陛下兴太学，置明师以养天下之士，教考问以尽其材，则英俊宜可得矣。……臣愚以为使诸列侯郡守二千石各择其吏民之贤者，岁贡各二人，以给宿卫，且以观大臣之能。所贡贤者有赏，所贡不肖者有罚。夫如是，诸侯吏二千石皆尽心于求贤，天下之士可得而官使也。遍得天下之贤人，则三王之盛易为，而尧舜之名可及也。毋以日月为功，实试贤能为上，量才而授官，录德而定位，则廉耻殊路，贤不肖异处矣。”③

根据董仲舒建议的精神，在中央设太学，由五经博士传授儒家经典。从地方选拔“民年十八以上，仪状端正者”，“好文学、敬长上、顺乡里、出入不悖所闻”者 50 人，作为太学每期的弟子员。经过一年受业后，“能通一

---

① 《汉书·董仲舒传》。

② 钱穆：《国史大纲》上册，第 102 页。

③ 《汉书·董仲舒传》。

艺以上”补郡国吏。其吏治有成绩者，再由郡国长官“察举”为郎，到朝廷任官。这样，学校制与“察举”制结合，成为士人政府产生的途径。这个制度一直实行到东汉末年。

这一套学校与“察举”相结合的取士制度的创立，具有划时代的革命意义，因为它打破了贵族世袭制度而开创了“布衣将相”之局，为中国历史上的“士人政府”奠定了始基。它所确立的两条基本原则成为历代取士政策的指针：①当官者必须是读书人；②要通过学校教育来培养统治人才。魏晋以后的九品中正制及隋唐以后的科举考试制度都体现了当官者必须是知识分子的原则。自汉武帝兴太学以来，历代都设太学，东汉质帝时太学生多达三万人。[①] 后代在中央设立的国子监，就是太学的别称。地方还设立州学、郡学及县学。这都体现了通过教育培养统治人才的原则。

汉末丧乱，人士流徙，考详无地，以致州郡“察举”无法推行。于是，魏主曹丕采纳陈群的意见，实行“九品官人之法”，亦即九品中正制。其内容是：“州、郡各置大小中正，各取本处人在诸府公卿及台省郎吏有德充才盛者，为之区别，所管人物，定为九等。其有言行修者，则升进之……倘或道义亏缺，则降下之。”[②]

但是九品中正制是与两汉以来的“察举”等选官制度互相配合实行的。这一点马端临在《文献通考》中写得很清楚：“按魏晋以来，虽立九品中正之法，然仕进之门，则与两汉一而已，或公府辟召，郡国荐举”[③]。这就是说，政府是根据中正的评论进行“察举”的。

按照多数人的说法，科举制度肇始于隋代。考试的内容因时代而异，有时则重经义，有时则重诗赋，有时则重策论，而在明、清两代又以八股文作为写文章的格式。

科举考试，作为通过考试、铨选官吏的制度，在全世界也是中国的首创，它为士人参政开辟了一条宽广、平坦的道路，因而在某种意义上体现了民主精神：第一，它树立了客观标准，因为在这个制度下面，官吏之选拔与

---

① 王夫之在《读通鉴论》第 3 卷，汉武帝条分析。论述汉代这种取士制度的缺点及弊端甚详。

② 马端临：《文献通考》第 40 卷，学校一。

③ 马端临：《文献通考》第 40 卷，选举一。

任用，全凭个人的学识水平，有皇帝所不能摇、宰相所不能动的优点①。第二，它贯彻了自由、平等的原则，它打破了贫富、贵贱的界限。第三，它贯彻了择优录取的原则，从而可以为国家选拔最优秀的人才参加国家管理。无怪乎法国启蒙思想家伏尔泰倍加称赞中国的科举制度。而且，近代西方的文官考试制度就是袭取了中国科举制度的精神。

无论是学校与“察举”并举的制度，九品中正制度，还是科举考试制度，在基本上都是以儒家思想及儒家的道德规范作为录取的标准。

至于这些制度产生的直接背景乃至它们的种种弊病，由于超出本题之外，这里从略。

除了以上三种取仕的途径之外，历代也有一些士人是通过其他各种途径进入仕途的，特别是在干戈扰攘及改朝换代的时期，如蜀汉丞相诸葛亮、唐初的魏征、宋初的赵普、明初的陶安、宋濂、元初的耶律楚材及清初的范文程诸人，他们都是由于得到君主的知遇而参与大政的。此外，也有的士人是凭自己的杰出的才能被吸收参加政府的。

作为士人政府的一个补充，中国历史上的大多数帝王也是士人集团中的一分子，这是因为汉文帝以后形成了教育太子的传统。

诚然，早在先秦时代，各国君主一般的都设置师傅，教育太子，如秦始皇就以赵高为胡亥的师傅。但是只有在汉文帝以后才以儒家思想教育太子，并且作为一个制度确立下来。首先创议的便是贾谊，他向文帝提出许多安邦治国之策，其中意义最为重大的，便是建议以儒家的德治、仁政思想教育太子。他在“陈政事疏”中写道：

夏为天子十有余世，而殷受之；殷为天子二十余世，而周受之；周为天子三十余世，而秦受之；秦为天子二世而亡。人性不甚相远也，何三代之君有道之长，而秦无道之暴也？其故可知也。”接着他说明周朝享祚之所以长，是由于用“德义”教育太子。“夫三代之所以长久者，以其辅翼太子有此具也。”他认为秦祚之所以短，主要原因在于以法家惨毒苛刻的思想教育太子。“及秦而不然，其俗固非贵辞让也，所尚者告讦也。固非贵礼义也，所尚者刑罚

① 钱穆：《国史大纲》上册，引论。

也。使赵高傅胡亥而教之狱。所习者非斩劓人，则夷人之三族，故胡亥今日即位，而明日射人。忠谏者谓之诽谤，深计者谓之妖言，其视杀人若艾草菅然。岂惟胡亥之性恶哉？彼其所以道之者非其理故也。”“天下之命悬于太子，太子之善在于早谕教与选左右。①

贾谊之建议教育太子，意义是很深远的，因为在世袭的君主专制制度下面，人们只能把一线的希望寄托在君主个人身上，希望他能以开朗、宽厚的态度统治人民。但是又不能确保每一个皇位继承人都这样，而贾谊的建议恰好可以补救世袭君主制的这个缺陷。当然，教育太子的作用也是有限的，但是教育太子总比不教育太子要好一些。

教育太子在汉文帝时开始实行后，便成为一个定规。历代皇帝一般的都为太子设置师、保及宾友，以儒家的道德规范教育太子。

教育太子，使其知书明理。这意味着君主也是儒家思想熏陶下的读书人。

这样，包括帝王在内，历代专制政府在基本上是“士人政府”。

然而，“士人政府”这个中国历史上特有的现象之出现，并不是偶然的，它不是无本之木，无源之水。士人政府之产生及长期存在，是有其思想渊源的，它可以溯源于孔子。

首先，它来源于孔子本人的“选贤与能”的思想。孔子出身于没落的贵族（他是殷王族的后裔）。但是反对贵族世袭。他看到世袭贵族中有许多人腐化堕落，人格卑污，有的“饱食终日，无所用心”（《阳货》），还有不少世袭贵族是“何足数也”的“斗筲之人”（《子路》），斤斤计较得失，终日忙于争权夺利。还有的人过着奢靡无度的越礼的生活。在孔子眼中，这些世袭贵族已经失去了管理国家资格。正是针对这个现实，孔子才要求用德才兼备的士人（即贤人）去代替世袭贵族管理国家。当弟子仲弓问如何为政时，孔子告诉他：“……举贤才”（《子路》）。仲弓本是贱人之子，但是孔子却很器重他说：“雍（仲弓的名——引者注）也可使南面”（《雍也》）。仲弓是士人，孔子认为他有资格掌握政权。孔子有一次对鲁哀公说：“举直错诸枉，则民

① 《汉书·贾谊传》。

服。举枉错诸直，则民不服。”（《为政》）这就是说：孔子建议君主把品德端正的人提拔上来，放在品德败坏的人的上面。这就是主张选拔德才兼备的士人当官。

孔子自己的实践也证实了他的这个主张。他亲自教授学生，弟子三千，“身通六艺者七十有二人。”[①]他从事教育的目的，就是培养合格的统治人才，希望由德才兼备的士人掌管政权，以便实现自己的理想。子夏说的“学而优则仕”（《子张》）就是表达了孔子的这个思想。

有趣的是，美国《独立宣言》的作者托马斯·杰弗逊在这一点上与孔子不谋而合，因为杰弗逊一贯主张由德才兼备的“自然的贵族”（即知识分子）来担任国家各级领导人，而反对靠特权或财富当官。

其次，在中国历史上首先向皇帝建议培养士人及铨选士人为官的董仲舒、公孙弘都是孔、孟学说的信徒，他们的建议，不言而喻，是从孔子那里得到启发的。

再次，孔子和孟子都主张“以道事君”。孔子说的“以道事君”（《先进》）和孟子说的“为王者师”[②]都是一个意思。在他们二人看来，有理想、有学问的士人不但应该出仕，而且也应促使君主采纳自己的政治主张，用自己的政治理想来改造现实世界。士人政府的主要创议者董仲舒显然是在孔、孟的这个思想的影响下，向武帝提出吸收士人参加政府的建议的。而且他本人是一位有历史使命感的英伟之士，他立志施展自己的抱负。他“少治春秋……三年不窥园，其精如此。”[③]无疑地，他向武帝提出天人三策时，就是以“王者师”自居。

二

那么，中国史上的“士人政府”究竟意味着什么？对它应作如何评价？

---

① 《史记·孔子世家》。

② 《孟子·滕文公上》：“有王者起，必来取法，是为王者师也”。

③ 《汉书·董仲舒传》。

士人参加政府到底起了什么样的作用？这些都是很值得研究的，也是耐人寻味的问题。

诚然，我们要先看到士人政府的消极面。

士人一旦通过考试进入仕途，他就自觉或不自觉地落到封建王朝的控制之下。据王定保的《唐摭言》的记载，“(唐太宗）私幸端门，见新进士缀行而出，喜曰：‘天下英雄入吾彀中矣！’”① 这真是一语道破了天机。在士人落到封建王朝的控制下之后，春秋战国时期觉悟起来的“士”的阶层的群体的、自我的独立意识，政治上的超然态度，以及用自己的“道”去指导政治、改造现实的理想抱负，也就随之消失了（当然这是指大多数士人而言的）。这意味着“士”已从政治上的超然地位下降到充当封建王朝的统治工具甚至鹰犬的地位。即使有良心的“士人”也不得不违心地“追比”欠税的百姓，敲扑淳朴的农民。宋代的苏轼就为此发出感慨，他在“送钱藻出守婺州诗”中写道：“古称为郡乐，渐恐烦敲搒”。此其一。

在封建帝王眼中，“士人”也是一个可怕的力量，所以历代封建王朝都千方百计防止“士人”“误入歧途”，走上与封建王朝对抗的道路。清人入关后，其首要的政治措施便是开“博学鸿词科”，其不可告人的目的便是引诱上层士人离开当时正在如火如荼地开展的反清民族斗争。因此，士人之参加政府，标志着他们从“潜在”的对抗王朝的异己力量转化为王朝手中的驯服工具。此其二。

而且，在中国封建社会，当官就是享受“富贵荣华”的同义语。大多数“士人”在十年寒窗攻苦之后，一旦考试及第，“春风得意”，就把书本和学问抛到九霄云外，而一头扎进官场中去。这样的“士人”如果不堕落为贪官污吏或祸国殃民贼，那才是怪事呢！破坏抗金，杀害民族英雄岳飞的汉奸秦桧，刮尽民脂民膏的明代奸相严嵩，不过是少数典型例子而已。此其三。

一言以蔽之，“士人”一当官，就立即成为封建王朝压榨人民的庞大的国家机器中的一个机件，而“士人政府”也就履行了统治人民，压迫人民的职能。

但是，“两害相权取其轻”，士人为官，就一般而论，与目不识丁、见

---

① 王定保：《唐摭言》，《述进士》。

钱眼开的市侩流氓或跋扈粗暴的武人当权相比，害处总要小得多。汉末董卓是军人兼流氓出身，在他专擅朝政时，暴戾恣睢，杀人如儿戏，弄得人人自危、朝不保夕。史书上载：董卓"虐刑滥罚，睚眦必死，群僚内外，莫能自固，卓尝遣军至阳城，时人会于社下，悉令就斩之，驾其车重载其妇女，以头系车辕，歌呼而还。""尽徙洛阳人数百万户于长安，步骑驱蹙，更相蹈藉，饥饿寇掠，积尸盈路。卓自屯留毕圭苑中，悉烧宫庙官府居家，二百里内无复孑遗。"① 读之令人毛骨悚然，也令人发指。

五代时武人当政。"兜鍪积功，恃勋骄恣，酷刑暴敛，荼毒生民"。"藩帅劫财之风，甚于盗贼，强夺枉杀，无复人理。""五代乱世，本无刑章，视人命如草芥，动以族诛为事。"② 五代梁太祖朱温也是武人出身，他之残暴虐杀也是骇人听闻的。到元代，官吏出身很杂，市侩、武人、商人皆混入各级政府。结果是生灵涂炭，民不聊生。

而士人政府就不至于坏到这个程度。

而且大量事实证明：士人参政在许多方面起了积极的、良好的作用。这些作用可以分为四个层次：

第一，许多士人在入仕后，发挥自己的才能，施展自己的抱负，为百姓做了大量好事。这样的事例，在中国史书中是俯拾皆是，信手拈来，可以举以下几个。唐代大诗人白居易为杭州太守时，时刻不忘为民兴利除弊。他不但疏浚西湖，作长堤（后代人称之为"白堤"），而且兴修水利，解决杭州居民食水难的问题。

苏轼在知徐州时，黄河决口，徐州发生大水，洪水已淹到徐州城下。苏轼亲自参加防险救灾工作。在出现险情时，苏轼自己住在城上，"过家不入"，指挥军民堵水，使徐州免于难。他还运送粮食，抢救灾民，救活了许多人。在知杭州时，浙西大雨不止，太湖泛滥，庄稼淹没，发生饥荒，疫病流行。苏轼大力组织救济，一面创办粥厂，一面派医生分坊治病，救活了许多人。杭州疾病死亡率较高，为了救急，苏轼自己捐献五十两黄金，加上公

---

① 《后汉书·董卓传》。

② 赵翼：《廿二史劄记》第22卷，《五代藩郡皆用武人》《五代藩镇劫财之习》《五代滥刑》等条。

费，创办了一个病坊，收容贫困病人，免费治疗。在苏轼知杭州的三年中，医好了一千余病人。①

唐柳宗元贬柳州，“柳人以男女质钱，过期不赎，子本均，则没为奴婢。”柳宗元“设方计，悉赎归之，尤贫者，令书庸，视直足相当，还其质，已没者，出己钱助赎。”②“观察使下其法于他州，比一岁，免而归者且千人”③。

北宋大儒程颢“举进士”，为上元主簿，“民以事至县者，必告以孝弟忠信……度乡村远近为伍保，使之力役相助，患难相恤……凡孤茕残废者，责之亲戚乡党，使无失所。行旅出于其途者，疾病皆有所养。乡必有校，暇时亲至，召父老与之语，儿童所读书亲为正句读。教者不善则为易置，择子弟之秀者聚而教之。乡民为社会，为立科条，旌别善恶，使其劝有耻。在县三岁，民爱之如父母。”④

第二，出身士人的名臣、贤相在纠正君主错误，制止君主的残暴、虐杀及减轻人民的苦难方面，发挥了不少的作用。

明太祖朱元璋在元末起兵，参幕府者都是士人。在攻陷太平后，儒者陶安率父老出迎，他向朱元璋进言：“海内鼎沸，豪杰并争，然其意在子女玉帛，非有拨乱救民安天下心。明公渡江，神武不杀，人心悦服，应天顺人，以行弔伐，天下不足平也。”朱元璋采纳了不杀人的建议。在攻下黄州后，太祖命陶安知黄州。他“宽租省傜，民以乐业”。在他知饶州时，“陈友谅兵攻城，安召吏民谕以顺逆，婴城固守，援兵至，败去。诸将欲尽戮民之从寇者，安不可。太祖赐诗褒美。州民建生祠事之。”⑤

在朱元璋平定天下的过程中，制止他滥杀者，还有元进士刘基。他请朱元璋“立法定制，以止滥杀。”太祖方欲刑人，基请其故，太祖语之以梦。基曰：此得士得众之象，宜停刑以待。后三日，海宁降，太祖喜，悉以囚付

① 曾枣庄：《苏轼评传》，第114—115、180页；《宋史·苏轼传》。

② 《新唐书·柳宗元传》。

③ 《韩昌黎集》，《柳子厚墓志铭》。

④ 《宋史·程颢传》。

⑤ 《明史·宋濂传》。

基纵之。①

对朱元璋的错误加以匡正的，还有浙江学者宋濂。宋濂在军中为朱元璋讲《春秋左氏传》，他说："春秋乃孔子褒善贬恶之书，苟能遵行，则赏罚适中，天下可定也。"他还向朱元璋说："得天下以人心为本，人心不固，虽金帛充牣，将焉用之？"②

当时劝朱元璋行仁义者，还有学者章溢。章溢曾仕元，在朱元璋大军克处州时，他避入闽。太祖聘之，章溢乃与刘基等至应天。"太祖劳基等曰：'我为天下屈四先生，今天下纷纷，何时定乎？'溢对曰：'天道无常，唯德是辅，惟不嗜杀人者能一之耳'。""朱亮祖取温州，军中颇掠子女，溢悉籍还其家。""处州粮旧额一万三千石。军兴，加至十倍。溢言之丞相，奏复其旧。"③

以上四个人劝朱元璋行仁义，不杀人，因而不但全活了千百万人，而且也有利于朱元璋顺利地平定天下。

唐代魏征的作用也很突出。他的忠言谠论，匡正了唐太宗的许多谬误，在一定程度上减轻了太宗的昏暴。兹仅举如下二则：

太宗问："为君者，何道而明，何失而暗？"魏征回答说："君所以明，兼听也，所以暗，偏信也。……君能兼听，则奸人不得壅蔽，而下情通矣。"

太宗想夺有夫之妻郑氏女，以充下陈。魏征谏曰："陛下处台榭则欲民有栋宇；食膏粱则欲民有饱适；顾嫔御则欲民有室家。今郑已约昏，陛下取之，岂为人父母意？"太宗听罢，乃放弃了原来的念头。

还有的士人在外族入侵时，在减轻人民的灾难方面起了积极作用。这里介绍元初耶律楚材的光辉业绩。

耶律楚材辽东契丹人，自幼博览群书，在儒家思想的浸渍下，有了一种历史使命感，立志把孔、孟的理想变为现实，用儒家思想把干戈扰攘、征伐不已的乱世改造为太平盛世④。他早年仕金，在燕京为官。成吉思汗攻下

---

① 《明史·刘基传》。

② 《明史·宋濂传》。

③ 《明史·章溢传》。

④ 余大钧：《论耶律楚材对中原文化恢复发展的贡献》，《元史论集》，人民出版社 1984 年版，第 64—65 页。

燕京后，知其才干召而用之。成吉思汗转战各地，他都没有离开这位征服者的身旁。成吉思汗及他的儿子窝阔台对他是言听计从，极其信任，这主要是因为耶律楚材料事如神，对于蒙古征服者的事业有很大的帮助。他正是利用这父子俩对他的信任，为中国华北被征服区的人民做出大量好事的。首先，他在许多场合向元主进言，制止了大屠杀，救活了千百万人的生命。其次，在他的劝告下，蒙古征服者减轻了对于被征服的华北人民的压榨。再次，也是最重要的，他的力争，使得华北地区避免了人民被全部杀光，农田全部改为牧场的浩劫。事情经过是这样的：窝阔台即位时，原属金朝的广大华北地区都落到蒙古骑兵的铁蹄下。蒙古人原是游牧民族，尚处在奴隶制社会阶段，而现在他们面对着的是华北以农业生产为主的封建社会。当时窝阔台的近臣别迭等人建议："汉人无补于国，可悉空其人，以为牧地"。这就是说，中国人对于蒙古人是没有用途的，不如把中国人全部杀光，把华北农田全部改为牧场。这个建议对于中国人的命运关系重大，所以耶律楚材立即表示反对。但是，他很讲究策略，他从利害关系去打动唯利是图的蒙古征服者。他对元主说："陛下将南伐，军需宜有所资，诚均定中原地税、商税、盐酒铁冶山泽之利，岁可得银五十万两、帛八万匹、粟四十余万石，足以供给，何谓无补哉?"帝曰："卿试为朕行之。""乃奏立燕京等十路，征收课税，使凡长贰悉用士人。……辛卯秋，帝至云中，十路咸进廪籍及金帛，陈于廷中。"①

第三，在中国历史上有不少封建王朝，其建国的方针大计一般的都是士人出身的名臣贤相帮助擘画出来的。汉初的陆贾、贾谊和董仲舒都劝说君主实行仁政，从而为两汉的"文治"打下了基础。下面还要详细谈论这个问题。

唐初，魏征经常引隋亡为戒，警告太宗。他说：隋朝本来"统一寰宇，甲兵强锐，三十余年，风行万里，威动殊俗"，然而仅仅经过两代，就归于灭亡。他于是解释道：这是因为炀帝"驱天下以纵欲，罄万物而自奉"，"徭役无时，干戈不戢"。民是水，君是舟，水既能载舟，亦能覆舟。太宗接受了他的建议，于是轻徭薄赋，广开言路，节约宫中靡费，就成为太宗的治国方针，因而出现"贞观之治"。

---

① 《元史·耶律楚材传》。

上面谈到的耶律楚材在这方面的建树，也很显著。

> 楚材奏曰：制器者必用良工，守成者必用儒臣，儒臣之事业，非积数十年殆未易成也。帝曰，果尔，可官其人。楚材曰：请校试之。乃命宣德州宣课使刘中随郡考试，以经义、词赋、论，分为三科；儒人被俘为奴者，亦令就试，其主匿弗遣者死。得士凡四千三十人，免为役者四之一。①

楚材的这个建议之获得实行，影响极为深远，使一贯重武轻文的蒙古统治者开始重视教化，因而在一定程度上减轻了汉人、南人在蒙古人统治下的苦难。

第四，在参加政府的士人中间，更有少数卓荦之士表现出崇高的道德品质或民族气节，对于一代道德风尚的陶冶及中华民族的民族精神的形成，起了决定性的作用。如蜀汉丞相诸葛亮的“开诚心布公道，集众思广忠义”的政治家风度；北宋政治家范仲淹的“先天下之忧而忧，后天下之乐而乐”的精神；司马光的“孝友忠信，恭俭正直”的高尚品质；南宋民族英雄文天祥的英勇抗元，忠贞不屈，慷慨就义的民族气节，都产生了深远地影响，并且体现了中华民族的民族魂，在历史上留下彪炳的篇章。

可见，士人参政，其影响和作用是多层次、多方面的，也是极其深远的。总的说来是缓和了专制制度给人民造成的苦难。

士人参政之所能发挥这些作用，首先是因为他们中间有不少人来自民间，他们了解下情，与人民痛痒相关，特别是在实行科举考试制度之后。宋代范仲淹就是穷苦出身，幼时刻苦攻读，“食不给，至以糜粥继之”。因此在当官为宦之后，忧国忧民，有大济苍生之志。在推行“庆历新政”时，他锐意改革，“裁削幸滥，考核官吏”，以解除人民倒悬。在他准备黜免一些颟顸无能、贪污渎职的地方大员并且拟定黜免名单时，有人劝他不要这样做，因为一个人被免官，会引起他全家痛哭的。范仲淹正色回答说：“一家哭，何如一路哭?”路相当于省，仁宗时全国分为 18 路。范仲淹说的话，其意思是：如果一个路的长官贪黩或无能，必然造成一个路的百姓的苦难，而罢免一个

---

① 《元史·耶律楚材传》。

长官至多使他自己的全家痛哭，怎能与他之殃害百姓，使一个路的百姓痛哭相提并论呢？这说明出身贫寒的范仲淹在改革弊政时，恫瘝百姓之念，片刻也未去诸怀。

人们都知道当朝廷小官的唐代大诗人杜甫由于关心人民的疾苦而发出“朱门酒肉臭，路有冻死骨，荣枯咫尺异，感慨难再述”的慨叹。其实，历代出身士人的官僚发出类似的慨叹者，多得不可胜数。白居易“秦中吟”十首是悲叹人民贫困的脍炙人口之作。苏轼的“许州西湖”、“荔枝叹”、“吴中田妇吟”也是关心下层人民的苦难的佳作。

但是，最能表现仕宦的读书人的忧国忧民之思想的，莫过于南宋末年的伟大的民族英雄文天祥的“殿试对策文”。这篇当场挥笔立就的洋洋洒洒万余言的宏文，充满了对于人民苦难的同情和对于吮吸人民膏血的贪官污吏的愤怒。文章揭露了南宋政治的黑暗，痛斥了贪官污吏的种种罪行，并且指出政治黑暗的原因有二：一是皇帝揽权于一身，二是官吏视民如草芥，如鸡豕。考官王应麟对这篇文章作了很高的评价，他对皇帝说：“是卷古谊若龟镜，忠肝如铁石，臣敢为得士贺。”①

其次，我们不应该忽视的，是士人参政之所以能够发挥上述种种积极作用，主要是因为他们一般的都是孔子思想的信徒，有仁政思想，有“穷则独善其身，达则兼济天下”之志，有“修己以安百姓”的抱负。汉末党锢人士范滂在被登用为“清诏使”时，“登车揽辔，慨然有澄清天下之志”②。许多士人一旦入仕，便迫不及待地想把平生所学，施于政事，以利民、救民为职志。虽然他们是皇帝政府的官吏，但是他们不屑于或者不甘心充当专制王朝的得心应手的盲目的工具。他们有自己的目的，有自己的理想或追求。他们之当官为宦，在很大程度上是为了“行道”。

历代士人之所以多半信奉儒家学说，与汉武帝在董仲舒的推动下罢黜百家、独尊儒术有莫大的关系。从那时起，由于儒术成为正统学说，儒家经典就成为历代士人必读之书，尽管魏晋后出现反动，一些士人崇信玄学。诚然，在士人中间有大多数人醉心于利禄，以儒学作为猎取功名富贵的敲门

① 万绳楠：《文天祥传》，河南人民出版社 1985 年版，第 30—31 页。

② 《后汉书 · 党锢传》。

砖。但是，也的确有不少士人以入仕为立身行道的门径，按照儒家的要求去做。诚然，在唐宋以后，在士大夫中间沉溺于老庄佛释思想者大有人在，如白居易、苏轼、柳宗元等大文学家就是如此。然而在这些人的思想中，一般的都是儒家思想占主导地位。以苏轼为例，他之受佛老思想的影响，主要是在他在政治上遭受打击之后，但是一直到死，他的思想主流仍然是儒家思想。他从早年到晚年一贯反对老子、商鞅、韩非，认为他们的思想给人民带来灾难。老庄佛释思想只能供他作为在政治失意时排遣烦恼的工具①。白居易虽然也有些佞佛，但是这只是他晚年的事，在他中年以前他所服膺的仍是“穷则独善其身，达则兼济天下”②的儒家正统思想。

三

中国封建专制政府的另一个特点，便是推行“文治”。所谓“文治”，用现代话来说，就是温和的统治，它是秦始皇式的暴虐统治的对立物。秦始皇的统治，是以严刑峻法、横征暴敛及鼎镬刀锯来对付人民的，而“文治”则是以轻徭薄赋、重视教育教化、广开言路、虚心纳谏为其主要内容。在本质上，“文治”是以温和的面貌来掩盖君主专制制度。尽管“文治”并没有彻底消灭压迫和剥削，没有消灭人民的卑下地位，没有从根本上解除人民的痛苦，没有改变专制制度的反动本质，但是它意味着减轻压迫和剥削，减少人民的苦难，可以实现社会的相对的安宁。

中国的“文治”开始于两汉，并且被后来的许多王朝沿袭下来。因王朝和时代之不同，“文治”在内容和程度上也有所不同，而且有的王朝所推行的“文治”，还杂糅了大量的暴力成分。一般说来，推行“文治”的王朝，到其后期总是越来越放弃“文治”，而趋向暴力统治，尽管还保存“文治”的外壳。西汉以来中国不少王朝之所以实行“文治”，是因为它们从前代王

---

① 曾枣庄：《苏轼评传》，四川人民出版社 1981 年版，第 248—253 页。

② 《白氏长庆集》第 2 卷，《与元九书》：“古人云，穷则独善其身，达则兼济天下，仆虽不消，常师此语。”

朝的灭亡倾覆中吸取教训，为了避免灭亡的命运而不得不如此。他们清楚地看到，通过“文治”可以缓和阶级矛盾和阶级斗争，可以麻痹人民，使其安于被统治的地位，从而延长王朝的寿命。

在中国的两千余年的封建统治的历史中，首先揭开“文治”的帷幕的是两汉儒者陆贾、贾谊（贾谊虽然有纵横家的色彩，但是基本上属于儒家）和董仲舒。

在西汉建国初期，陆贾常在素来就轻视儒生的刘邦面前“称诗书，高帝骂之曰：‘乃公居马上而得之，安事诗书？’陆生曰：‘居马上得之，宁可以马上治之乎？且汤武逆取而以顺守之，文武并用，长久之术也。昔者吴王夫差、智伯极武而亡，秦任刑法不变，卒灭赵氏。乡使秦已并天下，行仁义，法先圣，陛下安得而有之？’”他是以利害关系劝刘邦“行仁义”的，这对于最关心刘家王朝统治寿命的刘邦说来，有很大的诱惑力。因之，陆贾后来著的“新语”，“高帝未尝不称善”①。这就为后来实行“文治”扫清了道路。

文帝时，贾谊也力劝君主以“仁义”治天下。贾谊在“陈政事疏”中向文帝提出一系列国家长治久安之策，除建议抑裁诸王国及捍御匈奴外，还建议教育太子（这在前面已经述过），阐扬文教，尊礼大臣等等。他特别致意于教化。他说：“道之以德教者，德教洽而民气乐，殴之以法令者，法令极而民风哀，哀乐之感，祸福之应也。秦王之欲尊宗庙而安子孙，与汤武同，然而汤武广大其德行，六七百岁而弗失，秦王治天下，十余岁则大败。此无它故矣。……汤武置天下于仁义礼乐，而德泽洽禽兽，草木广裕，德被蛮貊四夷，累子孙数十世。此天下所共闻也。秦王置天下于法令刑罚，德泽无一有，而怨毒盈于世，下憎恶之如仇雠，祸几及身，子孙诛绝。此天下之所共见也。是非其明效大验邪？”他极力劝说文帝尊礼大臣，言之甚为痛切。②这一点颇关重要，因为大臣地位之高低关系到君主权力之绝对与否，大臣地位卑下，就意味着君主握有绝对的权力，大臣地位高，就会对君主权力发生抑制作用。如果君主把大臣视同草芥，那么他就可以为所欲为，肆行暴虐。明代的历史就是明证，明代皇帝可以任意廷杖大臣，大臣地位一落千

---

① 《史记》，《郦生陆贾列传》。

② 《汉书》，《贾谊传》。

丈。与此相适应明代皇帝多大权独揽，残暴不仁。

贾谊的建议多获采纳。但是，更重要的是董仲舒的对策，他的对策实际上为西汉奠定了“文治”的基础。他在天人三策中提出了如下建议：

第一，实行以教化及轻徭薄赋为内容的仁治：“尧舜行德，则民仁寿；桀纣行暴，则民鄙夭。”“王者承天意以从事，故任德教而不任刑。”“……武王行大谊，平残贼，周公作礼乐以文之，至于成康之隆，囹圄空虚四十余年。此亦教化之渐而仁谊之流。……至秦则不然，师申商之法，行韩非之说，憎帝王之道，以贪狼为俗，非有文德，以教训于天下也。……又好用残酷之吏，赋敛无度，竭民财力，百姓散亡，不得从耕织之业，群盗并起，是以刑者甚众，死者相望，而奸不息，俗化使然也。”

第二，国家干预，制止权贵的兼并行为。“身宠而载高位，家温而食厚禄，因乘富贵之资力以与民争利于下，民安能如之哉！是故众其奴婢，多其牛羊，广其田宅，博其产业，畜其积委，务此而无已以迫蹙民，民日削月朘，寖以大穷。富者奢侈羡溢，贫者穷急愁苦。穷急愁苦而上不救，则民不乐生；民不乐生，尚不避死，安能避罪！此刑罪之所以蕃而奸邪不可胜者也。”他建议使“受禄之家食禄而已，不与民争业。”他认为只有这样，才能做到“利可均布，而民可家足。”①

这样，在汉初陆贾、贾谊和董仲舒创议了“文治”的规模，为“文治”搭了一个框架，这就为中国两千年来的“文治”奠定了基础，使历代推行“文治”有成规可循。

然而这并不是董仲舒等人凭空臆提出来的，他们提出“文治”的构想，也是有所本的，他们所依据的是孔子思想，是以“中庸”之道为核心的孔子思想。

孔子对“中庸”推崇备至，他说：“中庸之为德也，其至矣乎！”（《雍也》）中是不偏不倚，无过无不及的意思。“庸”就是用，“中庸”就是用中，就是“执其两端，用其中于民”（《礼记·中庸》）。“中庸”思想是区别孔子思想与道家、法家思想的主要标志。道家主张无为而治，强调放任；法家强调统制，为专制暴政张目，二者都走极端，都不得其中，道家主张如果实现，会导致社会上的无政府状态；法家学说若付诸实施，必然出现暴政。道、法两家的学说

① 《汉书·董仲舒传》。

都违反了人之常情，都不合乎事理，都会给人类带来灾难。但是孔子的“中庸”思想却合乎人情事理，它表现在政治思想上，便是要求实行德治、仁政，反对横征暴欲，主张以德化民，使人民过富足的、有道德的康乐的生活。

但是同时也应该看到：“文治”固然来源于孔子的思想，历代封建王朝所推行的“文治”却与孔子思想有很大的距离。中国封建统治者是按照自己的政治需要，从巩固自己的封建统治的动机出发从孔子思想中汲取统治术的。因此，他们不可能真正实行孔子的政治纲领。孔子是以悲天悯人的态度，以救世救民之心创立自己的学说的，而中国的封建王朝是以“文治”为手段，以图达到巩固自己的封建统治的目的。他们之推行“文治”，远远不是出于至诚。也正因为这样，在历代的“文治”中都或多或少杂糅着法家的思想主张。无怪乎史家称西汉的统治方式为“外儒内法”。实际上提倡“文治”最力的董仲舒已经不是百分之百的纯粹的儒家了。他虽然继承了孔子的思想，但是也吸收了法家、阴阳家及道家的某些思想成分。如董仲舒所强调的“三纲五常”就是法家思想的再版。他的君权神授说（关于王者受命于天的说法）显然是受阴阳家的思想影响。这些思想都是与孔子思想大相径庭的。

但是，不管怎样，孔子思想是中国历史上“文治”的主要思想上的来源。这是毫无疑义的。

最后，关于“文治”的历史功用，谈一谈自己的看法。“文治”的历史功用是多方面的：

第一，对人民有利。这当然是相对的。与暴力统治相比，“文治”给人民创造了一个比较轻松的物质上、精神上的生活环境。由于经济上的压榨减轻，一般老百姓可以过上小康的生活。由于政治上的压迫减轻了，人民可以免遭官府衙役的敲扑，势豪的鱼肉，在一定程度上可以享受到人生乐趣。唐贞观年间，天下几乎达到“措刑”的局面。太宗“即位四年，岁断死二十九，几至措刑。”①如果与秦代的暴政相比，更能看出“文治”的优越性。始皇及二世时，沉重的徭役造成“百姓靡敝，孤寡老弱不能相养，道死者相望”②。秦法的残酷，使得百姓一举手一投足都会触犯刑律，还实行族诛、连

① 《新唐书·魏征传》。

② 《汉书·主父偃传》。

坐等法。当时全国犯罪者不下二百万，牢狱皆满，被押解的囚徒甚至堵塞道路。二世时，“税民深者为明吏，杀人众者为忠臣，刑者相半于道，而死人日成积于市”①。

第二，促进经济文化的繁荣。“文治”可以减轻人民的经济负担，可以造成安定的局面，从而促进了经济文化的发展繁荣。这在厉行“文治”的汉、唐时代最为显著。比如，西汉的农业生产比前代有了进一步的发展，水利灌溉事业也有很大的成绩，手工业特别是纺织业也很繁荣。成都的蜀锦和临淄的齐帛都是著名的精美的纺织品。在经济发展的基础上，也出现了文化的繁盛：经学家辈出，文学、史学、艺术及科学技术等也有很大的进步。如造纸术就是东汉时蔡伦发明的。造纸术的发明说明了许多问题，它既是文化发展的反映，又与社会经济及技术发展水平有密切的关系。唐代也是很好的例证。太宗推行“文治”的结果，在贞观年代经济迅速得到恢复和发展，到开元年代达到顶点。史载：“自贞观以后……至八年、九年，频至丰稔，米斗四、五钱，马牛布野，外户动辄数月不闭。”“至（开元）十三年，封泰山，米斗至十三文，青齐谷斗至五文。自后天下无贵物，两京米斗不至二十文……远适数千里，不持寸刃。”②在“文治”的哺育涵养下，唐代也出现光辉灿烂的文化，这是人所共知的，兹不多赘。

第三，有利于国家的长治久安，可以延长封建王朝的寿命。对人民的压榨减轻了，经济繁荣了，阶级斗争也就自然地缓和下来。因而，封建王朝的统治也得到巩固。这就是为什么实行“文治”的汉、唐、宋、明、清几个王朝享祚更永的主要原因。

第四，在异民族大举入侵和征服中可以缓和人民的苦难。这里仅举西晋末年的例子。西晋时中国北方边境居住的少数民族，一般的都比中国落后。虽然有的少数民族由于早已进入中国境内与汉族杂居，已开始向封建社会过渡，但是也有的少数民族，如鲜卑族拓跋氏则刚刚完成向奴隶制过渡。这些少数民族在西晋末年大举入侵中国，造成了空前的浩劫。首当其冲的华

① 《资治通鉴》，《秦纪三》，二世皇帝二年。

② 杜佑：《通典》卷7《食货志》，转引自韩国磐：《隋唐五代史纲》，人民出版社1979年版，第176页。

北地区，经济、文化遭到无情的摧残，人民成批地被屠杀，残存下来的，也陷于水深火热中，饱受征服者的压迫、虐待。

但是，不久“文治”发挥了威力。征服者在接触到比他们更为先进的中国封建社会后，纷纷效法中国，推行“文治”（他们称之为“汉法”）。他们兴学校，尊儒术，推行教化，擢用才德之士为官，减轻赋税。其中，北齐的儒者苏绰等在推行“文治”方面厥功甚伟。他依据周礼制定官制，为北周宇文泰政权创立了一个立国的规模。苏绰草订的六条诏书充满了儒家精神。他在这个文件中为统治者确定了六条治国的原则：第一，“先治心”，君主要使自己成为有道德的人。第二，“敦教化”，用道德去教育人民。第三，“尽地利”，采取措施，使人民丰衣足食。第四，“擢贤良”，提拔德才兼备的士人为政府各级官吏。第五，“恤狱讼”，赏罚要公平，不要用严酷的刑罚对待人民。第六，“均赋税”，加重“豪强”的税，而减免“贫弱”者的税①。

推行“文治”的结果，入侵的少数民族在华北建立的国家，先后都走上了发展的正轨。于是，华北的人民才得以安居乐业。残破的经济文化才得以恢复和发展。因此，异族入侵所造成的漫漫长夜才见到了曙光。

四

“士人政府”和“文治”可谓西汉以来中国专制制度的两大特点，二者如鸟之两翼，车之双毂，相辅相成，相得益彰。而二者又都来源于孔子思想。

因此我们不难得出如下结论：在中国两千年的历史长河中，“士人政府”和“文治”之所以能够在一定程度上减轻专制制度的残酷性及压迫性，从而减轻了人民的苦难，归根到底要归功于孔子思想。

但是我们也不应该忽略“士人政府”和“文治”的历史局限性。二者都只能在封建专制制度的框框内发生作用，只能给受苦受难的人民带来一副清凉剂，却改变不了封建专制制度的本质，不能从根本上消除人民的苦难。

---

① 《周书·苏绰传》。

这是因为二者都是为巩固封建专制统治的目的服务的，二者的存在也都取决于专制君主的个人意志。

明乎此，我们就不至于对“士人政府”和“文治”作出片面的理解了。

（原载《山东师范大学学报》1991年第5期）

“仁”是孔子教育事业的核心

一、“仁”是孔子讲学的主要内容

孔子从事教育事业的主要目的，是造就统治人才，希望弟子们在学成之后，能够把他的学说应用到实际施政中去。同时，他也要求把弟子培养成德才兼备的“君子”①。这个目的要求决定了他的讲学内容便是用“仁”、“礼”和“乐”去教育弟子。

“仁”字在孔子以前皆作“亲”字解，为百善之一。只有孔子才赋予“仁”以新的含义，并且把它扩大为一个统摄诸德的、内容广泛的道德规范，他认为“仁”就是“爱人”，其中包括恭、宽、信、敏、惠、智、勇等美德。

那么，孔子是不是希望一切人都达到“仁”的道德水平呢？我认为，“仁”是孔子专门向统治阶级提出来的道德规范，期待统治者在道德修养上达到“仁”的境界；他并没有向广大人民群众提出这样的要求。根据是：(一)在孔子看来，“仁”是一种很高的道德境界，他从来不肯轻易以“仁”许人。他本人就谦虚地否认自己达到“仁”的境界。在他心目中，即使“好学”的弟子颜回也不过“其心三月不违仁”。(二) 他说：能行“恭、宽、信、敏、惠”五者于天下，就够得上“仁”了。而这五种美德实际上只能要求于统治阶级人物。(三) 他说：“君子而不仁者有矣夫，未有小人而仁者也。”(《宪问》)

孔子提倡“仁”，其目的就是希望统治者能“爱人”，爱百姓，希望他们减轻对人民的压榨。他反复向弟子讲述“仁”的道理，就是希望这些未来的统治者能按照他这个愿望去爱百姓。

---

① 科利尔：《孔子，真人和虚构的人》，英文版，第 78 页。

在《论语》一书中，孔子谈“仁”不下一百多次，可以想见，孔子在讲学中是如何重视“仁”的了。

在孔子说教中仅次于“仁”的便是“礼”。“礼”的含义有广、狭之分。在广义上，它包括一切典章制度；在狭义上，它意味着冠、婚、丧、祭、燕、射、朝、聘等场合的仪式礼节以及日常生活中一举一动的行为规范，其中包括礼貌、举止等等。自殷周以来“礼”是“不下庶人”的，狭义的“礼”只行于贵族中间，这个“礼”是没有老百姓的份儿的。孔子所着重讲的，就是狭义的“礼”。他对于“礼”提出了新的主张、新的解释，并赋予新的意义和新的功能。

孔子说：“道之以政，齐之以刑，民免而无耻；道之以德，齐之以礼，有耻且格”(《为政》)。可见，他是主张“礼”下庶人的，他要求打破“礼”的阶级限制，把“礼”的大门开放给一切人。

在孔子看来，“礼”应该是人们自觉地遵守的行为规范，也应该是人类内心道德感情的外部表现，如果缺乏内心道德感情，“礼”就会流于形式，也就无任何价值可言。“礼”，只有当它表达了内心的真实的道德感情或精神美德时，才有意义。他对于“礼”之蜕化为徒具形式的繁文缛节感到痛心。他反对贵族一套一套的劳民伤财的虚礼，认为“礼”只要足以表达内心道德感情就可以了，而不应过分奢靡。他认为一个无德的人是不配行“礼”的，他也不愿意看到一个内心没有敬意的人行“礼”。

但是，在另一方面他也反对走向另一极端，反对只满足于内在的道德感情而缺乏恰如其分的外在表现——“礼”。对他说来，“礼”是人类社会所不可缺少的，它是表达内在道德感情的重要手段；缺乏“礼”，就流于粗鄙野蛮。他认为就是恭、慎、勇、直等美德，如果不用“礼”来约束，也会发生流弊。

孔子对于“礼”的这种认识，是颇有道理的。用今天的眼光来看，“礼”实际上正是区别文明人与野蛮人的重要标志，因为野蛮人虽有内在道德感情(这种感情可能比文明人更真挚、更丰富)，但是由于缺乏与这种内在感情相适应的外部的优美的表达形式（“礼”)，就不免流于举动粗野、鲁莽，甚至残忍。比如在亲人死了时候，野蛮人把死尸抛到山野里，供野兽飞禽饱腹，而他们认为这样做，亲人的亡灵就可以升天。但是从文明人的角度看，这分明是残忍、野蛮的做法。而“礼”，则弥补了这个缺陷，它为人们提供了处理尸体的人道的、文明的手段。这规定了哀悼的程式，既足以表达悲痛的心情，又可以减轻这种悲痛，使之达到适当的程度。“礼”在事实上就是一种行为的平衡器，既防不及，又防过度，保证人的行为达到恰到好处的中和状态。①

孔子强调，“孝”也要用“礼”表达出来，不然就不成为“孝”。他认为子女即使能赡养父母，天天供以良肴美馔，但是如果缺乏“礼”：没有礼貌，态度很坏，那就与养饲犬马无何区别。

孔子认为，对于为一个社会的存在所不可缺少的社交说来，“礼”也是极其重要的手段。他说：“晏平仲善与人交，久而敬之。”（《公冶长》）晏婴之所以能做到这一点，就是因为他对待朋友能以“礼”相处。

孔子也力图证明：真正的“礼”，与徒具形式的虚礼不同，也是表现出一个人的优美人格的手段。他说：“君子义以为质，礼以行之……”（《卫灵公》）“质胜文则野，文胜质则史。文质彬彬，然后君子”（《雍也》）。这就是说，一个人光有内在的朴素美好的品德，是很不够的，还应该配合以表现在外面的文雅的态度、优美的礼貌，这样才成为既不粗野，也不柔弱的君子。

在孔子看来，“礼”还可以约束人们的思想感情和行为，使之不致误入歧途。孔子和颜渊都谈到“礼”的这种作用。孔子说：“君子博学于文，约之以礼，亦可以弗畔矣夫！”（《雍也》）颜渊说：“夫子循循然善诱人，博我以文，约我以礼，欲罢不能”（《子罕》）。可见，孔子要求学生多多学到文化知识，以增广见识，扩大眼界，开阔胸襟；但是他又担心这样做也许要产生副作用：思想混乱、杂念丛生，很容易走上邪路，因之他又主张用“礼”去约束人们的感情和行为，使他们沿着正当的道路走下去。

从孔子与颜渊的一段问答中还可以看出：对孔子说来，“礼”也应该发挥培养人们的道德情操的重要作用。“颜渊问仁。子曰：克己复礼为仁。一日克己复礼，天下归仁焉。为仁由己，而由人乎哉？颜渊曰：请问其目。子曰：非礼勿视，非礼勿听，非礼勿言，非礼勿动。”（《颜渊》）这就是说，孔子认为一个人如果一举一动，一言一行，都按照“礼”的要求去做的话，就

① 科利尔：《孔子，真人和虚构的人》，英文版，第84—86页。

可以一方面克服和消除一切不正当的思想感情，另一方面培养人们的道德情操，最后可以达到“仁”的道德境界。

为什么“礼”能发挥这样的作用？美国汉学家科利尔认为这是因为“礼”可以给生活带来和谐和端庄的气氛，使人产生一种安详沉着之感①。

在讲学中，孔子也时常讲“乐”的作用，并且把“礼”和“乐”相提并论。他说：“兴于诗，立于礼，成于乐”(《泰伯》)。他又说：“成人”必须“文之以礼乐”(《宪问》)。这样，孔子强调音乐对于品德培养及人格完成的重要作用。古代希腊大哲学家亚里士多德说过：“音乐具有塑造人格的力量，因此应该把它引进对于青年的教育中。”古希腊另一位大哲学家柏拉图也指出：“音乐训练是比任何其他手段更有力的手段，因为节奏及和谐可以渗入灵魂深处。”孔子虽然没有对音乐的功能加以说明，但是他是认识到音乐在品德教育中的重要作用的。因此，孔子在讲学中利用音乐，是毋庸置疑的。同时，显然他也是希望他的学生在出仕后的从政中借音乐的帮助去教化人民。

此外，为了把弟子们培养成“君子”，孔子也向他们讲说许多做人的道理。

孔子不但要求学生达到“仁”的境界，而且希望他们在任何时候都不要背离“仁”(《里仁》)。他甚至教导他们：“志士仁人，无求生以害仁，有杀身以成仁。”(《卫灵公》)

他也向学生阐明“义”、“利”之辨，要求他们在一切行动中都要以“义”为准绳；在做一件事情之前，一定要先想一想应该不应该做，而不要考虑这样做是否对自己有利。在看到有利可图的事时，必须想一想它是否违反正义，千万不要见利忘义。

孔子教导弟子们要正确对待贫富问题。他反对不择手段地发财致富，认为与其这样，宁愿过清贫的生活。他特别强调一个人要经得住贫困的考验，不要因贫困而丧失节操。他认为一个君子是能够做到贫困不丧失节操的，因为“君子谋道不谋食……忧道不忧贫”(《卫灵公》)，在君子胸中有“行道”的远大抱负。

按照孔子的想法，君子只是能经得贪婪贫困的考验，是不够的，还应

① 科利尔：《孔子，真人和虚构的人》，英文版，第87—88页。

该进一步从贫困生活中体验到乐趣，做到安贫乐道，而毫不勉强。

孔子反复教导学生的，还有一个“诚”字。他最反对不诚实的种种表现：“巧言令色”、“色厉而内荏”、“匿怨而友其人”等等。他之鄙视“乡愿”，也是因为“乡愿”这种八面玲珑的“老好人”很不诚实，是“德之贼”。

孔子还向学生传授一些修养方法：第一，要经常反省。他说：“见贤思齐焉，见不贤而内自省也。”(《里仁》）学生曾参把老师的这个教导付诸实践：“吾日三省吾身，为人谋而不忠乎？与朋友交而不信乎？传不习乎？”（《学而》)。第二，严于责己，而薄于责人。第三，勤于改过，不要护短。

孔子讲学内容是丰富多彩的。还有许多内容值得介绍，因篇幅所限，这里从略。

综括说来，孔子讲学内容，全是“修己治人”之道，但是他讲的千言万语，归结起来不外教导弟子们去“爱人”，期待他们学成出仕时，能以“仁爱”为怀去治理百姓，减轻人民的苦难。因此可以说，孔子讲学的主要内容便是“仁”学。

二、孔子的教育工作是“仁”的实践

《论语》中有如下一段感人最深的文字：

“子路、曾皙、冉有、公西华侍坐。子曰：以吾一日长乎尔，毋吾以也。居则曰：不吾知也！如或知尔，则何以哉！子路率尔而对曰：千乘之国，摄乎大国之间，加之以师旅，因之以饥馑；由也为之，比及三年，可使有勇，且知方也。夫子哂之。求，尔何如？对曰：方六、七十，如五、六十，求也为之，比及三年，可使足民。如其礼乐，以俟君子。赤！尔何如？对曰：非曰能之，愿学焉。宗庙之事，如会同，端章甫，愿为小相焉。点，尔何如？鼓瑟希，铿尔，舍瑟而作，对曰：异乎三子者之撰。子曰何伤乎？亦各言其志也。曰：莫春者，春服既成，冠者五六人，童子六七人，浴乎沂，风乎舞雩，咏而归。夫子喟然叹曰：吾与点也！三子者出，曾皙后。曾皙曰：夫三子者之言何如？子曰：亦各言其志也已矣。曰：夫子何哂由也？曰：为国以礼，其言不让，是故哂之。唯求则非邦也与？安见方六七十如五六十而非邦

也者？唯赤则非邦也与？宗庙会同，非诸侯而何？赤也为之小，孰能为之大？”(《先进》)

这短短的三百多字，把孔子循循善诱、诲人不倦的情景，生动地呈现在读者面前，使读者对于这位两千多年前的中国伟大的教育家，油然产生一种景仰敬慕之情。

孔子之所以被景仰为“万世师表”，我信为至少是因为他在教育工作中有以下几种突出的表现：

（一）像父兄爱护自己的子弟那样爱护学生。孟子说过：“得天下英才而教育之”，是人生三大乐事之一（《孟子·尽心章》）。其实，比孟子早一百余年的孔子已经通过辛勤的教育实践体会到这个乐趣。但是这个乐趣并非人人可以体会到的，只有把学生看作自己的子弟来爱护，才能有这样体会。孔子就是这样爱护学生的，所以他才有这样的体会。

孔子强调“有教无类”，并且表示“自行束脩以上吾未尝无诲焉。”他这样“廓然而大公”，对学生“一视同仁”的态度，表明他之爱护学生是无条件的，是出于一片真诚。

不但在讲学活动中，而且在日常生活中，孔子总是和学生们朝夕与共。他在周游列国时也与学生同行，生病时也有学生在身旁，甚至在想“乘桴浮于海”时，也希望有学生跟他去。“畏于匡”，“在陈绝粮”，也都是师生共患难、共命运的。在师生之间形成这样密切的关系，也并非偶然，而是孔子以父兄的态度对待学生的结果。这种密切的师生关系，与资产阶级制度下面的商品交易式的师生关系，大异其趣。他是以向学生“传道”为己任的。孔子和颜回的关系，是这样师生关系的一个生动的例证。孔子说：“回也视予犹父也”。颜回不幸早死，孔子“哭之恸”，并且发出“天丧予”的悲叹。

（二）既教书，又教人。孔子虽然向学生传授“诗”、“书”、“礼”、“乐”等文化知识，但是他更重视陶冶学生的人品德行——教人。

为了教人，他采取了两种教育方法：第一，因材施教：针对学生每人的具体的特点加以教诲。第二，表扬与批评。孔子对学生的一言一行，一举一动，都密切注意，看到优点就加以表扬或鼓励，看到缺点、错误，就随时随地进行纠正、批评，甚至严厉谴责，从而表现出对学生品德的高度负责精神。在弟子中间，颜回最为好学，品学兼优，孔子不止一次地表扬了他。对于贱人之子冉雍的德行，孔子也时常加以赞赏。另一方面，孔子批评了宰予昼寝，谴责请学稼的樊迟为“小人”。他也向子路指责他不好学，“暴虎冯河，死而无悔”的粗暴莽撞的性格。对于走上工作岗位的学生，孔子也没有放弃批评教育的责任。他严厉批评冉有、季路协助季氏攻伐臾。孔子更不能容忍弟子冉求帮助统治者对人民横征暴敛的行为，号召弟子们“鸣鼓而攻之”(《先进》)。

（三）教学民主。与后代人所理解的相反，孔子在教学上表现出很大的民主精神，他这种民主精神是有其思想方法上的根源的：“子绝四：毋意、毋必、毋固、毋我”（《子罕》)。这种客观的、科学的、实事求是的态度决定了他在教学上的民主。他鼓励学生在学到手的知识的基础上进行大胆的思考(“学而不思则罔”)，要求他们提出独立的见解，不要盲目地跟在老师的见解后面跑（“回也非助我者也，于吾言无所不悦”)。孔子反对把知识生硬地灌输到学生头脑中去，他采用了启发、诱导、示范及说理的春风化雨式的方法。如果与墨翟的做法相比，孔子的民主作风更为显著。墨翟的弟子有一次抱怨老师强迫他穿短褂，强制他吃青菜汤充饥。且而墨翟还武断地要求学生把他的话奉为金科玉律，不许他们反驳。孔子则反是，他并不要求学生盲从自己，反对他们把他的话句句当作真理，即使弟子不同意他的言行，他也毫不生气。就是他发现弟子们是错了，他也不想以老师的身份去压制他们，而靠讲道理去说服他们。

更可贵的是，孔子在行动上还能接受学生的反对意见。公山弗扰以费畔，孔子想应召前往，但是由于子路反对而未果行。

孔子很虚心，由于学生提出独到见解启发了自己而感到高兴。弟子子夏问孔子道：“诗经上‘巧笑倩兮，美目盼兮，素以为绚兮’这几句诗是什么意思?”孔子回答说：“绘事后素”。子夏又问道：“那开是不是礼产生在‘仁’的思想感情之后呢”？孔子高兴地说：“卜商啊！能够启发我的是你，你是有资格谈诗经的。”（《八佾》）孔子承认学生启发了他，体会到教学相长的兴趣——这也是他的民主精神的表现。

那么，为什么孔子能够像父兄爱护自己的子弟那样爱护学生？为什么他重视教人？又为什么他肯发扬教学民主？这是因为有一个动力在推动他这样做。这个动力就是“仁”字。在他心中，教育下一代并不是一件私人的事，而是关系到人类命运的大事，因为在学生双肩上担负着实现他的政治理想的重任。他之爱护学生，他之重视教书又教人，就是关心未来，关心人民，就是“仁者”之用心。而孔子之能够发扬教学民主，是因为他看到只有这样做方有利于培养学生的品德及才能，归根结底有利于实现他的政治理想从而有利于人民。同时，他的教学民主，也表现出一位“仁者”的器量和风度。

可见，孔子是用自己的教育工作实践了他所提倡的“仁”。

孔子的人格是“仁”的体现

作为一位伟大的教育家，孔子不但以言教，而且也励行身教。他的为人，他的人格情操为学生们树立了良好的榜样，他本人的道德修养，对学生起了潜移默化的作用。

为了了解孔子的为人，必须从孔子头上摘掉历代统治阶级及其御用学者们强给孔子戴上的神圣的光轮，并且驱散对他加以审化的种种谬说和附会的迷雾，而把孔子当作一位现实生活中有血有肉的常人来看待。

孔子并非人们所想象那样的一位道貌岸然、凛然不可犯的“超人”。他和常人一样有丰富的感情，有喜怒哀乐。他富于幽默感，也偶尔开个玩笑，并且在个别场合还骂过人。他并不是文绉绉的书呆子，他既会奏乐（瑟），也会唱歌。他酷嗜音乐，他在齐国听过“韶乐”，听得是那样津津有味，以致一连三个月吃肉都感不到香味，并且叹息道：“想不到我竟快乐到这个程度!”（《述而》）

但是，对我们说来更重要的是：孔子同时也是一位异乎常人的、品德高尚的、有理想有追求的人物。

他“温而厉，威而不猛，恭而安”（《述而》）。他在待人接物方面表现出“温良恭俭让”的美德（子贡语）。可以说他是一位教师的典范。

他虽然出身于没落的贵族，但是却能突破贵族的阶级局限性，他重视人的价值和人民的尊严，有一种强烈的人道主义精神。孔子家里的马棚失火，他一回到家，就先问：“伤了人没有?”而没有问马是否烧死或烧伤（《乡党》），他不但反对用活人充当死人的殉葬品，而且也反对用俑殉葬，因为在他看来，俑是依照人的模样和体形制成的。（《孟子·梁惠王章句上》）

孔子非常同情有残疾的人，每逢遇见这样人时，总是特别加以照料和帮助。当看见身穿丧服的人（即死者的亲人）或盲人走过来时，即使比自己年少，孔子也一定要站起身来。在孔子经过这些人的身旁时，他也一定要快走几步，以示同情和礼敬。而且，孔子在死了亲属的人旁边吃饭，也从未吃饱过。孔子在哀悼悲哭某人之死之后，在同一天内决不再歌唱。一个朋友死了，无人为他安葬，于是孔子便亲自料理这个朋友的丧事。孔子就是这样一位富有人情味和见义勇为的人道主义者。

孔子也把对人的爱扩大到禽兽身上。他宁愿用鱼钩去钓鱼，也不肯用大网去把鱼一网打尽。他虽然也射过鸟，但是从来也不去射归巢准备休息的鸟。

孔子对于穷或有急难的人，都愿意帮助，同时他反对在经济接济富人。然而他并不满足于“周穷济乏”，他还有一个济世安民的宏伟抱负。与此相联系的是他有一种极其强烈的使命感，他意识到自己的双肩上担负着“上苍”所赋予的重大使命：

“子畏于匡，曰：文王既没，文不在兹乎？天将丧斯文也，后死者，不得与于斯文也；天之未丧斯文也，匡人其如予何？”（《子罕》）

宋司马桓魋欲杀孔子，孔子说：“天生德于予，桓魋其如予何？”（《述而》）

上面两句话表明，孔子是以继承和发扬中国传统文化和缔造天下太平为己任的。他的努力方向是使普天之下的每一个人都各得其所，因此当子路问他的志向时，他说：“老者安之，朋友信之，少者怀之。”（《公冶长》）这寥寥数语实在蕴藏着孔子胸中的全部经纶。使老年人安享晚年并且使青少年得到关怀和养育，并不是一件轻而易举的事情，它要求建立一个良好的政治、社会和伦理秩序，而对于这一点孔子是胸有成竹的，因为他有一套政治纲领：实行“德礼之治”并辅之以富民政策及一系列治国之道。孔子的这个伟大抱负和信念，始终没有动摇过，不管别人如何讥笑他。当隐者长沮桀溺嘲笑他，他坚决表示“鸟兽不可与同群，吾非斯人之徒而谁欤？”（《微子》）难道孔子不羡慕无忧无虑的隐者生活吗？可是政治责任感使他放弃当“自了汉”的想法。他是那样执着于自己的理想，以致当他在现实世界上到处碰壁时，他甚至想到海外、九夷或“蛮貊”之邦去实现自己的政治抱负。

这个政治抱负及信念，是他一生活动的巨大动力，是他自强不息的力量源泉。颠沛、蹶踬，都没有压倒、消灭他的信念。他说：“三军可夺帅也，匹夫不可夺志也”（《子罕》），这表明了他为实现自己的政治理想而奋斗的坚忍不拔的意志。几经挫折，他从来也不“怨天尤人”。有时明明知道自己的学说不会为时君所采纳，但他仍以“知其不可而为之”（《宪问》）的精神奋斗下去。他“发愤忘食，乐以忘忧，不知老之将至”（《述而》），从而表现出一种忘我的、乐观的精神。

但是，在另一方面孔子却有谦逊的美德。他从来不以圣人、贤人、仁人自居或“足已自圣”，甚至当有人称他为君子时，他也表示愧不敢当，而只承认自己是“为之不厌，诲人不倦”的人（《述而》）。有时，他承认自己只有书本上的学问，而还没有做到在生活实践中一个君子所应该做的事(《述而》)。

实际上，孔子的谦逊，正是他要求不断上进的表现。他在学习上孜孜不倦，终他之一生他一直在如饥似渴地学习。他“十有五而志于学”，从那时起，在学业上不断进展，到七十岁时，达到“从心所欲，不踰矩”(《为政》)的炉火纯青的修养境界。他以学习为最大乐趣。因此他说：“学而时习之，不亦乐乎”？“学如不及，犹恐失之”。这几个字是他这种积极的学习态度的写照。他又说：“十室之邑，必有忠信如丘者焉，不如丘之好学也。”（《公冶长》）可见他的好学在侪辈中间是无与伦比的。“子入太庙，每事问”（《八佾》），这说明他的求知欲如何强烈！

同样，在个人品德修养上，孔子也力求上进，从来也不放松自己。他不断向别人学习，不断地克服自己的缺点。因此他说：“见贤思齐焉，见不贤而内自省”（《里仁》）；“三人行，必有我师焉：择其善者而从之，其不善者而改之”（《述而》）。他要求一个人多多省察自己的过错，而少责备别人。因此他说：“躬自厚而薄责于人”（《卫灵公》）。他自己就富于自我批评的精神，下面的例子最能说明这一点：“陈司败问昭公知礼乎？孔子曰：知礼。孔子退，陈司败揖巫马期，而进之曰：吾闻君子不党，君子亦党乎？君取于吴，谓之吴孟子。君而知礼，孰不知礼？巫马期以告。子曰：丘也幸，苟有过，人必知之。”（《述而》）孔子就是这样律己甚严的人。

孔子在对待贫贱富贵的问题上，也严于律己。用不正当手段猎取的富贵，是他所最瞧不起的，他宁愿过“饭蔬食，饮水”的清苦生活，并且从中体验到无穷的乐趣（《述而》）。

然而，孔子并不是禁欲主义者，他并不反对适度的、精神上肉体上的享乐，除非这种享乐有损于道德及人格的完整。如前所述，他本人就尝到欣赏音乐的乐趣。他承认人们享乐的正当性，而且认为让人民享乐是政府的责任。《论语》里有两条材料可资证明：

“叶公问政。子曰：‘近者悦，远者来’”。这就是说，孔子认为统治者在施政时必须使境内百姓感到高兴满意，这样就吸引境外的百姓前来投奔。让百姓高兴满意，就包含着让他们得到精神上肉体上的享受的意思。

“子适卫，冉有仆。子曰：‘庶矣哉!’冉有曰：‘既庶矣，又何加焉?’曰：‘富之!’……”（《子路》）富是百姓享乐的必要条件，孔子主张富民，就是主张百姓有享乐的权利。

可见，孔子是支持人民的享乐权利的。这里必须看到：孔子只要求士君子（即统治阶级及其知识分子）“安贫乐道”，他并没有向一般庶民提出这样的要求。

既反对禁欲，又反对纵欲（孔子曰：“……损者三乐。……乐骄乐，乐佚游，乐晏乐，损矣。”——《季氏》）——这便是孔子的态度，也是他的中庸主义①在生活态度上的表现。孔子之同情人民这种感情上的要求，是他的思想受人欢迎的原因之一。②

孔子之认可适度的享乐，在中国春秋战国时代的“显学”中，是独一无二的。其他主要学派几乎一致反对享乐，至少反对百姓享乐。墨翟及其学派就以“节用”、“节葬”为理由，反对人民享乐，他们甚至赞成消灭感情。道家强调无欲，更是反对享乐。法家相信人民不外是国家的工具，不许有个人的思想及感情。有的法家甚至主张把人民的生活恶化到难以忍受的程度，以便使得他们把当兵打仗看作是一种解放。

这样，孔子不仅尊重人的价值和人的尊严，同情贫苦群众，而且有济世安民的宏伟理想，有为理想而奋斗到底的决心和毅力，并且本着“修己以安百姓”的精神不断充实、培养和砥砺自己的品德，做到了“克己复礼”——

---

① 孔子所讲求的“中庸”之道，前几年被人误解了。其实“中庸”就是恰到好处之意，与“过”及“不及”对立，与“折衷主义”毫无共同之处。

② 科利尔：《孔子，真人和虚构的人》，英文版，第59—60页。

这一切都表明孔子在道德境界上达到了他为“仁”所规定的标准，他的思想和行动真正体现了“仁”所包含的种种美德。

我们首先必须承认：孔子的“仁”，是以封建等级制度为前提的，这是时代局限了他。但是同时更应当看到：孔子是一位“悲天悯人”的人道主义者，他在提倡“仁”的时候，是真心诚意希望统治者能够“爱人”，能够减轻对人民的压迫。然而，孔子的这番苦心和努力落空了。在阶级社会，统治阶级一般的是不可能“爱人”的。要他们“爱人”，减轻对人民的压榨，实无异于“与虎谋皮”。他们所关心的是如何巩固自己的统治。春秋末年的各国统治者也不例外，他们毫不犹豫地拒绝了“仁”。但是孔子并没有灰心丧气，他设帐授徒，不仅以“仁”教育学生，而且在教育事业上表现出“仁者”的胸怀；更重要，他本人还身体力行了“仁”，这种“身教”对学生发生了潜移默化的作用。一言以蔽之，“仁”是孔子教育事业的核心。

（原载《山东师范大学学报》1985 年第 6 期）

孟子的仁政学说及其进步意义

孟子是我国战国时代的伟大的思想家，也是我国最早有民主倾向的思想家，然而在十年动乱中，在“左”的思潮的支配下，和孔子一样，孟子也成为批判诋毁的对象。而孟子的仁政学说尤成为“众矢之的”，甚至被诬为“复辟倒退的一面黑旗”。本文的目的，就是以历史唯物主义观点，正确地估价孟子的仁政学说，恢复其历史的本来面目。

一

孟子（公元前 372 年—公元前 289 年）的时代，正当战国中叶。这个时代的特点是七雄并峙，战争频繁，各国人民不但惨遭战争之蹂躏，而且备受暴政之压迫。当时，关东各国的封建领主经济已濒于崩溃，封建地主经济正在上升发展。在这个新旧交替的时刻，没落中的贵族政权特别残暴，不但连年从事战争，使人民肝脑涂地，而且横征暴敛，敲骨吸髓榨取人民，用严刑峻法钳制人民。孟子所说“民之憔悴于虐政，未有甚于此时者也”（《公孙丑上》），是当时的实际写照。

孟子的仁政学说，正是针对这种情况而提出来的，其目的在于补救时弊，芟除暴政，以缓和阶级矛盾，稳定封建秩序。

不过仁政思想并不是孟子首创的。在《书经》里面我们可以发现它的萌芽[①]。后来孔子发展了这个仁政思想，他要求为人君者“节用而爱人，使

① 从《书经》的《大禹谟》《皋陶谟》《五子之歌》《太甲中》《太甲下》诸篇都可以窥见仁政思想的萌芽。

民以时”（《论语·学而》），他称赞子产“养民也惠”（《论语·公冶长》）。他又说：“因民之利而利之。”（《论语·尧曰》）他主张富民和教民：“子适卫，冉有仆。子曰：‘庶矣哉’。冉有曰：‘既庶矣，又何加焉？曰：‘富之。’‘既富矣，又何加焉?’曰：‘教之!’”孔子反对不教而杀，认为这样做就是“虐”（《论语·尧曰》）。

但是，第一次使用“仁政”二字，并且把“仁政”思想发展为有完整体系的仁政学说的是孟子。

孟子认为，为了得到人民的拥护，君主必须做到：民“所欲，与之聚之。所恶勿施，尔也。”（《离娄上》）这就是说，为人主者应该按照人民的愿望要求施政，决不做人民所反对的事。这句话应该说是孟子仁政学说的总纲，他的仁政学说的具体内容都是从这个总纲中推衍出来的。

在孟子心目中，仁政的具体内容，应该包括以下诸端：

第一，君主必须戒战戒杀，梁襄王问道：“孰能一之?”孟子对曰：“不嗜杀人者能一之。”他又说：“今夫天下之人牧，未有不嗜杀人者也，如有不嗜杀人者，则天下之民皆引领而望之矣。”（《梁惠王上》）他愤怒地指出：“争地以战，杀人盈野；争城以战，杀人盈城。此所谓率土地而食人肉，罪不容于死。故善战者服上刑。”（《孟子·离娄上》）

第二，统治者必须省刑罚，薄赋税，① 以减轻人民的负担，缓和人民的困苦。

第三，为人君者应该“使民以时”。鼓励人民发展多样化农业，并且留心保存自然资源，以便最大限度地改善人民的物质生活。他在与梁惠王的谈话中就发挥了这个主张，他说：“不违农时，谷不可胜食也；数罟不入洿池，鱼鳖不可胜食也，斧斤以时入山林，材木不可胜用也；谷与鱼鳖不可胜食，材木不可胜用，是使民养生丧死无憾也。”“五亩之宅，树之以桑，五十者可以衣帛矣。鸡豚狗彘之畜，无失其时，七十者可以食肉矣。百亩之田，勿夺其时，数口之家可以无饥矣。”（《梁惠王上》）他也向齐宣王提出同样的劝告：“五亩之宅，树之以桑，五十者可以衣帛矣。鸡豚狗彘之畜，无失其时，

① 《孟子·梁惠王上》，孟子对曰：“地方百里而可以王。王如施仁政于民，省刑罚、薄税敛……可使制梃以挞秦楚之坚甲利兵矣。”

七十者可以食肉矣。百亩之田，勿夺其时，八口之家可以无饥矣。”(《梁惠王上》)

值得注意的是，孟子特别关心老年人的福利及幸福。他希望五十、七十以上的人过幸福的晚年。这正表现了儒家思想的特色，因为在儒家看来，尊重老人正是文明区别于野蛮的重要标志。

第四，实行井田制，孟子主张“制民之产”(《梁惠王上》)，但是他知道只是“制民之产”是无济于事的，给人民以土地，土地仍可以失去，仍无法避免贫富分化的现象。因此，他主张把土地所有权制度化，恢复农村公社的“井田制”①。这个“井田制”在古代是存在过的，不过孟子把它理想化了，按照孟子的说法，在“井田制”下面，“方里而井，井九百亩，其中为公田。八家皆私百亩，同养公曰：公事毕，然后敢治私事”(《滕文公章句上》)。“死徒无出乡，乡里同井，出入相友，守望相助，疾病相扶持，则百姓亲睦”(《滕文公章句上》上)。这就是说，在“井田制”下面，一国之田分成许多井，每一井为九百亩，中间一百亩为公田，其余八百亩为私田，八家每家有田一百亩。公田由八家共同耕种，其收入作为租税上缴给公家。在耕种公田之后，八家才能分别耕种自己的土地。土地不能自由买卖或转让，井田内的农民不能离开土地，他们彼此互相帮助，结成一个社会经济团体。

孟子认为“井田制”是仁政的重要内容。他说：“夫仁政，必自经界始。经界不正，井地不均，谷禄不平，是故暴君污吏必慢其经界。经界既定，分田制禄可坐而定也。”(《滕文公章句上》) 在这里，“经界”就是划分地界，让农民的土地归农民，让公家的土地归公家。孟子认为这样做，就“井地均，谷禄平”了，但是这个制度已被“暴君”、“污吏”所破坏，所以现在必须“正经界”，恢复井田制，只有这样才能保障人民的生活。

显然，孟子的“井田制”主张，有其进步和落后两面：他注意人民的物质生活，主张为人民提供生活上的保障，这是其进步的一面；他要求恢复已经没落了的旧的农村公社，是企图开倒车，是其落后的一面。唯其如此，“井田制”是行不通的。

第五，孟子也不忽视商业的作用。他希望君主们豁免商品税，并且为

---

① 童书业：《孟子思想研究》，《山东大学学报》1961 年第 3 期，第 37—38 页。

商贾提供方便条件，以鼓励商业的发展．他说：“市，廛而不征，法而不廛，则天下之商皆悦，而愿藏于其市矣；关，讥而不征，则天下之旅皆悦，而愿出于其路矣。”（《公孙丑章句上》）

第六，孟子特别注意社会上命运最苦的人，要求由国家予以救济和帮助。“老而无妻曰鳏老而无夫曰寡，老而无子曰独，幼而无父曰孤。此四者，天下之穷民而无告者。文王发政施仁，必先斯四者。《诗》云：‘哿矣富人，哀此茕独。’”（《梁惠王章句下》）

第七，建立公立学校制度，发展教育，以培养封建道德。用孟子原话来说，就是：“谨庠序之教，申之以孝悌之义。”“壮者以暇日修其孝悌忠信，入以事其父兄，出以事其长上。”（《梁惠王章句上》）这是中国历史上第一次谈到公共学校（庠序）。

综上所述，我们可以看到：孟子在他的仁政纲领中把重点放在经济上面：改善人民的物质生活。他甚至主张让人民都富起来，他说：“易其田畴，薄其税敛，民可使富也。食之以时，用之以礼，财不可胜用也。民非水火不生活，昏暮叩人之门户求水火，无弗予者，至足矣。圣人治天下，使有菽粟如水火。……”（《尽心章句上》）

为什么孟子注重改善人民生活？这是因为他相信：人民如果得不到物质生活上的保障，就会放肆邪僻，无所不至，势必危害社会治安，动摇封建统治。孟子对于这个道理，讲得非常透彻，他说：“无恒产而有恒心者，唯士为能。若民，则无恒产，因无恒心。苟无恒心，放辟邪侈，无不为已。及陷于罪，然后从而刑之，是罔民也。焉有仁人在位罔民而可为也？是故明君制民之产，必使仰足以事父母，俯足以畜妻子，乐岁终身饱，凶年免于死亡；然后驱而之善，故民之从之也轻。今也制民之产，仰不足以事父母，俯不足以畜妻子，乐岁终身苦，凶年不免于死亡。此惟救死而恐不赡，奚暇治礼义哉？”（《梁惠王章句上》）

然而也不能忽略；孟子并不是完全以经济眼光来观察世界的。固然他主张人民应该过温饱富足的生活，但是他也相信如果人民吃得好，穿得暖，住得很舒适，而不同时加以教育，使其过有道德的生活，则他们将与禽兽无何区别。换言之，与所有的儒家一样，孟子并不是一位功利主义者，而是一位理想主义者，他把道德伦理放在首要地位。他主张人应该过一种有道德的生活，人与人应该维持一种伦理的关系，上下有序，长幼有别，父慈子孝，尊老爱幼，个个都遵循封建的道德规范处世待人，他认为这是人与禽兽的重要区别。那么怎样才能使人人都过这种有道德的生活呢？他认为关键在教育。这就是为什么孟子把建立学校作为仁政纲领中的重要措施之一的主要原因。

这样，孟子在制定仁政的纲领条目时，既考虑到经济问题，又注意到教育问题。但是这样他仍嫌不足．他认为君主若想认真施行仁政，还必须做到以下几点：

第一，君主应该选拔有德有才之士充任政府要职。他说："尊贤使能，俊杰在位，则天下之士皆悦而愿立于其朝矣。"（《公孙丑章句上》）

第二，为人君者必须尊敬贤者，向他们学习，并且委以国家重任。他说："将大有为之君，必有所不召之臣；欲有谋焉，则就之。其尊德乐道，不如是，不足与有为也。故汤之于伊尹，学焉而后臣之，故不劳而王；桓公之于管仲，学焉而后臣之，故不劳而霸。天下地丑德齐，莫能相尚，无他，好臣其所教，而不好臣其所受教。……"（《公孙丑章句下》）

第三，在选用贤才，罢黜官吏以及严惩恶人时，皆宜尊重群众的意见，不可偏听偏信左右亲信："左右皆曰贤，未可也；诸大夫皆曰贤，未可也；国人皆曰贤，然后察之：见贤焉，然后用之。左右皆曰不可，勿听；诸大夫皆曰不可，勿听；国人皆曰不可，然后察之：见不可焉，然后去之。左右皆曰可杀，勿听；诸大夫皆曰可杀，勿听；国人皆曰可杀，然后察之：见可杀焉，然后杀之。故曰，国人杀之也。如此，然后可以为民父母。"（《梁惠王章句下》）

从孟子的这些建议中，我们可以看出：孟子心目中的理想君主，不但是一位能行仁政的君主，而且是一位开明的君主，这个君主与专制君主完全不同，有一定的民主作风，不但选贤与能，委贤能者以重任；礼贤下士，肯向贤者求教；而且还能采纳人民群众的意见，参考群众的意见，在重大问题上作出决策。

总之，孟子的仁政纲领包括经济、教育及政治各方面的措施和方针政策，可以说是一套无所不包的改革纲领。

孟子对于仁政，非常重视，认为实行仁政与否，关系甚大，是某一个君主能否统一天下的关键。在他看来，一国之君主如果能实行仁政，则统一天下，易如反掌。他在许多场合，反复申论这个道理；乐民之乐者，民亦乐其乐。忧民之忧者，民亦忧其忧。乐以天下，忧以天下（意思是：如能行仁政，就会得到人民的爱戴——引者注），然而不王者（王即王天下，即统一天下之意——引者注），未之有也（《梁惠王章句下》）。

行仁政而王，莫之能御也。且王者之不作，未有疏于此时者也；民之憔悴于虐政。未有甚于此时者也。饥者易为食，渴者易为饮。……当今之时，万乘之国行仁政，民之悦之，犹解倒悬也。故事半古之人，功必倍之，唯此时为然（《公孙丑章句下》）。

尊贤使能，俊杰在位，则天下之士皆悦，而愿立于其朝矣；市廛而不征，法而不廛，则天下之商皆悦，而愿藏于其市矣；关，讥而不征，则天下之旅皆悦，而愿出于其路矣；耕者，助而不税；则天下之农皆悦，而愿耕于其野矣；廛，无夫里之布，则天下之民皆悦，而愿为之氓矣。（这些实际上就是行仁政的主要表现——引者注）信能行此五者，则邻国之民仰之若父母矣。率其子弟，攻其父母，自有生民以来未有能济者也。如此，则无敌于天下。无敌于天下者，天吏也。然而不王者，未之有也（《公孙丑章句上》）。

相反的，孟子认为如果一个君主不行仁政，诸侯会亡国，天子会亡天下。关于这一点，孟子的分析很为精辟。

三代之得天下也以仁，失天下也以不仁。国之所以兴废存亡者亦然。天子不仁，不保四海，诸侯不仁，不保社稷。……（《离娄章句上》）

桀纣之失天下也，失其民也；失其民者，失其心也。得天下有道：得其民，斯得天下矣；得其民有道：得其心，斯得民矣。……民之归仁也。犹水之就下、兽之走圹也。故为渊驱鱼者，獭也；为丛驱爵者，鹯也；为汤武殴民者，桀与纣也。今天下之君有好仁者，则诸侯皆为之驱矣。虽欲无王，不可得已。……（《离娄章句上》）

必须指出：孟子的这些议论，虽然说得头头是道，句句入情入理，但是究竟失之于迂阔，把事情看得过于简单了。实行暴政固然容易招致灭亡，但是实行仁政却未必能统一天下。事实证明，战国末期统一天下的却是废弃“仁义”，肆行暴政的秦王嬴政。

但是有意义的是，孟子在这些议论中阐明了一条重要的民主原则，那就是，政权是建立在人民的爱戴的基础上面的，民心向背，可以决定一个政权的兴亡。

二

那么，孟子怎样使君主采纳他的仁政纲领呢？在这里，他主要采取了说服的方式，值得注意的是，他在游说君主时，表现出卓越的天才和罕有的雄辩术。为了说服各国国君实行仁政，他主要使用了五种方法。

第一，他看透了当代各国君主好大喜功的心理，所以在游说各国时，他力图使君主们相信：只有他们接受他的劝告，实行仁政，才能克敌制胜，变弱国为强国。比如，有一次孟子对梁惠王说："地方百里而可以王。王如施仁政于民，……可使制梃以挞秦楚之坚甲利兵矣。彼夺其民时，使不得耕耨以养其父母。父母冻饿，兄弟妻子离散，彼陷溺其民，王往而征之，夫谁与王敌？故曰：'仁者无敌'。王请勿疑！"（《梁惠王章句上》）

第二，孟子巧妙地抓住某些君主偶然表现出来的"不忍之心"，鼓励他把这种"不忍之心"扩充到人民身上，实施仁政。比如有一次齐宣王问孟子道："德何如则可以王矣？"孟子回答说："保民而王，莫之能御也。"齐宣王接着又问道："若寡人者，可以保民乎哉？"孟子说："可。"齐宣王又问："何由知吾可也？"孟子说："臣闻之胡龁曰，王坐于堂上，有牵牛而过堂下者，王见之，曰：'牛何之？'对曰：'将以衅钟。'王曰：'舍之！吾不忍其觳觫，若无罪而就死地'。对曰：'然则废衅钟欤？'曰，'何可废也？以羊易之！'——不识有诸？"齐宣王说："有之。"孟子说："是心足以王矣。……"接着孟子用下面的话鼓励齐宣王实行仁政："今恩足以及禽兽，而功不至于百姓者，独何欤？然则一羽之不举为不用力焉；舆薪之不见，为不用明焉；百姓之不保，为不用恩焉。故王之不王，不为也，非不能也。"说到这里，齐宣王又问道："不为者与不能者之形何以异？"孟子解释道："挟泰山以超北海，语人曰，我不能，是诚不能也。为长子折枝，语人曰：我不能。是不为也，非不能也。故王之不王，非挟泰山以超北海之类也；王之不王，是折枝之类也。"（《梁惠王章句上》）孟子的这些话多么有说服力！

第三，孟子以"王天下"（统一天下）来诱导君主施仁政。他对齐宣王就采取这个策略。他对齐宣王说："今王发政施仁，使天下仕者皆欲立于王之朝，耕者皆欲耕于王之野，商贾皆欲藏于王之市，行旅皆欲出于王之涂，天下之欲疾其君者皆欲赴诉于王。其若是，孰能御之?”孟子最后说：王如能行仁政，使“老者衣帛食肉，黎民不饥不寒，然而不王者，未之有也”(《梁惠王章句上》)。

第四，为了推动君主采纳他的仁政主张，孟子有时又诉诸恫吓的策略。比如有一天齐宣王问他：“汤放桀，武王伐纣，有诸?”他回答说：“于传有之。”齐宣王又问：“臣弑其君可乎?”孟子回答说：“贼仁者谓之‘贼’，贼义者谓之‘残’。残贼之人谓之‘一夫’。闻诛一夫纣矣，未闻弑君也。”(《梁惠王章句下》）孟子说这一番话，实际上是等于警告齐宣王说：如果你不行仁政，而实行暴政，恣意残害人民的话，就一定要引起革命，就要被淹没在革命的浪潮中，就要身死国灭。

这里顺便指出：孟子在这番议论中实际上是发挥了关于人民的革命权利的思想。

第五，孟子谴责和揭露君主的残暴和虐政，借以刺激他们去推行仁政。最好的例子是他与梁惠王的一席对话。首先，梁惠王沾沾自喜地说：“寡人之于国也，尽心焉耳矣。河内凶，则移其民于河东，移其粟于河内。河东凶亦然。察邻国之政，无如寡人之用心者。邻国之民不加少，寡人之民不加多，何也?”孟子听到这话之后，便讽刺他，说他与邻国之君相比，不过是五十步与百步之差。接着孟子便谴责他“狗彘食人食而不知检，涂有饿莩而不知发；人死，则曰：‘非我也，岁也’。是何异于刺人而杀之，曰：‘非我也，兵也。’”孟子继续揭发梁国的暴政：“庖有肥肉，厩有肥马，民有饥色，野有饿莩，此率兽而食人也。兽相食，人且恶之，为民父母，行政，不免率兽而食人，恶在其为民父母也?仲尼曰：‘始作俑者，其无后乎!’为其象人而用之也。如之何其使斯民饥而死也?”(《梁惠王章句上》）这简直是在当面骂梁惠王，而且骂得淋漓尽致!

孟子对邹国国君穆公也作了类似的谴责：

凶年饥岁，君之民老弱转乎沟壑，壮者散而之四方者，几千人矣，而君之仓廪实，府库充，有司莫以告，是上慢而残下也。曾子曰：“戒之戒之!出乎尔者，反乎尔者也。”夫民今而后得反之也。君无尤焉!君行仁政，斯民亲其上，死其长矣。(《梁惠王章句下》)

当然，孟子的这些努力，都以失败告终。因为各国君主都正在锐意从事扩张兼并的战争，对于恤民困苦是不感兴趣的。孟子的奔走呼吁，只赢得人们的嘲笑。

但是这并没有使孟子气馁，因为他深知，他的仁政纲领虽然遇到拒绝，他的仁政学说，对后世还是有用的。为了使这个学说光大于世，他殚精竭虑地从理论上为它进行辩护。为了论证他的学说，他提出了两个理论。

第一，关于"民为贵"的理论。民为贵的思想，并不始于孟子。在孟子以前很久，有些有政治眼光的政治家已经认识到人民的重要性了。比如在《书经》里面，我们就可以发现类似"民为邦本，本固邦宁"这样的话。但是，有系统地阐明这个思想，并且把它发展成为一套理论的是孟子。过去，虽然有人意识到人民的重要性，但第一个把人民摆在君主地位之上的也是孟子。孟子在下面一大段话里全面地表述了他的"民为贵"的理论：

民为贵，社稷次之，君为轻，是故得乎丘臣而为天子，得乎天子为诸侯，得乎诸侯为大夫。诸侯危社稷，则变置。牺牲既成，粢盛既洁，祭祀以时。然而旱干水溢，则变置社稷（《尽心章句下》）。

这里，孟子把人民摆在最上位，把社稷（古代帝王、诸侯所祭祀的土谷之神，实际上是旧时国家的代称）摆在第二位，而把君主摆在最下位。可见孟子认为人民比君主还要重要得多。在孟子看来，"民为贵"实包括双重意思：（一）人民是一个国家的主体，因为在国家遭到水旱灾时，按照古代的习惯，就要改立土谷之神（社稷）；一个君主如果失去民心，就要被推翻，而由另一个人来代替他，而只有人民历久不变，不会被任何东西取而代之。（二）人民是政治上的决定性力量。一个人只有在由于爱民而得到人民的拥戴时，才能成为天子。关于这一点，孟子在与万章的谈话中作了更为深入的阐述：

万章曰："尧以天下与舜，有诸？"孟子曰："否。天子不能以天下与人。""然则舜有天下，孰与之？"曰："天与之。""天与之者，谆谆然命之乎？"曰："否。天不言，以行事示之而已矣。"

曰："以行与事示之者，如之何？"曰："天子能荐人于天，不能使天与之天下……昔者，尧荐舜于天，而天受之；暴之于民，而民受之；故曰，天不言，以行与事示之而已矣"。曰："敢问荐之于天，而天受之；暴之于民。而民受之，如何。"曰："使之生祭。而百神享之，是天受之；使之主事，而治，百姓安之。是民受之也。……（《万章章句上》）

这就是说，舜之得天下，是由于人民的同意。

那么，孟子为什么如此不遗余力地宣扬"民为贵"的理论呢？显然他这样做是为了支持自己的仁政学说。不消说，"民为贵"的理论对于仁政学说来说，是一个最有力的理论根据，因为从孟子关于"民为贵"的说教中，人们会很容易得出如下的看法：实施仁政，不仅是应该的，而且也是必要的。而孟子的目的正是引导人们去达到这样的结论。

但是也应看到：孟子之大力宣扬"民为贵"的道理，也是为了对抗当时法家所助长的君权日益膨胀的潮流。在孟子的时代，魏齐两国正在中原角逐，同时"虎狼之秦"崛起西陲，有鲸吞六国之心。各国竞用人才，讲求富国强兵之术，法家商鞅等乘机掌握一些国家的国政。他们一面对外推行领土扩张政策，一面对内削弱贵族势力，竭力提高君权。因之，君权日益加强，人民地位每况愈下。针对这种情况，孟子不得不提出"民为贵"的理论来。

第二，性善的理论。按照孟子的说法，"人皆有不忍人之心。……所以谓人皆有不忍人之心者，今人乍见孺子将入于井，皆有怵惕恻隐之心——非所以内交于孺子之父母也，非所以要誉于乡党朋友也，非恶其声而然也。由是观之，无恻隐之心，非人也；无羞恶之心，非人也；无辞让之心，非人也；无是非之心，非人也。恻隐之心，仁之端也；羞恶之心，义之端也；辞让之心，礼之端也；是非之心，智之端也。人之有是四端也，犹其有四体也。有是四端而自谓不能者，自贼者也……凡有四端于我者，知皆扩而充之矣，若火之始然，泉之始达。……"（《公孙丑章句上》）"仁义礼智，非由外铄我也，我固有之也。"（《告子章句上》）

这就是说，每个人生来都有善根，都有为善的可能性，这是天赋的能力。

孟子又把人心比之于人体器官："口之于味也，有同嗜焉。耳之于声也，有同听焉。目之于色也，有同美焉。至于心，独无所同然乎？心之所同然者何也？谓理也，义也。圣人先得我心之所同然耳。故理义之悦我心，犹刍豢之悦我口。”(《告子章句上》)

饶有兴趣的是：美国民主主义者托马斯·杰弗逊也有类似的观点，他写道：“……自然把对别人的爱，对他们的责任感，道德的本能，播种在我们的心中，它使得我们不可抗拒地同情别人的苦难，并且救助他们。”①“我相信正义感是本能的，内在的，道德意识是我们身体的一部分，正如感觉，视力或听力一样。”②

孟子又把人性比之于水：“人性之善也，犹水之就下也。人无有不善，水无有不下。今夫水，搏而跃之，可使过颡，激而行之，可使在山。是岂水之性哉？其势则然也。人之可使为不善，其性亦犹是也。”(《告于章句上》)

这样，孟子是坚信人之性善的。他认为人人皆有为善的可能性，只要努力人人都可以为善人③。

从这里我们可以看到：孟子是在宣扬一个重要的民主原则：在人格上人人平等。

不过，孟子也承认有些人可以在外界条件的影响下，变为坏人。在他看来，主要的外部条件有三：(一) 物质生活状况。他认为一般人（士除外）如果没有恒产，就没有恒心，而如果没有恒心，就会“放辟邪侈，无不为己”。(二) 年景好坏。“富岁，子弟多赖；凶岁，子弟多暴。非天之降才尔殊也，其所以陷溺其心者然也。”(《告于章句上》) (三) 职业。“矢人岂不仁于函人哉？矢人唯恐不伤人，函人唯恐伤人。巫匠亦然。故术不可不慎也。”(《公孙丑章句上》)

以上便是孟子性善理论的主要内容。

但是，孟子并不是无缘无故提出这个理论的，他的性善论并不是孤立的理论，他之提出这个理论，在很大程度上是为了使他的仁政学说有理论上的根据。那么他是如何用性善论去论证他的仁政学说呢？他是这样论证的：

---

① Koch and Peden ed., The Life and selected Writings of Thomas Jefferson, pp.638—639.

② Cappon ed., The Adam—Jefferson Letters, p.492.

③ 孟子曰：“……颜渊曰：‘舜何人也？予何人也？有为者，亦若是’。”(《滕文公章句上》)

在每个人的本性中都有善的根苗，但是一般老百姓（士是例外）在外部条件的影响下，可以走上为非作歹的道路。在几种外部条件中，物质生活状况最为重要。在饥寒交迫的驱逼下，老百姓可能做出坏事来。因此，为人君者必须“制民之产”，使老百姓“仰足以事父母，俯足以畜妻子，乐岁终身饱，凶岁免于死亡；然后驱而之善，故民之从之轻。”（《梁惠王章句上》）换言之，只有实行仁政（“制民之产”是仁政的主要内容），才能使本来有善的根苗的人不致走上犯罪的道路，才有利于巩固封建秩序。

这样，孟子试图用性善论来说明、论证行仁政的必要性和迫切性。

同时，孟子也试图用这同一个性善论从另一个角度来证明实行仁政的可能性。他说：“人皆有不忍人之心，先王有不忍人之心，斯有不忍人之政矣。以不忍人之心，行不忍人之政，治天下可运之掌上。……谓其君不能者，贼其君者也。”（《公孙丑章句上》）这就是说，人人皆性善，皆有同情心。为人君者也是人，所以他也有同情心。在这种情况下，人君之实行基于同情心的仁政，是完全可能的。

可见，孟子的仁政学说，“民为贵”的理论和性善论三者并不是各自孤立地存在的，而是互相依存的，特别是后两个理论是为他的仁政学说服务的。也可以说他的仁政学说包括了“民为贵”的理论和性善论。

三

不容否认，孟子提出的仁政学说有其阶级局限性和消极面。他提出这个学说的主要目的在于巩固封建统治。因为在孟子心目中，如果君主把他的仁政纲领付诸实施，就会缓和人民的不满和反对，可以防止他们揭竿而起，从而可以把“犯上作乱”消弭于无形之中。

而且，孟子的性善论本身也是经不住实践的检验的，从而是反科学的。他所宣扬的“井田制”，也有其空想、落后的成分。

但是这个学说整个来说是进步的学说。首先，这个学说贯串着一条重要的民主原则：政府应该为人民谋福利。而且，在他为了阐明和论证他的仁政学说而发表的大量言论中，也不时地闪烁着民主思想的光芒。他曾经宣扬或发挥了如下的一系列民主原则：人民有举行革命的权利；在人格上人人都是平等的；政府应该建立在被统治者的爱戴的基础上；人民是国家中最重要的要素，等等。孟子思想中所包含的这些民主原则，比之欧美近代民主思想，有异曲同工之妙，而且在时间上比西方早两千年左右。当然，我们必须承认：孟子的民主思想，比起西方近代民主思想，有其弱点：孟子把人民群众看作是消极的力量，而近代西方则把人民群众看成是一个积极的力量。孟子没有谈到人民参加政府管理的问题，更没有提出保证人民参加政府管理的有效手段。他天真地把一切希望都寄托在君主个人的善良愿望上，期待他们能够把仁政“恩赐”给人民。

孟子学说不仅蕴藏着一系列重要的民主原则，而且还具有一定程度的人民性。它与同时代的反人民的法家思想形成了鲜明的对比。

在孟子时代，与儒家思想并峙的便是法家思想，崇尚刑、罚乃至暴力的法家思想，在本质上是反人民的君主本位主义，在法家看来，只要有利于抬高君主的地位及权力，采取任何手段，都是“合理的”。通过欺骗、阴谋手段以及血腥的战争吞并他国的领土，是“合理的”；实行告密及警察统治，以严刑峻法荼毒人民，也是“合理的”。因为这样可以加强君主对于人民的控制，有利于提高君主的权势。在法家心目中，人民是实现君主个人目的的工具。人民是为了替君主生产粮食和打仗而活着的。

孟子提出仁政学说，虽然是着眼于巩固封建统治，但是却能处处把人民的利益放在首要地位。他的理想是：在维持封建等级制度的前提下，使人民过着一种丰衣足食的、心情舒畅的、有道德的生活。因此，我们可以断言：孟子的仁政学说是具有一定程度的人民性的学说。

众所周知，孟子的仁政学说，在他逝世以前未获实现，即使在他逝世后的两千多年间也一直被束诸高阁。但是，这个学说对中国的影响，还是不容忽视的。孟子的仁政纲领一直是中国封建社会开明知识分子所追求的政治理想。一些有志于改革的政治家总是把孟子的仁政学说作为改革的指导方针。而且许多耿直而富有正义感的知识分子往往利用这个学说为武器，揭露、谴责历代封建反动派的黑暗统治。

（原载《史学月刊》1985 年第 1 期）

诸葛亮的“儒者气象”

清人朱璘有言：“予以为孔、孟之学，发明之者，末先儒也；身体而力行之者，诸葛武侯也。”（清张鹏翮编印《诸葛忠武志》卷八）在中国过去两千多年的历史上，有高谈心性而置“四海困穷”于不顾者，有满口孔、孟仁义道德而“行若狗彘者”（李贽语，见《续焚书·三教归儒说》）而“自比于管仲乐毅”，并且从未标榜儒家的诸葛亮，却真正实践了孔、孟之学。这种反差的确是中国儒学史上一个不容忽视的现象。现在让我们看一看诸葛亮是如何身体力行孔、孟之学的。

一、“为王者师”

在孔、孟看来，士君子的最高理想应该是“为王者师”，因为只有“为王者师”，才能实现自己的政治理想，才能“大济苍生”。既然要“为王者师”，就应该保持自己的个人尊严，而不应该“枉尺而直寻”（《孟子·滕文公上，下》）诸葛亮一生的出处进退，立身行道，完全符合儒家的这些规范，并且达到了很高的境界，为中国知识分子树立了一个光辉的榜样。

诸葛亮自幼随从父诸葛玄到荆州依刘表，父亲死后，他隐居襄阳隆中，“躬耕陇亩，好为梁父吟”，“每晨夜从容，常抱膝长啸”，表现了一位“高士”的“雅人深致”。但是他隐居不是目的，而是待时，等待“明主”邀请他出来实现自己的政治抱负。汉末天下大乱，“民有倒悬之厄”（赵云语），救民如救水火；像诸葛亮这样有良心的知识分子决不会坐视不救，甘心老于岩穴，终生当一个“自了汉”。在他看来，为了救民于水火之中，就必须有一个“明主”出来削平群雄，统一中国，供百姓再见太平。而辅佐这样的“明主”统一中国，正是他的政治抱负。他之自比管仲，恐怕用意就在这里。而且也正是为了干一番这样伟大事业，他才在躬耕之暇不忘读书，从中吸取智慧，以培养治军治国的才能，才与友人切磋琢磨，注视天下大势。不然的话，他不可能在“隆中对”中提出那样高明而宏伟的政治蓝图。

然而与当代许多士人为了功名利禄而奔走于势力之门不同，他洁身自爱，傲然自重，决不肯踵门求仕（徐庶对刘备说：诸葛亮“可就见不可屈致也”）。只有刘备不惜屈尊，三度“枉驾顾之”，他才肯走出草庐，同意协助刘备“信大义于天下”。请葛亮之所以这样矜持，是因为他之出仕是基于道义，而不是为一己之私利。而且显然他是以“王者师”自居的，当然不能失去“师”的尊严。可见，他一开始就是以“王者师”的姿态出现在历史舞台上，从而为士人争到尊严。他这个姿态，与通过卑鄙手段猎取高官显位者，实不可以同日而语。

这里还有一个“择主”的问题。诸葛亮隐居隆中时，除了雄踞中原“挟天子以令诸侯”的曹操和割据江东的孙权外，还有荆州的刘表和益州的刘璋。为什么诸葛亮偏偏选择了依附刘表而无尺寸之地的刘备，并且心甘情愿地为他效劳？我认为这主要是因为他在刘备身上看到了自己所向往的“明主”。（一）刘备曾参加以剪除曹操势力为目的的“衣带诏”密谋，这表明他有一个雄伟的政治抱负。（二）刘备有英雄的才略。曹操说：“今天下英雄唯使君（指刘备——引者注）与操耳”（见《三国志·先主传》）。便是证明。而且他也能“总揽英雄，思才如渴”（“隆中对”）。（三）与曹操残暴不仁相比，刘备素以仁义著称。《资治通鉴》卷六十载：曹操在攻打徐州陶谦时，“所过无不屠戮，凡杀男女数十万人，鸡犬无全。”而且在军事行动后，曹操时常有屠城的暴行（《三国志·先主传》）。关于刘备仁义“爱民”，至少有以下三条史料可以证明：（一）《资治通鉴》卷六十：“常山赵云为本郡将吏兵诸公孙瓒。瓒曰：‘闻贵州人皆愿袁氏，君何独迷而能反乎？’云曰：‘天下汹汹，未知孰是，民有倒悬之厄，鄙州论议，从仁政所在，不为忽袁公和将军也。’刘备见而奇之，深加接纳，云遂从备至平原，为备主奇兵。”可见，赵云之最终投向刘备，是因为刘备是“仁政所在”。（二）《三国志·先主传》：陶谦病危，让徐州于刘备，刘备拒绝，而推荐袁术。“北海相孔融谓先主曰：‘袁公路岂忧国忘家者邪？冢中枯骨，何足介意？今日之事，百姓与能，天与不取，悔不可追。’先主遂领徐州。”孔融乃当代名士，声望甚隆，而不肯轻易许人，他之推崇刘备，间接证明刘备的人望。（三）在荆州依刘表时，刘备先驻新野，后屯樊城，在此二地他可能有爱民的政绩，这可以下述史实中推论出来：公元211年曹操大军侵入荆州境内，时刘表已死，其幼子刘琮“举州降”。曹军乘势南下，刘备乃仓促率部伍南奔。荆州百姓争先恐后追随刘备逃亡。“比到当阳，众十余万人”（《资治通鉴》卷六十五）。这件事说明荆州人民一方面畏惧曹操，避之唯恐不及；另一方面爱戴刘备，愿意与他共存亡。可见，刘备在人民心目中乃是一位爱民的仁者。

刘备具备上述三个条件，正是诸葛亮所要求于“明主”的。诸葛亮之“择主”终于选择了刘备更主要的可能是因为他欣赏刘备的仁义，因为他在“隆中对”中承认刘备“信义著于四海。”这清楚地反映了请葛亮的儒家思想倾向，因为孟子就是一贯提倡“仁政”的。

相反的，诸葛亮决不会选择像曹操这样“阴贼险狠”（苏轼语）的“主人”。赵翼说得对：“亮亦岂肯为操用乎？”（《二十二史劄记》卷七）

诸葛亮在出山后，刘备认为他“之有孔明，犹鱼之有水也”，对他真正做到“言听计从”，至少在取得益州以前是如此。因此，诸葛亮真的成了孟子所说的“王者师”。

二、“鞠躬尽瘁，死而后已”

难能可贵的是，不出山则已，一旦出山，诸葛亮就把整个身心都交给他心目中的正义事业。他不但为实现三分天下而奋斗，而且进一步为驱除“国贼”统一中国而呕尽了心血。这在他的后半生即刘备死后更为突出。

公元217—219年蜀汉势力达到鼎盛时期。在西则平定汉中，“夏侯授首”，在东则关羽以襄樊为基地，连破曹军，“威震华夏”，使曹操胆寒，他甚至想迁都以避其锐。在这个大好形势下，蜀汉本来可以轻而易举地“北定中原……攘除奸凶，兴复汉室，还于旧都”，从而统一中国。但是，不旋踵，“吴更违盟，关羽毁败，秭归蹭跌”，大局迅速向不利于蜀汉的方向发展。对蜀汉来讲，统一中国的希望顿成泡影。诸葛亮清楚地认识到这一点，然而他继续为既定目标而奋斗，以北定中原为己任。他“寝不安席，食不甘味”，抱着“鞠躬尽瘁，死而后已”的决心，连年率军北伐，前后共六次出师祁山。他终因积劳成疾，在前线与司马懿对垒中，殒殁于五丈原军中。

“出师未捷身先死，长使英雄泪满襟”（杜甫诗），诸葛亮后半生的这个奋斗历程，可以说是一首催人泪下的悲壮史诗。

那么，这究竟是什么力量推动他的呢？我认为有三点可言：

第一，为正义事业而奋斗到底的精神。在诸葛亮看来，更魏兴汉，统一中国便是正义的事业，为了这个正义事业，就应该奋斗到底，义无反顾，一切“成败利钝”都在所不计。他这种精神就是孔、孟所提倡的重道义而轻功利的精神，亦即董仲舒所说的“正其谊不谋其利，明其道不计其功”的精神。朱熹特别看重诸葛亮的这种精神，他说：“孟子没而义利之说不明于天下，董相仲舒，诸葛武侯亮，两程先生屡发明之。”他又说：“论三代而下以义为之只有诸葛孔明。”（转引自《诸葛忠武志》卷七）

第二，“知其不可而为之”的精神。客观情势注定正义事业要失败，但是还要为正义事业而奋斗到最后一息——这就是“知其不可而为之”的精神。孔子就有这种精神，他在春秋末年明明知道自己的学说“不合时宜”，不受当政者们的欢迎，然而他还是要周游列国，“席不暇暖”，希望某个国君主能够采纳。为此，即使在陈绝粮，或其他艰险，他都无所畏惧，坦然处之。这种精神成为儒家学说中的重要部分，并且进而演化为中华民族的优良传统。南宋末年的民族英雄文天祥和陆秀夫，明末的郑成功、张煌言等抗清英雄，都是本着这个精神坚持斗争的，并且留下许多可歌可泣的事迹。他们虽然都以失败而终，但是历史最为公正，他们都名垂不朽，备受后人敬仰。诸葛亮显然是受这种精神推动的。

第三，报恩思想及忠贞的品德。请葛亮之“志决身歼军务劳”（杜甫诗），把“讨贼”的北伐战争进行到最后一息，既是为了报答刘备的“知遇之恩”，也表现了他的忠贞的品德。刘备在三顾草庐及白帝城托孤时所表现出来的诚恳惓惓情意，使诸葛亮刻骨铭心，终生难忘。他在（出师表）中就披肝沥胆地表达了他的心迹。他说：“先帝不以臣卑鄙，猥自枉屈，三先顾臣于草庐之中，咨臣以当此之事，由是感激，逐许先帝以驱驰。”他这种报恩思想及忠贞的品德，也是与儒家的道德观念合拍的。儒家很重视报恩，儒家所提倡的“孝”就含有报恩的思想。孔子曰：“子生三年，然后免于父母之怀。夫三年之丧，天下之达丧也。”（《札记·三年问》）三年之丧是否合理是另外一个问题，孔于所重视的就是做子女的要对父母报恩。而且《礼记》也说明报恩是仁的表现。儒家也强调“忠”，孔于屡次谈到“忠”。曾子说：“为人谋而不忠乎？”（《论语·学而》）

像诸葛亮这样忠贞不贰的人，在三国时代可以说是绝无仅有。同样是接受托孤，司马懿却别有一副心肠。曹丕临死前曾召曹真、陈群、司马懿“并受遗诏辅政”。曹叡病危时，单独召见司马懿托孤。“帝执其手曰：‘吾以后事属君，君与曹爽辅少子。死乃可忍，吾忍死以待君，得相见，无所复恨矣。’……又教齐王令前抱懿颈，懿顿首流涕。”（《资治通鉴》卷七十四）可见，曹叡对待司马懿是够恳切的了，但是结果怎样呢？司马懿完全辜负了主子的委托，他阳奉阴违，包藏祸心，处心积虑有组织有计划地阴谋篡魏，这个阴谋终于在他的儿孙手中实现了。在这个问题上，诸葛与司马二人形成鲜明对比。

同样值得赞扬的是，诸葛虽然拥有大权，但是他既不专权，也不滥用权力，而始终不渝地坚持㧑挹谦退的态度。在三国诸臣中，诸葛的权力最大。“建兴元年封亮武乡侯，开府治事。顷之又领益州牧，政事无巨细，咸决于亮。”（《三国志·本传》）但是，他小心奉戴后主刘禅，从来不专权恣肆，“功高震主”。李平尝劝诸葛亮受锡晋爵，亮报之曰：“吾本东方下士，误用于先帝，位极人臣，坐自贵大，岂其义乎？若灭魏斩叡，帝还故居，与诸子并此可也。”（张栻：《诸葛亮传》，《诸葛忠武志》卷一）这是何等气概！

不仅如此，他还因马谡败绩上书“要求”自贬三等，以督厥咎，于是以亮为右将军，行丞相事。（《三国志·本传》）

诸葛亮的这种高尚的行谊备受后世学者的称赞。宋明寅说：诸葛亮“握司魁柄，总御六师，而无专意恣行毫末可指者，非盛德孰能臻此。”（《诸葛忠武志》卷七）。

诸葛亮的这种行谊也体现了儒家提倡的“谦”的美德。《易经》：“谦，德之柄也”，“谦谦君子，卑以自牧也。”

三、“集众思，广忠义”

诸葛亮“为丞相，教与群下曰：‘夫参署者，集众思，广忠义也。’”接着他解释道：“若远小嫌难相违复，旷阙损矣。违复而得中，犹弃弊跃而获珠玉。”（《三国志·董和传》）大意是：号召他的幕僚们不断地向他提供意见，揭露他的过失，帮助他改正错误，以利国家。

在马谡战败后，他又一次向下级发出指示，号召他们“但勤攻吾之阙，则事可定，贼可死，功可跃足而待矣。”于是“考微劳，甄壮烈，引咎责躬，希所失于天下。”（《三国志·本传》）注引《汉晋春秋》）

诸葛亮认真实践了“集众思，广忠义”的原则，他的朋友徐庶、崔州平，他的僚属董和以及吴济等都时常向他提出批评意见，他都勇于接受。他也时常征求和采纳马谡的意见。在征南蛮时，由于接受马谡关于“攻心为上”的建议，所战皆捷、终于平定了南蛮。（《资治通鉴》卷七十）

诸葛亮之重视“集众思，广忠义”，充分显示出他作为宰相的恢宏气度和宽广的胸怀。他的这个气度和胸怀，与宋代改革家王安石的刚愎自用及护短行为相比，优劣立见，而且，他的聪明才智，在三国时代当为第一人，如刘备所说，他的才能“十倍于曹丕”。但是他却不“足己自圣”（朱熹评王安石语，见《朱子全书》卷五十九，王氏），而能虚心向下级请教，甚至向不如己者请教。这说明他认识到集中群众智慧的重大意义。他这样做，是深知领导艺术的三昧的。他之重视群众的智慧，恰恰证明他自己的政治智慧。而且，以宰相的身份能一再发动下级僚属向自己提出建议，并且揭露自己的过失，这在不知民主为何物的中国封建时代，是多么难能可贵！

明初大儒方孝孺对诸葛亮的“集众思，广忠义”有精辟的分析：

当是之时，天下一孔明耳，而无所与让。及其为相，顾乃深有贤于僚佐而恳求忠益之言。以孔明之贤岂待僚佐之益，举全蜀之士岂复有出于孔明智虑之右者乎？贤人君子之用心也远，而期望也大。尝自见其不足，而不见其有余，常悲己阙之不闻，而不敢谓人言为不可。惟不自恃其才智也，故能用举世之才智。苟露其人智与人较锱铢分寸以求胜，则有才智者皆吾敌也，吾安得而用之。孔明之为相，歙然虚己，以求闻己之过，秦汉以下为相者皆不及也。”（《影印四库全书》，台湾商务印书馆 1976 年版）

诚然，诸葛亮的“集众思，广忠义”的思想，可能是受早期法家管仲的影响，因为《管子·九守篇》有言：“以天下之目视，则无不见也；以天下之耳听，则无不闻也；以天下之心虚，则无不知也。”《君臣篇》有言：“先王善牧之于民者也夫民别而听之则愚，合而听之则圣。虽有汤武之德，复合于市入之言。是以明君顺人心安德性，而发于众心之所聚。”但是，诸葛亮的这个思想，也与孔子思想一脉相通。孔子反对统治者独断专行。《论语·子路》：鲁定公问：“‘一言而丧邦有诸？’孔子对曰：‘言不可以若是其几也。人之言曰：予无乐乎为君！唯其言而莫予违也。如其善而莫之违也，不亦善乎？如不善而莫予违也，不几乎一言而丧邦乎？”可见，孔子是主张君主纳谏的。不仅如此，孔子还进一步主张人民有批评政府的权利，政府也有接受人民批评的义务。春秋时郑国百姓在乡校议政，政府中有人想毁乡校，以杜绝百姓议政。子产反对，他对人民批评政府抱肯定态度。他说：“夫人朝夕退而游焉，以议执政之善否，其所善者，吾则行之；其所恶者，吾则改之，是吾师也，若之何毁之。”“仲尼闻是语也，曰，以是观之，人谓子产不仁，吾不信也。”（《十三经注疏》，下册，第 2016 页）

四、“淡泊以明志，宁静以致远”

诸葛亮在诫子书中有言：“非淡泊无以明志，非宁静无以致远。”（《诸葛亮集·诫于书》）这虽然是勉励儿子的话，实际上也是他自己的座右铭。

“淡泊”是诸葛亮一生奉行不懈的原则，如果追本溯源，这个原则也可以上溯到孔、孟思想。孔子曰：“饭蔬食，饮水，曲肱而枕之，乐在其中矣。……”（《论语·述而》）孔子在这里所说的就是一种“淡泊”的生活，他还把“淡泊”和“乐”联结起来，这表达了他安贫乐道的人生态度。

孟子说：“养心莫善于寡欲。其为人也寡欲，虽有不存焉者寡矣；其为人也多欲，虽有存焉者寡矣。”（《孟子·尽心下》）孟子在这里提出了“寡欲”，这是抓住了“淡泊”的根本，因为“寡欲”的人才能甘于“淡泊”。孟子不但提出“寡欲”，而且把它和人格修养联在一起，认为“寡欲”有助于养心，对人格的完善大有好处。但是要看到，在孟子心目中，“寡欲”既非纵欲，也非禁欲。

最可贵的是，诸葛亮把“淡泊”付诸实践，这突出地表现在他的廉洁自好和朴素的物质生活上面。《三国志·诸葛亮传》：“初亮自表后主曰：‘成都有桑八百株，薄田十五顷，子弟衣食自有余饶。至于臣在外任，别无调度，随身衣食悉仰于官，不别治生，以长尺寸，若臣死之日，不使内有余帛，外有赢财，以负陛下。’及卒，如其所言。”他的“淡泊”也表现在择妇上面，“黄承彦者，高爽开朗，为沔阳名士，谓诸葛孔明曰：‘闻君择妇，身有丑女，黄头黑色，而才堪相配。’孔明许，即载送之。时人以为笑。乡里为之谚曰：‘莫作孔明择妇，止得阿承丑女。”（《三国志·本传》注）关于诸葛亮的“淡泊”，朱熹的评论颇有见地，他说：“孔明择妇止得丑女，奉身调度，人所不堪，其正大之气，经纶之蕴，固已得于天资。然窃意其智虑之所以日益精明，威望之所以日益隆重者，则寡欲养心之助为多焉。”（《诸葛忠武志》卷七）

但是，更重要的是，请葛亮把“淡泊”和“明志”联系起来，他说：“非淡泊无以明志”。他的“志”是什么？这从诸葛亮一生的事业中可以推测出来。他的“志”显然是实现他心目中的正义事业：协助刘氏父子北灭曹魏，南并孙吴，以完成中国统一大业，这是从积极方面而言的。从消极方面言之，他的“志”就是：决不贪恋权力，更决不作出篡权篡位那种卑污苟且的勾当。为了从积极和消极两个方面实现他的大志，也为了向世人表明他的心迹，他认为就非甘居淡泊不可。因为淡泊就是寡欲，寡欲就可以在“正义”事业上大有作为，就可以杜绝一切自私自利的打算，包括贪污渎职，争权夺利，剥朘百姓，乃至盗窃国家大权等不义行为。

“非宁静无以致远”一语出于汉人伪托的道家文子。《文子·上行》云：“非漠直无以明德，非宁静无以致远，非宽大无以并复”。但是我以为诸葛亮不过是利用《文子》中现成的话来表达自己的思想。他心目中的“宁静”绝不是道家思想中的“宁静”，因为道家的“宁静”是与“无为”相连的，而诸葛亮的“宁静”，是与“有为”相连的，他是想大有作为的，他有积极用世的精神，因此他的“立法宁静”是与儒家思想一致的。《礼记》中有两个地方提到“静”字：《儒行》有“静而正之”；《大学》有“静而后能安”。这些“静”都作“不躁”解。因此，诸葛亮的“宁静”应当是“不躁”、“沉着”、“从容”的意思。

而他所说的“致远”我揣测大概与《论语》中曾子的话有所关联：“士不可以不弘毅，任重而道远。仁以为己任，不亦重乎，死而后已，不亦远乎？”（《泰伯》）因此，“非宁静无以致远”这句话的意思似乎应该是：如果轻浮急躁，不扎扎实实地有步骤有计划地工作，“仁”的远大事业（即统一大业）是不可能成功的。他在他的政治生涯中认真实行了这句话。

他为统一大业而奋斗的过程最充分地体现了他“宁静以致远”的原则。他为统一大业拟定出一个战略计划：第一，他以高瞻远瞩的眼光把曹魏确定为主要敌人，而把孙吴看作是次要敌人。为了消灭曹魏这个主要敌人，他把联合孙吴作为他一以贯之的外交路线，虽然中间由于孙吴的背盟及刘备出兵向山峡而中断。第二，为了北伐，必须清除心腹之患，所以他不得不“五月渡泸，深入不毛”，平定了“南蛮”的叛乱。第三，为了北伐，必须巩固后方，所以他奖励农桑，以增强经济力量；“开诚心，布公道”（这一点下面另讲）以创造一个政治安定的局面。第四，在北伐出师之前，安排一些“志虑忠纯”之士，以辅佐幼主，并且叮咛后主“亲贤臣，远小人。”他之所以能制定出这样目标远大、规模宏伟、布置周密的战略计划，就是因为他有一个不骄不躁的“宁静”的心态。而且他在执行这个战略计划时也始终保持了这种心态：决不操之过急，决不因小失大，决不草率从事，决不行险侥幸，真正做到了“指挥若定”（杜甫诗），“进止雍容”。

五、治国与治军

关于诸葛亮治蜀，陈寿有以下评论：

立法施度……科教严明，赏罚必信。无恶不惩，无善不显。至于吏不容奸，人怀自励。道不拾遗，强不侵弱，风化肃然也。

请葛亮之为相国也，抚百姓，示仪孰，约官职，从权制。开诚心，布公道，尽忠益时者，虽仇必赏，犯法怠慢者，虽亲必罚。服罪输情者，虽重必释，游辞巧饰者，虽轻必戳。善无微而不赏，恶无纤而不贬。庶事精练，物理其本。循名责实，虚伪不齿。终于邦域之内，咸畏而爱之。刑政虽峻而无怨者，以其用心平而劝戒明也。”（《三国志·本传》）

关于信赏必罚，蜀将张嶷评论道：“公（指请葛亮——引者注）赏不遗远，罚不阿近，爵不可以无功取，刑不可以贵势免。此贤愚所以佥忘其身也。”（《三国志·张嶷传》）

从陈寿和张嶷的评论中，可以清楚地看出诸葛亮在治国方面是实行法治。但是，他的法治主要是受早期法家，如子产、管仲的思想影响。而子产和管仲都是得到孔子的赞许的，孔子称子产为仁人，称管仲“如其仁，如其仁”，可见早期法家与儒家在思想上有相通之处。而请葛亮的法治与申、韩无共同之处，因为他治蜀并没有申、韩那样刻薄寡恩、冷酷无情的表现。相反的，他的法治充满人情味。斩马谡一事最能证明这一点。

马谡“才器过人，好论军计，丞相诸葛亮深加器异”。但是后来马谡率军与魏军交战，因“违亮节度”，犯了严重错误，以致大败，“士卒离散，亮进无所据”。“收谡下狱，杀之，亮自临祭，为之流涕，抚其遗孤，思若平生。”（《资治通鉴》卷七十一）

同时，他是以“开诚心，布公道”的精神实行法治的。[①] 换言之，他的法治是以大公无私为基础的，而他的大公无私是出于至诚，而无丝毫虚伪或矫饰。职此之故，受到惩罚的人，没齿无怨言。

“初长水校尉廖立，自谓才名宜为诸葛亮之副，常以职位游散怏怏怨谤无已。亮废立为民，徒之汶山。及亮卒，立垂泣曰：‘吾终为左衽矣。’”“李平因罪被贬，及亮卒，李平闻之亦发病死。”（《资治通鉴》卷七十二）

诸葛亮之“开诚心，布公道”也表现了儒家精神。孔子虽然未直接谈到“诚”字，但是他却时常称道与“诚”字意义相近的美德。他说过：“刚毅木讷近仁。”（《论语·子路》）他又说：“巧言令色鲜矣仁。”（《论语·阳货》）孟子才正式谈到“诚”，他说：“诚者，天之道也；思诚者，人之道也。”（《孟

---

① “开诚心，布公道”是陈寿对诸葛亮治蜀的精神的高度概括，这说明陈寿的“史识”。

子·离娄》)《易·文言》:“修辞立其诚。”《中庸》:“诚者物之终始,不诚无物。是故君子,诚之为贵。”《大学》:“欲正其心者,先诚其意,欲诚其意者,先致其知……”儒家也重视“公”,《礼记·礼运》:“大道之行也,天下为公。”儒家理想中的尧舜禅让,也是大公的表现。

诸葛亮之治国,是以儒家精神统率法治。儒家重视人治、德治和礼治,这在秦汉以后已不能适应时代的需要了,不足以应付现实问题了。这一点诸葛亮不能不看到。所以他不能不实行法治。并且在实行法治的同时又用儒家精神去弥补法治之不足。这是他的高明处。

诸葛亮在实行法治的同时,也重视教化,这也与儒家的精神相契合。

他之重视教化,从仅有的史料中可以窥见:第一,他在《论诸子》一文中以犀利的眼光指出:“老子长于养性,不可以临危难;商鞅长于理法,不可以从教化,苏张长于驰辞,不可以结盟誓。”(《诸葛亮集》,中华书局1975年版,第74页)第二,与他同时代的蜀人杨戏在《诸葛丞相赞》中说:“受遗阿衡,整武齐文,敷陈德教,理物移风……”(《三国志·杨戏传》)第三,“建兴二年,丞相亮领益州牧,选迎皆妙简旧德,以秦宓为别驾,王梁为功曹,〔杜〕微为主簿。微固辞,举而致之。既至,亮引见微……曰:‘眼闻德行,饥渴历时,……’。又曰:‘君但当以德辅时耳,不责君军事……’。其敬微如此。王梁者,字德山……以儒学节操称。”(《三国志·杜微传》)第四,蒋琬为荆南人才,“除广都长,先主尝因游观,奄至广都,见琬众事不理,时又沉醉。先主大怒,将加罪戮。军师诸葛亮请曰:‘蒋琬社稷之器,非百里之才也,其为政以安民为本,不以修饰为先,愿主公重加察之。”(《三国志·蒋琬传》)当然,诸葛亮以北伐“讨贼”为第一要务,无暇从事全面文教建设。关于这个问题,南宋陈亮说得对,他说:“方连岁出征,而平世之文未遑具举,是以条章多阙,非独注记之失也。”(《陈亮集》上册,中华书局1974年版,第139页)假令诸葛全其天年,伐魏成功,统一中国,他很有可能在全中国推行教化。因此隋王通的话不无道理,他说:武侯无死,礼乐可兴。宋罗大经说:“夫孔明不死,则汉业可复,礼乐可兴。孔明死则五胡乱华,为六朝幅裂,其所关系大矣。”(转引自《诸葛忠武志》,卷八)陈亮说:“吾尝论孔明而无死,则仲达败,关中平,魏可举,吴可并,礼乐可兴。”(《陈亮集》,第71页)这些评论显然夸大其词,但也并非毫无道理。

在治军方面还可以看出诸葛亮的儒将风度。他在统率大军时，纪律严明，对百姓秋毫无犯。在北伐中，为了解决远征军的粮食供应问题，他曾“分兵屯田为久驻之基。耕者杂于渭滨居民之间，而百姓安诸，军无私焉。”（《资治通鉴》卷七十二）“亮用兵出入如宾，践敌境而刍荛者不止。师出如山，进退如风。出征之日，天下震动，而人心不忧。”（张栻：《诸葛亮传》）

在军事上与黩武主义者不同，诸葛亮以尽可能少杀伤为原则，主张以德服人。平定“南蛮”便是一个例子。“亮在南中，所在战捷，闻孟获者为夷汉并所服，募生致之，既得使观阵营之间，问曰：‘此军如何？’获对曰：向者不知虚实，故败，今蒙赐观看营阵。若只如此，即定易胜耳！’亮笑纵使更战。七纵七擒，而亮犹遣获，获止不去，曰：‘公天威也，南人不复反矣’。”（《三国志·本传》注）

那么蜀汉百姓对诸葛亮治国有何反应？“黎庶追思，以为口实，至今梁益之民，咨述亮者，言犹在耳，虽甘棠之咏召公，郑人之歌子产，无以远譬也。”（《三国志·本传》）“亮初亡，所在各求为立庙。朝议以礼秩不听，百姓遂因时节私祭之于道陌上。”（《三国志·本传》注）“蜀人追思亮，咸爱其（指亮子诸葛瞻——引者注）才敏，每朝廷有一善政佳事，虽非瞻所建倡，百姓皆相告曰：‘葛侯之所为也。’”（《三国志·诸葛瞻传》）西蜀士民如此怀念诸葛亮，不正是生动地证明他的治蜀有“惠”、“爱”于民吗？孔子主张惠民、爱民，可见，诸葛亮治国也是实践了儒家的政治原则的。

那么，史载：“诸葛亮佐备治蜀，颇尚严峻，人多怨叹者”这句话应作何解释？既然他得到人民的爱戴，那么为什么“人多怨叹”呢？这里应弄清楚是哪一类“人”怨叹。这从诸葛亮的话里可以得到答案。他对法正说：“秦以无道，政苛民怨，匹夫大呼，天下土崩，高祖因之可以弘济。刘璋暗弱，自〔刘〕焉以来有累世之恩，文法羁縻，互相承奉，法政不举，威刑不肃。蜀土人士专权自恣，君臣之道，渐以陵替。宠之以位，位极则贱；顺之以恩，恩竭则慢。所以致敝，实由于此。吾今威之以法，法行则知恩，限之以爵，爵加则知荣。荣恩并济，上下有节，为治之要，于斯著矣。”（《资治通鉴》卷五十九）显而易见，“人多怨叹者”的“人”，是“蜀土士人”，亦即过去刘璋统治时期“专权自恣”的上层官僚及豪强。他们“怨叹”，是因为诸葛亮治蜀“颇向严峻”主要是针对他们的，这与普通百姓是风马牛不相及的。

结 语

综上所述，我们可以得到以下几点认识：(一）诸葛亮在隐居南阳时，以耕读自娱，从未“伺候于公卿之门，奔走于形势之途”。而一旦出仕，就竭尽全力为消除“国贼”，统一中国而奋斗。这样，孔、孟为士人提出的“穷则独善其身，达则兼济天下”的崇高理想在诸葛亮一生中得到完满的体现。(二）诸葛亮不但投身于一个“正义”事业，而且最后为这个事业而献身，真正做到了孔孟所提倡的“成仁”和“取义”，因而表现了志士仁人的殉道精神。这种精神，在中国历史上可以与宋末民族英雄文天祥遥相辉映。两个人虽然走的道路不同，“殉道”的方式不同，但是“殊途同归”，都因为做到“仁至义尽”而名垂千古。(三）请葛亮身为丞相，“位极人臣”，但是在物质享受上却能甘居淡泊。他大权在握，但是却不肯专权自恣。他实践了孟子提出的“富贵不能淫”的原则。孟子曰：“富贵不能淫，贫贱不能移，威武不能屈，此之谓大丈夫。”(《孟子·滕文公下》)，后二者比较容易做到，唯有“富贵不能淫”最不容易做到，因为“富贵”最容易腐蚀人，古往今来不知有多少英雄豪杰在“富贵”的诱惑下堕落成为祸国殃民、“骄奢淫逸”的独夫民贼！特别是“贵”的腐蚀性、诱惑性最大，因为“贵”意味着“权力”，一个人一旦当“权”，就倾向于无限制地扩大自己的权力。无怪乎英国阿克顿爵士有言：“权力意味着腐化，绝对权力意味着绝对腐化”。但是诸葛亮却能振拔于流俗之上，始终不为“权力”所污染。他为什么能做到这一点？我认为关键在于他的克己自律的精神。诸葛亮的克己自律的精神近乎孔子所提倡的“仁”。(四）诸葛亮有统一中国的雄心壮志。他不是鼠目寸光的庸俗政客，他没有龌龊地满足于“偏安”西蜀，而是一位有远大理想的政治家。他的理想便是结束汉末三国分立、干戈扰攘的局面而实现“大一统。”“大一统”是儒家一贯追求的目的。《公羊传·隐公元年》：“何言乎王正月？大一统也。”

孟子主张“定于一”(《孟子·梁惠王》)，也是向往中国统一。

总之，诸葛亮从隐居到立身行道，从“修身”到“齐家治国平天下”，从内到外，从近到远，从理想到实践，从目的到手段，都履行了儒家所推崇的一系列重要原则，从而用自己的实际行动创造出一个完整的儒家理想人物与形象。尽管诸葛亮从来也没有标榜儒家，尽管他“每自比于管仲乐毅”，尽管他在治国方面接受了法家思想影响，我们仍不能不说他在实践上自觉或不自觉地表现了绚丽多彩的儒者风貌。

因此，宋代以来的学者思想家对诸葛推崇备至。程颢说：“诸葛武侯有儒者气象。”(《二程遗书》卷十八)。朱熹说：“论三代而下以义为之只有箇诸葛孔明。”(《诸葛忠武志》卷七）方孝孺说：“惟忠武公千载一人……论其所存，伊吕流亚。”(《方正学集》卷六）陈亮说：“孔明，伊周之徒也。”(《陈亮集》，第 72 页）这些崇高的评价，诸葛亮是当之无愧的。

（原载《孔子研究》1995 年第 4 期）

四、杂 感

我是怎样研究美国史的

以我个人的爱好来说，我是喜爱中国古典文学和中国古代史的。这可能与“家学”有些关系。我父亲是研究中国古典文学的，曾多年担任高级中学的古典文学教师，对国学有一定的造诣。在父亲的熏陶和教导下，我自幼年起就对中国古代文学、古代历史及文化一往情深。因而在中学、大学时代，在课余之暇，从兴趣出发，我读了不少与古典文学及古史有关的书籍。30多年来，我在大学里虽然一直讲授外国史，研究外国史，但是中国古籍始终是我的亲密的精神伴侣，在生活中给我增添了无限乐趣。诚然，阅读这些读物侵占了我的不少时间，与我所从事的外国史美国史的研究发生矛盾。但是从实际效果来看，这二者也是相辅相成的，因为我之经常接触和玩赏中国古籍，提高了我的写作能力及文学素养，扩大了我的知识面，开阔了我的眼界，锻炼了我的思维能力——这一切都为我研究美国史和写美国史，提供了多方面的有利条件。

下面我从四个方面谈一谈我研究美国史的一些经历和体会。

一、动力

我并不是一开始就爱上美国史的。

我一共读过三个大学：在北平辅仁大学我仅仅读了一年，读的是社会经济专业；在昆明西南联合大学念了二年书，大一在政治系，到大二时才转到历史系。在这三年的大学生活中，我和美国史是完全无缘的，因为在这两所大学里根本就没有美国史这门课。最后我转学到成都的四川大学，我才第一次选修了美国史课。但是，那时这门课并没有引起我的兴趣，这可能是由于教师讲课的水平太低的缘故吧！

我在四川大学一共读了两年就毕业了。这正是第二次世界大战的最后阶段，当时美国总统富兰克林·罗斯福成为举世闻名的风云人物。在我的心目中，他成为反法西斯、争取人类自由的象征，因而他赢得了我的崇敬。同时，他的对内政策，特别是他所实行的“新政”，也引起了我对他的好感。那时，我对于共产主义还没有正确的认识，天真地相信“新政”是解决各国政治经济问题的灵丹妙药，是歧路彷徨中的人类的最好出路。在这种想法的支配下，在着手写毕业论文时，我决定选择了《罗斯福的新政》这个题目。这是我研究美国史的开始。

但是，大学一毕业，这个刚刚开始的美国史研究便中断了。新中国成立后在长春东北师范大学任教时，主要由于系内教学上的需要，再加上我个人的一些考虑（不愿意把学到手的外文工具丢掉），世界近代史成了我的专业。在世界近代史的教学中，我的兴趣逐渐地集中到英、美史。英、美两国是近代资产阶级议会及民主制度的发源地，也是资本主义经济和科学文化最发达的国家，因而引起了我的兴趣，兴趣成为动力，因之我在 1954—1956 年间接连写了《美国独立战争简史》（上海华东人民出版社出版）及《英国资产阶级革命史》（上海新知识出版社出版）。在这两本书出版后，我本来计划把美国史继续写下去，先写《1789—1876 年间的美国》，然后再写《1877—1918 年的美国》。我认为这两部分合起来，就成了一部《美国近代史》。同时我也没有放弃对英国史的研究，1956 年秋我写了《18 世纪末英国急进运动》。1956 年冬三联书店派来同志向我约稿，我们之间订立了“稿约合同”，约定由我写《美国内战史》。这便是我与美国史长期结缘的开始。

过去我写《美国独立战争简史》和《英国资产阶级革命史》时，在颇大程度上是受名利思想支配的，而我这次在写《美国内战史》的过程中，却有某种超出名利思想以外的东西在默默地推动我。当我开始批阅有关美国内战的文献资料，接触大量有血有肉的历史事实时，我的内心就无法保持平静，一种感情逐渐地把我和我的写作对象联系在一起了。黑人奴隶所经历的种种苦难，他们被奴隶主恣意摧残、折磨的许多令人窒息的情景，都足以令人心酸，催人泪下。对于黑人的怜悯、同情，慢慢地占有了我的思想感情。心地善良的亚伯拉罕·林肯在私人品德及政治作风上的种种表现，也使我肃然起敬。我喜欢他那种善于倾听人民意见的民主作风，我欣赏他那勇于改正自己错误的政治风格。美国废奴主义者的见义勇为和献身精神，他们在与奴隶主黑暗势力作斗争时所表现出来的疾恶如仇、不畏强暴的气概，都使我不止一次地掩卷叹息。与此同时，南方奴隶主的残暴不仁和他们虐待黑人的擢发难数的事实激起了我的义愤，黑人反抗压迫的斗争及他们在内战战场上表现出来的勇敢、机智，给我带来了喜悦和慰藉。这样，在不知不觉之中，我对于卷入这场斗争中的各色人物产生了爱和憎、同情和仇恨的思想感情。对于美国内战，我再也不能置身于局外了，我仿佛成了直接的参加者。因此，我越来越意识到自己的责任：我应该把这些革命人士的可歌可泣的斗争业绩写出来，我也应该把美国奴隶制的黑暗及奴隶主的罪行揭露出来，我有责任把这场伟大的斗争原原本本地介绍给国内读者，使他们从中受到教育和鼓舞。一种责任感已经成了我写《美国内战史》的动力。

1964 年在《美国内战史》第一稿脱稿后不久，我就开始翻译方纳著的《弗列得里克·道格拉斯传》，我用了将近一年的课余时间完成了翻译工作，全书包括注释在内，约计四十余万字。我之所以挤时间辛辛苦苦地翻译该书，主要是因为我衷心佩服道格拉斯这位美国黑人领袖鞠躬尽瘁于黑人解放事业的革命精神，他在反奴隶制斗争中表现出来的勇气、智慧和胆识以及他的多方面的才能——作家、演说家、政论家集于一身。我感到把他的传记译出来，对中国广大青年读者，肯定会有教育作用。

在《美国内战史》于 1979 年问世后不久，我就决定写《美国第一次革命史》。我的决心很大，这个决心是建立在较高的自觉性上面的。我一开始就清楚地认识到写这部书有较大的学术价值和现实意义。在美国史学界，在美国史领域内没有任何题材比美国革命史更受重视的了。有关这次革命的资料最为丰富，著作最多（接近 1000 种），论文最多，争论亦最多。我认为，如果能够把美国在这方面的研究成果尽量吸收过来，并能提出自己的独到见解，然后写成较大部头的著作，无疑地将是对我国文化学术事业的一个贡献。我更认识到写这部书也是中国现实的需要。美国第一次革命奠定了美国的始基，美国后来的一切发展，都可以追根到这次革命。美国是资产阶级民主和法制的典型国度，在这里，三权分立是民主的可靠的保障，一切政治活动都以法律和宪法为依据。这是为什么美国建国以来从未发生过政变，政局一直保持稳定的主要原因。而美国的这种民主与法制，就是在这次革命中打下基础的。更值得注意的是美国的开国元勋们在革命及建国中所表现出来的高风亮节。华盛顿不为权力所诱惑，在担任两届总统，为美国的国家管理做出了良好的示范之后，毅然引退，归老林泉。杰弗逊也在许多方面表现了高贵的革命家、政治家的风度。因此，这次革命值得我们中国人借鉴的地方实在太多了。“他山之石，可以攻玉”，把美国这次革命的前因后果，美国人民为民主而奋斗的精神，革命领袖在革命斗争中所显现出来的革命家的气魄、胆识、器量及卓识以及他们在缔造民主方面所留下的宝贵经验，……一一介绍给中国读者，其现实意义之大，是不言自明的。总之，一种强烈的社会责任感在推动我写此书。目前我正在以很大的积极性加紧写作。

在准备写作《美国第一次革命史》的过程当中，我接触了有关杰弗逊的大量材料，通过这些材料，我对他的思想、主张、政治态度及政治风度产生了一种景仰之情。他那理想主义和现实主义兼而有之的民主思想，特别使我心折。在迫切需要加强我国的社会主义民主和法制的今天，使中国青年认识和了解他的思想，必然发生良好的、积极的影响。这就是我在 1979 年决定写《略论托马斯·杰弗逊的民主思想》的思想背景，也是我决定在数年后（在写完《美国第一次革命史》之后）写一部《杰弗逊传》的推动力量。

我在 1980 年写《殖民地时代的美国议会制度》，也不是为研究而研究，也是着眼于为现实服务，因为让中国读者知道美国人民建立议会制度的斗争的艰苦性及复杂性，对于中国群众的启蒙大有好处。这样，始终有一种动力，去推动我研究美国史。最初我之从事美国史研究，是出于名利思想、个人兴趣，或者出于对某一历史人物的景仰。但是后来，一种社会责任感成了我研究美国史的主要动力。

动力很重要。由于有这些动力，我才能倾注全部热情和精力来研究美国史，并且创造出某些成绩来。这也算是我的一个经验吧！

二、研究方法的变化

回忆我过去 30 年美国史研究的历程，可以看出研究方法上的步步前进的轨迹来。

第一阶段（1952—1954年）。在这个阶段上，我好像初学走路的幼儿一样，是靠苏联的研究成果（观点和体系）这个拐杖搞研究的——当时对于苏联的东西，是亦步亦趋，不敢逸出它的藩篱一步。我写《美国独立战争简史》就是一个明显的例证。1952年，俄文《新编近代史》第一卷尚未译成中文。当时我刚刚学会俄文，于是便把其中第六章（关于美国独立战争的部分）翻译出来，然后以这一章的内容作为框架，把从英文参考书中找到的一些材料填进去。当然，对于这些英文材料，我也下一番去取、剪裁及整理的工夫，并且在固定的框架内我也行使了一些组织材料和安排材料的自由。但是，这个自由究竟是小范围内的自由，对于大框架我是不敢触动的。因此，我之写《美国独立战争简史》，基本上是"述而不作"的。同时，我所利用的英文材料，只限于为数极少的几本书，当时已经出版的许多名著我都未加利用。

不过，现在看起来，在当时的历史条件下，按照这个步骤进行外国史的研究，也未可厚非，甚至是不可避免的。在建国初期，要想从事外国史研究，也只能向苏联请教，因为那时中国的世界史研究是"一穷二白"，而苏联则在世界史研究方面已经取得很大的成就；而且用马列主义理论研究世界史，苏联也是首屈一指。此外，在方法论上，我这样做也是说得过去的。这里不妨打一个比喻：凡是练习中国书法的人，在开始时必然要临摹古代名家的法帖（如王羲之、褚遂良、颜真卿等），对于名家的字要一勾一划地模仿，力求其形似、神似。只有到熟练之后，才能摆脱名家的书体，而创造出自己的书体及风格。对于我们当初摹拟苏联，亦当作如是观。

第二阶段（写《美国内战史》阶段）。这是一个过渡的阶段，亦即开始摆脱苏联影响，向创造性研究过渡的阶段。毋庸讳言，在开始写《美国内战史》时，我也是想走过去走过的老路：利用现成的苏联史学框架，往里面填材料。我找到了苏联学者伊瓦诺夫（Иванов）著的《美国内战》（Гражданскак Вомна В СИПА），并且很快地把它译出来。我准备以它为基础，再加上一些英文材料，敷衍成书。但是我在接触大量的美国出版的书刊后，发现许多材料及观点是苏联的框架所框不了的。我感到我不应该"削足适履"。同时，我也越来越清楚地看出苏联史学中的严重缺点：第一，教条主义地运用马列主义理论，往往用史料去硬套马列主义现成的公式，凡不适于这些公式的材料，一律割爱。第二，用空论去代替有血有肉的史实。第三，对人物的作用重视不够。因此，我决定放弃苏联这个现成的框架不用，而另起炉灶，按照自己的构想，重新拟出一些写作提纲和写作原则。我的写作原则是：第一，不但写事，而且也写人，并且用大量篇幅去写一些重要历史人物，通过人物的思想和活动乃至个性，去再现历史事件及过程。我这种重视历史人物的态度，是受中国传统史学的影响。自司马迁写《史记》以来，历代的正史都把人物传记放在重要地位，不但写人物的活动，而且写他的私人生活、个人品德等等，往往把人物写得栩栩如生，跃然纸上，感人至深。中国旧史学的这种写法，证明是成功的。我感到中国旧史学的这个优良传统应该继承下来，也应该应用到外国史的编写中。第二，着重写黑人的血泪史，不但写黑人在南部奴隶制度下所受的苦难和悲哀，而且也写黑人英勇斗争的事迹及解放后的欢乐和失望。我之决定这样写，是因为我感到黑人是这一场斗争的主体，不着重写黑人，就写不好内战史。第三，尽可能把内战史写成有血有肉的、活生生的历史，尽可能避免公式化、概念化及教条主义倾向。少发空论，运用丰富的史料去说明问题，让事实说话。第四，要写出中国的风格，尽量避免出现翻译的痕迹。第五，实事求是。以上五点，后来我在实际编写中基本上都做到了，尽管有的地方做得不够理想。关于贯彻实事求是的原则，我可以举出一个例子：在分析内战中英国政府最后放弃武装干涉企图的原因时，我并没有像苏联著作那样片面强调英国工人反战运动的作用，而是在指出英国工人所起的重大作用的同时，也不忽视其他因素（见拙著：《美国内战史》，第 310—311 页）。当然，在我所写的《美国内战史》里面也可以看出苏联教条主义的某些影响。第一，我夸大了急进派的作用，把急进派的纲领看作是内战期间及战后唯一正确的纲领。第二，我把林肯否定得过多，把他的南方重建纲领及对南方奴隶主的宽大政策，说成是他的错误。

从学术观点来看，我写《美国内战史》的一个很大的缺点，便是没有充分利用有关资料，对于美国学者的研究成果吸收得很不够。事后发现，在写这部书时，有许多珍贵的资料、著作及论文我没有利用。

第三阶段（1978 年至现在）。这个阶段的特点是：完全摆脱对苏联史学的依赖，而走上独立研究的道路。这个阶段的研究成果，到现在为止计有《弗列得里克·道格拉斯和美国黑人解放运动》（1978 年）、《略论托马斯·杰弗逊的民主思想》(1979年)、《殖民地时代的美国议会制度》(1981年)、《论美国第一次革命的成就》(1982年)、《美国独立与独立宣言》(1982年)、《论林肯的政治家风范》(1983年)、《托马斯·杰弗逊的教育思想的民主性质》(1984年)及《论英国对北美殖民地的重商主义政策(1763年以前)》(1985年)。在写上述论文时,我所依据的材料,完全来自美国出版的书刊,并且在吸收美国史学成果的基础上,发挥了自己的独到的见解。

目前,我正在加紧编写《美国第一次革命史》(预计全书为50万字),已经写出四分之一。我写这本书的计划是:第一,摸清美国第一次革命的全貌,了解各个时期不同学派的研究成果及观点。这一点到目前为止已经基本做到了。第二,尽量把有关资料及论文搜集齐全,到目前为止,我已买到或借到将近150种著作及80余篇论文。第三,尽可能吸收美国史学界在美国革命史研究中所取得的成果。第四,写出有自己独到之处的、有中国特色的著作。

三、我是怎样写《美国内战史》的

我写《美国内战史》,在方法上大体可以分为以下几道程序:第一,拟定初步的、粗线条的提纲。第二,按照这个提纲寻找、摘录材料。第三,在掌握一定数量的材料后,进一步修改提纲,调整结构和增加细目。第四,根据经过修改了的提纲进一步搜集材料,并且在掌握新材料的基础上再修改提纲。以上的步骤周而复始地不知重复了多少次,以期提纲愈益臻于完善。在提纲最后定稿之后,便按照提纲的细目,对材料进行分类,最后才利用这些材料提笔写书。但是写出来的初稿,还要经过数次改写及小规模修改的过程,因之在初稿与定稿之间有很大的距离。对我说来,利用浩如烟海的材料写大部头著作,其最大的困难,便是驾驭材料的问题。因此,我写《美国内战史》的经验是:为了减少驾驭史料的困难,第一步只是利用一部分材料,写出内容比较粗糙的,甚至残缺不全的全书初稿。第二步是把尚未利用过的材料,分批地加进这个初稿,使其一步一步更加充实,更加完善,一直到把所能得到的材料全部加以利用时为止。当然,在初稿写成后,当发现值得吸收的新的论点时，也把它吸收到初稿中去。有时，为了吸收大量新的有用的材料，还不得不局部地调整初稿的组织结构，或增添章节。这种调整也进行了若干次。我之所以采用这种反复修改的办法，也是客观条件有以使然。我所在的学校，图书资料太少，绝大部分的书籍杂志必须到外地借，特别是到北京图书馆去借，一次只能借到两、三种。在这个情况下，不可能把我所需要的书刊全部摆在眼前恣意利用。总之，我写这部书的一个特点，便是反复性，提纲修改了好多次，书稿也修改了许多次。

我写此书的另一个特点，是时间拖得过长：从 1957 年开始，迟迟到 1974 年才最后脱稿。这也是客观环境造成的。

我从 1957 年春动手写，但是未几就开始“大鸣大放”，几乎天天开会，只有到晚上才挤时间写。到这一年夏天，“反右斗争”步步加紧，我很快地就被错划为“右派”。从此以后，时间就不属于我了。接踵而至的是 1958 年开始的“大跃进”、“大炼钢铁”和下乡劳动。在这当中，我一连三年未摸书本。只有到 1961 年秋，我的“右派”帽子摘掉后，我才正式坐下来继续写作。于 1964 年脱稿后，把稿子送往出版社，久久没有回音。后来才知道，原来编辑同志们都一个一个地下乡参加社教工作，无人审稿。而且我又发现了新材料，想把它们吸收到稿子中去。因此到 1965 年年底我又把稿子要了回来。当我正在聚精会神从事书稿修改时，“文化大革命”开始。我呕心沥血写出来的《美国内战史》书稿及《弗列里克·道格拉斯传》译稿，合起来有 80 万字，也不幸遗失。从 1969 年冬起我又在“五七干校”和学校伙房里劳动了将近两年。到 1971 年秋，我才重新回到教研室。当时我明明知道，以我这样的政治身份，即使再接再厉，第二次把《美国内战史》写出来，也万万没有出版的希望。但是，我下定决心重新着手写它。我的干劲很大，我不但决心重新写，而且决心写得更好。因此我在搜集材料方面尽了最大的努力。我成为北京图书馆的最热心的读者之一，有一年寒假期间我自费到北京，在北京图书馆抄了 20 天的材料。经过将近三年的奋战之后，到 1974 年我的《美国内战史》第二次脱稿。这部书到 1978 年才得以与世人见面。

由此可见，我之写《美国内战史》，是走了一条漫长的、坎坷不平的道路，我是在与逆境进行顽强的搏斗中，备尝千辛万苦，才完成这部书的。我之所以没有被逆境压倒并且最后战胜逆境，主要是因为我有坚强的信念，我坚信“天生我才必有用”，相信“贫贱忧戚，庸玉汝于成”，特别想念孟子的一句名言：“天将降大任于斯人也，必先苦其心志，劳其筋骨，饿其体肤，空乏其身，行拂乱其所为，所以动心忍性，增益其所不能。”（《孟子·告子下》）我虽然是一个平庸的人，“天”也不会“降大任”于我，但是我总感到在我的专业范围内写出一些论著，在祖国的文化大厦上添加几块砖瓦，是我分内的责任，因而从孟子的这句话中得到很大的鼓舞。由于有这样的信念，所以每当遇到横逆或意外的打击时，我从不心灰意冷，反而更加奋发，更加振作，并且以战斗的姿态迎击命运的挑战。

四、我的治学精神和治学态度

我是一个有个性的人，这个个性在我 30 多年的学术活动中表现为以下几个特点：

第一，有火一般炽烈的事业心，把做学问看成是自己的身家性命。古今中外有许多大作家大学者是“著作等身”，我虽然不是大作家大学者，但是和他们一样，我把研究学问及从事写作看作是我的生命的重要部分。做学问在我的生活中占据首要地位。我的这个态度也是有思想基础的：自幼我就立志干一番利国利民的事业。后来在上大学后，由于逐渐认识到自己别无他长，只有做学问合乎自己的口味，因而又立志通过做学问这条渠道来为国家为人民做好事。我想我的这颗强烈的事业心，是我能克服各种艰难险阻完成《美国内战史》的另一个原因吧！

我每天早晨坚持登山活动——登学校附近的千佛山，自从 1958 年以来一直如此，除非因事外出，或下乡劳动。我的登山，做到了风雨无阻，甚至隆冬大雪也阻止不了我登临绝顶。我登山的习惯，已经在朋友和同行中间广为传闻，人们都知道我的目的是“延年益寿”。其实，“延年益寿”并不是我的终极目的，我之争取延年益寿，就是为了延长我做学问的时间，为了夺回我过去在历次政治运动中所失去的时间，为了在学问上多做出成果，为国家人民多作贡献。而且我的登山活动本身也是我做学问的一个方式，因为我常常利用清晨登山的时间，在百鸟争鸣，幽香沁人的环境中，沉入冥想，反复思考学术上的问题。往往一些久久未能解决的问题。在一刹那的“灵感”中获得解决，而发生这样的“灵感”都是在山间林荫中漫步的时刻。

第二，有一种韧性，即坚忍不拔的毅力及顽强的战斗精神。我无论做何事，一旦选定了目标，就一定顽强地奋斗下去，不达目的，誓不罢休。我服膺孔子的话：“三军可夺帅也，匹夫不可夺志也。”为了实现写好《美国内战史》这个既定目标，我顽强地奋斗了 17 年之久。其间任何困难，任何干扰，都没有把我压倒。

第三，有恒。凡是我认为是有益的事，我都能持之以恒，做到年年如斯，月月如斯，日日如斯。读书、写作，我从不间断，礼拜天别人休息，但是我却在斗室里兀兀地抄写材料；别人上公园去散心，我却闷在家里思考我的写作计划；别人看电视，看电影，而我却伏案疾书，我为自己规定了工作时间表，工作时间一到，我一定“上班”（在家里）。我害怕在我“上班”时间有客人来访，特别害怕某些同事到我家“聊天”。如果在我工作时间丢开书本而干别的事，心里就感到好像做了对不起人的事。我的 49 万字的《美国内战史》就是这样一点一滴地日积月累写出来的。我的其他研究成果也是得力于“有恒”二字。

有时，我从事研究及写作的条件完全被剥夺了（比如我在伙房劳动时就是如此，当时我只随身带几本常读的书），但是我仍挤出一些时间坚持脑力劳动，在伙房劳动时，我曾利用中午休息时间把美国早期作家伊尔文的《见闻录》译出了百分之八十（不下 10 万字）。

第四，有“坐冷板凳的精神。”我记得好像范文澜同志曾说过一句名言：“做学问必须有坐冷板凳的精神。”实际上，一个不甘寂寞的人是绝对做不到这一点的。外部世界有很大的诱惑力：谁不知道在春暖花开的时候偕带妻儿游公园是一件惬意的事！……但是一个心猿意马的人能做好学问吗？我在一定程度上实践了范老的这句话。我善于克制自己，能抵制外界诱惑，当我面对书桌坐下来时，就会全神贯注到书本上，遨游于知识海洋中。当然，做学问的人，一旦钻进去，会体会到无限乐趣。而且当一下子思想豁然开朗，解决了一个长期未能解决的学术问题的时候；坐下来开始执笔写的时候；在文章初稿写好而进行推敲修改的时候；当一部著作经过长期辛苦劳动而终于完成的时候，其快乐之情，是不可言传的。但是搞研究工作的过程中也有许多环节是相当辛苦、枯燥的，特别是像抄材料，翻译材料这样的机械式劳动。但是，一遇到这样工作，我总是坚持下去，总是强迫自己干下去。

第五，肯下笨功夫。一般说来，我也讲求工作效率：用较少的时间和精力取得较大的成果，但是在不少场合我肯下笨功夫，不求速效，而这样做，归根结底还是有益处的。有些材料，从表面上看似乎与自己要写的题目关系不大，但是我还是把它们摘录下来，译成中文，以备万一。我所积累的材料，要比我实际利用的材料多出数倍。因为我认识到，只有这样，当执笔写的时候，才能从心所欲，写出好文章来，否则就要“捉襟见肘”的。为了写《美国内战史》，我一口气把斯特伦斯基著的《林肯传》译成中文（大约十五六万字），尽管我在写书时只利用其中的一小部分（还不到十分之一）。从实用主义观点来看，这样做似乎大可不必，但是我却认为我做对了，因为即使我只用了那部《林肯传》的十分之一，但是其余的十分之九也还是有用的，它可以帮助我了解林肯为人的全貌，使我在写内战中的林肯时，心中有数。为了写这本书，我前前后后搜集的材料，整整装满了一个中等大小的木箱。

不取巧，不走捷径，这也是我的经验之一。

1985 年 6 月 27 日于济南

（原载《文史哲》1986 年第 2 期）

反思过去，向21世纪奋勇前进

新中国成立40多年以来，我国史学工作者通过辛勤的耕耘，收获了丰硕的成果。但是也存在一些问题。现在我们已经进入20世纪最后10年，21世纪已经在望。这应该是我们史学界同仁们反思过去，总结以往的经验教训，瞻望未来，为自己提出更高的要求的时候了。问题千头万绪，在世纪之交，我就中国史学的发展谈两个问题。

第一，克服文史分家的问题。我国向来有文史不分家的优良传统，史学家即文学家。中国古代一些伟大的史学名家都同时是文学巨匠。如司马迁、班固、范晔和司马光都是文史兼通，他们写出来的史书都是第一流的文学作品。到近代也是如此，郭沫若、范文澜、翦伯赞等史学大师所写的历史著作或文章，都是文史合一的典范，读起来朗朗上口，引人入胜，令人欲罢不能，不忍释卷。文史不分也是历来的中国人特别热爱历史的主要原因之一。为什么中国老百姓对于三国的历史那样熟悉，连乡下老农都会讲三国，在谈到诸葛亮、关羽等人的事迹时都谈得头头是道，如数家珍？那还不是因为《三国演义》的文字生动流畅！当然《三国演义》不是史书，而是有虚构成分的历史小说。但是，难道写历史不应该用《三国演义》那样的文学形式表达出来吗？可见，文史合一，大大有利于历史知识的普及。21世纪是人类知识飞跃的世纪，也应该是历史知识普及的世纪，它要求中国史学工作者发扬文史合一的优良传统。

但是，这些年来，我国史学现状是与这个新时代的要求大相径庭的。研究历史的人，往往不肯在文字上下功夫，他们写出论文，甚至历史著作，不是文理不通，就是枯燥无味。甚至佶屈聱牙，晦涩难懂，好像故意和读者为难似的。尤有甚者，有些史学界朋友或者滥用时髦新名词，或者好写绕弯子的冗长句子，故作高深，借以文饰内容的浅薄简陋。

研究世界史的人，还有一个附加的毛病，文字有明显的翻译痕迹，缺乏中国人的文章风格。

这些都是我国史学界文风不正的表现，无怪乎社会上的人们对学习历史越来越不感兴趣。我认为这是所谓史学危机的表现之一。

因此，为了符合21世纪的新时代要求，为了把我国史学工作提高到一个新的水平，就非在这个病根上痛下针砭不可。恢复我国文史不分的优良传统。

第二，如何提高历史传记的质量问题，历史传记作为历史学的一个重要分支，其地位及教育功能，近年来越来越为人们所认同。有人说，历史传记是对生命的鉴赏，我认为，更重要的是，历史传记是一门关于人的学问，可以名之为“人学”。它是对于人的灵魂的解剖和透视，历史人物的再现，会使千百年前的古人起死回生，生动活泼地重新出现在读者面前，历史传记可以帮助人们了解个人在历史中的地位和作用，可以使读者对历史了解得更为真切，更为深刻，更有实感，从而更加感动人和教育人。在教育功能上，空洞的理论说教，远远不如历史传记那样有效，那样有力。因为前者只能诉诸人的理性认识。而后者能通过具体人物和具体事件，直接付诸人的感情，因而能够撼动人的灵魂，起到用别的方法代替不了的巨大教育作用。据说孙中山由于幼年读了洪秀全的传记，才下定了参加革命的决心，历史传记的教育功能之大，有如此者。

历史传记的重要性既然如此之大，为了迎接21世纪的到来，我们不能忽视史学的这一重要分支。我们要使这一分支繁荣发展起来，不但多写，而且要提高质量。

那么如何提高质量呢？就管见所及，敝人的看法如下：

第一，要写得全面，切忌片面性。写一位政治家，不但要写他的政治活动及政治立场，而且也要写他的私人生活，思想倾向，品德表现，性格，爱好，甚至细微的琐事，只有这样，才能把人物写活，才能把历史人物栩栩如生地再现出来。甚至一些细微琐事，也是必要的，因为一个人的真正面目，往往在一些小事中表现得最清楚、最真实。

第二，要画龙点睛，写出一个人的独特风貌或特点。切忌“千人一面”，必须利用丰富的资料，从大量的史实中，从传主的各种表现中，刻画出他的性格特征，而不能凭空地、主观地把某种性格特征强加于传主。比如写拿破仑，从他的所作所为中，我们必然认识到他是一个损人利己、为目的不择手段，及抱有无止境的政治野心家。这便是他的性格特点。写拿破仑传而能抓住这个特点，就是一部成功的传记。

第三，要坚持“直笔”的原则。我国古代历史学有一个好的传统，那就是“直笔”。所谓“直笔”，就是对于传主的善恶都据实以书，决不加以掩饰或凭空捏造。春秋时代晋国的史官董狐是“直笔”的典型，文天祥在他的《正气歌》中谈到“在晋董狐笔”，这说明文天祥是非常推崇董狐的“直笔”的。能做到“直笔”，是很不容易的。要克服自己的感情偏向，不要因为自己偏爱传主而夸大他的优点，抹杀他的缺点或罪恶。也不要由于自己憎恨传主而把一切坏事都推到他的身上。

第四，“科学加文学”。苏联史学家齐赫文斯基在最近一次国际史学讨论会上说出了一句名言：“好的历史传记应该是科学加文学”。写历史传记只强调科学性及真实性，而缺乏文采，就会陷于枯燥无味，读来令人意兴索然，味同嚼蜡，从而也就无法发挥历史传记的教育功能。同样，写历史传记只重视文学趣味，努力迎合读者的爱好而忽略科学性，就会使它失去真实性，而变成虚构的历史小说。只有用文学的笔法，通过生动活泼的文字，写出以科学研究为依据的真人真事，才算得上一部好传记。太史公笔下的列传人物，就是“科学加文学”的优美作品，至今令人百读不厌。

为了做到“科学加文学”，我们历史传记作者必须加强基本功夫，要博览群书，多读古今中外的文学作品，作为中国史学工作者，不管是研究中国史的，还是研究外国史的，都要从古文入手，特别要熟读唐宋古文。因为如果古文底子不好，也写不好白话文，我国30年代的名家作者没有一位不是对古文有很深造诣的。鲁迅是如此，郭沫若、郁达夫等也是如此。总之，多读书，读好书，是写好传记的先决条件。杜甫所谓“读书破万卷，下笔如有神”，正是这个道理。

总之，历史传记在中国的史学百花园中只算作是一个正在含苞待放的蓓蕾，我们要经常灌溉它，精心培育它，使它早日怒放为一朵鲜艳多姿的花朵。

我们殷切期待，21世纪的中华民族，必然以一个有高度历史文化修养的民族出现在东亚大地上。

（原载《史学理论研究》1992年第3期）

西南联大忆旧

——兼论“西南联大精神”

在抗日战争的硝烟中诞生在大西南的国立西南联合大学（简称“西南联大”），一共才生存 8 年，宛然“昙花一现”，转瞬之间，已成为历史的陈迹，但是它的流风余韵迄未衰歇，它的魅力仍在吸引着千万颗心。现在仍有不少大学生一谈起西南联大，就油然生出一种景仰向往之情。

以我个人来说，在青年时代曾读过三个大学——北平辅仁大学、西南联合大学和四川大学，但是其中最使我怀念不已的便是西南联大。半个多世纪后的今天，西南联大的旧事仍不时地从记忆的深处浮现在我的脑际，萦绕在我的心头。这是因为西南联大对我的影响太深了，它在我这几十年的事业、思想及作风上留下了无法磨灭的烙印。

西南联大之所以如此脍炙人口，如此深入人心，绝不是无缘无故的。在我看来，主要原因在于，与一般的大学不同，它是一个在独特的历史环境中产生的，是有独特风格的大学，这在古今中外的教育史上恐怕也是独一无二的。这个独特风格主要表现在以下几个方面：

（一）生活艰苦，但是“弦歌不绝”

西南联大是在民族危机加深，全民奋起抗战的紧张环境中创立的，所以一切因陋就简。校舍都是在仓促之间用土坯垒起来的，教室、图书馆、实验室、食堂及学生宿舍莫不如此，几乎没有一间砖瓦房。学生宿舍是一排一排的兵营式的长长的房子，每所房子形成一个大寝室，房子两端各设一门，中间是一条狭长的通道，外人也可以穿过这条通道，任意行走。通道的两旁立着一架一架的双层木床。每个大寝室共住 40 个人。虽然有窗户，但是玻璃都是破烂的。屋内四面通风，一年四季学生就是在飕飕的风中度过的。

学生绝大多数来自沦陷区，经济来源断绝，一个个都穷得一文不名，所以只能靠政府发放的“贷金”糊口。他们吃的是“平价米”，亦即在粮仓中存放多年的陈米，煮成饭后，不但有一股发霉的味道，而且里面谷壳触目皆是，还夹杂着老鼠屎。学生们感到有饭吃就是万幸了，因此都不暇挑拣就吃进肚里。在这种情况下，许多学生罹胃肠病。我的胃病就是那时得的。学生食堂 8 人一桌，根本没有椅子、凳子，大家都站着吃饭。不用说，学生吃的菜基本上都是素的，往往一连数月不知肉味，只有逢年过节时才“打一次牙祭”(吃荤菜)。

在衣着方面，虽然还不至于“鹑衣百结”。但是学生穿得都很寒碜。以我来说，一年四季一件布大褂不离身，因为根本就没有可替换的衣服。衣服脏了，自己洗，等着晾干，才能穿上出门。

但是，大家都能苦中作乐。最省钱的办法便是花 5 分钱到附近的龙翔街或凤翥街去泡茶馆。音乐爱好者一到礼拜六到文林街文林堂（基督徒活动场所）去欣赏用旧式留声机播放出来的贝多芬交响乐。

学生除了忍受艰苦生活的煎熬外，还要时时刻刻受到敌机轰炸的威胁。日寇的飞机时常前来狂轰滥炸，警报一响，师生们即使正在上课时也不得不抛下书本急忙跑到校舍北面的荒山上去“躲警报”。

教授们同样过着清苦的生活。在物价不断上涨的情况下，救援的微薄的收入是无法养活家口的，所以有不少教授在生活的逼迫下从事副业，有的到中学兼课，有的到机关兼职，甚至有的靠刻图章维持生活（如闻一多)。

但是，对于这些艰难困苦，师生们都能“甘之如饴”。教授照旧辛勤备课、上课和写书，学生照旧勤奋读书。每天一到晚饭后，学生们就奔向图书馆，馆门一开，便一拥而入，争先恐后地借书、占座。

一言以蔽之。师生备尝辛苦，而“弦歌不绝”。为什么会这样？对于这个问题，我是这样解释的。当时。中国已有半壁江山落到日寇的铁蹄践踏之下，广大同胞陷入水深火热之中。绝大多数师生是怀着家国之恨离开沦陷区逃到大西南的。他们既同仇敌忾，又对抗战前途充满希望，因而都有高度的觉悟，教师能自觉地以教书育人为己任，以便为国家培养人才，学生能自觉地刻苦读书，以便学好本领为中兴大业贡献力量。正是因为有了这样一种时代使命感，大家才能甘心含辛茹苦，表现了“卧薪尝胆”的精神。而且，环境越是艰苦，就越能锻炼人。孟子所说的“苦其心志，劳其筋骨，饿其体肤，空乏其身，行拂乱其所为，所以动心忍性，增益其所不能”，正是联大师生的共同体验。联大校歌歌词中的“千秋耻，终当雪，中兴业，须人杰……多难殷忧新国运，动心忍性希前哲”几句话，也正是他们的时代使命感的最佳写照。

（二）在战争环境中，仍保持浓厚的学术风气

作为抗战大后方的最高学府，西南联大是中外知名教授荟萃的地方，在我就读期间，只是文、法学院的教授阵容，就可以用“灿若群星”四个字来形容。其中有汤用彤、沈有鼎、朱自清、吴宓、钱穆、毛準、沈从文、陈序经、刘文典、罗常培、罗庸、张奚若、潘光旦、冯友兰、钱端升、闻一多、陈岱孙、邵循正诸先生。他们大多是学贯中西、博古通今的学者，都是本专业的学术权威，他们通过身传言教，特别是通过学术讲演和课堂授课，培养了学生的读书兴趣和对学问的爱好，因而对于学术风气的形成，发生了主导的作用。

学术讲演照例在星期六晚上举行。讲演者多是名教授。在诸多学术讲演中给我印象最深的是刘文典教授讲的关于《红楼梦》的问题。刘先生是中国古典文学的权威，在学生中间享有较高的威信，因此学生听讲者空前踊跃。讲演地点本来确定在一个大教室里，但是听众越到越多，大教室里挤得水泄不通，而且屋外也站满了人。于是不得不把讲演地点移到大操场。听讲的学生都席地而坐，刘先生坐在中央的椅子上，边喝茶，边演讲。他讲演根本不用讲稿。他慢条斯理地讲，但内容非常精彩，学生们听得如醉如痴。事隔多年，但我依稀记得他把林黛玉和薛宝钗分别比之为理想主义和现实主义的化身，讲得头头是道，令人心折。

我还记得有一次是历史系教授孙毓棠先生讲中国历史上民族大迁徙对欧洲的影响问题，内容涉及的人名、地名及年代多得不可胜数，但是不看稿子的孙先生讲得如数家珍，一字不错。主持讲演会的闻一多教授也对孙先生的惊人的记忆能力表示惊叹。

关于课堂讲课，我感到罗庸（膺中）先生讲的《杜诗》最受欢迎，前来听课的不仅有中国文学系的学生及外系的学生，而且还有校外的社会人

士，有一位机关职员还特意从城内赶来听课。罗先生国学根底深厚，是研究杜诗的名家，再加上他口才很好，讲得津津有味，引人入胜。他讲的杜诗中，反映“天宝之乱”的部分，更为感人，可能是因为杜甫颠沛流离的遭遇，与流亡学生的经历相近吧！此外，潘光旦教授讲的社会学课，也很有吸引力，听讲的人很多，常常是“座无虚席”。潘先生往往用社会学原理解释中国儒家思想，有许多独到的见解，听之可以增长智慧。而且，他讲课好像家人父子之间闲谈家常一样，娓娓动听，使人久听而忘倦。

在教授们的熏陶和诱掖下，学生们逐渐地体会到“书本中自有乐趣”，于不知不觉之中爱上了学问，因此读书问学，蔚然成风，学术风气或读书风气也就慢慢形成了。

学术风气虽然是摸不着看不见的，但是它对于学生们潜移默化作用是很大的。我个人就是一个例子。在这个学术空气中我既增加了读书的兴趣，又养成了读书的习惯。更重要的，来自东北边陲，一向孤陋寡闻的我，在进入这所巍峨辉煌的学术殿堂之后，眼界大开，认识到天地间还有研究学术这样一个高尚的职业在。我在大学毕业后自愿走上教书和学术研究的道路，与我在西南联大的这些感受有莫大的关系。

（三）自由散漫·学术自由·人才辈出

置身于西南联大，最为触目的现象，便是自由散漫成风。学生们像一盘散沙，每人都“我行我素”，都表现了很大的独立性和自由。同学之间真像庄生所说的“相忘于江湖”的游鱼，而不是“相濡以沫”的涸辙之鲋。人际关系非常疏远，即使同住在一个寝室，甚至床铺相邻，也有彼此不交一语，若素不相识者。

在生活上，学生们多半“起居无时，惟适之安”，有少数人日高三竿尚在梦乡之中，也有些学生擅自离校，到外地中学教课，甚至有个别的学生“跑滇缅路”，去做买卖，到学期末才匆匆返校，临时借同学的笔记去应付期末考试。

这与教师的放任态度有关。教师上课，一般的都不点名，学生听不听课完全自由。只有一位教师是例外，那就是教社会学的陈序经教授，他每次上课都照例点名不误，所以选修他的课程的学生都不缺席。

与自由散漫紧密相连的，便是学术自由。教师讲课根本没有什么教学大纲，讲课的内容完全由他自己决定。一般地教师都讲自己研究所得，都任意发挥各人的专长，都自由发表自己的见解或观点。可以说愿意怎么讲就怎么讲，充分体现了教师的自由创造精神。

在学生中间有自由听课的风气。各教授讲课时，课堂往往有人满之患，而学术水平差的教师，则听课者寥寥可数。这在无形之中形成了教授之间的竞争。这也许对于教师起一种督促作用吧！

而且，学生只要修满学分，就可以毕业，他不必等到四年，学完三年即可毕业。这可以发挥学生在学习上的积极性。

学生在课外也享受最大限度的自由。他们大多对于课程本身不甚措意，而特别重视课外阅读。他们都如饥似渴地读与课程无关的各式各样的书刊。他们在阅读方面不受任何限制，也没有什么“禁书”，甚至可以随便阅读马列主义书籍。我个人就在无课时流连在图书馆里，时常以猎奇的心理专借自己过去未读过的书，饱尝了遨游书籍海洋的乐趣。

学校对教师也采取放任的态度，充分体现了兼容并包的精神。在教授中间各种思想、派别都和平共处，各不相扰，有“战国派”，有国粹派（学衡派），有欧美派，有正统派，也有激进的左派。闻一多先生在当时就是最激进的，他虽然是研究《诗经》《楚辞》的，但是他藐视一切传统文化，把它们说成一文不值。

有的教授也染上了自由、散漫的风气，教师上课迟到是司空见惯的事，甚至有个别教师在开学后过了好几个星期才到校上课。刘文典教授就是一个例子。他虽然对旧学造诣很深，但是他“恃才傲物”，“目空一切”。据说，他曾谓当代学者中只有两个半个懂得《庄子》，言外之意，他就是其中的一个。又据说他看不起新派作家。有一次他到郊外去“躲警报”，看到沈从文教授也来了，他便挖苦沈从文说：我来“躲警报”是应该的，你为什么也来“躲警报”？意思是说，新派作家的生命是不值钱的。这个故事在西南联大流传甚广，不必实有其事。但是也足以说明刘先生狂傲至极。

这种自由散漫，学术自由之风气。主要来自“北大”的传统。

不过，西南联大也保存了“清华”的严格的校风。比如，大一的学年考试很严，凡有3门课不及格者，一律开除学籍，毫不通融。所以人们都说：

入学考试是一关，大一学年末考试也是一关。只有通过这两关才能毕业。

西南联大的课程计划也是很严的，读理工的学生，在大一时必须和读文法的学生一样上国文课和中国通史课。我读大一时，大一学生不分理工和文法，都集中住在昆华中学校舍（昆华中学迁往外地），都在学生大食堂听中国通史课，讲中国通史课的是吴晗先生。另外，学文法的学生也必修一门理科课（我修的是地质学，讲课的是德国教授，他用英语讲课）。上述诸课考试不及格者，都不能毕业。不过，不及格者也可以参加补考。

这样的课程安排，是很合理的，其目的在于打通文法与理工之间的界线，在于培养通才。

值得深思的是，在自由散漫，学术自由的空气笼罩下的西南联大，却从未出现过“放辟邪侈”的学生，在学生中间也未出现类似赌博、酗酒及乱搞男女关系的现象，甚至也没有吸烟的。艰苦朴素翕然成风。

可见，自由散漫，学术自由，与学校不正之风并不存在因果关系。

相反的，西南联大的自由散漫，学术自由，却成为发展学术和培养人才的必不可少的外在条件。

谓余不信，请看一看事实吧！名满天下的诺贝尔奖得主杨振宁和李政道就是西南联大培养出来的杰出人才。除这两位之外，西南联大所造就出来的优秀学者和科学家，更不知凡几。

这是为什么？道理很简单：学术或科学是人类心灵自由和行动自由的产物，只有在思想自由和行动自由（以不侵犯他人自由的行动为前提）不受拘束的环境中，学术或科学才有无限发展的可能。自由散漫意味着行动自由，学术自由意味着学术探讨中的思想自由。因此，自由散漫，学术自由的西南联大也就很自然地成为学术发展和人才辈出的场所了。

（四）“民主的堡垒”

正如汉末主持清议的是京师的太学一样，抗战时期主持清议的是西南联大。所不同的，西南联大的清议是以民主为是非的准绳的。在西南联大，这个清议不但表现为言论，而且也见诸行动，并且走在大后方一切高等学校的最前头，因而西南联大博得了“民主的堡垒”的美称。

我只谈我亲身经历的一件事。

1941年冬，日寇偷袭珍珠港，拉开了太平洋战争的序幕。很快地日寇便占领了香港。当时寓居香港的党国要人仓皇地乘飞机逃回重庆，孔祥熙一家还用飞机运狗。消息传到西南联大后，立刻激起了民主热潮。学生们纷纷起来抗议孔家用飞机运狗一事。大字报(这是我有生以来第一次看到大字报)贴满了校门旁边的大墙上。这无疑是学生们的文学竞赛，有的大字报简直就是一首优美的古诗。但是基调是一致的：声讨孔家这种冒天下大不韪的行径。很快地学生们组织成队伍，到市内游行，浩浩荡荡的队伍经过金碧路，一直到达最远的拓东路，沿途高喊“打倒孔祥熙”的口号。

这次行动震动了整个大后方。

坚持正义，“不畏强御”便是西南联大的民主运动的精神。

（原载《学术界》2000年第1期）

五、未发表的文章

我的治学之路

今天与同学们共聚一堂，我是非常高兴的。我是一个名副其实的老教书匠。回想起来，我于1945年大学毕业，1946年就开始教书，那时抗战刚刚胜利。从那时起到现在已经有53年了。在这53年中，粉笔生涯与我结下了不解之缘。所以在退休后，我对于课堂和讲台总是恋恋不舍。今天有机会重登讲台，心情之愉快可想而知。

关于讲什么？我曾经踌躇了一番，本来想讲一个专题，把我近来的研究的成果报告给大家，但是后来又感到讲治学经验可能更符合大家的要求。所以才把题目定下来，决定讲我的治学之路。

我正式开始搞学术研究是1952年，到今天为止47年，这是一条漫长的道路，也是一条曲折的坎坷的道路，其间苦辣酸甜的滋味都尝够了。因此尽管我的学术成就很有限，但是，向在座的同学们谈谈我在研究学术方面所走过的道路，也许会对大家有一些参考价值。

在读小学时，日寇侵略我的家乡东北三省，成立所谓“满洲国”，溥仪当上了傀儡皇帝，粉墨登场。在我读中学时，逐渐产生了反满抗日的爱国思想。我读的中学叫南满中学，是日本人成立的中学，教师都是日本人，只有教国文的老师是中国人，一共才两位。但是我和大多数同学都对日本人有反感，都有一颗爱国心。1937年七七事变，中国抗日战争全面展开，因此我在中学毕业后便来到当时的北平，希望有机会南下，投身于火热的抗日斗争中去。在北平呆了一年半，才找到机会南下。经过上海、香港、广州湾，最终到达昆明。

本来我是想考国民党军校的，以便随时走向战场杀敌。但是到大后方后，目睹国民党政府腐败无能，我便心灰意冷，在亲友的劝告下，放弃了考军校的念头，而报考昆明的西南联合大学。这是由原来北平的北京大学、清华大学及天津的南开大学三个大学联合成立的，这是在抗日战争的硝烟中诞生在大西南昆明的大学。它一共才存在八年，可以说是“昙花一现”。

在西南联大只读二年书，我就转到成都的四川大学。当时成都也是大学集中的地方。除原有的四川大学及华西大学之外，还有从沦陷区迁来的齐鲁大学和金陵大学，以及金陵女子大学等。当时有几位名教授在四川大学讲课，我选了钱穆先生的中国学术思想史课，一连听了两年。又听了萧公权先生的西洋政治思想史课一年，也听过陈寅恪先生的学术报告一次。其中我最佩服钱穆先生，甚至达到崇拜的地步。我之所以崇敬钱穆先生，理由很多：第一，他的学问渊博，不但精通中国史，而且兼治中国思想史，对宋明理学最有研究，他的著述有数十种，其中分量最大的是朱子学集，这是他后来到台湾后出版的。第二，他以自学成家的，他没有上过大学。第三，他有宏伟的抱负，他不是为学问而学问，而是以弘扬中华文化为自己的奋斗目标的。目睹学术界崇洋媚外的风气兴盛，甚至有人主张全盘西化。他写的《国史大纲》不但是学术名著，而且用意深远，通过历史说明中华民族的文化是优秀的，用此来激励全国同胞抗战的决心，这是针对当时有人提出的亡国论调。我是这样敬佩和崇敬钱先生，所以他讲的课，我一次都不缺课。有一次，林语堂从美国回来，到四川大学来作报告，而报告时间正与钱先生的课发生冲突，但是我宁愿听钱先生的课，也不去听林语堂的报告。这里除了重视钱先生的课这个原因之外，还有一个原因，那就是瞧不起林语堂。

总之，在西南联大和四川大学受到几位名教授的熏陶影响，我坚定了走从事学术研究道路的决心。

下面谈我的治学经验。

第一，贵在坚持“锲而不舍”。

对于一个有成就的学者来说，“锲而不舍”的精神是必不可少的。我的成就虽然不大，但是就我到目前为止取得的微小的成就而言，这种精神也是一个重要的因素。我无论做什么事，不做则已，一旦决心去做，就非把它做到底不可。“持之以恒”便是我的性格特点之一，以锻炼身体为例，我自从 1957 年下半年起，就抱着增强体格的目的，坚持每天早晨登千佛山（距我家有 5 华里之遥）。在迄今为止的 36 年中，除了下放劳动和因公外出外，几乎从来也没有间断过，即使刮风下雨，甚至下雪后满山白雪皑皑，也阻止不了我登山的习惯。我搞学问也是如此。我写《美国内战史》最能说明这个问题。1957 年春三联书店的编辑向我约稿，谈好由我写《美国内战史》，合同也签订了。可是我刚刚动笔之后，就开始了“整风”和“反右斗争”，在这一年夏天我被错划为“右派”。对于一个人来说，戴上“右派”帽子是一件非同小可的大事，因为这等于他被编入了“另册”，一切政治权利都被剥夺罄尽，不但经常从事强迫劳动，而且一有运动就成为挨斗的对象。而影响我最大的是，发表文章出版著作的权利也因此丧失了。但是我毫不气馁，我以“正其谊不谋其利，明其道不计其功”的精神照旧挤时间去写，而不管是否能够发表。1971 年秋，正常的教学秩序也开始恢复了，于是我才能够静下来重理旧业。由于《美国内战史》稿子遗失，我只好从头做起：重新借书，重新抄材料，重新整理材料，重新写大纲……到 1975 年终于完成第二稿（比原来的稿子多出七八万字）。其间我不知耗费了多少心血，用去了多少个日日夜夜，真是一言难尽。我这部书才在 1978 年正式出版。这部难产的《美国内战史》从约稿时起到最后出版，整整用了 20 年。假如我缺乏毅力，中途泄气，恐怕此书早就被扼杀在母胎中了。

我写的《杰斐逊传》，也是以“锲而不舍”的精神完成的，和《美国内战史》不同的是，没有经过那么多的曲折。《杰斐逊传》在 1990 年出版了。但是这实际上只着重在他的前半生，后半生只用了几千字概括出来。书名是《杰斐逊传》，其实只是他前半生的传记。因此我在出版《杰斐逊传》之后，再接再厉，继续写他的后半生，书名暂定为《杰斐逊总统传》。这本书从1989年开始准备，到现在为止，经历10年，已写出初稿，大约60万字。但是过去两年，我在加拿大探亲期间，又在附近的大学图书馆里接触到不少新的材料。探亲期间我一直忙于摘录必要的资料。明年初我还要到美国弗吉尼亚大学去进一步收集材料。我写书的态度是，和韩信将兵一样多多益善，参考的书刊不厌其多，到现在为止，我已参考利用了 130 多种书。这次在弗吉尼亚大学，将把过去我所见不到的有关的书尽可能都利用上。我准备在收集完这些资料之后，再坐下来从事修改，在修改过程中把这几年摘录的新材料都吸收到初稿中去。最后，全书恐怕要达到 80 万字，要分上下两册出版。①

现在我写这部《杰斐逊总统传》与过去写书的态度不同。过去写书都是事前与出版社约好了，所以必须赶时间。现在写这本书，没有和出版社订立稿约，所以时间由我自己定，写得非常从容不迫，可以有充分的时间消化材料，以免生硬拼凑；反复思考问题，做到融会贯通，条理清晰，组织周密，把一些问题写得更为深刻，并提出自己的独到见解。

第二，有一个动力。

我多年来在学术活动中所表现出来的勤奋精神，是学术界朋友们所公认的。那么究竟是什么力量推动的呢？换言之，我勤奋治学的动力是什么？

现在回忆起来，我发现这个动力并不是一成不变的，它有一个从低层次向高层次转化的过程，从利己主义向利他主义转化的过程。

大体上从1951年到1976年左右为止，个人打算占支配地位，名利思想是主要动力。我羡慕知名学者的成就和崇高地位，一心一意想成名成家，而且认为多多发表文章和出版著作可以得到许多稿费，50年代稿费是很优厚的。我写的第一本书《美国独立战争简史》才10万字，得稿费一千多元，再版又得一千元。我写的第二本书《英国资产阶级革命》20万字，得稿费两千多元。不过这里顺便指出，那时我努力写作，并不是像现在许多大学教师那样是为了评职称，为了升等级，因为那时尚未形成评定职称的制度。偶尔评职称也是领导内部决定，与科学研究水平高低无直接关系，主要看政治。

但是这种名利观点，以“十年浩劫”为分界线，完成了向高层次的转化。

我自己是研究历史的，就应该立足于人民的需要写历史，要使广大人民从历史中受到教育，得到启发，从愚昧中解放出来。人民的愚昧是万恶之母，是一切灾难的根源，只有消灭愚昧，人民才能分辨出善恶是非，才能知道什么是民主，才能爱国。只有消灭愚昧才谈得上中国的现代化。只有消灭愚昧，中国才能走上富强和民主的康庄大道。我决定写《杰斐逊传》就是基于这样的觉悟。我希望把这位美国民主主义者介绍到中国来，以便扩大中国

① 这本书已经于2005年7月由齐鲁书社出版发行，书名为《杰弗逊全传》，上下两卷，共130多万字。该书出版8个月后，刘祚昌先生在美国因病去世。——编者按

人民的视野。一句话，知识分子的社会责任感推动我写《杰弗逊传》。这个责任感一旦产生，便发挥无比的威力。1982—1986 年我撰写这本书时，总是做到“夙夜匪懈”，全力以赴。连星期日、假日、节日，甚至是春节，都不放下笔杆。在炎热的夏天，汗流浃背也没有使我离开书桌。

社会责任感有时也使我暂时离开自己的专业，在百忙之中抽出时间去写与自己的专业毫不相干的文章。众所周知，近十几年来社会上的不正之风越刮越猛，到处是关系网，到处要走后门，一切向钱看，贪污受贿也成为风气。社会上有许多人为了钱，做出各种伤天害理的事。大约十几年前，目睹这种现象，我感到非常痛心，并且意识到自己有责任为纠正这个不正之风贡献自己的力量。由于感到中华民族的固有道德可能是医治这些社会病的良方。于是我便写了好几篇阐发孔孟伦理道德的文章。诸如：《孔子思想中的积极因素初探》《孔子的理想国》《“仁”是孔子教育事业的核心》《孟子的仁政学说及其进步意义》等等。这些文章发表后引起了某些反应，有两篇文章被转载。有的在《人民日报·海外版》转载。

这样，社会责任感给我以很大的推动力量。

其实，中外历史上有数不清的名著是作者的责任感催化出来的。司马光之写《资治通鉴》，是由于他认识到自己有责任写一部通史，以帮助君主从以往的历史中吸取经验教训，“俾四海群生，咸蒙其福”。钱穆先生写《国史大纲》，是因为他希望借以树立民族自信心，以鼓舞人民的抗战热情，有利于打败日本侵略者。《第三帝国的兴亡》的作者威廉·夏伊勒之所以千辛万苦写这个大部头的书，是因为他“憎恶极权主义的独裁政权”，感到自己有责任把统治者的罪恶史写出来，以教育后代。

除了社会责任感之外，兴趣也是我写作的重要动力。老实说，我对于中国历史，一往情深，兴趣极浓。相反我对于本专业外国史或美国的兴趣倒淡薄多了。我对写外国史感兴趣是写《杰斐逊传》以后的事。在写作《杰斐逊传》的过程中，我对于传主的认识越来越深，他那体大思精的民主思想使我心折，他那为人民的利益而奋斗的精神使我佩服，他那富于人情味的社会理想使我悠然神往，他那高尚的品质作风使我钦佩不已。因而在写作过程中，我不知不觉地对传主产生了感情，写他成了我的最大兴趣，认为是一种无上的精神上的享受，并且感到这种享受是属于最高层次的享受，是金钱换不来的、更为局外人所难以体会到的。这种享受是对我付出的劳动的最好的报偿。

以写《杰斐逊传》为转机，我对于研究工作的主观感受起了质的变化。过去搞科研，搞写作，总是有勉强的感觉，感到辛苦劳累，而现在无论搞什么研究都兴趣盎然，都成了我的最大享受。前年，为了参加在临沂召开的诸葛亮讨论会，我在百忙之中抽出一个星期的时间写出了《诸葛亮的儒者气象》一文，全文一万余字，后来发表在《孔子研究》1995年第4期。因此可以说，在学术探索的道路上，我已经“渐入佳境”，达到一种优美的精神境界。现在，写作和研究已成为我生活中不可缺少的重要部分，简直一天也离不开它。如果有一天不写，就好像失去了什么似的。写字台对我来说像磁石一样有强大的吸引力。每天早晨从山上锻炼回来，用完早餐之后，便身不由己地在写字台前坐下来，开始写作。此时此地，面前一杯清茶，手中一支钢笔，便会给我带来无上的快乐。每天只有坐下来看书写字，才心安理得，才感到身心俱泰。换言之，坐下来写作，我仿佛进入了一个自由的精神王国，在这个王国中我可以海阔天空任意翱翔，任意驰骋，有“凭虚御风……羽化而登仙”之乐。虽然我还远远没有达到程颢所说的“道通天地有形外，思入云烟变态中”的化境，却给我带来了精神上的喜悦和感觉上的快适。我想，只有社会责任感和兴趣二者才能让我达到这样境界。

但是，推动我在学术研究方面不断前进的还有一个动力，那就是“名”。不过我对于“名”有一个新的理解。我认为知识分子求名，在一定条件下并不是坏事。想当年孔子也不反对求名，因为他说过：“君子疾没世而名不称焉”。意思是说作为一个君子，在过去之后应该留下名。他又说：“君子去仁，恶乎成名”。(《论语·里仁》)“四十五十而无闻焉，斯亦不足畏也已”。(《论语·子罕》)好名乃人之常情，是未可厚非的。知识分子之好名，特别是希望自己的著作能传之久远。我常想，在过去五千年的历史中，当官的，甚至当宰相的，做皇帝的，不知凡几，太多了，多得简直数也数不清，但是历史留名的只有少数人，只有建立丰功伟绩造福于人民的少数人，才留下不朽的名声。相反，大量的历史学家、文学家却能名垂千古。清代著名诗人赵翼的诗句耐人寻味：

公卿视寒士，卑卑不足算，岂知钟漏尽，气焰随烟散，翻借寒士力，姓名见毫翰。

但是，读书人出名，必须与实相符，真正对学术做出贡献，写出有分量的著作，这样的名，才不愧于良心。

在现实社会中，往往有些学者名实不符。比如有的人，根本对学问没有兴趣，更不肯勤奋写作，而是靠当这部大书的主编，当那部大书的主编，自己不写，至多写个序言，主要靠别人写，为他捧场。这种人，名是有了，但是内行的人一眼就看穿他的名是假的。

因此，我认为求名必须有真才实学，必须埋头于书本之中，日积月累，按部就班，甚至呕心沥血。这样写出来的东西才有分量，才能掷地有声。只有这样，才能做到名实相称，才能于良心无愧。

第三，要博览群书。

以我个人的兴趣和爱好来说，我是喜爱中国古典文学和中国古代历史的。我父亲是研究中国古典文学的，对国学有一定的造诣。在父亲的亲炙和教导下，我自幼就对于古文、国史及古典小说一往情深，因而在中学、大学时代，在课余之暇，从兴趣出发，我读了不少与古典文学、古史有关的书籍。我记忆所及，中学时我于课余之暇读过《战国策》《史记精华录》《小仓山房尺牍》，甚至《浮生六记》等等。50多年来我在大学里虽然一直讲授外国史，研究外国史，但是中国古籍始终是我的亲密的精神伴侣，在生活中给我增添了无限情趣。以古文来说，我最喜欢读唐、宋八大家的文章，手头上备有《欧阳修全集》《苏轼文集》《韩昌黎集》《柳河东集》《宋文鉴》等书，在休息时随便翻阅，以资消遣。一个时候，我也耽读陶渊明的诗文聊以自娱。在“文革”时期，我曾用毛笔把《陶渊明集》全抄了一遍。而且我读的不限于这些，因为我的兴趣比较广泛，所以读的书是很杂的。比如，曾国藩的家书、《颜氏家训》《世说新语》，我都反复读过许多遍。我也读过名家的笔记，特别是宋元的笔记，如《鹤林玉露》《梦溪笔谈》《避暑录话》《南村辍耕录》等等。我时常漫无边际、不成系统地、零碎地读了《二十四史》及《资治通鉴》，其中《三国志》和《宋史》读得稍多一些。在“四人帮”肆虐时期，我曾经一连三年埋头于宋史的研究，抄录了大批资料，卡片有十几斤重。近十年来，我又买了《十三经疏注》《诸子集成》等成套的书，但没有系统地读，用时查一下而已。读这么多的中国古书，不用说侵占了我研究外国史的时间不少，但是从实际效果来看，我之这样“不务正业”，也带来了许多好处：提高了我的写作能力及文学修养；扩大了我的知识面，开阔了我的眼界；锻炼了我的思维能力；提高了我的判断力，为学术研究做了准备。

我在“博”方面的经验有二，第一是兴趣。我的兴趣广，在文史方面，特别在中国文史方面兴趣比较广，看见什么书都要涉猎一下。结果便是博览群书，自然知识面就广了。对于读书来说，兴趣是非常重要的，读书有了兴趣，读书效果就会提高。一本书如果你对它望而生畏，更谈不上兴趣，那么即使硬着头皮读下去，效果一定很差。如果你对它有兴趣，对于它的内容，自然就容易理解，也容易记住。第二，要思考。要把所读过的书融会贯通，自然会悟出一些道理来。

在“专”的方面我是如何做的，这里就不谈了。这里谈一谈我在“通”的方面所取得的经验。我在漫无边际地读书的时候，总是运用思考，在读书到一定程度时，往往“豁然贯通”，悟出一些道理来。我已经发表的有关中国史的文章，如《论王安石的政治品质与政治作风》《中国的专制制度与中国的孟德斯鸠》《论孔子的理想国》《“仁”是孔子教育事业的核心》《孟子的仁政学说及其进步意义》《孔子思想中的积极因素初探》《孔子思想·士人政府·文治》，最近写出的《诸葛亮的“儒者气象”》等等，都是这样构想出来的。当然这种情况不限于中国史，在外国史方面也有这种情况。

由于我对中国史和中国古文有一些修养，在研究外国史时，我收到了中、西对比的效果。比如我在撰写《杰斐逊传》时，一有机会，一有可能，就拿他与中国历史人物作对比，这就加深了中国读者对于杰弗逊的了解。

因为我对于中国国学有些基础，所以在第一次出国期间，曾在得克萨斯的一个大学里讲过有关中国文史的课；我用英文讲过“君子——孔子的理想人格”、“孟子的仁政学说”、“黄宗羲的民主思想”、“韩非子的思想”、“信奉洋教是太平天国失败的原因”，等等。

也是由于我对中、西历史文化都了解一些，我也形成了对于中、西方文化的综合看法。我认为中、西双方都对人类文化作出了重要贡献，如果说西方的贡献是民主与科学的话，那么中国的贡献便是儒家的伦理道德思想，而后者正是对于前者的重要补充，因为西方文化所缺少的正是富有人情味的儒家伦理观念和道德修养，以及人生境界的等等方面的思想学说。

也是由于我熟悉一些西方的历史文化，我也有可能在考察中国的历史文化时，态度更为客观一些，并且能够以西方历史文化作为参照系。

在西方历史文化的参照下，我发现中国儒家的仁政学说固然博大精深，有其独到之处，但是它的最大缺陷是把统治者看作是政治的主体，把人民看作是客体，把前者放在主动地位上，而把后者放在被动的地位上，把一切希望都寄托在所谓明君贤相的善良动机上面，而让人民消极地等待上面“恩赐”仁政。这就决定了儒学仁政思想的空想性质，因为希望统治者实行仁政是非常不切实际的，统治者大权在握，必然倾向于贪暴，必然趋向暴政，出于自私的打算他们不可能实行仁政。只有人民成为政治主体，在政治上享有发言权，才能制止暴政，才能促使政府为人民谋利。这正是西方民主的主旨所在。因此，仁政学说是不足取的。只有孔、孟思想中富有人情味的伦理道德及个人修养的学说才有普遍意义，可以与西方的民主与科学相辅相成造福于人类，给民主和科学的冷漠和严峻带来温暖和润滑剂。我曾经听过钱穆先生的中国学术思想史，也听过肖公权先生的中国政治思想史，正是在这些名教授的熏陶下，我对研究学问感兴趣，我之决心走上治学的道路，就是在大学读书期间开始的。这样，我是一步一步地从“读书做官”思想过渡到当军人杀敌，最后决定走做学问的道路。

下面介绍我的治学经验。着重讲“专”、“博”、“通”的问题。

我认为人文社会科学工作者，如果想在研究工作中做出成绩来，应该做到“专”、“博”、“通”，因为这三个字是做学问的重要法门。

一个学有专长的人被称为“专家”，可见“专”字对于读书做学问的人来说应该是奋斗的目标。读书做学问如果只是满足于一般的、粗浅的理解，像蜻蜓点水那样，浅尝辄止，那就达不到“专”。只有对一学问达到全面掌握，深入理解，找出其内在规律，并且有所创新，有所突破，发前人之所未发，提出一些有分量的新见解，才够得上一个“专家”。拿研究历史来说，一个人如果对于某一个断代史，不但熟悉其典章制度、社会经济以及文化军事的状况，而且对于这一代的特点，它在中国整个历史上的地位，乃至其盛衰兴亡的原因也了如指掌；不但尽可能多地掌握有关史料，而且在一些重大问题上能提出独到见解，解决过去所没有解决的问题等等，那他就当之无愧的是这一个断代史的专家。

但是一个人能达到“专”的水平，能成为某一学科的专家，要有一个前提。假设没有这个前提，他就绝对达不到“专”。即使达到“专”，那么“专”也不够深。那就是说，他必须以“博”为前提。

一般人都认为“专”很重要，殊不知“专”必须以“博”为前提，只有大量阅读大量的书籍，掌握广博的知识，才能有助于达到“专”。“专”的程度是与“博”的程度成正比例的，“专”与“博”的关系，犹之乎一个金字塔尖端的高度与底座的宽度之间的关系，底座愈宽广，尖端就愈高。一个人所掌握的知识在数量上必须比他在“专”的方面所使用的知识多出许多倍，只有这样，才有可能在“专”的方面取得成就。

那么为什么“专”要以“博”为前提呢？第一，读书多，自然见多识广，如是，则在研究一个课题时就可以左右逢源、触类旁通，从而思路畅通，文思也就源源而来了。第二，一个人读书多，知识面广，也可以扩大他的眼界，开阔他的胸襟，从而在研究专题时也就站得高、看得远，就能从更高的、更开阔的视角去观察问题，因而也就把问题探讨得更深更透。杜甫说：“读书破万卷，下笔如有神”，作诗如此，作学术研究也何尝不如此。第三，读书多、知识面广的人，也会养成丰富的想象力，而想象力也是为专题研究所必需的，因为想象力是创新的前提之一。第四，读书多也锻炼一个人的思维推理能力和写作能力，而这二者也是为专题研究所不可或缺的。第五，各科学问并不是互相孤立的，而是互相有联系的。比如研究宋史，要想掌握宋代的理学，就必须懂得先秦儒家孔孟思想，对儒家经典有所了解，还必须懂得一些佛学。因为宋代理学和这二者都有关系。再比如研究宋史，必须了解前面几代的历史，否则就无法知道宋代许多事情的渊源。

下面再就“博”字做一个论述。

人们总以“博览群书”来形容一位学者。中国古代大学者、大思想家无不博览群书。孔、孟、荀、老、庄等先秦诸子不用说了，等而下之，秦汉以后的许多学者也都是如此。许多大学者大思想家都有文史哲方面的知识，甚至懂得天文、地理、数学等学问。汉代的张衡不但是文学界泰斗，而且也是一位伟大的天文学家，可见他的知识面之广了。总之，自古以来学者都以

“博”见称于世，“博”在人们心目中是读书人所能企及的一个值得羡慕的境界。

然而，“博”也不能一概而论。如果更进一步加以分析、推敲的话，“博”也可以分为高、低两个层次。低层次的“博”，是知识零碎而杂乱无章的“博”，这样的人虽然在表面上是于书无所不读，于物无所不知，但是他所取得的知识是一锅大杂烩，不成系统，没有互相连贯起来。他只配成为“活字典”或活的百科全书。从古到今，属于这个层次的人，直如恒河沙数。而高层次的“博”是融会贯通的“博”，亦即达到“通”的地步的“博”。他是读书读通了，而不是食古不化，是在博览群书、掌握大量知识的基础上，把这些知识连贯起来，从中悟出许多道理，并且进一步形成自己的观点，能用它去解释客观世界。更有少数杰出的读书人能够以大量的知识为材料，创造出自己有系统的学说，成一家之言。可见“通”之为用大矣。

我国春秋时代的孔子就已经注意到“通”的重要性了。他说：“吾道一以贯之”，这就是强调“通”。他主张“由博反约”，主张举一反三，也就是主张把学到的知识融会贯通起来，并且加以应用。他说：“学而不思则罔，思而不学则殆”。这里所说的“学”就是多读书，多观察世界，以便多多掌握知识；这里所说的“思”，就是把这些知识连贯起来，并且联系实际，他特别认为“学”和“思”二者不可偏废，这就是要求人们既要“博”又要“通”。值得注意的是，他把“学”放在“思”的前面，这说明孔子反对束书不观而发空论。

古今中外的学者都是“博”而“通”的人，或者是“博古通今”的人。“博”而不“通”就不成其为学者，在先秦时期，由“博”而“通”因而成一家之言的，首先有孔子、老子，其后有孟子、荀子、庄子、墨子等等。

以上谈的是在“博”的基础上的“通”。

到了近代，“通”又增加了新的内涵，它有沟通中、西文化的含义，一个人既精通中国文化，又了解西方文化，做到“学贯中西”，也是“通”的表现。

近代中国这类例子不少。比如梁启超、王国维、陈寅恪、胡适、冯友兰、林语堂、萧公权等等。他们都有中国国学的深厚根底，而又都出国留学，接受西方文化及思想。他们都学贯中西，因此，研究学问，左右逢源，可以能深入一层。特别是他们能用西方的科学方法整理国故，所以要比旧时代的学者高出一筹。我亲身经历的有萧公权先生。抗战时期我在成都的四川大学读书时，听过萧公权先生讲西洋政治思想史。十几年前我在美国的得克萨斯州的一个大学讲孔子思想时，在图书馆里偶然看到萧公权先生用英文写的中国政治思想史，原来我只知道他专长西洋政治思想史，现在才知道他对中国政治思想史也有很深的造诣。据说他晚年在美国华盛顿大学教书。另外，林语堂过去我只知道他在海外用英文写了不少介绍中国历史文化的著作。最近几年我读了他的一些作品，感到他的学问不在胡适之下。他不但研究外国哲学、文学，而且对中国传统文化理解甚深。他不但是作家，也是历史学家。他曾写过《苏东坡传》《武则天传》，而且能提出自己的独特见解。

以上谈的只是“学贯中西”的例子。

但是，学贯中西，能进一步做到把中西文化思想融会贯通，创造自己的新的思想体系，成一家之言者不多，这只能期待于将来。

以我个人来说，过去 40 年来，我曾在“博”、“专”、“通”上下过功夫，尽管离真正的“博”、“专”、“通”尚远。

首先我曾努力达到“博”。但是我的“博”也与个人兴趣有莫大关系。为了做学问，还有一个重要动力，那就是有事业心。把做学问看成是一个事业，并且为这个事业奋斗终生。比如汉代儒生，皓首穷经。再比如清代乾嘉学派，他们穷年累月在故纸堆中讨生活。他们所做的训诂考据工作对于整理中国古代学术做出了伟大的贡献。我们研究先秦学术思想，在许多地方要利用他们的成果。

我的事业心是很强的，我主编了两部世界近代史教材，我已经译出《杰斐逊集》上下册，都已出版，我另外还出版了四部专著：《美国独立战争简史》《英国革命史》《美国内战史》以及《杰斐逊传》。《杰斐逊传》虽然涉及传主的一生，但是重点在前半生，后半生仅作了概括的叙述，所以目前我正在写杰斐逊的后半生，书名暂定为《杰斐逊总统及时代》，已写出 40 多万字，全书将有 60 万字，预定明年完成。

可能人们认为我已经有了不少著作，年纪已大，78 岁了，何必再写呢？ 但是我不是这样看，因为我过去曾发誓要写杰斐逊全传，现在只出版他的前半生，如果不继续写他的后半生，就等于破坏了自己的计划，既对不起自己也对不起读者，也许还对不起地下的杰斐逊。所以我现在仍天天不停地写。

总的说来我的动力便是社会责任感、兴趣、求名以及事业心。

但是我认为，一个人文科学工作者，要想在学术上有所成就，独树一帜，对社会对国家发生影响，甚至写出传世之作，必须具备以下两个条件。

第一，要有自己的政治信念或政治观点。司马光编写的《资治通鉴》之所以成为不朽的名著，是因为他有一套自己的政治思想和政治观点。他的政治观点便是保守思想，他认为国家体制、方针政策等等不应该随便改弦更张，不应该做重大变动，如果出现毛病或弊端，应该慢慢地、逐步地加以改进。他反对王安石变法就是基于这个政治观点，因为他认为王安石变法是全盘的根本的变革，是操之过急。在王安石变法失败后，他上台了。在上台后，司马光几乎把王安石变法的内容全部消灭。他写《资治通鉴》，就是用中国的编年史去证明他的这种观点。因而《资治通鉴》不是历史事实的大杂烩，而是贯穿了他的政治观点。

再举一个例子，国学大师钱穆先生是著作等身，他不但享高寿，而且著作非常丰富，达到几十种之多。他的著作涉及中国古代历史和哲学。他之所以取得惊人成就，原因之一便是他有一个思想，那就是中国文化优秀论，他是中国文化本位主义者，他对中国文化的核心或本质有着深透的认识。他对西方文化抱反对态度，由于有这个信念，他才取得这样伟大成就。

那么为什么一位有成就的历史学家应该有自己的政治信念或政治观点呢？对于史学家来说，政治思想好比是他的向导，有自己的政治信念或观点，就不至于在研究写作中迷失方向。而且有了自己的政治信念，思想境界也就高了，只有这样才能写出境界高的著作。同时有了自己的政治思想，也就有了努力方向，有了追求的目标。

第二，坚持史德。唐代刘知已提出史才、史学、史识作为史学的重要条件，清代章学诚又加上一个史德，这就是要求史学家在写历史的时候秉笔直书，既不要歪曲事实，也不要捏造事实；既不要掩盖罪恶，也不要制造并夸大历史人物的美德。不溢美，不掩恶。

写三国志的陈寿《三国志》就缺点史德，他写《三国志》是为了献给晋朝当局的，在执笔写时就不免有歪曲事实之处，如赵翼在《廿二史劄记》中所指出的，他对于司马懿父子的许多事加以回护，替他们所篡魏的事遮遮掩掩。

但是，我认为应该把史德的内涵加以扩大。史德不仅要求史学家写历史时秉笔直书，而且还要求史家个人有优美的品德，要作风正派，在学术研究和写作方面，决不搞歪门邪道。

我认为作为人文社会科学工作者，应该避免以下几种不正行为：

第一，“曲学阿世”。为了迎合当政者个人的意图或爱好而不惜歪曲历史。我国史学家有的人为曹操翻案，为殷纣王翻案，为武则天翻案，就是迎合上面的意见。“四人帮”在台上时，也有一些所谓学者当御用文人，作尽了丢脸的事。甚至有人写吕后，竭力美化吕后，这就是为了迎合江青的个人意图。

第二，为了迎合社会潮流而作，当前经济浪潮是汹涌澎湃的，有一些人为了迎合这个风气，便大写与这方面有关的文章或书，因为这样的文章或书容易发表或出版。这样的人虽比“下海”的人要好一些，但是并不算正派，失去了知识分子应有的操守。

第三，为了迎合一般读者的低级趣味而写，而不是为了教育读者而写。读者爱好什么就写什么，目的是为了赚钱。这也是一位正派的知识分子不应该做的。当然这里必须划清一个界线，这类作品要与普及读物区分开来，为了让读者易懂，写一些深入浅出的作品是应该的。

第四，为了评职称积累资本，自己对学问根本没有兴趣，只是为了能评上教授才勉强拼凑篇幅。

以上几种情况有几个共同点。第一，动机不纯或动机不良，他们都把搞学术当作一种手段，说得不好听是当作敲门砖，一旦达到目的就把砖丢掉。第二，有这种动机的人对学问肯定不感兴趣，必定粗制滥造，写不出博大精深的文章或著作。

那么在史德力面，一个历史学家应该持什么态度呢？我想林语堂先生所提倡的态度最值得我们学习，他说：一个学者在研究和写作上要“带点大丈夫气，说自己胸中的话，不要取媚于世，这样身份自会高，要有点胆量，独抒己见，不随波逐流。……所言是真知灼见的话，所见是高人一等之理，所写是优美动人的文章，独往独来，存真保诚，有骨气，有识见，有操守，这样的文人是做得的”。①

① 林太乙:《林语堂传》，北岳文艺出版社 1994 年版，第 137 页。

我是怎样写《杰斐逊传》的[①]

我之写这部传记，是有思想准备的。这些年来我深深认识到历史传记的重要意义及其所发挥的重大的社会功能，一部历史人物的传记，比空洞的理论说教更能感染人和教育人。我是学美国史的，搜寻二百多年的美国历史，我发现有不少值得向国人介绍的卓越人物，而托马斯·杰斐逊首当其选，这是因为我感到杰斐逊不但是一位杰出的革命家、政治家和思想家，而且也是一位品德高洁的、勤勤恳恳的人民公仆。他在退休后仍念念不忘为人民做事情。他特别关心教育事业，到晚年仍为普及教育及发展高等教育而努力不懈。他为创建弗吉尼亚大学而付出全部心血。因此，他得到了我的崇敬。我正是以这种心情写他的传记的。但是，我也没有忘记中国古代史家的优良传统——“直笔”。我在写这本传记时，既不溢美，也不隐恶，力图把杰斐逊的本来面目再现出来，为了让读者认识杰斐逊全貌，我不但写他的政治活动、政治思想和政治业绩，而且也写他的政治品质，政治作风；不但写他的私人生活、社交活动，而且也写他的个人品德、个人性格、生活情趣以及心理活动。我认为只有这样才能把人物写活，写得有血有肉，把传主的整个人格烘托出来，但是，我认为只是这样写还是不够的、还必须“画龙点睛”，必须从大量的史迹中细绎出他内心深层的东西，亦即独特风格和思想核心（因为他是一位思想家）。经过长时间的苦思冥想，我发现杰斐逊的独特风格是一个矛盾复杂的统一体。在他身上可以看到理想主义与现实主义的矛盾，激进主义与稳健作风的矛盾，崇高的抱负与实干作风的矛盾，稳居思想与用世思想的矛盾，奴隶主贵族地位与民主主义思想的矛盾的统一。我又发现他的民主思想的核心是“非资本主义倾向的人文主义”。

---

① 载于《世界近代史研究会通讯》总第六期，1990年11月，第2页。

孔子说："言之不久，得之不远"。在我看来，为了提高一部人物传记的可读性，翔实的内容必须用优美的文字表达出来。我在写《杰斐逊传》时，力图做到行文流畅简洁、措辞典雅生动，雄劲有力和细腻入微、各得其宜。我在书中还适当地增添了传主生活中的一些有趣的情节和闲情逸致的东西。

当然，这只是我写《杰斐逊传》的个人心得，谈不上什么成功的经验。

于细微处见伟大

——忆朱自清先生的一件往事

历尽世事沧桑的我，总是把过去的一切，都看作是过眼云烟，都付诸遗忘。然而只有一件事却长期铭刻在心，它不时地浮现在脑际，引发我的幽思怀念和感激之情。那就是：在半个世纪前，当我正在陷入困境而举目无亲的时刻，朱自清先生向我伸出了热情的援助之手。

这是一件不为世人所知的往事。朱先生早已作古，墓木已拱。现在我是唯一的当事人。由于担心它湮没无闻，最近我便“以三余之日”，著书之暇，把它形诸笔墨，希望公之于世，以期人们对朱先生的人品道德有更为亲切的认识。如果它能对于世道人心有所补益，更是我求之不得的了。

朱先生那时是昆明西南联合大学（抗战时期由北大、清华和南开三校联合组成）的教授，我也一度是这个大学的学生（1941 年 9 月至 1943 年 7 月），但他是中文系教授，我是历史系的学生，而且后来我又转学到成都四川大学，因此我和朱先生没有亲炙之谊，可以说是互不相识的。他留在我的记忆中的唯一印象，便是一到冬天他便身披一张羊毛毡（这是云南乡下赶马人的冬季装束）来上课——这在西南联大的师生中也是独一无二的。

但是，在 1945 年我大学毕业后不久，一个偶然的机会，我和朱先生在飞机上不期而遇。

原来这一年 6 月我在成都考上了昆明译员训练班（抗战后期美国空军来华助战，昆明、成都等地有大批学生担任美军的译员，在担任译员之前要在训练班短期练习英语会话）。8 月下旬的某一天，我和在成都录取的其他译员一同搭乘一架运输飞机飞往昆明，以便在 8 月底到训练班报到。碰巧朱先生也搭乘同一架飞机。朱先生的夫人在四川大学图书馆工作，每逢寒暑假朱先生便从昆明赶回成都与家人团聚。这时，学校快开学了，朱先生搭乘飞机是为了赶回昆明上课。飞机上的乘客不过二三十人，眼睛一扫就可以看清每个人的面孔。按理说，朱先生也算是我的老师，我本应该执弟子礼向他问候，但是我没有向他说一句话。这固然与我的性格内向有关系，但是更主要的是因为那时我患重感冒已经两三天了，高空的寒冷更加重了我的病情，以至我根本提不起精神去搭理别人。可是后来情况的发展却促使朱先生和我主动说话。

当天下午飞机抵达昆明，在巫家坝机场着陆。但是，这时我正在发高烧，下飞机后一步也走不动了，便枕着包裹躺下。乘客们都纷纷离去，唯有朱先生注意到我这个狼狈样子，他马上走过来向我打招呼。在了解情况后，他便轻轻把我扶起来，并且挽着我的胳膊一步一步磨蹭着向昆明市区走去。机场离市区有 15 华里之遥，既没有机场班车，也不通公共汽车，所以我们只有步行。回想起来，我现在仍感到内疚，因为后来朱先生那个时候已患有严重的胃肠病，身体极为虚弱，他之不顾体弱多病来搀扶我走路，一定会给他的病体造成损害。最后我们勉强走到市区，朱先生便把我安排在路旁一家小客店里住下。他知道我是一个刚毕业的穷学生，便慷慨解囊，替我支付了全部住宿费用，并再三叮嘱我好生养病，然后才离开。

更使我感激的是，朱先生还满腔热情地关怀我的成长和前途。

在病愈后的一个星期天，我到西门内西仓坡西南联大教授寓所去看望朱先生，以表达我的感激之情。出乎我的意料之外，这次访问使我有机会聆听朱先生的亲切教诲。他不但勉励我努力上进，以便将来成为对国家对人民有用的人，而且还教导我如何做人，希望我做一个有品德有操守的好人，而不要在一个恶浊的社会里随波逐流。从言谈中，他知道我是一个东北流亡学生，于是他又劝我回东北（当时日寇刚刚宣布投降），为桑梓服务。他那慈祥恺悌的态度和谆谆勖勉的话语，使我如沐春风，于不知不觉中获得受用无穷的教益。可以毫不夸张地说，除了父母外，这是我生平第一次受到这样亲切的教诲，因而对我发生深刻的影响。回想在我过去 50 年的人生旅程中，我之所以没有误入歧途，我之所以能够始终保持中国知识分子的传统美德，我之所以能在学术上作出一些微末的贡献，在颇大程度上得力于先生的教诲。

忆起这一件往事，除了勾引起我的无限怀念之外，也使我产生一些遐想。朱先生这次对我的援助，在他作为一位名扬中外的学者、诗人和民主人士的有声有色的一生中，只不过是一桩微不足道的琐事，但是从这件琐事中却能观照出他的道德情操，它不但表明他的胸中有一颗可贵的爱心，而且也说明他所爱的不是一个个别的人，而是普天之下的人，因为不但接受他的援助的我是一个他素不相识的陌生者，而且他又表现得那样深情，那样无私，他这种悲天悯人的人道主义伟大情怀，实际上与他在文学创作及教育事业中所表现出来的爱人民、爱祖国的思想感情是契合无间的。与某些言行不一、功利之念熏心的文人不同，他一生的活动和事业，他在文艺战线上的反封建斗争，他之同情、支持民主运动，以及他的种种爱国行动，都是这个伟大情怀的真诚无伪的外在表现。于细微处见伟大，从先生的这件琐事中可以窥见他的人格的伟大。

时光流逝得真快。在那次晤别后，弹指之间，50 年过去了，而先生之归道山也已经 48 年（先生是在 1948 年于贫病交迫中撒手人间的），但是他那“即亡也温”的和蔼可亲的面庞，他的音容笑貌，一直生活在我的心中。

漫谈读书

我这篇文章的标题是“漫谈读书”，我之所以选择这个题目，是有针对性的，是因为我看到在经济浪潮的冲击下，社会上许多人不读书了，认为读书是迂阔的事，不能带来实际利益。就是本来应该读书的大中学生，也不那么热心读书了，而且对读书抱有不正确的态度。

虽然是漫谈，内容集中在两个问题上，一个问题是读书究竟有什么益处？有什么作用？一个问题是应该怎样读书？

古人说：“开卷有益”，可见中国自古以来就已经认识到读书的益处了。那么读书的益处有哪些呢？这个问题太大，可以从各种不同的角度来谈，而且可以谈得深些，也可以谈得浅些。我个人学疏识浅，而且对很多学问不懂，比如我不懂哲学，不懂现代文艺，不懂现代文学，所以只能谈我所理解到的很粗浅片面的东西。

在谈之前，先向大家提出一个问题：假若人类没有书，都不读书，那么人类将变成什么样子？希望大家带着这个问题听我讲。

首先我认为读书可以打开眼界，扩大知识面，增加智慧。这虽然是老生常谈，但是我还是要讲几句。

我们都知道，一个人如果单纯靠自己的眼睛去看，靠自己的耳朵去听，用自己的手去摸，用自己的身心去经历，那么他所得到的知识太少了，只能知道身边眼前的事物。但是读书却可以使人们突破这些肉体上的限制，打破时间空间的限制，打破人与人之间的隔阂，而自由自在地遨游于浩瀚无边的知识海洋，恣意酌取知识，其乐无穷。

具体言之，读历史书可以打破时间的限制，使20世纪90年代的现代人一下子返回到古代世界，与古人见面，听取他们的言论，目睹他们的活动，甚至分享他们的喜怒哀乐。更重要的是，读史书可以吸取古人的智慧和经验，并且对人类的发展的来龙去脉有个整体认识。读人文地理及外国现代史学家的书，可以打破空间的限制，使人们置身于几百里、几千里、甚至几万里之外的世界，了解外国的奇风异俗，欣赏异国情调。更重要的是了解外国的政治经济及思想等等。这就是俗话说："秀才不出门，便知天下事"。读天文方面的书籍，可以打破地球的限制，在宇宙中翱翔，从而了解到地球之外还有无数星球，感到地球和人类的渺小和宇宙空间之无限大。读文学哲学作品，可以打开人与人之间的界限或隔阂，而直接闯入作者的内心，听到他们的心声，了解他们的思想、他们的感情以及他们的情趣等等。这样，在取得知识方面，读书可以是眼睛和耳朵的延长，是手和心的延长，使得人们有可能无限度地取得知识，增长智慧，扩大视野，开阔人的胸襟。

可能有人认为，在当前科技高度发展的情况下，一些媒体或媒介手段，如电视，也可以代替书本，起到传播知识的作用，只看电视就可以了，何必费劲去读书呢。但是要知道，这些媒介手段的局限性太大了。第一，通过电视。人们只能了解表面现象，深层的东西是得不到的。第二，书可以自己自由选择读，而电视是没有选择余地的，他们播送什么，你就看什么。可以说，在传播知识方面，任何其他手段恐怕都代替不了书。当然，书的形式也是不断变化的。中国最早的字刻到竹简上，人们读的是用竹条钉成的竹简。现在西方把书都储藏在缩微胶卷中，看书时把它放大映出来就可以了。但是书的形式不管有多大变化，书本身是消灭不了的。而且就是在书的形式上，目前的形式恐怕在可见的将来也不会取消的。上面谈的是书可以帮助人扩大知识面，增加人的智慧等等。但是读书的功能决不限于此，读书还可以培养人的道德情操，提高人的道德境界。大家知道，道德情操不是与生俱来的，即使孟子性善论可以成立，人也需要后天培养道德品质，而读书是最重要的途径之一。

在中国历史上，几乎一切道德高尚的人都得力于读书。随便举一个例子。南宋末年的文天祥是中华民族的骄傲，他在蒙古人大举入侵中国时，以南宋宰相的身份领导抗战，历尽千辛万苦，但是抗战终于失败，成为阶下囚。敌人用高官厚禄作诱饵，并且许诺让他当宰相，劝他投降，他都拒绝了，甘愿以死殉国，终于在敌人屠刀下慷慨就义。他之所以能够达到常人所达不到的这样崇高的境界，完全得力于平日的道德修养，而他的道德修养又离不开他的读书。他在就义前写的《正气歌》，以及他在被拘留期间所写的诗歌文章，都渗透了孔孟思想，这不是他熟读孔孟之书的明证吗？而且他在拒绝向敌人投降时写下了照耀千古的名句："孔曰成仁，孟曰取义，惟其义尽，所以仁至。读圣贤书，所学何事？而今而后，庶几无愧。"这不更说明他在慷慨殉国时所表现的崇高品德得力于读孔孟之书吗？

当然，文天祥的这种道德情操是属于最高层次的，是常人所难以企及的。但是常人所应该有的道德情操也是可以从读书中得来。在这方面有两种书对于培养道德情操很有作用。一是古圣先贤的道德说教，如中国的《论语》《孟子》；二是记载好人好事的历史传记。以我个人来说，这两种书都对我发生过影响。随着读书明理，我逐渐养成一种清高思想，并且表现在行动上。我洁身自好，职称的提升和某些社会地位的取得，都是靠自己的努力钻研业务而实现的，向来没有为此而巴结领导，到处奔走求人。我反对不义之财，在金钱问题上严格把关，不让自己有任何污点。前些年由于我参加省级校级职称评定工作，先后有几个人给我送礼，希望我帮忙，但是都被我拒绝了，叫他们把礼物带走。另外由于我是研究生导师，前些年先后有几个想报考我的研究生的人给我送礼，也被我拒绝了。我想我的这种清高思想及行为表现，主要是得力于我读过孔孟之书，得力于读过他们关于义利之辨，见得思义的教导。孔子的一句话我的印象最深，那就是："饭疏食，饮水，曲肱而枕之。乐亦在其中矣。不义而富且贵，于我如浮云"（《述而》）。同时我的清高也得力于读史传，史传上记载的好人好事，也给我以很大的教育。

下面让我讲关于范仲淹父子的一则轶事，我想大家一定会受感动。

文正公在睢阳，遣先生（指纯仁——引者注），到姑苏取麦五百斛（一斛等于10斗——引者注）。先生时尚小，既还，舟次丹阳，见石曼卿，问："寄此久何如？"曼卿曰："两月矣！三丧在浅土，欲葬之而北归，无可与谋者。"先生以所载麦舟付之，单骑自长芦捷径而去。到家，拜起侍立良久，文正曰："在吴见故旧乎？"对曰："石曼卿为三丧未举，方留滞丹阳，时无郭元振，莫可告者。"文正曰："何不以麦舟与之？"曰："已与之矣。"（《宋元学案》卷三《高平学案》）

这一段感人至深的文字，读后能无动于衷吗？

读书除了可以培养一个人的道德情操外，还有一个作用，那就是它可以使人摆脱俗气，而变为高雅的人，从而提高人的文化品位。什么叫俗气？据我自己的体会，俗气有以下内涵：卑鄙、龌龊、嫉妒、气量狭小、炫耀自己、贬低别人、视财如命、缺乏风趣、趣味低下、作风下流、过分贪图物质享受、势利（亦即凭贫富贵贱来分别对待人的恶劣作风）、媚上欺下、欺软怕硬、色厉而内荏等等。而高雅或风雅则恰恰与之相反，不言自明。

读书之有助于人脱掉俗气，古人早已看出来。宋代大文学家黄庭坚曾说过：人不读书，便言语无味，面目可憎。这就是说，人若不读书，就会变为俗不可耐的人。

那么为什么读书会有这样妙用？我认为读书的人，知识多，见识广，懂得道理，再加上文化气氛的熏陶，精神境界自然高了。如果用抽象的话来说，读书可以净化一个人的灵魂。而且中国古书上还记载大量雅人雅事，这也会起感染和鼓舞作用。

比如北宋大学者大文学家苏东坡之一生就充满了雅事，宋人笔记里记载他的轶事比任何人都多。在政治上他忧国忧民，耿直不阿，决不阿谀奉承有权有势者，因而表现了至大至刚的正气，但是在文学和生活上，他不拘小节，富有风趣，表现了浪漫气息和潇洒的风度，留下了不少风流韵事。在被贬黄州时，他受到地方官的看管，只能在黄州管界内活动。但是在这样郁郁不得志的情况下，他却能放浪于山水之间，尽情享受大自然之美。有一天在野外喝醉酒，在草地上躺下便睡，直到日暮时才被一位过路的农人唤醒。他在杭州做官时，有一次一个卖扇子的小商贩因欠债到期无力偿债而被逮捕。苏东坡问他为什么欠债不还，他说，他本来准备用卖扇子所得的钱偿债，但是近来天气阴雨，扇子卖不出去，所以无钱偿还，并不是赖债不还。于是苏东坡便放下官架子，叫那个小商贩从家里拿来一捆扇子，然后便在扇子上一个一个题诗或作画。大约一顿饭的工夫，把20把扇子都画完或写完，把扇子交给小贩，叫他拿出去卖。这个小贩刚一走出衙门，一下子都卖光了，因为街上人听说此事，都在衙门口等候买扇。苏东坡画的扇子为什么卖得这么快，是因为他不但作为大诗人名满天下，而且他的书画也很出名。这个小贩因卖扇子不但偿了债，而且也发了一笔小财。

俗气和风雅与贫富贵贱毫无关系。读书人再穷，照样有高雅的风度，而高官显宦或富商大贾如果不读书，一定是俗不可耐。他们即使有时附庸风雅也会露出马脚的。关键就在于读书与否。《聊斋》有一个故事，涉及雅与俗的问题，很有趣。杭州有一个妓女，名叫细侯，才色俱全，名满杭州。她爱上了一个姓满的穷困的读书人，发誓要嫁给他。当时有一个腰缠万贯的大商人想出高价买这个妓女，但是被拒绝了。有人问她为什么把财神爷拒于门外，而偏偏要嫁个穷书生去受罪？她回答说："满生虽贫，其骨清也，守龌龊商，诚非所愿。"这就是说，在她看来，这位书生虽然贫穷，但是为人高尚风雅，而那个大商人虽然有钱，但是俗不可耐，她宁愿与这个穷书生过一种清苦而高雅的生活，也不愿和这个大商人过一种粗俗不堪的富裕生活。

世界上没有无例外的规律，就是说，任何规律都有例外。在读书与雅俗之分的问题上，也有例外。历史上有的人，虽然读书很多，照样俗气。不过按照一般规律，读书的确有助于脱掉俗气。

综上所述，读书可以增长人的知识和智慧，这就是真；读书可以培养道德情操，这就是善；读书可以使人高雅，这就是美。因此读书可以使人达到真、善、美的境界。这就是说，读书可以提高人的素质，使他成为一个合格的公民。

但是如果我们进一步思考，还可以发现读书也可以丰富人的精神生活，增加人的生活情趣。

我们知道，一个人的幸福是多方面的，它不限于生活上的舒适和肉体上的享受。人究竟不是禽兽，他们除了物质上的要求外，还有精神上的要求，他们在物质生活外，还要求有精神生活，要求有丰富的精神生活以及高尚的精神上的享受，因为有心灵活动的人，与禽兽不同，光是有物质上的享受，会感到枯燥、平凡、单调和乏味。因而理所当然地要求有精神上的享受。比起肉体上的享受，精神上的享受更为丰富，更为高尚，更为雅致。如果说物质上的享受是一种低层次的享受的话，那么精神上的享受就是一种高层次的享受，使人的生活更有意义，使人达到很高的人生境界。

那么，怎样才能丰富人的精神生活呢？方法可能很多，但是主要方法恐怕还是读书。当你翻开一本你所喜爱的小说或其他文学作品，并且聚精会神地读下去的时候，你会不知不觉地走进一个美妙的精神世界。这里远离现实，别有天地，可以摆脱尘世上的一切烦恼或羁绊，得到精神上的超脱，享有你在现实生活中享受不到的情趣，并且进入一个忘我的境界。

下面谈我个人在这方面的经历和感受。我记得在10岁时开始读《三国演义》，就进入过这种忘我的境界，甚至达到废寝忘食的地步，简直是着迷了。当时我仿佛就生活在三国时代的环境里。三国人物就在我的身边，有时进入我的梦里，我因三国人物之悲而悲，因三国人物之喜而喜。而且我的立场是分明的，我所同情的是刘备、关羽、张飞和诸葛亮的西蜀，我所仇视的是曹操的北魏和孙权的东吴。每读到刘关张诸葛亮打胜仗，就心花怒放。从心眼里感到高兴，而每读到他们打败仗或蒙受失败时，就感到难过甚至伤心落泪。诸葛亮为了报答先主的知遇之恩，也为了完成统一大业，不顾体弱多病，接连六出祁山，北伐曹魏。但是“出师未捷身先死”，终于积劳成疾，病殁在和魏军对垒的五丈原。当我读到《三国演义》的这一段文字时，不知不觉地悲从中来，并且痛哭流涕。这样，小说甚至可以丰富一个儿童的精神生活。

蒲松龄的《聊斋志异》也是我亲密的精神伴侣，他给我带来格外的喜悦。该书不但以描写男女情爱见长，而且也以写鬼狐为主要内容。我认为它的最大的艺术成就，在于把鬼狐人化了，赋予鬼狐以人性，这就不但使它有别于一般的神怪小说，而且也使它凌驾于一般的言情小说之上，因为它使人们在现实生活中无法实现的渴望，特别是男女之间的情爱，在鬼狐身上得到实现，使鬼神世界成为现实世界的延长，因而使读者能够徜徉在一个想入非非的鬼神世界，得到很大的精神上的满足。每逢我有这样的感觉时，就感谢作者蒲松龄老先生，因为他凭其丰富的想象力，为人们创造了现实世界以外的一个神话世界。我记得那一年游蒲松龄故居时，还特意到他的坟前行了鞠躬礼。

不但虚构的小说，就是笔记小说，也给我增添了许多精神上的欢愉。

读南朝刘义庆的《世说新语》，我会进入魏晋的清谈世界，领略各种各样的清谈名士的风采，他们的含蓄简洁而意味无穷的语言，狂放不羁的作风，旷达任诞的人生观，放浪于形骸之外的生活态度，以及他们的雅兴逸趣等等，都使我大开眼界，得到美的享受。

读沈三白著的《浮生六记》，使我对于清代乾隆年间江南一对士人夫妇的恬静优美的生活有了真切的感受，生出无限的向往之情，感到他们物质生活虽不丰裕，但是他们却能从平凡的生活中寻找乐趣和雅趣，因而与那些富贵人家的穷奢极欲、纸醉金迷的生活形成了鲜明的对比，前者使人悠然神往，后者令人作呕。因此，《浮生六记》也给我的枯燥生活带来了一副清新剂。

当然，给我添加生活情趣的不止这几本书。我每天搞研究和写作的时间为 8 小时，其余的时间，吃饭，坐马桶，临睡前，我都要看一些所谓的闲书，即与我的专业无关的书。我的专业虽然是世界史、美国史，但是我钟情于中国史和中国古典文学，所以闲书基本上是中国书。这些年我买了不少书，其中有一套《二十四史》《十三经注疏》《诸子集成》《资治通鉴》，有《唐宋名家全集》，有关中国哲学和宋代理学的书籍，有中国古典小说以及其他有关中国国学的书籍。这些书我放在书架上，每天总是零零碎碎读一些，都是在感兴趣时随时拿起来读的，决不勉强，所以读这些书既是娱乐，也是休息，使我虽然坐在斗室，却可以逍遥在书的世界里，流连忘返，自得其乐。

对我个人说来，读书还有其他作用。那就是可以陶冶性情或情操，有利于修心养性。如陶渊明诗文、苏东坡文集、白居易的诗文，都对我产生这样的效果。比如说，陶渊明的《归去来辞》、《桃花源记》及《桃花源诗》所表现出来的意境，令我悠然神往，令我有出尘之遐想。再比如，苏东坡的《前后赤壁赋》简直可以说是他用神来之笔写出来的千古佳作，我一读起来便有“飘飘乎如遗世独立羽化而登仙”的感觉。白居易的闲适诗令我产生一种优哉游哉聊以卒多的旷达乐观、知足常乐的心情，最适合于老年读者的修心养性。北宋大理学家程明道有一首七言律诗也是我所喜欢的，因为每读到这首富有雅趣的诗，便会心平气和，烦乱的心情也会立刻宁静下来。现在念给大家听：

“闲来无事不从容，睡觉东窗日已红，万物静观皆自得，四时佳兴与人同。道通天地有形外，思入风云变态中，富贵不淫贫贱乐，男儿到此是豪雄”。

他还有一首七言绝句，我也很喜欢，每读这首诗，就感到心情舒畅，生趣盎然：

“云淡风轻近午天，傍花随柳过前川。时人不识予心乐，将谓偷闲学少年。”

对我个人说来，读书还有一个良好的作用，那就是它可以医疗忧郁症，把我从愁苦悲观中解脱出来，使我平安渡过“文革”中的难关。大家知道，“文革”是一场灾难，对知识分子更是如此。在这场灾难的冲击下，许多教师、专家学者由于一时想不开，自杀者有之，忧愁过度得病而死者有之。我个人在“文革”期间所受的苦难也是一言难尽的。因为我是所谓摘帽右派，也是红卫兵专政斗争的对象。我被骂过，被打过，挨过不知多少次斗争，低头弯腰等等。在被关进牛棚时期受的折磨更是苦不堪言。我们这些有问题的人都挤在一堆睡，睡觉时还轮流值班，以防止有自杀者。白天在管理员的监督下做重体力劳动，在劳动时稍一松劲，马上就受责骂。晚上还要开思想检查会，不发言不行，发言错了更不行，那时就要挨批判或挨揍。身心都备受折磨，那些日子真有生活在地狱中的感觉。有一次系里有一个人跳楼自杀未遂，结果我们有问题的人遭池鱼之殃。红卫兵们把这个人自杀一事迁怒于我们，叫我们排成队，低头弯腰，拳打脚踢。但是这些苦难，我都平安无事地挨过去了，我既没有自杀，也没有因愁成病，好好地活了下来。

为什么？我主要得力于我平时所读的书。在那些苦难的日子里，我读过的一些书，成为我忧愁苦闷悲观失望的有效解毒剂。由于我读过《庄子》这部书，约略地读过其中一些篇章，其中有些思想对我的愁苦起了排解作用。比如《庄子》所提出的“齐物我，齐大小，齐生死，等贵贱”的思想，以及“天地与我并生，外物与我为一”的思想，帮助我把一切事都看开了，把一切祸福、苦乐、生死都置之度外，心中得到宁静。苏东坡的文章也起到了同样的作用。比如他在他的《超然台记》中所阐明的超脱的思想，也有助于宽解我的愁闷忧思。他主张人们对待一切事物都要游心于物外，不要游于物之内，也就是要人们把自己当作局外人，因之遇到再大的愁事，也不会被它吓倒。他说：“物非有大小也，自其内而观之，未有不高且大者也。彼挟其高大以临我，则我常眩乱反复，如隙中之观斗，又焉知胜负之所在？是以美恶横生，而忧乐出焉”。那时，陶渊明的诗文也时常使我在愁苦中找到乐趣，因而也缓解了我的苦闷。我记得在“文革”期间未被关进牛棚之前，虽然白天我们被集中在一个屋子里写检查，晚上还可以回家。一个时候为了消愁解闷，我利用晚上时间把《陶渊明全集》都用毛笔抄了一遍，因为陶渊明的诗文是我最亲近的精神伴侣之一。可以说，每次读陶渊明的诗文，都像饮一杯冰水，忧愁之念顿消。

最后，我感到读书还有一种作用，就是说它可以提高一个人的审美能力，使他对客观世界，特别是对大自然的美有更深的感受。同样的青山绿水，读书人比目不识丁的人有更高的欣赏能力。比如顾恺之就是一个例子。据《世说新语》记载，他描写山阴道上的风景，有这样的名句：“千岩竞秀，万壑争流，草木朦胧其上，若云兴霞蔚。”胸无点墨的人就道不出这样的话。这是因为顾恺之是读书人，也是画家，有很高的文化素养，胸中自有丘壑。

再比如，同样是庐山的风光，但是大诗人陶渊明对它的欣赏感受就与当地的居民大不相同。陶渊明看到庐山的一山一水一草一木都有美学上的感受，并且用诗的形式表达出来。如：“采菊东篱下，悠然见南山，山气日夕佳，飞鸟相与还，此中有真意，欲辨已忘言。”这几句诗，表明陶渊明不但能欣赏大自然的美，而且感到自己与大自然冥合成一体，达到一种忘言的境界，而附近老百姓天天看山，天天看鸟，却欣赏不了这种美。达不到这个境界。之所以如此，原因在于陶渊明是读书人，有很高的审美能力，并且受了老庄思想的影响。

再比如，杭州西湖的风景，也只有像苏东坡这样的读书破万卷的大诗人才能捕捉到它的美，才能写出：“湖光潋滟晴方好，山色空蒙雨亦奇，欲把西湖比西子，淡妆浓抹总相宜”这样优美的诗句。

而且，即使不是名山大川，而只是平平常常的景物，在诗人笔下也变成优美的诗句，这说明诗人眼中一切都是美的。陶渊明的诗句：“暧暧远人村，依依墟里烟，狗鸣深巷中，鸡鸣桑树颠”，就是例子。

再比如，游览名胜古迹，读书人与不识字的人也有不同的感受，不同的思想精神境界，后者浏览名胜古迹可以无动于衷，而前者会发出思古之幽情及无限感慨。这是因为他们不但有文化素养，而且熟悉历史，有一种历史感。比如苏东坡在游赤壁时，就能发出曹孟德“酾酒临江，横槊赋诗，固一世之雄也，而今何在哉”的慨叹，因为他熟读过三国史，有诗人的情怀。

综上所述，读书可以丰富人的精神生活，增加生活情趣；可以陶冶性情和情操；可以使人超脱，从愁苦中得到解放；可以提高审美能力；等等。一句话，读书可以使人的生活更美，从而提高人的生活质量。

这样，读书既能提高人的素质，又能提高人的生活质量，对于一个人的益处之大，怎样强调也不过分。

因此，我时常这样想：假如上帝给我安排两种生活任我选择，我宁愿接受第二种生活，而放弃第一种生活。第一种生活是家财万贯，住宅富丽堂皇，物质享受应有尽有，但是却剥夺我读书的权利。第二种生活是为我提供大量图书设备，允许我恣意读书，但是物质条件非常之差，只能过粗茶淡饭的生活。我之所以选择第二种生活，是因为我感到读书的快乐大大超过物质上的享受。

总之，我的结论是，每个人，无论属于哪一个行业，都应该读书。中国12亿人口都应该读书。

我认为，这一点关系非常重大，如果真能做到这一点，社会上的积重难返的不正之风会消失，许多令人愤慨的坏现象会消灭，中国将重新以礼仪之邦受到全世界的尊敬。

下面讲第二个问题，应该如何读书？我想分以下几个方面来谈：

第一，要端正读书的态度。

在中国过去科举时代流行这样三句话："书中自有千锺粟，书中自有黄金屋，书中自有颜如玉。"意思是：用功读书，就可以考中举人或进士，而考中举人或进士就可以当官，而一旦当官就可以发大财，可以住上富丽堂皇的房屋，又可以娶到漂亮的老婆。从这三句话可以引申出另一个含义，那就是：读书不过是敲门砖，用它敲开官场的大门，当上了官之后，就用不着它了，因之可以把它丢在一旁。的确，废除科举制度以前的中国，几乎百分之九十以上的士人在当官之后，就把书本丢在脑后了。对于这些人来说，读书不过是手段，是权宜之计，而当官才是最高目的。

那么我们今天在座的同学中是不是也有人把读书当作手段呢？我看是的。我估计有一些同学进入大学不是为了读书而读书，是为了取得资格而读书，是为了取得大学文凭而读书，有的研究生读书是为了得到学位，有的同学读书是为了毕业后找工作。这种态度与上面谈的科举时代的知识分子在本质上是一样的，都把读书当作达到某种目的的手段，并不是真正的读书。

下面让我们分析一下这种态度的害处。我们应该看到，如果把读书当作手段或敲门砖，读书在很大程度上必然带有被迫性，被迫读书实际上是一件苦事，不可能从读书中享受乐趣。我们知道，学习效果的好坏取决于学习兴趣之大小，这是教育学上的重要原理之一。孔子说过："知之者，不如好之者，好之者，不如乐之者。"(《论语·雍也》）这就是说：无论做什么事，包括读书学习在内，只有感到莫大的兴趣，才能发生好的效果。因此读书感到是苦事，不感到是一件乐事，读书效果，学习效果，必然不会好。因此我劝大家端正读书态度，要为读书而读书，不要把它当作达到另外目的的手段。这样读书才能产生乐趣，才能把书读好。实际上，读书本来是一件乐事，读书本来是与兴趣分不开的。文学大师林语堂博士就特别看重读书的兴趣和乐趣。他说：如果"不懂得读书之乐，就不配读书"，"兴味到时，拿起书本来就读，这才叫作真正的读书，这才是读书的本意"(《读书之艺术》)。

中国自古以来，大文学家、大学者也都是把读书看成是乐事，甚至是最大的乐事。唐宋八大家之一欧阳修在诗里也谈到读书的乐趣："古人重温故，官事幸有闲，乃知读书勤，其乐固无限……纷华暂时好，俯仰浮云散，淡泊味愈长，始终殊不变，何时乞残骸，万一免罪谴，买书载舟归，筑室颍水岸。"(《欧阳修全集》第 61 页）

第二，读书的范围。要把读书的范围放宽一些，要兴趣广，涉猎博，要做到"博览群书"，只有这样才能收到最好的读书效益。杜甫说："读书破万卷，下笔如有神"，虽然有些夸大，但是他看出了"博览群书"的好处。

然而，"博"也是有限度的。在 20 世纪末的今天，科学和学问的分工越来越细，书籍的数量比古代多几十倍，几百倍，甚至几千倍。庄子说过："吾生也有涯，而知也无涯，以有涯随无涯，殆已"。要想在人的一生的有限的时间内读尽天下书，岂不比登天还难。所以所谓"博"也只是相对而言。

我认为应该把读书的范围限定一下，并且按下述原则有选择地读：一，要读几本名著（古今中外），因为名著是经过时间淘汰的精品，读了受益最大。二，文史哲各方面的书都要读一些。读文学书可以增加生活情趣。孔子说：行有余力，则以学文。文学是生活上的点缀，每个人都应该学。读历史书好处也很多，用不着我多说。我特别推荐大家读历史人物传记，读传记对一个人成材有好处。读哲学书不但可以锻炼一个人的抽象思维能力，而且使人对一切问题有一个根本的终极看法，对人生的基本问题有一个看法。三，在选购书籍时，要特别提防投机性的读物，目前书店里这样的书触目皆是。

其实明眼人一看书的标题，就可以断定它是否为投机性的读物。投机性的读物主要是为了赚钱，为了迎合一般人的低级趣味而写的书，是毫无价值的。实际上这是浪费纸张，浪费读者的时间。为了可靠，最好买知根知底的作者和学者写的书，以免上当受骗。人一生时间有限，不能把大好时光用在读无聊的书上面。最后，千万不要读黄色读物。因为一个知识分子读黄色书，他就不配做知识分子。

第三，要把书读通。博览群书是好事，但是有些人虽然读了许多书，知道的东西很多，然而他所得到的知识是零碎的，杂乱无章的，是一锅大杂烩，不成系统，没有互相连贯起来。这样食古不化的人只配称为“活字典”，或活的“百科全书”。古往今来，这样的人不在少数。因此我们不能满足于“博”，应该进一步达到“通”，也就是要把书读通，要运用思考把所得的知识连贯起来，从中悟出一些道理，并且进一步形成自己的观点。我国春秋时代的孔子已经注意到这个问题。他说：“吾道一以贯之”，就是强调“通”。他主张“由博反约”，主张“举一反三”，就是要求把学习到的知识融会贯通起来。他说：“学而不思则罔，思而不学则殆”。这里所说的“学”，就是多读书，多见闻，以便多掌握知识。这里所说的“思”，就是把这些知识连贯起来，融会贯通起来。他特别认为“学”和“思”二者不可偏废，他要求人们既要“博”，又要“通”，值得注意的事，他把“学”放在了“思”的前面，这说明孔子反对束书不观而发空论，作冥想。

第四，读书加阅历。把自己关在象牙塔内死读书是不好的。读书和阅历应该并行不悖。既读书又有阅历，才能把书本上的知识和现实生活互相印证；这一方面可以加深对书本知识的理解，另一方面又可以把书本上的知识应用于生活实践。只读书而不阅历，就变成一个书呆子或书痴。《聊斋》有一则故事专讲书痴的种种可笑行为。这个书痴除了读书外，对于生活一无所知，甚至生活都不能自理，简直成了一个废物。无怪乎中国古代读书人要求“读万卷书，行万里路”，“行万里路”就是多阅历的意思。古代士人有游学的传统，士人不是完全坐在家里读书，到一定时期要到外地去寻师访友，切磋学问。把自己关在“象牙之塔”内是不好的。明末清初的大学者顾炎武就特别重视阅历。他几乎走遍了华北各省，甚至远到边塞。他自少至老无一刻离开书。在游历各地时，用马载书。凡书中记载与他在旅途中所见所闻不合者，他立刻校勘书中的错误（《清史稿》卷四八一）。

第五，读书不要死记硬背，要加强理解。这一条主要针对目前中国大学生学习上的偏差。据我所知，为了应付考试，为了得高分，同学们一般都死记硬背。结果背得好的得好分，背得坏的得坏分。这种死记硬背的读书方法真是害人不浅：一，由于是死记硬背，而不是深入理解及融会贯通，在考试完毕后不久，就忘得一干二净。这对自己的提高是没有好处的。二，死记硬背，即使考完了，没有忘掉，用处也是不大的，因为它是“记问”之学。书本上怎么说，便怎么答，一字不错，这就是“记问”之学，是死知识，没有应用价值。读书的关键在于理解，在于提高判断力，在于培养创造能力。这就是“思辨”之学，这种学问才是有用的。因此我劝大家以后不要死记硬背，要着重理解。当然责任主要应由教师来负，因为教师在考试出题时，就是出要求死记硬背的题目。

第六，要活到老，读到老。读书和吃饭一样，一天也离不开。吃饭是滋养身体，而读书是滋养精神和灵魂。人吃饭吃到老，所以读书，也应该读到老。中国历史上，活到老读到老的人太多了，特别是学者、思想家、文学家。宋代大文学家欧阳修在退休到颍水后，仍孜孜不倦地读书写作。他的诗句可资证明：“吾生本寒儒，老尚把书卷，眼力虽已疲，心意殊未倦”（《欧阳修全集》第61页）。他年老眼花，仍手不释卷。和许多官僚不同，欧阳修在为官时，不离开书本，在退休后仍离不开书本。他也勤于著述，不但不断写诗文，也写考据方面的东西。

总而言之，应该为读书而读书，应该把读书看作一件乐事，应该活到老读到老，只有这样才能真正从读书中得到好处，才能提高我们的素质，提高我们的生活质量。只有这样才是真正的读书人，希望大家都成为真正的读书人。

第七，经典名著要精读，要反复读，自己热爱的著作要随时随地地去读，至于一般的书，读一遍就可以了。有些重要的名著，要隔一个时期读一遍。因为随着阅历的增多，对名著的理解也步步深入，读一次有一次的收获。比如《聊斋》是我最喜欢的读物之一，自幼到现在不知道读过多少遍了。最初只是喜欢书中有趣的情节。这些年我在读它的时候，能欣赏它的文字之美，并且揣摩它在文字结构及遣词用字方面有哪些妙处，以便向它学习。《三国演义》我也读过不知多少遍，从10岁时就开始读，但是最近读它时，有比过去更深入的理解，并且拿它与正史《三国志》作对比，发现《三国演义》大部分根据史实，框架也与史实一致，只有一部分是作者虚构，有的部分也与事实不符，这一次在读《三国演义》时，也捉摸它的魅力在哪里，为什么那么多人喜欢它。

第八，要在浩如烟海的书籍中寻找自己所爱读的书。放在身边，以便在茶余饭后随时欣赏它。林语堂在1930年出国，在国外一住就是二三十年。在他出国时，只带去若干精选的中文书，但是他没有忘记把他心爱的苏东坡的诗文集及有关他的书籍带走，正是这个意思。白居易在庐山修草堂，在搬进去的时候，只带几本书去，但是其中有庄子的《南华经》，因为他喜欢庄子。我个人喜欢的名著不多，其中只有陶渊明集、苏东坡集、白居易的《白氏长庆集》以及《聊斋志异》，美国作家华盛顿·欧文的《见闻录》和《三国演义》，最近又喜欢梁实秋和林语堂的文章，这些都摆在最方便的地方，以便高兴时读它。在阅读这些书时，所享受到的乐趣是不足为外人道的。我认为有几本自己心爱的书，随时读它，不但带来无上乐趣，而且也可以陶冶性情，有助于身心的修养。所以我奉劝大家不妨试一试，也为自己选择心爱的书，随时读它。

第九，中国人要学会读古文。我们知道，中国古书都是用古文写的，而古书又是博大精深的中国文化的载体。因此，要挖掘中国文化的宝藏，从中得到教益和乐趣，就非读古书不可，从而也就非懂得古文不可。最近出版界流行一股歪风，就是大量出版古书的白话译本，如《白话资治通鉴》等等，不但错误百出，即使没有错误，读起来也失去了古文所固有的美感和古文的韵味，大大影响了阅读效果。附带谈一谈，要想欣赏外国著作，也最好读原文，不要读译文，理由也和上面讲的一样，不但翻译上错误不少，失去原意，而且即使翻译上没有错误，也不免失去原文的文字美和优美风格。

第十，读书有助于形成正确的人生观。可以举我个人的例子。可能和许多人一样，在我的青少年时代，我的追求是读书当官，取得荣华富贵，享受安逸尊荣，以光宗耀祖等等。这是一种非常庸俗的人生观。但是经过几十年的阅历，特别是通过读书，终于形成了下面的人生观或生活态度。(一)有一个理想追求，把学术研究作为生活的主要部分，在学术研究和著书方面不断取得新的成就，一直到老死为止。前些年，有一次我在北京师范大学历史系做关于治学经验的报告时，我曾说过："我愿意活到者，写到老，讲学到老"。我很羡慕华罗庚教授，他在日本的一次学术报告会上，在讲台上因心脏病突发而死。我也希望这样。我认为这和一个英勇的战士在疆场上战死，用马革裹尸一样光荣。（二）在学术研究上，以人民的利益为终极目标，以自己的心血成果为国家为人民做出应有的贡献。（三）在学术研究上决不投机取巧，绝不赶浪头，决不受外部金钱、势力的诱惑，而是本着良心去做，甘愿寂寞。（四）在生活上，甘愿过清苦的生活，但是却在研究写作中寻找乐趣。正如我在我写的《杰弗逊传》的序言中所说的，研究和写作，"不但不是一个负担，而且还成为一种极大的乐趣，一种无上的精神享受，而这种乐趣，这种享受，是属于最高层次的，是金钱所买不到的，更是局外人所难以体会到的"。（五）我鄙视物质上的过分享受，特别是看不起社会上的吃喝玩乐、穷奢极欲的风气和挥霍浪费的场面，认为那并不是真正的快乐。用不正当手段取得金钱，并且任意挥霍，是一种犯罪行为。我认为用自己的正当的手段得到的收入，过一种俭朴的粗茶淡饭的生活，才心安理得。我的最大的享受是写作和读书。我的个人的人生观之形成，在很大程度上得力于读书，特别是读人物传记。

学习历史与提高人的素质

首先应该声明一下，我今天讲的都是我个人几十年来学历史、教历史和写历史的亲身体会。在准备这个讲稿时，没有参考有关史学理论的书籍或文章，内容完全是自己构想出来的，所以并不涉及什么高深理论，谈的都是家常话。历史，和其他人文科学一样，十几年来一直受到社会上的冷遇，没有得到应有的重视。人们总认为只有科学技术才有用，才能直接服务于生产，才能产生效益。近四五年来，历史的地位更是每况愈下。在经济浪潮的冲击下，“金钱”已吞没一切，而且正在向文化教育部门展开攻势。因此，历史也似乎在劫难逃，大有可能被这个浪潮淹没，遭到灭顶之灾。有的重点大学据说不准备招收历史学本科学生了，只招收研究生。学历史的人们也纷纷改行转业。

之所以出现这样的可悲局面，除了由于经济浪潮冲昏了人们的头脑之外，更重要的是历史无用论在人们心中作怪。所以关键在于解决历史是有用还是无用的问题。作为一个历史教师，我认为自己有责任出来说话，对这个问题作出明确的回答。在回答这个问题之前，有必要谈一谈历史的内容或范围。可以说，历史所包含的内容范围太广泛了。

我们知道，清代乾隆年间整理出来的《四库全书》，把从古代到当时的全部书籍分为四大类：经、史、子、集，其中“史”名列第二，可见史书的重要性。清代学者章学诚说：“六经皆史也”。可见，史也把经书包括进去。民国初年的学者刘师培对国学很有研究，他认为，在中国古代“史是一代学术之总汇”，这就是说历史包括一切学问在内。

到 20 世纪末的今天，按照一般的理解，历史所包含的内容也是非常广泛的，它包括政治、经济、典章制度、文化、宗教、文学、艺术、科学技术、哲学、人文地理、政治思想和社会思想，以及人物传记。最近我国史学还提倡写社会史，主张把社会政治也加到历史中去。社会生活的内容也很广泛，举凡历代人民的衣食住行、风俗习惯、社会风尚、社会心态、道德面貌、家庭关系、社团组织、人口变迁等等。

总之，历史是一个包罗万象的大学问，从纵的方面来论，它把人类从古到今的全部活动都包罗进去。从横的方面来说，人类在各个领域内的活动都可以载入史册。可以说，历史就是人类万古知识的总汇。

今天着重谈史学与人的文化素养的问题，在谈这个问题之前，先谈历史本身对于国家的重要意义。

对于一个国家来说，历史的重要性不亚于记忆力对于一个人的重要性。一个人如果偶然大脑生病，完全丧失了记忆能力，对于自己的过去忘得一干二净，那么这个人就根本无法生活下去，即使生活下去，也就完全变成一个废物。一个国家假如没有自己的历史，就等于不知道这个国家过去是怎么发展下来的，这样的国家怎能生存下去呢?

一个国家的历史就是其民族文化的载体，一个民族的全部发展过程，一个民族的文化都记载在史书上，如果没有史书，文化就会失传。一个国家有自己的历史，代代写下去，于是民族文化才能得到继承和发展。才有悠久的文化的可能。也可以说，没有历史的国家就是没有文化的国家，也就是野蛮的国家。在人类发展的长河中，这样例子是很多的。比如美洲印第安人，虽然在美洲大陆生息多少万年了，但是由于没有写自己的历史，所以在1500年白人登上新大陆时，仍然是一个野蛮的国家。一问他们的过去如何，往往是茫然一无所知，只有口头相传的朦胧传说。

一个国家的历史也是这个国家的灵魂之所寄，是民族精神的体现。一个国民只能从本国的历史中体验民族精神。在一个重视历史的国家，国民会产生一种民族自豪感和民族认同感，就会形成一个民族凝聚力，这种民族凝聚力必然成为抵抗外侮和反对分裂的强大力量。因此，一个重视本国历史的国家，就有强大的生命力，从而国祚也就会绵延于久远。很难想象一个没有自己历史的国家会长久存在下去。在人类历史上，有不少古代国家倏起倏灭，很快地都从地球上消失了，原因很多，原因之一恐怕在于这样的国家没有自己的历史。相反的，中华民族存在了五千年，到今天仍以强大的生命力屹立于东亚，其主要原因之一，就在于中国自古以来就是一个重视本国历史的国家。中国很早就开始写自己的历史，从西周以来就设置史官，后来又提高了史官的地位，由宰相领衔编写前一个朝代的历史。唐太宗以皇帝身份主持编写晋书的工作，《王羲之传》就是他写的，可见历史之受到重视。中国在全世界是历史最完整的国家，历史记载从来没有中断，甚至月食、日食都记载下来。

其次，一个国家的历史，也关系到这个国家的盛衰。历史的这个功能是摸不着看不见的，远远不如科学技术的功能那样具体而明确。但是它比科学技术的功能更为深远，它是通过各种媒体间接地、曲折地表现出来的。人们都知道日本之所以成为一个工业大国，是由于科学技术的发达，但是人们没有看到除了科学技术发达这个重要因素之外，还有许多其他因素，其中之一便是日本人的国民素质很高，他们普遍有一种奋发向上和艰苦奋斗的精神，这种精神来自民族自豪感（所谓大和民族）和忧患意识（这是第二次大战后的战败国地位所引起的），而归根到底来自历史教育，因为日本向来重视历史教育，日本历史学者为数之多及出版的历史著作之多，也证明了这一点。正是由于日本人普遍地有这种奋发向上甚至卧薪尝胆的精神，他才能在短短的一二十年内从一个战败的、经济残破不堪的国家，一跃而成为名列前茅的经济发达国家。

一言以蔽之，对于一个国家来说，历史的作用或用途，无论怎样强调也不过分。因此，我国唐代史学理论家刘知几说得很对，他说："史之为用，其利甚博，乃生人之急务，为国家之要道。有国有家者，其可缺之哉!"(《史通·史官建置》)。

上面说的是历史本身对于一个国家的重要性。下面我要说史学的教育功能，其中说史学与人的文化素质。现在集中谈这个问题，可以分以下几个方面来谈：

第一，可以益人智慧，可以使人更聪明更有见识。那么为什么学好历史可以益人智慧呢？这是因为历史便是人类智慧的宝库。今天我想着重说的，是从历史上个别人物的言行中汲取智慧。

在中国，几乎历代都涌现出才智超群的人物，他们的言论或行动往往闪耀着智慧的光芒。先拿言论来说，这样例子就俯拾皆是。比如《左传》记载春秋时郑国宰相子产的言论，就包含了智慧。在子产执政期间，老百姓经常集会在乡校中议论国家大事，并且批评时政。因此有人建议子产把乡校毁掉，以此杜绝人民议政。子产则反对毁掉乡校，他说老百姓早晨或晚上去乡校来游玩消遣，在闲谈中议论国家大事，批评政府有什么不好？他们所赞成的，我们就应该照办，他们所反对的，我们就应该改掉。可见，老百姓是我们的老师，为什么要把乡校毁掉呢？ 接着他又说了包含智慧的话，他说：我听说，政府为百姓做好事，就可以减少他们的怨言和批评。我没有听说政府采取严厉措施制止百姓发牢骚，会达到防止怨言的目的。即使严厉措施暂时发生效果，老百姓不敢说话了，但是不让老百姓说话是很危险的，就好像用坝把河水堵上一样，非发生大规模决口不可，那时一定会淹死许多人。不让老百姓发牢骚或批评政府，那么他们只好把话闷在肚里，这样不满越来越深，到一定程度，就会爆发叛乱，起来推翻政府，那就悔之晚矣。因此，最好的办法便是让他们随时随地把牢骚发出来，这样就可以预防人民的叛乱了。子产这一席话说明他对人情事理了解得多么透彻，说明他已经懂得近代应用到蒸汽机上的安全阀的道理了。子产的这些话不但反映他有民主作风，而且也透露出他的无与伦比的政治智慧。我还可以举一个例子。那就是三国时马谡的言论。诸葛亮在决定征南蛮后，在大军出发前，曾征求马谡的建议，马谡说："南中恃其险阻，不服久矣。虽今日破之，明日复反耳。……夫用兵之道，攻心为上，攻城为下；心战为上，兵战为下。"《三国志·马良传》这就是说：南蛮仗恃他们的地势险要，和我们山川相隔，认为我们奈何不了他们，所以很早以来就想反叛我们了。今天就是把他们征服了，明天还会反叛。我们用兵应该讲求心理战术，应该采取措施使他们心服，那么就可以从根本上消除反叛的可能性。诸葛亮采纳了马谡的建议，用七擒七纵的办法，感动了南蛮孟获，使他心悦诚服，所以以后在诸葛亮逝世前，一直没有反叛。这说明马谡的这几句话产生了巨大效果，也说明他的这几句话包含了很大的军事智慧。其次，我们的祖先在用兵的实践中也表现出无比的智慧。例子也很多。如韩信之用背水战打败赵军，齐国在马陵之战中孙膑运用减灶的办法大败魏军，吴蜀联军在赤壁之战中用火攻大败曹操大军，等等，都反映出中国人的军事智慧。

此外，中国历史人物表现出政治智慧的例子也很多，由于时间限制，就不讲了。

总之，读这些人的历史传记，可以大大增长智慧。

更重要的，写历史还可以使我们汲取最高层次的智慧。这就是说，学历史可以按所学到古代哲人的思想学说，从而可以从他们的思想学说中学到不少有价值的哲理。在人类历史上，值得注意的一个现象是在公元前1000年到300年之间，中国、印度、希腊和以色列几乎同时进入了伟大哲人时代，在这时代产生了孔子、老子、苏格拉底、释迦牟尼和犹太教的先知等伟大哲人，这些哲人分别创立了博大精深的思想体系或宗教体系。此后在人类历史上出现了形形色色的思想，论其源流，都可以上溯到这些哲人的思想。

诚然，这些古代哲人的思想学说整体来说，是时代的反映，反映了当代社会经济的现实，但是其中有某些关于人与人的关系、人与自然的关系等等带有根本性质的哲理则体现了人类最高智慧，是超时空的。而且这些哲理一旦被这些古代哲人揭示出来之后，后人是难以超越的，因而万古常新。这与科学技术有本质上的不同，科学技术是随着时代一步一步前进的，后代总是超越前代。这也与一般的哲学思想、社会思想、经济思想、政治思想不同，因为这些一般的思想是社会经济的反映，也是随着社会经济及政治的变迁而变动的。

既然古代哲人的这些哲理体现了人类的最高智慧，我们在领会了这些哲理后，很自然地提高了我们的智慧，加深了我们对带有根本性质问题的认识，比如对于人生的认识。

第二，学历史可以提高一个人的判断力。我们知道，历史是时间和空间纵横交错的，综合性的学问。从纵的方面来讲，它所处理的是从古到今的人类活动的轨迹，从而可以给人以一种发展观。发展观非常重要，因为判断事物，如果不从发展的角度去判断，那么就只能看到这个事物在某一个时期的横断面，只能看到它的静止状态，而看不到它产生、发展及衰落的全部过程，看不到它的来龙去脉和前因后果，看不到它的动态，从而无法认识这个事物的真相或本质。从横的方面来讲，历史包容了人类在政治、经济、文化等等领域内多种多样的活动，并且展示人类这些活动之间的内在联系，因而学习历史可以使人们有可能从横的联系方面观察事物，使他有一个整体观，而不致陷于主观片面性错误。这样，学习历史在事物判断上可以收到纵横双向观察之效，可以使人提高判断能力。这里可以举美国当代著名历史学家丹尼尔·布尔斯汀的观点作为例证。他说，英雄伟人只能到历史中去找，而不应该到当代人中去找，只有通过读历史才能辨认出谁是伟人，而只读报纸和杂志，是发现不了伟人的。这就是说：对当代人的了解是有很大局限性的，容易被一时一地的事物所迷惑，容易产生错觉，而对古代了解，可以从纵横的角度去观察比较，就可以提高判断力，才能发现真正的英雄伟人。

第三，学习历史可以开拓人的胸襟，扩大他的视野，这是因为历史向人们展示出一幅宏伟的人类从古到今的历史画卷。以中国史为例，上下五千年的发展历程所呈现出来的历史长河，真可谓洋洋大观。读中国历史我们可以看到历史王朝是怎样更迭的，它们是如何从兴盛走向衰亡的，人民是怎样在天灾人祸中受尽折磨的，暴君和民贼是怎样压迫和屠杀人民的，人民是怎样与压迫者展开斗争的，真善美是如何与假恶丑斗争的，志士仁人是如何为正义事业而献身的，正义事业是如何通过曲折道路而终于胜利的，人类是如何一步一步从黑暗走向光明的，人类社会是如何前进发展的，人类的生活水平如何步步提高，如何从古代茹毛饮血生活发展到今天的电气化生活。当然，历史所能告诉我们的，远远不止这些。从历史里看到这样浩瀚无垠的人类活动的景观，人们的胸襟自然而然地会开阔起来。可以说，学历史，也就可以打破时间对他的限制，跳出当代的时间藩篱，而置身于广阔无边的超越时空的历史天地里，眼界自然宽阔多了。如果说，不懂历史的人看问题好比坐井观天的话，那么读遍历史的人就好比杜甫登临泰山绝顶一样，可以收“一览众山小”之效。这里再附带谈一谈学历史的另一个好处，那就是学中国历史可以加深读者对于封建专制的仇恨。封建专制的罪恶是擢发难数，只举一个例子就足以骇人听闻。在封建时代，千百万人民的性命悬于帝王一人之手。宫廷之奢侈无度，造成对人民的榨取的加强，这就往往导致人民肝脑涂地。帝王只因个人喜怒而影响千千万万的人的命运。曹操为了报父仇，不惜发动对徐州陶谦的进攻，结果成千上万的人死掉了，死尸塞河，水为之不流。不仅老百姓生命没有保障，就连一人之下、万人之上的宰相大臣的性命也掌握在帝王之手。汉武帝杀了好几个宰相，而且都不是犯什么大罪。

第四，学习历史可以有助于培养个人品德。为什么这样？这是因为历史向人们提供了许许多多品德优秀的人物范例。历史上充满了品德高尚的人物。它记载了不少志士仁人、杀身成仁、舍生取义的事迹以及优秀人物的嘉言懿行，这些都会有力地感动和激发读者，推动他们向善。好的历史人物传记可以发挥巨大的教育功能，它可以鼓舞青年上进，甚至对于人的成材起了无法估量的作用。我个人体会，历史传记之所以能发挥巨大的教育功能，主要是因为它是对特定的历史人物的一生的有血有肉的描述，从而可以直接诉诸读者的感情，进入读者的心扉。相反的，进行空洞的、抽象的埋论说教，大道理讲得再多，议论再透彻、再精辟，也只能诉诸读者的理性思维，远远不能打动他的心。

以上是从积极方面谈历史如何有助于提高人的品质。从消极方面来说，读历史也可以使地位高的人不敢为非作歹，不能祸国殃民。大家都知道，历史是最公正的，它在人物评价中总是褒扬好人，谴责恶人。当然一个人物的好坏，当代人往往看不出来，或当代人的评价也不一定正确，这有政治原因，也有信息不全的原因。但是经过百年、几百年，时代久远，主观因素、政治因素不起作用了，而且过去未发表的史料挖掘出来，于是，对于这个人就会形成一个客观公平的评价。比如秦桧这个汉奸在当政时，大权在握，没人敢说他坏话。但是过了几十年，上百年，由于对他的罪行认识越来越清楚了，于是历史终于宣判他为一个穷凶极恶的奸相和卖国贼。因此，他遭到万世人的唾骂。可以说，历史的褒贬，“严于斧钺”。一个地位高，可以名垂青史的人，自然害怕做坏事会在历史上留有恶名，甚至遗臭万年。所以他们从利己主义出发，不敢做坏事。当然有些大官也是不怕这个的，对身后事是不在乎的，这是另外一回事了。一般说来，大多数人是害怕留下臭名的。

第五，学习历史可以有助于提高一个人的文化素养。我们知道，历史也是一部文化史，它记载了各个时代人类的各式各样丰富多彩的文化活动及在文化创作方面所取得的成果。读历史也就是欣赏古人在文学、音乐、建筑、绘画、雕刻，乃至书法等方面的作品的很好机会。换言之，读历史也等于进入一个琳琅满目，令人应接不暇的艺术展览馆，他可以在这里充分得到美学上的享受。比如学习唐史的人，不能不读杜诗，也不能不为杜甫的沉郁雄浑的诗句所感动。学宋史的人也不能不读苏东坡的诗文，因而也就不能不被他的优美作品带到一个飘逸潇洒的境界中去。读元明清的历史，也一定被元曲及元末明初及清代小说所吸引，读《三国演义》《水浒传》《红楼梦》《聊斋》一定是爱不释手。对文化从了解到爱好，人们无形中就提高了自己的文化素养。

第六，学历史可以培养民族自豪感。为什么这样讲？ 道理很简单。以中华民族为例，凡是认真读中国通史的人，一定会为中华民族的祖先所创造的宏伟业绩而惊叹不已。中华民族在过去五千年中在精神文明和物质文明方面都取得了非比寻常的成就，并且对人类做出突出的贡献。了解这一切，当然会产生民族自豪感。关于中华民族对世界做出贡献的问题，我有一个与众不同的看法。中国人几乎一致认为中国的四大发明，即指南针、火药、造纸术、印刷术，是对人类文明的重要贡献。我认为中国人还作出了比这四大发明更为重要的贡献，那就是属于精神文明领域的孔子思想或儒家思想。孔子思想的精髓就是重视人的价值，并且为人生和做人指出了一条正确的道路。这就是对人类最根本的问题作出回答。西方文明虽然发达，但是它所缺少的恰恰是这一点。这就决定了孔子思想在世界精神文明史上的重大的、历久不变的价值。因此，如果中华民族对人类文明作出什么重大贡献的话，那个重大贡献只能是儒家思想。这是值得我们自豪的。

值得我们自豪的还有我们祖先所创造的物质文明。单举中国古代人在衣食住行方面所达到的很高的水平，就值得我们骄傲。以宋代为例。据孟元老描写《东京梦华录》的记载，北宋首都汴梁的食品中，光面食就有三十几种之多。菜肴方面的种类更是多得惊人。张择端画的《清明上河图》也反映了北宋人的很高生活水平。另外据周密著的《武林旧事》，我们还可以看到南宋京都杭州的繁华景象。据该书描写，当时市民已有丰富的娱乐生活。杭州已有以说唱为职业的艺人，通常在游乐场里演艺，观众很多。另外据苏东坡记载，在北宋时代，已有以讲三国为职业的人。他们讲得那么津津有味，以致一些小孩子听得入迷，都不愿回家。宋代相当于公元 11—13 世纪，宋代国人在生活水平上远远把欧洲抛在后面。马可·波罗在元代来到中国时，也对中国物质文明的高度发展感到吃惊。这也说明中国人的生活远比欧洲要高。

当然值得我们自豪的不止这些。

总之，学历史，特别是中国人学习自己的历史，可以很自然地产生民族自豪感。民族自豪感的价值在于它可以加强民族自信。这个民族自信对于现代化建设非常重要。诚然，由于种种客观原因，中国到近代落在西方的后面了，但是我们祖先所取得的伟大成就可以证明中国人的聪明。到 21 世纪中国人一定能在科技方面走在世界最前头。

第七，学习历史可以使人产生忧患意识。理由是这样的。历史既记载国家兴亡盛衰、生民休戚的事迹，又昭示了这些事迹的内在原因，因而，熟悉历史的人很容易把这些历史陈迹与现实问题联系起来，加以对比，并且能够不为现实社会的华丽的表面现象所迷惑，而从深层中发现隐患。比如汉朝的洛阳青年贾谊，由于熟悉历史，有忧患的意识，所以他能透过汉文帝在位时期的太平盛世这个表面现象，而看出国家的许多隐患，并且以耸人听闻的口气警告文帝。

综合上而讲的，我们可以看到历史的作用太大了，它可以益人智慧，可以提高个人的判断能力，可以开拓一个人的胸襟和视野，可以陶冶人的品德，使他人格更加高尚，可以深化他的文化素养，可以培养民族自豪感，还可以培养一个人的忧患意识。一句话，历史可以提高人的精神境界，或者说的更明确些，可以提高人的素质。

提高人的素质，固然是属于人的精神方面的，但是却可以产生巨大的，或者说无限的物质力量。我们知道，世界上的一切事，都是由人来做的，人的素质提高了，自然就可以把一切事办好，其效果便是国家富强昌盛、经济发展及人民生活水平的提高以及社会风气的改善等等，好处是说不完的。

下面我们再用具体的事例说明人的素质提高后，如何发挥社会功能。首先我们可以看到，一个国家的领导人熟悉历史，就可以大大提高他的领导水平。熟悉历史的领导人在处理国家大事时，就有了高瞻远瞩的眼光，对问题的利害得失就看得更清楚，他就不会急功近利，只图眼前利益而昧于国家人民的长远利益。而且懂得历史的领导人也会有全局眼光，在确定方针政策时不至畸轻畸重，只偏重似乎是最迫切的问题（比如经济），而忽略看来是无关紧要的问题（如文化及精神文明建设）。中国历代名臣也莫不熟读史书，博古通今，明于治乱之迹，因而他们向君主提出的建议，多能收到国家长治久安的效果。西汉的贾谊在《治安策》里，董仲舒在对策中，都能作古今对比，都能以暴秦为鉴，因而他们的建议对于巩固汉王朝有很大的价值。为什么这样，这是因为他们都精通历史。唐初，魏征也经常引隋亡为戒，以警告太宗。他说“隋”统一寰宇，用兵强锐，30 余年，风行万里，威动殊俗，然而仅仅经过两代就归于灭亡。他解释道：这是因为炀帝“驱天下以纵欲，罄万物而自奉”，“徭役无时，干戈不戢”，民是水，君是舟，水既能载舟，亦能覆舟。太宗接受了他的谏言，于是轻徭薄赋，广开言路，节约宫中靡费，就成为太宗的治国方针，因而出现“贞观”之治。魏征之所以能够提出这个明智的建议，也是因为他有历史眼光。

古今中外的大思想家、大哲学家以及许多成“一家之言”的学者，亦莫不博览史书，精通史事，因而能够以历史事实为依据，从历史发展所显示出来的有规律的现象中悟出许多道理，从而创立自己的学说。用司马迁的话来说，只有读通历史之后，才能“究天人之际，通古今之变，成一家之言”。中国的孔子是如此，孟、荀也是如此，西方的黑格尔、马克思亦是如此。假如这几位思想家只是从事抽象的理论研究，从理论到理论，而不对人类历史作全面而深入的考察，是不可能创立这样博大精深的理论学说的。

甚至有成就的大文学家、大诗人也不例外，他们之所以能够在文学领域内独树一帜，影响千百年，也是因为他们熟于史事。由于了解历史，他们才能在精神方面有一个广阔的天地，从而发挥他们的想象力。以北宋大文学家苏轼为例，他就是一位精通历史的博古通今的学者，所以他心胸开朗，眼光犀利，在构思时可以上下古今任意驰骋，因而能写出不朽的文章和动人心弦的诗歌，甚至以隐居避世著称的东晋大诗人陶渊明也颇有历史修养。他的许多诗篇与历史有关，而且他也做了不少咏史诗，如咏二疏，咏三良，咏荆轲，以及咏天齐，咏箕子，咏管鲍等诗，一个昧于历史，一个没有历史感的人绝对写不出像他写出的那样“冲澹、隽永”的诗句，他那著名的《桃花源记》，也是揭露秦嬴暴政的史诗。

可以说，中国古代大政治家，大思想家，大诗人，都在不同程度上有一种历史感。

以上是历史在国家的领导人、历代名医、大思想家、文学家等人身上产生的效益。那么对于一般人会产生什么效益或发挥什么功能呢？我认为对一般人来说，至少可以丰富他的精神生活，给生活添加情趣。

我们知道，现实世界有时会使你感到枯燥、平凡、单调和乏味，从而使你厌倦它，但是当你翻开历史的书页，聚精会神地读下去的时候，你就会超越现实世界而不知不觉地进入一个精神世界。在这个精神世界里，人物众多，千姿百态，人事纷繁，丰富多彩，使你眼花缭乱，目不暇接。在这里，你会暂时忘掉自己，而进入一个无我的状态，并且与古人为伴，分享他们的喜怒哀乐。这样，读历史你就会得到精神上的超脱，高尚的享受，使你生活更加充实。

因此，我们要向那些轻视历史，认为历史无用的人们大喝一声，使他们清醒过来，重视历史，认识历史的重大作用。

千佛山上的长啸和浩歌

长啸和浩歌似乎是中国古代一些文人、骚士宣泄内心思想感情的重要方式之一。

阮籍好登高长啸，为的是排遣他在魏晋易代时的内心苦闷。

王维诗："独坐幽篁里，弹琴复长啸。深林人不知，明月来相照。"王维的长啸，是这位浪漫诗人放浪形骸之外的生动表现。

苏东坡也有长啸的经历。他在《后赤壁赋》中写道："予乃摄衣而上，履巉岩，披蒙茸，踞虎豹，登虬龙……划然长啸，草木震动，山鸣谷应，风起水涌"。显然，东坡在这里运用了诗人的夸张手法，但是它的豪迈情怀，跃然纸上。

陶诗中的"啸傲东轩下，聊复得此生"，说明此老有时也不免长啸几声，而且还有些傲气，这大概表明他看不起那些奔走于势利之途的"狂驰子"。

杜诗："穷年忧黎元，叹息肠内热。取笑同学翁，浩歌弥激烈"。这里，杜甫这位忧世的诗人用浩歌来表达他忧悯黎元的感情。

杜诗："白日放歌须纵酒，青春做伴好还乡。""放歌"者，"浩歌"也，它道出了安史之乱平定后杜甫即将还乡时的喜悦。

台湾作家蒋勋说："啸与歌对中国人来说，似乎是分不开的．而且啸似乎是更自由的歌，从形式上解放了，可以从心灵上发声，很像书法之于绘画，是一种更高层次的对艺术的认识。"他这个见解确有其高明之处，我只想补充几句。首先，我认为他如果在"歌"字的前面再加上一个"浩"字，就更为贴切了。因为他所说的"歌"显然不是一般的歌唱，而是引吭高歌，歌声洪亮壮烈，与"浅斟低唱"或"靡靡之音"迥异其趣。其次，"啸"字前面也应该加上一个"长"字，因为"啸"的声音不仅要高，而且也要长。再者，我感到"长啸"与"浩歌"二者各有千秋，是不分轩轾的，因为二者有共同的功能：或者表现抑制不住的喜悦，或者宣泄郁结在内心的不平或悲愤之气，或者抒发胸臆中的豪情壮志等等。一言以蔽之，二者都是表达通过其他渠道所表达不出来的那种思想感情的工具。

我既不是诗人，也不是名士，然而许久以来却染上了长啸和浩歌的爱好，甚至有些欲罢不能了。古人偶一为之，我则年年如斯，月月如斯，日日如斯。原因何在？说来话长。

山东济南迤南皆山，乃泰山之余脉，在连绵起伏的群山中，望之蔚然而深秀者，千佛山也。提起此山，也是有些来历的，刘鹗在他的《老残游记》中，就刻意渲染过千佛山。手头无书，我只记得大意是：在大明湖的碧波绿漪中，千佛山及其梵宫的倒影，清晰可见（这是子虚乌有的虚构，因为千佛山距大明湖至少有十里之遥，在湖中映出千佛山的倒影，是万万不可能的）。但是，经过刘鹗的渲染，千佛山的声誉不胫而走，进而成为济南的一座名山了。

千佛山虽然不高，却娇小玲珑，颇擅山林之美，遍山皆是青葱苍郁的柏树，远望令人悠然有出尘之想，俗气全消。在翠柏的掩映中，有两条蜿蜒曲折的石级小路，从山下通往山顶。

在中国，名山必然用佛寺来点缀，千佛山也不例外。在山半腰的绿荫深处有一座古刹，名曰兴国寺，始创于隋代，寺依山而建，庭院偪窄，舍宇无多，然而古木参天，庙貌庄严，是一个极其幽静的去处。寺内崖壁上刻着大小石佛百十来尊，大者高不盈丈，小者才尺许高。可是千佛山的名称却来源于此，这显然是夸张得出格了。

千佛山海拔不过二三百尺，但是登临绝顶，则别有天地。北向俯瞰，则济南全市尽奔眼底；极目远眺，只见黄河如带，华山如锥，诚洋洋大观也。

千佛山风物既然如此秀丽，又距市区最近，它很自然地成为市民朝夕游憩之场所。早晨上山的人们逐渐形成了仰天长啸的风气。引吭长啸的不分男女老少，也不分山上山下，每当朝暾初上，长啸声往往此起彼伏，连成一片，形成千佛山的一大景观，恐怕在全国也是少有的。长啸表现了古代诗人、名士的“雅人深致”，那么人们在千佛山上长啸岂不也表现了济南人的风雅吗？济南大明湖历下亭有何绍基书的对联：“海右此亭古，济南名士多。”可见济南历来就是名士聚集的地方，古代济南名士的风流余韵显然没有消失。

我个人登千佛山已有40余年的历史了。我在登山人群的带动下，许多年前就愉快地加入了这个长啸者的队伍。据我个人的体会，登在山的最高处仰天长啸，可以说是人生的一大快事，它所诱发出来的快感，诚如古人所说的，“虽南面王无以易也”。此时此刻，好像一肚子混浊之气都倾吐出来，感到遍体三万六千个毛孔，无不舒畅。不仅如此，当你的啸声响遍四野并且在遥远的地方引起回声时，更是飘飘然，大有遗世独立羽化而登仙的感觉。

但是，人们往往苦不知足，既得陇，还要望蜀，我也有这个毛病。忘记不知从何时起，我在例行的长啸之外，又增添了一个为我所独擅的项目，那就是：兴来时，便纵声高歌。这也就是古人所说的“浩歌”罢！我歌唱的主要是人们认为是老掉了牙的旧歌，因为我这个不合时宜的人最讨厌当代的流行歌曲，避之唯恐不及。我最喜欢唱的是三四十年代最流行的岳飞的《满江红》，因为这是一支悲凉壮烈的爱国歌曲，听起来令人回肠荡气，唱起来感到热血沸腾。当我在山上的林荫小路上旁若无人地高歌《满江红》的时候，霎时觉得鄙吝之念全消，油然生出一种踔厉奋发的激情。有时在酣唱中，不知不觉地进入一种一死生，齐荣辱，忘怀得失的无我的境界，但觉得满山美景，甚至整个大千世界都与我融成一体。我不懂得“禅”，我怀疑这是不是“禅”的境界。

令人感到不胜怅惘的是，长啸与浩歌的乐趣，虽然不费一文钱，但是也不是在任何地方任何场合都可以享受得到的。首先在自己家里就享受不到，因为在你的声浪刚一脱口而出，是会立刻惊动四邻的。那么到近在咫尺的校园去吧，也不行，因为这是莘莘学子读书的地方，要求安静。在大街上，公园里，或者在任何其他有人的地方，你也都是无计可施的。去岁飞越太平洋来到加拿大，在异国他乡游览了许多风景胜地，充分领略了北美明媚旖旎的风光，惬意得很，但是总觉得缺点儿什么似的。这就是说，找不到任何一个地方容许我放开喉咙长啸和浩歌。于是乎我得出一个结论：在普天之下，唯有济南千佛山才是让我逍遥自在地享受这个高尚的乐趣的场所，因为只有千佛山具备了适合于这种享受的自然环境和人文环境。当你在山间的微风吹拂中，在枝头小鸟鸣啭的悦耳声中，长啸一声或高歌一曲时，不但无人责怪你，而且游人还会报以善意的微笑呢！千佛山真是长啸和高歌的天堂！

我爱千佛山！

1998年于温哥华

泰山封禅与中国的专制主义

泰山之所以成为名山，被列为五岳之首，是有其历史原因的。孔子屡次登泰山，有“孔子登泰山而小天下”的记载。孟子也一再提到泰山，有“挟泰山以超北海”的话。可见，在孔、孟眼中，泰山是崇高的代名词，是伟大的象征。其次，泰山也是中国道教、佛教的胜地，山上有许多道教的庙宇和佛教的寺院。千百年来，人们几乎不断地从四面八方前来朝山进香。因此，泰山之驰名中外，是不足为奇的。但是泰山的地位之拔高，还有一个重要的原因，那就是：中国历史上几个有名的帝王在泰山举行封禅大典。中国帝王在泰山封禅，是封建时代国家的最大举动，声势浩大，隆重异常，甚至惊动所谓“蛮夷”之邦。这就把泰山抬到了至高无上的地位。

那么，中国帝王为什么要封禅呢？这要从中国专制制度谈起。

中国专制制度形成于秦、汉时代，或者说开始于秦始皇。这个制度延续两千年左右。在这个制度下，皇帝的地位是至高无上的，称为天之子，他对全国人民有生杀予夺的大权，他说的话就是法律，因此他是凌驾于法律之上的，他的权力是没有限制的。在这个情况之下，帝王没有不残暴的。

专制帝王为了维持自己的这个地位，为了使老百姓服从统治，除了依靠国家机器，如军队、官僚之外，还靠“神道说教”，利用宗教迷信来神化自己，以便吓唬老百姓。在这方面，专制君主所采取的重要手段之一，便是在泰山封禅。所谓“封”，就是帝王在泰山顶上祭天和祈祷；所谓“禅”，就是在泰山下面的梁父山上祭地。好像皇帝可以与天地神祇直接对话似的。这就等于暗示：皇帝是上天派到地上来统治人民的，他压榨人民，享受人间最奢侈豪华的生活是应该的。这样，帝王之封禅，有巩固专制统治的深意。但是，封禅也有其他用意。一个用意是为了宣扬国威，吓唬中国边境外的所谓“蛮夷”之邦。比如唐玄宗之封禅、宋真宗之封禅就有这个用意。另一个用意，是皇位的觊觎者利用封禅作为夺取皇帝宝座的垫脚石，武则天就是一个典型例子。公元 666 年（乾封元年），武则天陪同唐高宗到泰山去封禅，武则天想借此机会抬高自己的地位，以便他日在高宗死后为自己能登上皇帝宝座做准备。要知道，过去封禅泰山，都是皇帝演主角，向来没有皇后参加的。武则天之打破旧来的惯例，以皇后身份参加皇帝的封禅大典，目的就是为后来自己当女皇做预演，以便使文武百官及老百姓对于她当女皇有思想上的准备。有人说，武则天之参加封禅活动，是历史上妇女争取平等权利的斗争的胜利。这个说法是错误的。她之参加封禅，不是为妇女争取平等权利，因为她不是平民百姓，而是为她个人夺权打下基础，是统治阶级内部的争权夺利。

这样，泰山封禅只不过是专制君主为了达到自己的政治目的而玩弄的一套把戏，完全是应该否定的负面的东西。

而且，封禅泰山，给老百姓造成巨大灾难。皇帝为了到泰山封禅，要带领一支庞大的队伍，其中包括皇族、百官、扈从及卫兵，加在一起有上千上万人马车辆。真是兴师动众、劳民伤财。在武则天陪唐高宗封禅时，还有外国使节及西南少数民族的酋长参加。这一支浩浩荡荡的队伍，沿途所经之地，无论是村镇、城市还是田野，无不遭到惨重的破坏。百姓的粮食被吃光，百姓的东西被拿光。而且国家的支出费用之浩繁，足够打一次大规模的战争。这些财政负担，不用说，也落到百姓肩上。

这就是泰山封禅的真面目！

泰山和儒学

泰山不但是道教、佛教的胜地，而且与儒学也有重大关系。宋代理学的开山始祖胡瑗和孙复都因为年轻时在泰山读书，才成为著名的学者。

胡瑗和孙复都不是泰山人，胡瑗是江苏泰州如皋人，孙复是山西晋州平阳人。但是这两个人都在泰山南麓栖贤观读过书，而且一读就是 10 年。在读完书后，孙复还在泰山讲学授徒，因此称为泰山先生。胡瑗在学成之后，到江南教书授徒，学者称他为安定先生。

这两位先生都作了很大的贡献，他们的贡献有二：第一，推动儒学的复兴。晚唐五代到宋初，士人，意即知识分子，走上两条邪路，一条邪路便是一心一意猎取功名富贵，崇尚浅薄浮华的文章，以杨亿为代表的西昆体就是华而不实的文体。另一条邪路是逃避到佛、道中去，以求长生出世，讲求虚无寂灭。因之儒学大衰。胡瑗、孙复二人对于这种现象忧心忡忡，乃以恢复儒学为己任。他们潜心研究六经孔孟之学，并且在士人中间大加提倡。于是儒学才得以复兴，不久发展为理学。宋代理学（或道学）可以说是儒学的新发展。它又称为宋学，与汉学不同。汉学讲求经书的考据训诂，而宋学着重义理。

第二，二人都热心办教育，都讲学授徒，对于北宋的教育发展起了极大的推动作用。胡瑗可以说是北宋第一位教育家，在 20 多年的教学工作中培养出的学生达 1700 余人。他的教育工作有两个特点，一个特点是因材施教，按照学生的才性所近，把他们分别编入经义、治事两大学科中去。经义科的学生专门学习六经，研究理论，治事科的学生学习民政、武事、水利、算学等等，讲求实际。可以说，体用兼备，理论和实践都有了。另一个特点是采取灵活的教学方式，时常在师生中间展开自由讨论，自由问答，由老师做总结。这对于学术的发展大有裨益。孙复在尊师重道方面影响很大。唐代韩愈写了一篇关于尊师的文章《师说》，主张一个人不分贵贱老少，只要学有所长，比别人知道的东西更多，就可以为人师。可惜韩愈的这个主张经过晚唐的战乱，影响不大。到胡、孙二先生出来，师道才得到真正的重视。石介是孙复的学生，他对老师是毕恭毕敬。在孙复与客人座谈时，石介站在老师旁边侍候老师，在孙复站起来与客人行礼时，石介用手去搀扶老师。经过石介的身体力行，尊师重道才蔚为风气。

经过胡瑗、孙复提倡儒学，大办教育，才形成北宋的学术风气和尊师重道的风气。正是在这样的风气中，宋代理学才得以兴起。因此，他们二人可以说是理学的开山始祖。而他们二人又都是在泰山读书成名的，所以说宋代理学发源于泰山，也不为过。

另外，石介也是一位卓尔不群的学者，他在反对佛教、提倡儒学方面也起了很大作用。他的祖籍就是泰山附近的奉符，而且在泰山附近的徂徕山下面隐居讲过学。

这样看来，泰山和宋代儒学的关系是很深的。

阳明学说

王阳明（1472—1528），名守仁，字伯安，学者称之为阳明先生，浙江余姚人。阳明自幼就豪迈不羁，十二岁就师，问何为第一等事？师曰读书登第。他说：恐未是，该是读书做圣人吧！十五岁间行出居庸关，逐胡人骑射，经月始返。十七岁奉父母命在洪都成婚。在结婚那一天，偶行入铁柱宫，见道士趺坐，叩之，对坐忘归。十八岁谒学者娄谅，大喜，慨然谓圣人必可学而至。初出入于佛老，最后皈依儒术。三十五岁因忤宦官刘瑾得罪，谪贵州龙场驿，昼夜冥思。在龙场二年后，忽一晚，中夜大悟，不觉呼跃而起，自是始倡言良知之学。

什么是良知？阳明说："天理在人心，亘古亘今，无有终始，天理即是良知。"从前程颢说过：天理二字是他自己体贴出来。但是什么是天理，程颢没有发挥透彻。后来朱熹提出格物穷理的教法，主张要明理，必先格物，即物而格，到一旦豁然贯通时，才真明白什么是天理。这样明天理，简直太难了。现在阳明说：天理就是人心之良知，不必向天地万物去穷格。他说："良知是天理之昭明灵觉处，故良知即是天理。"可见在他那里，天理即是良知，良知即是天理，天理与良知是一回事。

为什么？他说："知善知恶是良知。"这就是说：天理逃不掉善与恶，而人心就可以分别出善与恶。因此良知就是天理。而知善知恶者是心之知，并不是此心之本体有所谓善与恶。此心之本体只是一个知，由于有了知，才分出善恶来。

那么，心之知如何能分别出善与恶来呢？阳明说：良知只是个是非之心，是非只是个好恶，只好恶就尽了是非，只是非就尽了万事万变。

这就是说，讲天理逃不了是与非，只是与非就尽了万事万变。万事万变离不开是与非，但是，什么是万事万变中的是与非的分界线呢？阳明认为：分界线便是人心之好恶。人心之所好，便为是，人心之所恶，便为非。倘若人心根本没有好恶，则万事万变亦将没有是与非了。

阳明又进一步认为有知必有行。他说："如好好色，如恶恶臭。夫见好色属知，好好色属行，只见色时已是好矣，非见后而始立心去好也。闻恶臭属知，恶恶臭属行；只闻臭时，已是恶矣，非闻后而始立心去恶也。"他又说："未有知而不行者；知而不行，只是未知。"他认为知行之所以不合一者，只是由于"私意隔断"。所以他提出"知行合一"学说。

是非属知，好恶属行，好恶与是非合一，那就是"知行合一"。为了达到知行合一，他又提出"诚"字。他说："知是心之本体。心自然会知。见父自然知孝，见兄自然知弟，见孺子入井，自然知恻隐。此便是良知。不假外求。……然在常人不能无私意障碍，所以须用致知格物之功，胜私复理，即心之良知更无障碍，得以充塞流行。便是致其知。知致则意诚。"

行知合一，便是意之诚，知行不合一，便是意不诚。而意不诚则因为私意在阻碍着。所以他主张用诚意去实现知行合一。

过去程朱认为只有下格物穷理的功夫，才能认识天理。现在阳明认为，只要诚意，就能达到知行合一，这就是体认了天理，各人反向自知，不须外求。办法简单得多了。所以他强调诚意。他说："诚意之说，自是圣人教人用功第一义。"

但是他之所谓知行合一，并不是我们今天所说的理论与实践的统一。他所说的行。不是对于客观世界的实践，而是内心修养的实践。

当然，王阳明之强调"良知"，并不等于反对讲求（即学习具体的做法）。他也重视讲求。比如，一个人由于"良知"而知道应该孝父母，但是光有孝心而不知采取什么手段去达到孝的目的，也是不行的，他必须学习如何去赡养父母，如何在精神上使父母愉快。然而在他看来，良知是本，讲求是末。先具备良知，然后才有讲求，讲求的最后归宿还是良知。

他进一步认为，良知是人人具备的，虽然人的才能有大有小，但是只要意诚，做到知行合一，都可以成为圣人。他说："良知在人，无间贤愚"，就是这个意思。这显然包含一种平等的思想。

王阳明相信人心是天地万物的主宰，他说："心非无物，心非无事，心非无理。"他认为自然和社会的一切事物及各种道法规范都是从心派生出来的。良知之学，就是一种主观唯心论体系。他认为应该到每一个人的“良知”中，即到每一个人的“心”中去寻求天理。他说：“吾心之良知，即所谓天理”，“理虽散在万宇，而实不外乎一人之心”。“天理在人心，亘古亘今，无有终始，天理即是良知”，主张到人的“良知”中去寻求天理，而不必向天地万物去穷格。这正是他比起程颢和朱熹的高明之处。

孟子论道德修养

与主“性恶”说并且强调礼治的荀子不同，提倡“性善”说并且重视仁政的孟子，是孔子学说的首要继承者和发扬者。无怪乎宋儒把荀子摈斥于儒门之外，而把孟子提到仅次于孔子的崇高地位，并且把《孟子》一书列入《四书》之内。

读《孟子》给我印象最深的，便是孟子提出一些高尚优美的道德人格的境界。比如，他说：“居天下之广居，立天下之正位，行天下之大道；得志，与民由之，不得志，独行其道。富贵不能淫，贫贱不能移，威武不能屈，此之谓大丈夫。”（《孟子·滕文公章句下》）这是何等气派！这是多么高尚的境界！这样的名言，如果不是孟子这样道德充实的圣哲，是道不出来的。特别是“富贵不能淫，贫贱不能移，威武不能屈”，寥寥数语，不知启发和鼓舞了历代多少志士仁人！孟子又说：“君子有三乐……父母俱存，兄弟无故，一乐也；仰不愧于天，俯不怍于地，二乐也；得天下英才而教育之，三乐也。”（《孟子·尽心章句上》）这几句话的教育意义也是很大的。以我个人来说，我的粉笔生涯已 50 余年于兹，生活清苦而不改其乐，孟子的这个教守，对我帮助很大。

孟子不但提出这些优美高尚的人生境界作为人们修养的目标，而且还指出了道德修养的方法。就我个人体会，约有以下数端。

第一，孟子要求人们在“养”字上下功夫。他说：“体有贵贱，有大小。无以小害大，无以贱害贵。养其小者为小人，养其大者为大人。”（《孟子·告子章句上》），孟子主张“养其大者”，是培养人们先天已有的“善根”，“扩而充之”，以达到“仁”的至善的境界，从而成为“大人”。他反对“养其小者”，就是反对恣口腹之欲，一味贪求肉体上的享受，从而堕落为“小人”。

第二，“反求诸已”。他说：“爱人，不亲，反其仁，治人，不治，反其智；礼人不答，反其敬——行有不得者皆反求诸己，其身正而天下归之……”（《孟子·离娄章句上》）这比孔子的“求诸己”是更进了一步。这就是要求人们遇见不如意事不要责备别人，而要严格要求自己。

第三，“寡欲”。孟子认为培养品德要从寡欲做起。他说：“养心莫善于寡欲。其为人也寡欲，虽有不存焉者，寡矣；其为人也多欲，虽有存焉者，寡矣。”（《孟子．尽心章句下》）这里必须指出：孟子所强调的是寡欲，而不是禁欲，与宋儒提倡的“存天理，灭人欲”毫无共同之处，与佛教的禁欲更是大相径庭。试想一想，一个人做坏事，往往起因于多欲。可见，孟子之强调寡欲，对于一个人的品德修养来说，是何等重要。

第四，孟子主张一个人要通过贫困苦难的磨砺来培养个人的道德品质和坚强自己的道德意志。他举出舜、傅说、胶鬲、管仲、孙叔敖及百里奚为例，然后说：“故天将降大任于斯人也，必先苦其心智，劳其筋骨，饿其体肤，空乏其身，行拂乱其所为，所以动心忍性，增益其所不能，人恒过，然后能改……入则无法家拂士，出则无敌国外患，国恒亡。然后知生于忧患，而死于安乐也。”（《孟子·告子章句下》）

孟子这一大段话，虽然带有天命观的色彩，相信有“天”这个最高主宰，但是这是次要的，我们可以不去管它。饶有意味的是，孟子这些话，含有辩证法要素。在他看来，贫困苦难反而可以锻炼人，使他成材，成就他的德业；人们只要有志，坏事也可以变成好事；有矛盾的对立，事物才能向更好的方向发展；一个人犯错误是一件坏事，但是如果能够从中吸取教训，努力改正，那么坏事就会变成好事；一个国家如果内部有法家拂士不断发出逆耳之忠言，向君主的错误提出纠正的意见，外部有强大的敌人虎视眈眈，随时准备入侵，那么这个国家的君主就会得到激励和推动，就会奋发图强，于是弱国可以变成强国。

这里顺便说说，朱熹注孟子时，把法家解释成讲法度之世臣，把“拂士”解释成辅弼的贤士。我认为朱熹的解释完全错了。实际上，“法家”之“法”，乃“偪”也，与逼同义，“法家”就是迫使君主行道之臣。“拂士”的“拂”，乃矫或逆之意，“拂士”即直言敢谏之臣。

抑且，从上下文来看，我这个解释也是顺理成章的，因为孟子这里所谈的是一组一组的矛盾或对立物。贫困苦难的环境与当事人是一组矛盾，

“过”和“改”是一组矛盾，敌国外患与一国的君主是一组矛盾，所以“法家拂士”也应该与君主是一组矛盾。既然法家拂士与君主是一组矛盾，那么也只有把“法家拂士”解释成直言敢谏、迫使君主行道之臣，才讲得通。如果像朱熹那样把“法家拂士”解释成讲法度之臣及辅弼之贤士，就滞碍难通了。

孟子提出这种艰难玉汝于成的教导，对后世影响至大，历代不知道有多少有志之士以孟子的这个教导为座右铭，用来鼓励、鞭策自己，在德业上奋发有为，自强不息，终于成为对国家对人民做出贡献的名垂青史的人物。

第五，更可贵的是，在人格修养方面孟子还提到他本人善养一种所谓“浩然之气”的体会。他是这样描述这种浩然之气的：“其为人也，至大至刚，以直养而无害，则塞于天地之间。其为气也，配义于道；无是，馁也。是集义所生者，非义袭而取之也。行有不慊于心，则馁矣。”（《公孙丑章句上》）这就是说，孟子认为一个有志于道德向上的人，应该培养一种“浩然之气”。它是至大至刚的正气；但是只有以仁义为怀而志于道的人，才能培养成功这种“浩然之气”。假如做一件有愧于心的事，这个“浩然之气”就要受到损害。这种“浩然之气”之形成，非一朝一夕之功，而是仁义的德行长期积累的结果。一个人一旦培养成功这种“浩然之气”，就会感觉到自己的“浩然之气”充塞于天地之间，与万物合为一体，达到一种以实现正义事业为己任的、崇高的“廓然大公”的道德境界。达到这种境界的人，就会甘心为正义事业而牺牲自己的一切。

对于孟子的“浩然之气”，近代学者们往往当作一种神秘主义的东西加以否定，或不屑一顾。这种态度是很轻率的。实际上，“浩然之气”，就是一种道义精神，一种很高的道德境界，它虽然是一种精神或心理状态，但是它可以转化为一种强大的物质力量，可以发挥巨大作用。中国历史上有不少志士仁人达到了这个道德境界，并且作出了惊天动地的正义举动。南宋末年的民族英雄文天祥就是一个最光辉的范例。当时蒙古大军长驱直入，南宋形势危如累卵，他义无反顾地投身于艰苦卓绝的抗元民族斗争，在兵败被俘后，拒绝降元，表现出许多可歌可泣的行动。这些行动的推动力，就是他的“浩然之气”，亦即他那种为了正义事业而百折不挠的精神。在被送到燕京之后，坚决不肯投降的文天祥被囚在臭气熏天、暗无天日的土牢中。一般人被囚禁在这样恶劣的环境中早就瘐死狱中了，但是在这个土牢中“俯仰其间”达两年之久的文天祥却“幸而无恙”。为什么疾病未能侵犯他？这是因为他的胸中有一种“浩然之气”。他写的《正气歌》就表达了他的浩然正义。

曹操与刘备

也许是由于历史或造物者的巧妙安排，在三国时代的政治舞台上竟然同时出现政治品质和政治作风截然不同甚至完全相反的两个人物：曹操和刘备。这两个历史人物至少在三个方面形成鲜明的对比：

第一，曹操残暴不仁，曾多次大规模屠杀平民百姓。公元193年他攻打徐州牧陶谦时，“坑杀男女数十万口于泗水，水为不流。”他“攻取虑、睢陵、夏丘，皆屠亡，鸡犬亦尽，墟邑无复行人”（《资治通鉴》卷六十）。公元198年冬十月曹操屠“彭城”（同上书，卷六十二）。公元200年袁绍军败，“余众降者，操尽坑之，前后所杀七万余人”（同上书，卷六十三）。公元215年五月，曹操率军攻打张鲁时，“氐王窦茂众万余人恃险不服，……，攻屠之”（同上书，卷六十七）。

与曹操不同，刘备从未干过这样的暴行，而且有爱民的表现。公元211年曹操大军入侵荆州时，荆州人民争先恐后追随刘备难逃，“比到当阳，众十万余人”（同上书，卷六十五）。这个现象说明荆州百姓一方面畏惧曹操之残暴，避之唯恐不及，另一方面爱戴刘备，愿意与他共存亡。这进一步还说明刘备在荆州有惠爱于民。由于百姓跟随刘备军队偕亡，行动甚为迟缓，很容易被曹军追上，所以有人建议刘备把百姓大众中途抛掉，以便迅速行军。但是刘备拒绝了这个建议，他说：“夫济大事必以人为本，今人归吾，吾何忍弃去”（同上书，卷六十五）。结果，在曹军的冲击下，刘备妻离子散。但是，他并不后悔。

第二，曹操残酷无情地杀害无辜。他曾说过：“宁我负人，无人负我”（《三国志·武帝纪》注）。这句话最能说明他的为人，因而他之任意杀人，也就不足为奇了。首先他杀戮不少无辜的士大夫。孔融是汉末名士，因“数戏侮曹操”，并且与他意见不合，曹操乃“收融，并其妻子皆杀之”（《资治通鉴》卷六十五)。许攸是曹操的故人，他在击败袁绍的战争中为曹操立了功，但是由于“恃功骄嫚，尝于众坐呼操小字……”操也把他杀了(同上书，卷六十四)。崔琰、杨修都以细故见杀。娄圭少时与曹操有旧，以“恃旧不虔见诛”(《三国志》卷十一)。荀彧在曹操诸谋士中功绩最大，但是由于阻“九锡”，被操逼死。曹操也背信弃义的杀人。“常讨贼，廪穀不足，私谓主者曰：如何？主者曰：可以小斛以足之。太祖曰：善。后军中言太祖欺众。太祖谓主者曰：特当借君死以压众，不然事不解，乃斩之，取首题徇曰：行小斛，盗官穀，斩之军门”(《三国志·武帝纪》注)。他还滥杀他的身边人。“武帝有一妓，声最清高，而情性酷恶，欲杀则爱才，欲置则不堪。于是选百人，一时俱教，少时有一人声及之，便杀性恶者”(《世说新语·忿狷》)。“魏武常云：我眠中不可妄近，近便斫人，亦不自觉，左右宜慎。此后，阳眠，所幸一人窃以被覆之，因便斫杀。自尔每眠，左右莫敢近者”(同《世说新语·假谲》)。“有幸姬常从昼寝，枕之卧，告之曰：须臾觉我。姬见太祖卧安，未即寤，及自觉，棒杀之”(《三国志·武帝纪》注)。

为了篡汉，曹操更是凶相毕露。在汉献帝刘协迁到许都后，大权完全落到曹操手中，“宿卫兵侍，莫非曹氏党旧姻戚。议郎赵彦尝为帝陈言时策，曹操恶而杀之。其余内外多见诛戮。”他又擅自弄死伏皇后和董贵人。伏皇后“所生二皇子皆酖杀之”(《后汉书》卷十)。

与曹操不同，刘备从未随便杀人，而且能以宽厚待人。刘表之子刘琮在刘表死后，“举州降”曹。“或劝备攻琮，荆州可得。备曰：刘荆州临亡托我以孤遗，背信自济，吾所不为，死何面目见刘荆州乎！……备过辞表墓，涕泣而去”(《资治通鉴》卷六十五)。

刘备之夺取刘璋统治下的益州，也表现了忠厚风度。法正和庞统都劝刘备攻取益州，刘备不同意，他说：“今指与吾为水火者，曹操也。操以急，吾以宽；操以暴，吾以仁；操以谲，吾以忠；每与操反，事乃可成耳。今以小利而失信于天下，奈何？”后来庞统进一步劝道：“乱离之时，固非一道所能定也。且兼弱攻昧，逆取顺守，古人所贵。若事定之后，封以大国，何负于信！今日不取，终为人利耳。”于是，刘备才决定用兵于益州(《资治通鉴》卷六十六)。

第三，曹操在用人上“以权术相驭”。诚然，他善于收揽人才，使用人才，而且有功必赏，使人才乐为之用。正如赵翼所指出的，“荀彧，程昱为操划策，人所不知，操一一表明之，绝不攘为己有。此固已足令人心死”（《廿二史劄记》卷七《三国之主用人各不同》）。但是曹操却“雄猜成性”，不能以“诚”待人，他之用人完全出于实用主义。如荀彧、许攸都为他立了大功，但是“及其削平诸雄，势位已定”（《廿二史劄记》卷七《三国之主用人各不同》），皆以嫌忌杀之。在曹操与他的谋臣武将之间只有利害关系，而不存在真实感情和道义。为此，王夫之尖锐地指出：“曹操以刻薄寡恩之姿……以申韩之法钳网天下，毛玠、钟繇、陈群争附之，以峻削严迫相尚，士困于廷而衣冠不能自安；民困于野而寝处不能自容”（《读通鉴论·三国》）。

恰恰相反，刘备在用人方面则能披肝沥胆，以诚相待。最突出的是他与关羽、张飞的关系。他与这两个人，“寝则同床，恩若兄弟”（《三国志·关羽传》）。关羽与刘备失散，被曹操所获之后，受到曹操的破格优待，但是他仍旧念念不忘刘备的恩义，想方设法挣脱了曹操的笼络，去投奔刘备。这固然是由于关羽的忠义，也是刘备以诚待羽的结果。刘备与赵云也是意气相投。在曹操大军入侵荆州之后的当阳之役，“或谓备：赵云已北走（意谓投降于曹操——引者注），备以手戟擿之曰：‘子龙不弃我走也。’顷之，云身抱备子禅”回到刘备身边。（《资治通鉴》卷六十五）赵翼说得很对，他说：“关张赵云，自少结契，终身奉以周旋，即羁旅奔逃，寄人篱下，无寸土可以立业，而数人者，患难相随，别无二志。此固数人者之忠义，而备亦必有深结其隐微而不可解者矣”（《廿二史劄记》卷七《三国之主用人各不同》）。刘备在称帝后不久，就亲率大军远征东吴。他这样做不是为别的，而是为了替关羽报仇，因而是他重义气的重要表现。未几刘备败绩，病殁于白帝城，这实际上就是为了情义而宁愿牺牲自己。

正是由于刘备能以诚待人，所以他在当时最能得人心。魏程昱说：“刘备有雄才，甚得众心。”诸葛亮说：“刘豫州……众士倾慕，若水之归海。”可见当代人都承认这一点。

刘备之以诚待诸葛亮，更为史家所称道。他“礼贤下士”，三顾诸葛亮于茅庐之中，待之以师礼，形成君臣鱼水关系。在白帝城托孤时，刘备对诸葛亮说出历史上所有的君主说不出来的话：“君才十倍曹丕，必能安国，终定大事。若嗣子可辅，辅之，如其不才，君可自取。”这也完全是出于肺腑之言，因为“知子莫如父”，刘备知道刘禅阘茸无能，不足以担当大事。赵翼对此作了精辟的评论，他认为刘备临终的这句话，“千载下犹见其肝膈本怀，岂非真性情之流露。假使操得亮，肯如此委心相任乎？惜是时人才已为魏吴二国收尽，故蜀汉得人较少。然亮第一流人，二国俱不能得，备独能得之，亦可见以诚待人之效矣”（《廿二史劄记》卷七《三国之主用人各不同》）。在刘备死后，诸葛亮小心奉事后主，六出祁山，为“北定中原”，“兴复汉室”，奋斗到最后一息，这固然与诸葛亮的忠贞品质有关，也是刘备对他推诚相待的结果。

刘备之用人也讲求信义。“汉主自秭归进击吴，治中从事黄权‘请为先驱以当寇，陛下宜为后镇’。刘备不从，使黄权督江北诸军。汉主败走，黄权在江北，道绝，不得还。八月率其众来降（即降魏——引者注）。汉有司请收其妻子，汉主曰：‘孤负黄权，权不负孤也。’待之如初。”“蜀降人或云汉诛权妻子”，曹丕“诏权发丧。权曰：‘臣与刘、葛推诚相信，明臣本志，窃疑未实，请须。’后得审问，果如所言。”（《资治通鉴》卷六十九）

从以上一大堆事实中不难看出曹操的“阴贼险狠”（苏轼语，见《苏轼文集》，中华书局 1986 年版，第 601 页）和刘备的仁厚诚信。

正是这两位品质性格截然相反的人物在政治舞台上的搏斗，为三国时代的历史增添了不少有声有色的场面，并且成为三国时代历史发展的主线。

“公道自在人心”。特别是在向来重视伦理道德的中国，曹操和刘备在道德品质方面不同的表现，理所当然地在人们心目中引起不同的反应。前者激起人们的憎恶，而后者博得人们的同情。人民的这个爱憎，像泾渭一样分明，而且早在北宋时代就表现出来了。《东坡志林》记载：“王彭堂云：‘途巷中小儿薄劣，其家所厌苦，辄与钱令聚坐听说古话。至说三国事，闻刘玄德败，颦蹙有出涕着，闻曹操败，即喜唱快。以是知君子小人之泽，百世不斩。’……”（《东坡志林》，华东师大出版社 1983 年版，第 15—16 页）

人民的这种爱憎，也导致了历史翻案。本来陈寿的《三国志》尊曹而抑刘，以魏为“正统”，以蜀汉为“僭伪”，尊曹操为武帝。但是到了南宋，当时的大儒朱熹在他写的《通鉴纲目》中把这个关系完全颠倒过来，他以蜀汉为“正统”，尊刘备为汉昭烈帝。朱熹所做的这个翻案是基于儒家的仁政思想及刘备的政治美德，但是也反映了人民的爱憎。

人民的这个爱憎及朱熹的“笔法”，也被《三国演义》的作者罗贯中继承下来，并且加以发扬。《三国演义》这部历史小说，虽然免不了夸张和虚构，在细节上也有悖谬史实之处，但是它的中心思想——抑曹尊刘，表扬刘备的“仁义”和谴责曹操的“奸诈”——是非常明确的，而且归根到底也是符合历史实际的。

六、刘祚昌论著要目

著 作

1.《美国独立战争简史》，华东人民出版社 1954 年版。

2.《英国资产阶级革命史》，上海新知识出版社 1956 年版。

3.《美国内战史》，人民出版社 1978 年版。

4.《杰弗逊传》，中国社会科学出版社 1988 年版；获山东省社会科学优秀成果一等奖；全国高等学校人文社会科学研究优秀成果奖。

5.《杰弗逊全传》（上、下），齐鲁书社 2005 年版。

译　著

1.《苏联史》(译著，刘祚昌主译)，生活·读书·新知三联书店 1956 年版。

2.《杰弗逊集》（上、下册）（译著，刘祚昌、邓红风合译），生活·读书·新知三联书店 1994 年版。

主编教材

1.《世界史 · 近代史》（上、下册），人民出版社 1984 年版；2004 年《世界通史 · 近代卷（上、下册)》再版。

2.《世界近代史》，山东教育出版社 1987 年版。

3.《世界史 · 近代史编》(上、下卷)，高等教育出版社 1992 年版、2001 年版。

论　文

1.《论美国内战》,《文史哲》1952 年第 3 期。

2.《对于美国南北战争原因的初步探讨》,《文史哲》1953 年第 1 期。

3.《北美独立战争胜利的原因》,《历史教学》1957 年第 1 期。

4.《林肯·黑人·奴隶制度》,《光明日报·史学版》1964 年 1 月 29 日。

5.《美国内战期间黑人反对种族歧视的斗争》,《史学月刊》1964 年第 9 期。

6.《美国南方的黑人土地问题》,《史学月刊》1965 年第 4 期。

7.《林肯解放奴隶的真相》,《史学月刊》1965 年第 8 期。

8.《美国内战与武装黑人问题》,《安徽师范学院学报》1977 年第 6 期。

9.《论林肯》,《开封师范学院学报》1978 年第 1 期。

10.《对美国黑人领袖弗·道格拉斯的评价》,《世界史研究动态》1979 年第 1 期。

11.《独立战争与美国人民争取民主改革的斗争》,《山东师范大学学报》1979 年第 2.4 期。

12.《美国人民争取西部土地的斗争与“宅地法”问题》,《世界历史》1979 年第 4 期。

13.《道格拉斯和美国黑人解放运动》,《历史教学》1979 年第 4 期。

14.《略论托马斯·杰弗逊的民主思想》,《历史研究》1980 年第 4 期。

15.《美国奴隶制度的起源》,《史学月刊》1981 年第 4—5 期。

16.Reasons for the Victory of the North American war of Independence，载于“Chinese Studies in History”, Fall, Winter 1982—1983 年。

17.《美国殖民地时代的议会制度》,《历史研究》1982 年第 1 期。

18.《美国的独立战争与独立宣言》,《山东师范大学学报》1982 年 第 5、6 期。

19.《论美国第一次革命的成就》，《美国史论文集》（1981—1983），生活·读书·新知三联书店 1983 年版。

20.《论林肯的政治家风范——对林肯的再评价》，《山东师范大学学报》1984 年第 5 期。

21.《道格拉斯》，《外国历史名人传》（近代·中册），中国社会科学出版社，重庆出版社 1984 年版。

22.《英国对北美殖民地的重商政策》，《贵州大学学报》1986 年第 1、2 期。

23.《我是怎样研究美国史的》，《文史哲》1986 年第 2 期。

24.《杰弗逊与弗吉尼亚社会的民主改造》，《山东师范大学学报》1986 年第 3 期。

25.《论北美殖民地社会政治结构中的民主因素》，《文史哲》1987 年第 3 期。

26.《论杰弗逊的教育思想》，《山东社会科学》1987 年第 4 期。

27.《杰弗逊改造美国土地制度的宏图》，《美国研究》1987 年第 4 期。

28.《杰弗逊与美国宪法》，《山东师范大学学报》1988 年第 1 期。

29.《杰弗逊的农业理想国》，《美国研究》1989 年第 3 期。

30.《论杰弗逊的独立风格》，《文史哲》1990 年第 3 期。

31.《论文艺复兴“地理大发现”与宗教改革——兼论世界近代史的开始问题》，《史学月刊》1991 年第 1 期。

32.《林肯新论》，《历史研究》1991 年第 3 期。

33.《1871—1914 年资本主义国家的政治社会调整》，《世界历史》1991 年第 5 期。

34.《杰弗逊与美国现代化》，《历史研究》1994 年第 2 期。

35.《杰弗逊与共和党的兴起》，《历史研究》1996 年第 2 期。

36.《中西文明的互补性》，《文明比较研究》（东北师大）2000 年第 1 期（创刊号）。

37.《论孔子的理想国》，《齐鲁学刊》1987 年第 1 期。

38.《中国的专制制度与中国的孟德斯鸠》，《山东师范大学学报》1983 年第 4 期。

39.《孟子的仁政学说及其进步意义》，《史学月刊》1985 年第 1 期。

40.《“仁”是孔子教育事业的核心》，《山东师范大学学报》1985 年第 6 期。

41.《论王安石的政治品质与政治作用》，《东岳论丛》1986 年第 2 期。

42.《孔子思想中的积极因素初探》,《山东师范大学学报》1987年第1期。
43.《孔子思想·士人政府·文治》,《山东师范大学学报》1991年第5期。
45.《诸葛亮的“儒者气象”》,《孔子研究》1995年第4期。
44.《浅论中国古代帝王的婚姻制度》,《历史教学》1997年第6期。
45.《反思过去，向21世纪奋勇前进》,《史学理论研究》1992年第3期。
46.《为人民的需要写历史〈史学家自述〉》，武汉出版社1994年版。
47.《西南联大忆旧　兼论西南联大精神》,《学术界》2000年第1期。

未发表文稿

1.《泰山封禅与中国的专制主义》

2.《泰山和儒学》

3.《阳明学说》

4.《孟子论道德修养》

5.《论“三国”》

6.《曹操与刘备——两个完全相反的历史人物》

7.《请不要误解“三顾茅庐”》

8.《韩非的法家思想是反人民的》

9.《孔子思想在中国历史上的积极作用》

10.《孔子的理想的政治与理想人格》

11.《谈“三国的魅力”》

12.《治学经验杂谈（我就是怎样做学问的，我的治学之路）》

13.《学习历史会提高人的素质（史学的教育功能，史学与人的文化素养）》

14.《文明比较研究的笔谈》

15.《漫谈读书》

16.《于细微处见伟大——忆朱自清先生的一件往事》

17.《千佛山上的长啸浩歌》

18.《对杰弗逊的“丑闻”的 DNA 研究》

七、纪念文章及信稿

敬贺刘祚昌教授百年华诞

张友伦

今年是刘祚昌先生的百年华诞，山东师范大学将举办盛大的庆祝活动。这是我国历史学界，同时也是我国学术界的一件大事，可喜可贺。我同刘先生交往多年，作为晚辈，我从他那里受教匪浅，获益良多，想借庆贺的机会表达我的由衷的谢意和深切的思念。

在我的心目中，刘先生属于新中国第一代著名史学家之列。虽然他不曾留学，年龄也比那一代人小，但他高深的造诣，出色的成就，同他们相比毫不逊色，所以我一直以刘先生为良师。

刘先生是一位大学者，用博学多才、思想深邃、下笔千言、文采风流等美妙的词句加在他身上都合适。但如果简而言之，他就是一位真正的读书人，爱读书，会读书，而且学以致用。古往今来的大学者、大文豪莫不是真正的读书人。

刘先生很早就被教育部确认为博士生导师。但由于山东师范大学还没有美国史博士点，就挂靠在南开大学美国史博士点，在那里招收和培养博士生，由我负责他的接待工作，我们之间的过从就比较多了。后来，我又曾经几次参加山东师大历史系的会议，有机会到刘先生家里访谈，对刘先生的工作和生活有了进一步的了解。

刘先生平常的日程安排得挺紧凑，读书和写作占了绝大部分时间，每天的锻炼也不放松。黎明即起，第一件事就是攀登附近的山头，来去大约一个多小时，多年来从未间断。所以他身体健康，精神饱满。记得他曾同大家一起爬山。步伐轻快，总是走在最前列。

刘先生人生坎坷，经常受到多种政治运动的冲击。我曾问他，那些日子是怎么度过的。他有点神秘地告诉我说，他有对策。他虽然人格受辱，身心受伤，但只要一书在手，他的一切烦恼都会抛在脑后而乐在其中，所以日子过得也不算太坏。

刘先生读书是全神贯注的，每读一次都有所收获。他写的文章很多，都是在读书过程中找到题目的，都有所根据，能够贴近当时学术界的实际，符合读者的需求，能够释放正能量，产生很好的社会影响。因而只有真正的读书人才能够做到这一点。

刘先生是著名学者，许多方面都值得我们学习，但主要的是要学习他认真读书的精神。我们在庆祝他的百年华诞的时候千万不要忘记要努力成为他那样的真正的读书人。

2020年7月（作者为南开大学历史学院教授）

近代世界四百年史纵横观

——高教版《世界史·近代史编》评介

王方宪

吴于廑、齐世荣主编的六卷本《世界史》中的《近代史编》由高等教育出版社于 1992 年出版发行。该书由刘祚昌、王觉非任分卷主编，组织部分高校的十几位著名教授和中青年学者，经历六七年的准备与编撰，如今终于问世。这是我国世界史学界一件可喜可贺的事。该书作为“八五”期间国家重点书和国家教委组织统编的教材，自 1992 年秋起供全国高校使用。该书在哪些方面有所改进和创新，当为读者所关注，本文拟作一些粗略的介绍和评析。

《世界史·近代史编》(以下简称《近代史编》) 分上下卷，共 6 章 28 节，近 75 万字。全书分章甚少，旨在从宏观上反映近代世界由分散向整体发展的概貌，也体现了近代史全过程的阶段划分和纵横交织的体系结构。

《近代史编》上承《古代史编》，下接《现代史编》，基本涵盖了近代 400 年世界历史演进的过程。与旧教材相比 ，该教材的年代上限不是 1640 年，而是 1500 年前后，下限不是 1918 年，而是 1900 年前后。该书编者根据吴于廑为全书 (指六卷本) 所撰“总序”的精神，就近代史的起止断限在本编“前言”中简述了几条理由，本文稍加阐释如下：第一，世界近代史是资本主义在西方上升、发展、向全世界扩张并由之在全世界产生巨大影响的历史，而这一切几乎都与地理大发现息息相关。是地理大发现直接诱发了商业革命和西欧诸国的海外殖民扩张，对西欧资本主义工业化起了最有力的催化作用；同时，随着地理大发现，打破了新旧世界的隔绝状态，从而打破各民族、各国、各地区间的相对隔绝状态，促进了世界市场的形成，使整个世界在经济、政治、文化等各方面逐步形成密切联系的、互相依存又互相矛盾的一体。地理大发现发生在1500年前后，因此以1500年作为世界近代史的开端，合乎历史发展的客观实际。第二，世界历史近代与古代的分期界限应以有世界意义的重大经济形态变化为主要依据。1500年前后西方社会经济的重大变化，不仅引发了地理大发现，也先后引发了文艺复兴和宗教改革等历史运动，由此促进西方社会经济的进一步发展，并导致西方各国得以挟其优势，逐步向世界各地区扩散影响力和控制力，而世界历史形势也由此发生了新的全面转折。马克思说："资本主义时代是从16世纪才开始的。"[①] 恩格斯说："现代自然科学，和整个近代史一样，是从这样一个伟大的时代算起，这个时代，我们德国人由于当时我们所遭遇的民族不幸而称之为宗教改革，法国人称之为文艺复兴，而意大利人则称之为五百年代。"[②] 因此，以1500年为世界近代史的上限，是合乎历史唯物主义原则的。第三，近代各发达国家的资本主义从自由向垄断的过渡，约当19世纪末20世纪初之际，所以，1900年可以视为已在支配世界的资本主义经济形态发生巨大变化的标志，即可视为世界近代史的下限。不过，正如"总序"所要求的那样，应当运用正确的理论和方法对世界历史的发展进行全面的而非割裂的考察。《近代史编》并不机械地在1500年和1900年两端切割断限，它叙述地理大发现起自1500年之前多年，写文艺复兴则上溯至14世纪。下限也根据各国各地区历史的阶段性发展，一般写到19世纪末或20世纪初。

该书编者立足于全人类，从宏观的角度考察1500—1900年世界历史发展的全过程，并且把这个过程分为四阶段：第一阶段是地理大发现以及由此实现了世界各地区之间的直接接触，加强了联系，大致为100年左右的时间。第二阶段是西欧诸国先后向海外扩张，建立殖民地，并与殖民地之间形成密切的经济关系；作为欧洲资本主义大工业的准备时期，大致以1600年至1760年前后为起止。第三阶段自18世纪后半期开始，英国经过工业革命而成为"世界工厂"，进而渗透、控制和征服世界许多地区和国家；1850—1870年间，以英国为中心形成了世界市场。第四阶段起自1871年以后，资

① 《马克思恩格斯选集》第2卷，人民出版社1972年版，第222页。

② 《马克思恩格斯选集》第3卷，人民出版社1972年版，第4页，"五百年代"即16世纪。

本主义的工业发展导致垄断组织的形成，从而推动列强对世界的瓜分。到19世纪末，世界最终形成一个互相联系、互相渗透、互相影响的整体。可以说，近代世界由相对隔绝发展为整体的观点贯穿全书，给人留下了鲜明而深刻的印象。

世界历史的纵向发展与横向发展密不可分。在阐述具有普遍的、规律性的意义的纵向发展时，如何体现纵向发展对横向发展的制约，以及横向发展对纵向发展的反作用，是该书编写方法上的关键性问题，而编者在这方面确实表现出色。

编者采取了纵横交织的编写方式。既叙述一国或一地区的纵向演变，又横向联系各国、各地区之间的经济、政治和文化等方面的发展，进行跨国家、跨地区的综合叙述及其比较，阐明一些重大历史现象的扩散、传播以及影响的来龙去脉。如第一章主要写西方的资本主义曙光，同时选择东方的中国和日本，读后令人对当时仍实行“重本抑末”政策、固守农本经济的中日两国之所以开始落后于西方，有了明确的认识。进而在第二章写东方诸国的衰落和西欧列强海外殖民扩张的过程，并比较了西方与东方的不同历史条件、治国政策、文化传统和思想意识形态等，启发读者去认识当时西方世界形成优势的历史必然性。

编者的目光没有停留在东西方的比较上。为了体现各国各地区历史发展的阶段性和多样性，编者格外重视多方位地纵向和横向比较。比如，写启蒙运动，与文艺复兴作了联系与比较；对于工业革命为何率先出现在英国，又以欧洲诸国尤其是法国与英国进行比较；第二次工业革命与第一次工业革命的比较；写明治维新，则探讨在社会变革中日本成功中国失败的原因，等等。该书不仅以纵横比较见长，而且注重在每一章的引言概览跨国跨地区的发展趋势，阐明阶段划分的理由，提示某一地区或国别的重点内容等，可谓高屋建瓴，视野广阔，对于突破用国别史编列世界史的旧框架，无疑是富有创新意义的尝试。

作为综合性的世界史著作，着重横向联系或进行纵横比较，并不意味着轻视重要的国别史内容，而是应该根据世界历史发展的统一性和多样性，把握其发展的规律，从而将具有普遍意义的发展规律和具有特殊意义的国别、地区的历史进程有机地结合起来。因为普遍性存在于特殊性之中。如果不考察各国各地区具体的历史进程，也就无法宏观地概览世界历史全局。《近代史编》在章节安排上注意到了这种有机的结合。如在“资产阶级革命的时代”一章中，收入美国革命、法国大革命、1848年欧洲革命和拉丁美洲革命运动等相关内容，从而集中地突出了时代主流。编者对美国和法国革命着墨较多，比较充分地体现了近年的研究成果；其他部分则相对简略，点面结合、重点突出地反映了时代主流 。纵观《近代史编》全书 ，其体例结构旨在防止重陷把世界近代史写成国别史汇编的窠臼。如“资本主义入侵下的亚非拉诸国”“资本主义向垄断过渡”“19世纪后期资本主义国家的发展趋向”等节的内容，均注意经纬交织，分合有致。限于篇幅，此不赘述 。

《近代史编》既然立足于考察世界历史全局，就必须将中国史纳入其中。在高校开设中国通史课程的前提下，编者没有全面铺叙中国历史的演变过程，而是力图阐明中国在近代世界史上所处的地位。 一方面，在阐述东西方历史发展的不同特点时，就为什么曾在精神文明和物质文明方面领先的中国沦为落后国家的主客观原因，提出了一些颇有见地的历史反思。编者不是孤立地看待中国自世界近代开端以来的落后现象，而是对中国、奥斯曼帝国、莫卧儿帝国、明治维新之前的日本等东方国家落后于西方的共同原因，加以分析综合，从封建专制统治的强化，实行“重本抑末”、闭关锁国政策，维护传统的教化等方面，与西方世界的优势做了对比。这样把中国在近代的落后视为世界整体态势变化的因素之一，从东方诸国的共性中寻求中国所处的地位，有助于摆正从世界全局看东方，从东方看中国的关系。

另一方面，如何从东方国家落后的共性中阐述中国逐步沦为半殖民地半封建社会的历程，正确反映中国面对西方列强的扩张和工业优势的冲击所作的反应，也是书中重视的问题。 编者把重点放在中国社会各阶层对西方列强入侵和西学东渐的反应上。诸如，人民的反侵略 斗争，“师夷之长技以制夷”命题的提出，以及对《资政新篇》、洋务运动、《天演论》、康梁变法理论和孙中山的三民主义的评价，等等，清晰地展现了中国对西方工业世界的冲击所作的积极反应，即中国人民觉醒与抗争的历程。这种反应构成了中国在近代世界全局中乃至东方局部的特殊性，反映了世界开始走向中国，中国走向世界的必然趋势。这一趋势又是与整个农耕世界各国先后不一而曲折的“反应”融为一体的，它是近代世界历史横向发展的一大主题。《近代史编》抓住这一主题来写世界中的中国，在指导思想上是十分清晰而值得充分肯定的。

《近代史编》对于为资本主义经济服务的资产阶级社会政治思想，给予了应有的历史地位。该书不像以往常见的通史著述那样，把政治思想与文化艺术等内容附在国别史后面列举、简述一番，而是注重说明经济基础与上层建筑尤其是意识形态之间的辩证关系。对此，书中自文艺复兴对地理大发现——商业革命和宗教改革的积极影响写起，肯定文艺复兴对以后政治学说发展的推动作用，进而指出宗教改革实质上是早期资产阶级的反封建斗争，为西欧资本主义因素的发展开辟了道路。而后，启蒙运动作为文艺复兴之后的第二次思想解放运动，它在政治上要求实行“主权在民”，为资产阶级革命提供了思想上、理论上的准备。进入 19 世纪后，出现了人权理论向自由主义的演变，自由主义成为资产阶级意识形态中的主流，反映了工业革命后工业资本主义发展的时代大趋势。在 19 世纪后 30 年中，尽管出现了多样化的社会政治学说，但是，社会达尔文主义、唯意志论、历史学派等学派的一系列国家学说、价值观念等，都反映了从自由竞争向垄断过渡时期资产阶级的要求和愿望，处于主导地位的已是强权政治和侵略哲学。如此不断线地写出近代资产阶级社会政治思想的产生和演变历程，并按不同时期与资本主义的经济发展状况有机地联系起来，指明每一时期的思想主流，这不仅使读者对这部分内容易于理解，而且对于人们全面认识现代资产阶级各种思潮的由来与发展，也具有重要的现实意义。

然而，资产阶级社会政治思想的发展并不能解决资本主义制度的内在矛盾，也不能巩固以殖民主义大国为核心的资本主义工业世界的支配地位。所以，编者在肯定进入垄断之前上述资产阶级社会政治思想的积极性和进步性的同时，也揭示了历史的、阶级的局限性和利己性。与之相联系的，首先是资本主义制度的基本矛盾，即生产社会化与生产资料私人占有的矛盾，不断表现为无产阶级对资产阶级的斗争，这一斗争又随着资本主义势力国际化的形势发展为国际化的斗争。因之书中不仅仍然重视工人运动的发展、马克思主义的诞生、第一国际、巴黎公社和第二国际等内容，并且在写资本主义国家政治民主扩大和社会立法等内容时，也强调了各国工人阶级的斗争和国际共产主义运动的推动作用。其次是亚非拉殖民地附属国与殖民主义宗主国之间的矛盾斗争。这一斗争在近代史时期尚属初始阶段，多以被侵略国家的失败和屈辱为结局。

《近代史编》的新意还在于新增了近代资本主义制度下西方社会史的内容。它以“资本主义社会的物质生活和精神生活”为题，展现400年间欧美诸国社会生活的历史画卷。它从近代物质财富分配的变化阐释人们社会观念的变化，揭示出所谓“法律上的人人平等”与人们实际社会地位的不平等仍是社会的基石。进而从衣食住行、社会风尚、家庭生活、卫生与健康、文化娱乐等方面的演变过程，让读者于政治经济史之外，了解资本主义错综复杂的社会现象。这部分内容不但写得具体生动，可读性强，而且实事求是，力图真实再现当时社会的本来面貌。编者既描述了资产阶级与劳动人民生活的巨大差距，也从工人实际工资的增长，衣食住行、婚姻、教育状况的改善等方面，说明劳动人民一方面通过自己的创造为人类社会积聚了巨大的财富，一方面通过不屈的斗争，使自己的生活水平逐渐有所提高。编者还写到资产阶级中所谓中产阶级与上层富豪的区别，并且对新生资产阶级与封建阶级的社会观念和生活方式做了比较。此外，在当时历史条件下各阶层共有的一些习俗和普遍的社会问题，也写得真实可信。诸如，妇女地位的低下，儿童受虐待，普遍的弃婴现象和不良的卫生习惯等，以及随着社会的进步，这些方面的逐渐改观。

由于篇幅所限，书中对亚非拉各国社会史方面的内容只是择要涉猎，无法一一介绍，况且一部书也不可能面面俱到，包容一切。

该书以新的尝试接受学者同仁和广大读者的检验，很难要求它十分完善。首先，如能精选一些历史地图和重大事件的历史图片，插入有关章节，将有助于读者形成时空观念，加深对某些内容的理解。其次，在包括中国史的世界史体系中如何吸取中国史研究的成果，如何在基本史实上、重要观点上与之既相印证，又有叙述方法和角度上的不同，以至从新的视角得出新的结论，似可做深入的探索，方能逐步完善。最后，吴于廑、齐世荣主编的六卷本《世界史》将于1993年前后陆续出齐（实际出齐于1995年），届时再读其中的《近代史编》，当会有一番新的感受和思索。

附记　刘祚昌教授与《世界史·近代史编》

作为吴齐本六卷本《世界史》的责任编辑，我之所以将以上书评重新拿出来（有微小改动），主要是为了纪念刘祚昌教授对《世界史·近代史编》所作的卓越贡献。《近代史编》是六卷本《世界史》中最早交稿并出版的，这与刘祚昌教授和王觉非教授的通力协作、督促参编者抓紧撰写、认真统稿密切相关，这里单就刘祚昌教授为此书的辛勤付出略作回忆。

《近代史编》（上下卷）交稿后，我在审读编辑过程中，大约与刘祚昌教授（下称“刘先生”）通过两三封信（那时电话还没普及），就个别内容和行文向他请教，都收到他的快速而认真的回信。吴于廑和齐世荣两位总主编当然也跟刘先生有过书信等方式的沟通，共同探讨初稿的编撰和修改问题。从手稿来看，刘先生下笔甚勤，他那苍劲而灵动的笔迹——既有字斟句酌的小处润色，又有局部整段的改写，而且所写的大多涉及跨国跨洲的宏观阐述，其视野之开阔，论说之严谨，包括对某些史实的精炼表达，显然是对吴先生全局史观（亦有全球史观、整体史观等表述）的融会贯通，并在自己熟悉的领域精耕细作，尽可能以历史与逻辑的统一，即合理的结构、详略得当的叙述和适当的篇幅写出具有新意的近代世界史。也正是这部率先交稿的新编《近代史编》与我以往所读的同类著作明显有别，可谓新意迭出，读来令人振奋，才促使我想为它写出书评，并得到《世界历史》编辑部同仁的认可，在新书出版之际予以发表（刊载于 1992 年第四期）。

作为分卷主编之一，刘先生在写好自己分工负责章节的同时，在编写过程中还指导中青年参编者写出较好的初稿。他领会并忠实执行总主编的意图，不辞辛劳，不计得失，反复修改——好文章好书是改出来的。在京最后负责统稿的齐先生曾跟我多次面议书稿的具体修改问题（吴先生当时已有恙在身），其中谈及刘先生改稿的认真态度，感佩之情溢于言表。而看到刘先生对初稿局部的重写，却仍以初稿作者署名的情况，齐先生提出在章节分工署名上应该实事求是（也是保护著作权的应有之意），于是在书上才有了刘先生和若干章节初稿作者共同署名的安排。在我的记忆中，刘先生并没提过这方面的任何要求，他对初稿的详细修改或局部改写，呕心沥血，夜以继日，在他看来都是分卷主编的应尽义务，力求完善书稿、提升质量，把当时国内外世界史尤其世界近代史研究的最新成果充分纳入教科书体系，体现前沿的、学界普遍认同的较高学术水平，旨在提高我国高校世界史的教学和科研质量。刘先生对学术的严谨，对参编作者或弟子的严格要求，以及对晚辈学者的信任和提携，是他品德高尚、为人师表、严于律己、修身絜行的体现，也是学界应有的规范，应该成为后人从事史学研究和著述的楷模，也是我们纪念刘先生百年诞辰的意义所在。

（作者为高等教育出版社文科部编辑）

附　录　刘祚昌教授写给编辑的一封信

王方宪同志：

多谢你寄来的证明信。见来信知道你为了此稿费了许多心血，比如对于自由主义学说，你加上一些批判词句，我很赞成。从信里也知道齐先生也为我分劳，他做了许多本来是我应该做的事情。当然这也是客观环境造成的，远在济南，我也很难插上手。

我也同意先出下册，看来上册问题多，按照吴先生意见加以改进很有必要。这主要是我们对于17世纪以前的历史太不熟悉。再谈！祝近好！

刘祚昌

1991年9月28日

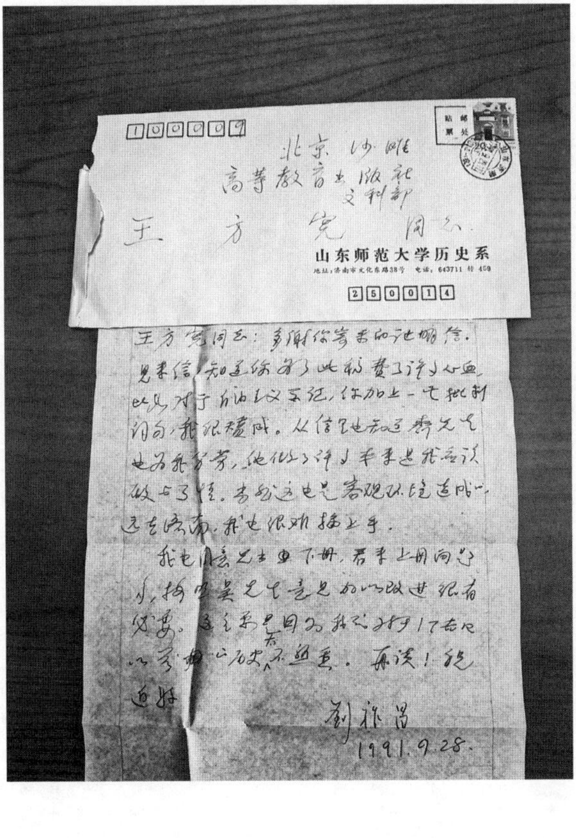

北京师范大学张宏毅教授的信

山东师范大学“纪念刘祚昌先生诞辰一百周年”筹备办公室，陈海宏教授收转：

今年是著名史学家、我国世界史学科奠基人之一、刘祚昌先生诞辰一百周年，贵校为此举办隆重的纪念刘先生的教学和学术活动，实在是极有意义的。

刘先生是我的学术前辈。虽然我们接触不多，但我对他的为人、治学方面的高尚品格和严谨作风，始终十分崇敬。他即使在身处逆境的情况下，仍以拳拳报国之心，克服一切困难，坚持教学科研，并做出极为可喜的优异成绩。他在世界近代史、特别是早期美国史的研究上的成就尤为突出。为我们深入了解世界近代史，特别是美国早期历史提供了可贵的科研成果。为我们正确认识美国的昨天和今天提供了借鉴。中美两大民族、中美两国终将排除万难，从今后的发展中实现“共同进化”，并为世界和平发展做出应有的贡献。我想，这也是刘先生生前最希望看到的。

祝　纪念活动完满成功!!

张宏毅

2020 年 8 月 28 日　北京

陈海宏教授：

您好！寄上纪念刘祚昌先生诞辰一百周年纪念短信一封，并附上拙文《冷静看美国——促使美国迅速崛起的三个关键因素及美国未来走向》复印件一份，请收。由于我新买的电脑最近出了问题。未能直接用E—mail将材料寄上，麻烦您代为处理。实在是过意不去，谨在此深表歉意。

接信后请来电告知，我的手机号是13×××××××××。

祝一切顺利！

张宏毅

2020年8月28日于北京师范大学

感念刘祚昌先生的学术包容

金卫星

回顾37年的高校教学科研生涯，我的美国史教学研究是在阅读黄绍湘、刘祚昌等前辈著作的基础上起步的。记得黄绍湘先生的《美国通史简编》（人民出版社1979年版）是我大学四年级美国史选修课的教材，刘祚昌先生的《美国内战史》（人民出版社1978年版）是我大学毕业后执教世界近代史课程的首选教学参考资料。而刘祚昌先生本人对我学术探究的大度包容，则在我的学术起步阶段给了我莫大的勉励与鼓舞。那段至今难忘的学术经历，发生在中国美国史研究会第六届年会暨学术讨论会的分组讨论中。

1990年11月13—18日，中国美国史研究会在河南开封和郑州举行第六届年会暨学术讨论会。我承导师张梦白先生推荐应邀赴会，这是我第一次参加美国史研究会的学术交流活动。开封、郑州年会“规模超过以往”，“到会会员和特邀代表128人，其中老者已届耄耋之年，少者不过二十出头，可以说是老少云集济济一堂”，是“一次空前的学术盛会”。① 我当时年满32岁，属“少者”中的“长者”。这次会议给我的最深印象是学术交流活动的平等宽松氛围：无论是我平素敬仰的权威大家如刘祚昌教授、张友伦教授、刘绪贻教授等前辈，还是身居高位的特邀代表如中国社会科学院副院长、中华美国学会会长李慎之先生，他们在年会学术讨论交流过程中都丝毫没有架子，认真倾听每一位代表的发言，平等讨论、甚至争论问题，毫不计较发言代表的年龄、单位、职称或职务，正是这种清新脱俗的学术研讨氛围，才使我这

① 参见李剑鸣：《一次空前的学术盛会》，《中国美国史研究会通报》第49期，正是在这次空前的学术盛会上，我有幸初次结识了王旭、王玮、李剑鸣、梁茂信、刘国柱、任东来、黄仁伟、刘文涛和陈海宏等当年意气风发的青年才俊、如今驰名当世的学术大咖们，后来更是程度不同地感受到他们的启示、提携与帮助。

个来自镇江师专、硕士生刚毕业的青年讲师能斗胆在讨论交流中直抒己见，亦由此引发刘祚昌先生对我“叛逆”性学术观点的包容性表态。

当时年会的学术讨论会根据主题及论文提交情况，分为美国外交史、美国历史上的改革、美国社会与文化、美国近代史诸问题四个小组展开讨论，我的与会论文是《鸦片战争前后美国对华政策述评》，在美国外交史小组讨论发言结束后，我又去旁听美国近代史诸问题小组的讨论。当讨论到美国内战史的性质问题时，在听了一些代表的发言后，我表达了自己当时有悖传统定论的看法：美国南部种植园经济本质上是资本主义经济的一种特殊形式，南部奴隶主集团属于资产阶级内部的反动集团，从这个意义上说，美国内战并不是第二次资产阶级革命，而只是美国资产阶级内部所进行的生产方式调整。这个看法立即引起与会代表们的热议，杭州师范学院的叶炳炎副教授对此表示反对，认为凡扫除资本主义发展障碍的历史事件，均可称为资产阶级革命，内战摧毁了奴隶制，当然是一场革命。他还引经据典对我的观点进行批驳，我当时有点忘乎所以，与叶老师展开了激烈的争论，争论的焦点集中在美国南方种植园经济的性质问题、内战是否属于两种社会制度冲突等方面。还有代表提出独立战争与内战只是美国资产阶级革命的两个步骤，前者争取了国家的独立，后者则扫除了资本主义发展障碍。新闻学院的徐圣选老师更指出，内战的意义在于维护了联邦的统一，其重要性当在解放黑人奴隶之上。① 这场近乎激烈的学术争论亦使在场的李慎之、刘祚昌两位先生极感兴趣，个性豪爽的李慎之先生对争论拍手称妙，赞叹不已，刘祚昌先生则以其谦和、宽容的长者风度，谦虚地表示他当初对美国内战性质的研究结论已经过时，完全可以依据史实材料做进一步深入探讨。更让我感触不已的是年会闭幕那天，李慎之先生特意让助手刘鹏辉嘱咐我，说我们所长要求你回去后把这次争论的观点写成文章，投到《美国研究》来。② 李先生的这个嘱咐和刘先生对我有违传统学术观点的包容性表态，成了我学术研究生涯起步阶段难以忘怀的、甚至于是关键的转折点。我回去后立即收集、研读文献资

① 参见李剑鸣：《切磋研讨，各抒己见——第六届年会讨论问题综述》，《中国美国史研究会通报》第 49 期，第 2—3 页。

② 李慎之先生是中国社会科学院美国研究所第一任所长。

料，围绕会议讨论发言的核心观点，从世界近代史的角度系统全面地研读分析了有关美国内战史性质的课题，写成了初稿“试论美国内战的性质问题”。文章修改完成后即兴冲冲地向《美国研究》编辑部投稿。

由于当时我的美国史研究基本功不够扎实，所在单位的文献资料有限，加上语言文字表达水平欠佳，等了近一年文章还是遭到了退稿。失望之余细读责任编辑赵梅老师的来信和她在稿件上的审阅、修改标记，① 一股深深的感激之情油然而起，激励我重新振作精神继续对文章进行修改补充。赵老师在信中详细阐述了文章存在的问题，并尽可能对文中的欠缺部分提出了具体的修改意见，实际上对我进行了详细的论文写作实战指导。我根据赵老师的指导意见，收集补充了新材料，强化充实了文章的理论分析层面，形成了从世界近代史的角度全面认识美国内战性质问题的研究视域，文章几经调整、修改与补充，最终定稿为“对美国内战性质问题的若干质疑”，转而向《世界历史》编辑部投稿，结果这篇文章被刊登在《世界历史》1992 年第 2 期的争鸣栏目，成为我学术研究起步阶段的代表性成果之一。

文章针对美国内战性质属于第二次资产阶级革命的传统观点，从南方种植园经济的性质、内战不属于两种社会制度的冲突、人民群众在内战中的作用和经典作家对美国内战性质的论述诸方面展开质疑，认为南方种植园主实际上是采用奴隶劳动制的农业资本集团，叛乱的南部同盟仍实行三权分立的宪政制度，内战期间人民群众没有任何破坏联邦宪法的行为、也未影响林肯政府维护联邦统一的既定政策，同时代的马克思、恩格斯，以及后来的列宁都没有从资产阶级民主革命的层面论述美国内战。文章最后断言：“美国内战主要是美国资产阶级的两大集团（即北方工商业资产阶级和南方种植园农业资本家集团）围绕采用何种劳动制度问题而爆发的一场暴力冲突。它包含了革命的意义，以战争的方式为废除奴隶劳动制度奠定了基础。但不能因此断定它就是完整意义上的资产阶级民主革命，因为这场冲突既不是两种生产方式对立的产物，也不是两种社会制度矛盾的结果。它的结局是北方工业

① 那时很多学术刊物处理不拟刊用的稿件均实行退稿制，我的这篇退稿多处留有赵梅老师编辑修改的红色标记，她严谨的治学态度和无私的敬业精神令我至今感动敬佩不已。

资产阶级平息了南方种植园农业资本家集团的叛乱，迫使其放弃了野蛮落后的奴隶劳动制度，转而采取统一的、符合资产阶级整体利益需要的自由雇佣劳动制度，用暴力的方式完成了资产阶级内部两大利益集团在生产方式方面的大调整。”①拙文遂成迄今为止国内高校世界近代史领域唯一质疑美国内战性质“定论”的“异议”，承蒙山东师大世界史学科点秉承刘先生的治学雅量，在其编辑的《世界近代史导学光盘》中介绍了拙文的主要观点。②

1990年中国美国史研究会第六届年会暨学术讨论会之前，我与刘祚昌先生素未谋面，仅拜读过先生的大作《美国内战史》。开封、郑州会议首度得见敬仰已久的先生，并有幸在小组讨论中感受先生治学为人的厚道、宽容，时隔三十年与先生这段短促的学术交往既令我感念不已，更使我倍感庆幸。我深深感念当年刘先生对晚辈后学平等宽厚、雍容大度的雅量。如果没有先生当时在小组讨论中的谦虚表态，③以及同组与会的特邀代表李慎之先生的热情督促，我或许不会重新思考探究早有定论的美国内战性质问题，而这篇文章则帮助我在美国史研究的起步阶段抓住了重要的切入点，这对我这个当年学术上刚起步的后生无异开启了登堂入室之门。我更为自己当年赶上了美国史研究会在解放思想、尊重科学的大背景下形成的平等、宽松的研讨氛围而倍感庆幸。如果当年研究会在分组讨论中不是采取让与会者畅所欲言

① 金卫星：《对美国内战性质问题的若干质疑》，《世界历史》1992年第2期，第121页。

② 参见刘文涛、夏季亭主编：《世界近代史导学光盘》“阅读材料”→“研究综述”→“美国内战的性质”，高等教育出版社、高等教育电子音像出版社2005年版。

③ 刘先生的谦虚表态，恰恰与之前中国近代史和世界史学界就中美关系史上的门户开放政策评价等问题的争论形成了鲜明对比。1979年复旦大学汪熙先生在《略论中美关系史的几个问题》（载《世界历史》1979年第3期）中提出，门户开放政策“在客观上对抑制或延缓帝国主义对我国的侵略也起过一定的作用”，坚守传统研究定论的近代史学界大佬不但予以严厉批评，而且强调既有研究定论只能作为进一步研究的立足基础：“我国历史学界通过对中美关系史上许多问题的研究，已经认识了它的本质，现在更需要的是在这种认识的指导下在那些尚未研究过或者尚未深入地研究过的各个具体问题上下功夫，从而丰富和发展这种本质的认识，……中美关系史研究工作不应撇开已有的基础，而应立足于三十年研究的基础之上，……排除一切消极的东西，向研究的深度和广度同时并进。”（丁名楠、张振鹍：《中美关系史研究：向前推进，还是向后倒退?》，载《近代史研究》1979年第2期）

的形式，而是实行限时性的主持人加点评人的会议研讨模式，人轻言微的我就不可能有机会全面阐述自己的观点，更不可能与其他代表展开激烈争论，在思想火花的激发下撰写出在当时不失新意的史学论文。

打破学术研讨过程中的论资排辈，在学术研讨活动中尊重学者的独立人格，推崇学术平等、思想自由的宽松氛围，尽可能为年轻人提供发展机会，是包括刘祚昌先生在内的老一辈史学家组建中国美国史研究会所开创的优良传统，也是美国史研究会历来秉持的独特风格。正是受这一传统与风格的感召与吸引，我的学术生涯从此与美国史研究会结下了不解之缘。从第六届年会至第十七届年会暨学术讨论会，三十年间我不间断地参加了美国史研究会的每一届年会，每一次会议都使我受益匪浅、学术研究得以推进一步，而每一次的学术进步都会使我油然念及当年那次难忘的学术研讨经历，我深深感念刘祚昌先生当年对我的学术包容。

2020 年 8 月 28 日写于苏州大学独墅湖校区文综楼 5424 工作室

（作者为苏州大学社会学院教授，中国美国史研究会常务理事）

刘祚昌：新中国世界史研究的开拓者

陈海宏

刘祚昌（1921—2006），辽宁辽阳人，中共党员，教授，博士生导师，当代著名历史学家，中国美国史研究和世界近代史学科的主要奠基者之一。主要从事世界近代史、美国史的教学和科研工作，代表性著作有《美国独立战争简史》《美国内战史》《杰斐逊传》《杰斐逊全传》等，在《历史研究》等重要学术刊物发表论文数十篇。曾任中国世界近现代史学会顾问、中国史学会理事、中国美国史研究会副理事长和顾问、山东省历史学会理事长及名誉理事长等职。曾获国家教委优秀教材一等奖，国家教委人文和社会科学一等奖，山东省社会科学一等奖等奖项，任第六、七届全国人大代表，被评为山东省专业技术拔尖人才，享受国务院政府特殊津贴，为我国的世界史学和美国史的研究作出了重要贡献。

一、献身学术的一生

刘祚昌（曾用名西仁）先生1921年5月生于辽宁省辽阳县一个耕读世家，父亲刘国廉是清末贡生，在文史方面有较深的造诣，长期在辽阳和沈阳一带教书。刘先生从小受到家庭的影响，养成了爱读书的习惯，尤其喜爱中国的古典文学、历史和文化。读小学时，日军发动“九一八事变”，占领了中国东北三省，建立伪满洲国，学校强迫学生学习日语，进行奴化教育，这深深激起了刘先生的民族义愤，深感当“亡国奴”的耻辱。

抗日战争爆发后，刘先生满怀爱国热情，于1939年离家就读于北平辅仁大学社会经济专业。后因战事扩大，刘先生经过上海、香港和广州，辗转到大后方昆明，入读西南联合大学，不久转到历史系。在西南联大自由民主空气的熏陶下，刘先生如饥似渴地学习。他聆听了朱自清、闻一多等许多著名大学者的讲课，和同学们自由地讨论国内外大事和胸中抱负。两年后，他又转学到四川大学，曾选修著名国学大师钱穆先生讲授的"中国学术思想史"课程，受益匪浅，为中国历史文化的学习与研究打下了功底。同时，他对外国史尤其是欧美近代史产生了浓厚兴趣。通过这段学习，他痛感近代中国多灾多难的根本原因在于"愚昧"，决心选择历史研究作为一生的事业，用历史进行"启蒙"，启迪人民的心智，消除人民的"愚昧"。他特别热衷于美国史的研究，希望利用仅有200年历史的美国的成功经验，来激励国人奋发图强，他的学士论文题目就是《罗斯福新政》。从此，他一生的主要精力都放在对美国史的研究上。

1946年至1948年，刘先生先后任教于沈阳东北临时大学补习班、东北大学先修班和长春大学等学校。新中国成立后，刘先生积极投身于社会主义建设事业之中。他在长春东北大学（后改为东北师范大学）历史系任讲师期间，讲授世界近代史，培养了新中国最早一批世界史工作者。他们毕业后分配到全国各地，创建了各高校的世界史专业，东北师大因此成为中国世界史学的"摇篮"。

1956年，刘先生调到山东师范学院历史系任教。当时他正值精力充沛、出成果的黄金时期，却因其耿直的性格被打成"右派"，从此在政治上长期受到歧视和打击。在"文革"期间，他又受到冲击，被批斗、下"牛棚"劳动改造……然而种种磨难并没使先生倒下，他忍辱负重，以顽强毅力进行研究工作，为以后在学术上取得辉煌成就打下了基础。

"文革"结束后，刘先生在政治上获得了解放，在学术研究上焕发了青春，成果层出不穷，各种荣誉和头衔位接踵而至。1978年，他担任硕士生导师，开始招收"文革"后的首批世界史研究生。1980年被评为教授，1985年获美国"富布赖特学者"称号，1986年在南开大学历史研究所担任兼职教授和博士生导师，1988年被评为山东省专业技术拔尖人才，1992年获国务院颁发的政府特殊津贴。他先后当选为第六、第七届全国人大代表、中国史学会理事、中国世界近代史学会顾问、中国美国史研究会副理事长和顾问、中国孔子基金会理事以及山东省史学会理事长等职。他还多次应邀访问美国，参加学术会议，进行研究和讲学活动。退休后，刘先生虽已 80 高龄，仍然不断奔走于中国与加拿大、美国之间，笔耕不辍，直至逝世。他把毕生精力贡献给了中国的世界史和美国史研究事业。

二、世界史学科观念和体系的创新

刘祚昌先生是我国世界史学科的主要奠基人之一，他具有强烈的事业心和责任感，几十年如一日，潜心研究，治学严谨，学贯中西，造诣精深，成就卓著。在长达半个世纪的学术生涯中，共出版有重大影响的学术专著 5 部、译著 5 部，主编部省级以上立项教材 3 套，发表学术论文 60 余篇。1978 年以来，先后培养了 22 名硕士和 3 名博士。1995 年退休以后，虽然久居国外，但他仍然十分关心学校和学院的教学工作以及世界史学科建设，每次回国都要给学生做学术报告。

在世界近代史教材建设方面，刘先生为打破苏联的史学体系和极左思潮的影响做出了很大贡献。我国的世界史体系在 1970 年代末以前一直受到苏联史学体系的束缚，存在严重的教条主义、公式化、简单化、脸谱化以及假大空的问题。刘先生自 20 世纪 70 年代末起，和史学界同仁一起努力打破僵化的苏联史学体系和极左思潮的旧框框，以实事求是的科学态度从事研究和探索，他先后主编了《世界史：近代史》（上、下册，人民出版社 1984 年版）、《世界近代史》（山东教育出版社 1987 年版）和《世界史・近代史编》（上、下卷，高等教育出版社 1992 年版）三部教材，均被作为全国通用教材使用。他还在“高教版”教材中增加了社会史内容，并在人物的评价上有其独到之处，这些都使这部新教材的内容更加生动和翔实，在学术上达到了新的高度，从而创立了中国特色的世界近代史体系。该教材还被用作国家“八五计划”重点用书和国家教委“面向 21 世纪重点教材”向全国推广，并获得了国家教委 1995 年人文社会科学优秀成果一等奖。

在上述三部教材以及他撰写的论文中，刘先生的贡献主要有以下几个方面：

1. 在世界近代史的理论和结构上敢于创新。在史学观念和世界近代史的历史分期问题上，否定了过去在国内史坛占支配地位的阶级斗争史观，主张以五种社会经济形态的发展演变作为历史发展的主要线索，以具有世界意义的经济形态的重大变化作为分期断限的依据，根据这种史学观念，阐释并运用了一种新的历史分期法，将“1640 年至 1917 年”这种仿自苏联的世界近代史时限改为 1500 年至 1900 年，即世界近代史起始于 1500 年左右发生的地理大发现，终于 1900 年前后世界向垄断资本主义过渡。

2. 对高校世界近代史教材的内容和编写方法做了实质性的改进。改变了以往世界史注重政治、经济史的做法，增加了社会史的内容；加强了对近代西方政治经济思想和社会思潮的研究力度；重视对工业革命和科技革命的研究；重视历史人物的研究；填补了教材在理论和史实上存在的空白；等等。关于教材编写方法，采取了整体史学的宏观研究法和比较研究法，站在全人类的大视角，对世界历史进行纵横交错的宏观把握。这样，以往干巴巴的世界史就变成了生动活泼、有血有肉、有声有色的活生生的历史。

3. 对世界近代史的许多重大问题提出了自己的见解。如把英国 1688 年政变定为“1688 年革命”而非“光荣革命”或“政变”。他认为法国大革命并非资产阶级革命的典型，它的一系列过激行为和恐怖政策给法国造成了巨大灾难，包括政治动荡和社会不安。他否定了传统的“法国热月政变是反革命”的观点，认为是“开始了巩固革命成果和进行资本主义建设的新时期”。他认为德国统一不存在两条道路，只有“自上而下”通过普鲁士进行的王朝战争才是统一德国的唯一道路。他特别重视美国革命，尤其是在革命期间进行的民主改革在世界史上的重大意义。他破除了关于 19 世纪末西方资本主义国家全面走向反动的传统提法，认为这期间西方国家进行的一系列改革稳定了社会局势和政权，使资本主义增添了活力，出现了经济繁荣和第一次工业革命。他对以往被否定的垄断资本主义给予新的评价，认为垄断是资本主义发展的成熟时期，对于加强企业管理、提高生产效率、促进生产力的发展具有一定的积极意义。他还对英国革命的农村资本主义发展、英国革命中的土地问题和掘土派运动，提出了独到深刻的见解。

4. 在世界史科研领域中的成就令人瞩目。早在 1950 年他就出过两部专著：《美国独立战争简史》（华东人民出版社 1954 年版）和《英国资产阶级革命》（新知识出版社 1956 年版），均为我国史学界研究美国史和英国近代史的开拓之作，至今仍是美国史和英国史研究生的必读书目。除了精通英文外，刘先生的俄文和日文也有相当水平，1956年曾由三联书店出版了他主译的《苏联史》。拨乱反正后，他迎来了学术研究的丰收时期。1978年人民出版社出版了他的《美国内战史》，该书用生动的笔调绘声绘色地将美国历史上这场规模最大、影响深远的内战展现在读者面前，并介绍了当时美国的社会、政治、经济、思想等各方面的情况，是20世纪80年代前我国学者撰写的有关美国史的专著中水平最高的一部作品，现被收藏于美国国会图书馆。

5. 对中西文明进行了比较研究。刘先生学贯中西，兴趣广泛，在世界史和中国史方面均有不少著述，对中国史研究也有很深造诣。他撰写了有关孔子、孟子、王安石、王阳明和诸葛亮的许多文章。通过对中西历史的研究和比较，刘先生提出了发人深思的见解：孟子和杰斐逊均倡性善说，主张人性皆善，认为每一个人都天生具有道德意识。孔子提出“仁”这个道德范畴，主张“仁者爱人”，要求人们互相亲爱；杰斐逊同样提倡人与人之间的爱，宣扬耶稣所倡导的博爱精神。孔孟都非常重视教育，并且认为教育是政治的基础，把教化人民的责任放在君主身上。杰斐逊是美国第一位提倡教育最力的政治家，他认为政治民主是和教育分不开的。孔子重视人的价值，他的全部学说都源于此；杰斐逊同样重视人的价值，他的理想是自食其力的自耕农社会，人们可以充分享受人的尊严，既不剥削别人，也不受别人剥削，可以享受真正的自由和平等。孔孟与杰斐逊在时间上相距近两千年，在空间上相距万余里，而在思想上竟有这些惊人的相似。

然而，中西文明有本质上的差异。作为中国文明核心的儒家思想，以伦理学说见长。它特别重视现世的人际关系及现实生活，而轻视虚无缥缈的天道及玄之又玄的形而上学理论。但是，儒家思想中有一个致命的弱点：它把伦理应用在政治上，产生了儒家的仁政学说。它无视君主的残暴及压榨人民的客观现实，把一切希望都寄托在所谓“明君贤相”上，让人民消极等待帝王“恩赐”仁政。这充分证明儒家仁政学说的空想性质。儒家仁政学说的缺陷正好应该用西方人所首创的民主思想来补救。西方文明对人类的伟大贡献有二：一曰民主，二曰科学。民主的思想基础是自由、平等及人权学说，它在制度上的表现便是代议制、普选制及三权分立等等。

刘先生认为，中国文明中另一个缺陷便是忽视物质文明，视科技为末业，以致科学落后、经济落后，这点正需要用西方的科学来补救。对于西方来说，科学技术的发展，导致了经济的发展及人们生活水平的提高，但是，西方科学技术和工业的高度发展，使人的社会变成一架机器，每个人都成为它的零件或螺丝钉，导致生态平衡的破坏，环境的污染，人伦关系瓦解。西方文明所面临的这个危机，恰恰需要中国儒家思想中的积极部分来挽救。

刘先生的结论是：中西文明可以互补；用西方的民主思想来补救中国儒家仁政学说的偏枯，用儒家思想中的积极部分来挽救西方科学过度发展所造成的危机，是人类未来发展的正确方向。

三、享有盛誉的美国史研究

刘先生在世界史领域成就显赫，但其研究重点是美国史，特别是后者在国内外史学界均享有盛誉。刘先生一生对美国史的研究可分成三个阶段：第一阶段：1949 年至 1970 年，主要利用苏联的研究成果并提出自己的观点。第二阶段：1970 年至 1978 年，开始突破苏联史学体系的束缚，直接利用英文的第一手资料，尽可能避免公式化和教条主义倾向，写出具有中国特色的美国史，走上独立研究的道路。第三阶段：1978 年至 2006 年，在完全独立研究的基础上写出观点新颖的文章和专著。据初步统计，他共撰写有关美国史的论文 30 余篇，专者 4 部，译著 1 部。早在 1954 年就由华东人民出版社出版了他的《美国独立战争简史》，1978 年人民出版社出版了他撰写的《美国内战史》。刘先生在晚年将几乎全部精力都投入到对托马斯·杰斐逊的研究上。杰斐逊是美国历史上最伟大的人物之一，是美国民主思想的奠基者和《独立宣言》的作者。刘先生决心向中国人民介绍这位伟人，使更多的人进一步了解美国的资产阶级民主思想和制度。他参阅了上百部英文原著，积累了数百万字的资料和卡片，在此基础上写出了一系列有分量的文章。他用 5 年时间撰写了专著《杰斐逊传》，于 1988 年由中国社会科学出版社出版。1994 年和邓红风合译了《杰斐逊集》（上、下集，生活·读书·新知三联书店 1994 年版）。2005 年他的《杰斐逊全传》（上、下卷）由齐鲁书社出版，这部历史人物传记巨著，是刘先生经过大量的资料查阅、考证和核实史实，呕心沥血，精工细琢，耗时 14 年，用优美的文字写出来的，直至他去世的前一年才最终问世。这部 130 万字的巨著，将他对杰斐逊的研究推向高峰，成为他的封笔之作，给史学界留下了一座丰碑。

刘先生主要研究杰斐逊的思想，因为先生说："他那理想主义和现实主义兼而有之的民主思想，特别使我心折。在迫切需要加强社会主义民主和法制的今天，使中国青年认识和了解他的思想，必然发生良好的积极的影响。"他经过艰苦努力地探索，在学术上提出了一系列与美国学者不同的新观点，指出杰斐逊具有独特的人生观，这就是：追求幸福是每一个人的天赋权利和人生目的。政治自由和经济上的保障固然是幸福的前提条件，物质上的享受固然是幸福不可缺少的内容，但是对人类来说，更重要的是精神上的幸福。美好的家庭是人生最大的幸福；其次是读书，这是人生的乐趣。从人生观出发，产生了杰斐逊的人文主义思想：一是在人与人的关系上，重情意和道义而轻金钱；二是在人与物的关系上，人是第一位的。杰斐逊继承和发展了英国的自然权利学说，使之包括了生命权、自由权、追求幸福权以及革命的权利。杰斐逊对专制和暴政深恶痛绝，认为防止暴政的最可靠的手段有三：一是发展教育以提高人民的辨别力并能更好地行使其民主权利。二是通过三权分立、互相牵制以保持权力的平衡，同时各级政府层层分权，通过以上措施来制约权力。三是通过人民监督和用革命暴力来反抗暴政和压迫。

刘先生进一步阐述了杰斐逊是如何将他的民主思想付诸实施的，认为他从以下方面表现了一个政治家应有的风度：他任总统时，始终以人民公仆自居，施政方针以人民的愿望和要求为依据。他为建立理想的小农共和国进行了改革，精兵简政，抑富扶贫，实行了一系列措施来巩固美国的民主制度。他用和平手段收购了路易斯安那，使美国的领土扩大了一倍，为美国的"西进运动"奠定了基础。此外，他还为弘扬道德做了大量工作。最后，刘先生总结了杰斐逊的一生，指出：他"是一位集杰出的思想家、杰出的学者、杰出的政治家和杰出的身体力行的道德家于一身的稀世伟人"，他的民主思想是"留给美国人民及全世界人类的重要的宝贵遗产。他的人格魅力对后世一直是一种巨大的鼓舞力量。他的人文主义对于金钱万能、人欲横流和崇尚物质主义的当今世界，会发生针砭作用"。

除杰斐逊外，刘先生对另外两个美国历史人物林肯和道格拉斯也格外青睐，他共有6篇文章涉及林肯。中外学术界对林肯的研究着重从政治和经济的角度，而刘先生却能纠正自己受极左思想影响所形成的一些否定性的观点和结论，独辟蹊径，从林肯的个人性格和品德出发，专门论述他的政治家风范，将林肯写成了一个活生生的人。他的高尚品德和政治家风范，使他能够听取和接受人民的批评和意见，顺应历史潮流，顾全大局，勇于改正错误，作出力挽狂澜的历史性决定，解放了黑人奴隶，颁布了《宅地法》，进行了军事改革，从而取得了内战的胜利，也确立了他的历史伟人地位。此外，刘先生还大胆为因极左思想影响而长期被打入冷宫、遭到否定的美国黑人领袖弗列得里克·道格拉斯翻案，客观、公正地对其一生作出评价："他的前半生把全部精力都用在黑人解放斗争上面，他代表美国数百万被压迫的黑人奴隶及自由黑人的利益，为黑人的解放事业作出了巨大的贡献。黑人奴隶的解放是和他的名字紧紧地联在一起。他不但是一位出色的政治活动家，而且也是优秀的文学家、思想家。"

刘先生不但喜爱美国的历史人物，而且对美国的两次革命研究也有很深的造诣，提出了许多独到的见解，使国内史学界对两次革命的研究上升到一个新的水平。关于独立战争，以往的研究偏重于对英斗争和政治、经济领域，而忽视了内部的民主改革，这样一来就冲淡了这场革命的伟大意义。刘先生在他的专著《美国独立战争简史》、主编的《世界史：近代史》和《世界史·近代史编》及相关论文中，弥补了这一不足，突出了内部的政治和经济改革，纠正了以往学术界的一些谬误。他指出：在独立战争期间，美国国内也进行了深刻的改革：在政治上，通过了民主的州宪法及全国宪法，在全国宪法中增加了《权利法案》，扩大了选举权，在一些州实行了宗教自由和教育改革；在经济上，废除了契约奴制、半封建的大土地制，在北方和中部各州废除了奴隶制，在西北地区禁止奴隶制；同时也指出了改革的不足。刘先生得出结论：美国革命的特点是温和的、成功的资产阶级革命，具有伟大的历史意义。在美国内战史的研究中，他力图突破苏联和极左思潮的影响，尽量避免公式化和教条主义的倾向，大量使用英文的第一手资料。他撰写了一系列的文章，除了前面提到的研究林肯的文章外，他还论述了南方黑人的土地问题、废奴运动，《宅地法》、武装黑人等与内战有关的许多重大问题。

在专著《美国内战史》中，首先，他注重写历史人物，“通过人物的思想和活动乃至个性，去再现历史事件及过程”。其次，他“着重写黑人的血泪史，不但写黑人在南部奴隶制度下所受的苦难和悲哀，而且也写黑人英勇斗争的事迹及解放后的欢乐和失望”，坚持实事求是，客观全面。

刘先生的另一个研究领域是美国政治体制，他的贡献是论证了北美殖民地时期存在着大量的民主因素。长期以来人们认为：北美的英国殖民地是一个黑暗的专制社会，充斥着民族压迫、宗教专制、阶级剥削、契约奴和黑人奴隶制度。但是，刘先生经过研究，力排众议，提出在北美存在着大量的民主因素，主要有：1. 由于对选民财产资格的限制不严，因此绝大多数白人居民拥有选举权；2. 按人口和选区确定议院席位的代表制具有一定的公正性；3. 选举产生的议会；4. 无封建等级制度和封建特权，人们在法律上是平等的；5. 大部分重要官员和议员是选举产生的；6. 地方自治。他还特别阐述了北美的议会制度，分析和论述了北美议会的起源、形成、特点及其历史意义，进而得出结论：北美存在的这些民主因素有利于北美资本主义的发展，并为独立战争和战后美国政治制度铺平了道路。

刘先生研究美国史的重要特点之一是将中国的古代历史和古代文学用于美国史的研究，这在中国史学界是罕见的。先生有着深厚的中国古文字和历史的功底，文笔生动，措辞典雅。如在写杰斐逊时，他使用了许多中国的古代成语、古人古事来对比和描述杰斐逊。他把杰斐逊比作中国历史上的伟人子产、诸葛亮、文天祥和方孝孺，他们的行为、思想和业绩都体现了孔子所提出的“仁”字。这种写法在中国人撰写的外国人物传记上并不多见。特点之二是把杰斐逊作为一个“人”来写。通过大量丰富的史料详细描写传主的生活琐事，把传主一生的方方面面都写出来，生动具体，有血有肉，凸现出传主的个性特点，使读者读起来如面对其人，身临其境，人物更加栩栩如生。

刘先生的美国史研究在中外学术界获得了高度评价，《美国内战史》被公认达到了当时国内美国史研究的最高水平。而他的《杰斐逊传》则以优美的文笔、缜密的逻辑和精辟的论述赢得学术界的广泛好评，国内各主要史学刊物纷纷发表评论，该书被评为山东省社会科学优秀成果一等奖和全国高等学校首届人文社会科学研究优秀成果奖。他的《略论托马斯·杰斐逊的民主思想》（载《历史研究》1980 年第 10 期）一文被译成英文，发表在美国《中国的历史研究》(Chinese Studies in History, Spring, 1981）上。1981 年美国《弗吉尼亚评论》（Virginia Quarterly Review，Summer，1981）发表了美国学者对该文的评论，称“中国人发现了杰斐逊”。该文获得《历史研究》优秀论文奖。1993 年，刘先生应邀出席了美国国会图书馆主办的“杰斐逊诞生 150 周年学术讲座会”，并在会上做了学术报告，受到热烈欢迎。

四、一代大师的崇高风范

刘先生之所以在学术上取得辉煌成就，是因为他有高尚的品格。他认为人生在世，不能碌碌无为，应该做一个对社会有用的人，应该对国家对人民尽到自己的责任，这样人生才有意义，才不致虚度。作为一名历史教师和历史学家，更应有使命感和社会责任感，通过历史教学和著述尽到自己的责任，介绍国内外尤其是美国的历史经验和教训作为借鉴，使人民从历史中得到启迪，摆脱精神愚昧，使中国走上政治民主、经济繁荣的现代化之路。

刘先生有强烈的事业心，这是他一生成就的根本原因。他把“做学问看成是自己的身家性命”。他读书、写作，不论节假日，从不间断。那个三尺的写字台对他有铁一样的吸引力，每当他坐在台前，一杯清茶和一支笔在手，思绪就会像飞鸟一样在知识王国里翱翔，感到快乐无限，有“凭虚御风羽化而登仙”之感。无论是盛夏酷暑、冬日严寒，他只要一动笔，就感到是莫大的享受。他淡泊物质金钱享受，生活俭朴，追求“精神上的幸福”。他认为如果一个人只知道吃喝玩乐，和“禽兽”无异。而读书写作是最大的享受，其中的乐趣是金钱买不到的，局外人也体会不到。他后来虽然退休，定居美国，仍然天天笔耕不辍，写出了百万字的传世之作。

刘先生具有坚忍不拔的毅力和持之以恒的精神。他常以《易经》中的“天行健，君子以自强不息”这句话自勉。无论做何事，一旦选定目标，就会一直坚持下去，不达目的，决不罢休。为锻炼身体和意志，他曾经每天清晨攀登千佛山，无论刮风下雨，严寒酷暑，从不间断，几十年如一日。遇到下大雪或下大雨，山顶上经常只有他一人。1957 年他因性格耿直被打成“右派”，在政治上受到歧视。在“大跃进”中，他又参加“大炼钢铁”，下乡劳动改造，有四年多时间不能上讲台。但他白天劳动，晚上就埋头在书本之中，只有这时他才忘记肉体上的劳累和精神上的痛苦。在“文革”浩劫中，他又饱受红卫兵的批斗、殴打和抄家，但他的科研工作一天都没停止，有时在批斗大会上站着，头脑中仍考虑着学术上的问题。在厨房劳动时，他曾经利用中午休息时间，将伊尔文的《见闻录》译了十几万字。写作《美国内战史》时，正是他政治上遭受打击最严重的时期。他以惊人毅力四处搜集图书资料，几次自费到北京图书馆抄写材料，有一次连抄了 25 天材料。但他费尽几年心血写出的几十万字的手稿，被红卫兵抄走弄丢，他不灰心，从头再写，几易其稿，又用了三年时间才完成这部近 50 万字著作的写作。

刘先生十分注重“史德”。他对学生要求非常严格，教育学生首先要学会“做人”，特别强调要用中华民族的优秀传统道德来教育学生。为此，他深入研究孔子和孟子的思想，尤其是传统道德思想，写了多篇有关孔孟思想的文章。他治学严谨，写文章一丝不苟，遣词造句一有疑问便向《辞海》请教。他反对写作中的投机取巧、粗制滥造，最瞧不起“曲学阿世”或媚世媚俗、阿谀奉承的小人。他为人耿直，富有正义感，办事光明磊落，持身清廉，处处表现了中国知识分子的传统美德。主编教材、当学术评委，他坚持原则，仗义执言，不怕得罪人，他从不为自己学生在评职称时“走后门”，而是让他们去和别人进行公平竞争。在参加会议时，当主持人轻慢了知识分子，他曾拂袖而去，这样的例子不胜枚举。

刘先生虽已辞世，但是他的学术思想和崇高品质，将永远是我国世界史和美国史学界的宝贵财富。

（作者陈海宏为山东师范大学历史文化学院教授，邢佳佳修订）

关于刘祚昌先生主编人民版《世界通史·近代卷》的历史价值

李牧晨　陈海宏*

一

1949年新中国成立，随着我国国际地位的日益提高，国际问题日益受到重视，世界史课程也在大中学校广泛设立。我国出版了一大批外国史学著作。我国还派出许多留学生去苏联学习。回国后，留苏学生在中国社会科学院历史研究所成立了“世界史组”，1964年改为世界历史所。这时期我国还翻译了苏联科学院编纂的多卷本《世界通史》。该书力图以马克思主义唯物史观为指导，以人类历史上更迭发展的五种社会经济形态为主线，分期分段叙述世界各国、各民族的历史，以此阐明人类历史发展的共同规律。全套著作资料丰富，其中有不少是难得的第一手资料，这些都对我国世界史学科的建设产生了重大影响，影响了我国的世界史教学和研究。但是，苏联世界史学也带有

---

* 作者简介：李牧晨（1993—　），山东威海市人，辽宁大学经济学院经济史博士研究生。陈海宏（1951—　），河南省襄城县人，山东师范大学历史文化学院教授、博导。1984年我曾经到人民出版社，对导师刘祚昌先生主编的《世界通史·近代卷（上下）》进行校对并编写了“重要人名地名的索引”。后来，又参加由吴于廑和齐世荣先生主编的高等教育出版社《世界史》六卷本的编写工作，作为辅助人员参加了编写大纲的讨论和制定，并撰写了由刘祚昌和王觉非先生主编的《世界史·近代史编（上下卷）》中几个章节（“西方世界优势的形成”“美国革命”和“欧美工人运动·第二国际”）。另外，与刘文涛共同主编了三卷本《高校世界历史配套教材》（高等教育出版社2000—2001年版）。

不容忽视的缺陷：它没有破除欧洲中心论的局限，仍然沿袭以欧洲为主体的历史分期，以此作为全世界各国各民族历史发展的总的分期框架。似乎自“古典奴隶制时期”开始，欧洲就在全世界各个时期历史上都处于领先的中心地位。它也没有摆脱西方史学民族沙文主义的影响，往往夸大乃至美化自帝俄至苏联时期俄罗斯民族在世界历史上的地位和作用。在编纂体系上，则过分拘泥于五个阶段的分期框架，把许多国家和民族的历史削足适履，分段填入，不足以反映和说明人类历史是怎样发展为世界历史的全部历程。

为了更好地在我国建立符合历史唯物主义原则的世界史这一学科，就得排除两种外来史学观点的不良影响：一是西欧中心论；二是苏联史学中的上述缺陷和弊端。在1950年代学习苏联的过程中，我国史学界注意消除西欧中心论的影响。西欧中心论之不当，不仅在于它的非科学性，而且是西方殖民主义思想体系在世界史学中的反映。从1950年代开始，我国世界史学工作者已经在报刊上对西欧中心论进行了批判，但对于苏联的错误影响却长期忽视。到了1960年代初，我国学者在批判西欧中心论①的同时，试图建立自己的世界史体系。②个别学者在批判西欧中心论时，已经考虑苏联史学中的某些缺失以及这些缺失对我国世界史学科的不良影响。③

1962年是我国世界史学科具有历史意义的一年。周一良、吴于廑主编的《世界通史》（四卷本）由人民出版社出版，该书包括《上古部分》（齐思和主编）、《中古部分》（朱寰主编）、《近代部分（上册）》（杨生茂、张芝联、程秋原主编）和《近代部分（下册）》（张芝联、杨生茂、程秋原主编），缺少现当代史。这是我国学者编纂的第一部世界史著作，力图摆脱西方和苏联的影响，建立中国独立的世界史学科体系。该书在许多方面创新，具有自己的特色，如：批判欧洲中心论和大国沙文主义，重视亚非拉国家和国际共产主义运动和工人运动的历史，在章节的设置上增加了许多这方面的内容。但是，受时代的影响，仍未完全脱离苏联的框架，存在简单化和贴标签的现

① 周谷城：《评没有世界性的世界史》，载《文汇报》1961年2月7日；《论世界历史发展的形势》，载《历史研究》1961年第二期。

② 吴廷璆：《建立世界史的新体系》，载《光明日报》1961年4月9日—4月10日。

③ 吴于廑：《时代和世界历史——试论不同时代关于世界历史中心的不同论点》，载《江汉学报》1964年第七期。

象。例如，本来世界近代史的主要内容是资本主义发展的历史，但是书中不敢谈资产阶级反封建的历史贡献，而是大谈其罪恶，大谈资产阶级和无产阶级的斗争。凡是资产阶级的东西都要贴上“反动”的标签。认为世界近代史是“资本主义产生、发展和走向衰亡的历史”[①]，不符合历史的本来面目。

二

改革开放使我国各项事业蓬勃发展，思想解放也给我国的世界史学迎来了春天。从1978年以来，我国的世界史学界呈现一派热气腾腾的新气象。世界史的各个学会纷纷成立，新的杂志刊物不断创办，各种学术会议次第召开，新的成果如雨后春笋，层出不穷。在繁花似锦的众多学术成果中，出类拔萃的是作为国家最高级别的人民出版社1983—1986年出版了新版的《世界通史》四卷本，包括：《古代卷》（崔连仲主编）、《中世纪卷》（刘明翰主编）、《近代卷（上）》（刘祚昌、光仁洪、韩承文主编）、《近代卷（下）》（刘祚昌、光仁洪、韩承文、艾周昌主编）。1996年又加上《现代卷》（徐天新、许平、王红生主编）和《当代卷》（徐天新、梁志明主编），合成六卷本出版。这套《世界通史》是在世界史学界拨乱反正、清除极左的思想的产物，是由教育部委托国内几十所高等院校历史系的著名学者合编的大学教材。这套教材对“文革”前周一良、吴于廑主编的《世界通史》（四卷本）进行了全面的修改，吸收了当时最新的科研成果，努力突破苏联的框架，克服极左思想的影响，弥补原书的不足，为创立具有中国特色的《世界通史》体系做了有益的尝试。人民版《世界通史·近代卷（上下）》比周吴本增加了20多万字的篇幅。在书中，作者敢于突破思想禁区，指出：世界近代史“主要是一部资本主义的历史”，“与中世纪的封建制度相比，资本主义是一个进步。”[②]作者用大量史实阐明了资产阶级创造的三个伟大历史功绩：第一，创造了“比过

① 周一良、吴于廑：《世界通史》（近代部分·上册），人民出版社1962年版，第1页。
② 刘祚昌等：《世界通史·近代卷》（上），人民出版社1984年版，第1页。

去一切世代创造的全部生产力还要多、还要大”的生产力；[①] 第二，“在哲学、文学、史学、艺术及社会政治思想等精神文化方面也取得了辉煌的成就”；[②] 第三，建立了资产阶级民主制度。

作者在书中用大量篇幅描述了欧美主要国家，尤其是美、英、法三国资产阶级革命的历史，其中新补充或改写的创新内容主要有：英国革命增加了三分之一的篇幅，深入阐述了“圈地运动”和资本主义在农业中的发展以及引起的社会阶级关系的变化、新贵族和清教运动、革命阵营内部的斗争、英国 1688 年革命。英国工业革命增加了 40% 的内容，对议会制度的演变、原始积累及工业革命的社会后果论述得更加充分，还增加了 19 世纪后期的国会改革、文官制度改革以及社会经济政策调整等内容。美国方面：北美独立战争部分增加了一倍的内容，新增加了北美殖民地的民主成分、启蒙思想在北美殖民地的传播、美国革命中的民主改革等。美国内战增加了 35%，增加了林肯思想的介绍、革命战争阶段的各项政策、南方重建等内容。法国方面：法国大革命和拿破仑时期的内容增加了一倍多的篇幅，论述得更加深入翔实，对法国启蒙思想的介绍、社会各阶级的分析、革命中各个派别的评述、对雅各宾专政恐怖政策的批判、热月政变的正面评价、拿破仑的历史功绩和他的是非功过……都有独到的评价，令人耳目一新。此外，日本明治维新的内容也增加了 50%，对日本资本主义的发展引起的阶级变化、明治维新的各项改革政策进行了更加充分系统的介绍，特别是对其性质进行了深刻的分析和评述。并增加了对日本政治发展至关重要的自由民权运动和 1889 年宪法的内容。书中还添加了西欧国家海上争霸的内容，和西方国家对亚非拉三大洲国家的殖民扩张的内容形成了一个有机的整体。

这部书在其他方面也有很多创新。在国际共产主义和国际工人运动方面，这是最敏感的部分，也是极左思想影响最大的方面。但是，作者敢于拨乱反正，坚持历史唯物主义，提出符合历史规律的观点。主要有：在马克思主义产生的历史条件中，首次提出“马克思和恩格斯还吸取了十九世纪自然

① 马克思、恩格斯：《共产党宣言》，载《马克思恩格斯选集》第 1 卷，人民出版社 1995 年版，第 277 页。

② 刘祚昌等：《世界通史 · 近代卷》（上），人民出版社 1984 年版，第 1 页。

科学方面的新成就，特别是十九世纪自然科学的三大发现”。① 在论述巴黎公社时，专门有一部分介绍巴黎公社的“无产阶级民主实验”，这在当时的国内学术界还是首次将“无产阶级民主”写入教材。在亚非拉部分，作者也大大增加了西方列强武装侵略和掠夺以及亚非拉人民英勇反抗的内容，如：拉丁美洲增加了独立后“拉丁美洲半殖民地化”这一节，对“考迪罗主义”进行了深刻的剖析。非洲部分：深刻揭露了罪恶的奴隶贸易，增加了“列强瓜分非洲”一节，并对西非人民的抗法战争和埃塞俄比亚抗击意大利的胜利增加了笔墨。亚洲也大大增加了亚洲各国人民斗争的内容。

尽管有以上的创新，但是由于时代的局限性，该书还有苏联版的痕迹，还有极左思想的烙印，在时间和人物的评价上，仍然有贴“标签”、简单化现象。资产阶级的进步的事物，都要在“但是”后面做文章。以前书里受到批判的人物，也要加上“反动”的帽子……

虽然有不足和缺憾，但是这套《世界通史》的出版，仍然引起了学术界和读者的欢迎，被认为是“摈弃了世界历史研究中的西方中心论倾向，以社会形态作为历史分期和卷次划分的主要依据”，② 真正确立了具有中国特色的世界史体系。该书 1996 年以 6 卷本出版后，“先后十三次重印，累计发行十余万套。2001 年入选‘全国优秀畅销书’，2004 年入选‘中国文库’，是国内世界历史类图书的代表性著作之一。”③

三

为了使这套《世界通史》与时俱进，体现出版 30 年来世界史学研究的最新发展，继续保持其生命力，延长其寿命，人民出版社决定 2014 年开始启动了修订工作。在保持原书基本框架的基础上进行修订，不做大的改动。但是要改变过去将阶级斗争作为历史发展决定因素的观点，主要体现世界史

① 刘祚昌等：《世界通史 · 近代卷》（上），人民出版社 1984 年版，第 370 页。

② 人民出版社：“修订版出版说明”，载《世界通史》（修订版），人民出版社 2016 年版。

③ 人民出版社：“修订版出版说明”，载《世界通史》（修订版），人民出版社 2016 年版。

学理论的最新发展。同时，要吸收世界史学研究的最新成果。通过修订，使这套书充分反映当代世界历史研究的最新发展趋势，更好地满足当代读者的阅读和精神上的需求。

我在接受修订《世界通史·近代卷（上下）》的任务后，要在这样有限的范围和很短的时间里完成近90万字的修订任务，感到压力很大，责任更大，有战战兢兢、如履薄冰之感。为了更好地完成这项工作，我的考虑：

一是首先要在指导思想上要有突破。旧版《世界通史》和修订后的《世界通史》指导思想都是历史唯物主义。这并不矛盾。旧版书问世时，刚刚开始拨乱反正，改革开放。长期以来，马克思主义被割裂。尤其是马克思逝世后，恩格斯晚年的思想长期被淹没。《马克思恩格斯全集》没有出齐，没有把恩格斯的晚年著作收入。使用的是两个人早期和中期的著作。马克思和恩格斯在著作中强调阶级斗争、暴力革命和消灭私有制，等等。而马克思逝世以后，恩格斯晚年根据第二次工业革命和资本主义进入垄断时期，时代的变化所出现的新的情况，发展了马克思主义，提出了在发达的资本主义国家，无产阶级革命的新的方式：放弃暴力革命，用宪政、议会、选举等和平斗争方式来夺取政权，用股份制改造私有制度，使资本主义社会逐步过渡到社会主义。旧版书的作者尽管做了很大努力，破除极左思想的桎梏，但是，由于时代的局限，书中仍然存在极左的痕迹。修订版就要用完整的马克思主义、特别是恩格斯的晚年发展了的马克思主义作指导进行修订，这样才能经得起时间的考验。因此，旧版书的许多提法就不适用了。这就牵扯到对巴黎公社、第二国际、修正主义和国际工人运动中的许多组织和人物的评价。这是我们在教学中经常纠结的问题。在对原书不能大改动的前提和理论界还没完全接受的情况下，我在修订时采用了客观描述的方式，如：突出介绍巴黎公社的无产阶级民主创举和实验，详细描述第二国际时期国际工人运动的发展和取得的成就，对著名人物，去掉“反动”“叛徒”等标签式词句，尽量客观介绍其历史活动和思想。对工人组织，少用评价式语言，客观介绍其活动和发展。

二是突出世界近代史的主旋律是资本主义的历史，“它主要是一部资本主义上升、发展并向全世界扩张和在全世界产生巨大影响和反响的历史。”① 进一步增加这方面的篇幅，压缩亚非拉、国际共产主义和工人运动的内容。我在有限的篇幅里，尽量把资本主义民主和政治制度、思想、经济形态的演变过程客观完整地展现出来，将资产阶级在历史上的贡献尽可能详尽地阐述。在这方面，我把导师刘祚昌先生的世界史学思想及其对美英国家政治民主的观点② 融入修订版中。我对原书“19 世纪后期的帝国主义各国”均有的一节“工人运动”共 7 节删除，将有关内容合并到“第十九章第二国际”。这就使内容更加集中，不过于零乱。

在修订中，我一共改写了 3 万多字，改动较大的内容主要有：

英国方面：进一步阐释了革命前，资本主义在英国农业中的发展，完整阐述了掘土派的思想；克伦威尔独裁的背景；宪章运动的第三阶段。

美国方面：增加了北美奴隶制的确立及其与古代奴隶制的比较，北美殖民地的宗教压迫和大觉醒运动，《独立宣言》的评价，独立战争时期的民主改革，《邦联条例》的弊端，美国宪法的制定过程，宪法的特点及其评价；美国建国后移民的作用，南方奴隶制的起死回生，重建中南方种植园的转变，黑人地位的变化。

法国方面：补充了启蒙运动的英国渊源和启蒙运动的扩散；法国在列强争霸中失败的原因，法国的富农、封建土地所有制的废除，改变了对雅各宾恐怖政策的评价，对热月转变的评价。

其他重要的修改内容有：俄国彼得一世改革的评价，荷兰崛起的原因，对西欧列强原始积累的历史评价；拉丁美洲殖民地与北美殖民地的历史比较，1848 年欧洲革命的任务和失败的原因，对俄国农奴制改革的评述，日本明治维新中武士阶层的转化和对明治维新的评价；第二次工业革命和社会变革；对垄断组组的一些正面评价，第二国际的背景和成就……

经过 2 年的努力，修订后的《世界通史》六卷本终于在 2017 年 1 月问世。尽管我们做了大量的工作，力求完美，跟上时代的脉搏，为促进我国世界史学科的建设和发展贡献力量，但是，由于各种原因，《世界通史》（修订版）仍然有许多不尽如人意的地方，需要我们在以后继续修改和完

① 《世界通史 · 近代卷》（上）（修订版），人民出版社 2016 年版，第 1 页。

② 可参看陈海宏：《刘祚昌先生的世界史学思想》，《南开大学学报》2017 年第一期。

善。但是，我们确信：《世界通史》（修订版）能够经得起时间的考验，成为我国世界史教学和科研的标杆作品，推动中国的世界史学科建设和发展更上一层楼。

师恩永世不忘

——深切怀念刘祚昌老师

王孝询

刘祚昌老师是我硕士生导师，也是我一生的恩人。他对于我，恩深似海，恩重如山。他圆了我的读研梦，引导我走上了学术路，且因此改变了我及家人的命运。老师的恩，我永世不忘。

我渴望读书。但时艰命舛，终难如愿。1958年进初中，时逢“大跃进”。下乡生产劳动占去了三分之二以上时间。1961年上高中，恰逢三年自然灾害。整天饥肠辘辘，思在果腹。1964年入大学，大二上学期，“文革”动乱年代开始。随后，在想读书又无书可读、偶得书又只能偷偷读的痛苦中，虚度了十二年。

1978年，终于等来了机会——恢复研究生招生。我根据招生目录，斗胆给远在千里之外，素未谋面的刘老师去信，问及考研事宜。没想到，刘老师很快回了信，对我提的问题一一明确作答（见刘老师1978年4月17日来信）。我感动万分，也深受鼓舞。

考试两个多月后，我收到了山师复试通知书。狂喜之余，我万万没想到，我工作所在县，一个大巴山腹地的穷困县，有关领导借口避免干部队伍震荡，说什么都不让我赴山东参加复试。我失去了命运攸关的机会。当时痛苦、绝望情绪之强烈，至今令我后怕。就在这时，刘老师写信给我：“有志者事竟成。你只要坚持努力，方向确定，是一定会成功的。”“可以再接再厉，准备参加今年的研究生考试。”（见刘老师1979年2月1日来信）

刘老师的激励，如枯苗逢甘露，让我走出了阴影，重新振作起来。1979年，我说服了领导，争取到了参考机会，终被山师录取，成为刘老师的门生。刘老师的接纳，为我学术起步，命运转折搭建起了平台。没有这个平台，我今天一切都无从谈起。

三年学习期间，刘老师亲自给我们讲授世界近代史、美国史、史学动态、史学理论等课程。刘老师的讲授，史料丰富，学贯中西，立意新颖，观点独到，让我们终身受益。刘老师自身治学严谨，对我们要求也一丝不苟。在他的要求、指导、督促下，我把发表在《历史研究》《世界历史》《文史哲》《史学月刊》《世界历史研究动态》等重要史学杂志上，以及国内有影响的大学学报上，涉及世界近代史和美国史的学术论文，都找来研读了一遍。凡能找到的有关的知识性读物，特别是专著，也力争不漏掉一本，并做了十余万字的摘录和学术卡片。这辈子第一次有这么充裕时间读书，读了这么多书，读得这么认真!

指导我做硕士论文，刘老师更是呕心沥血。不知找我谈过多少次，动笔帮我修改过多少次。特别难忘的是，为了丰富我论文的史料，刘老师居然把他刚到手的外文版图书拆散，把我需要的部分提供给我用。由于刘老师的悉心指导和无私帮助，我硕士论文得以顺利通过，论文的一部分也得以在《世界历史》上发表。

刘老师三年中为我们所做的一切，为我们后来的成长打下了扎实基础，为我们即将开始的远航，扬起了乘风破浪的风帆。

毕业后的二十余年中，我一直和刘老师保持书信往来。多次岗位变动，多次搬家迁徙，使我丢失了好些刘老师写给我的信，至今仅存二十余封。

书信往来中，我把我的喜、怒、哀、乐向他倾诉，总能从他那里得到关心、安慰、劝导、教诲。教学科研上有不解或难事，他从不推却，总是鼎力相助。

他叮嘱我要把握好政治方向:“政治方向有决定性作用。我常说，一个学者的成就与他的政治方向有莫大关系。政治方向正确了，自己的研究工作方能取得重大成就。”(见刘老师 1985 年 9 月 16 日来信)

从 2000 年开始，我被调往市政部门担任公职。刘老师多次来信给我敲警钟，提醒我要走正道。在 2005 年 11 月 15 日来信中，他再次告诫我要“为人正派”。“在担任目前的职位时”，一定要“本着良心工作”。

信中更多谈的是有关做学问的事。1998 年 11 月 25 日信，谈及我在美期间如何搜集资料，以后如何写好林肯传记，长达一千五百多字。

坦诚地讲，工作期间，我能发表一些文字，能担任省重点学科带头人，硕士学位点负责人，主要得益于师从刘老师学到的知识，培养起来的治学方法及科研能力。从政二十年来，能得到组织肯定，群众认可，与刘老师对我警钟长鸣关系重大。因为我随时提醒自己，不要辜负老师的期望。

在我到大学工作后两年左右，我爱人受组织照顾，由一所公社中学调入我所在的大学从事行政工作。独生女儿也随之从公社中学转入了市重点中学读书。不得不说，我家的变化，巨大而深刻。

刘老师的恩，惠及我的一生。我及家人对他的感激之情，言语难表一尽。我相信，和我一样饱经磨难的一代人，最能理解“恩师”的深刻含义；最能掂量出“恩深似海，恩重如山”的分量！

2020 年秋于重庆

（作者为西南大学原教授、硕士研究生导师，重庆市政协原副主席）

永远的导师

邓红风

2021年是我国著名美国史专家刘祚昌先生的100周年诞辰纪念。

1979年，我非常有幸能够成为刘祚昌先生的研究生。从某种程度上说，我们那个年代出生的人，错过了很多人生的机会。比如碰上了“文革”动乱时期，年轻时我们失去了进一步学习的机会。大学恢复招生后，全国掀起了学习的热潮，我自然也被卷入其中。当年我是计划报考英语专业的研究生的，幸运的是遇到了大师兄陈海宏，他向我介绍了他的导师刘祚昌先生及他的美国史研究，鼓励我报考刘祚昌先生的研究生。经过一年的努力，1979年我考取了刘祚昌先生的研究生。在刘祚昌先生的指导下，开始了我的历史学习和研究的事业。

刘祚昌先生一生经历了很多磨难。1979年我上研究生的时候，刘老师仍然是讲师，住在筒子楼里面，家庭的居住条件比较差。当时学校的条件也不好，扩大招生招致教室短缺，所以，我们的许多课都是在刘先生的家中讲授的。刘先生的家不但是我们的教室，也是我们的家，因为他经常邀请学生去他家做客吃饭。在那个浪漫主义尚存、物质主义还没有泛滥的时代，老师的教学热情和学生的学习热情交融，至今令人怀念。

之前，众所周知的原因，刘祚昌先生在政治上受到很多不公正的待遇，知识分子的生活也比较艰苦。但是艰苦的物质条件和政治压力一点没有阻碍刘祚昌先生对美国历史的研究和讲授，完成了大量的学术积累，最终迎来了学术的春天。改革开放之后，党和国家拨乱反正，纠正了过去对知识分子的一些不公正对待，刘老师从我们刚入学时的讲师，很快就提为副教授、教授，并且成为第一批国务院批准的硕士研究生学位点的导师。正是因为有刘祚昌老师作为导师，山东师范学院世界近现代史专业是全省唯一的一个世界史的硕士授予权单位。尽管刘祚昌先生学术成就斐然，德高望重，但是他自己是非常谦逊的。因为他的学术地位，学界都称他刘先生，但是他从不让我们这些学生这样称呼他，我们在他面前都要称呼他刘老师。本文此后，就仍然使用刘老师称呼他，以示我是他的学生，还原更真实的记忆。

刘老师是一个非常正直的人。有时候表面上看非常严肃，学生有点害怕他，实际上他非常热爱学生、关心学生，这一点我从一入学就有深刻的体会。研究生考试结束之后，在等待录取结果期间，我工作的单位有一天突然通知我说，山东师范学院的两位老师来我们单位要对你进行面试，当然也没有给我任何准备的时间。当年研究生招生简章中并没有面试这一规定，所以我感到很突然，但是还是从容地接受了面试。我被录取之后才知道当时面试的待遇只有我享受了，是因为有人怀疑我没有任何历史学习的背景，有作弊的可能，因此决定派人专程去青岛对我进行面试，而其他考生都没有面试就被录取了。刘老师知道这件事之后非常气愤。他认为这样做是非常不公正的，招生时并没有面试的要求，却搞突然袭击，非常不合理。从他的态度上，我第一次感到了他是一个非常正直的人，也非常热爱学生，在此后的从师学习期间，更加体会到这一点。

刘老师对学生要求非常严格，有时候显得有点严厉，所以当时我们同学都非常害怕他，其实刘老师真正关心的是我们学生的学习。正是他这种严格的教学态度和对学生的严格要求，使我们的学习取得了长足的进步。我没有受过正规的大学历史教育，对历史的学习是一个新手，突然就进入研究生阶段，在很多方面都不适应。例如，我在硕士研究生学习期间，开始时不会做笔记，受到了刘老师的严厉批评，当时私下确实有点放不下，但后来每次课都按照他的要求做笔记，收获非常大。就是在他的严厉但精心的指导下，可以说我从一个历史学的门外汉成为一名历史学的研究人员和教学人员。在硕士研究生学习期间，在刘老师的指导下，我发表了两篇论文，并且两篇论文都被《人大报刊复印资料》全文转载。所以刘老师是一位非常优秀的研究生导师，他是一位优秀的教育家，他改变了我的一生。

毕业后我来到了山东大学历史系工作，担任世界近代史的教学工作。由于都是在一个城市，所以我还能够经常得到刘老师在学术和研究方面的指导，并且参与刘祚昌老师组织的一些工作。例如由于刘祚昌老师对我的信任，我和他一起翻译了《杰斐逊集》，由三联书店分两卷出版。这是一项非常艰巨的任务，当时美国的出版商对中国学者也存在偏见，唯恐中国学者曲解了美国的民主思想，所以我们的译稿还要送到香港，让香港学者审稿。有时香港的审稿人提出的修改意见显然加入了政治偏见，刘老师总是支持坚持我们正确的译法，所以在翻译的过程当中，我不但跟刘老师学到了非常多的学术上的本领，也学习到了他刚正不阿的治学态度。当然刘老师把我们不但当成他的学生，也把我们当成他的朋友，经常邀请我们去他家里做客。2000年当时我正在加拿大访学，正巧刘老师和师母杨老师也去加拿大看望他们女儿小红，刘老师一家盛情邀请我去他所在的温哥华家中做客。没想到，远在加拿大的我又一次吃到了师母做的中国菜，而且，在他家住的几天中，刘老师杨老师还陪我游玩了温哥华的景色，特别是去了著名的斯坦利公园。这是一位把时间看得无限宝贵，尽可能用于学术研究的长者，对学生的爱最真挚的表达，让我终生难忘。

非常可惜的是，为了照顾家中老人，1995 年我离开了山东大学，离开了刘祚昌老师居住的城市，离导师远了，而且，也离开了历史研究的主战场，到了中国海洋大学英语系工作。但是，从刘老师那里学习到的学术知识和学术态度，却一直指引着我。我开始为英语系开设了西方文明史的课程，后来又为全校开设了这门课程，并且编写了《西方文明史》这部教材，直到现在，这部教材还没有断印，去年刚刚有了第四次印刷。可以说，我离开了历史研究和教学的职业，但是永远不会离开刘老师指引我进入的历史研究和教育领域。也许是我们这个时代的人总还是受到中国传统文化报恩观念的影响，我总觉得，如果我完全放弃历史研究，那是对不起刘老师。1986 年到 1987 年时，刘老师早已经功成名就，而且过了退休年龄，当时我在美国访学，他对我唯一要求就是找到一本杰斐逊研究的经典著作。当我找了许多旧书店终于买到这本书，回去带给他时，他像一个孩子那样高兴。他对美国历史研究的热情支持着他的后半生，也为中国读者献上了多部巨著。他的鼓励和教育，也使我养成了对历史，特别是对世界史和美国史的无比兴趣。到今天，我已经退休多年，因为对历史学的坚持，在学校我仍然担任学校通识教育责任教授，讲授一些通识课，最重要的一门课是《世界文明史》。经过多年的讲授，我也完成了《世界文明史》的中英文教材的写作。可以说，虽然我离开了历史研究的主战场，但是，为了弥补这一遗憾，我一直坚持着把历史的教学和研究作为另一项事业。而且，因为有了历史的功底，也为我在语言学、翻译学及英语语言教学方面的教学和研究打下了一个大多数这些领域研究者缺少的人文基础，使我在这些领域也做出了一点点成绩。而这一切，都是得益于刘祚昌老师多年的教育和教导。

当然刘老师最大的成就是在美国历史研究领域所取得的成果和成就。我一个离开专业领域多年的人，恐不能用我有限的学术理解对刘老师的这一方面做出最好的描述和评价。这一点，我相信仍在美国历史研究领域耕耘的师兄、师弟和师妹会做出更加详细和深刻的评价，我在此要感谢师兄弟和师妹们继承了刘老师事业，也请他们和师母原谅我这个不争气的刘门弟子。

2020 年 10 月 26 日

（作者为中国海洋大学外国语学院英语系教授）

“路上的光，脚前的灯”

——悼念敬爱的刘祚昌老师

黄兆群

算来我也是45岁的人了，亲身经历过好多前辈和师友的丧事，心里也曾有过难过，但后来精神和心境毕竟是慢慢恢复了的。然而，这些日子里，刘祚昌老师的辞世，我是无论如何也排解不了心头的悲凉。

刘老师的名，想来中国历史学圈里的，不知者不多，他的专著《美国内战史》《杰斐逊传》和他主编的教育部推荐教材《世界史 ·近代史》都曾经产生过相当影响。当然，刘先生的出名，还不仅仅是因为他的学术成就。他曾经在若干年里以全国人大代表的身份参与时政，其性格的孤傲、正直和倔强，知之者，无不津津乐道。

然而，这一切，似乎与我对刘老师的景仰和亲情，没有根本关系。因为身前功名比刘老师还大的中国文人，是可以数出几个的。

我想，倘若我只是20世纪80年代初刘先生当初教过的众多学生中的一个，而后来又天各一方，倒是不见得会有今天这样深深的恋情的。因为在我随刘先生读研究生的时候，正是先生人生中如日中天的岁月，天天忙忙碌碌，三年下来，竟没有教过我多少课。

可现在我的脑海里，的的确确处处都是刘先生的影子。

想来这种情愫，实在是当年刘老师的著作给我的学术震慑和近年来与老师交往的一幕幕在心中始终挥之不去的缘故。

记得2004年8月中旬，正是炎热的夏季，我闻知刘老师从美国回济南探访，便从胶东小城——烟台去省会——济南拜访先生，这是距上次见面又过了七个年头的事情。第一次去，车已经开出烟台，但刘老师却突然嘱咐我不要去了，说是济南天气太热，会受不了的。又过了几日，我重新上路，和我同去的，还有我教过的学生，现在已经是南京大学钱乘旦先生的研究生的张玲玲同学。下面是当时张玲玲的日记片段。这是她在获悉刘老师辞世的消息后，今年 3 月 16 日写给我的邮件：

黄老师，真没想到刘老师这么突然地去世了，我不知道该说什么好。我只在跟你一起去拜访他的时候见过他一面，那个夏天的经历便又浮现在我的眼前。我找出当时写的日记，看见跟你从济南回来后潦草写下的文字，我便把这段简陋的文字原本地写下来给你看吧，算作是我对刘老师的纪念。

2004 年 8 月 20 日星期五　晴

星期六的时候我跟黄老师去了济南，看望他从美国回来小住的硕士导师刘祚昌老先生。

我们下午五点多钟到达，然后直接赶到刘老师的家里。那是一座看起来显然已是古旧的住宅楼，与旁边崭新的二十几层的高楼形成鲜明的对比。刘老师住102，这也是经我们遇到的一位热情的退休老教授的指点才知道。黄老师按了门铃。刘老师来开门，我才知道他原来是位清瘦的老头。他态度热情而又和蔼，把我们让到屋里，又让我们上楼。那是一个两层楼的居室，大概因为毕竟七年没住过了，家具墙壁难免陈旧，而大概又因为这次回来也只是几个月的小住，年龄也大了，也无心修缮与添置，所以家里难免有些凌乱，仿佛角落里还有未拂尽的尘埃。

我们到刘老师的书房里小坐，因为天色已晚了，便开着一盏台灯，光线昏黄。书房其实很小，除了我们坐的沙发和面前的茶几，满屋子里剩下的几乎都是书，书架上放不下了便堆在地上，凌乱而且满是灰尘。靠窗的地方其实还有一张写字台，因为大而占据了这小书房中央最显赫的位置。桌面上空荡，却赫然地放着一个笔记本电脑，看起来与这狭小的房屋、这满屋子覆着微尘的书和这简陋的写字台是如此的不相称。刘老师从楼下拎上来半壶热水，给我和黄老师一人泡上一杯日照绿茶，就坐在那盏台灯照过来的昏黄的光里开始与我们谈话。黄老师向他介绍我，说我是钱乘旦的学生。刘老师说钱乘旦前些日子才刚刚到他家来过，说还有照片，但话题好像很快岔开了，他也便没有拿给我看。后来说到我的家乡，刘老师又历数了一番临沂历史上的名人。再后来黄老师问起了一个他女儿黄杨曾问过他的问题，关于历史上什么时候才开始有“中国”这个词。刘老师很耐心地讲，并查了《辞源》让我们看。

我们在楼上谈话的时候师母一直在厨房里忙碌，等我们下楼的时候桌上已经摆上了丰盛的晚餐。师母仍然忙碌，我们边吃边聊，从人生到政治到养生之道。其实我大部分时间在听，只偶尔插话，不过倒也轻松自在。我喝了一听啤酒，然后吃了一小点米饭。我们起身走的时候时间将近九点。刘老师本意是留黄老师住下，房间被褥都已准备了，但黄老师执意要出去住。大概刘老师也见到我也一同来，于是不再挽留。黄老师与刘老师约好第二天九点之后再来。

第二天吃过早饭黄老师便又去了刘老师家，我则不再同去，而是约好一点钟的时候去找他一块返回烟台。我在山师门口买了一份《读者》再加一份《21 世纪报》，到校园里找了一个阴凉处的石凳坐下，从十点看到十二点四十，然后买了一些葡萄去刘老师家与黄老师汇合。黄老师竟然与刘老师出去吃饭了，还没回来。我于是与师母聊天，直到三点。黄老师与刘老师回来后我们又到他的书房小叙，快四点的时候与刘老师握手道别。我们乘四点半到烟台的沃尔沃，九点半到达烟台。

听黄老师说刘老师早年是傲骨铮铮、威风八面的人物，但大概再威风也终是老了，他今年 84 岁，我见他的时候他已经全然没有了想象中当年的风采，头发已花白，脸上堆起了皱纹，背也有些驼了，走起路来已是明显蹒跚。然而目光依然清澈，聆听、说话的时候脸上常有笑意，给我的感觉是慈祥可亲的老人。师母年纪小他十多岁，性格热情而又开朗，跟我聊天的时候也难免笑着嗔怒刘老师对自己的专注及对身外之物的淡漠。但毕竟是老夫妻了，一定有他们的理解与默契。我想他们是幸福的，“执子之手，与子偕老”不就是他们一起走过的简单而又琐碎的生活吗？我心情淡然，没有更多的表述或感触。人生苦短，所以要珍惜自己所经历的每一分钟的生活。也难免会有烦恼与挫折，但也大可不必伤心费神，因为太多的时候我们都是把感情浪费在那些过眼即成云烟的浮华。时间不会为谁而停留，我想这世界上没有永垂不朽。只不过是宇宙间一粒微不足道的尘埃罢了，为什么不自在自得地过好自己的生活？

上面是我当时写下的日记。当我把它再打一遍的时候越发觉出这些文字的简陋与凌乱，然而我并没有改动，除了写错的字、不合适的标点和不通顺的语句。如果现在再让我写，我可能会有更多的话要说，但我却不会记得喝过了绿茶和刘老师历数临沂历史上的名人的事了。不过我仍然清楚地记得的是，在去刘老师家的路上，坐在出租车里，你嘱咐我要问刘老师些学术问题，比如关于李尔本和平等派等等。我似乎支吾着答应了，但在刘老师家里，我犹豫了好久，终究因为觉得自己知识浅薄，连问问题的勇气都没有。我想你大概心里会失望吧，但你再没有提过这件事。我也清楚地记得你跟我说，跟刘老师中午一起吃饭的时候，你的一句话竟然让刘老师潸然泪下。我听了之后心里生出许多感触，虽然我并没有把这记在日记里，但大概正是因为这样的感触我才会在日记的结尾写下那样的话吧。

我对刘老师的了解一直很少，但大概毕竟见过这一面，又因为你的缘故（你不止一次跟我说过刘老师是你最尊敬的两个人之一。我虽不能想象刘老师之于你的全部意义，但我想我了解你的感情的分量），模糊地记起他的样子，仍然觉得很亲切，而且在我打自己那些简单的文字的时候，眼角竟然禁不住湿润。然而我想刘老师虽然走得突然，大概也可以了无遗憾了吧。你跟我说过刘老师写的《杰弗逊全传》已经出版了，这大概也是了了他的一桩心愿。既然每个生命都要离去，这离去本身也就是一个完整的生命的一部分吧，来自自然再归之于自然，本没有什么悲喜，都是自然的造化，天衣无缝的圆满。关键是有些人活过了，留下印记，离去后还一直活在我们的心里，这就足够了。

张玲玲这封邮件里提到的“我也清楚地记得你跟我说，跟刘老师一起吃饭的时候，你的一句话竟然让刘老师潸然泪下。”是什么话呢？今天的我已经不能记得很清楚了。但我的确还清晰地记得那一天的那顿饭。那顿饭，是我回请老师的。师母说我和刘老师单独用餐，可以随便说些话，她就不参加了。我和刘老师出门打了出租。我嘱咐司机帮助找个好的店面，环境要好，也能吃好，但司机大概也是在社会下层混的，竟然拉着我们在千佛山脚下的几条小巷里跑来跑去，30—40 分钟里，居然没有找到一家让我感到满意的饭店，最后不得已，我只好让司机停在了山师附近的“土大力”，一家布置简单的韩国风味的小餐馆。

那顿饭，花费并不多，只点了 4 个 10 块或 20 块钱价格的我们俩都喜欢的菜，但最后也没有吃光，剩下的都打包了。饭间，我和刘老师都喝了许多酒，而且我也吸了不少烟。我们在 3 个多小时里都谈了些什么呢？现在脑海里还能记得的，大概话题是从刘老师问我为什么在教学之余还能帮助胶东的水产加工企业做出口生意聊起的，接着我们谈了人生的意义和感叹生命的短暂，谈起革命和改革，谈了老子，孔子，辛弃疾，文天祥，谈了韩国，谈了我们认识的一些人。刘老师随便地和我说着话，当然好多都是一些深邃的见解和夸奖我的话，言语间流露出一种父辈的关怀，然而当谈及我们认识的一些人的时候，刘老师哭了，真的哭了，那心酸的样子，我至今还觉心痛……这是我第二次看到了刘老师的泪水，仿佛1991年的春天，我在北京的平原宾馆也是见过刘老师的哭的，当时他的《杰斐逊传》刚出版，据说招人非议，而内中竟然有他先前教过的学生！那一次，刘老师也是痛哭失声。

8月见过面后，我回到烟台，刘老师后来又去了美国，接着是若干个月份断了联系。只是到了去年的11月份，我才从青岛海洋大学邓红风师兄处有了刘老师的消息，邓师兄电话我，说刘老师的新作《杰斐逊全传》出版了，刘老师托他联系我。激动之余，我在11月10日给身在美国的刘老师写了如下的邮件：

刘老师，您好！

感谢邓红风师兄给了我您的E-MAIL，使我可以比较方便的送去对您的问候，不再只是内心的惦记和牵挂。

祝贺老师终于将饱含心血的新作面世，我将到新华书店或去济南的出版社加以寻觅，也会在学习之后，写些心得请您指教。

您始终以您的行动为我们树立了学习的榜样，如《圣经》所言，您就是我们这些了解您的晚辈们，人生旅途里，“路上的光，脚前的灯”。

我有乡野老父，年已九十，我还有您，身在大洋彼岸的真正的先生，想来年岁也已八十开外。因为有您们的健在，我感到自己仍然年青。因为有萦绕心头的绵绵的情怀，所以行走世间从不感觉孤单。这是一种人生的幸福啊。

老师，保重！

您的学生：黄兆群

2005年11月10日

翌日，11月11日，我便收到了刘老师的回复：

兆群：接连收到你的三封信，情意拳拳，师生的感情，溢于言表。我的“杰斐逊全传”日前已由济南的亲戚寄出，你不日将收到，共分上下两卷，100多万字，分量很重。但是我认为可以当作小说来读，以资消遣。因为杰斐逊的一生多姿多彩，有悲有欢，曲折生辉，会把读者带到一个崇高的思想和生活的境界。

我这一年来身体还算粗健，只是日渐衰老，步履蹒跚，尽管每天都坚持散步一小时。最感苦恼的是，半年多以来患了便秘，先后服了好几种药，效果不大，未能根治。

你的近况如何，事业一定很顺利吧。你的女孩聪明可爱，爱人也很贤惠，老父又这样长寿，都是令人羡慕的。先写到这里。

祚昌

知道老师患了便秘，我便想到了我的老父亲也有同样的顽症，所以立即给老师回信：

刘老师，您好！

就我有限的知识，便秘，靠药来治，效果不理想。您不妨煮些红薯，每餐用些，也可时常吃些山药。前者通便，后者强体。近期，我再走访些当地医者，看是否还有其他良方。

再谈。

黄兆群

我没能从当地的医生那里得到什么好的处方，但我的一位美国华人网友郑一兰女士，倒是热情地给了个偏方，说是木瓜效果特佳，而且她还主动地给刘老师写邮件推荐她的意见。刘老师颇受感动，在 11 月 13 日的邮件中写道：

兆群：

昨天突然接到你的学生郑一兰的来信，非常热情，详细地介绍了一位北京的专家的药方，认为效果极好，我将照办。这主要是由于你的热心感动了她。你和她通信时，请向她转达我的谢忱。当然，我已经回信表示感谢了。祝全家幸福

祚昌

……

唉，如今，刘老师走了，安详地走了，我的心也缺失了……曾经的济南岁月，曾经的师生情谊，曾经的心灵深处的沟通……还有曾经反复目睹的老师那威严而又和蔼的面容……哎呀，那些曾经的岁月呀……我哭了，反复地哭了……，泪水情不自禁地流下来了……

和着泪水，我给师母发去吊唁的文字：

尊敬的师母，

惊悉刘老师遽然辞世，我感到无限悲痛!!!

我的成长，倾注了刘老师生前的莫大关怀．特别是近年来，我与老师的频繁交往，使我深深感念刘老师的师德和师风的厚重。刘老师是我生活中的灵魂依靠，一如漫漫夜空中，路上的光和脚前的灯。

我哭刘老师的辞别……多么想趴伏在老师的身边再与先生尽诉衷情……

天道无情，令我无尽哀痛!!!

2006 年 3 月 15 日

精于绘事，慷慨书写——《杰斐逊传》初评

黄兆群

刘祚昌先生撰写的《杰斐逊传》，最近已由中国社会科学出版社付梓面世。这是我国学术界和读书界的一件喜事。

托马斯·杰斐逊是世界近代历史上的一位伟人，更是美国历史上一位杰出的人物，“他的民主思想、优秀品德及政治魄力，对美国人民及后世发生了巨大的影响”（《杰斐逊传》，第1页）。把这样一位杰出人物介绍给中国人民，无疑，是一件富有价值并且功德无量的事情。

刘祚昌先生以史学家的严谨、文学家的笔法，积多年研究的深厚功力，出色地完成了这一艰巨任务。披览《杰斐逊传》，我们为它表现出来的种种特色所倾倒。举其大者，有以下五点。

第一，整体把握，高览周瞻。凡学术研究，重在以理服人。鲁迅先生说：“我总认为，倘要论文，最好顾及全篇，并且顾及作者的全人，以及他所处的社会形态，这才“较为确凿”（《且介亭杂文二集·“题未定草”七》）论文如此，实际上，品藻人物，亦情同此理。刘祚昌先生的《杰斐逊传》，很好地把握住了这一原则。它虽以描述和剖析杰斐逊及其资产阶级民主思想为其写作基点，但却不是把他当作孤立的个体加以点画，而是根植在对美国历史和世界历史整体把握的基础上。全书起笔于一代伟人成长的时代背景，从美国历史的演进着眼，描写杰斐逊民主思想的形成和从事资产阶级革命活动的心理路程。高屋建瓴，使人信服。

第二，不囿成说，见由己出。由于作者具有宏通的视野，善于沿波探源、摄迹追踪，所以每每能在他人不到处别生只眼，洞察幽微，推见至隐。这样的例子，不胜枚举。例如，关于杰斐逊的奴隶主贵族地位和民主主义思想的相互关系，美国已故知名历史学家理查德·霍夫施塔特认为：贵族地位

给杰斐逊带来消极的影响，在他的思想上打上了保守主义的烙印。刘祚昌先生却以确凿的事实，证明霍氏的观点失于偏颇，只注意了表面现象，而没有看到问题的本质，认为奴隶主贵族地位虽与民主主义思想相矛盾，但是二者却在杰斐逊身上很好地统一起来，而且这个统一对杰斐逊说来，起了良好的作用。通览全书，我们不能不为作者挥洒在字里行间的真知灼见所深深地吸引。

第三，独抒胸臆，见解精辟。书中忽而叙事，忽而引证，忽而譬喻，忽而议论，整部传记，充斥着作者心态的坦露，情感的喷薄，才华的流动。请看作者就杰斐逊隐居与出仕交替的事实所发表的一通宏论："只有像杰斐逊那样有隐居读书的高雅情趣的人，才能成为一个好官，而那些热衷于当官，甚至到老时仍一心恋栈的人们，必然成不了好官。那些有当官迷的人，正好像象棋中的过河卒子，有进无退，一心一意想向上爬，势必不择手段，巴结上司，夤缘求官，欺压百姓，以权谋私，贪赃枉法，什么坏事都干得出来。这样的人最后能堕落为祸国殃民的害民贼。相反地，像诸葛亮、杰斐逊这些以归隐为最后归宿的'高尚其事'的人，他们之肯于出来当官，不外是由于两个原因：一是出于责任感，有志于干一番利国利民的事业，二是朋友们或是他人的推动。这样的人不当官则已，一当官必定鞠躬尽瘁，为民谋利，为国立功。而且，由于他们的最终目的是归隐，他们在当官时，已经留有后路，一旦仕途险恶，或者不得施展已志，随时可以拂袖而去，挂冠归里，以保存晚节。他们绝不会为了保官升官而出卖灵魂"（《杰斐逊传》，第500—501页）。如此立言，堪称洞穿肺腑，烛照灵魂！

第四，文笔优美，引人入胜。整部传记，文字锋利有力，有一股清刚之气，但同时也流溢着热情与魅力，许多篇章，可与优秀的文学作品媲美。譬如作者对杰斐逊夫人玛霞的描写："她大概没有请人为她画像，所以关于她的容貌我们只能听信当时人对她的描述，他们几乎异口同声地说她生得很美，身长玉立，体态轻盈，举止娴雅，来访的客人交口称赞她和蔼可亲。她是一位典型的贤妻良母，把时间和精力几乎都用在照看子女及家务上，既没有去过费城瞻览大城市的雄伟规模，也没有到外地旅行以领略山川自然之美。但是，每当忙碌了一天坐下来休息时，她总是陪丈夫享受音乐的乐趣，丈夫拉小提琴，她弹大键琴，都沉醉在音乐王国里。这是她一天中最快乐的时刻”（《杰斐逊传》，第209页）。

第五，视野开阔，民族风格。刘祚昌先生是一位国内史学界洵属少见的能够学融中西的知名学者。他不仅是一位世界史和美国史的专家——写过几十篇有关论文，主编过全国高校文科历史教材，著有《英国资产阶级革命史》《美国独立战争史》《美国内战史》等重要著作，而且他也是一位中国史专家。他对中国古代大思想家孔子、孟子的研究和对中国古代政治家王安石的臧否，都曾引起学术界的极大关注。正因为他有着如此深厚的史学造诣，所以，我们读他的著作，总觉得他是用独特的民族语言与世界对话，感到在新术语之中包含着深刻的见识，宽广的视野，民族的腔调，因此，当我们在《杰斐逊传》中看孔子、孟子、杨朱、子产、范蠡、张良、李泌、诸葛亮、郦道元、王安石、王夫之、黄宗羲、顾炎武等等这些中国古代人物在作者笔下一一出场时，感到没有任何凑合和矫饰的痕迹，一切都显得那么自然、和谐、从容。这种学术功力，令人叹为观止。

《杰斐逊传》的特色，远非以上几点，只不过这些更为突出罢了。它之自然清新的笔触、感悟不尽的哲理、启人心智的思辨，令开卷捧读者难以释手。在把玩体味中，读者求知的心田，领受到了智慧和正义的浇灌。

（作者为美国史博士，时为中国社会科学院美国研究所助理研究员，现为鲁东大学历史文化学院教授。本文刊于《史学月刊》1992年第3期。）

关于刘祚昌先生教书育人的点滴回忆

刘文涛

当得知组稿出版刘祚昌先生100周年诞辰纪念文集时，我正在千佛山上，身旁就是恩师刘祚昌先生当年亲手栽种的三棵柏树，在秋风的吹拂下显得郁郁葱葱。每次来到这里都会有一种十分特殊的感觉——亲切而感怀，先生当年给我们上课，与我们交谈的情景历历在目。在世界史、美国史研究领域，先生是学界公认的大家，已发表的专门研究先生这方面学术成就的论文约有20多篇，还有研究生写下了洋洋数万字的研究先生学术成就的学位论文。但在教书育人方面，除了对先生在教学改革、教材建设方面的贡献有较多介绍外，其他相关内容的介绍相对较少。

估算起来，先生从教达60年之久，整整一个甲子。我们知道，先生视学术研究为他的第一生命，其实他对教学的热爱也同样如此，因为他热爱年轻学生，愿意把自己的毕生所学毫无保留地奉献给他们，把这些刚出土的幼芽培育成参天大树，成为国家的栋梁，因此他把教书育人看作他学术人生的重要组成部分。他曾多次对我们说过，如果让他去科研单位专门做研究工作，他是不会同意的，因为他喜欢与年轻学子们交往和相处，不仅可以向他们传授知识和学问，为国家培养人才，与此同时，也能从学生们身上感受到青春气息和生命活力，甚至获得科研的灵感。先生特别享受在三尺讲台上给年轻学子们授课时的那种欢欣与快慰！

现将先生教书育人方面的点滴回忆收集起来，做一简要介绍。

（一）“扎扎实实做学问，认认真真教书”

“扎扎实实做学问，认认真真教书”，这是先生生前说过的一句话。此话看似简单，但要在漫长的岁月中真正做到是要付出巨大的艰辛和努力的，而这必须建立在对教书育人事业的真挚热爱和无私坚守这一基础之上。在这方面，先生为我们做出了表率，他真正理解“十年树木，百年树人”这句话的深刻内涵，60年如一日在教学第一线辛勤耕耘，其目的就是为国家培养出一批批优秀的建设人才。在践行这一使命的过程中，他做了很多工作，表现出无与伦比的敬业精神，其中有一点非常值得我们认真地学习思考：他不是简单地利用已经出版的教材和论著编写自己的授课讲稿，或者用一部讲稿上课若干年不变样，而是把教学工作与他正在进行的科学研究紧密地结合在一起。

我记得当时在讲授一门新课之前，先生都要做一番认真的调研工作，根据自己多年的科研和教学经验，慎重地选出若干有学术价值的系列化的研究课题作为授课的专题，其中许多与他正在从事的科研工作有密切关系，而后就开始“做学问”了，即逐一进行科研攻关，认真地研究写作。为了做好这一工作，先生投入了巨大的精力和热诚，仅在收集运用史料方面就下足了功夫。在他第一次出国讲学之前的岁月里（20世纪80年代初之前），由于自己手头和学校图书馆缺少外文资料，他几乎每年都要去北京各高校和图书馆查阅资料，为了节省经费（有时候甚至没有经费），他经常借住在亲戚家，有时甚至自费赴京。对于收集来的史料，他还要做严格细致的筛选、分类和研究工作，获得了大量有价值的历史信息，并把它们科学合理地运用到各个专题之中，在此基础上形成了具有很高科研价值和学术水平的讲稿，在认真充分地备课之后，拿到课堂上给我们讲授。这些专题既各自独立，又相互关联，形成了一个有逻辑关系的整体，可以毫不夸张地说，大多数专题既是一部授课的讲稿，同时又是一篇很有学问的学术论文。授课专题中也有一部分是先生多年科研和教学心得的积累，但在讲授之前，先生都要做认真的修改补充，把国内外新的研究成果吸收进来。

由于准备工作（特别是前期的科研工作）做得很扎实，备课、授课认真而严谨，所以先生的课给我们的印象是：很有“学问”，即学术水平高，科研含量相当丰富，而且治学态度严谨求实，所以对培养学生的科研能力和综合素质帮助极大。

记得20世纪80年代初的一个暑假去先生家，时值三伏天，当时还没有空调，先生正坐在写字台前忙着写讲稿呢——中外文书刊摊了一桌，挥汗如雨，身上穿的汗衫（俗称“老头衫”）都湿透了。他告诉我：“开学后要给新的年级上课，必须在假期当中把课备好！”

还记得我们78级在校的那几年，我们经常会发现，先生给我们上课时讲的一些重要内容陆续在学术期刊上发表出来了，其中一些在史学界产生了重大影响，甚至引起广泛的讨论。可以想见，这样的讲稿，其科研含量以及对学生的助益会有多么大。

“扎扎实实做学问，认认真真教书”，这句话蕴含着先生对科研与教学之间关系的深刻理解和一种人生哲学，它是先生漫长教书育人生涯的真实写照。

（二）注重学生科研能力和求实创新精神的培育

这是先生在长期的教书育人过程中始终给予充分关注的重要问题，体现了他对青年学子们深深的关爱以及希望把他们培养成优秀人才的良苦用心。可以从两个方面来看。

1. 把科研与教学紧密结合以培育提高学生的科研能力

由于先生备课是以科学研究为先导和基础，授课内容的科研含量很高，而且很多都是最新的科研成果，因此学生们听先生的课相当有收获，即能够了解到大量重要的信息，如关于世界史研究的历史状况、动态、最新成果以及关于史料、史学观念、史学理论、研究方法等方面的信息等等。这样可以把学生直接引入到历史研究的第一线，不仅学到了历史知识，提高了发现问题、分析问题、解决问题的能力，初步了解了从事学术研究工作的一些基本常识和方法，与此同时也真切地感受到了学术研究的意义和魅力，增强了对学术研究事业的热爱和关注度，这些都有利于学生科研能力的提高，同时也为他们日后从事教书育人工作打下了坚实的基础。

2. 把培养学生的求实创新精神置于很重要的地位

先生告诉我们，从事科研和教学工作，必须要有求实创新精神，初入史坛的年轻人必须牢记这一点，因为这是历史这门科学对史学工作者最基本的要求。他认为，求实与创新其实是一个不可分割的有机整体，是一个问题的两个方面。

首先，先生认为科学研究本身就意味着“创新”，因此史学工作者不能囿于所谓“成说”而裹足不前，从事历史教学工作也是同样。他主张中国的史学工作者应该树立起信心，无论搞研究还是课堂教学，其内容都要有中国风格和独立创见，不能跟在前人或外国人身后亦步亦趋。先生本人就是这样做的：在1957年之前，他的科研和教学工作都受到了苏联史学的深刻影响；1957年至“文革”，他逐步认识到了苏联史学的弊端，开始注意克服公式化、教条主义等倾向；改革开放之后，先生完成了转变的过程，走上了具有中国特色和个人独特风格的科研、教学之路，开创了他学术人生的辉煌和巅峰期。

其次，先生认为“求实”与“创新”同等重要，在某种意义上更为重要，因为它是“创新”的基础和立足点，离开了“求实”，“创新”不仅失去了依托和方向，而且很可能会把路走偏——哗众取宠、曲学阿世、随波逐流、逢迎媚俗等等。先生认为这不仅损害了史学和知识分子的尊严，严重者还会对社会和青年一代产生恶劣影响，遗祸无穷。因此他一再告诫我们，在科研和教学中一定要讲究“史德”，发扬“直笔”精神，坚持用史实说话，勇于探索历史真相，始终坚持实事求是原则。在这里，先生特别强调了史料的重要性。他主张，无论写论文还是写讲稿，都要过好“史料关”，不仅要收集丰富的史料，还要以“求实”的精神做好史料的甄别、辨伪、分类和研究工作，精益求精，确保获得真实可靠的历史信息，避免以讹传讹。对于教学方法，先生仍然强调要坚持“求实”的学风，他反对空对空地发议论，赶潮流，夸夸其谈，追求所谓轰动效应。他认为这看似热闹，但很容易走上言之无据、投机取巧、流于空谈的歪路。

（三）采取的教学法旨在培养提高学生的综合素质和学史治史能力

先生的教学法有独到之处。为了说得明白，只好将其勉强分类。

对于本科生，先生采取了一种“专题讲座式”讲授法，即按照历史科学的内在规律和培养目标的需要，选择了若干有重要学术价值的历史内容作为授课专题，组成一部由系列化的专题构成的教学讲义（本文前已提及，不再重述）。此外，先生的授课中还蕴含着一种独特的“问题式教学法”，即整个课程内容的设置基本上是“问题导向”。首先，从专题的设置来看，授课专题都是精挑细选的具有重要科研价值的学术问题；专题的顺序按照历史内容的内在逻辑和问题导向的原则排列组合，形成了一个由环环相扣的系列专题组成的完整的教学内容体系；每个专题内部按照历史内容的逻辑顺序又拆解为多个需要依次循序解决的学术问题，形成了一个较完整的教学问题链。其次，从授课的过程来看，根据问题导向原则分为三个环节：发现、提出问题——分析、解决问题——理论总结并导入下一个问题，从而进入新专题的讲授过程。

这种问题式教学法的积极作用大致有如下数端：可以激发学生学习的兴趣和主动性；使学生了解发现问题、分析问题、解决问题的基本方法和路径；使学生知道如何收集和正确地运用史料；使学生知道什么是学术论文，并熟悉论文的基本结构和写作方法；有助于学生了解以致提高逻辑思辨能力和理论分析论证的能力等等，从而达到培养学生的综合素质和学史治史能力的目的。

对于研究生，先生采取了一种“研讨式”教学法。

首先由先生授课。选择的专题主要是有重大学术价值和理论意义的课题、学界正在讨论的前沿热点问题、他本人正在研究的课题、他认为对学生有教育意义的课题以及学生们感兴趣的学术问题等等，也时常选择一些中国史研究领域的重要问题。授课时间一般占课时的三分之一至二分之一，仍采取“问题式”讲授法，但在此过程中先生有意“设置”或“预留”出一些比较重要的问题。而后授课进入研究讨论阶段，由学生自主进行，从授课内容中选择出他们感兴趣的或认为比较重要的问题（有时先生也会提出或引导出一些重点问题），展开研讨。大家自由发言，阐述各自的见解，讨论的场面往往很热烈，由于学术观点不同，加之大家都很年轻，思想敏锐且充满激情，所以时常发生思想和语言上的激烈交锋。有时候，个别同学还大胆地发表了一些与先生不同的学术观点，对此，先生不仅不反感（要知道，那个时候先生的脾气是很大的!），反而给予充分的理解，并耐心地与大家交流。这种教法对师生双方都提出了很高的要求：先生不仅要起主导作用，鼓励指导学生参加研讨，让他们充分发挥思维潜力和各自的优长，他本人也时常与学生进行交流互动；学生们要做大量的课前准备——收集史料、阅读、研究与思考等等，课上则要积极发言，而按照先生的要求，发言必须有理有据，有自己的思路和观点。先生这样做的目的是：促使学生实现一种角色的转变，即从知识的被动的接受者向知识的主动探索者转变，从而培养提高他们的综合素质和学史治史的能力，为国家培养新型的高端研究人才。由于有名师指点和学生们积极参与，研讨辩论中时常碰撞出一些绚丽的思想火花。春桥、敏谦、贤全三位师弟表现得尤为踊跃，经常得到先生的赞许。还有的学生则乘机夹带“私货”——把自己正在研究的学术问题或者关于学位论文的一些构想带到研讨现场，向先生求教，与同学们开展讨论，从中获益。

最后一个环节又回归到课堂，由先生进行点评——这不是简单地对研讨内容的概括总结，先生运用自己深厚的学问功底和丰富的教学经验，从理论的高度和层面，对学生们的观点和主张进行深入浅出、高屋建瓴的分析阐释和归纳提炼，目的是拓宽他们的视野，增强他们从事科学研究的兴趣和动力，提高他们学史治史的能力，进而鼓励他们独立自主地发现问题，提出问题，开展学术研究工作。这种“研讨式”教学法会让学生感受到一定的压力，但其成效是显著的，其中最直观的一个收获是，许多学生写作学位论文的构想就是在这个过程中被激发并且酝酿成熟的。

从上述介绍可以看出，无论是本科生教育还是研究生教育，无论采取什么样的教学模式和方法，先生都坚持狠抓学生能力和综合素质的培育，其目的是把他们培养成能够自主学习，有独立思考能力和研究能力的高素质的专门人才，而研究生则应尽快走上独立自主地开展科研工作的道路。

（四）发挥杰出历史人物在教书育人中的独特作用

先生对研究历史人物情有独钟，且成就卓著，几部大部头的关于杰出历史人物的专著、译著和大量学术论文，是他留给后人的宝贵遗产，在学界影响深远，并享有一定的国际声誉，曾荣获国家教委人文和社会科学一等奖。先生喜欢研究人物与他的家庭背景、所受教育的熏陶以及上大学时名师们对他的影响有很大关系，但更重要的是，他有一种历史使命感和社会责任感，他希望通过研究和讲授杰出历史人物的感人业绩、思想体系、道德人品、嘉言懿行甚至家庭和婚恋等所谓“纤芥小事”以及他们身上所承载的优秀民族文化传统，使学生们在学好专业知识和提高科研能力的同时，成长为有道德，有理想，有爱国情怀，有民族自尊心和社会责任感的高素质的专门人才。

纵观先生笔下的杰出历史人物，既有外国的也有不少中国的（如外国的有：美国黑人运动领袖弗·道格拉斯、黑奴解放者林肯、革命家和思想家托马斯·杰斐逊等；中国的有：孔子、孟子、诸葛亮、王安石、黄宗羲、王阳明等等）。先生认为，通过研究、讲授杰出的历史人物，可以使我们了解中国以及世界各国各民族优秀的文化传统、杰出人物为进步事业奋斗的辉煌业绩和表现出来的精神、智慧、品格、道德情操以及他们博大精深的思想体系等等，同时使学生通过杰出历史人物，更深刻具体地认识这些历史人物所生活的时代的社会面貌和历史发展轨迹以及学会从中国人和中国文化的视角去介绍、品评外国历史人物的方法。

正因为如此，先生的历史人物研究有一些很显著的特点。例如他十分重视研究下列问题：对政治家道德风范的研究；对历史人物的思想特别是政治思想的研究；不仅重视对历史人物重大业绩的研究，还十分注意探讨他们人生的方方面面，以求从多方位多视角对人物的整体面貌和个性特征进行全面系统地把握；“科学加文学”，即在高度尊重史实的基础上，用优美的文笔写出真实感人的作品；通过研究有重大历史影响的杰出人物，更深刻细腻地剖析他们所生活的那段宏大的历史；等等。

在此需要补充一点：在研究杰出历史人物以及发挥他们在教书育人中的作用的过程中，先生对“道德”这一经常被人们忽略的领域给予了很高的关注。

先生认为，对于历史人物，不仅要研究他们重大的历史活动和主要业绩，也要研究那些能够反映他们政治品质和人格特征的道德因素，这样做不仅可以针砭时弊，警醒后人，在提高国民素质和改良社会风气等方面更好地发挥史学的教育功能，同时也能对历史人物进行更准确深刻的评判。先生主张，在品评中外历史上的重要人物时，可以借鉴中国优秀文化品藻人物的标准和方法，甚至认为可以使用诸如“忠”与“奸”、“君子”与“小人”等曾经被忽略了的概念。记得先生曾与我们一同赏析了司马光在《资治通鉴》中分析智伯无德而亡时写的那段名言：“才德全尽谓之‘圣人’，才德兼亡谓之‘愚人’；德胜才谓之‘君子’，才胜德谓之‘小人’。”（司马光《资治通鉴》第1卷，中华书局1956年版，第14页）先生在道德层面对弟子们的要求和期望值甚高，他经常告诫我们：要做堂堂正正的“君子”，不能与“小人”为伍，更不能做“愚人”。他希望我们在做人和做学问方面都要加倍努力，竭尽所能，一生求真求善求美，成为一个德才兼备的人，这才是国家真正需要的栋梁之材！

（五）“严师”与“慈父”

“严格”是先生性格和人生态度的一个重要特征，这既表现在科研和教学上，也反映在生活方面。先生一生耿直刚毅，光明磊落，是一位坦坦荡荡的正人君子。在科研和教学方面，他严谨求实，兢兢业业。对待学生，先生的“严格”（或者说“严厉”）在史学界是赫赫有名的，无论是授课、指导研究生还是涉及学生的道德品行、个人生活等方方面面，他的要求和标准都相当高。

回想起本科时代，听先生的课可要格外当心，不能迟到早退，师生双方必须互相行完礼才能正式开课，还必须认真听认真记，严格遵守课堂纪律。先生甚至还半开玩笑地提出过一个要求——“上课期间不要打瞌睡”，原因竟然是“据说打瞌睡传染”！所以听先生的课大家都格外专注认真，不敢有丝毫懈怠。虽然有些紧张疲劳，但效果还是相当不错的，用现在的话说，大家都很有“获得感”，因为先生的课科研含量甚高，用同学们的话讲，先生给我们的都是“干货”——这很符合78级的胃口，因为我们大都是往届中学毕业生，最大的已经36岁了，部分同学还当过教师，基本上都是有一定阅历的“文史青年”，他们分得清授课者学术水平的高低，而且对于知识有一种“饥渴感”，所以他们对授课者的要求是：讲真学问而不要搞“花架子”。先生的“严格”带来了好的效果，最直观的一个例子：77、78级那几届学生，几乎每年都有若干学生考上了北大等名校的世界史专业研究生，其中我们78级的一位同学是我国现任副国级官员，另一位曾任美国威斯康星州立大学历史系主任。

关于研究生教育的情况，前已谈及不再重述。需要补充一点，先生指导研究生做学位论文比授课还要严格，别的不说，光是所谓“三关”就很难过：选题关、史料关和写作关。先生对于每一关都要严格指导，严格把关，如发现不满意之处，先生往往会进行“谈话”（或单独谈，或集体谈），甚至提出严厉批评，学生们则个个兢兢业业，如履薄冰。但正如俗话所说“严师出高徒，艺精靠磨练”，大结局基本上是圆满的，这是先生的“严格”带来的结果。

学界大都知道先生是一位“严师”，却往往忽略了他还是一位“慈父”——他始终像对待自己的子女一样关爱学生们，不仅关心他们的学业，还关心他们生活的方方面面，如健康、家庭、婚恋，特别是道德品行，甚至还有饮食起居、穿衣戴帽、个人卫生之类的琐事。而随着年纪增长，先生的性格竟发生了微妙的变化——变得愈来愈温和安详，平易近人了。到了晚年，他更加像一位慈父，无论是授课还是谈学位论文，他都是那么耐心，语气平和，连说话时的眼神都显得那么慈祥。这时期，他与朋友、学生们交流、闲聊的时间也愈来愈多了，经常出现学生们围着他促膝聊天的情景，谈学问，谈人生，甚至谈一些陈年过往和生活琐事，他很享受这样的氛围，不亦乐乎！在纪念先生逝世十周年的座谈会上，当一些小师妹师弟听到师兄师姐们谈及先生当年是如何如何“严格”的时候，竟发出了这样的质疑：“我们怎么就没有感觉到呢？在我们眼里，老师简直就是一位和蔼可亲的慈父！”

记得先生去世前一年回国期间，尽管为出版《杰斐逊全传》一书而忙碌（我们住前后楼，经常看到他书房的灯光一直亮到很晚），但他还是很愿意与大家密切交流，甚至主动邀请大家到家里交谈。他告诉我们，在国外与人（特别是国内的朋友）交往比较少，所以有时会觉得很闷，回国后最大的愿望就是和大家多说说话！先生教了一辈子书，早已是硕果满园，桃李芬芳，经常有学生前来探望，这是他最快乐的时光，因为在他眼里，他们都是自己远行归来的儿女，眼看着自己当年栽培的小苗一个个长大成材了，他怎能不从心底感到欣慰呢？记得外地的一些老学生赶来看望他，一聊就到了半夜，先生经常安排他们在家里住下，亲自悉心地照料他们。还记得这期间，我们陪着先生外出游览了济南名胜五峰山、珍珠泉、王府池子，这种情形在过去是很少见的……我又想起：先生曾几次打电话，让我到他那儿去坐坐，有时候在电话里就聊起来了……

本文完稿之际我又来到了千佛山。

入正门，由石阶路拾级而上至大卧佛，沿先生当年行走的路线一路向东再向南，途经大舜石图园、万佛洞、文昌阁以及桃园、腊梅园、梨园至黑风口，四面环视，巍峨壮丽的兴国禅寺高耸山巅，弥勒大佛在远方时隐时现。从舜帝抚琴处往东是茂密的柏林，其间有一块平坦的开阔岩石地面，周边林海茫茫，佛慧山、千佛主峰双峰环绕，佛踪禅韵，曲径通幽，先生栽种的三棵柏树就在这里。此时已近仲秋，金风习习，秋阳温煦，漫山遍野的树木纷纷退去了华丽的夏装，各色干、鲜、野果大部已采摘完毕，但还有许多不知名的果实挂满枝头，好像在刻意告诉人们这又是一个收获的季节。金秋的千佛山万紫千红，充满盎然生机，棵棵柏树显得愈发苍翠挺拔，枝繁叶茂！我常常猜想先生当年在这里栽树的原因，是在纪念什么还是寄托某种情怀和寓意？眼下看到这秋意浓浓的山景，我似乎悟出了些什么。

（作者为山东师范大学历史文化学院教授）

永远的丰碑，深深的怀念

——深切缅怀硕士导师刘祚昌教授

刘英奎

每个人都有英雄情结。我心目中的英雄是自己的硕士导师刘祚昌教授，不仅是在人生最重要的转折的时期——本科、硕士学习阶段，甚至从那时至今，都是如此。刘老师虽已仙逝，但其影响已潜移默化深深植根于我的心灵深处与思想行动当中。每当想起刘老师的关怀与教诲，仍感觉如沐春风，温暖而幸福。他那长眉修目、英气逼人、矍铄瘦高、刚毅挺拔的高大形象，宛如古代行侠仗义、笑傲江湖、孤独求败的世外高人，仍时常出现在眼前，仿佛刚从千佛山上晨练归来，风尘仆仆而炯炯有神。离久愈觉情浓，年长更感师恩。总是感觉刘老师并未走远，他始终伴我成长，催我奋进，他永远活在了弟子的心里！

一、学贯中西，著作等身，世界史学界的一座丰碑

在山东师大历史上，在世界近代史研究领域，刘祚昌老师都是一座永恒的丰碑，他对英国革命史、美国内战史、美国早期民主思想等问题的研究，至今仍无人超越。

刘老师在世界史研究领域具有极深造诣。20 世纪 80 年代中期，国家教委组织国内一流史学家编写一套世界史作为全国通用教材，委托武汉大学历史系吴于廑教授牵头。其中世界近代史教程的组织编写重任毫无悬念地落在了刘老师肩上，他又邀请了南京大学历史系王觉非教授联合主编。1987 年

夏，国家教委在长春组织教材编写研讨会，我有幸跟随刘老师前往观摩学习，第一次见识了什么叫理论大家，什么叫世界眼光，什么叫学术高度，什么叫思想深度。北京大学历史系主任马克垚教授、南开大学历史系主任王敦书教授、东北师大历史系主任朱寰教授、南京大学历史系王觉非教授、首都师范大学齐世荣教授等一流历史学家齐聚一堂，古今中外，高谈阔论，汪洋恣肆，神采飞扬，绝对都是风一样的潇洒，云一样的飘逸，神一样的存在。那一次，我也真正认识了刘老师高深莫测的学术水平以及在学术界的巅峰领袖地位。

学贯古今中外、东西方文明，刘老师渊博的知识，令人高山仰止。不仅是对世界史，刘老师对中国史，尤其是对中国学术思想史的研究也达到了相当的高度，孔子、老子、朱熹等诸子百家的观点往往信手拈来，黄宗羲、梁漱溟等人的思想观点也深受刘老师推崇。受美国大学邀请，刘老师赴美讲学讲授的是孔子、老子等中国思想家的哲学思想。像刘老师这样融古今中外于一体的学术大家，堪称国宝，是那个特殊历史时代造就的思想学术大家，今后恐怕难以再现。

晚年为了和女儿团聚，年迈的刘老师和师母远赴美国，但仍孜孜不倦、笔耕不辍，完成了史学巨著“杰斐逊传”，为后人留下了宝贵的精神财富。

二、一身正气，悲天悯人，高尚品格辉耀千秋

刘老师的直性子、“大脾气”也远近闻名，一如其杰出的学术成就。提起他的刚正不阿、疾恶如仇，不仅是在历史系，也不仅是在山东师大，乃至于整个中国史学界，当时几乎是家喻户晓。对于各种社会不公，他总是剑眉倒竖、声色俱厉加以痛斥，从不考虑情面。对于一些官员的铺排或傲慢，他总是不媚不屑、不卑不亢，保持了学者的独立精神，不仅为自己，也维护学者应有的尊严。

刘老师一生任职高校，醉心于教书育人、钻研学术，除了学术研究机构或人大代表参政议政兼职，曾担任山东师大历史系美国史研究室主任、山东历史学会会长、中国美国史研究会常务理事等学术职务外，对于请其担任

校、系等各级行政领导职务的建议都婉言拒绝。一般性的行政会议、集体活动，也是能推尽推，而对于各种各样的学术研究活动，则都认真对待。对照当前学术界热衷当官、泛行政化趋势，更感觉刘老师淡泊名利、保持独立的学术精神难能可贵。

刘老师还是一位具有人本精神和民主情怀的学者。作为两届全国人大代表，刘老师努力履行代表职责，通过多种渠道广泛收集意见建议，通过人大提案反映民间疾苦。每次学校寒暑假回老家，刘老师总要询问我乡情民意，每当听到民间疾苦，刘老师总会剑眉紧蹙。每次人大会议或外出调研回来，他总要与学生们分享调研信息与思想感悟，引导学生关注社会热点，一起分析各种社会现象的历史背景、体制机制根源，研究对策建议，力争让学生做到学以致用。他时常用“穷则独善其身，达则兼济天下”来勉励学生，也用于自勉。他希望政府更加关注社会公平和基层利益，更希望学生们将来能为民生有所作为。

三、坚忍不拔，毅力顽强，奋斗精神催人奋进

锻炼有益健康，但长期坚持则需要顽强的意志。像刘老师那样几十年如一日雷打不动坚持锻炼者并不多见！当年，每天凌晨，大部分人尚在睡梦之中，刘老师则已穿过山师校园，沿着陡峭的山路，登临千佛山顶开始晨练，日复一日，岁岁年年，风雨无阻。有一年春节清早，千佛山顶人员稀少，一位晨练者意外晕倒，刘老师与几位登山者一起将其抬下山并妥善安置后才返回家中。事后提及此事，平素不苟言笑的刘老师露出孩子般开心的笑容，为自己做了一件非专业领域的有意义事情感到由衷的幸福和自豪。

刘老师坚韧不拔的毅力体现诸多方面。“文革”期间，刘老师被迫离开教师岗位并被罚养猪，但刘老师依然故我，利用晚上等闲暇时间，克服各种难以想象的困难开展学术研究，为“文革”后美国内战史等学术巨著的完成奠定了基础。刘老师时时谆谆教诲学生要打牢基础、厚积薄发，要熟读《古文观止》等学术经典，不走捷径，长期坚持才能厚积薄发，当时还不甚理解他的观点，现在看来所言极是。坚实的学术基础不仅托起了刘老师的巍峨的

学术成就，这也是他老人家传授给我们的宝贵的学术研究方法。

刘老师的戒烟等生活趣事也折射出其性格中的坚强一面。年轻时，刘老师醉心学术，加班熬夜是家常便饭，因此大量抽烟便成为日常习惯，每天要抽两盒以上，直到有一天王觉非教授痛陈吸烟弊端并劝刘老师尽早戒除后，刘老师欣然接受王教授的建议，并于第二天戛然戒掉抽烟习惯。想一想，这得需要多大的毅力！

刘老师的人格魅力及良好习惯，给予我莫大激励。一想到刘老师的榜样，就感觉到自己不能偷懒，应该有点作为。受刘老师影响，从年轻时代起，我也养成了早起锻炼的习惯，从此长期锻炼，如今虽人过半百，但慢跑个几公里也不在话下，一时兴起还偶尔报名参加个半马，虽慢如蜗牛，也能坚持到最后。长期锻炼不仅造就了健康体魄和乐观向上的心态，还结识了一些志同道合的跑友，忙忙叨叨却也其乐融融。细细思量，还是得益于刘老师的精神与榜样的力量。

四、师恩浩荡，桃李满园，沐浴弟子幸福成长

刘老师终身教书育人，桃李满天下，单是山东师大所带硕士研究生就不下数十人。同一师门师兄弟姐妹之间往往以大带小，相互促进，形成一个良性互动、紧密联系的学术小圈子，让人受益匪浅。在大师兄当中，有几位还是我的老师，其中，陈海宏、张定河两位大师兄，分别给我们讲授过美国史和世界近代史；刘文涛师兄给我们当过辅导员；牛伟宏、柯春桥、杨玉圣等师兄都曾给予我们学术上、生活上巨大帮助；王孝询、邓红风两位师兄在校期间虽未能相识相聚，但源于同门目前已成为微信热线联系的“网友”。各位师兄亦师亦友，让我们受益匪浅。至于同届的宋绍力、杨平、邢佳佳、胡玉坤、肖华峰五位同学，则组成一个小班，齐聚在刘老师当时看起来算是“豪宅”的二层小楼书房里，聆听刘老师传经布道，大多时候是刘老师古今中外、滔滔不绝，我等洗耳倾听；间或也会有同学七嘴八舌、师生互动，课堂气氛也算热烈。现在回想起来，还感觉历历在目，历久弥新，倍觉温暖。

刘老师给我们搭建的这个师门小平台、学术小圈子，为弟子们今后走

向社会奠定了良好的基础。每次外出访学或参加学术会议，每当提及自己是刘老师的门徒，学界同行都会给予礼遇，甚至被高看一眼。记得1987年适逢美国宪法制订200周年，中美学者在北京外国语学院举办学术研讨会，刘老师作为特邀嘉宾出席，一众弟子十几人尾随参会，浩浩荡荡，大沾其光。对于山师这样对外开放程度较低的地方性院校而言，能有机会参加专业性高规格国际学术研讨会，是一次难得学习和交流机会，这全仰仗刘老师在美国史学界的尊贵地位与巨大影响。通过参加会议让我们开阔了眼界，提升了技能，拓展了人脉，多年以后师兄弟们每当提及此事，还津津乐道，幸福满满。

作为一名普通教授，刘老师给予不了学生高官厚禄，但他给予弟子们的不仅仅是知识和硕士、博士学位，还有深深的感情寄托和无穷的榜样力量！有幸获此良师，人生夫复何求?!

（作者为中国贸促会研究院国际投资研究部主任、研究员）

回忆恩师刘祚昌先生

肖华锋

今年是刘先生100周年诞辰。母校山东师大陈海宏师兄和邢佳佳师姐在忙于编辑纪念文集，一直催要我的纪念文章，他们觉得我不可能不写纪念文章。时隔几十年，看来还是师姐了解我。拖到现在才下笔，源于我一想到刘老师，基本上是“快乐并痛苦着”的心情，今生有幸成为刘先生的硕士研究生，并顺从他老人家生前意愿，一直混迹学界，如今多少小有成就，这是令我有点“自我满足”的感觉，也是刘先生生前来信对我感到满意的地方，我是由衷感谢刘先生的栽培，其音容笑貌，师徒间快乐的交往总是让我充满愉快的回忆，可仔细想来，先生在2006年突然仙逝美国，最终没有叶落归根，永远是我心中的痛，以至于多年后，我正好在济南出差，恰逢师母回到国内，见面不是问候，而是不由自主地抱着师母痛哭。如今，为表师恩，写下回忆，无疑是一种痛苦的追忆！

一位善于鼓励学生、爱生如子的导师

我是1986年有幸考上刘先生硕士研究生的。回顾考研历程，除大三开始挑灯夜战自学世界历史，主攻美国史外，先后书信全国各大高校38位美国史学者求师，有幸每封信都得到了诸位学者的亲笔回信，可见老一辈学者的待人之道和育人之精神气象，我们后辈应该好好继承，但综合考虑，刘先生回信干脆利落，指导我该看哪些书和文章。这样的著名学者亲自给我回信且言之谆谆，让我一位学英语出身的人感动不已，结果是我们班级同学从此知道有一位著名学者“刘祚昌”。我记得，1986年复试时，毕竟不是历史科班出生，尤其是第一次面对全国著名学者，难免紧张，可以说面试一塌糊涂，但有一句话我至今记忆犹新，刘老师说，“你知道有多少人考我的吗？39 人，你进入前三，已经很优秀了”。（注：我们这一届共有六位，其中三位应届脱产，三位本校在职助教，估计刘先生仅仅指的是应届生）。就他这句话，我自然成为刘门弟子了。

我记得，读硕士期间试着写了一篇关于美英 1812 年战争的小论文交给他，过了一阵子，他回话说，很好，论文就这样写。他简单的一句话却给了我学术上无上的自信。后来，这篇文章搁置多年后经过加工，于 1996 年在《江西师范大学学报》正式发表。尤其让我感动的是，我学术生涯第一篇正式见刊的论文《试论 19 世纪上半叶美国交通建设》是在刘先生推荐下于 1992 年《山东师范大学学报》发表的，这个时候，我已经硕士毕业 3 年了，但他老人家对学生的学术提携一如既往，令我感动。

还有一个雷打不动的习惯，遇到中国传统节日，刘先生必然会邀请我们这些外地学生前往他家里包饺子，欢度节日，其乐融融。

但是，据我观察，刘先生对待学生“内外有别”，对其他临时来拜访的学生，客客气气，相敬如宾，甚至笑容可掬，一副严谨而慈祥的学者形象跃然出现，可对待他的嫡系弟子，俨然一副严师形象。今天写纪念文章，我总算过了一把“刘先生”的瘾，但在他生前是万不可叫“刘先生”的。我上一届张敏谦师兄部队从戎多年后读刘先生的研究生，算是谙于世故，每次见到刘老师总是先生长先生短，结果，刘老师忍无可忍，把敏谦师兄狠狠批评了一通，说什么“先生”是你叫的吗？我在想，我现在有学生动不动叫我“教授”，好有民国情调，但因为现在自媒体把“教授”形象污名化得差不多了，我感觉挺别扭，但面对 90 后学生，我还不好批评她们，更何况，我们做美国研究的，民主一点好，怎么叫是学生的自由，但学生不能背叛老师和诬陷老师是我的底线，这也是刘先生对学生的最低要求。我实际上是在有意传承先生的育人思想。

其实，师从刘先生三年，因为我的率性性格，我受“批评”是最多的。有两次记忆深刻，一次是差一点“出事”。我们在先生书房上课，其他师兄师姐优先“占领”宝座，而我这个“马大哈”的小师弟只能乖乖地每次面对面坐在先生的书桌旁，“最危险地带”，一包烟放在包里，给他闻出烟味了，突然冒出一句“你们谁抽烟?”惊吓四座，我心中有“鬼”，自然不敢吭声，好在我的师兄师姐们赶快打圆场。接下来，先生娓娓道来，回忆起他曾经的抽烟历史。其实，刘先生曾经也是一位老烟枪，在写《美国内战史》时一天不少于两包，大概在1984年昆明开会时南京大学王觉非教授提醒他说抽烟会得肺癌，结果他把别人送他的一条红塔山转送给他人，由此，我转被动为主动，“批评”先生不对：既然您知道抽烟会得肺癌，为什么还把烟转送他人?先生一听，言之有理，当年应该把这条烟丢到厕所里去。现在回想起来，先生确实可爱！还有一次，就有点让我“忍无可忍”了。那是研二六月底最后一次课，我坐在先生身边，他突然发现我的头发比较长，训斥一顿后我只能乖乖地说下课后马上去理发。“倒霉”的是，内容没有上完，第二天接着上。我下课后自然直奔理发店，遇到一美女理发师，理发过程倒是舒服，可第二天下午上课，理发评估不过关，先生发脾气说“怎么教你一年了，你都不知道怎么理发?”然后指着他的小平头说要理成他这个样子。这个时候我才恍然大悟，原来头发并不是短就行，关键还要看发式。不过，当年，我也“忍无可忍”了，反驳说，“头发又不是我理，我怎么知道理发师理什么发型?”好在事后师母特别慈爱，叫我别理他，年轻人哪能理他这个发型？仔细想想，我们这个年代的学生好在脸皮厚，也理解导师“恨铁不成钢”的一番苦心，换到今天，导师一骂，跳楼自杀，您导师吃不了兜着走。内心来讲，根据先生“内外有别”的原则，他越会骂你，感觉越亲切，打是亲骂是爱嘛，我绝对不是受虐狂哈！

一位“乏有情商”的老学究

在1980年代，社会上“情商”还没有成为热点词，但按照“情商”的标准，刘先生应该属于严重缺乏“情商”的一类人。他怎么成为第一批“右派”的?因为政治敏锐性，我还真没有采访过他，但肯定与他严谨、刚直不阿而不吹嘘拍马的性格有关。

刘先生曾经负责吴于廑、齐世荣主编的《世界通史》(六卷本)《近代史》(上下册）的主编工作，这套教材的作者基本上都是当年各个领域最权威的教授，因之至今，这套教材一直被学界认为是最权威的世界史教材，可有一次听先生说再也不当主编了，因为有一章是某权威学者所写，或许思路上没有贯彻主编意图，先生非常不满意，最后他干脆自己重写，由此得罪了这位教授，但稿费还是给了原作者。刘先生就不理解，辛辛苦苦帮他重写，稿费还给了他，他居然还生气！这位“书呆子”哪里知道，这么有名望的学者更在乎的是面子和尊严呢！学术江湖，老先生估计永远没法搞懂！

实际上，先生情商最“失败”的地方恰恰是身边的学术关系，因为他在山东师大的绝对权威，难免有个别人阿谀奉承而蒙蔽了他的双眼。大概是 1993 年前后，山东师大历史系原主任林敦明教授到原江西大学参加全国世界古代史学术会议，我当时在江西师范大学外语系工作，自然与历史学界接触较少，但林主任拐弯抹角总算找到住在筒子楼里的我，好感动。但更让我感动的是林主任说终于完成使命了，因为他受刘先生之托，到了南昌，无论如何要找到肖华锋并转达他的问候。我当年刚入职讲师，学术江湖懵懵懂懂，但林主任说为什么刘先生要他必须找到我并转达问候的理由是“肖华锋学问还可以，关键做人好”，我自然感动万分。1995 年，我去济南出差，自然首先去拜访老师。按照读书时的惯例，我在其书房聊到晚上 10 点就准备走了，老师依依不舍的眼神我依然历历在目，师母紧接着说“你老师好想你，他退休了，没事，你就再陪他聊聊吧”，结果我们师徒俩继续聊到晚上 12 点。他身边“错乱”的学术关系，我总算了解了一些，但总的来说，他的态度是宽容的，最终先生给了我一个最高的评价“处理人际关系，你是天才”，看来，老师已经开始在反省他的人际交往了，可我还是欣赏他独立的知识分子风骨。我一直以为，中华民族就是一个注重关系的民族，是一个追求实利的民族，无事不登三宝殿，一旦你没有满足对方的要求，不要说学生背叛老师，儿子都会背叛父亲呢！想到这些，老师您应该可以安息九泉了。

一位对学术孜孜以求的学者

不可否认，刘先生是一位真正对学术充满理想主义的学者。他之所以蜚声于国内外历史学界，除了他著作等身的严肃学术成果外，就是他对学术研究的无限热爱、孜孜以求和坚持不懈。我记得当年决定报考先生的硕士研究生，除了他言简意赅、干脆利落的有效回信外，还有一个原因就是在公开出版物上看到了刘先生的学术研究规划一直到了 90 岁，在绝大多数人都盼望着 60 岁退休后颐养天年的学术语境下，这是何等神圣而伟大的一个人生学术规划！虽然先生最后于 2006 年 86 岁时突然离我们而去，但耗其大部分精力撰写的 130 余万字的《杰斐逊全传》终于在 2005 年正式面世，真可谓笔耕不止！学术上算是功德圆满了！因为不会电脑，这 130 多万字可是他一笔一画爬格子爬出来的呢！他曾经当面与我们说过，每天最幸福的时光就是坐在书桌旁写作。其实，刘先生每天的生活非常单纯，除了一年四季，风雨无阻，每天早晨坚持爬千佛山外，主要时间就是埋头写作了。

1957 年（印象中），人民出版社向刘先生约稿，要他撰写一部《美国内战史》，并预支了 700 元稿费，后来因为先生被错误打成“右派”，接下来又是各种政治运动，估计人民出版社领导编辑都换了几茬，将近 20 年里没有任何编辑问过先生的书稿，但先生就凭着 700 元预支稿费的约定，在特殊的政治环境下，经常自费前往北京，居住在弟弟家，到北京国家图书馆查阅研究资料，硬生生地把一部鸿篇巨制《美国内战史》写下来了。据先生说，时隔 20 年，人民出版社居然主动与他联系，问他《美国内战史》写的咋样。先生由此感叹，好在当年收下了出版社 700 元的预支稿费，否则，不太可能在了无音信的 20 年时间里会坚持把《美国内战史》写完。由此可以看出，先生虽然刚正不阿，情商“有限”，但却是一位非常讲诚信有契约精神的学者。我曾经问过他，为什么他在研究美国史的同时还能够发表这么多中国历史研究论文？他回答说，政治运动期间，原本写《美国内战史》，就是偷偷摸摸，胆战心惊，写完后，自然不敢继续研究美国史了，只好研究宋史，他认为，宋朝知识分子地位最高，受尊重，值得研究。在一个知识分子被称为“臭老九”的年代，刘先生的宋史研究无疑有“以古讽今”的元素，由此可以看出，刘先生的历史研究充满着现实的家国情怀！不可否认，刘先生出生于民国时期的“书香门第”（其父亲是国文教师），国学功底扎实，美国史不让做，他可以立马转向中国古代史的研究。

当然，现在回想起来，最遗憾的是，我和先生原本可以在美国弗吉尼亚大学相会，却失之交臂。先生 1999 年在加拿大申请到了美国可口可乐基金会资助的前往美国弗吉尼亚大学国际杰斐逊研究中心做高访一个月，而我在中国申请到了同样的访问项目2个月。先生计划2000年1月前往，我收到他的跨洋回信后激动不已，力争通过签证争取同时期到美国去，如此，咱们师徒俩就可以在大洋彼岸“共事”一段时间了，可非常遗憾，1999年在北京签证，无缘无故地被美国驻华大使馆拒签两次。最后还是在2000年，以复旦大学博士生的身份在上海总领馆签证通过，并于当年8月30日到了弗吉尼亚大学，此时，先生早已结束访问回到加拿大女儿家里去了，但高兴的是，在弗吉尼亚大学，受到了该校历史系John Israel教授的热情款待，他是刘先生的好朋友，而我是打着先生的名号与他联系上的。

一位强调做事先做人的导师

刘先生性格秉直、刚正不阿，对腐败，对官僚，可以说骨子里痛恨不已，他对我们学生要求也是非常严格，再三强调做事先做人，这个教育至今我都感觉受益匪浅，不光我一直按此标准教育我的学生，甚至我在担任南昌航空大学文法学院院长十多年里也是秉持这一理念在办本科教学，但我总以为，他对我们的要求有失苛刻，从生活方式到穿着打扮到发型到人品，都有可能成为他“训斥”我们的理由，由此我们是想见他又怕见他。

我当年在先生门下，因为年龄最小，属于小师弟，经常因为发型被“训斥”，但有师兄师姐的呵护，外加我脸皮厚，最终我也没有“吹嘘拍马”，但感觉成为先生最喜欢的弟子之一。我从江西师范大学投奔刘先生门下，属于“外来户”，又是学英语的，思想比较活跃，生活也不拘小节，经常穿着黑风衣牛仔裤红皮鞋还有一头长发到先生家里去上课。黑风衣牛仔裤红皮鞋倒没有直接挨批，但长头发可是前后被“训斥”了一年，最后老先生忍无可忍地说道“你不要把南方流里流气的生活方式带到我山东来”，看来，这是先生对我的一个综合“反扑”。实际上，我当年敢于“逆潮”，一是提醒师兄师姐们，做人要有个性。一个人的“专制”往往都是下面的人捧出来的。二是为了通过“试水”慢慢改变先生老学究的“腐朽”观点。刘先生出自传统的国学之家，自己求学也是先后在西南联大和四川大学，以中国文史为主，其家庭熏陶和学校教育都决定了他对中国的传统文化和礼仪道德恪守至深，后来一不小心做了美国史研究，我在想，做美国史研究，讲民主是最关键的，由此我“冒险”试水。我在读研期间组建了山东师范大学研究生会历史系分会，并当选为首届分会主席，时隔一个多月又被选为学校研究生会副主席，可以说我学生时代最风光最活跃的是在山东师范大学，遗憾的是，因为刘先生反对学生从政，就这么个非官的学生干部，我自然不敢去邀功，师兄师姐们也一直在为我打掩护。先生生前只肯定了我人际交往的能力，但一直没有提过我担任学生干部的事情，可以想象，他是不知道的，感谢师兄师姐们的保护，否则来个“不学无术”或“不务正业”的训斥，我可如何担当?

先生对孔子颇有研究，甚至在研究杰斐逊时经常会对两者进行比较，试图寻找中美伟人之间思想的共同性，这在当时不失为一个创新点。当下，我们对中西文化进行比较研究，往往强调两者间的差异性和对抗性，这实际上不利于中西文化的沟通和理解。我认为，人性应该含有共同性特点，至少对真善美的追求应该是人类的原始追求和普世价值。有一次，先生刚刚在曲阜参加完国际孔子思想学术大会回来给我们展示系列会议照片，我脱口而出“孔老二”，结果遭到狠狠地训斥，说什么“没教养，对祖宗不尊重，叫孔子或孔丘都可以，为什么要叫孔老二？老二可是骂人的话呢!”我赶紧解释受“四人帮”毒害太深。汉语高深莫测，骂人不带脏字，小时候“批林批孔”，天天把“孔老二”挂在嘴上，当年还以为孔子在家排行老二呢，哪知道是骂人？难怪今天“你这个人真二”成为口头禅了。

实际上，刘先生对我的学术能力曾经有过误会并呵护着。因为当年并未要求研究生毕业必须发表论文的限制，所以，他对我的学术水平正式认可一直到硕士毕业论文出来。在提交毕业论文之前找工作，我曾经应聘过文化部一份当年非常有影响的英文杂志 Peking Review，写了一篇英文新闻报道后还受到该杂志社社长和主编的亲自召见，明确言明对我的学科背景非常满意，因为她们当年要招聘北美版记者或编辑，我的英语本科和美国史硕士的学业背景是让她们最满意的，1989 年 4 月份左右收到了该杂志社的录用公函，记得分数是 87 分，差点成为当年山东师大第一位被录用的研究生。很遗憾，高兴不到一个多星期，该杂志社第二封信来了，因为特殊原因，实在无法接受外地毕业生，一气之下，把信撕了，现在有点后悔，若信留下，也算是我人生一件“文物”了。但正因为如此，刘先生觉得我还是从事我的英语专业比较好，当年山东大学新合并组建的经济学院正好需要专业英语老师，而该院院长，从事西方经济学研究的张教授是先生在美国访学时的访友，由此他亲自打电话给张院长推荐我，但遗憾的是，虽然在邢佳佳师姐夫妻俩的具体斡旋下，最终试讲仅以我的口语有南方口音为由而落空，我总感觉对不起导师，但没想到，他说不要难过，有“阴谋”，张院长给他打电话了，说我试讲很优秀，但教育厅领导有人要进来，被系主任忽悠了。事情未成，但我非常感动，因为刘先生从来就没有过推荐学生就业的历史。

刘先生感觉我还有从事美国史研究潜质的转机是硕士论文。我写的是19世纪上半叶美国交通建设，当时，研究美国铁路建设的论文有一些，但都是研究美国内战后“重建”时期的跨大陆铁路建设，而研究内战前的美国交通建设问题，我应该是国内第一个，当时选这个题目也是符合国内“要致富，先修路”的现实环境。大概3万多字，论文有点让先生对我刮目相看，他在答辩会上说“没想到，我几乎一个字没改”。也正因为此，才有毕业后我们师徒失联几个月的历史。

我毕业后被打回原籍，济南火车站，师兄师姐们依依不舍，甚至眼泪汪汪的送别情景恍如昨天。我回到南昌，待业一个月后引起老乡、江西省电力局劳资处邓芳涣处长的高度重视，通过他找省毕业生分配办公室领导，把我派遣到江西师范大学。按专业归属，外加当年师大人事处处长是历史系毕业的，自然是给历史系汪主任推荐我。记得非常清楚，汪主任对刘先生非常崇拜，我也跟到沾光，但他要我试讲，我因为有山东大学试讲的阴影，以行李还没拆为由坚决不试讲。后来回到母系外语系转转，遇到几位大学老师，他们得知我可能要回师大工作时，立马决定，到历史系干嘛，回外语系，我们的《英美概况》课还在请别人上呢，你回来正好。据说，为了我是到历史系还是到外语系，当年两个系的领导们还在人事处争抢了一通呢！人就是这样，不争，谁会把你当人才呢?

我最终选择了外语系，毕竟是我读了四年大学的地方，承蒙老师同学学兄学姐学弟学妹的关照，如鱼得水，可问题是，毕业后第一封信发给刘老师，汇报我到外语系工作，居然石沉大海，三个月没有回信。经过三个多月的工作，我具体汇报工作情况后，他才回信解释说不回信的原因是我应该去历史系工作，不该去外语系，而既然在外语系受领导重视，工作开心，他为我高兴。可见，先生对历史研究情有独钟，据说，我那些毕业后从政从商的师兄们都不敢主动与先生联系呢！

由此看来，刘先生对我的美国史研究能力终于给予了充分肯定。我后来于 1996 年师从复旦大学历史系庄锡昌先生读世界文化史方向的博士，2000 年师从复旦大学新闻学院丁淦林先生做博士后研究，遗憾的是从来没有在历史系正式工作过一天，但刘先生一直在关注我的美国史研究，2004 年我在《历史研究》发表一篇论文，他居然亲自写信对我表示祝贺！

细细想来，刘先生是一位充满中国传统文化道德观的研究美国史的历史学家，他研究的是开放的美国，但维护的却是封闭的中国传统道德，可以说，他也是一个矛盾综合体，但话说回来，当下一直强调“中国学派”、“中国学术自信”，刘先生不正是在以一位纯粹的中国学者的自信并运用纯粹的中国话语在研究美国的历史吗？难道他不是在朝美国研究的“中国学派”努力吗？至少比当下一些学者用西方话语体系研究西方问题要强许多。

（作者为湖南师范大学“潇湘学者”特聘
教授，美国研究中心常务副主任）

总有回忆在心头

邢佳佳

时光匆匆，蓦然回首，刘先生离开我们已15年，可我总觉得先生依然在世界的某一个地方默默地关注着我们，陪伴着我们，鼓励着我们，他那坚毅、深邃、慈祥的目光经常浮现眼前，可当我想如往昔一样与先生天南海北畅聊时，却再也无法听到他的声音，看到他的身影，读到他的邮件，每每此时，惘然惆怅，往事幕幕涌入脑海。

初识刘先生是在大学本科时期聆听先生讲授美国史。先生身材高大、挺拔，表情威严，讲课一板一眼，一丝不苟，板书流水行云，苍劲有力，显示出先生受过良好教育。更重要的是先生讲课内容条理清晰，逻辑严密，深刻透彻，颇具启发性和启蒙感。记忆犹新的是讲杰斐逊起草《独立宣言》的三段论，环环相扣，层层推进，有理有据，十分精彩。对杰斐逊"天赋人权"和"人民主权"学说的论证同样让我茅塞顿开，感受到一种冲击和震撼，这种启蒙奠定了我政治历史观念的基础，提升了辨识历史和现实的能力，至今受益无穷。虽然课下与先生没有交流，甚至很"惧怕"与先生说话，但他的渊博学识、学者气度和大家风范令我肃然起敬，深深折服。

留校任教并跟随先生读研三年，对先生高尚人格、独立思考、学术创新和坚韧毅力有了进一步了解，敬佩之心更甚。他为人正直，疾恶如仇，追求平等。对于邪恶专制势力和官场谄媚之风，痛恨憎恶，鄙夷不屑。面对一些大是大非问题时，先生从不愿意说违心话，曾顶着压力与我推心置腹地探讨如何坚守底线，不人云亦云，同时对我政治上的幼稚、鲁莽给予提醒和忠告，关爱之心溢于言表。这种对后辈成长的指导、鼓励和保护一直温暖伴随。先生是一个非常坦诚、直率、真实的人，没有城府，没有心计，对学生高度信任，也很容易原谅学生的无心过失，虽然有时会不加掩饰地生气，但直来直去，不存芥蒂。他是良师，也像益友。在先生孩子般的坦荡面前，原来那种因敬畏而不敢走近的距离烟消云散。

听先生讲课是一种享受，他不善声情并茂，但有自成风格的抑扬顿挫，语言节奏平稳舒缓。细细揣摩，干货满满，耐人回味。他总能深入浅出，引领我们认识和理解那些富有深刻内涵的思想，比如谈到杰斐逊的教育思想，其中对教育与捍卫民主制度之间的关系论证，鞭辟入里，意义深远，如醍醐灌顶，至今犹在耳畔。每次听课，都像是一场专题学术报告，非常过瘾。这种高水平、高质量的课堂教学内容来自他多年潜心研究和深入思考，凝聚着先生的毕生心血，也是先生的功力、魅力之所在。

先生与时俱进，善于反思，敢于否定自己的观点，独树一帜，让人耳目一新，对林肯认识的变化颇具代表性。从《美国内战史》到《论林肯的政治家风范》，先生一反过去的保守态度，依据详尽史料，从林肯作为总统的角色行为出发，解读了《解放宣言》的发布背景，尽显林肯维护联邦统一，保证废奴成功的良苦用心和政治家风范，大胆、无保留地肯定林肯的历史功绩，并坦言自己以往观点陈旧局限，有失公正。尤其是《论林肯的政治家风范》一文，体现了先生认识上的重大改变、观点上的重要更新以及告别过去的坚毅勇气，培育了我们对历史人物评价所应有的实事求是态度，也打破了禁锢思想的条条框框，使我对克罗齐“一切历史都是当代史”的命题有了更深刻的理解。后来在多年教学生涯中时常将刘先生的悉心教导分享给我的学生，让先生的研究成果薪火相传。

先生的教学方式在当时是很先进的。他会布置我们读专业书的任务，然后师兄弟妹们在课堂上围绕书中问题展开讨论。先生家的二层小楼是我们上课的地方，大家围坐一起，你一言我一语，自由发言，思维碰撞，相互启发，灵感频现，先生适时地点评总结。如果不认真读书，不带着问题读，不深入读，不对书中问题进行提炼概括，是无法真正参与讨论的，所以我们丝毫不敢偷懒。就这样不知不觉中，读了很多书，而且学会了如何读书，如何提出问题，分析问题，从被动学习变为主动思考，扎扎实实地进步成长，一点一点走向成熟。后来才知道这就是著名的源自 18 世纪德国哥廷根学派的习明纳尔教学方法，20 世纪 80 年代能接受这样的训练，深感幸运。研究生阶段的收获提高，让我对科研和论文写作有了一个初步的入门，这要感谢先生对我们的严格要求和科学培养。

研三撰写毕业论文期间，时间紧，压力大，心无旁骛，废寝忘食，写字台和床上地下铺满打开的中英文材料，因为其中夹有各种小纸条作为标记，不便收拾，故此乱象成为常态。有天清晨，先生结束锻炼后，在一位师兄的陪同下，顺路来到位于千佛山东侧的我家。80 年代后期，尚无电话，根本不可能提前知晓客人到访，所以毫无准备。开门瞬间，慌乱狼狈，真不想让首次登门的先生看到家里的杂乱无章。没想到先生不仅毫不在意，反而安慰我说，这才是读书人该有的样子，很正常。有些人写字台上虽然干净，却可能说明他不读书或者摆放一本书做样子。先生的善解人意顿时化解了我的尴尬不安，更感受到老人家的平易亲近和理解包容。想来“书山文海”是先生学术生涯中不可缺少的伙伴，先生不会用世俗的“整洁”来要求我们的生活。

先生对事业有执着的追求，毕生以读书研究写作为乐趣，晚年仍致力于《杰斐逊全传》的创作。往来于国内国外时，先生的行李箱大都是沉甸甸的手写书稿，携带十分不便，但对于耄耋老人来说，改由电脑打字，难度委实太大，所以我从未想到先生会挑战自己，学习新技能。2004 年先生回国，居然提出买电脑学打字，惊讶之余，不由心生深深的赞叹和钦佩。我帮先生选择了戴尔笔记本电脑，并注册了 163 邮箱。先生小心翼翼将电脑摆放在写字台上，生怕碰坏，然后一丝不苟，学习用汉语拼音打字，有时因为方音习惯导致声韵母出错而无法打出自己想要的字，先生就电话问我，寻求帮助。看到先生像小学生一样认真地在键盘上敲击，我仿佛忘记了他的年龄，只知道在先生的字典里没有畏惧，目标坚定、毅力顽强是他战胜困难的法宝和事业成功的保证。很快，先生就熟练掌握了打字要领并可以自如输入文字，从那时起到逝世前，先生在国外都是用电子邮件与我们交流，写作更是离不开电脑。先生勤于学习，紧跟时代步伐，不断更新提高的精神给我们树立了不懈奋斗的人生榜样。

二楼的书房不仅留下了先生奋笔疾书的身影，还记录着我们与先生交流的点点滴滴。先生的谆谆教诲，师兄弟妹们的妙语高见，都是在这个书香弥漫的房间里发生的，我对这个熟悉的地方有着美好的记忆和特殊的感情。前些年，师母从国外回来处理房子，当办好所有手续，房屋即将易主之际，面对空空如也的房间，望着窗外师母亲手栽种的大树，想到这里从此不再是大家济济一堂、欢声笑语的地方；以后再也不会敲响这扇大门，再也看不到慈祥的师母忙碌于厨房的身影，仿佛弟子们没有了“家”，我不禁潸然泪下，努力把房间的样子刻在心里，将小楼的过往封存于记忆中。

先生虽已远去，但留给我们的精神财富却是永久的，是内化于心、享用终生的，先生的高尚品格、学术思想及治学态度是我们的榜样和骄傲，如明灯般指引我们前行，给予我们力量。感念恩师培养，铭记先生期望，做正直的人，做有益的事。

（作者为山东师范大学历史文化学院教授）

刘祚昌先生对我学术人生的影响

吴金平

恩师刘祚昌（1921—2006）先生离开我们已经15年了。2021年5月将迎来先生100周年诞辰的日子。在这样特殊的时刻，回想先生对我学术人生的影响，真是百感交集。

刘祚昌先生是我国美国史教学与研究事业的开拓者与奠基人之一，在美国内战史和杰斐逊民主思想研究方面有卓越建树。

刘先生是由国务院学位委员会授予资格的博士研究生导师，在20世纪80年代能够获得这样的资格者一定该领域国内知名的大家与领军人物，并且该资格主要是对其个人学术地位的认可，而不是其所在单位学科点的认可。

从1994年开始，有博士点的学校可以自主授予各自学位点教授以博士生导师资格，情况就翻转过来。只要有博士学位授予点，该学位点的教授基本上都可以获得博士生导师资格。反之，即便教授本人是其领域内的权威，如果其所在单位没有博士点，他也很难获得博士生导师资格。很多事情就是这么奇妙！

正是因为这样，在20世纪80年代，虽然刘先生拥有博士生导师资格，但因其所在的山东师范大学并没有博士点，刘先生便通过杨生茂先生的关系，作为兼职教授在南开大学美国史博士点招生（——当时全国仅有的两个美国史博士点之一，另一个在东北师大由丁则民先生牵头），主要负责其学生的博士论文写作，而招生与培养则由博士点的牵头人杨生茂先生负责。

刘先生到南开参加赵学功博士毕业答辩后与师生合影
（1994年6月6日南开新开湖畔）

我是刘先生门下第三名博士生，也是其关门弟子。大师兄为曾任《现代国际关系》主编多年、现任国际关系学院战略研究所所长的张敏谦教授，二师兄是李四昌（1995年赴美国留学，中断学业）。在10年期间，先生只招收了3位弟子，这并非是名额限制或是没有人报考，而是因为两位先生，尤其是主持招生工作的杨先生对挑选博士生坚守宁缺毋滥的原则。杨先生自己在十年期间也只收了6位，很多预备报考杨先生的在面见先生后就被劝退了，最终参加考试者大多也未能得到杨先生的青睐。报考刘先生的也得过杨先生这一关，因为命题与改卷都是杨先生做主。也因此，两位先生很多年都没有招到学生。我算是非常幸运，承蒙两位先生不弃，在两位先生都准备退休的1994年被收纳门下。其实在那一年，我有门专业课考试并不好，有一道题是要谈亚当·斯密思想对英国资本主义的全球影响，我的理解出现了偏差。杨先生事后告诉我：金平，你对亚当·斯密思想的归纳并不太准确，但是你的分析很有思想和主见，也挺有意思，所以还是给你分了。

笔者、刘先生和李四昌
（1994 年 6 月 6 日，在南开新开湖畔）

虽然刘先生在其博士生的招生和培养的多个环节上的参与不多，他对我的指导主要是在博士论文写作上，但先生对我学术上影响还是非常明显的，对其他学生可能也有类似的影响，像敏谦师兄和我其实并没有完全继承先生的衣钵去从事美国史的研究，而是转向了政治学与国际关系学，恐怕就是受到了刘先生的经世致用的治学理想的影响。

与同时代的知识分子一样，刘先生在“文革”中经历坎坷，一度被打倒过、也被剥夺了从事研究和教学的机会。但是他并未消沉。那时，刘先生非常苦闷，忧心忡忡，总觉得自己应该做点什么。刘先生决心从自己擅长的美国史研究领域寻找“他山之石”。主张在宪法范围内进行合法斗争而不是阶级斗争以赢得黑人解放的弗雷德里克·道格拉斯，很快吸引了刘先生的注意。在阶级斗争至上的当时，道格拉斯在国内是受到批判的，主张黑人武装斗争的布朗则受到称赞。因此，任何同情（遑论赞同）道格拉斯的言论都面临极大的政治风险。但刘先生却不为所动，从图书馆借来一本道格拉斯传记，悄悄地翻译成中文。只是令先生扼腕叹息的是，好不容易翻译出来的40多万字书稿在一次红卫兵的抄家中被收走了，并从此不知所终。虽然遭受了这一次的沉重打击，但刘先生对道格拉斯研究的热情却被没有被浇灭。在“文革”结束后的1979年，刘先生关于道格拉斯的文章就发表在《历史学》(即后来的《历史研究》）上。这是国内学术界第一篇正面评价道格拉斯的文章，但囿于当时的政治环境，刘先生在很多地方只是点到为止，并未直接明确地肯定道格拉斯合法主义改革的黑人解放战略，从而美中不足留下了些许遗憾。但刘先生心中一直有个结，希望能够完整客观地对道格拉斯进行研究和评价。

因此，在我1994年入学的时候，刘先生就希望我能以道格拉斯为博士研究课题。我当时对道格拉斯认知只是停留在他是一个废奴主义战士的抽象符号上，也没有太明白先生的苦心，因此有点抗拒这个选题，在第一学期的时候还多次试图提出其他一些选题，但都未获先生支持。每次在拒绝我的自选题之后，先生总是建议说，要不还是考虑一下道格拉斯吧！三番五次之后，我觉得拧不过先生就接受了下来。先生见我同意后非常高兴，将其所收藏的有关道格拉斯的资料悉数给我。其实，当时南开大学图书馆美国研究中心有关道格拉斯的藏书还是比较齐全的，以此为博士论文选题倒也并不是大问题。我只纳闷先生为什么坚持让我研究道格拉斯？在一次交谈中，我忍不住将心中的这一疑问向先生提了出来。先生于是滔滔不绝地同我谈了许久。大概的意思一是弥补道格拉斯传记书稿被红卫兵收走不能出版的缺憾；二是为道格拉斯正名，并对批评道格拉斯的阶级斗争学派进行反批评。从言谈中，我察觉到先生的格局其实已超越了道格拉斯研究本身，他是对国内一度盛行的阶级斗争思维与行为不满，希望至少在学术界可以做一点拨乱反正的工作，尽一份学者的责任。后来在给我博士论文的具体意见中，先生多次明确告诉我要有独立思考和主见，要拨乱反正。即使是把先生自己过去的论著(如《美国内战史》，该书有章节涉及对道格拉斯）作为批判对象，先生也欢迎，也不怕公开被点名。

正是体会到了先生的这份苦心，我后来对道格拉斯研究的投入非常专注，在一年的时间就将在国内图书馆能够找到的有关资料都梳理了一遍，并很快写出了初稿，提前进行了答辩。这中间只经历过一点小波折，就是开题在张友伦先生主持下开了两次（刘先生指定了选题，但没有参加开题报告会）。不过在张先生的启发下，在杨先生、陆先生和李剑鸣老师等人的帮助下，我的思路很快被厘清，论文主轴很快被确定下来，论文的写作几乎是一气呵成，真正的写作时间用了不到半个月，而且是用小学生作文方格稿纸一笔一划手写而成。对这一点，我一直引以为傲，也很自得，并让两位同届的中文系同学好友羡慕嫉妒恨得要死，因为他们两人被导师王达津先生一直“折磨”到了1997年的5月底，而我差不多已经甩手“玩耍”了一年的时间（也不全然是玩耍，1996年下半年主要在南方找工作。在南方的半年，还要感谢我南开1991级硕士同学孙奕和陈望东，他们给了我经济资助和生活上的帮助）。

刘先生对论文很满意，并未作出多少修改，只是建议我在结语中加上先生对道格拉斯做出的一段评价（先生用方格纸写了大约一两百字）。有点可惜的是，我保留了10多封刘先生指导我论文写作的信件但唯独没有将这份手稿保留下来。

我的博士论文后来在答辩时被评为优秀，在中美学术界也引起一定的注意和反响，先是被美国黑人历史专家Hodges教授引入美国在Garland出版社用英文于2000年出版，这也开创了由中国本土培养的美国史博士在美国出版其博士论文的先河。后来，我的博士论文又被张友伦先生接连推荐给三联出版社和中国社会科学出版社，并被后者所接受、也是在2000年出版。

博士论文的成功让我很欣慰，总算没有辜负刘先生的期待，也了却了先生的一桩心事。自确定博士论文选题那一刻起，我可能自己也没有意识到，以道格拉斯为博士论文选题，不仅仅是决定了我博士就读期间的研究和写作的方向，更影响了我后来几十年的教学研究和写作方向。在所有的教学研究与写作中，刘先生经世致用与观照现实的人文情怀和治学理念一直在潜移默化地影响我（——我当时认为与现实联系密切的国际关系学与政治学更能实现刘先生的理念），以至于我在毕业找工作的时候并没有把历史系作为第一选择，而是先跑到北京的现代国际关系研究所去求职，然后南下广州社科院国际问题研究所，后来到了暨南大学华侨华人研究所并决定落户于此。中间我也曾投简历给北师大和武汉大学的历史系，但都没有去面试，现在想起来感觉是很对不起北师大的杨共乐教授和武汉大学的李世洞教授，当时这两位教授非常热心地帮助过我，为我安排面试并到南开进行外调。

有关工作的事，在毕业前还有一段插曲，大约是在1995年下半年的时候，南开大学美国史研究室决定让我留校工作（事前并没有与我沟通）。不知是历史研究所办公室主任理解上出了问题还是其他什么原因，历史所办公室很快就把让我留校工作的申请报告送到了学校，也很快得到批准。学校批复是在1996年春季开学后不久。我是在四川乐山我哥哥那里度假时接到了李剑鸣老师要我返回南开的加急电报（当时通讯不发达，还没有手机，很多人家里也没有座机电话）。因为电报上没有说明是什么事，我当时很蒙圈。等匆匆赶回南开，手拿教务处让我去办理入职（我到现在也没有明白为啥要去教务处办理入职，而不是去人事处）的通知时，我才知是要我留校工作的事情，我于是向办公室主任反映：我只是博士二年级，并没有毕业呀。在我指出这一点后，李剑鸣老师和历史所办公室在与学校沟通后，提出了先留校，再由全日制转成在职继续完成学业的解决办法。经过几天的犹豫之后，我最后还是放弃了这一机会。

在放弃到南开工作的机会这件事上，我一直觉得亏欠时任美国史教研室主任李剑鸣老师太多太多，因为这件事是他一手促成，费了他很大的心血。李老师也是我这一生遇到的最重要的恩师之一，虽然他仅仅年长我5岁，但当时在学术上却早已是老资格的前辈了。不过因为年龄差别不大，他自己也坚称与我是同龄人而不必太拘于礼节，因此我一直只是以“老师”而不是“先生”称呼他（一直到现在，尽管他担任过两届中国美国史研究会理事长，拥有长江特聘教授称号，先后在南开、北大和复旦等名校任教，蜚声中外，我都是以老师称呼他）。李老师当时还没有自己带研究生，把大量的时间与精力都花在了我们91级4位同学身上。他不仅给我们上过两门课程，而且在下课后还经常“带着我们玩”（——原祖杰老师的口头禅，原老师当时也是一位刚留校不久的年轻老师，给我们上过美加关系史），邀请我们去他“筒子楼”的家里吃饭（特别感谢师母陈亚丽的辛劳，师母精湛的厨艺常常让我们流连忘返）。在“玩乐”中，南开的传统与典故，李老师睿智而理性的独立思维方式也在不知不觉当中传承给了我们。我的理性思维的习惯其实也有部分是来自于李剑鸣老师那里。在我的学术成长过程中，我沐浴了太多学术前辈的恩泽！

不仅仅是找工作，在工作后的教学研究与写作上，我对于现实联系密切的国际关系学和政治学更感兴趣，而不太喜欢埋头在历史的故纸堆探微求真。在暨南大学期间，虽然也曾一度到历史系工作了两年（2001 年 1 月 1 日至 2003 年 1 月 1 日），以为回到了历史学的轨道，当时李剑鸣老师还特别开玩笑对我说：终于归队了！但很快我又到了国际关系学系 / 东南亚研究所工作，并从此在政治学的教学与研究的道路上决然前行，而与历史学则是渐行渐远，回不去了，有些辜负先生的期待。不过，先生那种特立独行、不媚俗的经世致用的治学精神至今依然在影响着我。

虽然在比较“热”的国际政治学领域摸爬滚打，但我一直告诫自己要保持一股冷静理性的心态，发挥一个专业人士所长去帮助人们认清国家利益的根本所在，寻找爱国主义的最佳立足点和方式，为促进国家的进步与繁荣、维护世界和平略尽绵薄之力。刘先生的榜样让我无论是在科学研究中，抑或是在面对本科生、硕士生和博士生的教学中，总是能够保持一种自信与从容，更自觉肩负着一种神圣的责任与使命。

先生曾担任过两届全国人大代表、山东省历史学会会长、中国美国史研究会顾问等，著作等身，德高望重。先生曾期许我作为关门弟子，也应该是出类拔萃的。我自知是无法达到先生所寄予的厚望，但我还是期许自己能够以先生为榜样，努力前行，不负初心。

我想，这应该是可以告慰先生的吧！

2020 年 5 月 10 日星期日

（作者为暨南大学美国研究中心主任、国际关系学院教授）

怀念恩师刘祚昌先生

丁同桢

第一次听说刘祚昌这个名字，是1985年9月山师大历史系举办的新生入学典礼上。在文史楼101大教室，系主任张培义教授神采飞扬地给我们新生娓娓介绍历史系的基本情况。至今我还记得他把山师历史系与山大历史系做了比较，他说论整体力量，山师不如山大，但论研究水平，山师一点也不比山大差。他接着介绍了历史系的三大知名教授，第一位就是刘祚昌先生，其学术成就和名声地位让我们仰慕钦佩，当时就萌生了考取刘先生研究生的心愿。

第一次见到刘先生，大概是大二的时候，还是在文史楼101大教室，北京师范学院齐世荣教授给历史系学生作讲座，这是第一次听取学术报告，听说齐世荣又是著名学者，所以同学们积极性很高，心情也很兴奋，大教室早早就坐满了。陪同和引领齐教授进入大教室的就是刘先生。以前在学校宣传栏里见过刘先生的照片，见到真人还是第一次。刘先生身材高挑，鹤发童颜，清瘦矍铄，器宇轩昂，气度非凡，极具学者大家风范，让人眼睛为之一亮，精神为之一振，心神为之慑服。刘先生先是对齐教授做了一番介绍，语速舒缓，语调不高，但亲切和蔼，笑容可掬，这与听说的脾气大一点也连不到一块。以后还见过刘先生几次，都是在刘先生陪同王觉非、王阁森等知名教授来历史系做学术报告的时候，与先生没有直接的接触。

读大学时，正值国家实施改革开放，自己深受西方思潮的影响，加之国内市场经济大潮风起云涌，思想陷入迷茫，开始浮躁，心思便不放在学业上了，大三时热衷于搞一些勤工俭学，比如到废品店批发过期刊物、画册摆到街上买，还到街上吆喝着卖《齐鲁晚报》等，就这样荒废了一个学期。到了大三下学期，过热的头脑才冷静下来，把心思收了回来，专心致志准备考取刘先生研究生。应该讲，是入学时就立下的考取刘先生研究生的心愿，最终改变了我的人生轨迹。

1992 年，我报考了刘先生的研究生，并以 374 的高分取得了面试资格。面试是在文史楼一间办公室里举行的，除刘先生外，还有一位老师做助理，后来才知道是张定河老师。面试的问题不复杂，就是谈谈如何来评价历史人物，评价历史人物的标准是什么。对于这个问题我平时没有思考过，加之比较紧张，脑子变得像糨糊一样，思路不开阔，言语表达也不够流畅，只记得围绕对推动历史发展作为人物评价的根本标准这一点谈了三五分钟的样子，然后就没词了。我感觉出来，刘先生对我的回答不够满意。他谈了他的观点，大体意思是，对历史人物的评价，是一件复杂的事情，不能简单地套用一个标准，应当多视角、多维度、多标准进行审视，这样才能更加客观、全面、真实地评价历史人物。听后，我如醍醐灌顶，思路顿开。

面试之外，还有笔试，写一篇“历史的功能”的文章，不用当场写，要求第二天上午交稿。我利用晚上的时间，赶写了一篇大概 1500 字的文章。

就在当天下午，我正在运动场打篮球，同宿舍的同学急慌慌跑来告诉我，让我抓紧到系办公室去一趟。我满身是汗地跑到系办公室，有人告诉我，是刘先生打来电话，让我去他家一趟，并塞给我一个写有刘先生家住址的纸条，告诉我怎么走。听到这个消息，我感到很吃惊，事情来得太突然，不知是好事还是坏事。

我先回到宿舍，换了服装，便急匆匆去刘先生家。一路上还忐忑不安。进了先生家，才知他住上下两层，先生带我上二楼，一步两个台阶，可以用健步如飞来形容。坐下后，先生非常和蔼亲切，说我面试不怎么样，但笔试非常出色，文章逻辑性强，富有文采，决定录取我为他的研究生，还说了许多鼓励我上进的话。我一颗悬浮的心才落了地，顿感幸福值蹭蹭往上窜。当我告别走出二楼书房门口时，先生脸色突然一沉，用手指着我的头，很严肃地说：你的头发太长了，像个流氓，流氓才留长发呢，如果再让我见到你留长发，你就是考再好，我也不录取你！我当时是怎样的窘迫，又是如何向先生表态的，已记不清楚了，只记得从先生家出来，就直接去了理发馆，剪成了寸头。

与我同期的，有崔凤师姐、郭尚鑫师兄。第二年，先生招了两个女弟子，就是潘红敏、韩慧两位师妹。我的印象里，刘老师上专业课是从第二年才开始的，我们两期5个人一同到先生家聆听授课。与本科生严格按教科书体例，面面俱到的授课形式截然不同，先生都是按专题进行讲授，讲得深入系统，很多都是他本人积累多年的研究成果，代表了当时在该领域最新也是最高的研究水平。

天津古籍出版社于2008年出版了一套《名师讲义》，里面包括近现代以来朱自清、闻一多、吕思勉等16位名家大家的讲义，《刘祚昌美国史讲义》是其中之一，约28万字，里面收录了先生给我们讲授的主要内容。我从书橱中找出了这本讲义，怀着敬仰之情重温了讲义中“美国殖民地时代的议会制度”“美国的独立和独立宣言”“杰斐逊的民主思想”等章节，眼前又浮现出先生坐在书房的转椅上给我们娓娓讲课的场景。

读研三年，自己也搞不清楚是啥原因，内心的志趣不愿做学术研究，对专业没有怎么下功夫，平时看的专业书也少得可怜，反而把大把大把的时间和精力用在阅读文学类、思想类书籍上面，以及花在篮球、书法等业余爱好上面，辜负了先生的一番期望。

毕业后，我到省政协联合报社作了一名编辑记者，这反而对应了自己的志趣。当时报社副刊有一个“齐鲁撷英”栏目，介绍山东各行业的精英人物。我便想到了先生，写了一篇介绍先生人生历程和学术成就的人物通讯，题目叫《美国史学界巨擘刘祚昌》，大约3000字，成稿后我登门征求先生指点。先生说他要认真看看，叫我过两天再来取。我还给先生谈了单位和工作方面的情况，先生为我能找到一个如意的工作感到高兴。先生告诉我，在我正式进入报社之前，社领导曾前去登门拜访过他，征求他对我的看法，先生为我说了很多好话。过了两天我又去先生家，先生外出不在家，师母把改好的稿子转给我，我打开看看就改了一个地方，划掉了这样一段话：岁月流转，时隔数年，当我再去家看望先生，他已不像以前那样一步两个台阶地上楼梯了，步履已有点蹒跚，我不禁心头一热。我还很不理解为啥要删掉，感到自己的感情没有抒发出来，但还是照做了。文章发表出来以后，我拿着几份报纸到先生家。这次我斗胆问了一句为啥删掉那段话。先生很平静地说：这些让人消沉的话，我不喜欢。

在报社工作的8年时间里，是我人生中最为纷扰繁杂忙乱的时候，单位搞绩效考核，工作压力很大，几乎每天都加班加点采访写稿子，工作上也不顺心，这期间我还经历了恋爱结婚、生儿育女等人生大事，单位的事、家里的事把自己拴得牢牢的，虽然同在济南，距离也不远，但与先生少有联系了。后来先生到美国定居，更是人远信杳，只能从几位师兄哪里打听到一点消息。在纪念先生 100 周年诞辰之际，回想过往点点滴滴，不胜感慨唏嘘！先生教我育我，先生厚我扶我，先生照我泽我，至今我仍骄傲地宣称自己是刘祚昌先生的弟子。但年过半百，始知晓“子欲养而亲不待”，这也成为至今无法拂去的心结。

上学期间，对于先生的了解，还仅限于直观印象，对于先生思想情感的深层次了解不多。这些年，刘门弟子联系明显增多了，特别是 2017 年召开了一次刘先生史学思想暨刘先生逝世十周年纪念会，多位师兄从外地赶来，其间自然离不开畅谈与先生交往这个主题，这丰富了我对先生的了解，更增进了对先生的敬仰之情。先生出生于 1921 年，去世于 2006 年，在东北读小学时经历伪满洲国，抗日战争全面爆发后入北京辅仁大学、西南联合大学学习，新中国成立后，先在东北长春大学任教，1956 年调入山东师范学院历史系，“文革”期间先生被下放农村劳动改造，改革开放后先生迎来了学术青春，《美国内战史》《杰斐逊传》《杰斐逊全传》等大部头学术著作相继问世，还主持编写了高校通用教材《世界史（近代史）》《世界史近代史编》，从而奠定了先生在美国史研究领域和世界近代史学科开拓者、奠基者的地位，名声享誉海内外。

对于先生的学术思想和品格情操，我概括为以下几个方面：一是学以致用的学术思想。先生从小就受传统文化的熏陶，他一生历经伪满洲国、抗战、社会主义建设、“文化大革命”和改革开放诸多历史节点，与祖国的命运紧密相连，有着深厚的家国情怀。先生潜心于学术研究，但绝不是那种为史而史的老学究，他身在书屋但心系国家发展，目光如炬，对现实政治社会洞若观火，他的研究是为了经世致用，学习借鉴西方，以他山之石，谋求国家富强和人民幸福。特别是先生晚年独具慧眼，呕心沥血研究杰斐逊这位历史人物，他多次讲，他深为杰斐逊的民主思想、高尚品行所折服，动情之处禁不住掩卷唏嘘，满面泪流，把杰斐逊这位历史巨人全面地、详细地介绍给中国广大读者，是义不容辞的责任。正如美国史界所评价，是“中国人发现了杰斐逊”。二是勤勉严谨的治学精神。先生业余爱好极少，除了每天早上爬爬千佛山，绝大部分时间都是深居书屋读书著述，心无旁骛，惜时如金，手不释卷，沉湎其中而甘之如饴，不敢一日舍笔以嬉，用“焚膏油以继晷，恒兀兀以穷年”来形容一点不过分，这种锲而不舍、孜孜以求的意志和毅力无疑给这个浮躁的社会树立了榜样。记得先生曾经给我说：读书就是最大的快乐。先生勤于读书、潜心著述、注重创新，不断推出新作问世，每一篇文章都具有开创性。先生书房挂有著名书法家魏启后的一副字“谢朝华之已披，启夕秀于未振”，这是先生做学问的真实映照。三是高洁正直的情操品格。先生学问上笃实严谨，人格上自立自强，他特别厌恶趋炎附势、阿谀奉承，特别讨厌投机钻营、哗众取宠，对于拜金主义、享乐至上等社会丑恶现象深恶痛绝。先生不喜与人交际，很少与人闲聊，因为在他看来那是浪费宝贵的时间，所以给人一种孤高不群之感。在人情世故的纷扰下，先生依然能坚守内心的那份高洁、那份宁静、那份淡泊，十分可贵和难得。正如先生挺拔的身姿一样，先生的精神也是挺拔的。

诗经云：“高山仰止，景行行止，虽不能至，然心向往之。”谨以此文纪念先生。

（作者为山东省政协办公厅二级巡视员）

刘祚昌先生印象

艾 临

山东师范学院 1981 年改为山东师范大学，就在这年的 9 月我意外成为历史系的一名新生（因为我报考的志愿是上海财经学院）。入校不久就听说系里有三位历史学家，其中最为有名的就是刘祚昌先生了。刘先生是新中国美国史研究的奠基人之一，1954 年出版了《美国独立战争简史》，1978 年出版《美国内战史》。1980 年刘先生在《历史研究》第四期发表《略论托马斯·杰弗逊的民主思想》，从此局面大开，引起国际史学界关注。大家都期待着有幸聆听刘先生的美国史课，毕业后好歹也有个可资炫耀的经历。

记得上英语课时，给我们上课的外语系的段淑英老师说，你们历史系可了不得了，刘祚昌成为全国人大代表，山师一共就两个名额。刘先生先后当选为第六、七届全国人大代表，后来听说有一次和北京图书馆馆长任继愈争辩起来，刘祚昌早年饱读经史百家，提倡利用孔子的合理思想治国平天下。要知道，1974 年“四人帮”曾发动全国批林批孔运动，气势汹汹，喧嚣一时，令人谈“孔”色变。在当时的“文革”余毒尚未完全肃清的生态下，这样的发言该需要多大的勇气和魄力。不得不佩服刘先生作为历史学家的远见卓识，而今儒家精华思想已经成为治国方略的有机部分。据研究，马克思主义与儒学思想有共同的价值追求和理论品质，二者在文化指标上有九项是契合的，如“仁、和、正、文、礼、恕、省、学、志”，以及“天人相通”、“天人合一”的人与自然相互协调观。目前，孔子学说已经走向世界，2014 年起，中国选定孔子作为传统文化的名片，开始在全球筹建孔子学院，传播中华优秀文化，截止到 2018 年年底，已经在 154 个国家和地区建立起 548 所孔子学院，和 1193 个孔子课堂。孔子学院的创立和发展，正践行了孔子“四海之内皆兄弟”“和而不同”以及“君子以文会友、以友辅仁”的古老而伟大的思想。

由于刘先生国际学术地位卓尔不群，历史系唯有他能邀请到美国学者来华讲学。美国教授凯萨姆来山东师大讲美国历史，就是他一手促成的，那是我们第一次听到外国人用英语讲课，与外语系之外的其他院系的同学比较，还算是开了眼界的。

高年级轮到选修《美国史》的时候，刘先生去美国讲学了。因而，就没有聆听刘祚昌老师亲授的美国史，这成了我们这届学生永久的遗憾。但我等仍旧是刘老师的学生，他的博学精思、正直无畏永远是我们的楷模。

毕业前特地约同学登门拜访了刘先生，我们近距离感受到他心系苍生、学品高尚的文人风范。这从他后来在 1990 年出版的《杰弗逊传》的“自序”中足以得到佐证：“他那体大思精的思想使我心折，他那为人民的利益、为人类的自由而奋斗的精神使我倾倒，他那富于人文主义色彩的社会理想令我悠然神往，他那高尚的品质作风叫我钦羡不已。当写到一些感人事迹时，我不得不搁下笔喟然叹息，甚至感动得潸然泪下。于是，我发现自己对于这位传主产生了一种敬慕之情，并且爱上了这一项写作工作，这项工作已经成为我生活中的需要，简直欲罢不能了。它不但不是一个负担，而且还成为一种极大的乐趣，一种无上的精神享受，而这种乐趣，这种享受，是属于最高层次的，是金钱买不到的，更是局外人所难以体会到的。”说真的，在这之前，从来没有听说过有谁对外国那些发黄的政史卷宗如此投入、如此动容的。就其精神追求而言，刘祚昌先生再次走到了很多世人的前面。

曾以为老去离我们很遥远，蓦然回首，青春竟是很久以前的故事了。上图毕业照是我们班仅有一次和刘先生的集体合影，摄于 1985 年夏天，屈指算来，流光已经过了 35 个春秋。闭目静思，依稀昨天。斯人已远，丰碑长存。歌曰：云山苍苍，江水泱泱，先生之风，山高水长！

岁月不饶人，我们也不曾饶过岁月。可以告慰的是，您的弟子在学术研究、政商各界等都能独当一面，个个出类拔萃，正在为实现中国梦奉献自己的才智和力量。

专门赋诗一首，一则赠与刘门高足贤达，二则告慰先生在天之灵：

七绝·赠刘门弟子（新韵）

犹记当年论辩声，路旁小树未成形。

而今已作参天势，大浪洪波浩浩风！

2020 年 9 月

（作者为山东管理学院教授，山东管理学院书法协会主席，校欧美同学会副会长）

巨人的身影，永远的楷模

——缅怀学术大师刘祚昌先生

高春常

1984年高考后，我进入了山师大历史系。校园里到处郁郁葱葱，路边长长的绿化墙被修剪得整整齐齐，并散发出淡淡的清香，众多的核桃树上则结满了累累的果实。离校园的不远处，则屹立着久负盛名的千佛山。

不久，我们这些新来的学子就了解到，这里不仅校园优美，也是人才济济、大师绽放风采的地方，听到人们谈论得最多的就是学贯中西、叱咤学界的刘祚昌先生。除了系里老师的介绍之外，还从高年级的任士英学长等人那里还听到了刘先生的不少逸闻趣事，如刘先生每天拿着一台便携式收音机，长年累月地坚持爬山晨练，回来后则是一杯清茶摆桌边，便开始一天的学术研究。日子稍长，随着刘祚昌先生的弟子们相继授课，我们接触到了更多的有关刘先生的信息。当我们学习世界近代史的时候，给我们上课的董继民老师可以说"言必称刘先生"。每每讲到学术界的最新研究进展，董老师的口头禅是："别人的观点如何；刘先生认为……我完全同意刘先生的观点。"这时候我们在台下的学生总是彼此之间会心一笑。接下来，幽默和蔼的陈海宏老师给我们讲了《美国黑人史》，我们还听了刘先生的北京大学弟子张敏谦博士的学术报告。可惜的是，本科期间我们并没有直接上过刘先生的课，也只是寥寥几次从远处目睹到刘先生精神矍铄的身影。但值得宽慰的是，我们使用的刘先生所主编的《世界史·近代史》也是出版后获得学界一片好评的优秀教材，其中刘先生亲自撰写了导言、第一、四、十二章以及第八章中的宪章运动，诸如英国资产阶级革命、法国大革命的许多论断都令我们耳目一新。然而我们受益最多的还是美国史。正是刘先生在学界的巨大影响以及刘先生的众多弟子们，使得我们浸润于浓郁的学术氛围，并最终使得我下决心报考美国史专业的研究生。毕业那年，我们毕业生还荣幸地与刘先生一起合影留念。

本科毕业以后，本来以为从刘先生直接聆听教诲的机会不会太多，但其实一切才刚刚开始。1990 年 11 月，在开封和郑州所举办的中国美国史第六届年会上，我得以再一次领略了刘先生的风采。第二年，在我从河北师院历史系毕业前夕，机遇之门向我打开。当时在硕士导师张兹署先生的带领下，我学兄刘国柱来到山东师大，参加刘祚昌先生所主持的硕士论文答辩会。答辩那天，我和国柱学兄提前到刘先生居住的楼下迎接刘先生，接着就是答辩会。这是与刘先生第一次近距离交流，并聆听到刘先生的精彩评点。硕士毕业后我在烟台从教，记得由于送信的缘故还到刘先生家里拜访过一次。刘先生住在山师大家属区的一座专家楼上，上下两层楼，但室内都是水泥地面，陈设也十分简朴，当时刘先生及其夫人热情接待了我。下一次在公开场合上见到刘先生，则是 1993 年 8 月初在威海召开的第七届美国史年会上了。1994 年，我进入南开大学，跟随张友伦先生攻读博士学位，而同年入学的吴金平学兄所师从的博士生导师就是刘祚昌先生，他所写的博士论文题目也是与刘先生商讨后定下的，因此谈论到刘先生的时候很多。1996 年，张先生对我和金平学兄说，刘先生春节前要到美国，要我们加快论文写作速度。12 月份，我们的论文完稿，但刘先生的美国之行因故延迟，这样我们的论文答辩会就按照正常安排的 1997 年春节后进行。作为答辩委员会成员，刘先生偕夫人前来天津。当时刘先生已届 76 岁高龄，但精神仍不减当年，并再次对我们的论文做出一针见血的评点。现在还依稀记得刘先生提醒，要我在原始资料上进一步下功夫。为了记录下答辩这个珍贵的场面，我委托一个学友拍照留念，但由于我的相机质量不佳，现有的一张照片不是太清晰。

博士毕业后我回到烟台继续从教，并专心从事美国史研究。随着研究的不断深入，越是感觉到刘先生所留下的治学遗产的厚重。从独立战争到内战，从杰斐逊到林肯，从奴隶制到西部土地问题，刘先生对美国近代史上的几乎所有重大问题都有涉及。例如，我本人对美国奴隶制的起源感到好奇，刘先生早在 1981 年就写出了相关的专题论文；我对美国内战和重建时期情有独钟，而刘先生的《美国内战史》至今国内学术界仍无人超越；我对托马斯·杰斐逊的思想感兴趣，但刘先生在这个领域的巨大成就更是众所周知，《杰斐逊传》和《杰斐逊全传》可以说是中国美国史学术界的标杆性作品，正如刘文涛老师在2008年天津古籍出版社出版的《刘祚昌美国史讲义》的后记中所说："这两部传记是先生晚年全部心血、智慧、情感和汗水的结晶，它们是杰斐逊研究和美国早期历史研究的集大成之作，必将载入中国当代最优秀的经典史籍的宝库"；我对黑人领袖弗里德里克·道格拉斯的经历也有兴趣，但在这个问题上我实在是后知后觉……刘先生的巨大身影似乎总在身边，其卓越成就令人望之兴叹。然而更值得称道的是刘先生所具有的崇高的道德修养。刘先生生活简朴，但怀揣报效社会的宏伟志向，数十年如一日，钻研学问，教书育人，以笔为犁，耕耘史学大地，想起来真是令人肃然起敬。关于这方面，陈海宏老师在2006年第4期的《美国研究》上的一篇文章中的总结十分到位："刘先生一生品德高尚。他认为人生在世不能碌碌无为，应该做一个对社会有用的人，应该对国家和人民尽到自己的责任，这样的人生才有意义。"北宋的大学问家张载有云："为天地立心，为生民立命"，刘先生的一生可以说生动地诠释了自古以来仁人志士所具有的这种满腔热忱的家国情怀。

1999年11月15日，山东省史学会世界史专业委员会成立大会在济南举行，年近八十高龄的刘祚昌先生出席并与参会人员合影。刘先生的几位弟子，包括刘文涛老师、陈海宏老师、张定河老师和邓红风老师都来了，我也有幸见到了刘先生。如今这最后一张与刘先生同框的照片仍在手边，但巨人已逝，只留下难以望其项背的长长的身影，令后人缅怀、学习和仰慕。

2020年8月12日，烟台

（作者为鲁东大学历史文化学院教授）

刘先生与山东师范大学1984级3班学生合拍毕业照

1999年刘先生与山东省史学会专业委员会成立大会部分参会者合影

治学精神

——纪念刘祚昌先生

张玉芝

20 世纪 90 年代，我在山东师范大学历史系上本科的时候，系里组织学术活动，请老先生给我们做一个学术报告。那个时候，刘先生已经是 76 岁的高龄。只依稀记得当时他穿一身合体的西服，打着领带，一派洋气的打扮，精神矍铄，神采奕奕，一点也不像他那个年纪的老人。大概是心态年轻，精气神非常足，人也越发显得年轻。

刘先生那个时候已经退休，但是仍然在带研究生。他给我们讲述他如何走上学术这条路，在这条艰辛之路上，如何应对名和利的诱惑。在他高龄之时，如何坚持继续研究学问。他的治学精神令我钦佩不已。

学术是公器。做学术研究，是要坚持年复一年地坐冷板凳，刘先生干了这一行，便爱上这一行。社会上名和利的干扰，都没能阻止他做研究的信心，直到终老，他依然爱他的事业。一生都在做他喜欢做的事情，在改革开放后的下海大潮中，他不是弄潮儿。在学术研究中，尤其在美国史的研究中，他是名副其实的大咖。这样一个大咖，没有任何明星学者的架子，他平易近人，积极扶持年轻的学术后辈。他是一名可敬的智者。

学术是刘先生一生的追求。是他穷其一生，坚贞不渝的追求。带着对学术的热爱，刘先生用一生的光阴，去践行自己的学术理想，为之奉献一生。“学术”二字，讲求的是诚实，对历史事实真相的诚实。老先生很早便是美国史研究的泰斗，他仍不断地去探讨，去研究，自得其乐，此种精神令人十分敬佩，一般人尚且难以持之以恒，老先生却秉持着此种精神至耄耋之年。刘先生在枯燥的书籍中畅游，锻其学术，糅其学识，将学术成果不断贡献给学界。为美国史的发展，做出杰出的学术贡献，其学术思想，引人深思。

刘先生对待学术的严谨态度，值得我不断地去学习。刘先生对待学术的认真，令人敬重。犹记得刘先生在讲述之际，十分强调学术的严谨，一字一句也要明察秋毫。学术是一个追求真相的过程，是一个不断质疑的过程。

刘先生的治学精神，至今仍然令我印象深刻。正是这种治学精神，让刘先生的学术成果成为美国史领域的必读之物。

（作者为曲阜师范大学政治与公共管理学院教师，山东师范大学历史系93级本科生）

忆求学期间与刘先生交往的点滴往事

张维缜

刘先生离开我们已经有 14 个年头了，值先生百年诞辰来临之际，我借追忆求学期间与先生交往的点滴往事以表达对先生的缅怀之情。

20 世纪 90 年代中期我在山东师大历史系本科入学伊始便闻得先生的大名，热切盼望着能够一睹先生的风采，这个愿望在我们由小清河畔的北院迁到校本部时终于得以实现。一次，先生在校图书馆做了一场讲座，谈到了做学问之道。具体细节记不太清了，只记得年过七旬的刘先生精神矍铄，他谈到了自己抗战时期到西南联大求学的曲折经历，随后又谈到了历史研究中的中西学兼备问题。敬佩先生宋学功底之扎实，他在讲座过程中引经据典，娓娓道来，尽管对先生的口音一时难以适应，但我们收获还是相当大的。

这是第一次聆听先生的教诲，后来还有两次近距离聆听先生教诲的机会，是登门拜访先生。现在想起来都颇感不可思议，一个名不见经传的小字辈，竟然能够在四个月左右的时间内两次在先生的家中聆听其教诲。

第一次去拜访先生是因为想请教先生关于攻读硕士学位的问题。其实当时心里并未完全准备好如何拜访先生，可以说是心怀忐忑的，但对先生的景仰又驱使我期待向先生当面请教。于是，利用历史系办公室的电话，拨通了先生家中的电话号码，当我怀着激动而忐忑的心情询问刘先生是否方便当面向他请教问题时，刘先生竟然爽快地答应了，这既让我喜出望外，同时又让我倍添压力。

见面的时间到了，由于事先便获知先生的住址，所以我很快便找到了先生在山东师大家属院中两层楼房的家。初次来到先生的家，倍感拘束，是先生和蔼可亲的态度让我紧张的心情得以放松。当我向先生请教时，先生总是不厌其烦地解答我看似幼稚的问题，一点也没有传闻中的所谓火暴脾气。

先生鼓励我以后有机会就报考北京的高校，因为那里文化氛围浓厚，查阅资料方便。尽管我日后未能实现先生的期望，但是重视查阅资料这一点，我是铭记在心的。在先生家中，我另外一个发现是，先生在很多问题上不囿于意识形态的羁绊，而是实事求是地表达自己的看法，这在他那一辈学者中是较为突出的。

与先生第一次见面后，我心中始终铭记先生的教导，后来得以考入西南师范大学（今西南大学），在王孝询老师指导下攻读硕士学位。当先生得知这一消息时，很感欣慰，因为王老师是刘先生的弟子，他对我能够师从王老师感到满意。记得在1997年6月30日晚，我当时正在和同学一起观看香港回归的实况转播，李云泉老师告知我，刘先生让我第二天上午到他家中，说要让我把他与邓红风老师翻译的一套《杰斐逊集》带给王老师。第二天，我怀着兴奋而激动的心情又来到刘先生家中，他极为热情地切了一个西瓜招待我，我顿时感到受宠若惊。刘先生首先向我谈及他对王老师的赏识，随后鼓励我要打好基础，把学问做好，建议我想查阅更丰富的资料时可以就近去四川大学那里查。我当时也斗胆向刘先生谈了一些我对某些美国史论著立论的看法，刘先生鼓励我在研究中要勇于提出自己的看法，从他的态度中我可以看得出，刘先生是一个极为纯粹的学人，他对学术之外的因素干扰学术是比较反感的。

先生对此次会面感到满意，事后还专门跟陈海宏老师提及此事，陈老师与我在系上相遇时也将先生对我的肯定告知于我，我当时备受鼓舞，将此看成是前辈学者对年轻后学者的鼓励。带着先生的这份厚爱，我开始踏上了科研之路。现在想来，由于驽钝未开，我在很多方面辜负了先生的期望，真是愧对先生！

我与先生最后一次有关学术方面的联系发生在1999年下半年，那时我在王老师的指导下，论文已接近完稿。撰写论文之余，我很想听听刘先生对美国近代家庭演变这一选题的意见。于是我给刘先生去信请教，先生很快便回复了我，而且在信中谦称自己对该问题没有研究，是个“门外汉”。他称赞这一选题很有意义，鼓励我继续做下去，还建议我参考《杰斐逊集》一书中杰斐逊与查尔斯·贝立尼等友人及子女之间的通信，因为这些通信中有讨论家庭问题的内容。我后来查阅了相关内容，果然深受启发。虽然后来因先生到国外居住联系不便，但我在心中始终牢记先生的教导，这成为我继续前行的重要动力。

先生虽然已离开我们多年，但先生提携后学、谦逊包容、为学严谨的人格魅力仍深深地打动着我，成为我为人与为学的标杆。先生生前对林肯评价较高，曾引用宋代叶梦得所言，以示林肯品格之高，其文曰："大抵人才有四种，德量为上，气节次之，学术又次之，才能又次之。欲求成材，四者不可不备。论所不足，则才能不如学术，学术不如气节，气节不如德量。"诚哉斯言，先生生前也时时处处都在践行这一点。先生之所以为后学者所敬仰，首先是因为其德量而非学术，这也是先生留给后世最宝贵的精神遗产。

（作者为暨南大学历史系教授，冷战国际史研究中心执行主任）

读《刘祚昌美国史讲义》有感

宋海燕

1998 年我有幸成为山东师范大学历史学院的一员。在学院宣传栏里看到了历史学院各位老师的简介。当时记忆比较深刻地就是刘祚昌先生。刘先生是当代著名的历史学家，是中国美国史研究和世界近代史学科的主要奠基人之一，成就卓越，著作等身，德高望重。因为自己喜欢学英语，大学又选的历史专业，所以从入学开始我就对世界史感兴趣。但在我入学的时候，刘先生已经退休了，无缘先生授课，此为大学四年求学生涯中的一大憾事。有幸的是，在山师读研期间，2003 年的暑假有幸目睹先生的风采。先生在短暂的回国期间，百忙之中抽出时间看望我们，并与我们进行了一次短暂的交流，记忆深刻。之后，先生与我们合影留念。这张珍贵的照片保存至今，翻看之时，脑海里就会呈现出先生的谆谆教诲。在先生百年诞辰之际，谨以此文纪念先生。

《刘祚昌美国史讲义》是由天津古籍出版社出版的，正好弥补了大学期间的憾事，从《美国史讲义》中感受到了先生的大家风范。听我们的老师讲，先生上课前要求学生起立，师生互敬，满满的仪式感；要求学生认真听课、认真做笔记。该文的初稿为手写而成，对先生充满敬畏之情。

《刘祚昌美国史讲义》共有十五讲，内容涉及美国史中的重要事件。英国对北美殖民地的重商主义政策、美国殖民地时代的议会制度、北美殖民地社会政治结构中的民主因素、独立战争与美国人民争取民主改革的斗争、美国的独立与独立宣言、美国第一次革命的成就、托马斯·杰斐逊的民主思想、杰斐逊与美国现代化、杰斐逊、麦迪逊与共和党的兴起、杰斐逊的独特风格、美国人民争取西部土地的斗争与《宅地法》问题、美国奴隶制度的起源、林肯的政治家风范、林肯新论、美国内战与武装黑人问题。通读先生的讲义，我有三点感悟。

先生讲课内容丰富，有史有论。一次授课就是一次学术讲座，先生讲义内容不是单纯地阐述美国历史。在研究资料的基础上，先生得出自己的结论。先生特别重视史料的作用，只有掌握了充实而丰富的史料，才有可能做好历史研究，上好课。因此，先生的课堂做到了结论有说服力、叙事丰富生动的效果。

先生教学严谨。从先生讲义中，我体会到了先生的博学和严谨。先生在授课中以科学研究为基础和前提，把授课当作科研作。先生的授课内容是他平时积累的科研成果，在此基础上又融汇吸收了国内外新的学术成果。因此，先生的讲义一直处于更新状态中，从他的课堂中可以了解最新的学术动态。先生把科研用到授课中，把科研与教学融为一体。

先生有明确的学术爱好。先生博学，学贯中西，对人物研究情有独钟。先生所研究的都是在中外历史进程中具有重大影响力的人物，不仅包括外国的，也包括中国的。在美国史人物研究中，先生特别重视两位人物：托马斯·杰斐逊和亚伯拉罕·林肯。在《美国史讲义》中，先生用四讲的内容讲述杰斐逊、两讲的内容讲述林肯，可见先生对他们情有独钟。先生后半生全心致力于的《杰斐逊全传》成为其学术代表作。先生对人物的研究并不是简单地阐释其人生轨迹，而是在详细阅读和研究资料的基础上，对他们的历史功绩、思想学识、道德品格以及为国家、人民利益而奋斗的事迹进行全面而深入的研究。先生希望通过了解这些杰出的历史人物，我们能够学到做人、做事的道理，能为自己的国家贡献微薄之力。

没有亲自听过先生的课，为此生一大憾事，但先生的《美国史讲义》稍稍弥补了这一缺憾。在先生百年诞辰之际，谨以此文缅怀先生！

（作者为临沂大学历史文化学院博士、讲师）

学贯中西　成就卓著

——纪念刘祚昌先生百年诞辰

刘　岩

2021 年是历史学家、新中国美国史奠基人之一的刘祚昌先生的百年诞辰。刘祚昌先生自 20 世纪 40 年代开始从事美国史和世界史的教学，1956 年在山东师范大学任教，同时还曾在东北师范大学、南开大学等院校任教。而在学术研究领域，先生在美国史领域成就斐然，著有《美国独立战争简史》《美国内战史》《杰斐逊传》《杰斐逊全传》等学术著作，同时在英国史、中国古代史方面也有所研究，堪称涉猎古今，学贯中西，成就卓著。

先生还是山东师范大学世界史学科的重要奠基人。我是在十年前开始在山师求学的，在此期间听说彼时他曾与胡滨先生和安作璋先生被并称为山师历史系的“三驾马车”，而他是三人里面唯一做世界史的。正是在刘先生的关怀和建设下，山师的世界史学科，特别是美国史学科得到了巨大发展，不仅成为山师的特色学科，也在整个山东省长期处于顶尖水平。前不久山师正式成为世界史专业的博士后流动站，标志着山师世界史学科的建设和发展又迈出了重要一步，这不得不说和刘先生打下的深厚基础密切相关。

刘先生的美国史研究主要集中在从独立战争时期到美国内战这近一个世纪，其中以对杰斐逊和林肯的研究最具代表性。

先生对林肯的评价经历了一个变化的过程。最初他称林肯有着“资产阶级局限性”，“文革”之后，先生通过潜心研究，又对林肯做出了新的评价，认为林肯以国家大局为重、具有政治家的气度和风范。而在改革开放初期历史研究仍旧以意识形态为主的情况下，先生对林肯的“政治家风范”评价，不得不说是一种创新。同时，他还以中国古代“德量为上”的人才观，来进一步阐明林肯的政治家气度和风范，将自己对中国史研究的心得融入对世界史的研究当中。

而对杰斐逊的研究，不仅限于对他的民主思想、他的政治生涯的研究，还有他的个人品格及其对他的思想和行动的影响，诸如“理想主义与现实主义”、“隐居和出仕思想”、“崇高抱负和实干精神”等等，而这些对杰斐逊个人品格的高度概括，不仅体现了历史联系现实的思想，还将中国传统的一些思想融入了对杰斐逊的个人研究当中，又体现出美国史研究当中的中国视角，而非跟着美国学界亦步亦趋。而这些没有学贯中西的深厚功底，是做不到的。这也成为美国学界称他的研究为“中国人发现了杰斐逊”的原因。他的《杰斐逊全传》作为倾注其数十年心血的封笔之作，更是将以上特点发挥得淋漓尽致。

除此之外，先生还曾编写过《世界史》近代卷的教材。而无论是如今在各个高校通用的高教六卷本《世界史》，还是人民出版社的多卷本《世界通史》，背后都有山东师大世界史老师的参与。我在山师求学之时，先生早已仙逝，但是我想，这背后一定有着刘先生当年的默默支持和奉献，可以说没有先生，就没有山师在国内世界史教学所做出的贡献。

值此纪念先生百年诞辰，先生的史学思想和卓越贡献永远是一笔宝贵的财富，历久弥新。

（作者为北京师范大学历史学院在读博士，山东师范大学历史文化学院 2011 级本科、2015 级硕士研究生）

史学泰斗礼赞

——纪念刘祚昌大师百年诞辰

狄方来

出生于耕读世家、书香门第，
成长于水深火热与战乱之中。
有幸与中国共产党同龄，
享誉史学泰斗的尊称。
天生刚正不阿的秉性，
怀抱着爱国爱民的深情。
独特的人格魅力，
造就了德才兼备好品行。
在文坛史坛安身立命，
沿着历史隧道穿行。
翱翔于知识王国，
犹如羽化登仙冯虚御风。
痴迷于世界近代史的研究，
倾心于欧美发展史的专攻。
孜孜以求，不辍笔耕。
专著丰硕，史册永赓。
桃李满天枝繁叶茂，
庠序艳阳沐浴春风。
前事不忘后事之师，
借鉴历史砥砺前行。

一座启迪后人的丰碑，
一座昭示未来的金钟。
史学巨匠永垂不朽，
一代宗师青史留名。
一颗璀璨的东方明珠，
永远闪耀于宇宙的星空。

（作者为山东科技大学泰安校区档案室原主任）

信　件

致中美城市化比较国际学术讨论会①

中美城市化比较国际学术讨论会全体代表：

我因故不能参加这个盛会，感到非常抱歉。这是一次空前规模的大型学术讨论会。代表们一定会提出大批优秀论文，在讨论中一定取得丰硕成果。遥祝会议圆满成功！

刘祚昌

1996年8月1日

① 载《美国史研究会通讯》1996年第3期，第21页。

给中国美国史研究会第八届年会暨学术讨论会的贺信①

中国美国史研究会第八届年会暨学术讨论会主席和同志们：

这些年来在美国史的研究方面，不但新的成果层出不穷、而且新的人才也接连脱颖而出。在这样可喜的形势下，我们的会议召开了。我个人家务羁身，不能参加这次盛会，感到非常抱歉。谨祝这次会议圆满成功！

刘祚昌

1999 年 10 月 27 日

① 载《美国史研究通讯》1999 年第 3—4 期合刊，第 7 页。

给中国美国史研究会第十届年会暨学术讨论会的贺信①

研究会全体同志：

让我祝贺大家身体健康及大会成功。我目前正在美国探亲，住在女儿家，所以未能参加这个盛会，深以为歉。

可以告慰的是，我虽然年过80，但是仍然在从事美国史的写作，并且在最近全部脱稿。在座的大多数同志都比我年轻，一定会在科研方面取得更大的成就并且超过我们这一代人。

此致

敬礼！

刘祚昌

2002年10月14日

① 载《美国史研究通讯》2002年第2期，第15页。

致北京大学王立新教授

立新先生：

每忆及昔日津门晤谈情景，恍若昨日。

忝为同卿，倍觉亲切，又知您在学校卓然有成就，更钦佩不已。

最近拙著《杰斐逊全传》在济南出版，一共上下两卷。亟想奉送一套，奈何不了解您的近况，担心寄错寄丢，爰写此信。

我也准备送给贵校的何芳川、钱乘旦、何顺果诸先生各一套，希望请您转交给他们。

另外，您是否熟悉首都师大的齐世荣先生？我也想送给他一套，也请您在方便时转交给他，先表谢意。

如蒙赐覆，请发 E-mail 给我，我的 E-mail 地址是 zuochangliu@163.com

也请您把您的 E-mai 地址告诉我。

即送

教祺

刘祚昌 2005 年 10 月 14 日

致陈海宏

海宏：

上次写给你们几位的信，谅早已收到了吧！光阴似箭，来加后，不知不觉已一个多月了。两个多星期前，女婿迎我们到西雅图住了4—5天。两地之间开车两个半小时可到。虽然是两个国家，但是外表上看不出有任何差别：生活方式一模一样，自然环境也相似，因为都在北美西海岸，而且相距不远。到北美以来一个突出的感觉便是：空气新鲜，到处是花草树木，而且没有人挤人的现象，大街上来往都是汽车，行人几乎见不着。这与国内到处是人挤人的现象形成鲜明的对比。

到这里，虽然被新鲜事物所吸引，但是有时不免怀念国内旧人，你们几个人的形象时常浮到心上。特别是你，以及国建过去多年来一直多方面照顾我们，尤其忘不了。内人时常念叨国建。希望你们在业务上再接再厉，你要在美国军事史上写出更好的著作。这也为我争光。先写到这里。

祝

全家幸福

刘祚昌

1997年10月14日

代为我问国建好，我看孩子一天忙得不可开交。

海宏、佳佳：

海宏的信刚刚收到，佳佳的信早已收到。知道以你们二人为主编写了《美国史专论》，足见你的孜孜不倦地写作，甚为欣慰。我已经向山东教育出版社"泰山教师出版基金"写了一封推荐信，今天寄出。

至于效果如何，很难逆料，只是尽到心而已。

佳佳来信读后，知道房子购买手续已经办好，此事全赖佳佳多方奔走努力，感谢不尽。

我和拙荆将于明年三、四月回国，所以决定那个时候回国，主要与我的写作有关系。这里的大学图书馆藏书较丰，与杰斐逊有关的书不少，我过去所未见过的书不下四十余种，济南家里有六十余种，加在一起有一百种之多。这些丰富的资料使我有可能把杰斐逊总统传写得更为深入，更有特色。估计这四十种书，明年三、四月以前可以用完。那时这里就没有呆头了，所以决定那时回国。这里大学图书馆的书为我所用，便是这次出国探亲的最大收获。便若没有这本书，我早就回国了。而且正是每天以这些书为伴，埋头写作，才破除了生活中的"寂寞"。好了，先写到这里，祝在科研上取得更大的成果！

祚昌

1998年12月19日

继民、海宏、文涛、佳佳：

海宏、佳佳的信均已收阅。盼望已久的回国的时间终于确定：七月31日抵达北京。海宏表示要到北京迎接，我认为这无必要，也造成了许多麻烦，所以，我不赞成此举。我只能感谢你们的好意。

两个多月前，Ralph Katcham 教授曾从西雅图来到温哥华看我。他是到西雅图开会，是他的一个学生开车陪他来的。我们在家里留他们吃一顿饭。他现在处于半退休状态，因为他是荣誉教授（Emeritus Professor），所以延期退休。他看来比过去老了一些，不过精神很好。

另外，去年另一位教授（海宏、佳佳可能很熟悉），Weisenhunt 教授偕夫人来访两次，因为他的大学就在美加国境上，离我们只有一百公里。常和我来往的是台湾师范大学教授王家俭先生（戚其章兄介绍的），因为他和我住在同一个城市。远离国内亲友的我，未来是很寂寞的，与这几位学者晤谈，平空增添一些快慰。

最近忽然收到美国国会图书馆寄来一部书，是有关杰斐逊的论文集："Thomas Jefferson and the Education of a Citizen"，其中有我写的一篇文章，标题为："Thomas Jefferson and His comception of Happiness"，其中还收 Ketcham 教授的一篇文章。我们的文章都是在 1993 年出席美国国会图书馆杰斐逊讨论会时提出的。与会者都提出文章，其中选出 18 篇出版。

海宏、佳佳主编的论文集能获出版，我也很高兴。继民的病复发，幸而痊愈，我感到放心。希望他好好休息，不要劳累过分。

想到不久即可重逢，真感到兴奋高兴。

祝好

祚昌

1999 年 7 月 10 日

可能在京呆两天后返济。

又及

佳佳发送的 E-mail 已经收到，可放心。

又及

海宏：

二月廿五的信早已收到。多谢你们为办我的八十寿辰庆祝活动而多方奔走努力。以目前我们这里的情况来看，这一次恐怕不能回去，因为我正赶写杰传，时间很紧，出版社方向希望最晚也不能晚于明年初交稿。

我很关心你的出国问题，上次来信说很快就要去北京办签证。不知办得如何？我很希望你能来美一次，以广见识，并且得到更多的参考资料。特别希望你能到西雅图来玩一次，因为这是一个风景优美的地方，有山有水，有海，气候温和多雨。花树茂盛。

小红最近和公司的同组同事（约 20 人）到日本、台湾地区开会，讨论软件技术问题。明天即可回来。她和她丈夫都很忙，一个任务接一个任务，每天下班甚晚，甚至星期天也在家上机（计算机）。美国经济繁荣已经过去，许多公司裁人，但是小红的微软公司仍欣欣向荣，盈利较多。

昨天赵彦修校长来信，表示学校也愿意为我的八十寿辰的活动做一些事情。我准备在五月十一日以前寄去我写的信，希望你们去开会那一天当众宣读。多谢你们的帮助！

祝全家好，向国建问好！

祚昌

2001 年 4 月 27 日（信封上的日期）

致吴金平

金平：6月26日的信收见。在一个多月前曾去一信，现在见你这封信，好像你未收到那封信似的。因为你丝毫未回答那封信中所谈的问题。

第一，你这民权运动的题目很成问题，从你前几次来信来看，这个题目与大学毕业论文无何区别，因为到这个问题上写不出什么深入的内容。所以我希望你换一个题目。其实我过去向你提出口的那个题目："弗雷德里克·道格拉斯"是一个很好的题目，大有文章可做。有不少参考书可用。北京离天津不远，自费也可以去找材料。Phlip Foner 写的"The Life and Writings of Frederick Douglass"大可利用。另外还有不少黑人运动的材料，也有道格拉斯的自传可用。

总之，你目前这个题目我不同意。

第二，我女儿留下的箱子，里面有日本电池或其他东西，特别是日本电池怕热，温度高容易爆炸，宜多注意。见此信后，你应立即把这个箱子存放在张友伦先生家，以便暑期多人去拿。

现在你的论文题目还未确定，暑期最好不要远出，应到北京查材料。

时间很紧，入学已一年过去了，可是你的论文题目仍未确定好，我很替你着急。

美国史题目俯拾皆是，为什么你就选定不了一个好题目呢？

秋季开学前一定要把题目定下来。当然必须得到我的同意。

希望立即回信。

此问近好

刘祚昌

1995年6月29日

金平：刚才接到你的8月11日来信。读后很放心。你选的这个题目较好，因为只写一种改革——比如废除奴隶制度。——范围太狭窄，而且过去也有人写过，现在全面写改革，就可以写成10万字左右的论文了，而且还可以分析彼此之间的联系。但是也必须突出重点——废奴改革，抓住他的改革思想的要害。看来你暑假没有在游玩中浪费掉。你能刻苦为论文作准备工作，是值得赞许的。

此问近好

刘祚昌

1995年8月14日

金平：连续收到二信，我同意你的意见，扩大原有课题，兼写其他改革运动。

我只是希望你在以后二年内把全部精力投入到论文的写作上面，因为这关系到你的前途，未可小觑，大意。

刘祚昌

1995年10月2日

金平：早就收到你的来信，因为工作忙，最近还到北京开了一次会，所以迟迟未能回信。你的来信中提到南开想把你留校。我以为这是难得的好机会。要知道南开是一流大学，不但在国内名列前排，而且在国外也是比较知名的。而且与国外交流甚为频繁，也有出国机会。因此我认为你应该同意留下。

论文进度如何？希望最近把论文要点寄来，这样我可以了解你的论文无大问题。

再谈！

刘祚昌

1996年4月20日

金平：接来信，知道你正在加紧写论文。我希望你能在今年年底以前完成，因为我可能在明年初（即旧历年元旦前后）赴加拿大探亲，至少要在加拿大住一年。如果你的论文拖到明年春天以后，我就无法参加你的答辩会了。如果你在今年年底以前完不成，那么只好等我从加拿大回来后再举行答辩会了，换句话说，要等到1998年春。可是那就太晚了。

因此，望你加速进行。其实这也不是不可能的事，关键在于争取。希望来信告诉我你的想法。即问近好。

刘祚昌

1996年5月6日

金平：论文内容提要已经看过了，大体上是可以的。需要改进的有：

第一，不必分上、下编，只是分的大章就可以了。第一章为道格拉斯的生平。着重写他摆脱奴隶枷锁逃到北方的经过及参加废奴运动的经过。后半生一带而过就可以了。第二章为废奴运动。第三章为争取黑人平等权利的斗争。第四章为女权运动。第二，重点应该是废奴运动。这部分要写得有声有色。揭示出他的卓识远见。特别区别他与加里森派的分歧，与暴力派的分歧。内战部分，要写他如何推动为解放奴隶而战。第三结语部分要对道格拉斯做全面评价。要指出他的重要贡献在于争取奴隶解放，是在前半生，到内战结束后，到后半生，他的革命锐气大大减弱。

参考书不在多少。因为关于道格拉斯的参考书就是不多。问题在于是否提出独到的见解，是否写得有特色。有的博士论文列出参考书多得惊人，其实往往只用一两句话。或者弄虚作假。这是不可取的。

我写的《美国内战史》，你一定要参考。

最好能在9—10月写好，然后由我从头到尾看一遍，提出意见后，再修改。

好，再谈。

刘祚昌

1996年5月21日

金平：选题报告评审表及你写的选题报告全集，均已收到，评审表我已填写好了，对于你的选题报告全文，我提出以下意见：

第一，本论文要有拨乱反正的精神，要对于过去国内流行的极左思想大加挞伐。按照极左观点，道格拉斯作为黑人解放战士应该加以肯定，但是总认为他革命不彻底，没有参加布朗起义，没跟黑人暴力派跑。认为这是他的严重缺点。这是与极左派的革命至上论、暴力至上论分不开的。在他们眼中，不但保守派应该打倒。就是改革派也应该打倒，只有革命派才应该肯定。现在看来，这是大错的，也是肤浅可笑的。你在这篇论文中如果能对这个观点痛加批判，以史料为根据，以正确的理论为武器，证明道格拉斯坚持的道路是唯一正确的道路。是把黑人解放斗争引向胜利的道路，并且为以后的黑人运动指明了一条正确的道路。因为加黑森派是空想的、不切实际的，暴力派是亡命徒的思想。都只能把黑人运动、废奴运动引向失败。道格拉斯主张在现在制度下争取黑人解放，是唯一切实可行的道路。你能做到这一点就是创新，甚至是突破。你可以参考杨先生主编的《美国黑人解放斗争史》的观点，作为批判对象（但是不要提书名，更不要指出姓名），甚至以我写的《美国内战史》作为批判对象，我也欢迎，而且我不怕公开提到我的书名。

关于结构，我有以下意见：第一章应首先揭露美国黑人奴隶制度的罪恶及残酷性，由此引出道格拉斯及他挣脱的。第二章首先写加里森废奴主义，然后写道格拉斯加入废奴运动的经过及他的废奴思想。其次写道格拉斯与加里森的分歧，与约翰·布朗的分歧。阐明道格拉斯路线的正确性，第三章写内战时期的道格拉斯，写他在推动林肯解放黑奴中的积极作用。你的大纲，有些忽视内战，把内战部分放在第二章是不合适的。

另外，在适当的地方应该强调道格拉斯的政治智慧、政治眼光，要适当地多参考他的“Writings”。

辅助的等参考书也不可不找，如关于加里森的传记。“约翰·布朗”（杜波依斯著）等等，也要读马丁·路德·金的传记，布克·华盛顿的传记，等等。

我相信你一定能写好这篇论文，今年10月前后希望看到你的初稿。你再修改，然后定稿。不多写了。

刘祚昌

1996年5月26日

金平：论文修改完毕了吗？如修改完毕，可早日复印，以便选定答辩日期。

关于传授专家问题，是否从校外传一位即可？我认为可以请南京大学博士导师钱乘旦先生参加。

总之，要加紧进行，争取去年底以前答辩完毕。

此问近好。

刘祚昌

1996年11月10日

追悼刘祚昌教授唁函

顷读今年第一期《美国史研究》(通讯)，惊悉刘祚昌教授不幸于2006年3月31日在美国西雅图因脑溢血突然逝世，深为哀悼。

20世纪50年代，南开大学杨生茂先生在天津筹办《历史教学》、张友伦先生正研究美国工人运动史。我在北京出版《美国简明史》前后，与刘祚昌先生、丁则民先生经常有书信来往，有时亦在北京面晤，交流美国史的研究问题。刘先生出版的《美国独立战争简史》《美国内战史》和《杰斐逊传》(上册) 等奠基之作，都成为各大学历史系的教材和外事工作者的重要参考书，刘先生还每次都签名赠送给我存读。刘先生娴熟俄语，翻译了一些苏联大百科全书有关美国的重要问题，当年美国史资料严重缺乏，广大读者和研究工作者，均获益匪浅。

刘先生较我年轻甚多，一直身体健康。孰意“少者殁而长者存”，使我倍加伤感。刘先生的溘然长逝，是我国美国史、世界史学界的重大损失、刘先生的丰厚学术著作，将永铭于世。谨向刘先生的亲属致以最深切的慰问。敬希节哀保重，为祷。

中国社会科学院

世界历史研究所

黄绍湘哀挽

2006年7月20日于北京

跋

一位纯粹的知识分子

——忆刘祚昌先生

宋绍力　邢佳佳

一直以来我们有一种共同的感觉，先生依然生活在我们身边，始终未曾离去，甚至形成了一种下意识的习惯，无论从学术研讨探究，到观点是非争论，乃至立身处世的选择关头，我们每每会忆起先生，常常把先生的思想放到现实冲突的场景里来，做推演，做判断，做结论。如此，先生的思想鉴戒，本是学术研究和解惑的利器，不知不觉中甚至不囿于行业的局限，竟然演绎成考量行为处事的方法论了，窃想走出学术界以外的弟子偶有同感。

为什么一个人的影响能够深远如斯，其原因绝不仅仅在于先生令人仰止的学术成就和人格魅力，而在于先生本人就是他思想理念的践行者，倡导者、榜样和导师。

先生是一位真正的知识分子。

他勤苦于史学探究，仰屋著书，博通中外。他的著述以及给本科生、研究生的授业科目，涵盖了世界近代史、欧美国别史，美国革命和内战史，思想和宪政沿革研究及人物评传；而中国史方面的科研和教学也有着同样的广度和深度，其中孔子的教育思想研究，更是兼具跨学科、历史虚无思想批判、经典文化传承和现实教化意义的典范。

他有原则有立场，有敏锐的剖析力和洞察力。他观点的独立性、创新性和深刻性源自他的不辍学习、探究和生活的磨难。他既坚持唯物史观，又尊崇思辨精神，从而在剖析复杂敏感的历史事件和人物时，才能举重若轻，给出“符合逻辑发展的必然”结论。曾记得，在学术荒芜时代，被下放做了伙伕，他怀揣书籍，借着炉光传承“薪火”；在拨乱反正、进入新时代后，为传播知识和理想，他又废寝忘食、夜以继日，甚至抱病写作……可以说，所有关于知识分子孜孜以求、艰辛探索、无悔奉献的描述，用在先生身上都贴切恰当，不足为过。

他更注重学以致用，知行合一。主张学术研究不以成果为目的，而是经世致用，造福人类。在他看来，真正的学者不应独善其身，更要兼济天下，以自己的专业知识贡献社会。

此种价值观和思想境界，竟然无形中与当今商业社会倡导的主流思想——反对纯功利导向、诚悦服务他人，最终自然成就自己——相契合。

他性情率真，表里如一，从善如流，疾恶如仇。对社会时弊从来不吝抨击警示，不吐不快，如胡适所言，“不降志，不辱身，不追赶时髦，也不回避危险。”他始终把传播先进文化思想和正能量，作为自己的义务和使命。这其中涵盖了对全世界特别是欧美国家的思潮体制和中国传统文化精髓的批评、继承和弘扬。

他常教导我们要有攀登学术研究顶峰的勇气和“齐家治国平天下”的志向，要留下人生的痕迹，而他本人却反对学术霸权行为和成果炫示，面对学生也时常反思和解剖自己的思想和学术观点的曲折发展历程。

他几十年如一日，严谨治学，坚持“板凳要坐十年冷，文章不写一句空”，下笔一定言之有物，持之有据，且困于心，衡于虑，而后作，从不哗众取宠，不轻易发表经不起时间检验的作品。宁肯将自己学术研究的思想火花甚至半成品交给后辈去完善完成。

他是生活上的极简主义者。他笃信天将降大任于斯人，为实现学术理想，苦心志，劳筋骨，甘之如饴。迎着晨曦，先生几十年如一日，信步千佛山麓，如他所说，“既是锻炼，也在思考”。先生二楼那间不大的书房，是他的科研工作室，也是研究生的授业课堂，还是他简易的休息和用餐所在，所有这些，同事友人弟子们都历历在目，至今不能忘怀。

正如霍夫斯泰德和克里斯多弗·拉什所定义的，真的知识分子是为追求观念而生活，是以思想为生活的人。人无完人。先生也一样，他有些执拗，但正是这份超乎常人的坚守，才使其成果斐然，著作等身；他性情秉直，有时简单到几近不近人情，有时批评的言词甚至不合时宜，但他是仁者，有一颗赤诚之心；他是善者，希望大家都好。

先生的付出是无私的。财产以外，他的一切为大家所共享。从学科奠基，到学术分支，他是巨人肩膀的存在。值得珍视的是，先生的学术权力和威望之用，皆依从有利学术发展之考虑，从不顾及一己之私。对于后辈，他不善锦上添花，但常常会雪里送炭，对学生每次真正的需求，他总是慨然俯允，施与内心关切和提携。扪心自问，哪位弟子没有在学术起步的节点，得到过先生的直接帮助，抑或在从业生涯中，受享先生影响力的福泽？在先生身上，我们切身地感受到，学术巨匠一旦知行合一，更胜之于单纯的人格魅力，因为后者受益诸己，而非惠及他人。

在先生身上，集中了一个新中国知识分子几乎所有的要素和特征。事实上，先生的成就，包括学术成果和治学思想，史学和经世方法论，构成了一个参照体系，其所做所言所思，应是当代知识分子和先生弟子的一面镜子。先生的品格，高山景行；先生的成就，誉满中外；先生的精神，永远激励我们后辈砥砺前行。

责任编辑：鲁　静

图书在版编目（CIP）数据

刘祚昌先生百年诞辰纪念文集／陈海宏，邢佳佳 主编．— 北京：人民出版社，
2021.10
ISBN 978－7－01－023759－6

I. ①刘…　II. ①陈…②邢…　III. ①刘祚昌（1921-2006）－纪念文集
IV. ① K825.81-53

中国版本图书馆 CIP 数据核字（2021）第 188175 号

刘祚昌先生百年诞辰纪念文集

LIUZUOCHANG XIANSHENG BAINIAN DANCHEN JINIAN WENJI

陈海宏　邢佳佳　主编

人民出版社 出版发行
（100706　北京市东城区隆福寺街 99 号）

北京盛通印刷股份有限公司印刷　新华书店经销

2021 年 10 月第 1 版　2021 年 10 月北京第 1 次印刷
开本：710 毫米 ×1000 毫米 1/16　印张：39.25　插页：6
字数：622 千字

ISBN 978－7－01－023759－6　定价：150.00 元

邮购地址 100706　北京市东城区隆福寺街 99 号
人民东方图书销售中心　电话（010）65250042　65289539